닥터 홀의
조선회상

이 책에는 진정 하나님 나라와 그분의 의를 구하며
자신의 모든 달란트를
가난한 이웃과 섬김이 필요한 곳에 쏟아부은
현대의 누가가 우뚝 서 있다.
닥터 서우드 홀 부부는 의사로서의 모범적인 인생만이 아니라
진정한 그리스도인들은 어떻게 살아가는지에 관해
자신의 일생을 통해 생생한 본을 남겼다.

닥터 홀의
조선회상

With Stethoscope in Asia :
KOREA

닥터 셔우드 홀 지음
김동열 옮김

좋은씨앗

닥터 홀의 조선회상

WITH STETHOSCOPE IN ASIA:KOREA
by Shewood Hall, M.D.
Copyright ⓒ 1978 by MCL Associates.
P. O. Box 26, McLean, VA, 22101-0026, U.S.A.

Korean Copyright ⓒ 1984
Korean Language rights licensed to GoodSeed Publishing
402 MJ B/D, 156 Baumoero, Seocho-Gu, Seoul, Korea
All other rights reserved.

본 저작물과 저작물에 사용된 모든 사진자료의 저작권은 〈도서출판 좋은씨앗〉에 있습니다. 신저작권법에 의하여 한국 내에서 보호받는 저작물이므로 무단전재와 무단복제를 금합니다.

초판 1쇄 발행 / 2003년 2월 15일
개정판 1쇄 발행 / 2009년 12월 4일
개정판 16쇄 발행 / 2025년 10월 20일

지은이 / 셔우드 홀
옮긴이 / 김동열
펴낸이 / 신은철
펴낸곳 / 좋은씨앗
출판등록 / 제4-385호(1999. 12. 21)
주소 / 서울시 서초구 바우뫼로 156, MJ빌딩 402호
주문전화 (02)2057-3041 / 주문팩스 (02)2057-3042
페이스북 / facebook.com/goodseedbook

ISBN 978-890-5874-142-8 03230
printed in KOREA

이 땅에서 태어나 이곳 사람들의 몸과 영혼을 지극히 사랑하다

이 땅에 묻힌

닥터 셔우드 홀 일가의 조선사랑 이야기

닥터 셔우드 홀은 1893년 11월 10일 서울에서 태어났다. 그는 이미 작고한 아버지의 뒤를 이어 조선에서 의료봉사를 시작한다. 역시 뛰어난 의사였던 아내 닥터 매리언 홀과 함께 조선에 돌아온 그는 1924년부터 1963년까지 조선과 인도에서 의료선교사로 활동했다. 현재는 그와 그의 아내, 그리고 부모님과 형제들의 유해는 서울 양화진에 묻혀 있다.

추천의 글 **1** 이동원 목사 | 지구촌교회

제2의 닥터 홀이 일어날 것을 기대하면서

우리는 모두 파이어니어의 도전과 감동을 기억합니다. 그러나 이런 도전과 감동의 뒤안길에는 언제나 희생의 땀 흘림이 있게 마련입니다. 닥터 홀은 이 땅에서 태어나 선교 개척자의 삶을 살았던 분입니다. 우리는 이 분과 이 분의 가정, 그리고 캐나다 교회에 복음의 빚이 있습니다.

세계 제2의 선교 대국이 되었다 하지만 우리의 인프라는 지극히 취약한 것이 현실입니다. 이런 시점에서 다시 출간되는 이 책은 한국 선교의 미래를 위해 많은 것을 시사하고 있습니다.

나는 이 책을 우리 교회에 추천하여 많은 성도들이 읽게 하려고 합니다. 우리가 받은 복음의 고귀함을 다시 각성하고, 선교의 마당으로 나아갈 이 땅의 미래 선교사들과 그들을 준비시킬 다시 없이 귀한 책이기 때문입니다. 무엇보다 오늘 우리는 평신도 전문인 선교사 시대를 맞이하고 있습니다. 한국 교회는 목회자 선교사뿐 아니라 더 많은 평신도 선교사를 준비시켜 보내야 합니다. 그래서 나는 먼저 이 책을 우리 교회 모든 평신도 지도자들에게 읽히고 싶습니다. 우리 중에도 제2, 제3의 닥터 홀이 일어나 열방으로 흩어져 감을 보고 싶습니다.

우리는 조선을 회상하는 이들에게 빚진 자들입니다.

이제 그 빚을 갚고자 해뜨는 또 다른 여명의 나라로 우리는 가야 합니다.

추천의 글 ❷ 홍정길 목사 | 남서울은혜교회

사도행전의 속편

한국 선교 역사에는 몇 가지 커다란 축복이 있다. 하나는 이 나라에 파송된 선교사가 없었을 때 이 땅의 젊은이들이 능동적으로 중국에 나가 복음을 들여와 자주적으로 교회를 세운 것이다. 이 전통은 한국 교회가 자립할 수 있었던 토대를 마련한 하나님의 귀한 선물이었다. 또 하나는 이 땅에 선교사가 들어오기도 전에 능동적인 젊은이들의 도움으로 우리말 성경이 번역되어 우리 손에 들어오게 된 것이다. 이 두 가지 축복은 세계 선교 역사에서도 거의 유례를 찾아볼 수 없는 독특한 것이다.

이 위에 한 가지 더 큰 축복이 있다면, 그것은 바로 이 땅에 선교사들이 찾아온 것이다. 당시 선교란 제국주의 확장의 연장선상에서 행해진 백인 문화의 세력 확장이라 해도 과언이 아닐 정도로 식민지 확장과 긴밀하게 연결되어 있었다. 이러한 상황에서 피선교지의 뜻있는 젊은이들은 조국에 대한 사랑 때문에 복음에 반대하는 입장에 서야 하는 불행한 경우가 곳곳에서 발생했다. 예를 들어 인도네시아의 경우, 네덜란드가 식민지화하는 과정에서 복음이 함께 전해졌다. 그 결과 무수한 젊은이들이 조국의 독립을 위해 항쟁하려고 복음을 버리거나 무슬림에 동참함으로 독립을 쟁취하려고 했다.

그러나 이 땅을 찾아온 선교사들은 이 민족이 겪는 고통을 위로하며, 또 고난에 함께 동참하며 이 땅에서 살아갔다. 닥터 홀은 그런 선교사들 가운데 대표적인 인물이었다. 아펜젤러, 언더우드, 알렌, 사무엘 모펫, 또 닥터 홀….

캐나다인인 그는 이곳에 올 이유가 없었다. 그럼에도 불구하고 오직 복음 하나로 이 땅에 와서, 복음 때문에 고난당하는 하나님의 일꾼으로서의 삶을 살았다. 아버지 닥터 제임스 홀은 이 땅에서 자신의 뜻을 제대로 펴보지도 못한 채 젊은 나이에 세상을 떠났다. 그러나 그의 아들 셔우드 홀은 이 땅에서 태어나 자랐고, 아버지의 뒤를 이어 의학도의 길을 걸었다. 그리고 복음을 위한 치료자의 삶을 살다가, 1940년 일본의 엉터리 재판을 통해 추방되었다. 그의 삶은 이 땅에서 헌신했던 선교사의 삶을 여실히 보여준다.

선교의 원형이 되신 분은 예수 그리스도시다. 그분은 오실 필요가 없었는데 이 땅에 오셔서, 고난당할 필요가 없었는데 고난당하셨다. 그분은 죽으실 필요가 없었는데 온 인류의 죄를 대신 담당하고 십자가에서 죽으셨다. 떠날 필요가 없는 사람이 복음 때문에 떠났다. 고생할 필요가 없는 사람이 그 가슴에 복음의 영광이 넘쳐 어떤 고생도 감수한 삶을 살다가 생명을 드렸다. 그 복된 복음은 생명을 투자하지 않고는 전달되거나 전파되는 것이 아니다.

오늘날 이 땅에 수많은 교회가 들어서고, 어떤 비난의 소리가 쏟아져도 주님의 뜻에 순종하는 삶을 살려고 몸부림치는 사람들이 끊이지 않는 것은, 이 땅에서 복음을 증거하는 데 목숨을 아끼지 않았던 순교자들의 귀한 희생이 있었기 때문이다.

이 책은 닥터 홀이 이 땅에서 겪었던 수많은 사건들, 그가 주님을 사랑해 순종했던 길, 삶 속에서 늘 복음을 붙잡고 살았음을 보여주는 귀하고 복된 기록이다. 그렇기 때문에 이 책은 찬찬히 깊이 음미하며 읽어야 한다. 왜냐하면 이것은 이 땅에서 쓰인 사도행전의 속편이기 때문이다.

한국의 선교사들도 세상을 향해 나가야 한다. 나갈 필요가 없는 사람들이 우즈베키스탄이나 키르키즈스탄, 연해주나 또 신강성으로 나가야 한다. 그곳에서 고생할 필요가 없는 사람이 고생해야 한다. 그리고 그곳에서 죽을 필요가 없는 사람이 생명을 드려야 한다. 왜냐하면 우리가 빚진 자로서의 삶을 살고 있기 때문이다. 구절구절 하나님을 향한 사랑의 고백이 묻어 있는 이 전기를 통해 한 걸음 더 나아가는 축복을 얻게 될 것이다.

추천의 글 **3** 오정현 목사 | 사랑의교회

하늘에 쌓은 소망을 따라간 분들을 기억하며

저는 한국교회사를 읽을 때마다 한국 교회를 향한 외국 선교사님들의 헌신과 열정 그리고 한국 교회를 사랑하기 때문에 쏟아낸 그들의 피와 눈물로 인해 가슴이 매여 왔던 적이 많습니다. 그분들은 무엇을 위해 어떤 마음으로 그 많은 특권과 지위를 모두 포기하고 이 땅에 올 수 있었을까요?

이 책을 통해 척박하고 작은 나라 조선에 어떻게 복음이 전해지게 되었는지 한국에 심겨진 복음의 근원을 찾아가는 여정 가운데 하나님의 섭리와 역사하심에 대한 놀라움과 기쁨으로 가슴이 벅차오를 것입니다. 또한 하나님께서 한 사람을 부르시고 인도하시고 사용하실 때 얼마나 위대한 일들이 일어나는지 확인하는 가운데 그들의 삶과 연결된 역사적인 사실을 알아가는 것 역시 놓칠 수 없는 유익입니다.

양화진에는 셔우드 홀의 아버지, 어머니, 자녀, 그리고 홀 부부가 모두 잠들어 있습니다. 그러나 그곳은 단순히 선교사의 시신이 묻힌 곳이 아니라 결코 멈출 수 없는 그리스도를 향한 불타는 사랑이 심겨진 곳입니다. 그렇게 조선에 뿌려진 씨앗으로 인해 이루 다 헤아릴 수 없는 놀라운 열매를 맺게 된 것입니다. 이들이 한국 의료계와 교육계, 아니 우리나라 역사 전반에 남긴 복음의 발자취는 실로 짙고 눈부십니다. 한국이 오늘날 이만큼 성장하게 된 것에는 여러 가지 이유가 있겠지만 무엇보다 생명과 변화의 능력을 가진 복음이 이 땅에 들어와서 우리의 삶을 바꾸어 놓았기 때문에 가능했다고 확신합니다.

1927년 5월 21일자 〈동아일보〉는 닥터 로제타 홀에 대해 '70평생을 조선과 조선동포를 위하여 심혈을 다해 희생적 노력을 아끼지 아니한 許乙(허을) 부인'이라고 칭송했습니다. 홀 가족은 "복음은 어떠한 통로로 전해지든지 그 역사는 언제든지 생명의 능력"임을 그들의 삶을 통해 증명해 보였습니다. 또한 닥터 셔우드 홀이 걸어간 믿음의 발자취는 하늘에 쌓은 소망에 대해 이 땅에서 손에 잡힐 정도로 분명하게 깨닫게 해주었습니다.

복음의 열정으로 끓어 오르는 자신의 심장을 묻어 마침내 이 땅의 죽어가던 생명을 살린 그분들에게 진 사랑의 빚을 이제 우리가 갚아가야 합니다. 이 복음의 채무를 심장에 품고 하늘에 쌓은 소망을 따라 살아가기 원하는 모든 분들께 이 책을 전심으로 권합니다.

추천의 글 4 **임영국 원장** | 미래한국병원 병원장, CM이사장

한국인의 가슴에 묻힌 홀 가족 사람들

의과대학 본과 3학년 때, 당시 절판이 되었던 「조선회상」을 처음 읽게 된 후 얼마나 충격과 감동을 받았는지 의사가 된 후 지금까지도 환자를 대할 때마다 로제타 홀의 마음, 셔우드 홀의 마음을 생각하며 환자를 대하게 된다. 셔우드 홀 가족은 어떠한 환경에서든지 굴하지 않고 하나님의 부르심에 창조적으로 헌신하는 것을 볼 수 있다.

이 책에는 화상 입은 16살 조선 소녀의 흉터를 치료하기 위해 로제타 자신과 동료 선교사들이 피부를 떼어 이식하는 장면이 나온다. 그것도 30개나 떼어 이식하였다. 나라면 그렇게는 못할 것이다. 하지만 의사가 된 지금 환자들에게 이토록 헌신하는 사랑이 있다면, 어떤 어려움도 이겨낼 수 있음을 알기에 그 마음 닮기를 배우는 중이다.

저자 셔우드 홀의 아버지 제임스 홀에 관한 감동적인 일화가 있다. 그가 평양에서 서울로 오는 도중에 강도를 당해 상처가 심한 사람을 여관으로 모시고 간 일이 있었다. 제임스 홀은 갖고 있던 돈을 모두 내주고 치료를 부탁했고, 자신은 돈이 없어 초라한 음식을 그것도 하루에 한 끼만 먹어야 했다. 예수님이 말씀하신 바를 그대로 실천했지만 거기에는 배고픔의 고통이 따랐다. 또한 청일전쟁이 난 후 제임스 홀은 밤낮으로 환자들과 부상자들을 치료하면서도 1894년 4월, 13명의 학생으로 서울광성고등학교를 시작했다(지금은 115년이나 되었다). 발진티푸스에 걸려 40도를 오르내리는 위독한 가운데서도 부인 로제

타에게 '내가 평양에 갔던 것을 원망하지 마시오. 나는 예수님을 따른 것이오'라고 말하면서 그는 그렇게 34세의 젊은 나이에 로제타의 품에 잠들면서도 원망하지 않았다. 제임스 홀은 죽어가면서도 이런 헌신의 사람이었다. 로제타 부인은 남편의 죽음에 낙심하거나 굴하지 않고 '홀 기념병원'을 세워 남편의 일을 뒤이어 나간다. 그들이 하나님께 불평없는 헌신을 하는 모습에 나는 너무나 부끄러움을 느꼈고 그때 받았던 깊은 감동은 21년이 지난 지금도 너무나 생생하다. 「조선회상」을 읽을 때마다 그러한 감동은 줄지 않는다.

어머니와 아버지를 닮은 셔우드 홀이 어떻게 다른 삶을 살 수 있었을까? 부모의 본을 따라 셔우드는 사랑하는 이모 에스더 박을 죽게 했던 결핵과 평생 싸우기를 결심한다. 진단 기술과 약이 많은 요즈음에도 결핵이 없어지지 않고 많은 사람이 죽어가는데 그때는 얼마나 더 어려웠을까? 그러나 셔우드 홀은 결핵 요양원을 짓고, 크리스마스 씰을 보급하며, 모금을 하고 채소농장을 만들면서 조선과 조선인을 사랑한다. 그의 삶의 면면에는 이러한 하나님 사랑에 기초한 사람 사랑이 있었다.

「조선회상」은 한 가정의 영향력이 얼마나 크고 고귀한가를 보여주는 데 있어 손색이 없다. 한 가정으로 시작된 헌신이 맹인학교, 광성고등학교, 결핵요양원, 인천기독병원, 이화여대부속병원, 고려대학교 의과대학교 등의 열매를 맺은 것을 이제야 알게 되었다. 물론 눈에 보이지 않는 열매는 헤아릴수가 없다. 그러면서도 그분들은 자기들의 기득권을 전혀 주장하지 않았다. 지금 셔우드 홀 가정, 여섯 식구들의 몸은 양화진에 묻혀 있지만, 그들의 삶은 나의 가슴에 묻혀 내 심장을 쿵쾅거리게 만든다. 그분들의 이야기를 조금만 읽어도 눈시울이 촉촉해지고 맥박이 빨라지는 것을 어찌하랴!

추천의 글 **5** 고(故) 문창모 박사 | 전 원주기독병원장

한국과 한민족을 위해 산 일생

닥터 셔우드 홀은 한국 땅에서 태어나 한국 이름과 한국말을 쓰면서 우리 한국인들을 위해 큰일을 많이 한 분이다. 그의 부모는 두 분 모두 의료선교사로서 대한제국 말엽에 평양에 처음으로 병원을 개원했다. 청일전쟁 후 심한 전염병이 번져 서울의 영국 영사관에서 철수를 권고했으나, 두 분은 의사로서의 임무를 완수하기 위해 계속 일하다가 아버지 닥터 윌리엄 제임스 홀은 결국 그 병에 걸려 세상을 떠났다.

이런 불행 중에도 두 분이 세운 병원은 점점 발전해 '홀 기념병원' 이라는 간판을 내걸기까지 이르렀다. 나도 1933년부터 약 3년간 홀 기념병원 이비인후과에 근무했는데 당시 서북 지방에서는 공·사립을 막론하고 제일 크고 유명한 병원이었다.

후에 모친 닥터 로제타 홀은 서울에 와서 '동대문 부인병원' (현 이대부속병원)

---

*문창모(1907-2002) 박사가 닥터 홀과 처음 인연을 맺은 것은 세브란스 의전 재학 중 1928-29년 2년 동안 해주 구세병원에서 닥터 홀 밑에서 방학 실습을 한 데서 비롯된다. 그 후 크리스마스 씰의 선전책임을 맡아 활동했으며, 1931년 세브란스 의전을 졸업하고 닥터 홀의 해주 구세병원에서 근무했다. 평양에서는 닥터 홀의 양친이 설립한 평양 기독병원에서 3년간 근무했고, 해주에서 개업하고 있는 동안에도 각별한 친교가 있었다. 1940년 일제의 선교사 추방으로 닥터 홀이 해주를 떠나게 되자, 해주 구세병원을 인수, 운영 책임을 맡았다. 문 박사는 그 후 경기도립 인천병원장, 국립마산결핵요양소장, 세브란스 병원장, 국제대학 학장, 원주 기독병원장, 대한의학협회 대의원 총회 의장을 역임하고 원주에서 학교 법인 새벗학원 이사장을 겸하며 문 이비인후과를 개업해 의료 활동을 하다가 2002년 별세했다. - 편집자

을 경영하면서 고려대학교 의과대학의 전신인 '경성여자의학 전문학교'를 열었다. 또한 그 분원을 인천에 창설하여 현재의 '인천기독병원'과 '인천 간호보건 전문대학'에 이르게 했다.

이처럼 훌륭한 선교사 부모님 사이에서 태어나 평양에서 자란 닥터 셔우드 홀이 미국에서 의학 공부를 마치고 한국에 돌아와 처음 일을 시작한 곳이 황해도 해주에 있는 '해주 구세병원'이었다. 그분의 말과 행동과 사고방식은 한국 사람과 조금도 다를 바 없었으며, 특히 그는 완전한 평안도 사투리를 구사하기까지 했다.

닥터 셔우드 홀은 '해주 구세병원'에서 원장 겸 내과 의사로 일하면서 매일 수많은 결핵 환자를 진료했다. 당시에는 결핵의 치료방법이 요즘 같지 않아 환자가 아주 많았고, 전염력 또한 막강해 실로 망국병이라 할만 했다. 특히 환자의 대부분이 청소년이어서 문제는 더욱 심각했다. 그러나 식민 통치를 하던 조선 총독부에서는 물론이고, 한국인들조차도 이를 방관할 수밖에 없는 실정이었다. 이런 상황을 크게 걱정한 닥터 홀은 비장한 결심과 각오로 폐결핵 환자를 위한 요양소 설립을 계획하고 미국 감리교 선교부 및 주변의 도움을 얻어 황해도 해주시 황해 바다가 보이는 곳에 소나무가 우거진 야산 수십만 평을 사들였다. 그곳에 여러 채의 단층 벽돌집을 짓고 약 백여 명의 결핵 환자를 수용, 치료하였으니 이것이 우리나라 최초의 결핵 요양소였다.

그는 또한 요양소의 운영비도 마련하고 결핵에 대한 계몽을 위해 크리스마스 씰(Seal)을 발행하기로 하고 1932년 천신만고 끝에 남대문을 그린 우리나라 최초의 크리스마스 씰을 내놓는다. 그러나 그 시절에는 씰을 사는 사람은커녕 그의 의도를 이해해 주는 사람조차 전혀 없어 부득이 교회나 학교를 통해 선전하기로 했다. 당시 세브란스 의전에 재학 중이었던 나는 평양으로 가서 감리교에서 운영하는 광성과 정의학교 기도회 시간을 이용해 씰을 선전하고, 한경직 목사의 주선으로 숭실, 숭의학교에도 선전을 했다. 이것이 인연이 되어 의사가 된 후 구세병원에서 닥터 홀 내외 분(부인은 외과와 산부인과 의사)과 함께 일했다. 해방 후에는 세브란스 병원장으로 있으면서 몇 해 동안 나 혼자서 크리스마스 씰을 발행하는 일을 도맡아 하기도 했다.

닥터 홀은 국내뿐만 아니라 미국, 캐나다와 같은 외국에서도 호응이 있기를 바라면서 여러 곳에 편지와 씰들을 발송했다. 이를 방해하려는 일본인들은 타자로 쓴 편지는 인쇄물이니 우표를 더 붙여야 한다는 핑계로 크리스마스가 다 지난 후 발송하게 하곤 했다. 그러나 닥터 홀은 낙심하거나 실망하지 않고 이 일들을 계속해나갔다.

한국과 한민족을 위한 닥터 홀의 일을 방해하기 위해 온갖 횡포를 부리던 일본인들은 결국 범죄자라는 누명을 씌워 닥터 홀을 추방하기에 이르렀다. 그는 1940년 해주에서 개업하고 있던 나에게 자신의 병원과 집을 맡기고 눈물을 흘리면서 한국 땅을 떠났다. 곧바로 인도로 건너간 닥터 홀은 그곳에서 새로운 일을 시작했다.

인도에서 많은 자료를 모은 그는 은퇴 후 한국에 대한 책을 썼다. 그 책이 이번에 우리말로 번역되어 발행되기에 이르렀다. 이 책은 우리나라 선교의 의료 사업에 대한 귀중한 사료가 될 것이다.

한국에서 태어나 한민족을 위해 일했던 닥터 홀에게 진심으로 감사와 치하를 드리는 동시에, 하나님의 크신 축복이 그와 그의 온 가족, 또 그가 하는 모든 일 위에 항상 같이하기를 간절히 기도한다.

추천의 글 ❻ 박상은 원장 | 샘병원 의료원장, 전 한국누가회 이사장

살아계신 하나님의 발자취

우리나라의 월드컵 4강 진출이 확정되던 그날, 나는 양화진 외국인 선교사 묘지를 찾았었다. 신촌이 승리의 함성과 태극기 물결로 뒤덮였던 것과는 대조적으로 양화진은 인적도 드물고 참으로 고요했다.

백 년 전, 아무도 오려 하지 않던 미개한 나라에 벽안(碧眼)의 선교사들이 찾아와 이 땅에다 자신들의 삶을 송두리째 내던졌다. 그리고 그것만으로도 부족해 후손들까지 대를 이어 이 땅에서 선교의 삶을 살았다. 닥터 제임스 홀과 로제타 홀 부부가 그 대표적 예다. 척박한 이국에 남편을 먼저 묻고서도 이 땅을 포기하지 않았던 한결같은 마음으로 자신의 전 생애를 조선 의료 선교에 바친 로제타 홀.

나는 오래 전에 「닥터 홀의 조선회상」을 읽었다. 이 책을 통해 나는 고려대학교 의과대학의 전신인 경성여자의학전문학교의 설립자가 로제타 홀 선교사라는 사실을 알게 되었다. 그래서 이를 알게 된 동문들이 뜻을 모아 '로제타 홀 클럽'을 조직했고, 얼마 전 미국에 거주하는 셔우드 홀 선교사의 자손들을 한국에 초대했다. 아울러 로제타 홀이 바로 장애인 특히 맹인의 어머니였다는 사실과 결핵 환자를 치료하기 위해 크리스마스 씰 발행을 처음으로 시작한 분이 셔우드 홀이라는 사실에 크게 감동했다. 그들이 평양에서 오랫동안 의료 사역을 담당했기 때문에 훗날 홀 기념병원이 세워졌으나 지금은 폐쇄되었다. 나는 늘 이것을 안타까워했는데, 일전에 평양을 방문하게

되었을 때 홀 기념병원의 재건에 대해 북측의 사람들과 의논한 바 있다.

이 책은 2대에 걸친 선교사 가족의 이야기이기도 하지만, 한국선교 백여 년의 역사이자, 살아계신 하나님의 발자취라고 할 수 있다. 이 책을 통해 닥터 홀은 우리에게 어떻게 살아야 할지를 분명하게 알려준다. 어쩌면 이 책이야말로 홀 선교사에게 있어 가장 큰 열매가 될지도 모른다.

아무쪼록 이 책이 풍요로움 가운데 살면서 삶의 좌표를 잃어버린 모든 사람들에게 귀한 나침반이 되길 바란다. 또한 이 책을 읽는 모든 독자들이 좋은 땅에 뿌려진 좋은씨앗처럼 삶 속에서 백 배의 결실을 맺기를 기대하면서, 그들에게 이 책을 정독하라고 권하고 싶다.

추천의 글 **7** **박재형** 교수 | 서울의대 교수, 한국기독교의료선교협회 회장

조선을 위한 큰 선물, 홀가족

우리가 배우고 기억하는 조선의 옛 모습은 실제로 어떠하였는지 우리의 상상만으로는 많은 한계가 있다. 조부모의 얼굴조차도 기억 속에 희미할 뿐 사실 삼대를 거슬러 올라가면 우리의 회상은 막다른 골목에 이른다.

셔우드 홀은 이 땅에서 선교사 부모님에게서 태어나 외국인으로서 보다 객관적으로 당시의 조선을 회상한다. 그의 몸에 흐르는 피는 서양인의 것이지만 그의 삶과 생각은 오히려 조선인에 가깝다. 그는 이 땅에서 태어났을 뿐 아니라 이 땅에서 일하기 위해 미국으로 유학을 갔다가 의사가 되어 아내

와 함께 다시 돌아왔다.

「조선회상」은 아버지 윌리엄 홀이 조선을 찾아 온 이야기로 시작된다. 아버지와 어머니 로제타 셔우드의 사랑이 조선에서 결실하여 최초의 서양식 결혼식이 서울에서 열렸다. 첫 아이 셔우드 홀은 태어나면서부터 당시 평양 사람들의 구경거리가 되었다. 젊은 선교사 부부가 신혼의 단꿈을 하나님께 바치고 평양에서 의주로 걷기도 하고 말이나 가마를 타기도 하면서 환자를 진료하던 모습은 한 폭의 그림을 연상케 한다. 한 알의 밀이 땅에 떨어져 죽지 아니하면 열매를 맺을 수 없고 죽으면 많은 열매를 맺는다고 말씀하신 그대로 아버지 윌리엄 홀은 의주로 갔던 의료선교 여행길에서 열병을 얻어 짧은 생을 마감하였다. 그 후 태어난 셔우드의 동생 에디스도 어머니 로제타에게 찬란한 기쁨이었지만 아버지를 따라 먼저 하늘나라로 갔다.

하나님은 남은 자를 사랑하시고 위로하셨다. 홀로 된 로제타가 미국에서 돌아오고 그 후에 매리언과 결혼한 셔우드가 돌아와 이들이 이루는 선교행전이 있었기에 오늘의 한국 교회가 있다. 하나님을 향한 믿음이 아니었다면 그들은 이 땅에서 꿈을 실현하지 못했을 것이다. 로제타 여사를 통한 맹인교육과 여자의과대학의 설립, 셔우드 홀에 의한 해주 결핵요양원 설립과 운영, 결핵퇴치를 위한 크리스마스 씰 보급 등 많은 업적을 이룬 그는 일제에 의하여 추방되기까지 한결같이 조선과 조선인 사랑을 실천했다.

이 책이 우리에게 주는 감동은 복합적이다.

첫째, 조선을 사랑하신 하나님의 뜻을 알게 한다. 일본이 조선을 압제하고 있을 때 다른 식민지와는 달리 조선에서는 약한 자의 편에서 제국주의에 항거하는 기독교 선교가 이루어졌다. 그래서 조선의 기독교는 독립운동과 맥을 같이한 것이다.

둘째, 의료선교를 통하여 우리가 받은 사랑을 감사하게 된다. 주님이 시작하신 치유의 선교는 홀가의 사람들과 같은 주님의 제자들을 통하여 이루어지며 지금도 의료선교의 역사는 설립 40주년을 맞이하는 한국기독교의료선교협회를 중심으로 한 한국 기독의료인들에 의해 계승되고 있다.

셋째, 셔우드 일가를 통하여 받은 사랑을 감사하는 것이다. 그의 삶은 어느 한 부분도 남김없이 조선과 조선 사람을 위하여 헌신한 것이었다. 그리고 홀 선교사 내외의 사역이 가능하도록 후원한 이름없는 수많은 기부금 후원자들이 있었다. 하나님을 사랑하고 그 뜻대로 부르심을 입은 분들이었다. 우리는 그들의 삶을 보고 감격할 수밖에 없다.

넷째, 우리는 조선회상을 통하여 이 땅에 복음이 오기 전의 모습을 보게 된다. 서낭당과 귀신에 의해 억눌린 사람들이 얼마나 많았으며 주위에서 무당들의 북소리와 징소리가 얼마나 시끄러웠던지. 그리고 복음으로 인하여 얼마나 많은 변화가 일어났는지 복음과 함께 온 선물들을 헤아려 볼 수 있게 된다.

중국과 한국이라는 선택의 갈림길에서 홀과 셔우드를 이 땅으로 인도하시고 민족의 수난의 현장에서 우리와 함께 살도록 보내주심은 주님의 성육신을 생각하게 한다. 이들에게서 하나님사랑, 이웃사랑을 배운다. 그리고 너도 가서 이와 같이 하라는 주님의 음성을 듣는다. 「조선회상」은 홀가의 조선선교에 대한 기록일 뿐 아니라 의료선교를 통하여 복음을 전하기 위해 땅끝으로 나아가는 모든 이들의 필수 지침서가 될 것이다.

추천의 글 8 이현수 선교사 | 한국 프론티어스 국제선교회 대표

조선에서 태어나 조선을 사랑했던 닥터 홀

이제 한국은 2만 명이 넘는 선교사를 세계 각지에 파송한 나라가 되었다. 나는 지난 십수 년 동안 선교지를 다니면서 많은 한국 선교사님들을 만날 기회가 있었다. 이들의 가슴 속 이야기를 들으면서 가장 공감했던 것은 우리가 선교사이지만 현지 영혼들을 향한 사랑이 부족하다는 사실에 몸부림을 치고 있다는 솔직한 고백이었다. 우리는 이러한 인간적인 부족함에 충분히 공감한다. 그럼에도 불구하고 우리는 주님이 무엇을 원하시는지 알고 있다. 그리고 우리에게 그런 본을 보이신 예수님과 그 제자들의 삶을 접하면서 하나님께서 우리 안에 부으셨던 그 사랑을 회복할 수 있음을 깨닫게 된다.

오늘날 한국 사회는 닥터 홀이 100년 전에 보여주었던 그리스도의 사랑이 절실하다. 그런 맥락에서 닥터 홀의 「조선회상」은 우리에게 분명한 도전과 본보기를 보여주기에 충분하다. 닥터 홀 가족이 우리에게 보여준 그 사랑은 복음서에서 우리가 깊이 경험했던 주님 사랑의 연장선 위에 있다고 확신한다. 우리는 닥터 홀의 '조선 사랑' 속에 나타난 그리스도의 사랑이 이 한국 땅과 교회에 다시 흐르기를 기도해야 할 사람들이다. 조선을 향한 그들의 사랑을 읽으면서 우리가 사랑해야 할 대상을 향한 샘솟는 사랑의 격정을 경험하게 될 것이다. 그런 사랑을 회복하고자 갈망하는 선교사들과 한국의 그리스도인들 모두에게 이 책을 강력하게 권하고 싶다.

추천의 글 ❾ **한철호** 선교사 | 선교한국 상임위원장

가슴뛰는 삶을 살다간 의사 선교사

선교사는 관찰자이다. 복음전파 대상자들에게 선교사가 가지고 있는 것을 맹목적으로 전달하는 것이 아니라 그들의 삶과 생각을 잘 관찰하여 가장 적절하고 유용한 방법으로 복음을 전해야 한다. 이런 관점에서 셔우드 홀은 한국에 온 서양 선교사들 가운데 특별히 주목해 볼 인물이다. 비록 그가 이미 선교사로 한국에 온 부모님에 의해서 한국에서 태어났기 때문일 수도 있지만, 그의 한국에 대한 관찰은 대단한 것이었다. 한국에 온 서양선교사들의 전기나 기록이 여러 권 발행되었지만 셔우드 홀의 「조선회상」처럼 당시 한국 사회의 정황과 조선인들의 생활상 그리고 영적, 사회적 처지를 세밀하고 구체적으로 기술한 책은 없는 것 같다.

그는 조선에 대해 관찰하면서 당시 우리 백성들이 겪는 여러 문제 중에서 결핵이 얼마나 심각한 것인지 알게 되었다. 그리고 의사로서 결핵치료와 퇴치에 전념하며 조선인들의 건강 증진에 결정적인 역할을 함으로써 이 민족을 향한 그리스도의 사랑을 몸소 실천했다. 조선인들의 결핵을 퇴치하려는 그의 선한 노력은 비록 당시 침략 세력이었던 일본에 의해 많은 방해를 받았지만, 그는 조선의 생명, 특히 피 같은 젊은이들을 많이 구하게 되었다.

「조선회상」을 읽는 독자들은 이 책을 통해 셔우드 홀을 관찰하게 될 것이다. 그의 경건한 삶과 헌신, 그리고 조선인들을 사랑하는 마음을 뚜렷이 관찰할 수 있다. 독자들의 마음속에는 새로운 생각과 결단이 샘솟을 것을 확신

한다. 이런 관점에서 「조선회상」은 의료인이나 의료선교에 관심 있는 사람들뿐만 아니라, 이웃의 필요에 대해 반응하길 원하며 그들을 위해 자신을 드리길 원하는 모든 사람들에게 따라야 할 삶의 모델을 제공하고 있다.

추천의 글 ⑩ 허버트 웰치 박사 | 전 한국-일본 감리교 주재 감독

'위대한 이'를 위하여

여기 한 권의 책 그 이상의 가치를 지닌 책이 있다.

닥터 홀의 「조선회상」(朝鮮回想, *With Stethoscope in Asia : Korea*).

그리고 여기, 세상에 흔치 않은 한 사람이 있다. 자신의 신앙을 따라 분명한 사명감과 헌신의 자세로 모든 것을 바쳐 평생 동안 봉사의 삶을 살아온 선교 개척자, 닥터 셔우드 홀. 그는 하나님으로부터 부여받은 굽힐 줄 모르는 인내심과 결단력으로 처음에는 한국에서, 나중에는 인도에서, 병든 사람들에게 귀한 의술을 베풀었으며 자신의 삶으로 드러나는 그리스도의 향기를 통해 복음을 전했다.

여기 한 권의 책이 있다. 닥터 셔우드 홀의 「조선회상」.

그리고 나는 이렇게 말할 수 있음이 자랑스럽고 또한 기쁘다. 여기, 그의 책보다 더 위대한 한 사람이 있다. 그에게 하나님의 축복이 함께하기를!

---

*허버트 웰치 감독이 한국-일본 감리교의 주재 감독으로 있었을 때(1916-1928) 닥터 셔우드 홀은 그 밑에서 선교사로 일했다. 웰치 감독은 106세의 나이로 1969년 4월 4일 세상을 떠날 때까지 활동하였으며 그 당시 미국의 대학 졸업자들과 세계 교회 지도자들 중에서 가장 나이가 많은 분으로 알려졌다. 웰치 박사는 극동 지역의 감독이 되기 전에는 오하이오 웨슬리언 대학교 총장으로 1905-1916년까지 재임했다. -편집자

목차

추천의 글 7
닥터 홀의 편지 : 나의 사랑, 한국 29
머리말 : 긴 세월의 이야기를 풀며 32
프롤로그 : '보배' 이야기 34

1장 시작 45
2장 첫 인상 65
3장 개척을 향한 모험 95
4장 평양에서의 수난 133
5장 에디스 마거리트 177
6장 마음의 상처를 수습하고 195
7장 은둔 왕국의 백인 소년 219
8장 시베리아—유럽 횡단여행 245
9장 내일을 찾아서 263

10장 조선을 향해 287
11장 조선으로 돌아와서 301
12장 오리엔테이션 325
13장 첫 번째 해와 예순한 번째 해 345
14장 첫아이 375
15장 원산의 여름 403
16장 기초 작업 421
17장 긴급 취임 431
18장 꿈은 이루어지고 443
19장 최초의 요양원—해주 구세요양원 461
20장 안식년 휴가 489
21장 크리스마스 씰 515
22장 이정표 543

23장 공수병 소동 573
24장 반가운 사람들의 방문 591
25장 화진포의 성(城) 611
26장 대행(代行) 621
27장 전쟁의 소리 639
28장 헌병대 659
29장 엉터리 재판 679
30장 조선을 떠나며 689
31장 만세 705

에필로그 713
감사의 글 719
옮긴이의 글 : 출간 후 뒷이야기 722
부록 : 닥터 홀 일가 중요연표 730

조선과 인도에서 39년간 의료 선교사로 일한 후 은퇴한 닥터 홀과 매리언 홀. 이들은 진정 그리스도께서 먼저 걸어가신 풍성한 삶을 살았던 믿음의 사람들 이었다.

| 한국의 독자들에게 보내는 닥터 홀의 편지 |

나의 사랑, 한국

　한국의 사랑하는 독자들, 그리고 가족들에게 반가운 인사를 드립니다.
　독자들은 이 책을 흥미진진하게 읽으실 수 있을 것입니다. 왜냐하면 이 책은 한국에서 일어났던 근세 역사의 단편들과 그밖에도 매우 흥미 있는 일들을 다루고 있기 때문입니다. 나는 여기에서 하나의 사건을 예로 들어 이야기하고자 합니다. 이 이야기를 들으면 이 책의 내용이 어떻게 진행될지 추측하는 데 도움이 될 것입니다.
　지금으로부터 100년 전 '고요한 아침의 나라'에 개신교 선교사들이 도착했습니다. 이 책은 이들이 이 땅에 도착하면서 시작됩니다. 그 선교사들 가운데 닥터 윌리엄 제임스 홀과 닥터 로제타 홀이라는 의료선교사 부부가 있었습니다. 이들은 바로 나의 부모입니다. 나의 부모는 그 당시 외국인에게는 금지 구역이었던 평양에서 처음으로 의료와 교육 선교를 시작했습니다. 그때 나의 부모는 갓난아기였던 나를 병원 마당에 내놓고 자주 현지 주민들에게 '전시' 했습니다. 서양의 백인 아기가 어떻게 생겼는지 정말 궁금해 하는 주민들의 호기심을 만족시켜

주기 위해서였습니다.

이것이 내가 내 부모의 선교 사업을 도와준 출발점이었습니다. 내 부모의 의료선교 활동에서 나는 훌륭한 홍보역할을 담당했던 것입니다. 그러나 그때 나를 구경하던 사람들 모두가 나를 예쁘다고 칭찬한 것은 아닙니다. 한국 아기에 비해 너무 큰 코와 파란 눈을 보고 웃음을 참지 못하는 이도 많았습니다.

"에그머니나, 양귀(洋鬼)의 아들의 눈은 꼭 개의 눈 같네!"

조선에서는 파란색 눈을 가진 것이 개뿐이었는지도 모릅니다. 튼튼한 한 쌍의 폐를 가지고 있었던 내가, 여느 조선 아기들이나 마찬가지로 그들 앞에서 힘차게 소리 내어 울자 구경꾼들은 "이 아기도 역시 사람 새끼로구나" 하고 나를 인간으로 곧 인정했다고 합니다. 내 부모의 의료 사업이 양귀들의 사업이 아니라는 것을 아는 데에는 어쩌면 나의 '울음소리'가 도움이 되었을지도 모릅니다.

그래서 사람들은 치료를 받으러 왔고 그들의 병은 나았습니다. 그리하여 우리 구세주께서 2천 년 전에 가르치신 기쁜 소식을 그들도 듣게 되었던 것입니다.

병원 마당에 전시되었던 나는 자라서 외국에 갔다가 다시 한국으로 돌아왔습니다. 나는 노래하고 뛰고 기쁘게 사는 데는 건강한 폐가 얼마나 중요한지 잘 기억하고 있었습니다. 불행하게도 그 당시에 많은 조선의 아기들은 오랫동안 그런 건강한 폐를 갖지 못하는 상태였습니다. 장래가 촉망되는 수많은 학생들과 한창 나이 때의 남자나 여자들이 폐에 결핵균이 감염되는 바람에 일찍 무덤으로 실려 갔습니다.

이 책에는 한국인들의 목숨을 가장 많이 앗아간 결핵이라는 적을 상대로 싸워 이기는 이야기와 이런 과정에서 한국 최초로 설립된 결핵요양원의 이야기도 있습니다. 이 책을 쓰면서, 사랑하는 한국에서 보낸 수많은 행복했던 날들이 기억나 즐거웠습니다. 독자들도 이 책을 즐겁게 읽어주기 바랍니다.

김동열(金東悅) 씨의 헌신적인 노력이 없었다면 이 책의 한국어판 번역은 불가능했을 것입니다. 나와 나의 아내는 이 모든 것을 가능하게 해준 그에게 무척 감사한 마음을 갖고 있습니다.

이 책을 즐겁게 읽고 주위 사람들에게도 이야기해주시면 감사하겠습니다. 좋은 이야기란 서로 나누어 갖는 게 좋지 않겠습니까!

셔우드 홀

| 머리말 |

긴 세월의 이야기를 풀며

    나의 부모인 닥터 윌리엄 제임스 홀과 로제타 홀은 조선에서 선교 개척자로 일생을 바치셨다. 나는 두 분이 의료선교사로 활동하던 중 은둔 왕국 조선 땅 서울에서 태어났다. 부모님의 의료선교 활동, 조선 땅에서 두 분의 아들로 태어나 그곳에서 성장했던 내 소년기의 경험들, 그리고 훗날 의사인 아내와 내가 의료선교사가 되어 조선으로 돌아온 뒤 그곳에서 보낸 16년 동안의 세월로 인해 나는 많은 추억과 감동스런 이야기를 간직할 수 있었다.

    나는 이런 특별한 배경과 함께, 그곳에서 살며 겪었던 힘든 시련들, 슬픈 사연들, 영감을 주는 사건들, 그리고 기쁨을 맛보았던 온갖 성취감들을 여러 곳에서 여러 사람들에게 자주 이야기할 기회가 있었다.

    나의 이야기를 듣는 청중들은 항상 깊은 관심을 보여주었으며 쉴 새 없이 질문을 던지곤 했다. 그들은 내가 살아낸 조선에서의 오랜 경험들이, 남녀노소를 가리지 않고 어느 누구에게나, 인간의 기본 가치와 선(善)에 대한 믿음과 고귀한 정신을 알리는 좋은 메시지라고 격려를 아끼지 않았다.

  그들은 내가 조선에서 겪은 일들을 책으로 남겨 더 많은 사람들이 내가 경험한 이야기를 접할 수 있게 해달라고 권했다. 그러나 그런 이야기를 글로 정리해 책으로 남기는 일은 적지 않은 시간과 노력이 필요한 작업이라서 시간이 좀 더 흐른 뒤에 나와 아내가 의료선교 활동을 정리하고 청진기를 옆으로 내려놓았을 때에나 가능할 것 같았다. 그래서 좀 더 여가가 생길 때까지 기다리는 수밖에 없었다.

  결국 그 시기는 우리가 조선과 인도에서 39년간 의료선교사로 일하고 은퇴한 후에야 찾아왔다. 일흔세 번째 생일을 맞는 날 나는 이 책을 쓰기로 작정했다.

캐나다, 브리티시 콜롬비아 주, 리치먼드에서
닥터 셔우드 홀

| 프롤로그 |

'보배' 이야기

옛날 옛적, 황해에 위치한 조선의 해안 도시, 해주라는 곳에 어떤 상인이 살았다. 기와를 얹은 지붕과 흙벽으로 된 그의 집에는 늙으신 부모님들과 영기, 장성, 용두라는 세 아들과 아내, 그리고 딸이 살고 있었다. 그 당시에는 여자는 시집을 가면 아기를 낳을 때까지 이름을 갖지 못하는 것이 풍속이었다. 아이들을 낳게 되면 그때부터 '아무개의 엄마'라는 간접적인 이름으로 불렸다.

이 상인의 딸은 이 집에서 사랑을 독차지하고 있었다. 딸의 빛나는 눈과 사람을 사로잡는 미소는 부모와 조부모들의 마음을 사로잡았기 때문이다. 부모들은 딸을 '보배'라고 부르기 시작했다.

보배는 그 집안에서 진정으로 귀한, 말 그대로 보배였다. 특히 할아버지에게는 더 그랬다. 사실상 소녀의 할아버지는 손녀를 손자나 마찬가지로 대접해 주었다. 보배가 어렸을 때부터 할아버지는 여러 민속들은 물론 그 당시 소녀들에게는 거의 가르치지 않았던 한문까지 가르쳤다.

조선의 북쪽 지방에는 호랑이들이 많았다. 보배는 할아버지가 들려주는 끝없는 호랑이 이야기에도 전혀 싫증내지 않았다.

겨울철이 되면 그들은 저녁마다 화로 곁에 앉아, 할아버지는 손녀가 좋아하는 전설 이야기를 해주고 손녀는 할아버지의 이야기를 들으면서 시간을 보냈다. 다음 이야기는 그 많은 이야기 중의 하나다.

한 농부가 어느 날 아침 아내와 함께 농사지은 채소를 시장에 내다팔려고 집을 떠났다. 짚으로 지붕을 올린 집에는 아들과 딸만 남아 있었다. 부모는 나가면서 아이들에게 자루에 들어 있는 쌀을 찧어서 가루로 만드는 일을 시켰다. 쌀을 찧는 기구는 마치 시소처럼 생겼다. 한쪽 끝에 망치가 달려 있는데 아이들은 그 다른 쪽 끝에 앉는다. 천장에는 밧줄이 달려 있어서 이 기구를 받쳐준다. 아이들이 시소 놀이를 하는 것 같이 한쪽 끝에서 막대기를 올렸다 내렸다 하면 반대편의 망치 역시 오르내리면서 쌀을 찧는다. 이 일은 너무나 재미있어서 아이들은 이것을 일이라고 생각하지 않았다.

그들의 부모가 시장에 가고 없었던 그날 커다란 호랑이 한 마리가 그 오막살이 주변에 와서 어슬렁거리며 집 안으로 들어오려고 틈을 엿보고 있었다. 집 안의 모든 문들이 단단히 잠겨 있었으므로 호랑이는 지붕 위로 뛰어올라가서는 짚으로 된 지붕을 발로 파기 시작했다. 아이들이 얼마나 놀랐겠는가!

그때 누이동생의 머리에는 언뜻 좋은 생각이 났다.

"오빠, 이 밧줄을 가지고 올가미를 만들어주세요. 호랑이 발이 천장에 나타나면 이 올가미로 호랑이 발목에 쉽게 끼울 수 있게요. 그런 다음에는 밧줄의 다른 쪽 끝을 쌀 찧는 방아에 단단히 매줘요. 엄마와 아빠가 오실 때쯤 되면 쌀을 많이 찧어놓게 될 거예요."

"그것 참 좋은 생각이구나!"

오빠가 감탄하며 말했다.

말을 마치자마자 올가미를 만들었다. 호랑이가 천장으로 발을 쑥 넣는 순간, 발목에 밧줄이 단단히 묶여졌다. 당연히 호랑이는 발을 빼려고 발을 올렸다 내렸다 했고, 따라서 방아는 저절로 찧어졌다. 호랑이는 발을 올렸다 내렸다 하는 일에 곧 지치게 됐다. 그러나 한편 아이들은 그 밑에서 쌀가루를 퍼내고 새로 쌀을 넣기에 바빴다. 쌀은 굉장히 빠른 속도로 빻아졌다.

저녁이 되어 소년이 언뜻 밖을 보았더니 아버지가 호랑이에게 총을 겨누고 있었다. 이때 소년이 외쳤다.

"아버지! 아직 쏘지 마세요. 우린 안전해요. 아직 빻아야 할 쌀이 한 포대나 남았어요."

보배는 이 이야기를 재미있게 들었다. 그리고는 할아버지에게 또 다른 이야기도 해달라고 졸랐다. 할아버지는 다음날 이야기 해주겠다고 약속했다.

그 당시 조선의 소녀들은 아주 어린나이에 자기들보다 더 나이가 어린 소년들과 약혼을 했다. 보배도 예외가 아니어서 어느새 자기가 한 번도 본 적이 없는 이웃집 소년과 약혼했음을 알았다. 보배는 자기가 열세 살이 되면 결혼식이 열릴 것이고 그날에는 신랑을 볼 수 없게 두 눈을 붙여 감게 할 것도 알았다.

보배는 신랑을 볼 수 없게 하는 점이 불만스러웠다. 보배는 비록 정숙하고 기품이 있는 소녀였으나 임기응변에 능하기도 했다. 결혼식 전에 한번쯤은 신랑감을 볼 수 있는 방책을 강구하기로 했다.

봄이 되면 조선의 소녀들은 긴 줄에 매달린 그네를 선 채로 뛰는 놀이를 매우 즐긴다. 보배는 여기에 생각이 미치자 아버지에게 그녀를 매달아달라고 했다. 그네가 높이 올라갈 때 장래의 신랑 모습을 잠시 살펴볼 수 있을 것이며, 한편 자신의 아름다운 모습도 신랑감에게 보여줄 수 있다고 생각한 것이다. 이 천진난만한 방법은 완전 성공이었다. 보배는 명절에 입는 색동옷으로 곱게 단장하고 공중 높이 올랐다. 보배는 그 어린 약혼자를 수줍음 없이 살짝 훔쳐볼 수 있었다.

이렇게 신랑감을 본 보배는 몹시 흥분해서 엄마에게로 달려갔다. 보배가 소리쳤다.

"난 신랑감을 봤어요. 아주 잘 생겼어요!"

이에 엄마가 대답했다.

"창피스럽구나! 신랑감을 먼저 보면 불행이 온단다. 난 네 아빠를 혼인식이 끝날 때까지 보지 않았단다. 그래서 난 복이 많지 않느냐. 이 큰 기와집과 흥성한 식구들을 봐라!"

모녀의 대화를 엿들은 보배의 아버지는 엄마 앞에서는 딸을 꾸짖은 다음 딸에게 슬며시 윙크를 했다. "사실은 그게 아니란다. 엄마와 혼인하기 전에 아빠는 네 엄마의 모습을 훔쳐보았지. 봐라, 그래도 난 복이 많단다. 이 큰 기와집과 흥성한 식구들, 그리고 이 세상에서 가장 사랑스런 네가 있지 않니!"

보배는 이 문제에 대해서는 더 이야기를 듣고 싶지 않았다. 할아버지에게 쪼르르 달려가서 전에 약속한 대로 또 다른 호랑이 이야기를 해달라고 졸랐다.

"좋지, 좋아."

할아버지가 승낙했다.

"오늘 마침 줄다리기 시합이 있었는데 우리 편이 이겼으니 잘 됐다. 내가 이제 너에게 해줄 이야기는 이 줄다리기 시합에 대한 거란다."

"옛날에 어떤 마을이 있었는데 이 마을 사람들이 옆 마을 사람들에게 줄다리기 시합을 하자고 도전을 했단다. 보배야, 너도 알겠지만 시합을 할 때는 모두 힘을 합치기 위해 함께 소리를 외친단다. '영차, 영차!' 하고 말이지. 이 이야기의 핵심은 바로 이 구령 소리에 있으니 잘 새겨두어라."

할아버지가 이 구령을 외치자 심한 기침이 났다. 잠시 후 기침이 멎었고 할아버지는 다시 이야기를 계속했다.

시합을 하러 왔던 다른 동네의 청년 한 사람이 시합이 끝나자 남들은 다들 집으로 돌아갔는데도 노는 데 정신이 팔려 그만 뒤처지고 말았지. 그러다가 결국은 그도 집을 향해 길을 떠났는데 그가 산 고개에 거의 다다랐을 때는 이미 어둠이 사방을 덮어왔다. 그 산에는 호랑이들이 많기 때문에 청년은 근방에 흔하게 널려 있던 길가의 한 사당에 들어가 몸을 숨겼지. 이런 사당의 벽은 그리 단단하지가 못하단다. 나무 널판으로 막아뒀기 때문이지. 너무 피곤했던 청년은 사당 안에 들어가자마자 곧 잠이 들어 곯아떨어졌는데 아직도 그 전날 줄다리기 시합을 하던 생각에서 헤어나지 못해 꿈에서까지 줄다리기를 했단다.

그때 마침, 커다란 호랑이 한 마리가 산에서 어슬렁거리며 내려와 하필이면 그 청년이 자고 있던 사당 바로 옆에 쪼그리고 앉았지. 호랑이는 옆의 청년은 보지 못했지만 바로 아랫마을에서 돼지가 꿀꿀거리는 소리와 아기 우는 소리가 들렸으므로 마치 개나 고양이가 공격할 때 그러하듯 꼬리를 꼿꼿이 세워서 흔들기 시작했단다.

그런데 그 흔들리는 호랑이 꼬리가 사당의 널판때기 벽 사이로 쏙 들어와 자고 있던 청년의 얼굴을 간지럽혔지 뭐냐. 청년은 한창 줄다리기 시합을 하는 꿈을 꾸고 있던 차라, 저도 모르게 호랑이 꼬리를 잡고는 혼신의 힘을 다해 잡아당기기 시작했지.

"영차, 영차!"

그는 꼬리를 잡아당기면서 구령을 외쳤단다.

깜짝 놀란 호랑이가 몸을 빼려고 요동을 치자 청년은 잠에서 깨었는데, 이게 뭐냐! 자기 손에 호랑이 꼬리가 잡혀 있는 게 아니냐. 청년은 엉겁결에 또 '영차, 영차' 하고는 호랑이 꼬리를 놓아 주었는데 벽으로 난 틈으로 보니 호랑이는 혼비백산해서 도망가더란다.

그 다음날 아침, 청년은 다시 집을 향해 가고 있었는데 한 떼의 사람들이 숨이 턱에 닿아서 소리치며 도망쳐 오고 있었단다.

"호랑이가 쫓아온다! 호랑이가 쫓아온다! 도망가라!"

이때 우리의 영웅인 그 청년이 말했단다.

"진정들 하시오! 겁내지 마시오. 내가 저 호랑이를 물리칠 수 있소."

그러자 사람들이 소리치며 말을 받았다.

"바보 같은 소리 하지 마시오. 당신에게 총이 있소, 칼이 있소?"

사람들은 기다리지 않고 다 줄행랑을 놓았지. 얼마 가지 못해 아닌 게 아니라 그 청년은 산에서 뛰어내려오는 커다란 호랑이 한 마리를 만났는데 그 호랑이는 이빨을 드러내놓고 있더란다. 무서운 형상이었지.

"자, 보배야, 네가 그런 일을 당했다면 어떻게 했을 것 같으냐?"

보배는 대답했다.

"모르겠어요!"

우리의 영웅, 그 청년은 어떻게 할지 알고 있었단다. 청년은 호랑이가 뛰어오는 길 앞에 떡 하니 앉아서 줄다리기 하는 구령을 온 힘을 다해 소리쳤단다.

"영차, 영차!"

청년이 되풀이하여 소리치기도 전에 호랑이는 걸음아 날 살려라 하고 도망갔지. 지난밤에 자기 혼줄을 빼놓은 소리라는 걸 호랑이가 알아차렸던 거야. 집에 도착한 그 청년은 두 번씩이나 호랑이를 혼내준 이야기를 했고 사람들은 이 말을 듣고 경탄해 마지않았다는 이야기란다.

보배는 이 이야기가 매우 재미있었다. 그리고는 하나 더 해달라고 했다. 그러나 할아버지는 기침 때문에 더 이야기하기가 힘들었다. 그 대신 할아버지는 손녀에게 어려운 수수께끼를 하나 냈다. 그녀의 오빠들은 이 문제를 풀지 못했으나 할아버지는 이 똑똑한 손녀에게 하룻밤만 시간을 준다면 반드시 풀 수 있으리라고 생각했다. 할아버지가 내놓은 수수께끼는 이랬다.

"강 건너 어느 동네에 한의사 한 분이 살고 있었단다. 그런데 그 의사는 환자들에게 먹일 약초가 꼭 3킬로그램이 필요했거든. 그렇지만 그때는 마침 장마철이 되어 다리는 떠내려갔고, 물이 불어서 나룻배로 강을 건너는 일은 위험했단다. 임시로 아주 약한 다리를 하나 놓았지만 이 다리는 너무나 약해서 한 사람의 몸무게와 약초 2킬로그램밖에 지탱하지 못한다. 아주 급한 일이 생겨 한 사람이 약 3킬로그램을 가지고 이 다리를 한 번에 건너야 한다. 줄에다 매서 끌 수도 없단다. 이제 질문을 잘 들어봐라. 이런 상황에서 심부름꾼 한 명이 어떻게 1킬로그램을 더 갖고 단번에 이 다리를 건널 수 있겠느냐?"

보배는 밤에 잠을 자지 못했다. 여러 방법을 다 생각해보았다. 그러나 강폭이 너무 넓어 던질 수도 없으니 방도가 없는 셈이었다.

아침이 되자 보배는 할아버지에게 갔다. 얼굴은 대단히 피곤해보였으나 기쁜 빛이 역력했다.

"수수께끼를 푼 것 같아요. 할아버지도 아시다시피 전 공기놀이를 잘하잖아요. 제 생각으로는 심부름꾼은 다리를 건너는 동안은 계속 공기놀이를 하는 것처럼 약 봉지 셋을 번갈아 공중에 던지고 받으면서 가면 될 거예요. 그러면 1킬로그램은 항상 공중에 뜨게 되니까 전체 무게와는 상관이 없지요."

할아버지는 보배의 말을 듣자 너무나 기뻤다. 손녀의 머리를 어루만지면서 말했다.

"그렇다, 네 말이 맞다. 난 네가 쉽게 풀 수 있을 거라고 믿었어."

보배의 혼인날이 가까워지자 어머니는 보배에게 말했다.

"넌 이제 살림살이를 배워야 할 때다. 넌 다른 아이들보다 너무 많이 놀았어. 이제 곧 열 살이 될 텐데 아직까지 김치 담그는 법도 모르지 않니. 네 시어머니가 뭐라고 하시겠니?"

보배는 어머니에게 이렇게 대답했다.

"전 시어머니 걱정은 하지 않아요. 남편을 잘 위하면 되지 않아요?"

어머니는 어이가 없어서 나무랐다.

"신랑은 아무것도 모른단다. 나이가 너무 어리단 말이다. 네가 머리도 빗겨주고 아마 세수도 시켜서 서당에 보내줘야 할 거다."

"한문은 제가 가르쳐줄 수 있어요. 난 할아버지한테 배웠거든요."

보배가 대답하자 어머니는 웃었다.

"네가 남자에 대해서 뭘 아니! 남자가 여자한테서 뭘 배우려고 할 것 같으냐? 넌 여자의 분수를 지켜야 한다. 남자같이 아는 체를 하지 마라. 그게 큰 흠이 된단다."

보배는 한숨이 나왔다. 보배는 자기 생각을 말하지는 않았으나 오래지 않아 이 나라에도 여자를 위한 더 밝고 좋은 날이 오리라고 확신하고 있었다.

한편 보배는 부지런히 일했다. 끝없이 나오는 빨랫감과 다듬이질이 가장 힘든 일이었다. 보배는 집 근처에 있는 개울에 가서 단추가 달리지 않은 옷들을 빨래 방망이로 두드려야 했다. 그런 다음에는 밤늦게까지 다시 둥근 몽둥이(홍두깨)에 옷감을 감아 다듬이질을 했다. 박자를 맞춰서 잘 두드릴 수 있을 때까지는 시간이 걸린다. 보배는 너무 피곤해서 잠을 이룰 수가 없었고 때로는 할아버지처럼 기침이 심해 자다가 깰 때도 많았다. 기침이 그녀의 단잠을 방해하지 않을 때는 조선의 촌락에 밤마다 있는 소음이 잠을 방해했다. 밤에는 개 짖는 소리며 계속 다듬이질 하는 소리, 또한 병자로부터 악귀를 쫓으려는 무당의 통탕거리는 북소리가 쉬지 않고 들린다.

결국 보배의 기침은 점점 더 악화됐다. 몸은 점점 더 여위고 약해졌다. 어느 날 그녀의 부모는 남산 기슭으로 봄나들이를 가면 딸에게 좋을 것이라고 생각했다. 보배는 이 나들이를 무척 기다렸다. 이맘때쯤 되면 아름다운 진달래꽃들이 마치 보라색 카펫처럼 산등성이를 덮고 있다. 보배는 봄날의 그 산을 매우 좋아했다. 꾸불꾸불한 소나무들 사이로 황해가 보인다. 새파란 바다에 떠 있는 형형색색 고깃배의 돛들이 아름답게 보인다.

보배는 예쁜 색동옷을 입었다. 아름다운 남산에 도착하니 행복했고 날아다니는 종달새 같은 기쁨을 느꼈다. 이곳에서는 의생(醫生)이 주는 침을 맞을 걱정은 하지 않아도 됐다. 그보다 더 참기 힘든 무당들의 춤과 북소리를 듣지 않아도 됐다. 여기에는 단지 평화스러움과 달콤한 새들의 지저귐, 아름다운 꽃들과 보배의 소중한 가족들만 있다. 남자들은 땔감을 찾아 나섰고, 어머니는 음식을 준비하느라 바빴다. 가족들은 보배에게 일은 하지 않아도 좋으니 맘대로 나가서 산기슭에 핀 진달래꽃을 따도 좋다고 했다.

모든 음식 준비가 끝나자 가족 중 누군가가 보배를 불렀다. 그러나 대답이 없었다. 가족들은 보배가 아름다운 진달래꽃을 한 아름 가슴에 안고 행복하고 달콤한 미소를 띤 채 쓰러져 있는 것을 발견했다. 가족들은 보배가 조상들이 있는 저 세상으로 갔다는 것을 알았다.

여러 해가 지난 후 이 아름다운 남산 기슭, 보배가 결핵으로 숨진 그 자리에 조선에서는 처음으로 결핵요양원이 세워지게 된다. 이 요양원의 설립은 이 땅의 젊은이들이 그들의 꿈과 역량을 펼쳐보기도 전에 생을 강탈당하는 비극을 막는 데 큰 도움을 주게 된다.

1. 시작

내가 태어난 곳은 4천 년 역사상 가장 복잡다단한 격변의 시대를 맞고 있었던 조선 땅이었다. 조선은 남단에서 북쪽의 만주까지 약 1천 킬로미터로 동쪽에는 동해, 서쪽으로는 황해를 끼고 있다. 남동쪽으로 대한해협을 160킬로미터 정도 지나면 일본이 자리 잡고 있고, 서쪽으로는 약 320킬로미터 거리에 중국 본토가 위치한다. 동서의 폭은 약 300킬로미터, 크기는 대략 미국의 유타 주만 하다. 3,200개 이상의 섬들이 800여 킬로미터에 걸친 암석으로 돌출된 해안선을 따라 분포되어 있다.

인종상으로는 중국인이나 일본인과는 다른, 서아시아의 코카시아 인종과 몽골 유목 인종의 후예로 생각된다. 주로 산악 지대로 구성되어 있고 토지의 약 5분의 1 정도만이 경작 가능한 지역이라 생존을 위한 주민들의 고투가 매우 심했다. 또한 정치적으로도, 불행한 지리적 위치 때문에 외세가 한반도를 지배하려는 사건들로 그 역사가 점철되어 왔다. 조선 사람들이 외국의 지배와 영향으로부터 벗어나려고 노력한 결과, 조선은 폐쇄된 '은둔 왕국'(Hermit Kingdom)으로 알려지게 되었다.

내가 서울에서 태어난 때는 1893년 11월 10일, 마침 조선이 자부하던 고립 정책에서 벗어나 국제 대열에 들어서려던 시기였다. 나는 그 당시까지 외국인에게는 한 번도 허가된 일이 없었던 북쪽 지방에서 살게 되었다. 백인 아이로는 내가 처음이었다.

지금까지 약 1백 년 동안 금지되어온 기독교 선교가 나의 부모에 의해 다시 시작된 것이다. 이 사실은 종교적으로 볼 때 억압에서 자유라는 전환점을 맞는 중요한 역사적 의미가 있다. 초기 선교사들은 서울의 중심지에서 다음과 같은 글이 새겨진 비석을 볼 수 있었다.

> 외국 오랑캐들이 이 땅을 침략하고 있다. 전쟁이냐 평화냐, 둘 중의 하나가 있을 뿐이다. 평화란 곧 이 나라를 배신함을 말한다. 자손들에게 경고하는 바, 앞으로 천 년간 평화는 없을 것이다.
> 1866년 글을 짓고, 1871년 이 비를 세우다.

그러나 불과 20년 후 나의 부모인 닥터 윌리엄 제임스 홀(William James Hall)과 닥터 로제타 셔우드 홀(Rosetta Sherwood Hall)은 미국 감리교 해외선교회 소속인 의료선교단의 일원으로 조선에서 봉사하게 되었다.

나의 아버지 윌리엄 제임스 홀은 캐나다 온타리오 주에 있는 글렌뷰엘의 한 통나무집에서 1860년 1월 16일 태어났다. 다섯 형제 중 맏이였는데 어려서부터 특출하게 총명하지는 않았으나 신중하고 사려 깊은 소년이었다. 그는 농부가 되고 싶지는 않았다. 1877년 1월, 열일곱 살 때 마침 목수 견습공의 자리가 난 것을 기회로 학교를 중단하고 인근 동네인 아덴스로 가 거기서 취직했다.

그러나 2년이 채 지나기도 전에 건강이 나빠지기 시작했다. 결국 심한 기침과 열이 계속되어 극도로 허약해진 몸을 이끌고 집으로 돌아와 죽을 때를 기다렸다. 그때가 열아홉 살이었다. 열네 살 때부터 이미 기독교 신자였던 아버지는 자신이 이 세상에서 하나님을 위해 아무 일도 하지 못하고 덧없이 죽게 된 점을 가장 괴로워했다. 그런데 뜻밖에도 건강이 회복되었다.

다시 살아난 아버지의 가슴 속에는 "이제 나에게 주어진 이 짧은 인생을 어떻게 해야 가장 뜻있게 보낼 수 있을까?"라는 생각으로 꽉 차게 된다. 하지만 자신을 되돌아본 아버지는 배운 것이 없어 능력이 제한되어 있다는 점을 깨달았다. 그래서 이 세상에서 쓰임 받는 사람이 되기 위해서는 공부를 해야겠다는 생각이 들었다.

아버지는 교실이 하나밖에 없는 글렌 뷰엘 학교로 다시 돌아왔다. 그리고는 학업에 몰두했다. 그 당시 아버지를 가르쳤던 칼리 선생은 "옛 제자의 학습이 놀랄 만큼 향상되어 1880년 크리스마스가 되기 전에 아덴스 고등학교에 입학할 수 있었다"고 회상했다. 그녀는 이렇게 기록한다.

> 지미(제임스의 애칭)에게는 사람들로부터 사랑 받는 뭔가가 있었다. 그에게는 적이 없었다. 모두들 그를 좋아했다. 사람들은 그를 알수록 더욱 사랑하게

되었다. 나는 그때 길로이 댁에 하숙하고 있었는데 지미는 공부하다 모르는 것이 있으면 자주 나를 찾아와서 도움을 청하곤 했다. 그때마다 지미는 수년 동안 병들어 움직이지 못한 채 누워 있는 길로이의 장모를 문병하곤 했다. 길로이의 장모는 독실한 퀘이커 교도였는데 병 고치는 간단한 요법을 많이 알고 있었다.

지미는 병자가 알려준 약초를 채취하여 한 시간 이상이나 수고하여 달여 줄 때도 많았다. 사람들은 지미에게 복음을 전하는 사역자가 되라고 자주 격려해주었다. 내 생각에도 그는 그쪽 방면으로 나가려는 뜻이 있는 것 같았다. 아마 그의 어머니의 소원과 그 퀘이커 할머니의 영향으로 의사가 되려는 마음을 굳혔을 것이다.

그 할머니는 "윌리엄 제임스, 그대는 인간에게 좋은 일을 하려고 이 세상에 태어난 것이야. 하나님은 그대를 의사로 만들 것일세. 그대는 육체와 정신을 고치는 사람이 되어야 하네"라고 말하곤 했었다.

아버지는 1883년, 교사 자격증을 취득한 후 2년간 교사로 일했다. 그는 학교에서 받은 봉급과 틈틈이 책과 생명보험사의 세일즈맨으로 일해서 번 돈을 모아 1885년에는 온타리오 주 킹스턴에 있는 퀸즈 대학교 의과대학에 입학할 수 있었다. 그때 의과대학에는 YMCA가 없었다. 그의 첫 번째 사업 계획은 거기에 YMCA지부를 조직하는 것이었다. 이 일은 성공적으로 끝났다. 그의 봉사 의욕과 조직력이 입증된 것이다.

1887년 대학의 봄 학기, 그에게 인생의 큰 전환점이 찾아왔다. '해외선교 학생자원운동'(SVM)의 인도 지역 책임자인 존 포먼 목사가 퀸즈 대학교를 방문한 것이다. 22명의 학생들이 해외선교에 참가하겠다는 서명을 했다. 그도 그 중 한 사람이었다. 서명한 학생들은 학교 내에 '학생자원회'를 결성했다.

여름방학 때는 매사추세츠의 노드필드에 있는 드와이트 무디 여름학교(Dwight Moody Summer School)에 참가할 학생들을 조직했다. 여름학교에 참석하는 동안 그들은 근처에 있는 마운트 허몬 학교를 방문했다. 그 학교는 전 세계에 선교사들을 보내는 '학생자원운동'의 발상지였다.

노드필드에서 아버지는 조지 다우넛 박사를 만났다. 국제의료선교회의 이사인 다우넛 박사는 노드필드 기독인 봉사자 회의에 연사로 온 것이다. 아버지는 그를 통해 뉴욕의 국제의료선교회에서는 의료선교사를 양성, 훈련시키는 제도를 시행하고 있다는 정보를 얻었다. 이 만남을 계기로 아버지는 의과대학의 3학년과 4학년을 뉴욕의 벨레뷰 병원 의과대학(Ballevue Hospital Medical College)에 가서 공부하게 되었고, 1889년에 졸업, 의사자격(M. D.)을 취득했다.

이제 아버지는 닥터 홀로 불리게 되었다. 그는 졸업하자마자 바로 감리교회의 메디슨 가(街) 의료선교부문 책임자로 임명되었다. 당시 의료선교회 간부였던 닥터 서머 스톤은 닥터 홀의 활동에 대해 이렇게 기록하고 있다.

> 닥터 홀은 자애로운 의사요 불쌍한 사람들의 형제로서 병들어 죽어가는 뉴욕 거리의 사람들을 아무런 대가도 없이 밤낮을 가리지 않고 돌보았다. 상대가 살인자건, 도둑이건, 어떠한 범죄자건 가리지 않고 선교의 사명을 다했다.

닥터 홀은 그때 뉴 로셀에 있는 닥터 스톤의 저택에 기거하면서 날마다 뉴욕의 빈민가로 출근했다. 닥터 스톤 내외는 인도에서 의료선교 일을 하던 중 건강이 좋지 않아 귀국해 있던 참이었다. 그들은 국내외의 의료선교에 깊은 관심을 가지고 있었고 감리교 선교위원회의 간부였다. 닥터 스톤 내외는 닥터 홀을 매우 사랑하여 마치 아들처럼 대했다. 닥터 스톤의 글을 보면 이들이 얼마나 서로 깊이 사랑했는지 알 수 있다.

> 예수 그리스도에 대해 가장 짧은 전기를 쓰라고 한다면 "예수는 선(善)을 행하러 오셨다"는 한 마디로 표현할 수 있다. 닥터 홀은 자기의 주인, 예수께서 행한 것처럼 날마다 고통 받는 사람들의 아픔을 낫게 해주고 걱정을 덜어주며, 눈물을 닦아주면서 밝고 더 나은 생활로 인도하는 데 몰두했다. 그는 철학적이고 신학적인 이론을 캐는 데 시간을 낭비하기보다는 상냥함과 사랑을 나눠주는 행동의 사람이었다. 사람들이 질문하는 동안 그는 일했다.

그 당시 드류 신학교의 학생으로서 메디슨 가의 선교일을 도왔던 노블(W. A. Noble)의 글에서도 닥터 홀에 대한 인상을 찾아볼 수 있다.

> 그는 대중들과 접촉하는 데 있어 비상한 재주를 가졌다. 우리의 큰 도시들을 차츰 복음화 하는 것이 그의 계획이었다. 그 계획은 더 확대되었는데 영국의 구세군 창설자인 윌리엄 부스의 이상과 같은 것이었다. 그는 큰일을 처리할 수 있는 안목과 능력을 갖고 있었다. 그러면서도 일상의 아주 사소한 일이라도 등한시 하지 않았다.

출생지(1860)

1872년에 새로 지은 집에서

17세

24세

닥터 셔우드 홀의 아버지 닥터 윌리엄 제임스 홀

1889년 11월 어느 날, 간호사인 젠킨스가 닥터 홀의 진찰실로 들어서면서 새 소식을 전했다.

"닥터 홀, 새 의사가 오셨어요. 닥터 로제타 셔우드라고 선생님을 도울 분이에요."

닥터 홀은 문 앞에 선 젊은 여의사를 보는 순간 첫눈에 사랑을 느꼈다. 그러나 닥터 셔우드는 닥터 홀의 그러한 심정을 몰랐기 때문에 경력서와 추천장을 보이며 자신을 열심히 소개했다. 닥터 셔우드, 뉴욕 리버티 출신으로, 펜실베니아 여자의과대학을 졸업했으며 스테이튼 섬의 어린이 병원에서 인턴 과정을 마쳤다. 그녀는 벨레뷰 의과대학의 어스틴 플린트 학장이 써준 추천장을 들고 있었다. 닥터 홀은 모든 서류들을 차근히 읽은 후 위엄 있는 표정으로 인터뷰를 계속했다. 여러 해가 지난 후 그는 아내가 된 닥터 셔우드에게 "첫날 인터뷰 때 자기를 꽤 높여서 선전하느라 열심이었다"고 놀려주곤 했다.

로제타 셔우드는 1865년 9월 19일, 뉴욕 설리번 카운티의 리버티에서 로즈벨트 셔우드(Rosevelt Sherwood)와 피비 길더슬리브 셔우드(Phoebe Gildersleeve Sherwood) 사이에서 태어났다. 그녀는 어린 시절 고향집 농장에서 자랐으며, 리버티에 있는 체스넛 릿지 학교에서 초등교육을 받은 후 리버티 노멀 인스티튜트에서 공부했다. 이곳에서 초등학교와 고등학교 교사 자격을 취득한 후, 펜실베니아 여자의과대학에 들어가기 전 1885년에 1년 동안 체스넛 릿지 학교에서 교편을 잡았다.

그녀가 의료선교사가 되기로 결심한 것은 당시 그 지방을 방문했던 캐너드 챈들러 여사와, 제임스 토번 감독의 부인이며 당시 인도의 의료선교사였던 닥터 토번 여사로부터 인도에 의료선교사가 필요하다는 이야기를 듣고 감명을 받고서였다. 이렇게 하여 그녀는 의사가 된 뒤에 감리교 주관 사업의 하나였던 뉴욕의 빈민가 시료원(施療院)을 찾아오게 되었고 이곳에서 닥터 홀을 만났다. 그 무렵 그곳의 모든 업무는 닥터 홀의 감독과 지휘 아래 있었다.

두 사람은 헌신적으로 합심하여 그 지역에서 험한 시료원 일을 잘 해냈다. 이들은 다 같이 해외선교단의 일원으로 중국으로 파견될 선교사 후보들이었다.

그 해 성탄절, 닥터 홀은 닥터 셔우드에게 청혼을 했으나 거절당했다. 그는 낙심했지만 용기를 잃지는 않았다. 사실 닥터 셔우드의 거절은 진정한 의미에서의 거절이 아니었다. 그녀로서는 닥터 홀의 비중이 너무나 무거워서 하나님의 인도하심을 구할 시간이 필요했다. 원래 그녀가 예정했던 의료선교사로서의 생활에는 결혼이 끼어 있지 않았기 때문이다. 또 어렸을 때 척추에 이상이 있어 몇 번 수술을 받았는데 그때까지 완치되지 않았던 이유도 있었다. 더구나 의학교에 다닐 때 목에 결핵성 종양 같은 것이 생겨 수술을 받기도 했다. 결혼한 후 건강이 좋지 못할 경우 닥터 홀에게 미칠 영향을 생각하지 않을 수 없었다. 이러한 건강 문제들은 선교사 일을 어느 정도 해보면 올바르게 판단할 수 있을 것으로 보였다. 그리고 닥터 셔우드는 미국 감리교 여성해외선교회(Women's Foreign Missionary Society)에 이미 선교사 신청서를 제출해 놓은 상태였다.

그 이듬해 부활절, 닥터 홀은 다시 청혼을 했다. 이때 닥터 셔우드는 이미 해외 의료선교사로 임명을 받은 뒤였다. 그녀의 임지는 당초에 희망했던 중국이 아니라 비교적 새로운 선교 대상지로, 잘 알려져

로제타(10세)

뉴욕 리버티의 셔우드 로제타의 집

1890년 뉴욕 메디슨 가 의료선교사 시절의 닥터 홀과 닥터 셔우드. 감리교회에서 시행하던 메디슨 가 의료선교 부문 책임자였던 닥터 윌리엄 제임스 홀은 그의 조수로 온 닥터 로제타 셔우드를 본 순간 첫눈에 사랑에 빠졌다. 그리고 이 만남을 계기로 조선으로 오게 된다.

있지 않았던 조선이었다. 배편은 8월로 정해졌다.

한편 닥터 홀은 캐나다 감리교 선교위원회의 결정에 따라 중국에 가기로 되어 있었으나 그 파견 비용의 염출(捻出)에 따라서 실현 여부가 좌우되는 상황에 놓여 있었다.

미국 감리교 여성해외선교회의 규정에 의하면 닥터 셔우드는 취임 후 5년 동안은 결혼할 수 없었다. 그래서 그녀는 닥터 홀에게 대신 좋은 사람을 찾아보라고 말하지 않을 수 없었다. 그녀는 닥터 홀이 다른 자격 있는 여성과 결혼한다면 세 사람이 선교사로 나가게 되니 더 좋지 않겠느냐고 오히려 그를 설득하기까지 했다.

그러나 닥터 홀은 닥터 셔우드 이외에는 누구도 사랑할 수 없는 심정이었다. 약혼 기간이 아무리 길어져도 기다리겠다고 했다. 닥터 셔우드는 더 이상 사양하지 못하고 약혼을 승낙했다.

1890년 8월 22일, 닥터 셔우드는 조선으로 가기 위해 리버티의 집을 떠났다. 닥터 홀은 이별이 매우 고통스러웠지만 그녀가 하나님의 뜻에 순종하는 모습에 더욱 감탄했다. 이로 인해 또 다른 차원의 깊은 사랑이 솟아났다. 그는 사랑이 가득 담긴 신뢰의 편지를 그녀에게 띄웠다.

> 당신은 지금쯤 태평양 위에 있겠지요. 시간이 흐를수록 당신이 탄 배는 나로부터 더욱 멀어져가지만 나의 마음은 전보다 더 당신 가까이 있음을 느낍니다. 얼마나 당신을 생각하는지….
> 당신을 사랑하는 마음, 이미 내 삶의 일부가 된 이 사랑의 감정은 나를 지배하는 전부가 되어가고 있습니다. 전에는 경험해보지 못했던 깊은 사랑이 한

없이 솟아납니다. 더없이 소중한 당신….

사랑하는 당신이 멀고 먼 낯선 땅에서 홀로 험난한 길을 헤쳐 나가야 한다고 생각하니 나는 걱정이 되어 참을 수 없을 정도입니다. 혼자가 아니고 주님이 동행한다는 것은 알고 있지만 나는 기도를 통해 당신의 힘이 되고자 합니다. 당신을 만나기 전 나는 이토록 사랑할 수 있는 사람을 만날 수 있으리라고는 결코 생각조차 못했습니다. 하지만 그런 내 생각은 틀렸습니다. 뉴욕의 빈민가, 연인을 만나기에는 가장 부적당한 그곳에서 나의 사랑, 당신을 만났으니까요. 당신을 사랑합니다. 로제타, 당신을 향한 나의 사랑은 날이 갈수록 깊고 커집니다.

메디슨 가의 시료원 사업은 계속 잘 되어갑니다. 많은 사람들이 당신의 안부를 물으면서 당신이 떠난 것을 섭섭해 하고 있습니다. 우리는 매주 소년 소녀들과 모임을 가집니다. 이 어린이들, 얼마나 사랑스러운지, 이 아이들이 당신을 위해 기도하면서 만날 때마다 당신 이야기를 하고 있습니다. 이 사실을 알면 당신도 기뻐하리라 생각합니다.

여러 달이 지나갔으나 감리교 선교위원회에서는 닥터 홀을 중국으로 파견할 자금을 모으지 못했다. 그는 뉴욕의 불쌍한 사람들을 위해 계속 의료봉사를 하고 있었다. 하나님께서 자신을 인도해줄 것을 참을성 있게 믿었으며 그 뜻이 무엇이든 언제든지 따르겠다고 마음을 정하고 있었다.

그가 약혼녀에게 보낸 편지를 보면 선교사 파견 문제로 그의 입장이 여러 번 바뀐 사실을 알 수 있다. 그는 인도에서 돌아온 제임스 토번 감독을 방문했던 일을 편지에 썼다. 토번 감독의 부인은 닥터 셔우드로 하여금 의료선교사가 되게 한 장본인이다.

> 우리는 주일날 은혜로운 시간을 가졌습니다. 토번 감독은 애즈베리에서 설교를 했는데 저녁에는 거리의 많은 사람들을 위해, 그 후에는 실내에 들어와서 설교를 했습니다. 나는 토번 감독과 함께 닥터 스톤을 방문했습니다. 그는 내가 인도에 가기를 원했으나 내 생각은 그렇지가 않았습니다. 아무튼 외국의 의료선교일에 내가 필요하다는 것은 점점 더 큰 현실로 나에게 닥쳐오고 있습니다. 아마 일 년 내에 나는 중국으로 떠나게 될 것 같습니다.

그러나 1891년 3월 3일에 쓴 편지를 보면 그의 입장은 다시 바뀐다.

> 올해 안에는 우리 선교위원회에서 해외에 의료선교사를 파견할 능력이 없을 것 같습니다. 하지만 현재 중국에는 그곳에 체류 중인 유럽인들을 진료할 의사가 필요하다고 합니다. 내가 그 자리를 받아들인다면 대신 선교일을 할 비용을 대겠다는 제의가 들어왔습니다. 중국의 그 지역에는 선교사가 없답니다. 그 조건을 수락한다면 나는 선교위원회로부터 아무 도움을 받지 않고도 중국에 가서 의료선교사업을 시작할 수 있습니다. 계약 기간은 5년입니다. 하지만 뉴욕의 선교회와의 계약이 아직 1년이나 남아 있습니다. 그들에게 다음 가을에는 해외로 나가게 될 가능성이 있다고 말해두었습니다.

그러나 같은 해인 6월 3일에 쓴 편지를 보면 닥터 홀의 생각은 또 한 번 바뀐다. 참으로 극적인 일이 일어나고 있었다.

닥터 볼드윈으로부터 한 통의 편지를 받았습니다. 선교회 위원들이 나를 만나자는 것이었습니다. 그들은 내게 "조선에 있는 닥터 스크랜턴의 후임으로 선교회에서 조선에 보낼 의사를 필요로 할 경우 당신이 중국 대신 조선에 갈 마음이 있느냐"고 물었습니다. 나는 가겠다고 말했습니다. 그러나 굿셀 감독이 돌아와야 최종 결정을 할 수 있다고 합니다. 하지만 나는 조선으로 파견될 전망이 엿보여 중국 정부의 제안을 거절했습니다.

닥터 볼드윈은 미국 감리교 선교위원회의 집행 이사였다. 닥터 윌리엄 스크랜턴(William B. Scranton)은 1885년 5월 조선에 도착했다. 그때는 감리교 선교사로서 첫 번째 파견된 헨리 아펜젤러(Henry G. Appenzeller) 부부, 그리고 장로교의 호러스 언더우드 박사가 조선 땅에 첫발을 디딘 지 얼마 되지 않은 시절이었다. 아펜젤러와 언더우드 박사가 조선에 도착했을 때는 부활절 주일로 1885년 4월 5일이었다. 닥터 스크랜턴은 조선에서 감리교의 의료선교사업을 처음으로 시작했으며, 이 지역의 선교 책임자였다.

닥터 스크랜턴의 어머니인 메리 스크랜턴도 함께 조선에 왔으며 아내도 여성해외선교회에서 조선에 파견한 첫 번째 여선교사의 자격으로 와 있었다. 1890년 닥터 셔우드가 조선에 도착했을 때 스크랜턴 여사는 닥터 셔우드의 상관으로서 그녀를 만났다.

1891년 스크랜턴 가족은 안식년 휴가로 미국에 돌아올 예정이어서 닥터 홀이 그 자리에 가기로 이야기가 되고 있었던 것이다. 그러나 8월에 뉴욕으로 돌아온 굿셀 감독은 닥터 스크랜턴을 교대하기 위해 닥터 홀이 서울에 파견되는 것을 거절했다. 그는 이것도 하나님의 뜻이라고 생각, 다음과 같은 편지를 약혼녀에게 보냈다.

> 해외에 나가는 일은 현재로서는 불가능한 것 같습니다. 하나님께서는 이곳에서 할 수 있는 보람 있는 일들을 주셨고, 많은 사람들로 하여금 나를 사랑하도록 허락하셨습니다. 여러 가지로 보아 아직도 하나님께서는 나를 뉴욕에서 일하도록 원하시는 것 같습니다. 전지하신 하나님께서 어떤 방법으로든 나를 선택하여 써주시니 감사할 뿐입니다. 지금까지 내 생각으로 많은 계획을 세워왔으나 앞으로는 그렇게 하지 않겠습니다. 나는 오직 하나님 손에 모든 걸 맡길 따름입니다.

이 편지를 받은 지 얼마 안 된 8월 27일에 또 한 통의 편지가 우송되었다.

> 캐나다 감리교 선교위원회에서는 지난 2주 동안 내내 우리들더러 감리교단 소속 선교사로 중국에 가라고 이야기하고 있습니다. 내가 확답을 하지 않았는데도 그들은 나를 파견할 자금을 모았습니다. 나는 미국 감리교 선교회의 소속으로 파견되고자 희망했으나 주님은 이곳에서의 길을 막고 저쪽에서 길을 열어주시는가 봅니다.

닥터 홀은 조선으로 파견되기를 갈망했으나 선택의 자유보다는 오직 순종만이 있을 뿐이었다. 그는 "주님이시여, 길을 열어주소서, 저는 따르겠습니다"라고 기도해왔다. 그는 중국으로 파견 임명을 받은 캐나다 선교사 팀과 함께 떠나기 위해 짐을 쌌다.

캐나다 선교사 팀 가운데 두 사람은 고등학교 시절 닥터 홀의 전도를 받고 그리스도인이 된 사람들이었다. 닥터 오마르 킬본(Omar Kilborn)은 고등학교뿐 아니라 퀸즈 대학교까지도 같이 다녔고, 하트웰(G. E. Hartwell) 목사는 미국 뉴저지 메디슨에 있는 드류 신학교에 다녔다.

조선에 갈 문이 닫힌 후인 1891년 9월 2일, 닥터 홀은 약혼녀에게 편지를 보냈다.

> 우리가 일생 동안 선교사로서 일할 곳이 중국이라면 우리 둘은 가능한 한 빨리 모이는 게 좋지 않을까요? 만일 선교회에서 당신을 보내준다면 지금이라도 중국에 오는 게 좋겠습니다. 지금 우리는 일을 가장 잘할 수 있는 나이에 서로 떨어져 있는 셈입니다. 함께 일한다면 하나님을 위해 더욱 효과적으로 선교할 수 있다고 확신합니다.

닥터 홀은 뉴욕의 여성해외선교회의 스킷모어(H. B. Skidmore) 여사를 찾아 나섰다. 여성해외선교회에서 로제타를 놓아줄 수 있는지를 타진하려는 것이었다. 허락이 되면 10월 30일 상해에서 합류하여 그곳에서 결혼한 다음 중국의 서부 임지로 갈 생각이었다.

한편 닥터 로제타는 중국에 가서 닥터 홀을 만나 결혼하고 싶은 욕망과 여성해외선교회와 약속한 5년이라는 기간을 채워야 한다는 갈림길에서 하나님께서 원하시는 결정이 무엇인지 알고자 고심하고 있었다. 이 무렵 닥터 스크랜턴과 닥터 볼드윈은 닥터 홀을 캐나다 선교위원회에 빼앗긴다는 것은 미국 감리교 선교위원회로서는 큰 손실이 된다고 위원회를 설득한 모양이었다. 닥터 홀이 닥터 셔우드의 스물여섯 번째 생일인 1891년 9월 19일에 보낸 편지를 보면 그 사연을 알 수 있다.

> 로제타, 난 방금 조선으로 임명을 받았소. 어제 캐나다 선교위원회에서 미국 선교위원회 소속으로 조선에 가도록 허락했습니다. 하나님께서 길을 열어 주시니 기쁩니다. 하나님께서는 내가 어디든지 즐겁게 주님을 위해 갈 것이라는 점을 아셨습니다. 우리가 곧 만나게 된다고 생각하니 얼마나 기쁜지 모르겠습니다. 하나님께서 살아서 역사하신다는 것을 지금보다 더 깊게 느껴본 적이 없었습니다.
>
> 나는 지금 의학 과목의 대학원 과정을 좀 더 공부하려고 합니다. 닥터 스크랜턴과 함께 이스트 45번가의 118번지에 방을 얻어 기거하고 있습니다. 그의 어머니도 만나 뵈었는데 나는 이들 모자가 정말 좋습니다. 이분들은 당신을 높이 칭찬하더군요. 닥터 볼드윈은 11월 22일에 내가 밴쿠버로 떠나는 게 좋겠다고 말했습니다. 그리로 가면 아마 그리워하던 옛날 집을 방문할 수 있을 겁니다.
>
> 스킷모어 여사는 내가 조선에 가는 것을 말릴 겁니다. 모두들 여기에 남아 있으라고 하지만 해외선교는 하나님의 뜻이라 여기고 있습니다.

닥터 홀을 떠나보내는 환송은 인정이 넘치는 따뜻한 풍경이었다. 뉴욕 시의 검사관인 앤드류 그린은 닥터 홀이 뉴욕 시에서 헌신적으로 봉사한 것에 대해 진심으로 고마움을 표했다. 감리교 선교회 본부의 제임스 시멘은 닥터 홀의 능력과 열성, 뜨거운 헌신에 대해 높이 평가했다. 송별회에는 닥터 홀에게 있어서 특별한 친구들인 어린아이들도 참석했다.

가장 가슴을 울린 송별사는 닥터 홀에게 치료를 받았던 가난하고 병들었던 사람들로부터 나왔다. 한 유태인 환자는 벅찬 감정에 말을 더듬으며 이렇게 말했다.

"닥터 홀은 오랫동안 우리를 계속 찾아주었습니다. 그는 훌륭한 분입니다. 돈을 받지 않고도 우리를 치료해주었으며 먹을 것을 가져와서는 무릎을 꿇고 우리 모두를 위해 기도해주곤 했습니다."

닥터 홀의 동료들도 닥터 홀이 기도해준 덕분으로 힘과 마음의 안정을 얻을 수 있었다고 증언했다. 강한 인내심과 그러면서도 민첩하고 낙관적이며 희망적인 성격으로 메디슨 가의 일을 잘 이끌어나갔다는 점이 특히 감사의 핵심이었다. 한 의과대학 학생은 "닥터 홀은 상대방의 장점을 계속 강조하여 용기를 북돋아주었으며 관대한 마음으로 사람을 대했고, 장점을 실제보다 더 크게 인정해주고 북돋아주었기 때문에 나중에 그는 인정받은 그대로 되었다"면서 진심으로 그를 잊지 못할 것이라고 말했다.

시인이며 찬송가 작사가인 패니 크로스비(Fanny Crosby)도 이 자리에 참석했다. 일흔한 살의 그녀는 태어난 지 6주 만에 장님이 된 사람이었다. 그녀는 메디슨의 주일학교에서 닥터 홀을 도왔는데 송별식에서 개인적으로 닥터 홀에게 시를 지어주었다.

조선으로 떠나기 직전인 1891년에 찍은 닥터 윌리엄 제임스 홀 가족. 그는 다섯 형제 중 맏이로 조선으로 떠날 당시의 나이는 서른이었다. 앞줄 왼쪽부터 동생 클리포드(10), 어머니 마가릿 볼튼 홀(55), 누이동생 릴리(16), 아버지 조지 홀(64), 뒷줄 왼쪽부터 누이동생 엘리스(28), 윌리엄 제임스(30), 동생 존(24).

2
첫인상

　미국 감리교회가 조선에서 선교활동을 시작한 것은 1885년이었다. 조선에서의 선교는 현지의 관습, 미신, 경계심 등을 감안하여 먼저 어떤 방법으로 활동해야 할지를 정해야 했다.

　당시 조선은 이 씨 왕조가 지배하고 있었다. 여성을 보호하고 가족 단위를 보존하는 안전책으로 여성을 남의 눈에 띄지 않게 격리해야 한다는 관습이 당시에는 불문율처럼 되어 있었다. 근세조선 이전, 고려시대에는 여성들도 대중 앞에 나설 수 있는 등 많은 자유를 누렸으나 고려 왕조 말기에 와서는 여성들이 폭력과 호색의 대상이 되고 말았다. 이러한 악풍은 왕실에까지 파급, 결국 나라가 붕괴되는 요인이 되었다.

　근세조선에 들어서면서 이러한 나쁜 요인을 제거하기 위해 여성을 대중 앞에 나서지 못하게 조치했다. 결혼한 후에는 다시 남편 집에 갇혀 지내는 신세가 되었다. 이러한 풍속 때문에 병이 난 여자를 치료하거나 기독교를 전도하려면 여의사가 있어야 했다. 그래서 닥터 스크랜턴은 여성해외선교회에다 여자와 어린아이들만 따로 치료할 수 있는 병원을 만들어달라고 청원했다. 이 요청이 수락되어 1887년 여성해외선교회에서는 닥터 메타 하워드(Meta Howard)를 조선에 파견했다. 처음으로 여성 전용 병원이 세워진 것이다. 이 병원은 메리 피치 스크랜턴 여사가 조선에 처음으로 세운 여학교와 한 장소에 있었다. 명성황후가 '이화학당'이라고 이름을 지어주었던 이 학교는 발전하여 후에 대학교도 생겼다.

닥터 하워드는 조선에서 수천 명의 여성과 어린이들을 치료했다. 그 결과 건강이 악화되어 1889년에는 미국으로 귀국하지 않을 수 없었다. 닥터 로제타 셔우드는 바로 그 뒤를 잇기 위해 조선에 온 것이다.

태평양을 가로질러 일본의 요코하마를 향하던 오셔닉(Oceanic) 호에는 닥터 로제타 셔우드와 함께 일본, 중국, 조선으로 파견되는 많은 선교사들이 타고 있었다. 거기에서 만난 몇몇 선교사들과는 여러 해가 지난 후에 다시 만나게 된다. 그때 중국으로 가던 닥터 아이작 헤드랜드(Isaac T. Headland)는 훗날 닥터 셔우드의 아들이 의과대학생이 되었을 때 그 학교의 교수가 되어 있었다.

승객 중 조선으로 가는 선교사로는 닥터 셔우드 외에 학교 교사인 스물한 살 된 마거리트 벵겔 양이 전부였다. 그녀는 로드와일러(Louise C. Rothweiler) 양과 스크랜턴 여사를 도와 서울의 학교에서 일할 예정이었다. 이 젊은 여행자들은 곧 서로 호감을 갖게 되어 지루한 항해를 즐겁게 보내는 정다운 동반자가 되었다.

샌프란시스코를 떠난 지 18일 11시간이 지난 뒤 기선은 9천 킬로미터를 항해한 끝에 일본 요코하마에 도착했다. 닥터 셔우드와 벵겔 양은 여기에서 배를 갈아타고 일본의 해안을 항해하여 고베에 온 후, 다시 SS 오와리 호를 타고 나가사키를 거쳐 조선으로 향했다. 서울에 도착한 닥터 로제타는 폭 15센티미터, 길이 31미터나 되는 조선종이(두루마리)에 긴 여행 인상기를 적어 뉴욕 리버티에 있는 가족에게 보냈다.

1890년 10월 10일

조선 해안이 시야에 들어왔다. 배가 육지에 가까워지면서, 당분간 내가 살아갈 이 나라를 비상한 관심으로 바라봤다. 이 나라는 최선을 다해 일하려고 오는 나를 별로 환영하는 것 같지는 않았다. 언덕과 산들은 외양이 불규칙하고 매우 가파르며 암석이 많고 나무가 거의 없어 삭막해보였다.

우리 배는 부산항에서 조금 떨어진 바다에 닻을 내리고 24시간을 정박했다. 부산은 일본인 체류지가 대부분이어서 처음에는 조선인들을 볼 기회가 없었지만 그들의 마을이 언덕 뒤쪽으로 2킬로미터 이상의 거리에 있었으므로 나중에는 배에서도 산 근처로 난 꾸불꾸불한 길을 왕래하는 조선인들을 볼 수 있었다. 그들은 모두 머리에서 발끝까지 흰옷을 입고 있어서 마치 그림처럼 보였다. 우리는 남자들만 볼 수 있었다. 여자들은 해가 져서 남자들이 집에 들어 온 뒤에야 밖에 나올 수 있다. 진기한 풍속이다. 남자들에게는 편하고 유리한 풍속으로 생각된다. 미국 남자들이 이것을 보면 얼마나 좋아할지 궁금하다.

우리들은 작은 나룻배를 타고 육지에 올라 먼저 전신국에 갔다. 전신국의 한 조선 사람이 서울에 있는 스크랜턴 여사에게 전보를 쳐주었다. 그는 영어는 조금밖에 몰랐지만 다른 조선 사람들처럼 한문에는 조예가 깊을 게 틀림없

1890년, 조선 땅을 처음 밟았을 때, 부산의 모습

조선 양반

었다. 이 전신국은 부산과 서울을 잇는, 조선에서는 유일한 곳이다. 기차나 철도도 없고 마차가 다닐 수 있는 큰 길도 없다. 모든 여행은 도보로 하든지 가마나 말을 타야 한다.

조선 사람들은 대체로 세 계급으로 나뉜다. 관리가 가장 높고 중간 계급은 상인이나 남을 고용할 수 있는 계급이며 하층은 육체노동에 종사한다. 이들은 내가 보기에 일본인이나 중국인들과는 상당히 달라 보인다. 부산에서 처음 본 몇 사람은 오히려 북미의 인디언을 연상시켰다. 인디언보다 키가 크지는 않지만 일본인들보다는 더 크다. 그들 모두가 머리카락을 길게 기르고 있다.

조선 남자들은 결혼하기 전까지는 머리에 아무것도 쓰지 않고 가르마를 타고 땋아서 늘어뜨린다. 쉰 살이 되어도 총각이면 소년으로 취급된다. 결혼을 하거나 약혼을 해야만 머리카락을 위로 올릴 수 있고, 어린아이 신세를 면한다. 중국인들은 정수리 부분은 면도를 하여 깎아버린다. 그러나 조선인들은 이 부분을 기른다. 머리털을 위쪽으로 모아 틀어 올려서 머리 중심의 조금 앞쪽에 상투를 만든다. 나무나 은으로 만든 핀을 상투 아래쪽에 꽂아서 상투가 곧바로 서게 한다. 말총으로 그물처럼 짠 약 5센티미터 너비의 띠(망건)를 머리에 써서 머리털이 삐죽삐죽 빠져나오는 것을 막는 것으로 남자들의 머리 손질은 대체로 끝난다.

조선 사람들은 모자를 실용적인 목적보다는 하나의 장신구로 쓰는 것 같다. 챙은 상당히 넓지만 모자 꼭대기인 관 자체는 작고 높지 않다. 이것을 상투 위에 쓴다. 상투가 그 속에 들어가게 되어 있고 끈이 달려 있다. 뺨을 타고 내려온 끈 양쪽을 턱 밑에서 매게 되어 있다. 모자는 대나무를 가늘게 잘라 만든 뼈대에다 얇은 천을 씌워서 만들지만, 고급품들은 말총으로 만들고 색은 검은 것이 보통이다. 그러나 지금은 임금의 어머니인 왕비 조 씨가 서거한 장례 기간이라 이를 조상하느라고 모두들 흰색을 쓰고 있다. 궁중에서 쓰는 모자는 모양이 달라 양쪽에 날개가 달려 있다. 농부들의 모자는 곡식을 담는 바스켓같이 크고 모양도 그렇게 생겼다.

조선 사람들이 입는 코트는 길고 무늬가 없는 흰색 아마포로 만들었거나 어떤 것은 실크 또는 올이 굵은 무명으로 만든다. 어떤 옷은 양 옆을 쨌고, 어떤 것은 뒤쪽을 째는 등 일정하지가 않다. 소매도 어떤 옷은 그냥 느슨하게만 되어 있으나 어떤 것들은 일본 옷처럼 큰 주머니가 달린 모양으로 만든다. 가슴 위를 졸라매는데 약간 옆쪽으로 코트와 똑같은 천으로 만든 대와 같은 끈으로 모양 좋게 매듭을 지어 맨다. 그들은 크고 느슨한, 묘하게 만든 바지를 입는데 발목은 끈으로 매어 조인다. 바지 색깔도 역시 흰색이다. 겨울에는 코트와 바지에 솜을 넣는다. 옷 색깔은 흰색이나 연하게 염색한 것들이다. 어린 소녀들만 색깔 있는 옷을 입는다. 군인은 검은색 옷을, 지위가 높은 사람은 가끔 검은색의 얇은 겉옷을 입는다. 흰 무명으로 만든 양말과 엄지발가락 쪽이 튀어나오게 생긴 굽이 낮은 신을 신는다. 대개 이런 식으로 머리에서 발까지 독특한 모습으로 복장이 갖추어진다. 글을 읽는 선비나 지위가 높은 사람이면 폈다 접었다 하는 부채를 가지고 다닌다. 여름이건 겨울이건 간에….

조선에 도착했을 때 맨 먼저 내 눈길을 끈 것 가운데 하나는 짐을 지는 독특한 방법이었다. 그것은 나무로 만든 일종의 이젤 같은 것이다. 이것을 '지게'라고 부르는데 조선 사람들은 크고 무거운 짐들을 '지게'로 등에 지고 운반한다.

당시 썼던 모자. 위로부터 반시계 방향으로, 선비의 것, 훈장, 농부, 벼슬아치, 어린아이

지게 위에 땔감을 메고 가는 모습

1890년 10월 13일 월요일

상쾌한 아침이어서 기분이 참 좋다. 우리는 곧 서울의 관문인 제물포에 닿는다. 육지와 바다를 통한 긴 여행은 이제 끝나고 내가 몸담아 일해야 할 '밝은 아침의 땅'(Land of the morning Brightness)에 도착하는 것이다. 우리가 아침밥을 먹고 있는 동안 배가 제물포에 닻을 내렸다. 만조가 아니어서 육지에서 약 5킬로미터 떨어진 거리에 정박할 수밖에 없었다. 그러나 오전 10시 경이 되니 로드와일러 양이 보트를 타고 배까지 마중을 나왔다. 잠시 후에는 우리도 보트를 타고 그녀와 함께 해안으로 나갔다.

우리가 도착한 날은 마침 왕비의 장례일이었다. 그래서 이 지방 사람들 모두가 서울로 가고 없어서 우리가 타고 갈 가마꾼들을 구할 수가 없었다. 서울의 성문은 저녁 7시면 닫기 때문에 시간을 맞출 수가 없어서 우리는 제물포에 있는 호텔에서 하루를 묵었다. 이 호텔은 스튜어드라는 중국 사람이 경영하고 있었다.

인천 제물포 항, 1890년

우리는 호텔에서 게일(James Scarth Gale)을 알게 되었다. 그는 서울에 있는 선교사 중 한 사람인데, 오와리 호로 떠나는 친구 펜윅(M. C. Fenwick)을 환송하려고 어제 제물포로 내려왔다. 그는 토론토의 YMCA에서 파견한 캐나다 사람인 모양이다. 우리는 게일의 도움으로 가마꾼을 구해 아침 8시 30분에 출발했다. 서울로 가는 동안 그는 매우 유쾌한 동반자가 되었다.

가마 하나에는 8명의 가마꾼들이 따랐다. 4명씩 한 조가 되어 교대하면서 가마를 나른다. 현지 관리들은 가마꾼을 4명밖에 쓰지 않고 어떤 이들은 2명만 쓰기도 한다. 그것은 의자 위에 앉지 않고 좌정하므로 그들의 가마는 우리 것보다 가볍다. 가마꾼들은 1시간에 평균 6킬로미터 정도의 속도로 빠르게 달린다. 교대할 때는 교대 팀이 같은 속도로 옆에서 걷다가 가마의 손잡이를 잡고 멜빵을 한쪽 어깨에 걸치면서 들어오며 이때 다른 편은 물러나가는 식으로 상당히 민첩하게 교대하는데 걸음이 멈춰지거나 늦어지지 않는다. 그들이 지고 있는 가마의 멜빵에 두꺼운 천을 대면 어깨가 덜 아프지 않을까 하여 내 뜻을 그들에게 전하려고 했다. 그러나 게일은 소용없는 일이라고 했다. 가마꾼들은 어떠한 새로운 방법도 택하지 않는다는 것이다. 우리는 바퀴 달린 것이라고는 아무것도 볼 수 없었다. 게일은 작은 말을 타고 갔다. 가끔 등 양쪽에 짐을 지고 가는 작은 말이나 소가 이끄는 작은 우차를 볼 수 있을 뿐이었다. 여행 가방과 트렁크들은 제물포에서 서울까지 이르는 장장 45킬로미터 동안 줄곧 지게에 져서 날랐다.

지나는 도중에 잘 가꾸어진 농장을 볼 수 있었다. 벼를 심은 논도 있었는데 남쪽 지방보다는 많지 않았다. 순무 밭도 있는데 그 맛은 우리의 겨울 무맛과 상당히 비슷하고 날로 먹을 수도 있었다. 메밀, 기장, 옥수수가 한창 익어서 거두어들일 때였다. 지금이 조선에 있어서는 가장 좋은 계절이라고 한다.

구릉을 지날 때 묘지를 봤다. 무덤들은 건초더미를 쌓아놓은 것 같고 표지나 푯말이 없었다.

우리가 지나가는 길과 산에는 나무가 별로 없었다. 그러나 가끔 가다가 큰 나무나 작은 숲을 볼 수 있었다. 조선에서는 나무가 너무 자라면 거기에 혼(魂)이 생기기 때문에 미리 자르지 않으면 나중에는 나무를 죽일 수 없다고 믿는다는 것이다. 자기 나라를 살지게 할 이 귀중한 나무들을 마구 베어 자기 스스로는 물론 후대에 물려줄 재산을 없애고 있으니 참으로 안타깝다. 다행히 석탄이 매장되어 있지만 아직은 이용 방법을 모르고 있다. 나무 이외에 무엇을 연료로 쓰는지 알 수가 없다.

한강에 닿기 전에 모래밭을 지났는데 마치 사막을 가는 것 같았다. 강변에서 작은 나룻배를 타고 강을 건넜다. 강을 따라 집들이 계속 나타났는데, 거기서부터 성문까지는 집들이 꽉 들어차 있었다. 이 도시의 성벽은 1396년에 건설됐는데 길이는 20킬로미터, 높이는 6에서 12미터다. 이것을 단 6개월 만에 완성했다고 하니 놀라운 일이다. 우리는 성벽 모양을 이리저리 살펴보았는데 어떤 부분은 도시 밖까지 뻗은 채 산의 능선을 따라 연장되어 있었다.

도시에 조금 못 미친 성 밖에서 우리와 함께 미국의 본부에서 파견된 올링거(F. Ohlinger) 목사와 닥터 맥길(W. B. McGill)을 만나 매우 반가웠다.

오후 4시가 좀 지나 서대문이라 불리는 성문을 통해 서울 안으로 들어섰다. 거기에서 여성해외선교회 건물까지는 그리 멀지 않았다. 건물의 대지가 뒤쪽 성벽에까지 연장되어 있으므로 지대가 높아 도시의 전경과 둘레의 산들이 잘 보인다. 아마도 서울에서는 가장 좋은 장소일 것이다. 이 지대에 선교회의 학교, 병원, 닥터 스크랜턴 댁, 아펜젤러 목사 댁, 올링거 목사 댁이 한쪽에 있고 다른 쪽에는 우리가 있을 집과 여선교회의 학교(이화학당)가 있었

초가지붕에 조롱박 덩굴이 자라는 집 앞에서

서울의 한 성벽.
길이는 20킬로미터, 높이는 6에서 12미터 정도 되며 6개월 만에 완성했다.

다. 목사들의 집과 소년들의 학교(배재학당)는 벽돌 건물로 지은 미국식 건물이고, 그밖의 건물들은 조선식이다. 조선식 건물들은 주구조가 나무로 되어있고, 벽은 진흙, 지붕은 기와인데 매우 아름답고 예술성이 있어 보인다.

나는 집 안에 들어가 보고는 기쁨을 감출 수 없었다. 조선집에는 습기가 많아 벽에서는 곰팡이가 핀다는 말을 들었는데 그런 것은 볼 수 없었다. 방수와 배수도 잘 되어 있었다. 높은 지대에 있기 때문에 이러한 위생적인 조건이 가능했던 것 같다.

이 집도 다른 모든 조선식 주택과 같이 단층으로 되어 있다. 좋은 교실이 세 개, 학생들의 침실들과 식당이 있고, 또한 교사들과 응접실 용도로 방이 세 개가 있고, 부엌과 식당이 있다. 모두 조선식으로 단장되어 있다. 통나무로 된 서까래는 약 30센티미터 정도 간격으로 큰 들보에 걸쳐 있는데 이 목조물들은 모두가 노출되어 있고 갈색으로 칠한 색깔이 윤기를 내고 있다. 전체에서 풍기는 실내 장식이 내 취향에 맞는다. 스크랜턴 부인과 로드와일러 양의 것을 제외하면 방이 하나밖에 여유가 없었으므로 학교 가까이에 있는 나머지 방은 벵겔 양의 것이 되어야 한다는 생각이 들었다. 나는 본관에서 좀 떨어져 있는 곳의 한 작은 조선집을 숙소로 정했다.

이 작은 집이 무척 마음에 든다. 이 집에는 방이 세 개 있다. 맨 앞방에는 창이 세 개 있고 바깥문이 하나, 그리고 두 개의 방으로 통하는 작은 문들이 있다. 모든 방은 햇빛이 잘 드는데 맨 앞방이 가장 상쾌한 방이다. 이 방이 나의 공부방 겸 사무실이다. 방안에는 훌륭한 책장과 테이블, 조선식 장롱과 캐비넷이 있는데 장롱에는 많은 서랍과 손잡이, 고리가 달려 있어 물건들을 나누어 넣기에 편리하다.

이곳에 올 때 책들과 회전 책장, 어렸을 때부터 찍어 사진틀에 넣은 사진들,

서울의 모습. 가운데가 궁궐이고 뒤쪽으로 보이는 건물이 러시아, 프랑스 영국 공사관이다.

여성해외선교회와 이화학당의 모습

마루에 까는 깔개와 의자도 두어 개 가져왔기 때문에 짐을 다 풀어놓으니 마치 내 집에 있는 것같이 편안하고 아늑하다. 작은 방 하나는 옷과 트렁크를 넣는 방으로 쓰고 또 다른 방에는 침대, 세면대, 조선 돈을 넣어두는 구리로 장식된 큰 궤를 놓았다. 나는 큰 궤가 필요한 만큼 많은 돈을 가지게 되리라고는 한 번도 생각해본 적이 없었다. 그러나 여기 조선에서는 금화 1달러어치에 해당되는 돈이 25센트 만한 크기의 엽전 1천 개 정도나 되었으므로 적은 액수의 돈을 보관하려 해도 큰 함이 필요했다. 사람들은 돈을 주머니에 넣지 않고 줄에 꿰어 등에 매고 다니든지, 더 액수가 많으면 지게에 지거나 말 등에 지우고 다닌다.

내 방들도 본관의 방들처럼 조선식으로 되어 있다. 어떤 부분은 벽의 진흙이 떨어져나가 손가락이 들어갈 만큼 구멍이 나기도 했으나 겨울을 대비해 모두 손질했다. 방은 온돌방이다. 중국인들은 이런 방을 '캉'(Kang)이라고 한다. 이것은 방바닥에 돌을 깔고 그 밑에 불을 피워서 방을 데우는 방법이다. 나는 이런 온돌 난방을 좋아하지만 연료(장작) 값이 매우 비싸서 조금만 이용하고 경비가 적게 드는 석탄 난로를 쓰고 있다.

스크랜턴 여사는 눈이 파랗고 머리카락이 회색인 미인이다. 매우 친절하고 좋은 사람이어서 모두가 그녀를 사랑한다. 나는 로드와일러 양도 매우 좋아한다. 그녀는 평범하게 생겼다. 말씨도 꾸밈이 없으며 몸집이 작은, 활동적인 독일계 여성이다. 그녀와 벵겔 양은 오하이오 주의 서로 그리 멀지 않은 지방 출신이다. 진지한 그녀는 누구한테서나 사랑을 받고 있다. 이처럼 마음에 맞는 동료들이 있다는 것은 참으로 좋은 일이다. 그래서 여기에서의 생활은 즐겁다.

이제는 병원에 대한 이야기를 해야겠다. 도착 첫날 가본 병원은 집에서 가까웠다. 다음날부터 곧 병원 일을 시작했다. 병원과 시료원을 돌아본 나는 기쁨을 감출 수 없었다. 예상했던 것보다 훨씬 훌륭했기 때문이다. 약간 구조를 고친 조선집이었지만 보기에도 훌륭하고 병원으로도 부족하지 않았다. 크고 좋은 약국, 저장소용 방, 병 같은 것들을 씻는 세탁장이 있다. 또 충분하고 넓은 환자 대기실도 있고 이 대기실과 약국 사이에 진찰실이 있다. 입원 환자들을 위한 방은 다섯 개이며, 병동이라고 부르지만 실은 그렇게 말하기에는 너무 작다. 각 방은 환자들 여러 명이 편히 기거할 수 있는 크기다. 방은 온돌이며 환자들은 따뜻한 방바닥 위에서 쉬고 있다. 바닥에 까는 조선식 요는 낮이면 개켜놓기 때문에 덮는 담요를 추가로 제공했다. 의사가 환자를 진찰할 때는 바닥에 앉아야 하므로 습관이 될 때까지는 이 자세가 매우 힘이 들 것 같다.

그러나 전반적으로 볼 때 이 방법이 좋은 것 같다. 첫째, 환자들이 조선 사람이기 때문이다. 그들은 서양식 침대는 매우 춥다고 생각한다. 내 생각으로는 해롭지 않은 풍속은 고쳐야 할 이유가 없다고 본다. 방바닥이 따뜻해서 잠자기에는 참으로 편안하다. 둘째, 환자가 침대 밖으로 나올 염려가 없다. 방 전체가 하나의 침대나 마찬가지니까. 셋째, 온돌방은 청결하여 소독하기가 매우 쉽다. 마지막으로 자선 병원 입장으로는 좀 말하기 곤란한 이유지만, 경제적이다.

병원에는 약품이 꽤 많이 준비되어 있었다. 닥터 스크랜턴은 닥터 하워드가 귀국한 뒤 여성 전용 병원을 위해 최선을 다해주었다. 그래서 일할 수 있는 환경은 예상했던 것보다 훨씬 더 좋았다. 내가 가지고 온 의료기구도 꽤 도움이 되지만 우리는 더 많은 의료기구가 필요하다. 나는 여기에 도착하자마자 곧 가지고 있던 돈을 다 털어 약품을 주문했다. 기구를 살 돈이 더 오리라는 것은 의심하지 않는다. 우리가 필요할 때 도와주는, 은행과 같은 리버티의 내 친구들에게 감사한다.

함께 보내는 멋진 사진에 대해 설명하겠다. 나는 이 병원이 정말 자랑스럽다. 회색 옷을 입고 있는 분이 1887년에 이곳에서 의료선교 일을 시작했던 닥터 하워드로 2년 후에 건강이 나빠져 귀국한 여의사다. 병원의 보조원인 사라는 흰 조선옷을 입고 그 오른편에 서 있다. 그녀는 여 감독 겸 간호사다. 우리는 그녀를 '봉선 오마니'라고 부른다. 이는 아기 이름이 봉선이며, 봉선의 어머니라는 뜻이다. 조선 여성들은 자기 이름을 갖고 있지 않다. 그 옆의 여자는 병원의 요리사다. 군인 복장을 한 '귀수'가 맨 앞에 서 있다. 그는 신용할 만한 우리의 오른팔이다. 시장보기, 돈을 바꾸는 일 등 모든 것을 다 한다. 그가 없다면 우리는 뭘 어떻게 해야 할지 모를 것이다. 귀수와 봉선 오마니는 주님의 포도밭에서 정직하게 일하는 그리스도인들이다. 봉선 오마니

여성해외선교회 병원

는 환자들에게 성경을 읽어주며 함께 기도한다. 최근에 조직한 여성 교회의 예배에 빠지지 않고 나오며 거동할 수 있는 환자들은 부축해서 나온다.

병원에는 첫날 4명, 그 다음날 9명, 그 후 석 달 동안 549명의 환자들이 와서 치료를 받았다. 그중 270명은 처음 오는 환자들이고 279명은 다시 찾아온 환자들이다. 나의 진찰 카드를 보면 50종 이상의 다양한 질병이 관찰된 것을 볼 수 있다. 연주창(경부 림프선에 생기는 결핵), 매독, 회충, 눈병, 귓병, 피부병이 가장 많다. 째야 할 종기와 제거해야 할 이가 무척 흔하다. 8명의 환자들을 보는데 무려 21가지의 전문적인 병을 치료해야 했다. (심지어 이후 3년 동안 14,000가지나 되는 병을 치료했다. —저자가 이후 추가—편집자)

내게 치료를 받으러 오는 환자들은 물론 대부분 하층 계급에 속한 사람들이다. 상류층 여성들은 대낮에 거리를 다닐 수가 없기 때문이다. 내가 조선말을 잘 구사할 수 있게 되어 조선말 공부에 시간을 빼앗기지 않게 되고, 의사가 또 한 명 이곳에 파견되어 온다면, 나는 밤에도 병원 문을 열어 어떤 계층의 여자 환자라도 치료 받도록 하고 싶다. 상류층의 여성들은 가끔 가마를 타고 오거나 가마를 보내 왕진을 청하기도 한다.

요 전날 민씨라는 집에 왕진을 갔다. 그 집에 가서 환자를 보는데 마치 내가 작은 의원을 차린 것 같았다. 그곳에서 무려 여섯 사람의 환자들을 본 것이다. 그 집은 아주 큰 조선식 건물로, 궁궐 근처에 위치한 것으로 보아 아마 훌륭한 가문 중의 하나일 것이다. 남자들의 주거 구역은 여자들의 주거 구역과 따로 떨어져 있다. 할머니가 한 사람 있었고 며느리가 여럿 있는 것 같은데 그 중 한 명은 새색시 옷을 입고 있었다. 그 집에는 아이들과 하인들이 많았다. 방들은 산뜻하게 도배가 되어 있었고 좋은 병풍과 장롱들이 놓여 있었으며 방바닥은 깨끗하고 따뜻했다.

가마 옆에 선 조선 여인

우리는 그 집에서 일을 시작하기 전에 앉아서 뭘 먹어야 했다. 만일 음식을 거절하면 실례를 범하는 것이 된다. 그들은 높이가 30센티미터 정도인 작은 조선 상(소반)에 국수와 꿀에다 절인 새앙(생강)과 배(배숙)를 놋그릇에 담아왔다. 국수는 아주 맛이 좋았다. 음식을 먹으라고 놋젓가락을 주었으나 내가 어떻게 사용하는지 모르자 커다란 놋수저를 갖다 주었다. 나는 조선 사람들이 매우 좋아하는 김치라는 음식을 맛보았다. 이것은 양배추를 소금에 절인 독일 음식인 사워크라우트(Sauerkraut)를 연상시켰다. 빨간 고춧가루가 들어 있어 대단히 매워 조금밖에 맛보지 못했다. 그 집을 떠날 때 나는 조선말로 번역된 신약 성서의 일부를 그 집 여자들에게 주며 신앙의 씨가 되고 결실이 열리기를 바라는 기도를 해 주었다.

조선 여자들의 옷은 멋지고 아름답다. 어깨와 소맷자락은 자주색 등의 밝은 색 실크이고 맨 위에 입는 긴 치마는 흰색이나 연한 파랑색이 대부분이지만 연두색도 있다. 조선 여성들은 상을 당해 흰색 옷을 입을 때 말고는 주로 밝은 색깔의 옷을 입는다. 처녀들은 결혼할 때까지는 머리 가운데를 양쪽으로 갈라서 길게 땋아 등허리까지 내려뜨린다. 결혼식 날에는 길게 땋은 머리를 틀어 올려서 뒤통수 밑의 목덜미 위에다 놓고 풀어지지 않게 나무나 산호 세공품 또는 은으로 만든 핀(비녀)을 꽂아 단단히 쥔다. 조선 여인들은 귀걸이를 달지 않는다.

사실상 전체적인 외관으로 본다면 조선옷은 참으로 아름답지만 건강이라는 실제적인 안목으로 볼 때는 그 옷은 모양만큼 좋지 않다. 치마가 흘러내리지 않게 하기 위해 가슴과 허리를 넓은 띠로 꽉 졸라 매야하므로 위생적이지 않다. 치마를 저고리에 붙여 꿰맨다면 모양도 좋고 건강에도 해가 없을 것이다. 속옷으로는 크고 헐렁하게 만든 두 개의 잠방이가 있을 뿐이다. 이것은 우리가 입는 페티코트 비슷한 것이다. 두 개의 잠방이를 만드는 데 12미터 정도의 무명천이 든다. 겨울철에는 잠방이와 저고리에 솜을 넣는다. 치마는 한 쪽을 갈라놓는데 서민층 여자들은 오른쪽, 상류층은 왼쪽을 가른다고 한다.

조선 여자들도 일본 여자들처럼 아이들을 등에 업고 다닌다. 어머니만이 아니고 누나, 형, 또는 애 보는 사람들도 아이들을 업는다. 아주 어린 소녀들이 아픈 아이를 업고 진료소에 찾아오는 경우도 많다.

진료소에 오는 환자들은 항상 "많이 고맙소"하고 감사해 한다. 능력이 있는 환자들은 10개나 25개 정도의 감이나 밤 다섯 되 또는 계란 서너 줄들을 나에게 선물하곤 한다. 그들은 항상 짚으로 만든 꾸러미에 계란을 넣어 동전 꾸러미를 들고 다니는 것같이 몇 줄씩을 갖고 다닌다. 어떤 수술 환자는 수탉 한 마리와 암탉 세 마리를 선사했다. 이 환자에 대한 이야기를 좀 해야겠다.

이 환자는 열여섯 살 난 소녀로 약 50킬로미터나 떨어진 시골에서 가마를 타고 왔다. 소녀는 몇 년 전에 입은 화상으로 손가락 세 개가 손바닥에 붙어 있었다. 조선에서는 여자가 16세가 될 때까지 결혼하지 못하면 집안의 큰 흉이 되어 수치스럽게 생각한다. 이 소녀는 성격이 밝고 아름다웠는데도 아직 혼처가 정해지지 않았다. 이것은 손 때문이라고 생각되었다. 나는 이 소녀를 입원시킨 후 에테르로 마취를 시킨 다음 수술을 했다. 수술한 손가락마다 붕대를 따로 감고 즉시 손가락들을 펴서 부목을 대어 단단히 맸다. 방부 처리를 하고 시술했는데 결과는 매우 성공적이었다. 환자의 체온도 37.2도를 넘지 않았다.

나는 매우 조심스레 그녀의 손에 남아 있는 피부를 늘려서 상처를 덮었으나 피부가 모자라서 보기 싫은 흉터가 남게 되었다. 피부이식 수술을 하기로 했지만 통역할 사람이 없어서 미스 윤(이 소녀를 나는 미스 윤이라고 불렀다)에게 이 식피술의 필요성을 이해시킬 수 없었다. 그래서 먼저 내 몸에서 피부를 떼어낸 다음 환자의 몸에서 필요한 피부를 떼어내려고 했지만 환자는 나의 의도를 알아차리지 못했다. 수술을 도와주고 있던 봉선 오마니조차 내 뜻을 알지 못했다. 나는 할 수 없이 내 몸에서 피부를 더 떼어내려고 했지만 이 두 여자는 한사코 내가 그렇게 하는 것을 말렸다. 그래서 나는 내 상처를 잘 싸매고 그 다음 날까지 기다렸다가 로드와일러 양에게 통역을 부탁했다. 이런 방법으로 식피를 하지 않으면 상처가 아무는 데 매우 긴 시간이 걸린다는 점을 그들에게 설명해 달라고 했다.

로드와일러 양과 벵겔 양이 자기들의 피부를 떼도록 허락했고 학교에서 말괄량이로 불렸던 봉업이도 팔을 내밀고 피부를 떼라고 했다. 이 소녀는 어찌나 용감했든지 한 번도 움찔거리지 않았다. 그리고 환자인 미스 윤도 자기 몸에서 피부를 떼게 했고 누이동생을 찾아왔던 그녀의 오빠도 피부를 제공했다. 그래서 한 번에 서너 개의 피부를 붙였고 통틀어 30여 개의 식피수술을 했다. 그 중 8개의 식피가 성공하여 흉터가 거의 가려져 상처가 다 아물었다. 크리스마스 다음날에는 퇴원을 허락했다. 가족들은 무척 기뻐했다.

이삼 일 후에 한 남자가 병원에 찾아왔다. 그의 아내가 난산을 했을 때 내가 돌봐준 적이 있었는데 이번에는 약을 지어달라는 것이었다. 이야기를 듣고 보니 부인은 위급한 상황이었다. 나는 환자를 보러가겠다고 말했다. 때마침 비가 쏟아지고 있었기 때문에 그는 내가 갈 수 없을 것이라고 생각했던 모양이다. 그때 귀수가 그에게 "조선 여자에게 자기 피부까지 떼어준 의사인데 이 정도의 비 때문에 왕진을 안 가겠느냐"고 말했다. 이렇게 하여 미스 윤의 수술에 대한 소문이 퍼졌다. 봉선 오마니는 스크랜턴 여사에게 자기는 그런 좋은 일을 하기에는 아직도 부족하여 성경을 더 많이 읽어야겠다고 말했다고 한다. 이런 저런 이야기들로 내가 한 일이 그들에게 좋은 가르침이 된 것 같았다. 비록 나는 이런 교훈적인 의미에서 피부를 떼어준 게 아닌데도 말이다.

미스 윤은 입원하고 있는 동안 여학교의 기도 시간에 매일 저녁 참석했고 주일학교에도 나갔으며 누가복음을 두 번이나 통독했다. 하루는 봉선 오마니가 외출 중이었는데 병원 대기실에서 미스 윤이 대신 환자들에게 성경을 읽어주고 있는 것을 볼 수 있었다. 퇴원하는 날, 그녀가 우리와 함께 번역한 누가복음과 다른 책자들을 가져갔다. 좋은 결실을 가져올 하나의 씨가 심겨진 것 같다.

최근 닥터 스크랜턴이 성공적으로 백내장 수술을 한 것을 보고 조선인 조수가 "그분이 장님에게 눈을 주었어요. 모든 직업 중에서 제일가는 것은 의술입니다"라고 소리친 일이 있었다. 나는 이 조선인처럼 의술이 제일이라고 함부로 말할 수는 없지만 선교사업에 있어서 어쨌든 의술은 대단한 도움이 된다고 본다. 그래서 미력한 나로 하여금 이러한 방법으로 하나님을 위해 봉사할 수 있게 허락해주신 데 대해 마음속 깊이 감사를 드린다.

우리 학교에는 현재 7세에서 17세까지의 소녀들이 26명 있다. 선교사 선생들 외에 조선인 선생도 두 사람 있다. 한 명은 한문을 가르친다. 조선에서 한문은 서양에서의 라틴어처럼 매우 중요하다. 또 한 명은 조선어의 읽기, 쓰기, 작문을 가르친다. 로드와일러 양은 성경, 지리, 산수를 조선어로 가르치고 상급 학생들에게는 산수를 영어로 가르친다. 벵겔 양은 영어의 읽기, 쓰기, 작문과 미용 체조도 가르친다. 학생들은 각자 자기 방을 돌봐야 하고 바느질과 요리를 배운다. 나는 아직 학생들이 아플 때 말고는 접촉할 기회가 없기 때문에 다 알지는 못하지만 학생들 모두가 똑똑하고 점점 사랑스러워진다.

학교에서 나이가 가장 많은 소녀 두 명이 곧 결혼하게 되어 약혼자들로부터 결혼 예물을 받게 되었다. 이 행사는 조선 풍속에 따라 거행되었다. 나도 이때 참관을 했다. 하인 한 사람이 밝은 동으로 만든 고리와 열쇠가 달린 큰 상자를 머리에 이고 왔다. 이 상자는 초록색 술이 달린 빨간색 비단으로 싼 것이다. 원래는 신부의 어머니가 안마당에서 받아야 하는 것이지만 이번 경우에는 스크랜턴 여사가 대신 대청에서 받았다. 이 함은 곧바로 조선 빵(시루떡)이 가득 담긴 큰 돌그릇(시루) 위에 올려놓는다. 그 다음에는 신부가 불려나오는데 풍속에 의하면 신부는 강제로 질질 끌려 나와야 한다.

이 자리에 끌려 나와서도 신부는 예물을 보지 않고 등을 돌리고 앉는다. 그러면 신부의 어머니가 밝은 색 명주 저고리와 치맛감, 잠방이감인 흰 명주, 무명천, 서너 뭉치의 솜, 결혼식 날 머리에 꽂을 은비녀, 한 쌍의 커다란 은가락지, 그리고 서양의 결혼 증서에 해당하는 한문으로 쓴 문서 같은 종이

(사주단자) 등을 하나씩 꺼낸다. 물건을 꺼낼 때마다 사방에서 탄성이 나온다. 물건들은 펴보지 않은 채 다시 상자에 넣고 열쇠를 채워 사흘 동안 둔다. 그 다음에는 다시 꺼내 바느질을 한다. 조선 처녀들은 결혼식이 끝날 때까지 신랑을 볼 수가 없다. 신랑과 신부 사이의 모든 결혼 준비는 중신어미라는 '왔다갔다' 하는 사람에 의해 이루어진다. 결혼 후에도 신부는 사흘 동안 신랑을 보거나 말을 하면 안 되고 오랫동안 그러고 있을수록 더 좋다고 여겨지고 있다.

우리 학생들은 기독교식으로 결혼한다고 했지만 그래도 조선식 풍속을 많이 볼 수 있었다. 결혼식 날 신랑이 관복을 입는 것은 이 나라의 풍습이다. 관복은 대부분 빌려서 입는다.

우리 학교의 다른 두 소녀에 대해서도 좀 이야기를 해야겠다. 나는 이 소녀들을 진료소에서 나를 도울 수 있도록 훈련시키고 있다. 한 아이는 아버지가 서울에 사는 조그만 일본 소녀이고 또 한 아이는 조선 소녀다. 열네 살쯤 된 이 두 소녀들은 3년 동안 같이 학교를 다닌 친구다. 조선 소녀의 이름은 '점동'인데 영어를 잘하기 때문에 아주 좋은 통역사지만 약제실 일을 좋아하지 않는다. '오와까'라 부르는 일본 소녀는 약제실 일을 좋아해서 꼬마 약제사가 될 것으로 생각한다. 실제로 이 아이는 아주 꼬마인데도 대단히 용기가 있다. 이 꼬마 소녀는 내가 도착하자 이런 편지를 써서 주었다.

"당신이 병난 조선 사람들을 도와주러 와서 기쁩니다. 나는 영어를 잘 할 줄은 모르지만 당신을 돕고 싶습니다. 벵겔 선생님이 제게 영어를 가르치고 당신이 의학 용어를 가르쳐준다면 얼마 후에 나는 이 두 가지를 다 할 수 있을 것입니다."

이 두 소녀는 이미 내게 큰 도움이 되고 있다. 한 아이가 일본 소녀라는 것은

닥터 셔우드의 14살짜리 소녀 보조원들.
왼쪽이 점동, 오른쪽이 오와까. 점동이 후일에 에스더라는 세례명을 받고 한국 최초의 여의사가 된 박에스더이다.

참으로 다행이다. 일본인이기 때문에 대낮에도 나와 거리를 다닐 수 있기 때문이다. 점동이는 밤에만 가마를 타고서야 나와 거리에 나갈 수 있다. 이 두 소녀를 훈련시키는 것은 나를 돕는 데만 쓰자는 게 아니다. 그들의 시야를 넓혀 장래에 쓸모 있는 사람이 될 수 있도록 하는 것이다.

요전에는 부엌에서 뭘 두드리는 소리가 굉장히 크게 났다. 이것은 조선식 다듬이 방법이다. 나는 이것을 보려고 부엌으로 들어갔다. 조선 사람들은 세탁할 때면 옷을 다 뜯어서 빨고 풀을 먹여 다리미질을 한 다음 다시 바느질하여 새옷처럼 만든다. 이들의 다듬이질 방법은 특이하다. 여자 두 명이 마주 앉아서 각자가 둥근 방망이를 두 개씩 들고 원통형 홍두깨에 감아놓은 옷감을 두드리는 것인데 통나무 아래는 다듬잇돌이 놓여 있고 통나무를 받치는 다리가 양쪽에 있다. 옷감을 두드리는 방법은 마치 메밀을 타작하기 위해 도리깨질을 하는 걸 연상시킨다. 다듬이질을 하면 옷감이 반질반질하여 좋아진다. 그들은 무명천을 실크같이 윤이 날 때까지 두드린다. 조선 남자들의 옷은 흰색이어서 옷을 뜯고 빨래하고 다듬이질을 해서 다시 바느질하는 과정은 너무나 힘든 작업이다.

다듬이질하는 여인들

고종황제

어느 날 우리가 여기에 온 후 처음으로 임금이 성문 밖에 나가서 중국의 대사(사신)를 맞이하는 것을 보게 되었다. 이런 일은 서울에서는 대단한 구경거리여서 모든 사람들이 다 나간다. 우리도 많은 외국인들과 함께 구경을 나갔다. 군인들은 각기 장총, 총검, 깃발, 조잡한 악기를 갖고 여러 복장들을 하고 있어서 정말로 볼만 했다. 우리는 중국 대사를 봤고 조선 국왕인 고종황제의 모습도 잠시 볼 수 있었다. 국왕은 약 40세쯤 됐는데 1875년에 왕위를 이었다(1863년에 즉위 1875년에는 대원군 은퇴—옮긴이). 그는 외국과의 교류를 찬성했고, 따라서 폐쇄됐던 이 왕국은 그의 통치하에서 미국, 일본, 유럽의 열강들과 조약을 맺었다. 기독교를 금한 옛날 법이 완전히 폐지된 것은 아니지만, 20여 년 전에 있었던 9명의 프랑스 선교사(가톨릭) 살해 사건의 여파로 선교는 크게 방해를 받지 않고 있다.

서울시와 근교의 인구는 약 1백만 명이다. 서울에는 넓은 거리와 좋은 건물이 몇 채 있지만 전체적으로 볼 때 이 도시는 내가 본 도시 중 가장 더럽고 보잘것없다. 거리의 더러움은 말하지 않는 게 좋을 정도다.

거리에 나가보면 서민 계층 여자들이 두어 명밖에 눈에 띄지 않는다. 이런 여자들도 눈만 제외하고는 머리와 얼굴을 천으로 다 가리고 다닌다. 그들이 거리에 나올 때는 동반자가 있다. 나는 다이(Dye) 장군이 조선에 대해 기술한 것을 들을 적이 있다. 그는 조선을 '여자들은 지팡이를, 남자들은 부채를 가지고 다니는 나라'라고 표현했다.

이 나라는 모든 것이 서양과 반대인 것 같다. 길에서 사람과 마주치면 우리는 오른편으로 비켜서지만, 이 나라 사람들은 왼편으로 비켜선다. 우리는 상대방 사람의 손을 잡고 악수하지만, 이 나라에서는 자기 손을 맞잡고 인사한다.

우리는 조상(弔喪) 때 검은색 모자를 쓰지만, 이들은 흰 모자를 쓴다. 우리는 상대방에게 존경을 표시할 때 모자를 벗는데 여기에서는 그대로 쓰고 있다. 서양집은 대체로 문을 밀거나 당겨서 여닫고 창문은 옆을 밀어 여닫지만 여기에서는 그 반대다. 글을 읽거나 쓸 때도 우리는 왼편에서 오른쪽으로 써나간다. 책에서 주해를 달 때 우리는 페이지의 아래에 쓰지만 이들은 맨 위쪽에 쓴다. 방향을 이야기할 때도 우리는 북동남서의 순으로, 이들은 동서남북의 순으로 말한다. 그리고 상대방에게 나이가 들어 보인다고 이야기하는 것을 이들은 대단한 칭찬으로 여긴다.

조선 왕국의 면적은 영국만 하며 기후는 위도에 따라 다양하다. 서울의 기후는 10월과 1월 사이에는 뉴욕 기후와 큰 차이가 없는 것 같다. 공기는 습하기 때문에 특히 밤과 아침에는 온도계에 나타난 온도보다 여름에는 더 덥고 겨울에는 더 추운 것 같이 느껴진다. 10월에도 방안에서 편히 있으려면 불을 지펴야했으나 마당에 핀 장미꽃은 감사절이 되어 서리가 올 때까지도 만발했다. 아직 눈은 한두 번밖에 오지 않았으나 본격적인 겨울 날씨다. 눈은 일반적으로 더 많이 내리는 게 상례지만 3월이 되어 정원 일을 할 때면 다 녹아 없어진다. 여름에는 매우 덥고 모기와 벼룩이 극성스럽게 사람을 괴롭힌다.

이들의 주식은 쌀이다. 감자, 배추, 콩, 메밀, 둥근 파, 무 같은 것들이 생산되며 큼직한 밤이 많이 나와 이것 역시 양식이 된다. 영국의 호도같이 생긴 열매도 나오고 여러 종류의 소나무 열매씨(잣)도 생산되는데 맛이 매우 좋다.

과일도 여러 종류가 있다. 좋은 감, 괜찮은 복숭아, 자두, 살구도 난다. 배의 모양은 좋은데 맛은 물에 젖은 톱밥 같다. 사과는 없다(사과는 북장로교 선교사인 W. L. 스웰렌 목사[1892-1932년 재한]가 후에 성공적으로 도입했다—저자). 딸기처럼 생긴 재래종 과일들은 모양은 좋은데 배와 같이 맛이 없다. 외국인들이 개량종의 딸기와 여러 과일들을 들여와 경작하는데 잘 되는 것 같다.

우유는 연유에 의존할 수밖에 없다. 조선 재래종의 소는 숫자도 많지 않거니와 우유를 짤 수 있게 훈련이 되어 있지도 못하다. 조선 사람들은 우유를 먹지 않는다. 그래서 나는 전에 한 번 방문한 적이 있던 월든(Walden)의 연유 제조 공장에서 생산하는 오렌지카운티 우유를 주문하여 먹고 있다. 버터는 1파운드에 60센트이고 계란은 값이 매우 싸다. 물은 샘물이다. 여름에 마실 물은 깡통에 넣어 따로 보관한다. 닭고기가 가장 흔하고 양고기와 쇠고기는 가끔 중국에서 주문하여 먹는다.

요전에는 한 조선인 장군이 아주 좋은 꿩 열 마리를 우리에게 선사했다. 이번 겨울의 아침 식사는 대부분 끓인 쌀(밥)과 메밀로 만든 케이크(메밀묵)다. 우리는 이런 조반을 매우 좋아한다. 우리는 밭에다 고향에서 먹던 것과 같은 채소를 가꾸고 있으므로 점심과 저녁 식사는 집에서 먹는 것과 그리 큰 차이가 없다. 물론 본국에서 먹던 것은 다 구할 수는 없지만 예상했던 것보다는 훨씬 더 많고 좋은 음식을 먹고 있다.

우편물은 이번 겨울 동안은 3주에 한 번씩 보내고 받지만, 대체적으로 약 2주에 한 번씩 보내고 받는다. 우편물이 제물포에서 도착되면 그 표시로 신호기가 올라가는데 우리는 이 깃발이 오르는 걸 보느라 가슴을 조인다. 고향에서 오는 편지가 없었다면 어떻게 했을지….

불교는 국법에 의해 금지되어 있다. 서민 계층의 사람들은 잡신을 숭배하고 상류 계급은 유교의 영향을 받지만 국가에서 정해놓은 종교는 없다. 이 나라의 백성들은 선교사들이 가져오는 예수님의 '좋은 소식'을 기다리는 것 같다. 실제로 길에 나가면 하나님과 예수에 대해 이야기해주어 고맙다고 인사하는 사람들을 만난다. 조선 사람들은 대단히 인사성이 밝은 사람들이어서 어떤 도움을 받으면 무슨 방법으로든지 꼭 은혜를 갚으려고 애쓴다.

여성들에게 정중하게 대하는 것이 이 나라의 관습이지만, 자기 가족 이외의 다른 여성에게 말을 걸거나 쳐다보는 것은 나쁜 태도로 간주된다. 그러나 아직도 조선에서는 여자들을 혼도 없고 이름을 가질 가치가 없는 존재라고 믿고 있다.

이 글에서 이미 여러 번 언급한 바와 같이 나는 조선에서 내가 맡은 일을 좋아하며, 나를 이곳에 보내주신 하나님께 감사드린다. 서울의 선교사들은 부인들까지 합쳐서 25명이다. 이 숫자가 1천 1백만 명에게는 턱없이 부족하다. 외국인에게 개방된 항구는 세 개나 되지만 선교사가 없다. 큰 수확을 위해 일할 사람들이 모자라는 편이다.

3
개척을 향한 모험

 닥터 로제타 셔우드는 어느 날 기쁨에 들떠 일기에 다음과 같이 기록하고 있다.

1891년 10월 27일, 우편 오는 날. 오늘 도착한 편지로 무척 행복하다. 닥터 홀은 9월 19일자에 쓴 편지에서 자신이 조선으로 임명받았다고 한다. 이 편지가 쓰인 날짜는 내 생일이었다. 이날은 내 생에서 가장 기념할 만한 생일이다. 하늘에 계신 하나님께서 이 모든 것을 다 계획해주신 것 같다. 내 마음은 감사함으로 너무나 벅차 말로 표현할 길이 없다.
나는 조선과 조선 사람을 사랑하고 이곳에서 내가 하는 일을 사랑한다. 그러므로 닥터 홀이 이곳에 파견되어 오는 것은 진정으로 축복이다. 그는 내가 할 수 있는 것보다 훨씬 많은 일을 조선 사람들을 위해 할 것이다. 내가 닥터 홀을 이리로 불러오게 한 도구가 된 것은 하나님께서 내게 주신 사명이다. 이에 감사한다.

닥터 셔우드는 지난 1년 동안 닥터 홀의 계획이 변경될 때마다 일어나는 마음의 동요 때문에 장래가 불분명하게 보였고 정신적으로 안정되지 못했지만 이제는 계획을 고정시키고 확실한 궤도에 올라설 수 있게 되었다. 닥터 홀이 도착할 날짜는 12월 중순경으로 예정되었다. 닥터 셔우드는 이날을 고대하고 있었다.

닥터 홀이 도착하기 몇 주 전은 닥터 셔우드에게는 매우 바쁜 나날이었다. 닥터 셔우드는 새로운 열정을 가지고 일에 몰두했다. 이 무렵 치료된 환자 수는 1년 전 같은 시기에 치료된 환자들의 수보다 3배나 더 많았다. 한편 학교에서는 계속 심리학과 약물학을 가르쳤다.

닥터 셔우드는 어린 조수들에게 인체학을 가르치기 위해 사람의 골격을 교습 자료로 쓸 구상을 했다. 무심결에 지난봄에 남산의 성 밖에서 주운 사람의 해골을 가지고 학생들을 가르치겠다고 동료 선교사에게 말했다. 이 말을 들은 선교사들은 놀라서 주의를 주었다. 왜냐하면 전에 "외국인들이 조선 어린아이들을 잡아먹고 약으로 쓴다"는 유언비어가 퍼졌던 일이 있었기 때문이었다. 인체의 뼈를 교습용으로 쓴다면 정말로 해괴한 의심을 받게 될 것이다. 닥터 셔우드도 소위 '어린아이 소동'으로 알려진 이 사건에 대한 이야기를 들었다. 그 당시 선교사들은 이 해괴한 소문이 가라앉을 때까지 긴박한 분위기에 싸여 있었다고 한다.

그녀는 이러한 정보를 사전에 들을 수 있어서 기뻤다. 인체의 골격을 공공연히 교실에 가지고 가서 사람들을 놀라게 하기보다는 학생들을 자기 방으로 데리고 와서 개별적으로 보여주고 가르치기로 결정했다.

조선에 온 선교사들이 부딪힌 가장 미묘하고 심각한 문제는 조선의 전통적인 조상 숭배 관습이었다. 초기 가톨릭교도들이 처형을 당한 것도 바로 이 문제 때문이었다. 조선 사람들이 조상 숭배의 관습을 포기해야 하는 점이 기독교를 받아들이는 데 있어서 가장 심각하고 힘든 투쟁이었다.

닥터 셔우드는 양반집에 왕진 갈 때면 안마당에 세워진 조상의 위패를 모시는 사당을 보곤 했다. 이 위패는 밤나무 판을 두 겹 붙여서 만든 것인데, 나무로 만든 받침대 위에 세워져 있고 죽은 사람의 이름이 적혀 있다. 패의 왼편에는 작은 구멍이 뚫려 있어서 혼령이 이곳을 통해 들어온다고 한다.

조선인들은 사람에게는 세 가지의 혼령이 있다고 믿는다. 이 세 혼령들은 사람이 죽으면 각각 헤어져서 하나는 조상을 모시는 패에 들어가고 또 하나는 무덤에 남으며 마지막의 것은 더 낮은 세상으로 간다는 것이다. 양반들은 반드시 밤나무로 이러한 위패를 만든다. 밤나무는 열매가 열릴 때까지 오랜 세월 썩지 않으므로 가문이 견고하게 계속 자라가는 것을 상징한다. 서민 계층도 조상을 숭배한다. 그러나 양반만 이런 위패를 가질 수 있다. 보통 서민들은 혼령을 위해 종이를 사용하는 경우가 많다. 사당에는 4대조까지만 모셔진다. 그러므로 집안의 가장이 죽으면 새 위패가 모셔지고 가장 오래된 위패는 산소 옆에 묻는다.

가장이 죽으면 3년 동안 상이 계속된다. 죽은 사람의 위패 앞에서 그 기간 동안 특별한 의식이 행해진다. 이 기간 동안에는 베옷을 입고 큰 모자를 쓴다. 특히 추석과 같이 죽은 사람을 기념하기 위한 명절에는 제물을 준비해 의식을 행한다. 닥터 셔우드는 이러한 명절 중 어느 날 실제로 그 의식을 목격, 일기에 다음과 같이 기록하고 있다.

10월 5일

아름다운 가을 날씨다. 오늘은 조선의 명절로 사람들은 모두 자기네 조상의 산소에 가서 제사를 지낸다.

이날은 환자가 올 것 같지 않아 일하는 사람들에게도 하루 휴가를 주고 나도 쉬기로 작정했다. 페인(Paine) 양, 루이스 양과 함께 가마를 타고 꽤 멀리 교외로 나갔다.

길에서도 언덕 위의 많은 무덤들이 보였는데 굉장히 많은 사람들이 나와 있었다. 주로 남자와 어린아이들이고, 여자들은 얼마 없었다. 크게 소리 내어 우는 가운데 어떤 이들은 진정으로 흐느끼고 있었다. 이러한 의식은 처음부터 봐두는 것이 흥미로울 것 같아 우리는 한 가마의 뒤를 쫓아갔다. 가마 문은 닫혀 있었다. 두 사람의 가마꾼 뒤를 여자 하인 한 사람이 머리에 짐을 이고 따라가고 있었다.

그 가마는 어느 언덕 위에서 섰다. 젊은 부인이 가마에서 나오더니 근처의 둥글고 건초더미같이 생긴 많은 무덤들 사이를 지나 마침내 찾던 무덤에 도착한 모양이었다. 조선 사람들은 이렇다 할 표시도 없는, 비슷하게 생긴 여러 무덤들 중에 어떻게 자기네 것을 찾을 수 있는지 신기하다. 우리는 약간 떨어져서 의식을 관찰했다.

맨 처음에 하녀가 물을 길어오자 부인이 가지고 온 그릇들을 씻었다. 그 중에는 일본 그릇들도 있었고 외국제 칼도 보였다. 부인은 음식물을 직접 조심스레 담았고 하녀는 그 곁에서 시중을 들기만 했다. 음식물은 밥, 팬케이크같이 생긴 것(전과 적), 만두, 꿀, 술, 배, 감, 초록색의 말린 오얏(대추) 같은 것들이었다. 음식물을 쟁반 위에 순서대로 잘 차린 다음 음식을 기름종이로 덮고는 그것을 하녀에게 시켜 무덤 위에 놓게 한 뒤 기름종이를 벗겼다. 그리고는 무덤의 한쪽 모서리에 가서 부인은 절을 하면서 울기(곡) 시작했다. 그건 기도를 하는 게 틀림없었다. 10분이나 15분 정도 계속한 뒤 울음을 그치고 하녀와 함께 방금 차려놓은 제물들을 가마꾼, 무덤 위의 건초를 치워준 사람, 근처에 몰려든 사내아이들에게 나누어주었다. 사내아이들은 음식을 얻어먹기 위해 이런 날에 묘지를 찾아 나온 아이들임에 틀림없었다.

가까이에 서 있는 나를 본 그 부인은 자기 곁으로 와서 앉으라고 정중하게 청했다. 그 부인은 내게도 음식을 주었지만 난 먹지 않았다. 나는 부인에게 "왜 당신은 먹지 않느냐"고 물었더니 자기가 먹는 것은 옳지 않기 때문이라고 대답했다. 부인의 머리에 은핀(은비녀)이 꽂혀 있었으므로 죽은 사람이 남편이 아닐 것이란 생각은 들었지만 "죽은 사람이 남편이냐"고 물어보았다. 부인은 자기의 어머니와 아버지의 묘라고 말하면서 "미국 여자는 처음 본다"고 했다. 나는 부인에게 의사라고 밝히고 후일에 병원에 한 번 오라고 청했다. 그녀는 정직하고 맘씨 좋은 여자 같았다. 그때 나는 조선말을 조금만 알았어도 더 이야기 할 수 있을 텐데 하며 안타까워했다.

1891년 12월 15일, 닥터 홀이 탄 배가 부산에 도착했다. 그는 같은 캐나다인 의사 닥터 하디(R. A. Hardie)의 영접을 받았다. 닥터 하디는 부산 세관의 직원 전용 의사로 임명받아 그해 서울에서 부산으로 이사를 왔었다. 그는 세관원 외에 어부들에게도 의료봉사를 하고 있었다. 닥터 홀은 도착 즉시 서울의 조지 히버 존스(George Heber Jones) 목사에게 다음날 제물포에 도착할 예정이라고 전보를 쳤다.

존스 목사는 새로 오는 선교사를 맞으러 제물포로 갔으나 서울까지 40여 킬로미터의 거리를 여행하는 데 필요한 조랑말을 한 마리밖에 구하지 못했다. 존스는 후에 닥터 홀의 실천적인 성격의 한 단면을 봤다고 회고했다. 닥터 홀은 말이 한 마리밖에 없는 걸 보고는 6척 장신인 자기에게는 말이 너무 작아서 서울까지 걷는 게 오히려 마음 편하다고 말했다는 것이다.

12월 17일 목요일, 닥터 빈턴(Vinton)의 집에서 열린 기도회에 참석하여 약혼자를 만난 닥터 셔우드는 가슴이 너무나 벅차서 자기가 약혼한 사실을 더 이상 비밀로 숨겨둘 수가 없음을 알았다. 스크랜턴 여사는 뉴욕에서 편지로 닥터 셔우드에게 적당한 시일이 올 때까지는 약혼한 사실을 절대로 사람들에게 말하지 말라고 다짐한 일이 있었다. 서울에서는 벵겔 양만이 이 사실을 알았다. 벵겔 양도 그 이듬해에 존스와 결혼할 계획이라는 비밀을 닥터 셔우드에게 이야기 한 바가 있었으므로 이 두 여성은 장래의 결혼 계획의 비밀을 서로 공유하고 있었던 셈이다. 그러나 지금 닥터 셔우드는 로드와일러 양에게 너무 오랫동안 사실을 말하지 않고 있었던 게 마음에 걸렸다. 왜냐하면 벵겔 양이 자신의 결혼 계획을 로드와일러 양에게 말했을 때, 여성해외선교회가 사람을 하나 잃는다는 이유로 그녀가 별로 반가워하지 않았던 일이 있었기 때문이다.

닥터 셔우드는 이 문제에 대한 닥터 홀의 조언을 구하려고 편지를 써서 그날 저녁 몰래 전했다. 그녀는 이기적으로 자신의 처지만을 생각하기도 싫었고 로드와일러 양에게 연이어 또 실망을 주어야 한다는 게 내키지 않았다.

닥터 홀은 자기는 이 문제를 이기적이라고 생각지 않으며 설사 로드와일러 양에게 이야기하지 않는다 해도 결국은 로드와일러 양이 다른 사람을 통해 이 사실을 알게 될 것이니 아예 솔직하게 말하는 편이 좋을 것 같다고 답장을 보내왔다. 그 편지의 내용을 보자.

당신과 로드와일러 양 두 사람의 입장을 다 고려하여 나는 당신을 도와줄 수 있다고 생각합니다.
오늘 저녁에 당신을 보았을 때 나는 얼마나 기뻤는지 모릅니다. 얼마나 내 감정을 표현하고 싶었는지 모릅니다. 하나님께서 우리를 다시 만나도록 허락해주시고 우리가 조선에서 하나님을 위해 일할 수 있게 해주신 데 대해 나의 온 마음을 다해 하나님께 찬양 드립니다.

닥터 셔우드는 이 편지를 받고 이미 밤 10시가 넘었지만 곧 로드와일러 양을 만나러 갔다. 그때의 일을 그녀는 다음과 같이 술회한다.

로드와일러 양은 나의 약혼 발표를 듣고 놀라움을 감추지 못했다. 그녀의 놀람은 글로 표현하기 힘들 정도다. 왜 그렇게 놀라는지 확실한 이유는 알기 힘들지만 아마 내가 닥터 홀을 만났을 때 두 번도 쳐다보지 않고 전혀 내색하지 않았기 때문인 모양이다. 나는 그녀가 어찌나 놀랐는지, 그 모습에 더욱 놀랐다. 그러나 그녀는 날 너무도 사랑스럽게 대해주었다. 나를 축복해주는 의미로 이마에 키스를 해주고 눈물까지 머금었다.

한편 로드와일러는 다음과 같은 편지를 써서 닥터 홀에게 보냈다.

당신이 닥터 셔우드의 약혼자라는 사실에 나는 진심으로 축하합니다. 왜냐하면 닥터 셔우드는 흔히 찾을 수 없는, 참으로 진실하고 좋은 동반자가 될 사람이기 때문입니다. 여성해외선교회의 입장에서는 손실이 크겠지만, "어쩔 수 없었다"고 보고하면 아마 나를 용서하겠지요. 나에게 언니 역할을 할 수 있게 해준 데에 진심으로 감사드리며 또 내 자신이 앞으로도 그러한 가치 있는 존재가 될 수 있게 되기를 희망합니다.

하나님의 큰 축복이 당신에게 있기를 기원하면서.

L. C. 로드와일러

그 다음날 닥터 셔우드는 약혼자에게 병원을 보여 주었다. 그녀의 표정에 닥터 홀과 함께 있는 즐거움이 너무나 또렷이 비쳤다. 그래서 조선인들까지도 그녀가 딴 여성이 된 것을 느낄 수 있었다.

닥터 홀은 결혼 날짜를 정하고 싶었다. 새 사업 계획을 확실히 세우기 위해서도 먼저 결혼 문제를 결정해야 했다. 그는 아펜젤러 부부가 여름에 안식년 휴가를 얻어 미국에 갈 것을 알았다. 그렇다면 그 집이 빌 것이다. 그는 약혼녀 로제타에게 이 기회를 이용해 6월에 결혼하자는 뜻을 전했다. 그렇게 하는 게 정말 옳은지 그녀는 망설였다. 숙고 끝에 결국 그렇게 하는 게 하나님의 뜻에 위배되지 않는다는 결론을 내렸다.

그녀는 뉴욕에 있는 여성해외선교회의 스킷모어 여사에게 자신의 결정을 알리는 편지를 보냈다. 이에 대해 스킷모어 여사는 닥터 셔우드가 5년의 계약 기간을 지키지 않은 데에 큰 실망을 표시한 다음 결혼을 하게 되면 조선까지의 여행비를 반납해야 한다는 점을 상기시켰다. 닥터 셔우드는 여성해외선교회에서 자기가 매우 심각한 생각 끝에 결정했다는 점과 결혼한다고 해서 하나님의 뜻을 위배하는 것이 아니라는 점을 이해해 주지 않은 사실에 낙심했다. 그러나 그녀는 여성해외선교회에서 언젠가는 이 문제를 이해해줄 것을 바랐다. 여비를 반납할 모든 가능한 방법을 다 생각해보았지만 뾰족한 방법은 없었다.

한편 닥터 홀의 선교회에서는 새로운 선교 기지를 찾기 위해 닥터 홀을 오지 탐사로 보내고자 했다. 조선 정부에서 허가만 한다면 전진 기지를 세울 예정이었다. 닥터 홀은 서울에 도착한 이후 존스와 숙소를 함께 쓰고 있었다. 존스는 봄이 되면 북쪽의 내륙 지방 깊숙이 여행을 떠날 계획이었다. 닥터 홀도 그와 함께 동반하기로 결정되었다. 존스는 조선의 시골 지방으로 혹독하고 고생스러운 여행을 시작한 첫 선교사가 되었다. 그들은 서울에서 북쪽으로 560킬로미터 떨어진, 만주와 접경지인 의주까지는 함께 여행하고 거기에서 서로 갈라져 닥터 홀은 평양을 거쳐 서울로 돌아올 계획을 세웠다.

1892년 3월 초순, 춥고 바람이 센 어느 날 오후, 이 두 선교사는 길을 떠났다. 이들은 도보 여행을 원칙으로 했지만 짐을 실은 말들을 끌고 갔기 때문에 몸이 피곤할 때는 말을 탈 수가 있었다. 11킬로미터를 걸은 후 여인숙을 찾았지만 방이 얼마나 비좁았는지 누울 때 닥터 홀은 발을 문 밖으로 뻗어야 할 지경이었다. 그 다음날은 계속 비가 내려 발뒤꿈치까지 진흙길에 빠져가면서 서울에서 북쪽으로 25킬로미터 거리에 있는 고양(高陽)에 도착해 선교일을 시작했다. 외국인 의사가 왔다는 소식이 전해지자 환자들이 몰려왔다. 오지에서의 첫 번째 시술을 시작한 것이다. 존스는 그때의 북쪽 여행에 대해 이렇게 기록했다.

그때, 함께한 의사에게서 나는 진정한 선교사 정신을 보았다. 병에 고통 받는 시골 사람들을 치료해준다는 자체가 그에겐 대단한 기쁨이었다.

한번은 추위에 떨며 길을 가다가 어느 마을에서 아주 매운 고깃국 한 그릇을 대접받았다. 이 음식은 끓인 것이기 때문에 주저하지 않고 받아먹었는데 아주 맛이 있었다. 그런데 조금 후에 그 근처를 거닐다 보니 금방 잡은 개 가죽을 지붕에 널어 말리고 있는 것이 아닌가. 금방 의심이 들어 물어보니 간담이 서늘했다. 그는 보신탕을 먹었던 것이다! 그 일이 있은 후 그는 한동안 고깃국을 보면 입맛이 없어지고 사실상 여러 달 동안 조선 음식은 절대로 먹지 않겠다고 고집했다.

존스는 자신의 북쪽 여행길을 이렇게 묘사했다.

우리는 봉산을 지나 통설령을 내리막길로 내려가 대동강변까지 펼쳐져 있는 큰 평야에 도착했다. 이곳에서 우리는 강한 바람과 살을 에는 듯한 추위로 이 여행 중 가장 큰 고생을 했다. 강풍을 헤치며 강행군하여 드디어 황주에 도착했다. 여기에서 안식일을 맞아 쉬었다. 월요일 아침, 아직도 세차게 불고 있는 북서풍을 얼굴에 맞으면서 다시 행군했다. 처음에는 강풍과 한파에도 불구하고 용기를 내어 앞으로 나아갔다. 그러나 바람과 추위는 조금도 수그러들지 않고 계속되었다. 얼굴이나 손등, 노출된 부분은 살을 도려내는 것 같았다. 온몸이 얼어서 마비되었기 때문에 동사하지 않기 위해 계속 걸을 수밖에 없었다. 아무리 운동을 해서 몸을 덥히려고 해도 불가능했다. 나와 의사의 고통은 극심했다. 발이 아팠지만 말을 타면 동사할 것 같아 계속 길을 걸을 수밖에 없었다. 이렇게 하여 우리가 50킬로미터 이상을 고투하며 걸었을 때 드디어 반가운 대동강 둑이 보였다. 강물이 60센티미터 두께로 얼어 있었다. 우리는 이 얼음 카펫을 밟고 강을 건너 평양 시내로 들어갔다. 닥터 홀은 자기 생명을 바칠 이 도시에 첫발을 들여놓은 것이다.

우리가 평양에 도착한 날은 1892년 3월 14일이었다. 아침부터 밤까지 방문객들이 우리를 쉴 새 없이 찾아왔다. 우리는 모두에게 진리를 설교했다. 또 환자들을 치료하며 바쁘고도 행복한 일주일을 지냈다. 우리의 조선인 형제들도 들뜬 시간을 보냈다. 우리 거처에 책방을 차렸는데 하루 사이에 80권의 기독교 서적이 팔렸다. 책을 파는 일은 사실상 이 도의 지사(감사)가 내린 금령을 어기는 것이었지만 우리는 개의치 않고 계속 책을 팔았다. 우리는 교습반을 편성했으나 우리가 그곳을 떠나자마자 반에 편성됐던 사람들이 나오지 않아 교습하려던 계획이 무산되었다. 그러나 우리가 머물렀던 닷새 동안 우리는 목표를 달성한 셈이다.

그 다음 주는 의주로 가는 동안 선교 개척으로 바쁜 시간을 보냈다. 의주에 도착한 때는 1892년 3월 28일, 서울을 떠난 지 26일 만이다. 여기에서 일주일 동안 닥터 홀은 나와 함께 머물면서 의료 일로 바쁘게 지내다가 우리가 온 길을 되밟아 서울로 돌아갔다. 한편 나는 거친 산악을 향해 북쪽으로 뛰어들었다.

닥터 홀에게 있어서 이 여행이 힘들었던 것은 육체적인 고통이나 잠재적인 위험 때문이 아니었다. 그보다는 약혼녀와 오래 떨어져 있어야 한다는 것이 더 괴로웠다. 여행 중에 그는 약혼녀에게 편지를 썼다.

> 로제타, 내가 당신과 함께 있기를 얼마나 갈망하는지 모를 거요. 내 가슴은 온통 당신을 열망하는 생각으로 가득 차 있습니다. 이를 참기 위해 하나님께 도움을 요청하고 있습니다. 하나님께서 나에게 사랑할 수 있는 마음을 주셨는데 당신과 오랫동안 떨어져 있으려니 고통스럽지 않을 수 없습니다. 그러나 우리의 결혼 날짜가 곧 다가오니 그때가 되면 우리는 마침내 함께 있게 되겠지요.

닥터 셔우드는 환자들을 돌보고 여의사만을 찾는 왕진에 몰두하다 보니 약혼자에 대한 걱정이 어느 정도 감소되었다. 그녀와 벵겔 양은 이 두 여행자들로부터 소식이 오지 않나 하고 신경을 곤두세우고 있었다. 1892년 4월 2일 닥터 셔우드의 일기를 보면 그 당시의 심정을 알 수 있다.

> 그가 떠난 지 6주일이 된다. 지난 목요일, 아펜젤러 목사가 건네준 전보를 받고 무척 기뻤다. 전보에는 그가 월요일인 4일에 의주를 떠났다고 되어 있으므로 18일(토요일)까지는 서울에 도착할 것으로 예상된다. 존스 목사는 2-3주가량 더 있어야 돌아온다고 한다. 그는 다음 주에 조선의 동쪽 지방으로 여행을 떠나는 닥터 맥길(McGill)과 교대해야 하므로 일찍 돌아와야 한다. 그를 다시 보게 되어서 정말 기쁘다. 벵겔 양과 나는 그들이 평양에서 반드시 편지를 썼을 텐데도 오지 않아 혹시 중간에서 분실된 것은 아닐까 생각했다. 어느 날 나는 벵겔 양에게 우리의 약혼자들이 혹시 기독교를 포교하면 목을 자른다는

금령을 어겨서 처형되었다고 생각하지는 않느냐고 물었다. 그랬더니 벵겔 양은 자기는 나의 이런 말에도 두려워하지 않는다고 했다. 벵겔 양은 닥터 홀이 돌아올 때 자기 약혼자가 보내는 길고 멋진 편지를 가져올 것으로 기대했기에 나와 마찬가지로 그(닥터 홀)가 돌아오기만을 고대하고 있었다.

우리 두 여자는 일단 결혼하면 존 웨슬리의 아내처럼, 남편을 사랑하지만 일부러 바가지를 긁어서 남편이 집 안에 있기 불편하게 만들어 순회설교 여행을 나가는 편이 더 즐겁다고 느끼게 하자고 서로 약속했다. 우리는 아직 그 정도로 '희생정신'을 발휘하지는 못한 상태였지만 꽤 용감하게 약혼자들을 산골에 보내놓고 기품 있게 잘 참고 있다고 스스로 자부했다.

닥터 홀은 예정대로 돌아왔다. 그는 첫 지방 여행에서의 결실로 용기백배해 있었다. 그는 흥미 있는 경험을 많이 했다. 어떤 때는 매우 힘들었으나 전체적으로 보아 조선 사람들로부터 매우 친절한 대접을 받았다고 보고했다. 그는 선교회 위원들에게 제출할 자세한 보고서를 작성하면서 평양이 조선 내륙의 선교 기지로서는 최적지라고 기록했다. 그의 선택이 옳았다는 점은 나중에 증명되었다. 그 후 평양은 감리교와 장로교의 세계적인 선교 성공지로 평가되었다. 수천 명의 기독교인이 태어났고 자랑스러운 기독교 계통의 학교, 대학, 병원이 설립되었다.

닥터 홀은 장로교 선교사인 사무엘 모펫(Samuel Moffett)과 그레이엄 리(Graham Lee) 등이 평양에 대해 한 말을 인용하면서 내륙 지방에서 선교하는 데 왜 평양이 최적지인가를 놓고 여러 가지로 이야기했다.

첫째, 이 도시는 조선에서 가장 문란하고 더러운 도시라는 평을 받고 있으므로 선교를 위한 위대한 도전의 대상이 된다. 거기는 또한 자기들 기분에 맞지 않으면 일반인이건 관원이건 막론하고 돌로 때리는 폭력배들이 있는 곳으로도 유명하다. 인구는 10만이 넘으며, 주민들은 적극적이고 기업적이라 비교적 번성할 여지가 있는 도시다. 이외에도 이곳은 서울과 북경 간을 연결하는 도로선상에 위치하므로 육로 사정도 괜찮고 해상 교통도 용이하다. 평양은 정말로 찬란한 역사의 도시였다. 닥터 홀의 동료인 W. A. 노블 목사도 평양에 대해 다음과 같이 기록하고 있다.

이 도시는 조선의 수도인 한양에서 보면 북서 편에 자리 잡은 배 모양의 분지다. 원주민들은 옛날에 어떤 신이 현재의 이 도시를 위해 이 분지를 만들어준 것이라는 미신적인 생각을 갖고 있다. 그래서 우물을 파면 배 모양인 분지 밑에 구멍을 내는 것과 같아 물이 새 들어와 평양이 망한다는 생각을 갖고 있다. 뱃머리에 해당하는 곳에 올라서면 높은 산이라 그 위에서는 사방이 멀리까지 보이고 경치가 아름답다. 거기에 서면 조선 역사의 첫 번째 왕인 기자의 무덤이 보인다. 이 산 기슭에서 기자는 많은 왕국들의 흥망성쇠와는 무관하게 지난 3천 년간 조용히 쉬고 있다. 1천만 명의 이 나라 사람들은 한결같이 이 묘지에 숭상의 눈길을 보낸다.

이 도시는 돌로 쌓은 성으로 둘러싸여 있고 성곽은 산 능선을 타고 올라가 저 멀리 산꼭대기에서 끝난다. 대다수의 조선인들처럼 이곳 주민들도 진흙 벽과 짚을 엮어 만든 지붕으로 된 집(초가집)에서 산다. 이런 주택을 보면 조선인들의 생활방식을 알 수 있다. 서양의 1천 년 전 생활환경으로 되돌아온 느낌이다.

평양의 대동문

기자 왕의 무덤

평양 외곽에 있는 모란봉

배 모양으로 생긴 도시인 평양을 동여맸다는 정박용 기둥. 적어도 사람들은 그렇게 믿고 있었다.

감리교 선교회의 연회는 8월로 예정되어 있었다. 닥터 홀이 지적한 실천 사항들에 대한 토의는 그때까지 연기되었다. 닥터 홀은 자신의 첫 번째 임무를 완수했으므로 결혼 계획을 추진했다.

결혼식은 6월에 거행되었다. 이 결혼식은 사실상 조선에서는 처음인 국제 결혼식이었다. 신부는 미국인, 신랑은 캐나다, 주최국은 조선이었다. 예식장인 스크랜턴 여사의 아름다운 정원에는 3개국의 국기가 게양되었다. 스크랜턴 가족은 바로 그 전 달 미국에서 돌아왔기 때문에 닥터 셔우드의 기쁨은 유난히 컸다. 스크랜턴 여사는 선교사들이나 조선 사람들을 막론하고 모두로부터 경애를 받는 사람이다. 조선 사람들을 그녀를 대부인이라고 불렀다. 이는 스크랜턴 여사가 많은 사람들의 어머니로서의 역할을 잘해냈기 때문이다.

기독교 신자가 아닌 조선 사람들까지도 이 결혼식에 환성을 올렸다. 조선 사람들은 이미 오래 전에 닥터 셔우드가 결혼했어야 한다고 생각하고 있었다. 왜냐하면 지체 있는 조선 집안에서는 나이 든 여성이 독신으로 있는 것을 흉으로 여기기 때문이다. 그들은 닥터 셔우드가 여자로서 마침내 '정상'이 된 것을 기뻐했던 것이다.

결혼식 준비가 진행되면서 조선 사람들은 이상한 서양식 결혼식에 당황했다. 신부는 결혼식 전에 벌써 신랑감을 보기만 한 것이 아니라 함께 일하고 있었으며 양가의 부모들이 마련한 혼인이 아니었기 때문이었다. 더군다나 닥터 셔우드의 어머니가 처음에는 이 결혼을 반대했었다는 이야기를 들은 그들은 그 말을 믿으려 하지 않았다. 조선 사람들은 성인이 되어도 독신으로 있는 여자는 병신이거나 부도덕한 사람으로 간주했다. 나이 많은 딸을 데려가겠다는 걸 색시 쪽 어머니가 감지덕지는 못할망정 반대했다니 그것을 사실로 받아들이기가 힘들었던 것이다.

이 결혼식에 대해 닥터 셔우드의 어머니는 자신의 양심과 크게 싸운 끝에 비로소 다음과 같은 편지를 딸에게 보내주었다.

> 내가 여태까지 쓴 편지 중 가장 힘들었던 것은 닥터 홀에게 답장을 쓰는 것이었다. 사랑하는 애야, 너를 다른 사람에게 준다는 건 정말로 괴로운 일이구나. 하나님께서는 내가 널 사랑한다는 걸 아신다. 네 아빠와 언니는 결혼을 찬성했다. 네가 말한 것처럼 계속 선교일을 하기 위해서도 닥터 홀과 결혼해야 한다면, 나는 네 결혼이 가장 잘된 것이라고 생각했다. 나는 네 결혼을 찬성하기로 결정했다. 하지만 어제만 해도 너의 결혼을 찬성할 수 있으리라고는 생각지 못했다. 아무튼 이 문제를 결정할 때까지 나는 잠을 이룰 수가 없었다.

조선에서는 시어머니의 위치가 매우 중요하다. 신부의 생활을 남편보다 더 간섭하고 지도한다. 그러나 닥터 셔우드의 경우 시어머니는 멀리 떨어져 있다. 누가 신부를 가르치고 다스릴 것인가?

신부의 결혼식 예복으로 준비한 옷이 흰색인 것을 보고 조선 사람들은 대경실색했다. 이 여의사는 흰옷은 상중에나 입는다는 것을 모른단 말인가! 신부는 반드시 색깔이 있는 밝은 옷을 입어야 하는 것을 모른단 말인가? 상복을 입으면 신부에게 불행이 닥친다고 조선 사람들은 믿고 있었다.

닥터 셔우드가 애초에 계획한 신부복은 결혼식 전에 이미 불행을 당했다. 그녀는 신부복에 달 실크 레이스를 사려고 뉴욕 메디슨 가 치료소의 간호사인 젠킨스 여사에게 3달러를 보냈는데 그 우편물을 싣고 가던 일본 배가 바다에서 침몰하고 말았다. 그녀는 대신 일본에서 산 실크를 조선 재단사에게 맡겨 신부복을 만들었다. 그러나 그녀는 그때 위독한 병이 걸려 있던 벵겔 양과 간호사인 루이스 양을 돌보느라 신부복을 가봉할 시간조차 갖지 못했다. 닥터 셔우드와 홀은 이 두 환자를 잃을까봐 24시간을 계속하여 보살폈다. 두 환자들은 이들의 간호로 회복되기 시작했다. 그 무렵 닥터 셔우드의 심정은 일기에 고스란히 기록되어 있다.

> 재봉사는 모든 일감을 갖고 지난주에 와서 신부복을 만들기 시작했다. 하지만 나는 결혼 날이 돌아와도 정말로 식을 올릴 시간을 낼 수나 있을지 모르겠다. 미리 결혼복도 입어보고 결혼식 준비도 감독하고 싶지만 시간을 낼 수가 없다. 어떤 옷을 입게 되든지 감사할 뿐이다. 장식이나 무늬 없는 긴 치마에 앞과 뒤에 수를 놓고 세 겹의 주름을 잡은 짧은 비단 웃옷은 보기 좋을 것이다. 나는 수를 놓지 않고 장식이 없는 웃옷을 좋아하지만 내 척추가 휘어 잘 어울리지 않으니….

닥터 셔우드가 결혼식을 올릴 시간조차 없을까봐 걱정했던 점은 기우였다. 오히려 아름다운 6월에 결혼식을 두 번이나 가졌다. 그녀의 일기를 보자.

> 결혼식 날 9시. 닥터 홀과 나는 닥터 스크랜턴 내외, 존스 목사, 벵겔 양과 함께 영국 공사관으로 가서 영국 공사 힐리어(W. C. Hillier) 앞에서 식을 올

렸다. 이 식은 영국령에서만 합법으로 인정될 뿐 미국에서는 그 합법성이 인정되지 못했으므로 12시에 미국 영사 앞에 가서 또 식을 올려야 했다. 닥터 홀은 캐나다인이므로 영국 영사 앞에서, 나는 미국인이므로 미국 영사 앞에 가서 법적인 절차를 밟아야 했던 것이다.

두 번째 식에는 약 30명을 초대했다. 식장인 여성해외선교회의 관사에서 스크랜턴 여사의 품위 있는 주재 아래 식이 거행되었다. 1892년 6월 27일은 참으로 화창한 날씨였다. 주례를 맡은 올링거(F. Ohlinger) 목사와 부 주례 벙커(D. Bunker) 목사의 인도로 식은 정오에 시작되었다. 미국 뉴욕의 리버티 출신인 닥터 로제타 셔우드와 캐나다 온타리오 주 글렌 뷰엘 출신의 닥터 윌리엄 제임스 홀의 결혼식이 거행되었다. 참석한 미국의 대리 총영사인 호러스 알렌은 의사로서 조선 왕자의 상처를 봉합해준 의술 때문에 서방 국가들과의 문호를 여는 데 도움을 주었던 사람이다.

식이 끝난 후 피로연도 스크랜턴 댁에서 서양식으로 열렸다. 중국인 요리사 스튜어드(E. D. Steward)가 굉장히 큰 케이크를 만들어 장식했고 독일인 지휘자한테 훈련을 받았던 조선의 궁전 악대가 손님들을 위해 연주했다. 조선의 풍속에 따라 가난한 사람(거지)들까지도 무시하지 않고 엽전을 나누어주었다. 조선의 현금은 엽전으로, 엽전 하나의 가치는 1센트의 10분의 1 정도다. 엽전들을 정원 문 밖에서 기다리고 있던 거지들에게 나누어주자 그들은 신랑과 신부에게 복을 내려달라고 자기네의 좋은 신에게 간청했다.

신혼여행에서 돌아온 홀 내외는 미국으로 안식년 휴가를 떠난 아펜젤러의 빈 집에 신혼살림을 꾸몄다. 홀 내외는 손님들과 함께 식사하기를 좋아해서 독신 선교사들을 자주 초청했다. 독신 선교사들이 낯선 땅에 와서 얼마나 외로운가를 경험을 통해 잘 알고 있었기 때문이다.

감리교 선교단의 연회는 이들이 신혼여행에서 돌아온 뒤 곧 열렸다. 닥터 홀은 평양에 선교 기지를 만들어야 한다는 것을 강조한 보고서를 제출했다. 의사 한 사람을 평양에 보내는 데 필요한 비용을 보조하기 위해 자신의 봉급에서 절반을 내놓겠다고 자청했다. 그 당시 미국 선교본부에서는 닥터 홀의 친구인 닥터 존 버나드 버스티드(John Bernard Busteed)를 조선에 파견하는 것을 고려중이었고 조선 선교부에서도 그를 빨리 보내주기를 희망하고 있던 차였다. 닥터 버스티드는 미혼이므로 평양 선교기지를 개척하는 데 적합하리라는 생각에서 닥터 홀은 그의 봉급이 해결된다면 그만큼 빨리 조선으로 파견될 수 있으리라고 판단했던 것이다.

연회에서 윌라드 멜러리우(Willard Mallalieu) 감독은 새 의사는 다음해에 임명된다고 했다. 또 셔우드 홀은 계속 서울여성병원에서 근무하도록 하고, 닥터 홀은 평양 선교기지 개척 담당자로 임명했다. 그들에게는 놀라운 소식이었다. 가장 추운 겨울과 우기의 몇 달만을 제외하고는 대부분 평양에서 근무하라는 명령이었다. 그 당시는 아직도 내지(內地)에서 외국인이 거주할 수 없다는 금령이 발효 중이었고 기독교 포교자는 사형에 처한다는 법이 엄연히 존재할 때였다. 닥터 홀에게 주어진 임무는 위험한 것이지만 이 일을 수행하는 데는 의사가 가장 적격이라고 생각했던 것이다.

홀 내외는 이 임무가 지금은 힘들어 보이지만 극복할 수 있다고 확신했다. "하나님께서는 우리와 함께 계시고 앞에서 인도하실 것"이라는 자세였다. 닥터 홀은 임명된 지 일주일 만에 언제 돌아올지 예측도 할 수 없이 평양으로 떠났다.

닥터 홀이 떠난 지 4주일 후에 노블(W. A. Noble) 목사 부부가 조선에 도착했다. 닥터 홀은 뉴욕에서부터 노블 목사와 뜻이 통했다. 노블 목사가 조선에 오게 된 것도 닥터 홀의 권유와 설득 때문이었다. 이들 부부도 결혼한 지 얼마 되지 않았다. 닥터 홀은 이들이 도착하면 아펜젤러의 집에서 함께 기거하자고 아내에게 말했다. 따로 살림을 장만하지 말고 가구를 공동으로 사용하면서 식사도 번갈아 준비하면 돈을 저축할 수 있다는 뜻에서였다. 이렇게 하여 선교사 한 사람을 2년간 조선에 파견할 수 있는 돈을 모아 선교회에 보조하려고 했다.

1892년 10월 18일, 홀 부인은 노블 부부를 집에서 맞이했다. 하지만 그들이 아직은 이러한 공동생활에 대해 충분히 준비가 되지 않은 것을 알아차렸다. 홀 부인은 그들이 신혼부부이므로 자기네 전용 살림을 갖고 싶어 할 것이기에 자기가 쓸 약간의 집기만을 남기고 닥터 홀이 돌아올 때까지 우선 쓰라고 노블 부부에게 다 주었다.

홀 부인은 자기와 노블 부부가 세간을 따로 쓰고 싶어하는 마음이 이기적인 것은 아닌지 고민했다. 그녀의 일기를 보자.

> 우리와 한 집에서 살기를 기대하는 것은 그들에게 너무나 큰 부담이 된다는 점을 알았다. 특히 노블 목사는 닥터 홀을 잘 알고 그에게 감사하는 처지이므로 그들도 나와 같이 이 문제로 고민할 것이다. 이상하다. 나는 그[평양으로 간 닥터 제임스 홀을 말함—편집자]가 이런 계획은 하지 않았어야 한다고 본다. 이런 생각은 나와 노블 부부가 이기적이기 때문인가? 우리는 모두 옳은

일을 하려고 열심이며, 이곳에 선교사를 데려오는 보조비를 마련하려고 이렇게 절약하지만 이런 식의 공동 거주는 여하튼 자연스럽지 못한 것 같다. 그러나 닥터 홀이 지금 이곳에 있다면 이 힘든 문제를 잘 해결했을 것이다. 노블 부부는 진실한 기독교 정신을 가진 사람들이고 우리가 하고자 하는 일에 잘 협력할 것으로 믿는다. 지금 그가 여기 있었으면 좋겠다. 하지만 그가 없는 편이 노블 부부에게는 더 좋을지 모르겠다. 왜냐하면 그는 사람을 설득하는 힘이 있으므로 상대방은 자기 의사와 관계없이 반대를 못하고 따르게 되기 때문이다. 이번 경우에는 그가 옳다고 보이지 않는다.

그러나 닥터 제임스 홀의 조처는 상당한 효과와 실속이 있었다. 특히 남편들이 임무를 띠고 여행하는 중에 남은 그녀들은 서로 위로하는 벗으로서 큰 도움이 되었다. 아내 셔우드 홀의 일기에서 이 점을 엿볼 수 있다.

아더 노블과 윌콕스 노블 부부

1892년 11월 7일, 서울로 돌아와 12일간을 지낸 후 그는 또 떠났다. 12일이란 날짜는 꿈같이 지나갔다. 지금은 그를 기다리는 시간의 연속이다. 아, 그가 오랫동안 떠나 있다는 걸 생각하니…. 날마다 우리의 사랑은 더 강해지고 이별은 가슴을 아프게 한다. 주일, 온종일 아무리 참으려 해도 눈물이 그치지 않았다. 누가 그에 대해 이야기만 해도 눈물이 흘렀다. 그러나 이제 울지는 않는다. 오늘밤에는 상당히 용기가 나는 것 같다. 확실히 하나님의 보살핌은 크시다.

12월 5일 월요일. 사랑하는 그가 집을 떠난 지 오늘로 한 달이나 되는데도 소식이 없다. 내가 미국에 있을 때는 지금보다 더 자주 편지를 받았는데…. 밤 9시 30분, 그가 보낸 편지가 방금 도착했다. 그가 떠날 때는 크리스마스까지는 돌아온다고 했었는데 그날까지 돌아오지 못한다는 소식이다. 그에 의하면, 평양의 선교기지 개척이 생각보다 순조롭다고 한다.

평양에 도착한 그는 전에 자기가 치료해서 완쾌된 소년의 집을 찾아갔다. 소년의 아버지는 그곳 관청의 행정관으로 닥터 홀을 다시 만나자 매우 반가워했다. 그는 닥터 홀과 장로교 선교사인 그레이엄 리(Graham Lee)를 자기 집에 기거하라고 청하면서 가장 좋은 방 2개를 쓰라고 내놓았다. 그는 의사를 만난 게 부모를 다시 보는 것만큼 기쁘다고 말했다. 그의 집은 서른다섯 칸의 큰 집으로 아름다운 정원을 가진, 언덕 위에 세워진 한옥이다. 거기다 도시의 한복판에 있어 시료소와 전도소로 쓰기에 알맞았다. 닥터 홀은 주인에게 혹시 이와 비슷한 조건의 집을 살 수 있을지 알아봐달라고 했는데 집 주인은 자기 집을 780달러에 사라고 제안했다. 그래서 그는 이 집을 살 수 있는 허가를 얻고 자금을 모으는 일에 집중하게 되었다.

그는 우리 부부가 내년에는 함께 일할 수 있기를 바라고 있다. 별거는 참으로 큰 시련과도 같다. 그러나 그는 우리들의 편의를 위해 주님의 사업을 희생시킬 수는 없다고 한다. 그는 "하나님이 우리에게 힘든 사명을 주시니 감사합시다. 특히 그것은 우리를 사랑하시는 증거입니다. 걱정하지 맙시다. 예수님을 위해 용감하게 하나님께서 주신 힘든 일을 극복함으로써 축복을 받도록 합시다. 하나님께서는 우리를 훈련시키는 중이며 우리가 아주 보람 있는 생을 살 수 있도록 준비시키는 것입니다"라고 말한다.

닥터 홀은 평양을 떠나 서울로 돌아올 때 노상에서 강도에게 살해당한 사람을 발견했다. 시체 곁에는 상처가 심한 사람 하나가 쓰러져 있었는데 간호해주지 않으면 이 추운 겨울날씨에 살아남지 못할 게 틀림없었다. 이 장면은 무대만 달랐을 뿐 귀에 익은 성경 이야기의 재판(再版)이나 다름없었다. 처음 본 순간 닥터 홀은 여기에 말려들지 말고 그냥 지나가자는 강한 유혹을 느꼈다. 그러나 시간과 돈은 모자랐으나, 그는 자신이 무엇을 해야 할지 알고 있었다.

그는 우선 부상자에게 응급 치료를 해준 다음 짐을 실었던 나귀에 그 사람을 조심스레 태우고는 그날 아침에 떠났던 여관을 향해 길을 되돌아갔다. 여관에 도착한 그는 여관 주인이 부상한 사람에 대해 아무런 동정심도 갖지 않을 뿐 아니라 여관에 들여놓는 것조차 거절하는 것을 보며 놀라고 분개했다. 하지만 그의 간절한 설득과 힘든 흥정 끝에 주인은 마지못해 부상자가 묵을 방을 내놓았다. 그는 여관을 나서면서, 나중에 평양에 가는 길에 여관에서 약속을 잘 지켰는지 확인하겠다고 다짐했다.

갖고 있던 돈은 모두 여관 주인에게 주었으므로 닥터 홀은 이제 초라한 음식을, 그것도 하루에 한 끼밖에 먹을 수 없었다. 그는 강도에게 습격을 받게 된다 해도 빼앗길 게 없어 잘됐다고 억지로 자신을 위로했다. 그는 제대로 먹지 못하고 먼 길을 걷느라 지쳐서 곧 길바닥에 쓰러질 지경이었다. 그때 전부터 안면이 있었던 한 일본인 의사를 만났다. 북쪽 지방을 탐사 여행하고 있던 일본인 의사는 닥터 홀에게 있어 '하나님이 보낸 사람'이었다. 그 일본 의사는 원래 샛길을 통해 여행할 계획이었는데 그렇게 했다면 닥터 홀은 그를 만나지 못했을 것이다. 빈 지갑에는 다시 돈이 들어왔다. 몸과 마음도 새 힘으로 충만하여 그는 여행을 계속했다. 그가 일정대로 도착하지 못해 걱정하고 있었던 아내는 남편이 도착하자 한시름 놓았다.

닥터 홀이 임명받은 평양 구역은 서울에서의 거리가 약 300킬로미터에 가깝다. 1893년 2월, 네 번째로 내지 여행을 떠날 때는 그 평양의 가옥을 구입해도 좋다는 허가를 본부로부터 이미 받았고 이에 대한 모금을 시작한 상태였다. 이번 여행에는 노블 목사가 동행했다. 노블 목사는 이때의 여행 경험에 대해 자세히 기록하고 있다.

> 조선에서의 여행은 불편한 것이 한두 가지가 아니다. 선교사의 진정한 모습을 시험하는 이상한 고통과 시련이 많다. 이런 시련을 대하는 닥터 홀의 모습은 감명 깊었다. 그는 마치 편한 기차 여행이라도 하는 것같이 어려움을 즐겁게 대처해나갔다.
>
> 어느 날 아침, 여관을 출발하려는데 짐꾼들이 언제나처럼 서로 자기 짐이 남보다 많다고 언쟁을 시작했다. 그들은 한 발자국도 움직이지 못하겠다고 우겨댔다. 닥터 홀은 흩어져 있는 짐더미들과 거친 짐꾼들을 둘러보고는 아무

말 없이 주저앉더니 종이 한 장을 주머니에서 꺼내 읽기 시작했다. 간청이나 화를 내는 것이 통하지 않는 이런 상황에서 그의 외교적 수완은 효과가 있었다. 짐꾼들은 서둘러 짐들을 나귀에 싣고는 곧 길을 떠났다. 닥터 홀은 말 위에 걸터앉아 짐꾼들 곁을 따르면서 가장 재미있는 복음서의 이야기를 해주었다. 마치 아무 일도 없었던 듯이….

조선인들은 자기 주위의 많은 혼령들이 여행길을 방해한다고 믿는다. 푸른 나무, 물방울을 튀기면서 흐르는 개울물, 초록색 언덕, 초가지붕, 벽이나 마루 등 모든 것에는 보이지 않는 혼령들이 있어서 사람의 여행길을 괴롭힌다고 생각한다. 우리는 신을 모신 작은 나무를 지나가게 되었다. 나무 밑에는 행인들이 하나씩 던지고 간 돌들이 쌓여 있었고 돌무덤 위에는 종이와 헝겊 줄들이 매여 있었다. 짐꾼들은 이런 장소를 지날 때마다 머리를 숙여 절을 했다. 닥터 홀은 어떤 기회를 타서 짐꾼들에게 그러한 귀신을 섬겨봤자 아무 만족도 얻을 수 없다고 설득하면서 그리스도를 믿어보는 게 어떻겠냐고 제안했다.

평양의 시료소에서 닥터 홀의 생활은 그 자체가 설교였다. 그의 곁에 있으면 구세주를 더 잘 알게 된다. 그는 조선인처럼 방바닥에 주저앉아서 그를 보러 온 사람들을 만났다. 어떤 사람들은 호기심 때문에, 어떤 사람들은 치료를 받으러 왔다. 어떤 목적으로 왔건 떠날 때는 참으로 훌륭하고 선한 사람이라는 인상을 간직하고 갔다.

한번은 평양에서 외국인에게 증오심을 가진 어느 관리의 영향으로 군중들이 들고 일어난 적이 있었다. 조선인들의 적개심이 어떻게 터져 나올지 예측할 수 없는 상태일 때 나는 닥터 홀에게 이 상황의 전망에 대해 어떻게 생각하느냐고 물어보았다. 그는 "하나님께서 한 사람을 희생시켜 이 도시의 문을 여실 생각이라면 나는 그 희생자가 되는 것을 피하지 않겠다"고 대답했다.

홀 부인도 남편이 없는 서울에서 열심히 일했다. 1893년 3월 28일, 그녀의 일기를 보자.

> 나는 동대문에서 방금 돌아왔다. 이달 15일부터 매주 화요일과 금요일에는 그곳에서 의료봉사를 하기로 했다. 그곳은 아직 치료 대상자들이 많지 않다. 목수들이 시료소 건물에서 일하고 있기 때문이다. 그러나 장소가 매우 적합하므로 앞으로 시료소는 틀림없이 커질 것이다.

동대문 시료소의 사업은 역시 커졌다. 건물이 완성되자 볼드윈 시료소(Baldwin Dispensary)라 부르게 되었다. 1897년 이 시료소는 닥터 릴리언 해리스(Lillian Harris)의 책임 아래 있었는데, 그녀는 1902년 사망했다. 그 후 1912년에 이 장소에 병원이 설립되어 볼드윈 시료소를 대신했고 그녀의 이름을 따서 릴리언 해리스 기념병원(Lillian Harris Hospital)이라고 명명되었다. 닥터 로제타 홀도 한때 이 병원의 원장을 지냈다. 이 병원이 이화여대부속 동대문병원의 전신이다. 홀 부인은 동대문의 새 진료소, 원래 맡고 있던 여성병원, 다른 시료소의 정규적인 의료봉사, 학교에서의 생리학과 약물학 강의 등을 계속했다.

김점동은 특별히 뽑힌 학생으로 시료소에서 약을 짓고 환자들을 간호하고 있었다. 원래는 수술 보조를 싫어했으나 홀 부인의 언청이 수술을 본 다음부터 마음이 달라져 하나님의 도움으로 반드시 의사가 되고야 말겠다는 결심을 굳혔다. 점동은 또한 영적인 면에서도 성장이 빨라 열다섯 살이 되었을 때 이미 세례를 권고 받았을 정도였다.

그 당시 조선에서는 여자가 결혼하면 이름이 없어졌다. 대게 열네 살쯤 결혼을 하는데 애기를 낳아야 그때부터 '누구의 엄마'로 불린다. 그러나 선교사들은 조선 부인이나 소녀들에게 세례명을 주었다.

김정동의 세례명은 에스더(Esther)였다. 에스더는 홀 부인의 특별한 조수였다. 후에 내지로 들어가 닥터 홀과 합류하여 일하게 될 경우 그녀는 에스더를 데리고 갈 생각이었다. 홀 부인의 일기에 그때의 상황이 적혀 있다.

> 1893년 3월 28일, 그가 떠난 지 오늘로 5주째가 된다. 그의 이번 여행은 평양에는 네 번째, 의주로는 두 번째다. 우리가 결혼한 지 9개월하고 하루가 지났다… 우리는 전보다 더 사랑하고 있다. 그는 지난 3월 16일에 쓴 편지에서 그동안 그가 원했던 집을 두 채 사게 되었다고 한다. 하나는 선교와 의료봉사 장소로 적합하고 또 하나는 뒤쪽의 높은 지대에 있어 우리가 살기에 좋은 집이라 한다. 이번에 서울로 올라오면 5월에는 나와 함께 평양에 갈 수 있기를 바라고 있다. 나도 그렇게 되기를 무척 바라고 있다. 닥터 커틀러(Cutler)가 새 여의사로 이번 주에 도착할 예정이므로 나에게는 아마 한두 달의 여유가 생길 것이다.
>
> 그는 하루 50~60명의 환자들을 보고 있다. 의료봉사가 이처럼 커진 것은 평양 감사 덕택이다. 감사는 닥터 홀을 쫓아내달라고 요청한 주민들에게 이렇게 대답했다. "그 외국인은 나쁜 사람이 아니다. 그는 신사다. 병든 사람들을 고쳐주고 가난한 사람을 돕는데도 좋은 사람이 아니란 말이냐? 서울에서도 외국인이 여기에서처럼 병을 고쳐주고 있다. 그러니 너희들은 그를 겁낼

필요가 없다. 그리고 이 외국인은 국왕으로부터 내지를 여행해도 좋다는 허가를 받았으니 누구든지 그를 방해하거나 말썽을 일으키면 관청으로 잡혀 올 것이다"라고 선포했다. 닥터 홀은 한 3년쯤 지나야 고쳐질 주민들의 선입관이 이렇게 하여 빨리 무마되었다고 생각한다. 장로교의 모펫(Moffett) 목사, 리(Lee) 목사, 스웰렌(Swallen) 목사도 지금 평양에 가 있다.

하나님께서는 조선의 북쪽 지방에 선교의 문을 훌륭하게 열어주고 계신다. 나는 그곳 여성들을 위해 일하기를 열망한다. 내가 에스터에게 예수님을 위해 평양에 가서 일할 생각이 있느냐고 물었더니 그녀는 이렇게 대답했다.

"하나님이 길을 열어주시는 데는 어느 곳이라도 가겠습니다. 하나님께서 평양에 길을 여신다면 그리로 갈 것이고 … 비록 사람들이 나를 죽인다고 할지라도 하나님의 뜻을 전하는 일에 내 목숨을 내놓겠습니다"라고.

1893년 4월 29일 토요일, 그와 함께 있었던 지난 2주 동안은 너무나 행복했다. 그는 예정보다 이틀이나 빠른 4월 13일에 도착했다. 나는 비록 그가 오기 이틀 전이었지만 혹시 그가 오지 않을까하는 예감이 들어 문을 잠그지 않은 채 잠자리에 들었다. 정말 예감대로 밤 11시에 그가 도착했다. 아침부터 75킬로미터를 걸어왔다고 한다.

그는 평양에서 한 달쯤 일하며 많은 사람들의 신망을 얻은 뒤 노블 목사와 함께 의주로 갔다. 떠나기 전에 그는 그 당시 평양에 와서 아직 집을 구하지 못한 장로교의 모펫 목사와 스웰렌 목사에게 집을 살 때까지 자기 집에 있으라고 했다. 그와 노블 목사가 평양을 떠난 후 장로교 선교사들은 도시 외곽의 집을 구입하는 데 성공했다. 그러나 조선 정부가 외국과 맺은 조약에 의하면 외국인들은 조선 정부에서 지정한 항구 이외에서는 부동산을 소유할 수 없었기 때문에 조선인 조수의 이름으로 구입했다. 그런데 평양 시민들은 외국인들이 부동산을 샀다는 사실에 경각심을 가져 사태가 심상치 않게 됐다.

평양 감사는 닥터 홀이 의료봉사를 위해 집을 구입하려는 계획을 알고 있었고 또 조선 사람들에게는 그런 의사가 필요했으므로 비공식적으로 그를 보호해주었던 것이다. 그러나 의사가 아닌 여러 서양 선교사들이 밀려오자 감사는 생각을 달리했다. 감사는 모펫 목사에게는 집문서를, 집주인에게는 돈을 서로 돌려주라고 명령했다. 거기다 모펫 목사와 리 목사에 대한 평양 시민들의 감정이 매우 격해 있었으므로 두 목사들은 평양을 떠나지 않을 수 없었다. 그 무렵 스웰렌 목사는 이미 황해도로 선교 여행을 떠나고 그곳에 없었다.

닥터 홀의 전 집주인도 관청의 명령에 따라 옛 집으로 되돌아갔으나 집문서는 의주에 가 있는 닥터 홀이 가지고 있었으므로 아직 명의는 바뀌지 않았다. 이 집문서는 역시 닥터 홀의 이름으로 된 것이 아니고 그의 조선인 통역인 유씨의 명의로 되어 있었다. 이런 상황이었지만 그가 평양 집에 돌아오자 집주인들은 그를 환대했고 그가 서울에 온 뒤에도 편지가 왔다. 그동안 자기네들이 집을 잘 보살필 테니 너무 걱정하지 말라는 것과 병자들이 기다리고 있으니 빨리 와달라는 내용이었다.

한편 이 무렵, 서울에서는 좀 심각한 사태가 벌어지고 있었다. 남쪽 지방에서 일어난 동학이라는 정치적 종교단이 있었는데, 그들은 임금에게 외국인들을 추방하라고 청원했다. 그러나 국왕은 귀를 기울이지 않았다. 그러자 동학들은 물러가면서 '후에 4만 명의 군대를 끌고 와서 자기네 손으로 외국인들을 죽이겠다'고 했다. 그들이 서울로 진격해오기로 한 날짜가 지난 토요일이었다. 동학군이 온다는 날이 가까워오자 어떤 사람들은 상당히 조바심을 했다. 특히 일본인들이 심했다.

국왕은 우리 구역에 군인들을 보내 경비를 하게 했다. 경비병들은 낮에는 농부로 변장하고 밤이 되면 총과 칼로 무장한 군인이 되었다. 지금도 군인들이 경비를 서고 있으나 아직은 조용하고 아무 사건도 나지 않고 있다. 한동안은 병원을 찾는 환자가 현저하게 줄었다. 특히 동대문의 시료소는 더 심했다. 외국인 집 드나드는 것이 알려지면 자기네들도 살해를 당할까봐 겁이 났기 때문이다. 그러나 이제 그런 걱정은 지나간 것 같다. 동대문에서 그저께는 27명, 어제는 13명을 치료했다.

이런 모든 상황을 종합해 보면, 우리 부부는 평양행을 바랐지만, 내가 그를 따라 평양에 가는 일은 무리가 많은 것 같다. 나의 낙심은 크다. 나는 평양에 갈 희망을 포기할 수가 없다. 연회가 열리기 전에 평양에 가서 내가 그곳에 얼마나 필요한지 확인한 다음, 연회 때 이 문제를 결정하고 곧 평양으로 이사하려고 계획했던 것이다. 그러나 그는 조급하게 결정하지 않는 게 좋을 것 같다고 한다. 이번에도 유씨와 함께 자기만 평양에 가겠다는 것이다. 그는 이 문제를 잘 해결할 수 있을 것이다. 다음 가을이면 아마 나는 평양에 갈 수 없게 될 것이다. 미혼인 닥터 버스티드가 조선에 온다면 그가 대신 평양으로 그 이듬해 파송되기를 닥터 홀은 희망하고 있다. 그렇게 되면 우리는 지금처럼 별거하지 않아도 될 것이다. 닥터 버스티드는 6월 1일에 도착할 예정이다. 그가 도착하면 연회 이후까지 조선어 공부를 한 다음 닥터 홀과 함께 평양에 가서 다음 가을까지는 완전히 정착되기를 나는 바라고 있다. 물론 남편이 한 번에 두세 달씩 혼자 평양에 남아 있지 않게 되어야 가장 좋을 것이다. 내 머리 속은 이런 문제를 생각하느라고 바쁘다. 평양에 가게 되면 에스더를 데려갈 생각이지만, 그것이 과연 에스더를 위해 최선의 방법인지 지금은 알 수가 없다. 우리는 닥터 홀이 데리고 있는 사람 중에서 에스더에게 적당한 신랑감을 발견했다. 스크랜턴 여사는 에스더를 시집보내려고 서두르고 있다. 열여섯 살인 에스더는 키도 크다. 남자의 이름은 박유산인데, 에스더의 어머니는 신랑감이 떠돌이 노동자였던 때가 있었다는 말을 듣고는 탐탁하게 생각하지 않는다. 그러나 신랑감의 선친이 선생을 했었는데 5년 전에 죽었기 때문에 맏아들로서 할 수 없이 일을 하지 않을 수 없었다는 것을 알자 겨우 승낙했다.

에스더는 이 결혼문제에 대해 참으로 훌륭한 편지를 내게 보냈다. 에스더가 자기보다 지체가 낮은 사람과 결혼하라는 말에 기분이 상해서 우리를 원망해도 그녀를 나무랄 수는 없었다. 실제로 여학교에 있는 학생들은 거의 다 자기 집안보다 나은 집안으로 시집가고 있다. 그러나 이 사랑스런 소녀는 결혼을 이러한 방법으로 생각하지 않았다.

'나의 소중한 자매여, 당신이 어제 보낸 편지를 받고 나는 매우 기뻤습니다, 이제는 여태껏 말하지 않았던 제 심정을 말씀드리겠습니다. 당신은 제가 무슨 생각을 하고 있는지 아십니까? 사흘 동안 저는 뜬눈으로 고민했습니다. 왜냐하면 저는 남자를 결코 좋아하지 않을 뿐 아니라 바느질도 못하기 때문입니다. 그러나 우리의 관습은 누구나 결혼을 해야 합니다. 이 점은 저도 어쩔 수 없습니다. 비록 제가 남자를 싫어해도 말입니다. 하나님께서 박 씨를 저의 남편으로 삼고자 하시면 저의 어머니가 그를 좋아하지 않는다 해도 저는 그의 아내가 될 것입니다. 그의 지체가 높고 낮음이 무슨 소용이 있겠느냐고 어머님께 말씀 드리겠습니다. 저는 부자거나 가난하거나 지체가 높고 낮음을 개의치 않습니다. 제가 예수님의 말씀을 믿지 않는 사람과는 결혼하지 않을 줄 당신은 알고 있지 않습니까. 제가 결혼한다고 생각하니 참 묘한

느낌이 듭니다.'

사랑하는 에스더, 그녀는 날이면 날마다 나에게 새로운 인생을 배우게 한다. 나는 그녀를 정말 사랑한다.

조선 관습에 의하면 여자 아이들은 열네 살이 되기 전에 혼인을 해야 한다. 처녀들은 머리를 길게 땋아서 등으로 늘어뜨리기 때문에 미혼자와 기혼자는 쉽게 구별된다. 지금 열여섯 살이나 된 에스더가 시료소에서 일하고 있으니 사람들 입에 많이 오르내릴 수밖에 없었다. 에스더의 집에서는 이러한 수치를 더 이상 용납하지 않으려 하기 때문에 선교사들은 신랑감을 구해주지 않을 수 없었다.

조선에서는 무당이나 병신 또는 병에 걸린 사람들만 미혼으로 남는다. 그래서 에스더 집안에서는 비기독교인에게라도 시집을 보내려 했

박에스더와 남편 박유산(1894년).
박유산은 에스더의 의학공부를 뒷바라지하다가 폐결핵에 걸려 미국에서 병사했다.

다. 이런 형편일 때 박유산이 신랑 후보로 뽑혔던 것이다. 박유산은 닥터 홀에게 전도되어 기독교 신자가 된 청년이다. 홀 부인은 결혼하기 싫어하는 에스더를 크게 동정해서 처음에는 이 결혼을 추진하지 않으려 했으나 자신도 결혼해서 행복하다는 점을 느끼고는 이 제의를 받아들였다. 박유산과 에스더는 1893년 5월 24일, 기독교식으로 결혼식을 올렸다.

1893년 6월 27일, 오늘은 결혼 1주년 기념일이다. 어느 사이 이렇게 시간이 빨리 갔는지…. 우리에게는 지난 일 년이 가장 행복한 한 해였다. 그이는 나를 만나 비로소 완전한 행복을 얻었다고 지치지도 않고 되뇐다.

우리의 앞날은 매우 밝아 보인다. 비록 또 한 해를 어디에서 일하게 될지는 모르지만 그것은 하나님의 뜻에 달린 것. 하나님이 인도해 주시면 어디든지 가겠다는 결심이 서 있다. 우리는 현재 닥터 맥길(McGill)이 살던 집에서 편안히 살림을 하고 있다. 우리 방들은 한쪽 편에 있고 노블 부부의 살림방들은 다른 편에 있다. 홀, 식당, 창고 방, 부엌은 두 집이 같이 쓴다. 살림은 전과 마찬가지로 노블 부인이 한 달간 맡으면 다음 달에는 내가 하는 식으로 교대로 하고 있다. 그이와 노블 목사는 그동안 자기네 봉급에서 저축했던 돈을 닥터 버스티드의 여비와 일 년간의 체재비로 제공하겠다고 선교회에 제안했다. 이것이 통과되어 닥터 버스티드가 조선에 파견되었다. 그는 지금 우리 집에 하숙하고 있다. 지난 며칠 동안은 병원 건물 내에 그의 방을 꾸며주느라고 바빴다. 우리들 모두는 닥터 버스티드를 무척 좋아한다. 그는 이미 우리 가족의 일원이 되었다.

노블 여사가 이달의 살림 당번이다. 그녀는 오늘 저녁 '1892, 1893'이라는 글씨로 장식된 케이크를 만들었다. 나는 내 결혼식 때의 신부 케이크를 내놨다. 결혼식이 끝나면 서양에서는 신부가 곱게 싼 작은 케이크를 하객에게 나누어주는데 이 케이크는 너무 달아 수년간 두어도 상하지 않을 것 같다.

조선의 우기는 7월 초순경에 시작된다. 이때가 되면 선교사들은 휴가를 가질 수 있고 조선말을 공부할 시간이 생긴다. 대부분의 환자들도 장마철에는 개울물이 불어서 건너오지 못한다. 또 농사일이 너무나 바빠 병원에 찾아올 수가 없다. 병원일이 한가해졌으므로 홀 부부는 서울 근처에 있는 북한산으로 캠핑을 떠났다. 홀 부인은 캠핑 생활을 일기에 썼다.

1893년 7월 26일, 아침 6시에 기상, 목욕하고 옷 입고 … 7시에는 아침 식사 준비 완료. 우리는 조선말 선생이기도 한 요리사와 함께 조선말로 기도한다. 9시 이전에 시간이 좀 남으면 프란시스 하버갈(Francis Havergal)의 전기를 읽는다. 9시부터 점심시간인 12시까지는 조선말 공부, 오후 2시까지는 독서 시간, 오후 2시부터 5시까지는 다시 조선어 학습, 5시경에는 더위를 피해 이 근처에 있는 절을 찾아오는 다른 선교사들을 만난다. 이들과 함께 성경 공부, 오후 6시에는 저녁 식사를 하고 산책, 9시 또는 그 전에 잠자리에 든다. 우리는 접시처럼 빨갛게 탔다. 낮이나 밤이나 우리는 그저 행복하기만 하다. 오늘 아침 식사가 끝난 후 그는 자기가 조선에 온 후 이처럼 휴식을 가진 적이 없었다고 했다. 이 생활도 앞으로 일주일이면 끝난다. 나는 무어(Moore) 부인의 출산을 봐줘야 한다. 출산 예정일은 8월 1~5일 사이다. 그 다음 약 10일 후면 스웰렌 부인의 출산이 있을 예정이고, 그리고 그 다음에는 또 레이놀즈(Reynolds) 부인이 10~15일 후에 출산 예정이다. 그리고 지금 내 대신 병원을 맡고 있는 닥터 커틀러도 휴가를 가져야 하고, 23일 경에는 연회가 열린다. 이 때문에 올해의 휴가는 2주일간이다.

포스터(Foster) 감독이 연회를 주관했다. 그는 닥터 버스티드를 닥터 스크랜턴의 병원에서 일하도록 임명했다. 그리고 닥터 윌리엄 제임스 홀과 그의 아내 닥터 로제타 셔우드 홀에게 평양 개척의 임무를 명했다. 홀 내외는 매우 감사해 했다.

닥터 홀은 평양 개척에 대한 보고서를 낸 후 평양의 선교기지용 건

1893년 본국에서 방문한 사라 킨(Sarah Longacre Keen) 여사, 포스터 감독(Randolph Foster), 해외선교사 회의 애드나 레너드 박사(Adna Bradway Leonard)의 참석으로 조선에서 개최된 감리교 연회에서.

- 앞줄 왼쪽부터: 네 번째 옆모습을 보이며 앉아 있는 이가 킨 여사, 마가렛 벤겔 존스 여사, D. A. 벙커 여사, 포스터 감독, 레너드 박사.
- 맨 뒷줄 왼쪽부터: 세 번째 M. F. 스크랜턴 여사, 뒤에 서 있는 사람 조지 히버 존스, 다섯 번째 로제타 홀 여사, 오른쪽에 수염을 기르고 서 있는 사람 윌리엄 제임스 홀, 그 옆에 서 있는 여성 매티 윌콕스 노블 여사, 그 뒤에 남편 W. A. 노블.

물과 가옥을 사려고 서울에서 모금을 시작했다. 이때 가장 먼저 반응을 보이고 용기를 준 사람들은 선교사들의 자녀들이었다. 닥터 홀이 평양에 선교기지용 부동산이 필요하다는 상황을 어린이들에게 설명했을 때 한 어린이가 나섰다.

"그런 일이라면 우리는 하나님께 집을 주십사고 기도하겠습니다."

닥터 홀은 그때 일을 이렇게 회상하고 있다.

> 나는 이 어린이들의 기도를 결코 잊지 못할 것이다. 이들은 하나님께 직접 청원을 드렸다. 곧 응답이 왔다. 기도회가 끝나자 버티 올링거(Bertie Ohlinger)가 반짝이는 은화 1달러를 가지고 내 방에 왔다. "닥터 홀, 여기 이 1달러를 평양의 집을 사는 데 보태주세요. 더 드리고 싶지만 제가 가진 돈은 이것뿐입니다."
> 그 다음에는 그의 누이동생인 아홉 살짜리 귀여운 꼬마 소녀, 윌라가 10센트를, 뒤를 이어 오거스터 스크랜턴이 50센트를 가지고 왔다. 이때 하나님의 자녀들인 이 꼬마들이 가져온 돈은 총액이 불과 1달러 60센트에 지나지 않았지만 보리떡 다섯 개와 물고기 두 마리로 5천 명을 먹이신 하나님은 이 아이들의 선물을 늘려 8개월 후에는 1,479달러 99센트가 모금되게 해주셨다. 오늘날 우리가 평양의 좋은 장소에 병원과 시료소를 갖게 된 것은 이러한 연유로 이루어진 것이다.

그해 가을, 닥터 홀은 또 하나의 기쁨을 갖게 되었다. 항상 어린아이들을 사랑했던 그는, 이제 자신이 아버지가 되려던 참이었다.

4
평양에서의 수난

홀 부부의 아기, 셔우드 홀은 1893년 11월 10일 서울에서 태어났다. 노블 목사의 회고록을 보면 셔우드 홀이 태어난 당시의 기록을 볼 수 있다. "닥터 홀은 아들을 얻은 기쁨으로 가슴이 벅찼다. 이 꼬마는 1893년 11월 10일 이 세상에 태어났다. 그날은 바로 자기 할아버지의 89번째 생일이기도 했다. 아기 이름은 셔우드 홀(Sherwood Hall)이라 지어졌다."

아기가 태어난 후 닥터 홀은 제일 먼저 서울에 있는 영국 공사관에 출생 신고를 했다. 출생증명서의 사본 한 장은 영국 런던의 등록 사무소로 보내 기록되게 했다. 혹시 원본이 없어질 경우에 대비해 취한 조치였는데 역시 서울의 원본은 후에 없어졌다.

닥터 홀은 집으로 돌아오는 길에 시장에 들러 아기용 침대가 될 만한 것이 있는지 찾아보았다. 갈대로 엮어 만든, 옷장 비슷한 물건이 눈에 띄었다. 이것은 조선 사람들이 '고리'라고 부르는 가방 같은 물건이다. 덮었다 벗겼다 할 수 있는 덮개도 있고 손잡이와 가죽 끈(멜빵)도 붙어 있었다. 또 사방의 벽이 꽤 높아 안전한 아기용 침대로 고쳐 쓰기에 안성맞춤이라고 생각되었다. 더구나 가볍기 때문에 나중에 평양으로 이사할 때 아기를 넣어가기에도 십상이라고 보았다.

셔우드가 태어난 지 3주가 되었을 때 닥터 홀은 다시 평양으로 떠나야 했다. 가족을 두고 떠나는 일은 전보다 훨씬 가슴 아팠다. 그는 크리스마스에는 돌아와서 가족과 함께 지내겠다고 약속했다.

닥터 홀이 '아름다운 잔디의 도시'라고 불리는 평양에 가까이 이르렀을 때 한 무리의 조선인들이 손을 흔들며 다가오고 있었다. "저 사람들이 내게 돌팔매질을 하려는 것인가?" 그는 돌팔매를 잘하는 평양 사람들의 성향을 알고 있기에 의심스러웠다. 그러나 곧 반가움을 표시한다는 것을 알았다. 그들은 닥터 홀을 마중 나온 사람들이었다. 특히 그에게 가족이 늘어났다는 점을 축하했다.

"아들입니까?"

이것이 그들의 첫 질문이었다. 닥터 홀은 입이 귀밑까지 찢어지며 그렇다고 고개를 끄덕였다. 그러자 그들 중의 한 사람이 말했다.

"당신은 정말 복 받았소. 이제는 당신 부부의 제사를 지내줄 아들이 있으니 말이오."

그는 선교기지용으로 구입한 평양의 집으로 갔다. 평양 감사의 심한 반대로 기독교인들은 이 집을 여러 달 동안 쓰지 못하고 있었다. 매입한 집들 중 하나는 전에 기생들이 사용하던 집이었다. 평양에 도착한 닥터 홀은 이 집이 아직도 같은 목적으로 쓰이고 있다는 사실을 알았다. 평양 감사는 전에 살던 집주인들에게 외국인들을 집에 들이면 안 된다는 금령을 내렸던 것이다. 그는 금령을 어기면서까지 이 집에 들 수가 없어 그 지역의 여인숙에 묵었다.

어느 날 저녁 닥터 홀은 여인숙에서 저녁 식사를 끝내고 차를 마시고 있었다. 그 여관에 있던 조선인 손님들은 그가 마시는 것이 술은 확실히 아닌 것 같은데 무엇인지 궁금해 했다. 더 이상 호기심을 참지 못하자 손님들은 그게 무엇인지 맛을 좀 보자고 했다. 그는 이때가 조선 사람들과 친해질 수 있는 좋은 기회라는 생각이 들어 차를 한 잔씩 주었다. 조선은 차를 잘 마시는 중국과 일본 사이에 위치하고 있는데도 차를 마시지 않았다.

거기에 있던 사람들은 이러한 새로운 종류의 마실 것에 대해 큰 관심을 보였다. 그래서 홍차 외에도 가지고 있던 연유에 설탕을 타서 그들에게 주었다. 그들은 우유를 맛있게 마셨는데 소젖으로 만들었다고 하자 금방 역겨워했다.

"에이 더럽다! 소젖을 어찌 사람이 먹는단 말인가. 우리는 그런 것은 마시지 않아!"

그들은 이구동성으로 항의를 했다. 그러면서도 귀한 홍차와 설탕은 거의 다 먹어버렸다. 그들은 차를 요란한 소리를 내며 마셨고 입술을 쩝쩝 다시면서 맛있다고 말했다.

며칠 후 닥터 홀은 기생학교(권번)를 폐쇄하고 이 집에 입주하는 데 성공했다. 그는 조선말을 계속 공부하기 위해 조선어 선생으로 데리고 온 노(P. S. No)씨와 함께 입주했다. 그러나 평양 시민들의 기독교에 대한 증오심은 아직 사라지지 않았음이 명확하게 드러났다. 입주하고 얼마 지나지 않아 약 20여 명의 이웃 사람들이 노씨에게 물었다.

"우리 평양의 풍속으로는 평양에 있는 모든 집들은 그들 경제 사정에 알맞게 매년 평양의 신에게 공양하는 법이오. 당신은 서울에서 왔고 저 양반은 서양에서 왔으니 우리 신에게 많은 돈을 공양할 수 있을 거요. 공양을 하면 우리 신이 당신들을 보살펴 여행길도 순탄할 것이며 내내 복을 받을 거요."

그들은 노씨에게 이 말을 통역하여 닥터 홀에게 설명하라고 했다. 그러자 노씨는 거절했다.

"하나님을 섬기는 사람들은 그러한 당신들의 신에게는 돈을 주지 않습니다."

그들은 화가 나서 노씨에게 말했다.

"당신은 돈을 공양하지 않아도 되오. 당신은 우리가 말한 내용을 저 서양에서 온 양반에게 전하기만 하면 되는 거요."

노씨는 할 수 없이 닥터 홀에게 그들의 말을 통역했다. 닥터 홀은 그들에게 말했다.

"우리는 당신들의 신과는 아무 상관이 없으니 돈을 내지 않겠소. 우리는 진정한 신, 즉 우리와 당신을 만드신 하나님을 믿고 있기 때문입니다. 당신들도 이 하나님을 믿기를 바랍니다."

그 후에 어떤 사태가 벌어졌는지 후에 노씨가 기술한 「성인 하락전」(聖人 賀樂傳)을 보면 알 수 있다. 하락은 여관에 기재된 닥터 홀의 한국 이름이다. 홀을 중국식 발음대로 표기한 글자인데 한국식으로 읽으면 '하락'이 된다.

그들은 대단히 화가 났다. 모두들 밖으로 나갔으나 몇 분이 지나지 않아 다시 몰려왔다. 그들은 나와 예수를 믿는 한 소년을 끌어내어 그 소년의 옷을 찢고 때렸다. 나를 주먹으로 때리고 발로 차면서 그들은 말했다.

"이것은 우리가 너를 때리는 게 아니고 우리 신이 주는 벌이다."

그들이 나를 다 때리고 놓아주자 나는 닥터 홀에게 가서 자초지종을 이야기했다. 나는 분이 나서 참기 어려웠다. 닥터 홀은 나를 진정시키느라 성 바울이 어떻게 매를 맞았는지 읽어보지 않았느냐고 되물었다.

"성 바울이 어찌했건 내가 알 바가 뭐요. 계속 예수를 믿는다고 당신을 따라다니다가는 내 몸뚱이는 성치 못할 것이오. 내가 죽은 뒤에 아무리 좋은 데 간다 한들 살아서 이런 고통을 당하니 무슨 소용이 있겠소."

나는 그렇게 반박했다. 그러고 나서 서울로 돌아가겠다고 말했다. 그러자 그는 팔을 들어 부드럽게 나를 감싸며 "우리 기도합시다. 형제여"하고는 함께 무릎을 꿇고 나더러 먼저 기도하라고 권했다.

아직 분이 가라앉지 않았으므로 나는 기도를 할 수가 없었다. 닥터 홀이 먼저 나를 위해 기도했다. 그는 계속 사랑과 인내로 나를 진정시키려 노력했다. 잠시 후 함께 매를 맞았던 소년이 돌아왔다. 그는 소년의 다친 다리를 치료해주고 찢어진 옷값을 치러주었다. 우리가 옳은 일을 하다가 곤욕을 당해 매우 가슴 아프게 생각한다고 말했다.

이런 모든 일이 지난 뒤 나는 내 자신이 부끄러워졌고 기분도 훨씬 좋아졌다. 이 일이 있은 뒤에도 많은 사람들은 마치 꿀통에 모여드는 벌떼처럼 닥터 홀에게 계속 몰려왔다. 그러나 아직도 밤이 되면 가끔 돌멩이가 빗발치듯 날아들었다. 우리들은 강물 위에 뜬 얼음 조각 위에 앉아 있는 기분이었.

닥터 홀은 항상 어린이들의 친구였다. 그가 어디를 가든지 많은 어린이들이 따라 다녔다. 그는 아이들을 사랑했다. 아이들이 그의 수염을 자주 잡아당기곤 했으나 그는 웃으며 다독거려줄 뿐이었다. 하루는 아이들이 당신을 그처럼 괴롭히는데 어째서 가만히 있냐고 물었더니 그는 나를 돌아보면서 이렇게 말했다.

"형제여. 당신의 마음은 어째서 그렇게 차갑습니까? 하나님께서는 아이들과 같은 마음과 착한 마음을 가지라고 말씀하셨소. 그런 마음이 바로 천국이라고 했소."

나는 그가 아이들처럼 착함을 알았다. 이 도시의 많은 사람들은 '착한 성인 하락, 그 사람은 천국에 갈 사람'이라고 말하곤 했다. 그래서 나도 그에 대해 글을 쓰면서 제목을 「성인 하락전」이라고 한 것이다.

집이 없는 두 아이들과 함께한
윌리엄 제임스 홀 박사

한편 닥터 홀이 서울을 떠나자마자 아기 셔우드는 장에 병이 나서 심하게 앓았다. 온갖 치료에도 별 성과가 없었다. 홀 부인은 이러한 걱정을 도맡아야 했다. 그녀는 그 사정을 다음과 같이 일기에 기록하고 있다.

> 밤낮 3주일 동안을 셔우드를 돌보느라 무리했더니 튼튼하지 못한 나의 척추에 다시 통증이 왔다. 통증은 내가 열두 살에서 열네 살까지 앓았던 것과 똑같다. 통증은 아직 계속되고 있는데 어떤 때는 어떤 뼈마디가 떨어져나가는 것같이 아프다. 가정부가 아침과 밤에 등을 잘 주물러주어서 지금은 많이 좋아지고 있다.
>
> 내가 의사이면서도 이렇듯 속수무책이다. 그러니 병난 아이들 앞에서 어쩔 줄 모르는 부모들의 심정이야 오죽하랴. 그들을 생각하면 얼마나 불쌍한가.

닥터 홀은 크리스마스를 며칠 앞두고 서울에 돌아왔다. 아기 셔우드는 그때부터 즉시 건강이 좋아졌다. 그녀는 자기의 고독과 조바심이 아기에게 전달되어 아기의 병이 낫지 못했던 것이 아닌가 하는 의구심이 생겼다. 그녀는 아기를 치료하고 돌볼 때 누군가 함께 있어서 그 책임을 나누면 훨씬 마음의 안정을 얻을 수 있다는 점을 알았다.

닥터 홀은 주어진 시간 내에 자신이 평양에서 할 수 있는 일을 모두 완수했다고 생각했다. 평양의 비기독교인들의 감정을 자극하지 않아야 했으므로 선교사들은 평양에 상주하지 않고 현지를 왔다 갔다 하면서 주민들과 사귀어 점차로 그들의 신임을 얻어나가는 것이 상책이라고 보았다.

그 당시의 상황을 감안할 때, 닥터 홀은 겨울의 한 기간을 서울에서 조선말을 공부하는 데 쓰는 것이 가장 득이 된다고 결론 내렸다. 그는 조선에 도착한 이후 너무나 바빴기 때문에 조선말 공부가 늦어졌다. 평양에서 일하는 데 효과를 얻으려면 조선말로 의사소통이 가능해야 했다. 그러나 이러한 닥터 홀의 계획은 곧 무산되고 말았다. 그가 집에 돌아온 지 일주일도 채 못 되어, 닥터 스크랜턴은 닥터 홀에게 즉시 평양으로 돌아가 봄이 되면 닥터 홀 가족이 입주할 수 있도록 서양식 가구를 넣을 수 있는 서양식 집을 지으라고 했기 때문이었다.

닥터 홀은 갑자기 평양에서 서양식 집을 짓고 외국인이 상주하게 되면 평양 주민들의 감정을 상하게 할까봐 걱정되었다. 그는 서양식 건물이 아닌 조선식 건물에 천천히 이주해야만 현지 주민들에게 '서양 야만인'이 침입해온다는 인상을 덜어줄 수 있다고 생각했다. 그러나 이러한 자기 의견을 고집하면 선교사로서의 열성이 부족하다는 오해를 받게 될 우려가 있었다. 그는 곧 여행에 필요한 여권을 내려고 영국 공사관에 갔다.

영국 영사인 윌킨슨은 중국에서 이와 비슷한 경우를 많이 경험했던 사람이었다. 닥터 홀은 평양의 서구식 건물 계획에 대해 그의 의견을 물었다. 윌킨슨은 현재의 조약에 의하면 그러한 건축이 허가될 수 없다는 점을 닥터 홀에게 확인시켜 주었다. 서양인들은 아직도 부동산을 소유할 수 없기 때문이었다. 윌킨슨은 그런 식으로 조약을 위배하는 처사를 자행할 때는 영국이나 미국 공사관에서는 아무런 보호를 해줄 수가 없을 것이라고 말했다. 장래에는 그러한 건축이 가능해질 수 있을지 몰라도 현재로서는 여건이 허락하지 않는다는 것이었다.

닥터 홀은 평양으로 떠나기 전에 닥터 스크랜턴에게 영사의 의견을 전했다. 닥터 스크랜턴은 자기가 다음 2월 초에 직접 평양에 가서 확인할 때까지 건축 계획을 보류하기로 했다.

1894년 1월 10일, 닥터 홀은 다시 평양으로 떠났다. 마침 캐나다의 노바 스코샤(Nova Scotia)에서 새 선교사로 온 윌리엄 존 맥켄지(William John Mckenzie) 목사가 동행을 부탁해왔다. 두 사람은 매우 좋은 동행자가 되었다.

닥터 스크랜턴은 1894년 2월 초 평양을 여행했다. 그는 평양에 한동안 체류한 다음, 현 상황에서는 건축 계획을 보류하자는 닥터 홀의 의견에 동의했다. 현재까지 닥터 홀이 수행한 방법이 최선이었다는 점을 인정했다. 기독교인에 대한 적개심은 아직도 명백한 현실로 남아있어 전도 사업의 진행은 오직 한걸음 한걸음씩 나가는 수밖에 없다는 사실을 그는 뚜렷이 보았던 것이다. 기독교인이 된 서울의 조선 사람들을 몇 사람 먼저 평양에 보내어 유씨의 이름으로 구입한 조선 가옥에 살게 하는 것도 현명한 방법 같았다.

김창식이란 사람이 있었는데 그는 전에 올링거의 요리사였으며 대단히 열성적인 기독교 신자였다. 올링거가 미국에 돌아간 후 닥터 홀이 그를 조수로 고용하고 있었다. 먼저 김창식의 가족과 닥터 홀의 조수인 박유산을 함께 평양에 보내기로 결정했다. 그들은 3월 중순경 평양에 도착할 예정이었다. 닥터 홀은 그들이 안주하는 것을 본 다음에 서울로 돌아올 계획이었다. 그는 2월에 아내에게 편지를 썼다.

당신과 오랫동안 떨어져 있으려니 큰 고통입니다. 우리는 이곳 평양에 남자 (소년) 학교를 열었는데 한 명의 성실한 기독교인 교사와 함께 벌써 13명의 학생을 모았답니다. 학생들은 아침과 밤에는 교리 문답을 공부하고, 그밖의 시간에는 한글과 한문을 공부합니다. 이곳에도 앞날을 밝혀줄 새벽이 온 것 같습니다. 이렇게 길을 열어주신 하나님을 찬양합니다.

다음 주일에는 조선인 몇 사람들이 세례를 받습니다. 나는 매일 밤 정규 예배가 시작되기 전에 소년들과 모임을 가집니다. 한 15명쯤 되는데 다들 빠지지 않고 잘 나옵니다. 어젯밤에는 그동안 가르쳐준 내용에 대해 질문을 했는데 그들이 매우 많이 외운걸 보고 놀랐습니다.

나는 아침마다 학과를 가르치고 오후에는 환자를 봅니다. 오늘은 16명의 환자들을 치료했는데 그중 3명은 왕진을 했습니다. 모든 것이 순조롭게 진행되고 있습니다. 나는 날마다 친구를 사귀며 조선 사람들의 신임을 얻고 있습니다.

그동안 이곳 사정이 매우 불안정해서 우리가 여기 상주한다면 이곳의 행정관이나 주민들이 어떤 태도로 나올지 알 수 없어서 새로 계획을 더 세우는 것이 시기상조로 보였습니다. 그러나 지금은 계획대로 당신이 이곳에 와도 별 문제가 없을 것 같아 우리 가족은 앞으로 평양에서 지내게 되리라 믿습니다.

서울에서 평양까지는 육로로 가면 편도만 일주일이나 걸렸다. 닥터 홀은 해상 여행의 가능성을 조사했다. 그 결과 기선이 매우 불규칙하게 운행 중이었지만 시간은 절반으로 절약할 수 있다는 사실을 알았다. 그는 가족을 평양에 데리고 갈 때는 배편을 이용하기로 결정했다.

홀 가족은 1894년 5월 4일, 제물포에서 작은 해안용 기선에 탔다.

아기를 보는 실비아, 박유산과 그의 아내 에스더 박을 동반한 여행이었다. 그들은 아름다운 해안의 경치를 즐겼다. 고깃배의 오렌지색 돛이 주위 경치와 어우러져 더욱 아름다웠다. 그런데 물에 뜬 나무 조각들이 갑자기 해안을 향해 밀려오고 있었다. 미처 사태를 파악하기도 전에 태풍이 격렬하게 몰아쳤다. 배는 근방에 있는 섬으로 간신히 피했다. 33시간 동안 정박한 후 비로소 다시 항해를 계속 할 수 있었다. 배는 대동강 입구에 들어섰고 평양에서 40킬로미터 거리에 있는 보산이라는 곳까지 강을 거슬러 올라갔다. 여기까지가 기선이 안전하게 항해할 수 있는 마지막 지점이었다.

닥터 홀은 아내에게 1866년 이 강에서 항해의 마지막 운명을 맞았던 제너럴셔먼 호에 대한 이야기를 들려주었다. 당시 홍수와 만조로 수위가 높았는데 셔먼호는 그것을 잘못 알고 보산을 지나 더 상류로 올라갔다. 닥터 홀은 평양의 동대문에 셔먼 호의 닻과 체인이 걸려 있는 것을 봤다고 아내에게 들려주었다. 조선 사람들은 그 물건들을 서양배의 운명을 생생하게 상기시켜주는 전리품처럼 전시하고 있었다. 닥터 홀은 미국 배의 함몰 작전을 세운 장본인이었던 조선 사람이 후에 기독교 신자가 되었다는 이야기를 들었다.

홀 가족은 불결한 악취가 가득 찬 그 작은 배에서 내리게 되어 매우 기뻤다. 그들은 나룻배로 갈아타고 강변으로 나갔다. 현지 기독교인들이 그들을 마중 나와 있었다. 그 모습에 가슴이 뭉클했다. 많은 남자들과 여자들이 홀 부인과 셔우드의 주위에 모여들었다. 백인 여자와 백인 아기를 처음 본 현 주민들은 호기심에 가득 차 있었다. 닥터 홀은 그들에게 내일 오후 자기 집에 오면 조선인 부인들과 어린이들에 한해

10명씩 한 조가 되어 한 번에 5분씩 홀 부인과 셔우드를 볼 수 있게 해주겠다고 약속했다. 그렇게 해야만 모두가 공평하게 백인 여자와 아기를 구경할 수 있다고 설명했다. 그들은 이 제안에 흡족해 오늘은 그냥 돌아가라는 말에도 그리 섭섭해 하지 않는 것 같았다.

홀 부인은 평양에서의 첫 생활을 이렇게 묘사하고 있다.

> 우리는 곧 작업을 시작해 작은 방 두 개를 청소했다. 방 하나에는 아기 침대, 내 트렁크, 상자 하나, 선반 몇 개가 들어갔다. 다른 방에는 테이블, 의자 두 개를 들여놓았다. 나는 벽을 닦은 다음, 바닥에 깔 매트를 샀다. 벽에는 몇 개의 그림을 붙여 장식했다. 그는 당분간 밤에만 쓰고 아침에는 치우는 간이 침대를 이용해야 한다. 시간이 좀 지나면 식사도 하고 앉아 쉴 수도 있는 방을 하나 더 쓸 예정이다. 이 집의 전 주인 김씨 가족이 지금 그 방에 기거하고 있다. 유산은 큰 조선식 부엌을 청소했다. 우리는 이 부엌에 작은 요리용 스토브와 조선 주전자같이 생긴 보일러, 그리고 우리 일을 도와줄 조선인들을 위해 밥을 짓는 솥 두 개도 설치했다. 아직 짐을 다 풀지 않았는데도 우리는 벌써 우리 집에 들어온 기분이다. 스크랜턴 여사에게 어제 편지를 썼다. "당신은 내가 얼마나 기쁜지 짐작하실 수 있겠지요. 나는 지극히 만족스러운 심정으로 이 편지의 첫 머리에 '평양'이란 글자를 씁니다."

다음날 점심시간이 지나자 이미 약속한 대로 구경꾼들이 몰려오기 시작했다. 처음에는 열 사람씩 한 조가 되어 3조까지는 시간에 맞춰 질서 있게 들어와 구경하고 나갔다. 마당과 문밖에 꽉 들어차 있던 사람들도 질서 정연하게 구경하고자 했다. 그러나 나중에 도착한 사람들은 정해진 순서를 이해하지 못해 막 밀치면서 들어왔다. 순식간에 두 개의 방이 사람으로 들어차서 조금도 움직일 틈이 없었다. 이 많은 사람들을 방에서 나가게 하는 단 하나의 방법은 내가 마당으로 나가 군중들이 거기에서 나를 구경할 수 있게 하는 것뿐이었다. 나는 밖으로 나갔다. 마당에 가득 찬 사람들은 네 번 씩 교대하며 우리를 구경했다. 아마 1,500여 명의 부인들과 아이들이 나를 구경했을 것이다.

이 많은 구경 인파에게는 담이나 대문도 소용없었다. 그래서 오후 4시가 되자 닥터 홀은 이 군중을 정리할 수 있는 군인을 요청하기 위해 감사를 만나러 집을 나섰다. 그는 관청을 향하는 도상에서 감사가 보낸 전령을 만났다. 전령은 닥터 홀에게 여권 등 증명서를 보자고 했다. 감사는 닥터 홀의 면회 요청을 바쁘다는 이유로 거절했다. 대신 부하 관리로 하여금 닥터 홀을 대면하게 했다. 그 관리는 닥터 홀에게 집에 대해 물었다. 그는 "그 집은 유씨가 산 것이며 유씨는 우리의 가족이 평양에 체재하는 동안은 그 집을 사용해도 좋다고 허락한 것이다. 여관은 너무 좁아서 환자들을 치료하기에 불편하므로 이용할 수 없다"고 대답했다. 관리는 어째서 부인도 이곳에 왔는가 물었다. 그는 아내도 의사이므로 부인들과 어린아이들을 치료해주러 온 것이며 얼마 동안 이곳에 체류한 다음 다시 서울로 돌아갈 것이라고 대답했다.

감사 밑에는 젊은 관리로 김씨가 있었다. 닥터 홀이 그와 사귀기 위해 고장난 그의 시계를 서울에서 고쳐다주면서 비용을 받지 않은 일이 있었다. 그런데도 이 구역 담당 관리의 아들이기도 한 젊은 김씨는 닥터 홀이 있는 자리에서 "그의 아내를 이곳에 머물게 한다면 외국인들이 하나씩 하나씩 계속 평양에 들어오게 되어 결국 평양은 외국인들이 다 차지하게 될 것"이라고 말했다. 관리는 아침에 감사가 닥터 홀을 만날 것으로 생각한다고 말해주었다.

우리는 저녁기도를 한 다음 평화스런 마음으로 잠자리에 들었다. 새벽 2시 경 기독교 신자들인 오씨와 이씨가 찾아와서 우리를 깨웠다. 그들은 믿음이 강한 창식이가 감옥으로 잡혀갔다는 소식을 가지고 왔다. 창식이는 닥터 홀이 서울로 돌아가고 없을 때도 이곳에 남아 복음을 전하고 있었다. 이 집의 전 주인 김씨, 모펫에게 집을 판 조선인, 또 모펫 목사 대신 설교하고 있었던 한씨도 잡혀갔다는 것이다. 새벽 1시쯤 어떤 사람이 창식이의 집 창을 두드리며 닥터 홀이 보낸 사람이니 문을 열어달라고 해서 문을 열자 이 지역 담당 관리의 부하들이 들이닥쳐 창식이를 잡아갔다는 것이다. 창식이는 잡혀가 매를 맞고 칼을 쓴 채 심한 고통을 받고 있다고 했다. 관리들은 오늘 아침에 다시 창식이를 곤장으로 치겠다고 말했다. 조금 후에 김창식의 아내가 왔다. 관리들은 "닥터 홀에게는 감히 매질을 할 수 없으므로 대신 창식이를 가두고 때리는 것"이라고 말했다고 한다.

아침 6시 30분에 닥터 홀은 감사와의 면회를 신청했다. 7시 30분까지 기다렸으나 하인들은 감사가 아직 일어나지 않았다면서 만나주지 않을 것이라고 전했다. 닥터 홀이 관청에 가 있는 사이에 관리들이 찾아와서 엽전 10만 개를 내면 아침에 창식이가 맞을 매를 감해주겠다고 했다. 나는 그렇게 많은 돈을 집에 갖고 있지 않았다. 그래서 그들한테 닥터 홀에게 말하라고 했다. 닥터 홀은 아침 8시에 돌아왔다. 그는 그 사이에 감옥에 있는 사람들을 보고 왔다. 창식이는 수갑(칼)을 너무나 조여 놔서 매우 고통을 당하고 있었다고 한다. 오씨는 닥터 홀과 함께 집에 왔었는데 닥터 홀이 잠시 집안에 들어간 사이 우리 집 마당에서 군졸들에게 잡혀갔다. 그는 도둑들을 가두는 감옥에 갇혀 있다. 닥터 홀은 서울에 있는 닥터 스크랜턴에게 전보를 보내기 위해 밖으로 나갔다.

"창식 구금됨. 오씨와 한씨 구타당함. 세 가옥의 전 주인 모두 감옥에 구금됨. 이곳 가족과 하인들 보호요망."

그리고는 감사와 면담하기 위해 다시 관청으로 갔다. 닥터 홀은 중국 전신소의 영어 통역인과 친한 사이였다. 그래서 감사와 면담하는 데 통역을 부탁했더니 그는 고맙게도 응낙해주었다. 닥터 홀은 오전 11시와 오후 2시 사이에 감사를 만나러 갔다.

이런 상황이었는데도 우리를 구경하러 오는 부인들과 아이들은 10명씩 또는 12명씩 조를 짜서 온종일 오고 있다. 구경꾼들은 질서를 지켰고 대부분이 옷을 깨끗이 입고 있었으며 혈색들이 좋았다. 나는 평양의 여성들을 매우 좋아하게 될 것으로 확신한다. 그들은 집안의 물건이나 장식 같은 것에는 거의 관심을 보이지 않고 단지 아기와 나를 보는 데만 시간을 보냈다.

어떤 사람들은 아기가 귀엽다고 생각하는 것 같았지만 어떤 사람들은 코가 너무 높다고 했다. 조선인들의 코는 훨씬 낮았기 때문이다. 또 어떤 사람들은 아기의 귀가 너무 크다고 평하기도 했다. 또 다른 사람들은 참지 못해 웃음을 터뜨리며 '아기가 꼭 개같이 생겼다'고 외쳤다. 조선 개들 중에서는 파란 눈을 가진 개가 더러 있었다. 구경꾼들은 셔우드의 발음을 못해서 아기 이름을 '세이옷'(Say-Oat)이라 불렀다. 아기를 보는 실비아가 말리는데도 불구하고 여자들은 아기를 만져보려고 했다. 부인들의 극성에 아기는 큰 소리로 울고 말았다. 닥터 로제타는 그 당시의 상황을 다음과 같이 기록하고 있다.

닥터 로제타 홀과 5개월 된 아들 셔우드 홀.

나는 구경꾼들에게 "우리와 친한 조선인들 여럿이 오늘 감옥에 잡혀갔는데 그래도 당신네들은 우리 집에 오는 게 두렵지 않은가"하고 물었다. 그러나 그들은 관청을 두려워하지 않는 것 같았다. 나는 그들과 참으로 많은 이야기를 나눴다. 나는 그들에게 우리를 잘 이해시킬 수 있다는 점을 알았다. 많은 사람들을 대하면서 계속 즐거운 표정과 태도를 유지한다는 건 매우 피곤한 일이었다. 하지만 근래에 생긴 불상사로 인한 긴장감 때문에 나는 그들을 한결같이 부드럽게 대하지 않을 수 없었다.

구경꾼들이 북적대는 중에 불쌍한 창식이가 군졸에게 끌려 집으로 왔다. 군졸들은 엽전 10만 개를 내놓지 않으면 또 곤장을 치겠다며 돈을 요구했. 조금 있자 오씨도 끌려왔다. 그는 매우 기상이 높은 사람이었으며 관리들이 곧 자기들을 석방하라는 명령을 받게 될 것으로 믿고 있어서 내가 돈을 지불하는 걸 원하지 않았다. 창식이도 똑같은 마음이라고 생각하지만 그는 이미 오씨보다 오래 갇혀 있어서 족쇄와 수갑이 조이는 엄청난 고통 때문에 용기가 꺾여 있는 듯했다.

오후 1시경에 행정관의 부하 한 사람이 와서 나를 만나자고 했다. 그는 한문으로 쓴 종이를 주었다. 에스더는 전에 내게, 조선인 관리들은 우리가 이 집에서 나가야 한다고 말했다고 알려주었다. 이 종이가 우리를 쫓아내는 명령서일 것으로 짐작되어 나는 문서를 읽을 줄 모르므로 받을 수 없다고 거절했다. 그랬더니 그들은 그 문서를 대문에 붙여놓고 갔다. 닥터 홀의 친구는 그 문서를 번역해주었다.

"이것은 감사 다음으로 높은 행정관이 쓴 것으로 이 지역 담당관 김씨에게 내리는 명령이다. 집은 전 주인에게 반드시 돌려주어야 한다. 이는 이미 오래 전에 내렸던 명령이다. 닥터 홀이 그의 아내와 함께 이곳에 온 것은 여기에서 오래 살겠다는 표시다. 그러므로 전 주인은 즉시 이 집을 반납 받으라. 많은 구경꾼들은 큰 환란을 초래한다. 고로 환자들만 그곳에 갈 수 있게 하라. 다른 사람들은 근접을 금한다. 천주교와 기독교는 해악이 되므로 누구를 막론하고 절대로 설교를 듣지 못한다."

문서에는 관인이 세 개 찍혀 있었다. 이 문서가 잘못되어 나에게 전달된 것인지 또는 이 지역 관리가 나를 겁나게 하려고 보낸 것인지 도무지 짐작할 수 없었다.

오후 2시에 닥터 홀은 집에 돌아왔다. 닥터 스크랜턴으로부터 전보가 왔다. 내용은 "공사관 곧 움직이겠음. 자세한 말 전보로 불가능"이라고 되어 있었다. 이에 대해 닥터 홀은 다시 전보를 보냈다. "모펫과 나에게 관계된 모든 사람들은 감옥에 갇혔음. 이유나 설명 없음. 감사는 면회, 청원, 보호를 거절함. 집을 반납하라는 명령받았음."

닥터 홀은 다시 서둘러 나갔다. 감사는 중국인 통역으로부터 닥터 홀이 서울에 전신을 보냈던 일과 앞으로 전신을 더 보낼 것이라는 말을 듣고도 계속 만나기를 거절하고 있다.

오후 4시, 닥터 홀은 총영사 가드너로부터 온 전보를 가지고 왔다. "조선 외무 관리에게 조선인 하인들을 석방하라는 지시를 전보로 쳐주기를 요청하겠음. 당신과 당신 가족의 적절한 보호를 요청하겠음."

이번에는 감옥에서 일하는 자들이 집으로 와서 다시 돈을 요구했다. 돈을 주지 않으면 감금된 사람들 모두 다시 매를 맞을 것이라고 했다. 뒤따라 이 지역 담당관 김씨의 하인이 집으로 와서 대문에 붙여놓았던 문서를 도로 달라고 요구했다. 닥터 홀은 그 문서를 받은 지 얼마 되지 않았고, 우리로서는 그 문서가 누구에게 내리는 명령인지 알지 못했으므로 그 문서를 보관해야겠다고 생각하고 있었다. 그들이 문서를 달라고 왔을 때는 닥터 홀이 막 식사를 하려던 참이었다. 우리는 그들에게 다음날 아침에 오라고 말했다. 닥터 홀은 누구를 만날 수 없을 정도로 지쳐 있었다. 그러나 그들은 계속 졸라댔다. 닥터 홀은 결국 밖으로 나갔다. 그들은 그 문서를 가져가지 않으면 상관인 김씨에게 심한 매를 맞게 된다고 설명했다. 담당관 김씨는 그 문서를 잘 간직하고 있어야 한다는 지시를 받았기 때문이라는 것이다.

나는 그에게 그 종이를 주지 말라고 했다. 물론 담당관 김씨는 부하들에게 무슨 수를 써서라도 그 종이를 반드시 가져오라고 할 것이다. 결국 그들은 빈손으로 돌아갔다. 그런데 그들이 돌아간 후 곧 마치 미친 소가 울부짖으며 땅을 박차는 듯한 소리가 들려왔다. 담당관 김씨였다. 그는 지난번 여기에 왔을 때 닥터 홀의 조수인 노씨를 회초리로 때렸다. 그때 노씨는 그를 사람이 아니라 돼지라고 했을 정도다.

닥터 홀은 차근히 이야기하려고 애썼으나 그는 아무 말도 들으려 하지 않았다. 그처럼 펄펄 날뛰는 사람은 처음 봤다. 꼬마 셔우드는 그때 자고 있었는데 그 소동에 잠이 깼다. 박유산도 마당으로 나와 있었다. 그는 하루 종일 집안에 숨어 있었는데 그대로 숨어 있었으면 하고 나는 얼마나 바랐는지 모른다. 담당관 김씨는 유산을 보자 그가 의사의 하인 중 한 사람이라고 지적하더니 즉시 달려들어 그이 상투를 잡고는 발로 차고 심하게 때렸다. 닥터 홀은 이 끔찍한 난동의 이유가 그 종이 문서 때문이라는 점을 알았다. 박유산도 매를 맞으며 그 종이를 주어버리라고 애청했다. 결국 그 종이를 주자 사탄과 같은 김씨는 만족해서 돌아갔다.

오후 8시. 실(Sill) 씨로부터 전보가 도착했다. "영국 총영사와 나는 모펫과 당신에게 속한 조선인들을 석방하라는 명령을 즉시 내려달라고 조선 외무부에 계속 강청하고 있음. 그리고 조약에 의거한 사실과 이유를 들어 당신들의 보호를 요구했음."

동시에 모펫으로부터 친절한 전보가 왔다. "여호수아 1장 9절—이 구절을 고통을 당하고 있는 친구들에게 전해주시오. '내가 네게 명한 것이 아니냐. 마음을 강하게 하고 담대히 하라 두려워 말며 놀라지 말라 네가 어디로 가든지 네 하나님 나 여호와가 너와 함께 하느니라.'"

우리는 기도를 하고 밤 10시에 잠자리에 들었다. 내 방 뒤쪽에는 종이를 바른 작은 창이 하나 있었는데 그 앞에 침대가 놓여 있다. 닥터 홀은 신선한 공기가 들어올 수 있도록 창을 열어두었는데 창에 얇은 커튼이 쳐져 있었으므로 나는 이 창이 열린 것을 모르고 있었다. 나는 창 앞에서 옷을 벗느라고 서 있었는데 그때 갑자기 돌멩이 하나가 날아왔다. 방에 불이 켜져 있었는데 누군가가 밖에서 돌을 던진 것이다. 창 앞에 놓인 항아리가 깨졌다. 마치 유리창이 깨지는 소리처럼 커서 집안사람들이 다 놀라서 일어났다. 돌멩이가 얼마나 더 날아들지 알 수 없었으므로 나는 급히 닥터 홀의 방으로 뛰어들면서 빨리 아기를 데려오라고 말했다. 닥터 홀이 창문을 닫았다. 돌멩이는 더 이상 날아오지 않았다. 나는 다시 침실로 돌아갔다. 그러나 만전을 기하느라고 두꺼운 이불을 창에다 막고 나서야 모두들 잠을 잘 수 있었다.

5월 11일 아침 7시. 감사가 보낸 심부름꾼인 담당관 김씨의 아들이 와서 서울에서 감사에게 전보가 왔다고 했다. 그러나 그 내용은 우리가 예상했던 것과는 달랐다. 미국의 서울 주재 공관장들이 국왕을 알현했는데 평양은 복음을 전파할 장소가 아니라는 점에 동의했다는 것이다. 국왕이 "닥터 홀은 나쁜 사람이니 모든 기독교 신자들을 오늘 다 참형에 처하라"고 감사에게 명령을 내렸다는 것이다.

우리는 물론 그 말이 거짓말임이 틀림없다고 생각했으나 그들은 창식이를 절도범 감방에서 사형수 감방으로 옮기고는 칼을 또 씌워놓았기 때문에 사태가 어떻게 돌아가는지는 알 수가 없었다. 닥터 홀이 창식이를 면회하러 갔을 때 그는 용기를 잃고 모든 것을 포기한 것 같았다. 군졸들은 그를 계속 심하게 매질하고 사형에 처한다고 위협했다. 이 불쌍한 친구는 백 번 이상 죽는 것 같은 큰 고통을 당했을 것이다. 설사 서울에서 전보로 석방 명령이 감사에게 내려진다 해도 석방을 일부러 늦출 승산이 컸다. 나는 창식이가 석방되기 전에 죽지나 않을까 걱정이다. 닥터 홀은 그를 면회 갈 때마다 운다. 정말로 소름끼치는 일이다. 창식이가 오씨나 한씨보다 더 심한 형벌을 받고 있는 이유는 관리들이 그에게 석방시켜주면 또 예수를 전도하겠는가 물었을 때 그는 "석방되어도 계속 예수를 전하겠다"고 말했기 때문이다. 이 조선의 바울, 하나님께 영광을!

닥터 홀은 또 전신국으로 갔다. 박유산이 그가 보는 앞에서 구타당한 일, 감사의 심부름꾼이 말한 내용, 구금된 사람들이 석방은커녕 오히려 사형수 감방으로 이감된 사실 등을 전보로 쳤다.

오전 9시. 이 구역 담당 관리는 우리에게 물을 길어줄 경우 태형을 받을 것이라고 명령을 내렸다. 평양에는 우물이 없어 약 1킬로미터 떨어진 강에서 물을 길어 와야 한다. 나는 어제 아기를 목욕시키느라 물을 많이 써버려서 오늘 쓸 물이 넉넉하지 않다.

예수를 전도한 죄로 창식이와 한씨가 오늘 사형을 당한다는 말이 계속 나돌고 있었다. 우리가 데리고 있는 조선인들은 모두들 풀이 죽어 평양에 온 것을 후회하고 있다. 나는 이들에게 용기를 주고 희망을 잃지 않게 하려고 최선을 다하고 있으나 닥터 홀 자신도 오늘 아침에는 낙망한 것 같아 보였다. 그들도 곧 눈치 채게 될 것이다.

평양의 수원, 대동강, 1894년

그 당시 닥터 홀이 고향에 보낸 편지를 보면 사태의 급박함이 잘 나타나 있다.

> 우리는 어느 순간에 폭도들이 닥쳐올지 알 수 없는 위험한 상태다. 이 도시의 10만 명 인구 중 외국인은 우리뿐이다. 내가 아내와 꼬마 셔우드를 아무런 보호책도 없이 집에 두고 전신소에 가있는 동안 어떤 일이 닥칠지 모른다. 감사는 왕비의 친척으로서 조선의 세도가다. 감사는 서울의 외무부에서 보낸 전보를 무시하는 것 같다. 이제 조선에서 자유롭게 신앙을 전할 날이 가까워졌는가보다.
>
> 그러기 위해서 하나님께서는 그의 자녀 몇 사람의 생명을 요구하시는 것 같아 보인다. 우리는 하나님의 뜻을 위해 죽을 준비가 되어 있다. 이러한 희생에는 충분한 은총이 따를 것이다. 수백 명의 천주교 신자들과 여러 명의 신부들이 그들의 신앙을 위해 생명을 바친 이후 28년 만에 우리 믿음의 형제들이 다시 극심한 고문을 당하는 것을 목격할 때 나의 가슴은 몹시 아프다.

닥터 홀 부인도 그의 일기에 다음과 같이 기록하고 있다.

> 오늘 정오에 우리가 서울에 보낸 전보에 대한 답장이 가드너 영사로부터 도착했다.
> "어젯밤 11시에 조선 정부의 외무부에서 모든 조선 고용인들과 기독교 신자들을 석방하라는 명령을 전신으로 평양에 발송했음."
> 닥터 홀은 다시 감옥으로 갔다. 포졸들은 아직도 수감인들을 매질하면서 사형에 처한다고 위협하고 있다. 그들은 감사가 그 전보를 받았지만 이해할 수

없다고 말했다는 것이다.

사람들이 감사에게 우리가 동학의 일당이고 조선의 방방곡곡에 집을 지어서 동학을 돕는다는 보고를 했기 때문에 이 점을 서울에 전보로 보고한다는 말을 했다고 한다. 또한 감사는 왕비의 친척이므로 전보의 명령을 이행하지 않았다고 벌을 준다 해도 겁날 게 없다고 말했다는 것이다.

닥터 홀은 가드너 영사에게 답신 전보를 보냈다. "관리들이 물의 공급을 중단시켰음. 수감자들을 석방하지 않음. 우리를 동학(동학은 정치·종교 단체로서 1년 전에 남쪽에서 봉기했으나 정부에 의해 진압됐음)이라고 함. 모든 상황을 종합해 보면 어떤 특별한 조치가 없는 한 창식이와 한씨는 처형을 받을지 모른다"는 것을 알렸다.

오후 4시에 닥터 스크랜턴으로부터 전보가 도착했다. "그들은 감히 사형을 집행하지 못할 것임. 외무부에서는 두 번이나 석방 명령을 보냈음. 외무장관과 영국 영사 현재 회동 중. 두 사람을 곧 만나겠음. 매일 세 번 이상 전보 보내겠음."

곧이어 감사에게 내린 명령이 담긴 전보가 또 하나 도착했다. "즉시 수감자들을 석방하라. 석방 여부 보고 바람. 만일 석방하지 않으면 책임 추궁이 있을 것임." 이어서 또 전보가 왔다. "모펫과 맥켄지 금요일 그곳으로 출발, 3일 후 도착 예정. 감사가 미국과 영국을 무시하지 않는 한 겁낼 것 없음."

닥터 홀이 전신소에 가고 없는 시간인 6시경에 행정 사법관이 감금한 모든 남자들을 자기 앞에 집결시키라는 명령을 내렸다는 소식이 들려왔다. 에스더와 실비아는 신경을 곤두세웠다. 그녀들은 이제 그들이 사형을 당하게 된다고 보았다. 그러나 나는 그렇지 않다고 말했다. 이것은 수감자들을 석방하려는 좋은 소식이라고 봤다. 오후 7시경 불쌍한 창식이가 비틀거리며 집으로 들어와 마루에 쓰러졌다. 그는 말할 힘도 없었고 극도로 지쳐서 몸이 축 늘어져 덜덜 떨면서 고통스러워했다. 그는 석방이 되어 오는 도중에, 감사의 심부름꾼이며 이 구역 담당관 김씨의 아들이기도 한 자의 명령으로, 사람들로부터 줄곧 돌멩이를 맞으면서 왔다는 것이다. 나는 그에게 약을 먹인 다음 조용한 방에 눕히고 담요를 덮어 주었다. 닥터 홀은 곧 돌아왔다가 모두 석방됐다는 소식을 전보로 알리기 위해 다시 전신소로 갔다.

밤 9시경이 되자 창식이는 차도를 보였다. 음식도 조금씩 먹을 수 있게 됐다. 그는 더듬더듬 이야기했다. 사법관은 수감자를 석방하면서 '절대로 복음을 전파하지 않겠다'는 약속을 강요했다는 것이다. 수감자들은 죽음을 면하는 길은 그 말에 응해주는 방법밖에는 없다는 것을 알았다. 거기다 오랫동안 받은 고문으로 마음이 약해져 있었고 또 가족들의 안위를 생각하지 않을 수 없었다. 그들은 주저한 끝에 베드로같이 사법관의 요구에 응했다고 한다. 그러나 창식이만은 그 요구를 거절했던 것이다. "어떤 사람들은 기독교가 나쁜 종교라고 말하지만 나는 기독교가 옳다는 사실을 알기 때문에 앞으로도 기독교 신자로 살 것이며 다른 이들에게도 이를 전하겠다"고 말했던 것이다. 사법관은 계속 예수를 부정하고 하나님을 모독하라고 명령했으나 창식이는 못하겠다고 거절했다. 그 때문에 사법관은 창식이를 석방하면서도 그에게만은 사람을 딸려 보내지 않았다. 이때 김씨가 창식이를 돌로 쳐 죽이라고 말해 거리의 소년들과 남자들이 우리 집에 도착할 때까지 따라오며 계속 돌로 쳤던 것이다. 곧이어 오씨가 도착했다. 그는 석방되자 먼저 자기 집에 갔다 왔다. 그의 아내는 몹시 앓고 있었다. 원래 몸이 좋지 못한 그녀가 얼마 전에 쌍둥이를 낳았는데 더구나 이번 사건으로 엄청난 충격을 받아 완전히 몸져누워 있었다.

이씨와 김씨라고 불리는 젊은 사람이 집으로 왔다. 이 두 사람은 이번 사건 중에 계속 용감하게 닥터 홀의 편에 선 사람들이다. 또 소년들도 찾아왔다. 모두 함께 예배를 드렸다. 창식이가 사도행전 16장을 읽으면서 예배를 인도했다. 그는 진실로 하나님의 사람이다. 닥터 홀은 창식이의 발아래 꿇어 엎드리고 싶은 심정이었다. 그는 "조선에서 예수를 위해 고난 받은 신앙인을 볼 수 있었다"는 이 하나의 사실만으로도 귀한 은혜라고 말했다.

노블(W. A. Noble) 목사는 그 당시 닥터 홀이 보낸 전신을 받았을 때의 일에 대해 다음과 같이 기록하고 있다.

조선의 선교 역사상 처음으로 업무를 다 제쳐두고 모든 선교사들이 서울에 모여 기도를 했다. 각자 이 위기가 자신들과 깊이 관련된 일이라고 느끼고 있었다. 모든 사람에게 사랑을 받는 이 두 사람을 위해 많은 기도를 했다. 이렇게 열심히 기도하고 있을 때 닥터 홀로부터 "모두 석방됐음. 창식, 심한 상처를 입었음"이라는 전보가 도착했다. 이 사실은 매우 중요한 의미를 갖는다. 선교사들은 신앙인 닥터 홀 내외가 새 시대의 문을 열었다는 깊고도 엄숙한 사실을 실감했다. 이제 새로운 장이 펼쳐진 것이다. 복음을 전파하는 데 또 다시 그러한 장애와 반대는 없을 것이다. 기독교가 들어오고자 투쟁했던 오랜 시련은 비로소 막이 내렸다.

이러한 상황이 1주일 후에 어떠한 모습으로 나타났는지 홀 부인의 일기는 그것을 잘 알려주고 있다.

1894년 5월 19일 토요일, 지난 금요일인 11일은 암울한 날이었다. 토요일에는 하루 종일 감사의 심부름꾼들이 기독교 신자들을 위협하기도 하고 모욕을 주기도 했다. 그러나 주일과 월요일이 되자 그 도가 훨씬 덜해졌다. 화요일에 모펫과 멕켄지가 도착했다. 이들이 도착하자 우리는 매우 기뻤다. 닥터 홀은 그동안 감리교와 장로교를 함께 맡고 있었는데 이제 그 책임을 나눌 수 있게 되어 매우 기뻤다.

멕켄지는 우리 집에서 기거하고 모펫은 점심과 저녁만 우리 집에 와서 먹는다. 모펫의 고용인 한씨가 그를 마중하러 나갔는데 서로 길이 엇갈려 만나지 못했다. 그런데 한씨가 목요일이 되도록 돌아오지 않았다. 모펫은 사람을 보내어 그를 찾게 했는데 한씨가 돌아왔을 때는 또 모펫이 부재중이었다. 그런데 한씨가 집에 돌아오자마자 어느새 감사의 심부름꾼이 그를 뒤쫓아 와서는 돈을 요구했다. 그들은 만일 응하지 않으면 매를 치겠다고 협박했다. 한씨는 그들에게 돈을 주었다. 한씨는 언젠가 모펫이 떠나면 더 큰 곤욕을 당하게 되리라는 걱정으로 겁에 질려 있다.

모펫은 미국 공관장 실(Sill)에게, 멕켄지는 가드너 영사에게, 닥터 홀은 닥터 스크랜턴에게 각각 현재의 상황을 전보로 보고했지만 다른 사람의 일은 이야기하지 않았다. "담은 부서지고 고용인들은 길에서 돌팔매질을 당하고 모욕을 당함. 집의 전 주인은 나가지 않음. 적절한 보호 전무함. 영국의 보호 제공 가능성은?"

모펫은 닥터 홀과 나에게 일어난 이 불상사가 첫 번째 임지에서 생긴 것이 참으로 다행한 일이라고 한다. 왜냐하면 미국의 정책은 "종교와 정치적인 말썽은 피한다"는 입장이므로 우리는 곧 서울로 소환당할 것이 틀림없다는 것이다. 미국 공관장인 신씨는 언더우드 박사에게도 이곳에 오는 여권을 내

줄 수 없었으며 모펫에게도 공식적인 여행 허가를 하지 않았다는 것이다.

물론 우리는 이 사건을 계기로 조선에 종교적인 자유가 오기를 희망한다. 이 희망이 이루어진다면 그건 주로 영국이 조선에 요구했기 때문일 것이다. 어쩌면 영국은 종교의 자유 대신 평양을 개항하라고 요구할지도 모른다. 우리는 그것을 원하지 않는다. 그렇게 되면 중국과 일본이 함께 몰려와서 온갖 이권 다툼을 벌일 것이기 때문이다.

평양은 석탄 광산, 금광, 농산물 등으로 조선에서 가장 풍요한 항구가 될 승산이 크다. 그러나 이러한 모든 일이 일어나지 않고, 단지 우리가 합법적으로 평양에 머물 수만 있게 허락된다면 그게 가장 좋겠다. 우리는 하나님께서 하나님의 왕국이 자랄 수 있도록 선처해주실 것을 믿는다.

어제 세 사람이 발송한 전보의 취지는 평양에 있는 조선인 고용인들의 보호와 구입한 가옥들을 전용할 수 있게 서울에서 조선 정부의 힘을 써달라는 요청이었다. 그런데 전보를 받은 서울에서는 평양의 취지와는 달리 평양에 선교사들이 머문다는 건 안전하지 못하다는 뜻으로 받아들였으며 나와 셔우드의 안전에 대해 더욱 심각하게 생각했다. 닥터 홀은 아펜젤러로부터 온 전보를 받았다. 닥터 스크랜턴이 나를 서울로 데려가기 위해 곧 떠난다는 것과 닥터 홀은 가능한 한 평양에 계속 있으라는 내용이었다.

나는 이곳에 있는 것이 매우 편하고 행복하다. 닥터 스크랜턴이 날 데려가려는 것은 헛수고다. 이번 사건이 계속되는 동안 가장 동요가 없었던 사람은 바로 나라고 닥터 홀도 말하지 않았던가. 닥터 스크랜턴은 서울에서 우리를 후원해주는 일이 더 시급하다. 내가 평양을 떠난다면 평양의 관리들은 자기들이 승리했다고 기뻐할 것이며 우리는 더욱 힘을 잃게 될 것이다. 지금 이곳을 떠난다는 것은 생각할 수 없는 일이다. 공포의 그림자가 깔려 있었던 지난 금요일 마침 출발하는 기선이 있었다.

그때 닥터 홀은 내게 배를 타고 서울로 가라고 했다. 그러나 나는 떠나지 않았다. 더 심한 상황에서도 떠나지 않은 내가 떠날 리 없다. 닥터 홀은 닥터 스크랜턴에게 나를 데리러 오지 말라고 전보를 쳤다. 그래도 혹시 전보를 무시하고 그냥 올까봐 오늘 아침 다시 전보를 쳤다. "아내는 행복하며 날마다 환자들을 치료하고 있다"고.

우리는 화요일부터 성문 옆에 있는 또 한 채의 한옥에서 환자들을 치료하기 시작했다. 닥터 홀은 방 하나를, 나는 방 둘을 대기실과 진료실로 쓴다. 에스더도 나와 함께 가마를 타고 진료소에 출근한다. 첫날은 환자 10명을 치료하고 치료비로 엽전 500개를, 다음날은 13명을 치료하고 900개를, 어제는 13명을 치료하고 1,200개를 받았다. 처음에는 환자들을 질서 있게 기다리게 하는 것과 한 번에 한 사람씩만 치료한다는 사실을 납득시키는 데 힘이 들었다. 환자들이 기다리고 있으면 똑같은 치료를 받는다는 점을 알고부터는 쉬워지고 있다. 환자들 외에 나를 구경 오는 사람들도 많다. 그러나 우리는 환자들을 다 치료할 때까지 그들을 비켜 서 있게 한다. 일이 다 끝난 다음에 나를 '구경' 시킨다. 우리는 아직 전도를 시작하지는 않았다. 오늘 치료가 끝나고 나를 '구경' 시킨 다음에 전도를 시작할 생각이다. 전도부터 먼저 한다면 별로 효과가 없을 것이다.

평양에서 닥터 홀의 첫 신자가 된 사람은 오석형이다. 그는 이번 사건 중 감옥에 갇혔다가 석방된 사람들 중 하나로 앞을 못 보는 어린 딸이 있다. 홀 부인의 환자로는 장님, 벙어리, 귀머거리들이 많았다. 그 당시 조선의 장님, 벙어리, 귀머거리들은 매우 처참한 상태에 있었다.

닥터 홀 내외가 평양에서 의료선교를 시작했던 집, 1894년

장님들은 점쟁이나 무당이 되지만 그것도 부모들이 돈이 있어서 그들을 훈련시킬 수 있는 처지가 되어야 가능했다. 그렇지 못하면 그들은 소외되어 잘 먹지도 입지도 못해 결국은 보행 능력까지도 잃게 된다. 홀 부인은 눈 먼 어린이들을 어떤 방법으로든지 도와주고 싶었지만 조선인들이 그녀의 의도를 곡해할 수도 있었으므로 조심하지 않을 수 없었다. 그 당시의 긴장된 상황으로는 자칫 잘못하면 1888년에 파급되었던 유언비어처럼 "의사들이 약을 만들기 위해 아이들의 눈을 뽑았다"는 식의 모함으로 이용될 수도 있었다.

홀 부인은 오씨의 딸이 장님이라는 사실을 알았을 때 "이곳에서 일을 시작할 기회가 비로소 왔구나. 그 애의 아버지는 기독교인이니 내 의도를 곡해하지 않겠지"라고 생각했다. 홀 부인은 일기에 "나는 오씨의 딸 봉래를 가르치기 위해 조선 기름종이에 바늘로 점을 찍어 일종의 점자를 고안했다"라고 기록하고 있다.

봉래는 총명했다. 거기다 높은 열성을 가지고 좋은 반응을 보였다. 홀 부인은 맹인을 교육시킬 수 있는 지식이 있으면 봉래에게 점자를 읽게 할 수 있다고 생각했다. 그녀는 이 분야에 대해 공부하기로 결심했다. 장님들은 이 세상에서 쓸모없다는 세간의 그릇된 관념을 깨뜨리기 위해서는 맹인 교육이 시급했다.

평양의 상황은 차츰 안정되어가는 것 같았다. 셔우드와 홀 부인은 동양에서 외국인들이 흔히 걸리는 장질환을 앓기 시작했다. 건강의 유지를 위해 온가족이 성 밖에 나가서 산책을 자주 했다. 어떤 때는 평양의 북쪽 15킬로미터 거리에 있는 경치 좋은 '기자의 묘'까지 소풍을 가기도 했다. 홀 부인은 구경꾼들을 피하기 위해 아기와 함께 가마를 타고 성 밖으로 나가 닥터 홀, 조선인 친구들과 함께 산책을 하기도 했다. 이럴 때면 꼬마 셔우드는 특히 김창식의 어깨에 올라 목마 타기를 즐겼다.

닥터 홀도 그해 겨울 평양에 왔을 때부터 계속 기침으로 시달리고 있었다. 홀 부인은 소년 시절에 앓았던 폐결핵이 겨울 여행으로 재발한 것이 아닌가 하여 매우 걱정하고 있었다.

5월 23일 스크랜턴이 홀 부인과 꼬마 셔우드를 서울로 데려가기 위해 평양에 도착했다. 닥터 스크랜턴은 영국 총영사 가드너의 강경한 지시를 받고 왔다. 세 사람이 보낸 전보로 평양의 상황이 아주 험악하다는 인상을 받았던 것이다. 서울에서는 홀 가족이 집에서 쫓겨나 홀 부인과 셔우드가 평양에 거주하기에는 너무 위험하다고 판단했다. 그러나 그동안 서울 외무부의 전보에다 닥터 홀, 모펫, 멕켄지의 노력까지 어우러져 사법관은 결국 전 주인에게 집은 내주어도 좋다고 허락했던 것이다. 홀 부인은 그동안 이루어진 가옥 문제 해결과 자신이 매일 환자들을 8명 내지 19명씩 치료하고 있다는 사실을 알았다면 가드너가 서울로 돌아오라는 명령은 내리지 않았을 것이라고 생각했다. 닥터 스크랜턴도 홀 부인이 반드시 서울로 돌아가야 할 만큼 급박한 사정이 아니라는 데는 동의했지만 가드너의 명령은 따라야 한다고 결정했다.

홀 부인은 그 다음날 출발하는 기선을 타기 위해 짐을 꾸렸다. 그런데 홀 부인의 장 질환이 다시 심해져 이질 증세로 변해 대변에 피가 섞여 나왔다. 남편은 집에 가서 정양(靜養)해야 한다고 고집했다. 홀 부인은 사흘간 누워 있다가 좀 나아지자 다음 월요일 진료실에 나가 일을 시작했다. 장 질환이 전국에 만연하기 시작했다. 이때 갑자기 다른 기선 한 척이 보산에 기항한다는 소문이 들려왔다. 남쪽에서 봉기한 농민군의 반란을 진압하기 위해 평양의 군대를 수송하고자 급히 보낸 배였다. 이처럼 정세가 험악해진 데다 가드너로부터 희망적인 이야기를 듣지 못했으므로 닥터 홀은 이 기회에 가족을 데리고 서울로 가야 할 책임을 느끼게 되었다.

홀 가족은 박씨 내외, 실비아와 함께 6월 6일, 수요일 오후에 기선이 정박 중인 보산에 도착했다. '청룡'이라고 부르는 상당히 큰 배였는데도 외국 선객을 위한 선실이 없었다. 그러나 독일인 선장인 테센손은 친절하게도 자기 방을 쓰라고 내주었다. 월요일인 6월 10일에 출발하여 27시간 만에 제물포에 도착했다. 제물포에는 조지 히버 존스가 마중을 나와 있었다.

그날 오후 존스와 홀 가족은 제물포에 정박 중이던 미국의 전함 볼티모어를 방문했다. 이 군함은 조선의 정세가 더 안정될 때까지 제물포 항에 정박하기로 되어 있었다. 해군 소장인 조셉 스커레트 제독이 차를 대접하면서 이 배에 대해 자랑스럽게 설명해주었다. 홀 가족이 그곳에 도착했을 때 항구에는 13척의 군함들이 정박하고 있었다. 소문에 의하면 수천 명의 일본군들과 청국군들이 조선 땅에 상륙하기 위해 항해중이라는 것이다. 동학군들은 작년에 위협했던 그들의 말대로 남쪽에서 반란을 일으킨 모양이었다. 동학 반란군들은 농민들의 지원을 받아 서울을 향해 진군하면서 "학정을 없애라. 서양인과 일본인들을 몰아내라"고 외쳤다. 동학군들은 정부의 진압군을 패주시켰다. 조선 왕국은 청국에 원조를 간청했다. 이에 청국은 전에 일본과 맺은 조약을 무시, 일본에 아무 통고도 하지 않고 조선에 파병했다. 그러자 일본도 조선 정부를 돕는다는 구실로 역시 군대를 파견한 것이다.

홀 가족과 일행은 한강 입구에서 강을 따라 배를 타고 서울로 올라갔다. 즐거운 여행이었다. 선착장에서 이들은 마침 결혼하러 미국으로 가는 닥터 버스티드를 만났다. 그를 환송하기 위해 노블이 제물포까지 동행하고 있었다.

수요일 밤, 노블 부인이 홀 부인을 불렀다. 노블은 아직 돌아오지 않았는데 그녀는 진통 때문에 잠을 잘 수 없었던 것이다. 출산 예정일은 아직 1주일이나 남았으나 홀 부인이 보기에 그녀는 그날 밤 산고를 치러야 할 것 같았다. 마침내 목요일 새벽 6시, 1894년 6월 14일에 노블 부인은 무게 3.2킬로그램의 딸을 순산했다. 아기 이름은 루스(Ruth)라고 지었다. 홀 내외와 노블 부인은 노블이 돌아와 깜짝 놀라는 것을 보려고 몹시 기다렸다. 노블은 그날 저녁 6시에 집으로 돌아왔다. 그는 자기가 어느새 아버지가 된 것을 알게 되자 부인들의 예상대로 깜짝 놀라면서 기뻐 어쩔 줄 몰라 했다.

홀 가족은 서울에 돌아온 후 미국과 영국 공관을 방문했다. 이 방문에서 조선 정부가 그간 말썽을 부렸던 감사의 하인들과 이를 조장했던 사법관의 부하들을 처벌하라는 명령을 평양에 보냈다는 사실을 알았다. 처벌은 모펫이 보는 앞에서 시행하도록 되어 있었다. 또한 모펫의 조수와 한씨로부터 빼앗은 돈도 돌려주고 이 도시에서 추방하도록 조처되었다. 이러한 소식을 듣고 홀 내외는 앞으로 평양에서는 더 이상의 불상사는 생기지 않을 것이며 있다고 해도 정도가 경미하리라고 보았다.

미국 공사관에서는 다른 지역에 거주하고 있던 미국인 몇 가족들을 서울의 외국인 주거 지역으로 소환했다. 홀 부부는 일본군들이 계속해서 서울로 들어와 주변 언덕에 주둔하는 광경을 볼 수 있었다. 한편 청국군들도 서해안에 상륙하고 있다는 소문이 돌았다. 홀 부인은 그 당시의 상황을 이렇게 기록하고 있다.

> 어떤 이들은 청국과 일본이 선전 포고를 했다고 한다. 앞으로 정세가 어떻게 돌아갈지 예측하기 어렵다. 미국에 있는 가족들이 불안해 할까봐 걱정이다. 신문은 전쟁에 대한 기사로 가득 차 있다. 평양 사건이 있은 지 얼마 안 되어 이런 전쟁 소식이 들리면 가족들은 얼마나 걱정하겠는가. 어제 편지를 보냈지만 더 자주 해야겠다. 사랑하는 가족들, 그들은 내가 이 사태를 걱정하는 것 이상으로 더 날 염려해주고 있다.

미국의 가족들이 걱정할 만하기도 했다. 1894년 7월 23일 새벽 5시,

홀 가족은 요란한 총소리에 잠을 깼다. 일본군들은 곧 서울의 7개 성문을 장악했다. 그 후 20분 동안 심한 총격 소리가 계속 들리더니 궁궐도 일본인 손에 들어갔다. 놀란 주민들은 서울을 빠져나가느라 여러 날 동안 장사진을 이루었다.

감리교 선교회에서 운영하는 병원은 어느새 군대병원같이 되어버렸다. 전투에서 부상당한 군사들이 밀려왔다. 전쟁의 처참함이 현실로 나타났다. 닥터 스크랜턴은 그해 여름에 닥터 홀의 노력을 이와 같이 기술하고 있다.

> 지금 닥터 홀은 의사, 간호사, 약제사, 안내역까지 혼자 다 맡고 있다. 그는 환자를 돌보는 타고난 재능이 있다. 대개 사람들은 복잡한 일을 할 때면 혼동하는 예가 많은데 그는 지칠 줄 모르게 일하면서도 정확하다.
> 요즘 그는 서울의 병원에서 쉬지 않고 일에만 전념하고 있다. 어느 날 진찰실이 환자들로 가득 차 정신이 없을 때 그가 한 말은 잊히지가 않는다.
> "닥터, 나는 이 일을 얼마나 좋아하는지 모릅니다. 한평생을 이런 식으로 사람들을 도우며 살 수 있다면 얼마나 기쁜 일이겠습니까?"
> 닥터 홀은 환자들을 치료할 때 사랑과 동정심으로 가득 차 있다. 그는 친절함이야말로 하나님이 주신 가장 큰 무기임을 터득한 사람이다. 그는 이 비결로 현실에서 기적을 낳듯 치료 효과를 낳는다.

동학군들은 북쪽에서 청국군, 남쪽에서 일본군의 공격을 받아 결국 분쇄되었다. 동학 운동의 지도자 두 사람이 처형됐으며 이들의 추종자 수천 명이 목숨을 잃었다. 그뿐 아니라 이 난리는 청국과 일본이 서로 전쟁을 할 수 있는 구실이 되었다. 두 나라는 벌써부터 이런 순간이 오기를 기다리고 있었다. 이들은 서로 조선을 통치하려고 노려왔던 것이다.

1894년 9월 15일 토요일, 평양에서 큰 전투가 벌어졌다. 이것은 청일전쟁의 전환점이었다. 일본은 전승국으로 부상했으며 청국군은 평양에서 패주하여 조선으로부터 물러갔다. 이 전쟁으로 일본의 시모노세키에서 평화 조약이 체결되었다. 청국은 일본의 요구대로 일본에 유리한 교역 약정과 일본에게 네 개의 새로운 항구를 개항한다는 조건을 들어주었다. 그 외에도 청국은 대만, 펑후제도, 만주 남쪽의 랴오둥반도를 양도했다. 이에 대해 러시아, 독일, 프랑스가 항의를 하자 일본은 할 수 없이 이 반도를 중국에 돌려보내주는 대신 보상금을 더 올려 받았다.

시모노세키 조약은 조선이 청국의 속국이라는 틀에서 벗어나게 한 대신 조선에 대한 일본의 영향력을 증대시켰다. 일본은 즉시 스스로 조선 정부의 고문 역할에 나섰다. 동학들에게 원망의 대상이 되었던 이 씨 정부의 구조를 개편하기 시작했다. 우편, 철도, 전신이 일본의 손으로 넘어갔다. 새로운 법률과 법규가 갑작스레 만들어졌다. 이러한 급변은 조선 사람들에게 잘 용납되지 않았다. 오히려 저항을 불러 일으켰다.

닥터 홀은 장로교의 모펫 목사, 리 목사와 함께 10월 초순, 흩어진 양떼들이 있는 평양으로 돌아갔다. 격심한 전쟁에도 불구하고 이 작은 기독교 사회는 감리교 선교회의 건물들을 잘 관리하고 있었다. 그러나 장로교에 속한 건물과 물품들은 완전히 파괴되고 없어 장로교의 동료 선교사들은 닥터 홀의 집에서 거주했다. 닥터 홀과 장로교 선교사들은 전쟁을 취재하러 나온 외국 기자 두 사람을 평양에서 만났다. 한 사람은 뉴욕 〈월드〉 지의 크릴맨(Creelman)이었고, 또 한 사람은 〈런던 스탠더드〉 지의 프레더릭 빌리어스(Frederick Villiers)였다. 닥터 홀은 이들에게 편의를 제공하면서 전쟁이 남긴 상처를 이렇게 기록하고 있다.

10월 8일, 몇 군데의 전쟁터를 가보았다. 아직도 청국군들의 시체가 깔려 있었다. 어떤 것은 땅 위에 노출되어 있거나 흙을 그 위에 약간 뿌린 정도였다. 지독한 악취가 났다. 참상은 말로 표현할 수 없을 정도다. 이 전투에 청국군 1만 4천명과 일본군 1만 명이 동원됐다고 한다.

전쟁 중 감사 민씨는 도망갔다고 한다. 그의 가마가 구덩이 속에 뒤집힌 채로 뒹굴고 있었다. 닥터 홀과 장로교 목사들이 서울을 떠난 것은 10월 1일이었으며 별 어려움 없이 평양에 도착했다. 이 여행에서 보낸 편지로 전쟁의 상처를 생생히 볼 수 있다.

길을 따라오는 중에 우리는 굉장히 많은 말과 가축들이 길가에 죽어 있는 것을 보았다. 군대 보급품들을 수송하는 데 쓰였던 가축들이다. 대부분의 마을들은 거의 비어 있었으나 사람들이 돌아오기 시작하고 있다. 우리는 별 어려움 없이 군대의 진지를 통과했다. 평양에서 남쪽으로 40킬로미터 거리에 위치한 황주(黃州)에서 일본군의 큰 지대(支隊)를 만났다. 그들은 450명의 포로들을 데리고 있었다. 평양의 남쪽 20킬로미터 거리에 있는 중화에서는 중국군에게 살해된 일본군 7명의 묘를 보았다. 중화와 평양의 남쪽 4킬로미터 지점 사이에서는 청국군들의 시체가 부분적으로 매장된 것을 볼 수 있다. 평양의 남쪽 4킬로미터 지점인 강에 도착했는데 여기가 전투 지역이었다.

그레이엄 리 목사도 이 전투가 남긴 상처를 둘러본 인상을 기록하고 있다.

우리는 처음 며칠간 전쟁터를 둘러보았다. 이곳 전쟁의 자취는 전쟁터로 보기에 이상한 데가 있다. 이 전쟁의 실상을 알아두면 훗날 극동의 여러 나라들에 대한 역사를 평가하는 데 도움이 될 것이다. 평양은 성으로 둘러싸인 도시로 방어하기에는 가장 좋은 지리적 조건을 갖추고 있다. 도시의 정면에는 대동강이 흐른다. 이 강은 넓고 깊어서 성을 지키는 군사가 있는 한 적병은 강을 건널 수가 없다. 북쪽의 성벽 안에는 수백 미터 높이의 언덕이 하나 있다. 그 위에 올라서면 주위의 먼 곳까지 잘 볼 수 있다. 이러한 수비 요건을 갖추고 있어 방어군이 지키는 한 어떠한 적병도 이 성을 함락시킬 수 없다. 청국군은 일본군이 주로 정면 공격을 하여 강 건너편에서 넘어올 것으로 예상하고 그 대비를 잘했다. 그러나 일본군은 이틀 동안 상대의 주의를 끌기 위해 대포를 강 건너편에 계속 주둔시키는 한편, 2개 사단 병력을 몰래 평양성 뒤로 이동, 공격할 준비를 갖추었다.

9월 15일, 이른 아침 모든 준비를 완료한 일본군이 세 면에서 공격을 시작했다. 청국군은 하나씩 하나씩 요새를 빼앗겼다. 밤이 되기 전에 모든 요지는 일본군이 장악하게 되었다. 청국군은 아직 북쪽의 고지를 잃지 않고 있다. 이 고지를 잃으면 전투가 끝난다. 전쟁터를 둘러본 우리들은 청국군이 왜 이토록 무력하게 패했는지 그 이유를 알 수 있었다. 청국군들이 버리고 간 많은 물건들 중에 부채와 종이로 만든 우산이 많았다. 군인이 이마의 땀을 식히기 위한 부채와 햇빛을 가리는 양산을 갖고 다닌 것은 서양인의 상식으로는 도저히 이해할 수 없는 사실이다. 청국군은 크루프 대포와 현대식 장총 같은 좋은 무기도 가지고 있었으나 동시에 하등의 쓸모없는 옛날 무기도 있었다.

이 전쟁터에서 나는 두 손으로 드는 큰 칼을 하나 주웠다. 칼날의 길이는 60센티미터 정도인데 손잡이의 길이는 120센티미터나 된다. 대포와 총으로 싸우는 요즘의 전쟁에서는 전혀 쓸모없는 무기다. 그리고 쇠끝을 붙인 조잡한 대나무 창이 많았다. 이것은 큰 칼과 싸울 때 어울리는 것들이다. 이런 것들로 보아서 청국군은 수백 년이 뒤떨어진 군대라고 볼 수 있다. 애국심이 없고 훈련도 안 되었고 장비를 제대로 갖추지 못한 군대가 수는 적지만 애국심이 강하고 훈련이 잘 되어 있으며 현대 장비로 완전 무장한 군대에 맞서 이길 수 없었던 것은 당연한 일이 아닌가?

이 전쟁터의 잔해 중 어떤 부분은 참으로 몸서리가 쳐질 정도다. 도시 가까이에 있는 시체들은 대개 흙으로 덮어놓았으나 좀 떨어진 곳에는 그대로 널려 있다. 스무 명 이상의 시체들이 총을 맞아 죽은 상태로 층층이 쌓여 있는가 하면 어떤 곳에는 만주의 기병과 일본 보병과의 살육전을 그대로 볼 수 있다. 수백 병의 사람들과 말들의 시체가 너비 수십 미터, 길이 수백 미터의 대를 이룬 곳도 있다. 이것은 전투가 있은 지 3주일이 지난 후의 광경이다.

닥터 홀이 평양에서 바쁘게 부상자들을 치료하고 있을 때 꼬마 셔우드는 서울에서 첫 돌을 맞고 있었다. 닥터 홀은 "셔우드가 정말 보고 싶구나. 그러나 셔우드의 생일에도 서울에 갈 수 없을 것이다"라고 편지를 보내왔다.

대동강을 건너는 일본군(1894년).
청일 전쟁 시 평양을 공격하고 있는 모습을 화가들이 그렸다.

평양성벽 부근에 집결한 일본군

한국에서는 첫 번째 생일이 매우 중요하다. 첫 생일은 아이의 장래가 결정되는 경사스런 날로 생각하기 때문이다. 셔우드의 첫돌을 축하하는 아이들과 어른들이 초대되었고 조선 풍속대로 아이가 평생의 직업을 선택하는 장면이 연출되었다. 아기의 장래를 상징하는 여러 물건들 중에 셔우드가 어떤 것을 잡을 것인지 조심스럽게 보고 있었다. 거지를 상징하는 넝마로 만든 인형, 교사를 상징하는 예쁜 책, 목사를 상징하는 성경책, 농부를 상징하는 장난감 괭이 등과 함께 가장 매력 없는 청진기도 놓여 있었다. 그런데 셔우드는 다른 물건들은 다 제쳐두고 그 조그만 손으로 청진기의 고무호스를 잡았다. 축하객들은 잘됐다고 웃었다. 홀 부인도 회심의 미소를 감추지 못했다. 그 다음에 서양 풍속대로 아기가 다른 사람의 도움을 받아 케이크의 촛불을 껐다. 이 때 모두 "해피 버스데이"를 부르며 즐겼다.

닥터 홀은 밤낮을 가리지 않고 평양에서 환자들과 부상자들을 돌보고 있었다. 그는 대나무 침대로 환자를 실어 날랐다. 그의 기독교인 동료들은 들것 나르는 일을 맡아주었다. 그는 학교(학생 13명으로 시작한 광성학교)를 다시 열고 조선인 기독교인들과 함께 매일 밤 예배를 시작했다. 그러나 이런 계속된 강행군으로 닥터 홀의 건강은 나빠지기 시작했다. 당시 닥터 홀과 함께 있었던 모펫 목사는 그의 건강이 악화되는 과정을 지켜보았다.

지난 해 여러 번 평양을 왕래하면서 너무 심한 혹사를 당해 그의 건강은 많이 약해져 있었다. 그래서 전쟁터였던 이 도시 안팎의 극히 비위생적인 환경에 대한 저항력이 없었다. 시체 썩는 냄새, 가축들의 잔해가 곳곳에 널려 있어서 어느 곳으로 가든지 이런 것들을 계속 만나게 된다. 악취와 불결함은 말로 표현하기 힘들 정도다. 우리는 말라리아를 앓았다. 닥터 홀의 병세가 더욱 심해져 우리는 관리들의 도움을 받아 일본의 교통수단을 이용, 서울까지 가도록 조처했다. 우리는 대동강을 따라 65킬로미터쯤 내려가서 약 6백 명의 병든 군인들을 실은 배를 탔다. 군인들은 이질이나 각종 열병들을 앓고 있었다.

우리를 실은 배가 제물포에 도착했을 때 닥터 홀은 열이 다 내린 것 같았다. 그런데 그 후 발진티푸스에 걸린 모양이다. 제물포에서 하루를 지냈을 때 그의 병세는 상당히 좋아진 것 같았는데 강을 따라 서울로 올라갈 작은 기선을 기다리는 동안에 다시 열이 올라가는 것이었다. 배는 오후에 출항했다. 어두워질 무렵 강화도 건너편 지점에 도착하였으나 거기서 배가 암초에 걸려 거의 다 뒤집히게 되었다. 필사적인 노력을 기울였으나 배는 움직이지 않았다. 우리는 닥터 홀을 해안으로 옮겨놓는 수밖에 별다른 도리가 없었다. 조선집 오막살이에 그를 눕혀두고 돛단배를 찾았다. 새벽이 되어서야 겨우 배를 구했다. 느린 항진 끝에 서울에 닿은 것은 그 다음날 아침이었다. 거기에서 닥터 홀은 아내에게 맡겨졌다. 의사들은 온갖 노력을 다했다. 우리는 그가 회복되기를 기원했다.

홀 부인이 친구에게 보낸 편지를 보면 닥터 홀이 병든 몸으로 도착한 모습이 어떠했는지를 알 수 있다.

1894년 11월 19일 월요일 아침, 왕진을 가려고 약을 챙기고 있는데 그가 도착했다는 연락이 왔다. 나는 급히 아들을 안고 뛰어나갔다. 그는 병이 너무나 중해 혼자 서지를 못했다. 그는 겨우 입을 열고 말했다.

"건강할 때 돌아와 아내를 만나는 게 얼마나 행복한 일인지는 이미 알고 있었지만, 이제는 병이 났을 때 집에 돌아와 눕는다는 게 얼마나 편한가를 알게 되었소." 그가 집에 돌아온 첫날은 표정이 밝고 유쾌해 그토록 위독한 병에 걸려 있는지 알아차리지 못했다. 그러나 그때도 열은 섭씨 40도를 오르고 있었다. 그날 밤은 옆에 놓아 둔 변기에 혼자서 소변을 볼 수가 있었는데 그 다음날 밤에는 갓난아기처럼 용변을 가리지도 못할 정도였다.

수요일 아침에는 연필과 종이를 가져오라고 하더니 노블에게 이번 여행 중에 쓴 비용을 항목별로 알려주었다. 그 외의 다른 회계 기록은 그의 기록책에 있다고 말했다. 이런 지경에서도 그는 이처럼 공무에 철저했다. 공무가 끝나자 그는 "이제 죽든 살든 내가 할 일은 다 끝냈다. 하나님의 뜻이 날 원한다면 더 오래 일하고 싶다"라고 말했다.

그는 이미 말하는 것조차 힘들어 했다. 그가 하는 말을 알아듣기 어려웠다. 온몸이 마비되면서 목의 근육까지도 기능을 잃어갔다. 다섯 명의 의사들이 머리를 맞대고 할 수 있는 방법은 다 썼다. 그러나 그는 우리를 남기고 세상을 떠나려는 것 같아 보였다. 내가 그의 곁으로 가까이 갈 때마다 그는 나를 얼마나 사랑하는지, 우리들의 사랑이 영원히 계속될 것이라는 점을 말하려고 애썼다. 그는 내 뱃속의 또 하나의 생명에 대해서도 물었다. 내가 "아주 튼튼한 것 같아요. 셔우드 때보다 오히려 더 심하게 움직여요"라고 대답하면 미소를 짓곤 했다.

목요일 아침, 그는 무엇을 쓰려고 연필과 종이를 달라고 했으나 너무 힘이 없어서 글을 쓰기가 불가능했다. 그에게 있어서 가장 큰 좌절감은 가슴에 벅차도록 담겨 있는 말을 하지 못하는 점인 것 같았다. 그의 눈은 슬픈 듯이 나를 바라보았다. 그가 할 수 있는 것은 "당-신-을-사-랑-하-오"라고 겨우 띄엄띄엄 한 마디 하는 것뿐이었다.

오후가 되자 그는 꼬마 셔우드를 데려와 달라고 했다. 그는 사랑하는 눈으로 셔우드를 바라보았다. 미국에서나 조선에서나 '아이들의 친구'라고 불렸던 그였는데 자신의 하나뿐인 아들과는 말 한마디도 나누지 못한 채 영원한 작별을 고하려 하고 있었다. 그가 마지막으로 나에게 말하고자 애썼던 것은 "내가 평양에 갔었던 것을 원망하지는 마시오. 나는 예수님의 뜻을 따른 것이오. 그분이 내게 갚아주실 것입니다"라는 내용이었다.

나의 사랑하는 닥터 홀, 그의 믿음은 이처럼 어린아이의 믿음과 같이 항상 순수했다. 그는 갓난아이가 엄마 품에 안겨서 편안히 잠들 듯 죽음 앞에서도 아무 두려움이 없었다.

1894년 11월 24일, 석양이 물들 무렵 그는 "예수님의 품에 안겨 고요히 잠들었다." 영원한 안식일에 다시 깨어날 때까지 편안히 잠자기 위해서.

그가 떠나던 날 오후 그의 두 눈은 계속 나에게 두 손을 잡아달라고 원하는 것 같았다. 나는 그의 두 눈을 감겼다. 그러나 그의 눈이 다시는 나를 더 이상 바라볼 수 없다는 생각이 들어 그의 두 눈을 다시 뜨게 하고 마지막으로 오랫동안 그 눈을 바라보았다. 그 눈은 아직도 밝고, 너무나 맑아서 마치 살아서 나를 쳐다보는 듯하였다. 나는 내 방에 가서 셔우드를 안고 와서는 하나님께서 그와 나에게 약속해 주신 바를 이루게 해달라고 기도했다.

닥터 홀이 이 세상을 떠난 그 다음 날짜로 기록된 노블의 회고록을 보자.

일요일, 우리는 사랑하는 형제를 커다란 조선식 관에 넣고는 아름다운 한강의 둑으로 가서 매장했다. 그곳은 잠들기에 평화로운 장소다. 그가 생명을 바쳐 일한 조선 땅, 먼저 간 사람들 사이에 묻힌 것이다.

서울 한강변 양화진에 묻힌 닥터 윌리엄 제임스 홀의 묘지.
1860년 1월 16일 출생-1894년 11월 24일 사망.

5
에디스 마거리트

1894년 11월 27일, 서울의 배재학당 강당에서 노블 목사의 주례로 닥터 홀의 추도식이 있었다. 이 행사를 지낸 뒤 홀 부인은 한 살 된 아들을 데리고 뉴욕 주 리버티의 친정으로 돌아갈 준비를 했다. 그때 홀 부인은 임신 7개월째였다.

그동안 홀 부인의 조수로 병원과 전도 사업에서 성실하게 일했던 에스더 박이 홀 부인에게 자기도 데려가 달라고 간청했다. 홀 부인은 에스더가 오랫동안 갈망해왔던 의학 공부를 미국에서 할 수 있는 기회가 온 것이라고 생각해 그 청을 응낙했다. 선교회에서도 수락했고 친구들도 약간의 경비를 모아주었다. 그러나 에스더를 남편과 너무 오랫동안 헤어지게 하는 것이 마음에 걸려 홀 부인은 두 사람을 다 데려가기로 결정했다. 이렇게 하여 홀 부인과 박씨 부부는 서울에서 친구들과 작별을 고하고 12월 7일 제물포에 있는 조지 히버 존스 댁에 도착했다.

며칠 전부터 셔우드가 40.4도까지 열이 올랐다. 혹시 자기 아버지로부터 발진티푸스가 전염된 것이 아닌가 하고 모두들 걱정했다. 그러나 어머니의 치료에 매우 좋은 반응을 보여 출발을 서둘렀다. 그런데 제물포에 도착한 다음날 아침 일본 나가사키로 가는 배를 타려는 순간 홀 부인은 셔우드의 몸에 반점들이 생긴 것을 발견했다. 셔우드의 병이 다른 승객들에게 영향을 미칠 것 같아 승선을 연기했다. 존스 댁에 머물며 치료하자 여행을 해도 지장이 없을 정도로 회복되었다. 그러나 예약한 증기선 차이나 호가 이미 일본을 출발, 미국으로 떠나버리지 않았을까 하고 홀 부인은 걱정이 되었다.

일본으로 항해하는 50시간 동안 파도가 너무 심해 어른들은 멀미로 아무것도 먹을 수가 없었다. 셔우드는 멀미를 하지 않았다. 다행히 항해 도중 선장의 부인이 셔우드를 돌봐주었다. 배가 나가사키에 도착하기 전날 밤에 홀 부인은 미국으로 떠나는 차이나 호가 오후 4시에 떠나는 꿈을 꿨다. 그래서 이 꿈 이야기를 선장에게 했더니 그는 그렇게 됐으면 좋겠지만 항해 스케줄대로 출발했다면 이미 그 배는 떠나고 없을 것이라고 말했다.

배가 나가사키에 도착하자 선장은 홀 부인에게로 뛰어오면서 말했다.

"당신 꿈이 맞았어요! 차이나 호는 아직도 부두에 정박 중입니다. 오늘 오후에 떠난답니다."

승객들이 심한 멀미를 나게 했던 바로 그 폭풍 때문에 차이나 호는 출범을 연기했던 것이다. 이 배는 12월 16일 일요일, 그들을 태우고 출발했다.

그들이 옛집에 도착하고 얼마 되지 않은 1895년 1월 18일, 셔우드의 누이동생 에디스 마거리트가 태어났다. 아기의 이름은 닥터 홀이 생존해 있었을 때 이미 정해두었던 것이다. 홀 부인은 일기에 이렇게 썼다.

> 꼬마 에디스는 내가 태어났던 이 집에서 파란 눈을 떴다. 아빠가 가장 좋아했던 이사야서 43장을 보면 "너는 두려워하지 말라. 내가 너와 함께하기 때문이니라. 내가 네 씨를 동쪽에서부터 데려오고 너를 서쪽에서부터 모을 것이며"(5)라고 적혀 있다. 셔우드가 저 멀리 극동에서 태어난 지 단 15개월도 못 되어 누이동생은 1만 6천 킬로미터나 떨어진 뉴욕의 리버티에서 태어난 것이다. 참으로 이상한 일로 느껴진다.

홀 부인은 고향의 병원에서 의사로 일하게 되었다. 홀 부인의 친정 아버지인 로즈벨트 셔우드(Rosevelt R. Sherwood)는 손자 셔우드와 함께 지내는 것을 즐거워했다. 특히 손자의 생일이 자기 생일과 같은 날이라는 데에 어떤 의미가 있다고 생각하는 것 같았다. 그는 자기 손자와 함께 찍은 사진 밑에 '아흔 살과 한 살'이라고 써 붙이기도 했다.

2월이 되자 박에스더는 리버티의 공립학교에 입학했고, 그녀의 남편은 셔우드 가의 농장 일을 도왔다. 한국에서는 선교 위주의 학습이라 내용이 단순했지만, 여기서는 매달 과외비용을 지불하며 친구 집에 합숙시키거나 기숙사에 보내 공부하게 해야 했다. 그 결과 에스더의 학교 성적은 좋은 진전을 보였다. 그해 9월 에스더는 뉴욕 시의 유아병원에 들어갔다. 일 년 이상 그곳에 근무하면서 생활비를 버는 한편

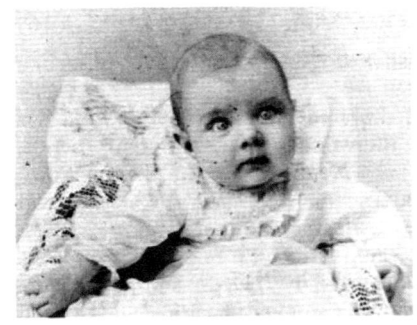

생후 5개월 된 에디스 마거리트 홀. 1895년 1월 18일 생.

"아흔 살과 한 살." 1804년 11월 10일 생인 할아버지 로즈벨트 셔우드와, 1893년 11월 10일 생인 손자 셔우드 홀. 닥터 셔우드 홀은 그의 외할아버지와 같은 날에 조선에서 태어났다.

개인교수를 찾아 라틴어, 물리학, 수학을 공부했다.

1896년 10월 1일, 그녀는 볼티모어 여자의과대학(Women's Medical College of Baltimore, 현재의 존스 홉킨스 대학교)에 입학했다. 그녀는 서양 의학을 공부한 최초의 한국인이 되었다.

이보다 앞선 1895년 7월, 홀 부인은 아이들을 데리고 캐나다의 시집 부모와 친척, 친구들을 방문했다. 그때 박씨도 동행했는데 그는 그때까지도 긴 머리카락을 올려 상투를 틀고 그 위에 중절모자를 쓰고 있었다. 이 모습은 서양인들에게는 큰 구경거리가 되었다.

7월 31일, 캐나다의 글렌 뷰엘 교회에서는 홀 부인을 위한 특별 환

에스더와 박유산, 로제타 홀과 셔우드, 에디스와 함께(1895년)

영 예배를 가졌다. 홀 부인은 그들의 따뜻한 환영사에 귀를 기울였다.

당신이 우리의 이 지역 사회에 오신 것을 환영합니다. 당신에 대한 이야기를 처음 듣는 순간부터 우리는 지대한 관심을 가졌으며 자주 당신 이야기를 나누면서 당신을 생각해왔습니다.
우리는 당신과 당신의 가족, 조선에서 온 형제자매도 한 가족으로 환영합니다. 예수님의 능력을 힘입어 이국에서 다른 민족을 구원하는 일을 하고 돌아온 당신들을 환영합니다.

이 거리와 농장에서 소년 시절을 보냈고 우리와 함께 살았던 닥터 윌리엄 제임스 홀, 그의 온화하고 친절한 태도, 모든 사람에 대한 사랑, 하나님의 사업을 위해 어디서도 자신을 돌보지 않았던 그의 헌신적인 고귀함에 대해 어떠한 말로도 표현이 불가능합니다. 그는 조선에서 씨앗을 뿌렸습니다. 그것은 그에게 있어서 절실한 사명이었음을 우리는 가슴 깊이 느끼고 있습니다.

그의 편지는 저 먼 나라의 백성들에 대한 열렬한 사랑으로 충만해 있었습니다. 그가 맺은 아름다운 결실을 우리는 지금 이 자리에서 보고 있습니다.

그에 대해 이처럼 따뜻하고 동정어린 표현이 많은 것으로 보아 지미 홀(James Hall)은 이 캐나다의 고향에 잊히지 않는 추억을 남긴 게 틀림없었다. 그를 기념하는 액자가 글렌 뷰엘 교회 앞에 놓여 있었다. 그것은 지금도 그곳에 있다.

홀 부인은 남편을 잃었을 때 '평양 기금'의 나머지 돈은 닥터 홀을 기념하는 병원을 세우는 데 쓰이기를 원했다. 아펜젤러 목사는 1896년 9월호 〈월드와이드 미션〉지와 〈코리안 리파지터리〉(*Korean Repository*) 5월호에 다음과 같이 보고했다.

홀 부인은 남편인 닥터 홀에 대한 진정한 추모는 하나의 차갑고 비싼 대리석이나 화강석으로 만든 비석을 세우는 일이 아니라, 인간을 발전시키고 고통을 덜어주는 사업의 바탕인 병원을 세우는 데 있다고 생각한다. 그러한 추모야말로 살아 있고 따뜻하며 생산적인 것이다.

닥터 더글라스 포웰은 닥터 홀의 후임으로 온 의사다. 그는 이 사업의 추진을 기뻐하고 있다. 우리는 닥터 홀의 기념병원을 설립하는 사업을 매우 성스럽게 여기고 있다. 우리가 닥터 포웰과 함께 평양을 방문한 것은 일종의 특혜와 같다. 5월 6일에 우리는 시료원을 짓기 위해 조선인 목수와 공사 계약을 했다. 그는 이 건물을 5개월 이내에 완성하겠다고 한다.

이 시료원은 서문 안쪽, 그리 멀지 않은 거리에 있는 지대가 높은 곳에 세워진다. 서울처럼 큰 종이 있는 상가 중심지에서 도보로 약 7분 거리에 있다. 건물의 크기는 12×18미터이며 조선식 건물이다. 대기실, 진료실, 약제실, 의사의 사무실 등으로 구성될 것이다.

그 후에 닥터 포웰은 조이스 감독과 조선선교회에 다음과 같은 보고서를 보냈다.

1897년 2월 1일, 모든 사람들을 위해 홀 기념병원이 개원되었다. 이 건물은 선교회로부터 아무런 경제적 원조도 받지 않고 친애하는 닥터 홀의 자기부인을 바탕으로, 의사인 그의 아내, 조선의 친절한 친구들, 그리고 고국 친지들의 노력으로 세워졌다.

환자들을 수용할 방과 필요한 의료기구를 구입할 기금만 있으면 우리는 모든 일을 할 준비가 되어 있다. 나는 환자들이 와도 돌려보내기를 되풀이하고 있다. 수술에 필요한 기구와 입원실이 없기 때문이다. 톱이나 망치와 못이 없으면 목수는 집을 지을 수 없다. 그와 마찬가지로 외과 의사는 수술 기구가 없으면 아무 일도 할 수 없다. 의료선교사는 연장 없이도 일할 수 있다고 생각한다면 그건 큰 잘못이다. 우리는 실패할 것을 알면서 수술해서는 안 된다. 가장 성공적인 결과가 나올 수술만을 해야 한다. 새해에는 필요한 의료기계들을 평양에서 쓸 수 있기를 바란다.

평양의 홀 기념병원

닥터 포웰의 보고서에 의하면 1897년 2월 1일부터 4월 27일 사이에 치료받은 수술 환자들은 1,334명이나 되었으며 일반 환자들도 1,011명이다. 환자 수는 매일 평균 32명에서 84명이었다. 치료비는 미국 돈으로 환산해서 37달러 17센트.

홀 부인은 미국에서 평양의 홀 병원을 세우는 데 보탤 모금을 하면서 「윌리엄 제임스 홀, M. D.의 생애」를 출간하기 위한 자료를 수집했다. 1897년 8월에는 뉴욕의 감리교계통 출판사[Press of Eaton and Mains]에서 이 책을 출간했다. 그녀는 남편의 동생인 클리포드 홀에게 이 책의 캐나다 판매 임무를 주었다. 책을 판매한 돈은 병원 설립 기금으로 보냈다.

홀 부인의 머리에서 떠나지 않은 또 하나의 숙제는 조선의 맹인들을 위해 일하겠다고 다짐했던 일이다. 그녀는 곧 맹인 교육에 도움이 될 만한 방법을 찾기 시작했다.

프랑스 파리의 맹인 교사인 루이 브라이(Louis Braille)가 개발한 점자책으로 1892년에 출판된 것이 있었다. 또한 1860년 뉴욕 맹인 교육학원의 원장인 윌리엄 웨이트(William B. Wait)가 개발한 '뉴욕 포인트'란 점자도 있었다. 홀 부인은 웨이트 원장을 방문하여 점자 구조를 배웠다. 여러 점자 구조들을 비교해본 그녀는 뉴욕 포인트가 조선어에 가장 적당하다는 결론을 내렸다.

1897년 가을, 홀 부인은 조선의 부름을 더 이상 외면할 수 없었다. 그녀는 아이들을 데리고 조선으로 돌아가 그곳에서 남편이 시작한 사업을 성사시키기로 결심했다. 감리교의 여성해외선교회는 보구여관(保救女館 : Salvation for All Women Hospital, 한말에 설립된 한국 최초의 근대적 여성병원. 현 이대부속병원의 전신)에서 일하도록 자리를 만들어 주었다. 홀 부인은 두 아이들을 데리고 1897년 10월 11일, 배(SS Empress of India)를 타고 조선으로 향했다.

1897년 11월 10일, 홀 부인은 제물포에 도착하면서부터 일기를 썼다.

> 오늘은 셔우드의 네 번째 생일이다. 자기가 태어난 날 자기가 태어난 땅에 도착했다. 너무나 인연이 깊은, 어떤 운명의 상징같이 느껴진다. 배가 제물포에 도착한 것은 9시였다. 오전 10시 삼판선(三板船)을 타고 육지에 상륙했다. 4년 전 바로 이 시간에 셔우드가 이 세상에 태어난 것이다.
>
> 그러나 지금은 그를 반겨줄 사랑하는 아빠가 없다. 존스는 미국의 세인트폴에서부터 우리와 동행한 그의 아내와 갓 난 딸을 맞이하러 나와 있었고 포웰 부인은 동생인 닥터 릴리언 해리스를 마중하러 평양에서 와 있었다. 페인(Paine) 양과 프레이(Frey) 양은 넬리 피어스(Pierce) 양을 맞이하러 서울에서 내려와 있었다. 닥터 릴리언 해리스와 넬리 피어스 양도 세인트폴에서부터

우리와 동행한 이들로 여성해외선교회에서 파견되어 서울에서 근무하기 위해 온 것이다.

홀 부인은 셔우드와 에디스가 제물포에 도착한 다음날부터 백일해(전염력이 높은 급성 호흡기 질환-편집자)를 앓아서 그들과 함께 서울로 가지 못했다. 에디스는 병이 더 심해져 폐렴이 되었다. 11월 20일이 되어서야 겨우 에디스의 건강이 회복되어 이들 가족은 배를 타고 한강을 거슬러 서울로 올라갔다. 홀 부인은 두 아기들을 데리고 여성해외선교회의 독신여성 숙소에 기숙할 수 있도록 특별한 배려를 받았다.

홀 부인은 두 아이와 함께 가마를 타고 숙소를 향했다. 궁궐 앞을 지날 때 명주로 싼 등불이 쭉 늘어서 있었다. 이것은 다음날 있을 왕비의 장례식을 위한 것이었다.

1890년 홀 부인이 처음으로 조선에 도착한 날에도 대비 조 씨의 상중이었다. 조 대비는 이희(고종황제)를 왕으로 세우고 이희의 아버지에게 대원군이라는 칭호를 주어 섭정하게 한 장본인이었다. 시아버지 대원군의 섭정과 며느리 명성황후 사이에는 계속하여 권력 쟁탈전이 있었다. 이 싸움은 1895년 10월 8일 며느리 명성황후가 일본인 살인청부업자들에게 무참히 살해당할 때까지 계속되었다. 살인자들은 명성황후의 시체를 불태웠다. 어떻게 죽였는지 그 증거를 없애기 위한 짓이었다. 일본인들은 명성황후를 격하시키기 위해 왕후가 매음녀였다는 거짓 칙령을 왕이 내린 것같이 조작하여 소문을 퍼뜨렸다.

이 사건이 있은 뒤 여러 달 동안 왕은 생명의 위협을 느껴 미국 선교사들의 집에서 준비한 음식물 외에는 먹지 않고 모두 거절했다. 궁중에서도 자기를 독살하려는 음모가 있을 것이라고 의심했다. 진상은 결코 밝혀지지 않았으나 명성황후를 살해한 것은 그 당시 서울에 주재한 일본의 고급 관리인 미우라 고로가 대원군과 결탁하여 꾸민 사건이라는 소문이 나돌기도 했다. 대원군은 명성황후에게 당한 여러 수모를 앙갚음하려 했고 일본은 그들이 조선을 지배하는 데 알맞게 그 구조를 재구성하려던 참이었는데 명성황후는 이러한 일본의 목적을 방해하는 장애물이었다는 것이다.

왕과 왕세자는 1896년 2월 11일에 러시아 공사관으로 피신했다. 일본이 조선의 국정을 장악하려 했다면 이 사건은 일본의 계획에 막대한 지장을 초래한 것이 된다. 러시아 공사관은 왕과 왕세자를 기쁘게 맞았다. 이들은 1897년 2월 20일까지 그곳에서 묵었다. 왕은 아직도 옥새를 가지고 있었으므로 국정은 왕의 손에 있었다.

1897년 10월 17일, 국왕의 칭호는 황제로, 조선은 대한제국으로 그 공식 명칭이 바뀌었다. 민비는 명성황후로 추서되었다. 전통적인 조선 관습에 의하면 왕비가 죽으면 그날로부터 1백일이 지나서 국장이 있고 그 후 3년간은 전국적으로 상중이 된다. 그러나 명성황후의 경우는 시체를 찾을 수 없었고 이 사건 후의 정치적인 격동 때문에 장례일이 연기되었다가 1897년 11월 21일 비로소 거행된 것이었다.

홀 부인은 조선에 도착하여 왕비의 장례식을 두 번째로 보게 되었다. 이 장례식을 보면서 홀 부인은 자신을 다시 조선 땅에 오게 한 남편의 죽음이 더욱 뚜렷하게 회상되었다.

1897년 감사절, 그녀는 차분한 심정으로 일기를 쓰고 있다.

에디스와 셔우드의 병세가 좋아져서 별로 기침을 하지 않는다. 우리는 오늘 가마를 타고 그이의 산소로 갔다. 11월 24일, 그가 묻힌 지 꼭 3년이 되는 날이다.

누구나 아주 어렸을 때의 일을 기억하기는 그리 쉬운 일이 아니다. 그러나 나는 조선으로 돌아왔던 그해의 겨울을 마치 어제 일처럼 생생하게 기억하고 있다.

1897년 12월, 나는 그 전 달에 만 네 살이 되었고 에디스는 세 살이 되려는 참이었다. 크리스마스가 다가오고 있어 우리 둘은 큰 기대를 가지고 산타클로스에게 받고 싶은 선물 목록을 만들었다. 누이동생은 조선 아이들이 동생들을 등에 업고 다니는 것처럼 자신도 무언가를 업고 싶어서 실물 크기의 인형을 원했다. 나는 조선 아이들이 집에서 만든 조잡한 것 말고 바람처럼 빨리 달릴 수 있는 좋은 썰매를 원했다.

어머니는 아버지가 살아계셨을 때도 곧게 자란 크리스마스 트리로 쓸 소나무를 구하기가 힘들었다고 우리들에게 말했다. 그러나 문지기 박 서방이 우리들을 데리고 좋은 나무를 구하러 멀리까지 가보겠다고 하여 우리는 흥분했다. 우리 집에는 벽난로가 없었기 때문에 선물이 담길 양말을 걸 곳이 없었다. 대신 장식된 나무에 걸었다. 꼬마 에디스는 좋아서 어쩔 줄 몰랐다. 에디스는 어머니에게 아름답고 소중한 보물이었다. 어느 정도로 어머니의 위안이었는지는 어머니의 일기가 증명한다.

에디스는 병자들, 특히 병난 아이들에게 얼마나 관심을 갖는지 모른다. 낮잠을 잔 뒤에 에디스는 시료소를 자주 찾아왔다. 밤에는 "하나님, 모든 조선 아이들에게 축복을 주세요. 머리에 뭐가 났고, 눈이 아픈, 병원에 있는 아이들에게 축복을 주세요"라고 간구했다. 이를 뽑는다든지 종기가 나서 절개를 해야 할 경우에도 서우드는 잽싸게 도망가 버리지만, 에디스는 다 끝날 때까지 가만히 그 자리에 남아 있다. 어느 날 오후 에디스가 병원에 찾아왔다. 그때 한창 수술 중이어서 아이가 왔는지도 몰랐다. 수술 도중에 피가 튀어서 내 얼굴에 묻었다. 이때 에디스는 의자를 놓고는 그 위에 올라서서 엄마의 얼굴을 닦아주는 것이 아닌가! 나는 이 아이가 자라서 후에 의사가 될 것으로 믿는다.

그해는 겨울이 빨리 왔다. 조선 사람들은 예년보다 이르게 겨울옷을 입었다. 이 동복들 중 어떤 것은 솜을 많이 넣고 누볐기 때문에 풍선같이 부풀어 조선 사람들의 몸을 두 배는 되어 보이게 했다. 나의 어린 눈에 그들은 북극곰 같아 보였다.

에디스와 나는 간혹 다른 선교사들의 아이들과 어울려 놀았으나 대부분은 둘이서 놀았다. 에디스의 생일날 그레첸 존스로부터 큰 인형을 선물로 받았다. 인형은 갈색 눈에 연한 황갈색 머리였다. 우리는 이 인형을 가지고 함께 놀았다.

이렇게 재미있게 노는 사이에 겨울이 지나갔다. 그리고 봄이 되면 앵두, 복숭아, 살구나무 꽃이 만발하여 장관을 이룬다. 산야는 더할 나위 없이 아름다운 진달래꽃으로 덮인다. 이때는 내지로 가기에 아주 좋은 시기다. 다행히도 어머니는 오랫동안 갈망해온 평양으로 임명되었다.

1898년 평양 임명을 받을 때의 닥터 로제타 홀과 셔우드, 에디스.
닥터 로제타 홀은 두 아이를 데리고 남편이 묻힌 조선으로 돌아와 43년간 의료봉사를 했다.

우리는 1898년 4월 29일, 서울을 떠나 제물포에서 배로 갈아타고 항해하여 5월 1일 평양에 도착했다. 이 날은 전에 갓난아이였던 내가 평양에 도착했던 그날로부터 꼭 4년이 되는 날이었다.

우리는 집이 준비될 때까지 노블 가족과 함께 기거하기로 되어 있었다. 도착한 다음날 우리는 살 집을 보았다. 조금만 손질하면 될 정도였다. 에디스는 마당에서 흰 민들레꽃을 한 줌 따들고 섬광같이 빨리 집안을 뛰어다녔다. 우리들은 말할 수 없이 행복했다.

그러나 우리들의 행복은 잠깐이었다. 세 사람이 모두 이질에 걸렸다. 에디스가 가장 심했다. 병이 난 3주일 동안 에디스는 구토와 통증이 너무 심해 아편까지 썼지만 고통은 가라앉지 않았다. 에디스가 우리를 떠난 후 쓴 어머니의 일기는 지금도 나를 울린다.

5월 23일, 새벽 3시 30분에 다시 고통스러워했다. 병이 난 후 처음으로 에디스는 안아달라고 했다. 심히 고통스러워하는 이 작은 얼굴…. 아침 10시 경에 나는 흰 민들레꽃을 에디스의 손에 쥐어 주었다. 에디스는 좋아서 오랫동안 쥐고 있었다. 그래서 나는 웹 할머니(그레이엄 리 목사의 모친)에게 아이의 간호를 부탁하고 잠깐 눈을 붙이려고 나갔다. 의사 웰즈와 포웰이 교대로 아이를 돌봐주었다.

오후 3시. 아이의 손발이 차다. 얼굴과 몸은 뜨거워 섭씨 39.5도….

6시 45분. 아이는 쉬지 않고 숨을 몰아쉬고 메스꺼워했다.

7시 15분. 열은 섭씨 40.5도.

7시 30분. 피하주사.

8시. 오빠의 작은 숟갈로 아이스크림을 조금 주었더니 받아먹었다.

8시 25분. 열은 섭씨 41도. 숨이 가쁘다. 나는 에디스를 팔에 안고 전에 낮잠을 재울 때 하던 것처럼 흔들어줬다. 아이는 훨씬 조용히 숨을 쉰다. 만족한 것 같아 보인다. 아이의 얼굴은 평화스러워졌고 호흡의 간격도 길어졌다. 크게 뜬 눈으로 엄마를 바라보면서 이 작은 영혼은 이렇게 떠나갔다.

오후 8시 40분. 에디스는 이 세상에 태어나게 해주신 하나님의 품으로 돌아갔다.

1898년 5월 23일. 월요일…. 또 하나의 엄청난 슬픔이 우리에게 닥친 것이다. 우리의 첫 슬픔, 닥터 홀이 우리 곁을 떠날 때 하나님이 주신 보석 같이 귀하고 우리의 위안이었던 에디스가 평양의 새 집에 정착하기도 전에 우리 품을 떠난 것이다. 하나님께서 에디스를 데려갔다고 하자 셔우드는 첫 마디에 "아빠가 에디스를 너무 원했기 때문에 하나님이 데려가셨을 거예요"라고 했다.

에디스에게 마지막 단장으로 고운 흰옷을 입힌 뒤 나는 셔우드를 데리고 갔다. 셔우드는 이미 영혼이 떠난 육신뿐이라는 것을 아는 듯했다. 셔우드는 클로버 꽃을 꺾어 에디스의 손에 놓아주었다. 셔우드는 수줍어하는 듯하면서 이마에 키스를 했다. 장례식 뒤에도 흰색의 관에 누운 에디스와 마지막 작별을 하면서 이마에 키스를 했다. 셔우드는 그 당시 아무 말도 하지 않았으나 그 후 어떤 차가운 것을 대하면 "야, 이건 상당히 찬데. 꼭 에디스의 이마같이 차구나"라고 여러 번 말하곤 했다.

이러한 에디스에 대한 마지막 기억은 여러 해 동안 내게서 떠나지 않았다. 아마도 어머니가 짐작했던 것보다 훨씬 큰 충격이었던가 보다. 오랫동안 잠잘 때 가위에 눌려 고생했고 한밤중에 자주 깨어 혼자서 흐느껴 울었다. 어머니는 에디스에 대한 마지막 심정을 그대로 기록했다.

나는 사랑하는 딸이 아빠의 산소에 묻히기를 원했다. 그레이엄 리는 고맙게도 공기가 통하지 않게 주석으로 봉한 관을 준비한 다음 살아서 보지 못했던 딸을 아빠 옆에 묻기 위해 김창식과 함께 서울로 운반해갔다. 에디스가 가는 여로는 아빠가 생전에 자주 왕래하던 길이다. 5월 26일 평양을 떠나서 6월 1일 서울에 도착할 예정이다.

서울의 아펜젤러 목사에게서 에디스의 장례식에 대한 내용이 담긴 편지가 어머니에게 도착했다.

어제 정오, 김 형제(김창식)가 우리 집 문 앞에 도착했습니다. 당신이 이곳 아빠 산소에 에디스를 함께 묻길 원한다는 것을 알고 김씨가 도착하기를 기다렸습니다. 피어스 양은 한 다발의 모란을 샀고 아내는 흰색 장미 화환을 만들었으며 앨리스는 흰 장미로 십자가를 만들었습니다. 이 꽃들을 관 위에 놓고 나는 성경을 읽었습니다. '나는 부활이요 생명이니….' 그리고 우리들은 조선말로 노래를 불렀습니다. "주님의 품안에 잠들라, 축복의 잠을 들라." 그런 다음 꽃들을 치우고 여러 형제들과 나는 관을 내렸습니다. 이어서 매장 예식을 거행한 뒤에 모두 주기도문을 외웠습니다. 김 형제에게 기도를 인도하게 했습니다. 모든 의식은 훌륭하게, 그리고 감명 깊게 진행되었습니다. 당신이 원한 그러한 예식인 줄로 알고 있습니다. 묘소를 봉한 다음 그 위에 꽃을 놓았습니다. 당신의 사랑하는 딸 에디스. 그녀는 지금 자기 아빠의 품에 안겨 잠들고 있습니다. 그들은 예수님의 재림 때에 다시 일어날 것입니다. 당신 가족의 절반은 이미 하늘나라에 있습니다.

에디스가 생애 마지막 시간을 보낸 그레이엄 리 목사의 손님 숙소

에디스를 넣은 관

6. 마음의 상처를 수습하고

 시간은 참으로 빠르게 지나갔다. 1899년 5월, 에디스가 우리를 떠난 지 벌써 일 년이 되었다. 어머니는 병원 일로 바쁘게 지내느라 슬픔에서 벗어나고 있었다.

 우리 가족을 위해 단장된 평양의 집은 여성치료소와 한 지붕 밑에 있었다. 여성치료소는 1898년 6월 18일 문을 열었다. 문을 열기 전에 어머니는 평양 감사로부터 자기 아내가 병이 났으니 왕진을 와 달라는 청을 받았다. 몇 번의 왕진 치료로 환자는 고통에서 벗어났다. 조 감사는 기뻐하면서 어머니에게 달걀 100개와 닭 3마리를 보내왔다. 얼마 후 치료소를 열게 된 어머니는 감사에게 이름을 지어달라고 부탁했다. 그는 광혜여원(廣惠女院, Women's Dispensary of Extended Grace)이라 지어주면서 자기 아내가 이 치료소의 착한 사람들에 의해 병이 나은 것처럼 앞으로 많은 사람들이 이런 혜택을 받게 될 것이라는 뜻에서 이 이름을 지었다고 말했다.

어머니는 그때의 일을 두고 "우리는 1894년 감사가 우리들을 처형하려던 것과는 아주 달리 우호적인 관계를 맺게 되었고, 이런 분위기에서 우리 일을 시작하게 되었다"고 기록하고 있다.

평양에서 어머니는 일상의 의료사업 외에도 마음에 깊이 품고 있었던 여러 계획을 실현하기 시작했다. 그 당시 여성 선교회에서는 여성 병원을 설립하기 위한 기금을 모으는 중이었다. 어머니는 이 새 병원의 부속으로 '에디스 마거리트 어린이 병동'을 짓기 원했다. 친척들과 친구들이 보내준 돈을, 얼마 되지 않는 에디스의 저금과 합쳤다. 이렇게 시작한 것이 1899년에는 어린이 병동을 지을 수 있는 넉넉한 자금으로 불어났다. 어머니는 자신의 꿈을 실현하도록 후원을 해준 사람들에게 보고서를 보냈다.

> 작년 8월, 우리는 건축을 시작했습니다. 평양의 모든 건물들은, 선교사들의 집들까지도 조선식입니다. 단층집으로 흙벽에 기와지붕을 올리는 것이지요. 그런데 어린이 병동은 평양에서는 처음으로 지어진 이층집입니다. 나무판자로 누비듯이 벽을 만들고 양철 지붕과 벽돌로 굴뚝을 세운 것으로도 역시 첫 번째가 됩니다. 조선에는 제재소가 없어 모든 재목은 손으로 켜야 한답니다. 이런 건물은 이곳의 일류 목수들까지도 처음 보는 것임을 아신다면 이 어린이 병동을 짓는 데 얼마나 힘이 들었는지 짐작하실 수 있을 것입니다. 그러나 병실 하나와 부엌, 조수실 하나가 완성되었으니 이 겨울을 지나기에는 충분합니다. 내년 봄까지는 방 안의 페인트칠과 도배작업이 다 끝날 수 있기를 바라고 있습니다.

1898년에 문을 연 광혜여원

에디스 마거리트 기념 병동(1900년)

　에디스 마거리트 기념 병동에 등장한 또 하나의 명물은 시멘트로 만든 커다란 물탱크 저수장이었다. 이것은 평양에서 처음 보는 깨끗한 물의 공급원이었다. 오염된 물은 이질의 가장 큰 원인이었다. 이질은 에디스의 목숨을 앗아갔다. 그래서 어머니는 특히 식수에 신경을 썼다. 적극적으로 대동강 외의 좋은 수원지를 개발하려 했다.

　그러나 처음 어머니가 관청에 물탱크 건축 허가를 냈을 때 그들은 다 반대했다. 주민들은 평양을 배라고 믿고 있었으므로 담당 관리는 저수탱크를 만들기 위해 땅을 뚫으면 배가 가라앉을 것이라고 했다. 어머니는 '구멍'은 벽돌과 시멘트로 막을 것이므로 평양은 가라앉지 않는다고 설득했다. 결국 관리들은 '구멍'을 봉한다는 조건으로 어머니의 계획을 허가해주었다.

양철 지붕으로부터 물탱크로 물이 흐를 수 있게 미국에서 수입한 특수 금속파이프가 설치되었다. 내가 맡은 일은 비가 쏟아질 때마다 파이프의 특수 레버를 움직여 먼지를 머금은 물을 깨끗이 한 다음, 흐르는 빗물을 물탱크에 보내는 일이었다. 물탱크가 어찌나 큰지 내가 뗏목을 만들어 거기에 띄워도 될 정도였다. 탱크 위에는 뚜껑을 만들어 덮었다.

에디스 마거리트 기념관이 거의 완성되어갈 즈음 어머니는 에디스가 태어난 5주년 기념일을 맞아 조선 아이들을 초청하여 파티를 열었다. 어머니는 초대한 아이들과 어머니들에게 이 기념 파티를 열게 된 이유를 설명했다. 에디스의 외할머니는 손자들의 생일마다 은전 1불씩을 보내주는데 에디스에게 보내온 마지막 은전을 가지고 이 파티를

에디스 마거리트와 외할머니인 피비 길더슬리브 셔우드, 1896년 5월.

열게 된 것이라고….

그 이듬해인 1901년, 어머니의 일기에는 슬픈 사연이 기록되어 있다.

> 사랑하는 할머니, 우리는 이제 이 세상에서 할머니를 뵐 수가 없게 되었구나. 5월 5일, 우리가 중국에서 휴가 중일 때 셔우드는 할머니께 보낼 편지를 쓰고 있었다. 그 시간에 할머니는 하나님께로 가셨다. 이 엄청난 슬픔…. 그 슬픈 소식을 들은 날 밤 셔우드는 나를 위로하기 위해 온갖 노력을 다했다. 그는 이것이 우리들에게 어떤 의미가 있음을 아는 것 같았다.

그 당시 나는 할머니가 돌아가셨다는 소식을 듣고 어머니가 슬퍼하실 때 위로한 기억은 있지만 실제로 어머니가 내면의 깊은 슬픔과 싸우는 것을 이해할 수 있었던 것은 여러 해가 지나서였다. 나는 어머니가 에디스와 이야기를 주고받듯 계속 써온 일기 중에서 에디스가 죽은 지 2년째 되는 1900년 5월 23일에 쓴 내용을 잊을 수가 없다.

> 지금 엄마와 셔우드는 중국 상하이에 있다. 우리의 사랑하는 에디스가 떠난 지 2년이란 시간이 흘렀다. 노블의 아이 루스, 존스의 아이 그레첸, 아펜젤러의 아이 메리를 볼 때마다 "에디스가 살아 있다면…" 하고 그 모습을 상상하게 된다. 엄마가 이렇게 감상적인 것은 아마도 마음이 약해졌기 때문인지도 모르겠다. 에디스를 잃은 슬픔이 날이 갈수록 더 견디기 힘들어지는구나….
> 이 일기를 쓴 지 얼마 안 되어 엄마는 상하이에 거주하는 피치 부인과 좋은 이야기를 나누었다. 그녀는 하나님의 계획에 완전히 일치되어 있는 것 같다.

엄마도 그렇게 될 수 있었으면 하는 마음이다. 그동안 엄마도 하나님의 뜻에 부합하려고 수없이 노력했다. 어떤 때는 아빠의 도움까지 청했지만 성공하지 못했다. 결국 나는 그렇게 될 수 없다고 체념하기에 이른 것이다.

우리 인간들의 성품은 다들 동일하지 않기 때문에 똑같은 경험을 기대할 수는 없다. 하지만 엄마는 더 훌륭한 영적인 경험을 갈망하고 있다. 나는 나의 이삭을 제단에 바쳤으며 하나님께 최대의 봉사를 할 수 있게 해달라고 나를 맡겼다. 그러나 하나님께서는 내게서 가장 소중한 보물을 빼앗아 가신 것 같다.

나는 하나님께서 내게 주시는 이 시련의 뜻을 알고자 노력했다. 한 번도 이에 반항하려 하지 않았다. 그러나 시간이 지남에 따라 처음에는 식별할 수 있었던 하나님의 교훈이 점점 희미해져 지금은 아무것도 볼 수 없다. 요즘은 때때로 하나님을 원망하는 마음이 일어나기도 하고 전보다 더 내 인생의 아픔이 깊게 느껴진다. 무엇인가가 잘못되어 가고 있음이 틀림없다.

피치 부인은 엄마가 느끼는 이러한 아픔은 당연한 감정이라고 했다. 또한 누구도 엄마와 셔우드에게서 아빠와 에디스가 떠나간 일이 잘된 일이라고 말할 수 없다고도 했다. 그러나 우리에게 일어난 모든 일을 예수님의 뜻으로 돌리고 예수님만을 전적으로 믿고 의지해야 한다고 했다. 엄마도 그렇게 하려고 노력했다. 그러나 엄마가 그렇게 노력한 것은 다른 어떤 방도가 없었기 때문이지, 내게 주어진 이 아픔이 하나님의 웅대한 계획 중의 하나라고 인식했기에 감사하게 생각한 것은 아니었다. 내 마음 깊은 곳에는 아직도 이런 시련을 주시지 않았다면 하나님을 더욱 더 잘 믿고 의지했을 것이라는 생각이 없지 않다.

이러한 내 심정은 기독교 선교사의 입장으로서는 도저히 용납될 수 없는, 가장 두려운 시련이다. 엄마는 내 마음이 왜 이렇게 비뚤어졌는지를 알려고 노력하고 있다. 자신을 스스로 진단하는 일은 쉽지 않다. 하지만 문제의 하나는 이러한 손실이 하나님께서 주신 은혜 가운데 하나라고 믿지 않으려 하는데 있는 것 같다. 엄마는 스스로 상처를 치유하려고 노력하지 않았다. 그것은 사랑하는 사람을 잊어야 하는 아픔이기 때문이다. 세월이 지난 훗날에는 자신의 어리석고 짧은 안목을 인정하면서 상처를 감싸 안기만 하고 치유를 거절한 것이었다고 회상하게 되겠지.

그러나 지금까지 엄마는 이 점을 깨닫지 못하고 있다. 지금까지의 내 심정은 차마 글로 쓰기조차 두렵다. 엄마의 심정이 이처럼 잘못된 것이었지만 하나님께서 치유해주신다면 엄마는 이것을 하나님의 축복이라고 생각할 것이다. 내 의지로 자신을 다스려야 하는데, 내 감정을 어떻게 표현해야 할지 모르겠구나. 내 심정을 그대로 표현한다면 그것은 하나님을 모독하는 것이 될 것이다.

참으로 묘한 감정의 변화를 느낀다. 엄마는 생각할수록 나의 어리석음을 인식하게 된다. 사랑하는 사람들은 이미 저 세상으로 갔다. 당분간 이 세상에서는 만나지 못한다. 아빠는 엄마를 지극히 사랑했으므로 엄마의 영혼이 잘 되기를 원하실 것이다. 이 불쌍한 바보, 엄마는 이제야 자신이 무분별한 상태에 빠져 있었던 사실을 깨닫는다. 하나님께서는 계속 엄마를 자비롭게 대해주실 것이다. 성령은 부족한 엄마의 믿음에 신앙심이 충만하도록 인도해주시리라.

어머니는 아픔을 딛고 일어서서 '더 많은 일에 열중할 것'을 하나님께 약속했다. 어머니가 성취한 여러 일로 보아서 하나님께서 어머니의 기도에 응답하시어 이끌어주셨던 것을 알 수 있다. 어머니는 휴가를 마치고 돌아오자 곧 맹인들을 위해 일하기 시작했다. 새로 지은 어린이 병동은 눈먼 소녀들을 위한 교육장으로도 이용되었다.

교재는 어머니가 '뉴욕 점자'를 조선말에 맞게 고친 것이었다. 조선에 돌아온 그해 겨울 어머니는 여가를 이용해 조선어 교재를 점자법으로 복사했다. 교재는 조선말의 알파벳과 조지 히버 존스 여사가 지은 '조선어 기도서', 그리고 십계명이었다. 어머니는 빳빳한 조선 기름종이에 카드보드와 비슷하게 바늘로 찍어 점자를 만들었다.

평양으로 이주한 뒤 어머니는 다시 맹인인 오씨의 딸 봉래를 데리고 교육을 시작했다. 처음 이 점자 교육은 진도가 느리고 지루했다. 그러나 봉래가 점자로 조선 알파벳을 해득한 뒤에는 순풍에 돛단배같이 진도가 빨랐다. 일 년 만에 봉래는 어머니가 준비한 모든 교재들을 읽을 수 있었다. 그녀는 점자로 글을 쓸 수 있게 되었고 말하는 것을 받아 자신이 점자 교습을 하기까지 이르렀다. 어머니는 봉래에게 뜨개질까지도 가르쳤다.

봉래가 글도 배우고 행복해진 것을 본 병원 환자들은 어머니에게 자기들이 알고 있는 다른 맹인 소녀들도 받아달라고 청했다. 이렇게 하여 조선에서는 첫 번째 맹인학교가 생기게 되었다. 평양여학교가 설립된 후에는 맹인반이 추가되었다. 어머니는 맹인 소녀들도 정상적인 소녀들과 함께 배워야 하며 여러 운동이나 놀이에도 똑같이 참여시켜야 한다고 생각했다. 초보 학생들을 위한 특수 교사를 양성하여 일반 교사들과 같은 교사진에 넣는 일도 필요했다. 결국 봉래는 특수 교사가 되어 장님들을 가르쳤다. 맹인학교는 계속 커져서 청각장애인까지도 수용하게 되었다.

맹인학교에서 뜨개질을 가르치는 모습, 평양.

오봉래. 그녀는 점자책을 통해 교육을 받은 최초의 조선인 맹인이다.

지방여행을 떠나는 닥터 로제타 홀과 셔우드

어머니와 함께 두 번째 지방여행 중인
여섯 살의 셔우드(1899년)

내가 여섯 번째 생일을 맞은 다음 주, 어머니는 스물아홉 개의 교회로부터 초청을 받아 지방여행을 떠나기로 했다. 아버지가 평양에서 교회를 시작한 후 이만큼의 교회가 불어난 것이다. 어머니의 유능한 진료소 조수 노수잔(Susan No)이 동행하게 되었다.

우리는 마부들과 등에 짐을 실은 세 마리의 조랑말과 함께 길을 떠났다. 말등의 양쪽에는 의약품과 짐을 넣은 상자들을 걸쳐놓고 그 위에 내가 앉을 수 있게 짚을 펼쳐놓았다. 등을 받치거나 어느 한쪽으로 쓰러질 때면 잡을 수 있는 작은 난간 같은 것도 고정시켜놓았다. 모든 물건들은 끈으로 잘 조였다. 우리가 다리를 좀 뻗고 싶거나 말을 가볍게 해주고 싶을 때는 도로변으로 말을 몰고 간 뒤 그 위에서 쉽게 뛰어내리면 되었다. 나는 그럴 때가 무척 재미있었다.

조랑말들은 목에 방울이 달려 있어 움직일 때마다 종소리를 냈다. 마을을 통과할 때면 이 소리를 듣고 동네 사람들이 뛰어나왔다. 그들은 대부분 우리를 반갑게 맞았으며 치료와 약품을 받느라 소란을 피웠다. 우리는 마을 여인숙에서 잤다. 그럴 때면 살충제 가루를 뿌려 여인숙에 들끓고 있는 빈대와 이를 물리치곤 했다.

성벽으로 둘러싸인 안주(安州)를 통과한 뒤 운산으로 가기 위해 밑바닥이 납작한 나룻배에 말까지 싣고 청천강을 건넜다. 운산에는 '동양연합광산회사'가 있었는데 우리에게는 '미국금광'이라는 이름으로 더 알려져 있었다.

11월 18일 밤 우리는 운산에 도착했다. 이곳은 오씨와 그의 아내인 수잔의 고향이기도 하다. 벙커 목사는 이곳 광산 부락에서 복음을 전파하도록 이 두 사람을 전도사로 임명했다. 이곳은 여성들을 격리시키는 풍습이 평양보다 더 엄격했다. 이 때문에 수잔은 여성들에게 전도하는 일을 상당히 어려워했다. 나는 수잔의 딸 루시와 함께 재미있게 놀았다. 루시는 나보다 나이가 더 많았지만 키는 작았다. 루시는 미션 스쿨에 다녔는데 여자들에게 읽기를 가르칠 수 있었으므로 그의 부모에게는 큰 도움이 되었다.

나는 그 전 해 여름, 평양에서 벙커 부부를 만나본 후 항상 '미국금광'을 구경하고 싶었다. 벙커 목사 부부는 그 당시 운산 지역의 선교사로 일하고 있었다. 운산에서 10킬로미터쯤 떨어져 있는 광산 현장을 향하는 길은 걷기에 무척 상쾌한 산책로였다. 현장에 도착하기 전 마지막 고개에 올라서니 아래 펼쳐진 광경이 마치 미국의 일부분 같았다. 목조집들, 이삼 층짜리 건물에 끝을 서로 포개놓은 미국식 지붕들, 유리창들, 벽돌로 만든 굴뚝들이 보였다. 정오를 알리는 경적, 기계들이 돌아가는 소리들, 마차와 수레들이 이곳저곳에 움직이고 있었다.

이 광산에서 일하는 대부분의 미국인들은 가족들과 떨어져 조선에 나와 있었기 때문에 본국 사람들인 우리의 방문은 마치 가족을 만난

운산에서 10킬로미터 정도 떨어진 미국금광

것과 다름없는 기쁨이었다. 나의 주머니는 그들이 넣어준 과자 선물로 불룩했다.

우리가 돌아갈 때 광산의 테일러 소장은 무장한 호위병을 한 사람 동행시키겠다고 고집했다. 이 길에서 도둑과 호랑이가 출몰한다는 소문이 있다는 것이다. 어머니는 거절했으나 나는 호위병과 함께 가다가 길에서 호랑이를 잡았으면 좋겠다고 생각했다. 그러나 평양으로 돌아올 때까지 호랑이나 도둑은 만나지 못했다. 우리의 가장 가까운 이웃은 노블 가족이었다. 이분은 어머니와 아버지가 조선에 왔던 초기부터 가까이 지낸 친구였다. 이들의 우정은 행복할 때는 즐거움을 더해주고 슬픈 일이 닥쳤을 때는 고통을 덜어주었다. 나는 자주 노블 댁의 루스와 그녀의 남동생들과 함께 놀았다.

우리들이 재미있게 놀고 있으면 노블의 젊은 조선인 비서가 합세하곤 했다. 그는 틈만 나면 우리와 함께 지내면서 영어회화를 배우려고 했다. 노블 댁에서 일하고 있던 그의 아내도 남편과 같은 생각이었다. 이들은 우리와 놀면서 영어를 배우는 대신 여러 재미있는 조선 놀이를 가르쳐주었다. 남자 아이들에게는 '연싸움'을 가르쳐주었다. 이 놀이는 상대편의 연을 떨어뜨리고 자기의 연을 높이 날려야 이기는 것이었다. 깨진 유리 조각들을 잘게 부셔서 그것을 풀에다 섞어 연에 가까운 부분의 실에다 묻힌다. 이 부분으로 먼저 상대방의 연줄을 끊어야 한다. 이 놀이는 상당한 기술과 인내심, 그리고 능력 있는 선생이 필요하다. 여자 아이들은 서서 하는 시소 놀이인 널뛰기를 배웠다. 시소 판에 올라서서 얼마나 높이 뛰어오르는가를 경쟁하는 것이다.

겨울철에는 조선 아이들이 우리와 함께 놀면서 긴 파이프를 물고 있는 조선 눈사람 만드는 것을 가르쳐주기도 했다. 조선 아이들은 겨울이면 손으로 깎아서 만든 나무 팽이를 얼음판 위에서 회초리로 치면서 뱅뱅 돌리는 놀이를 즐겼다.

우리는 이런 놀이를 가르쳐주는 조선 아이들을 좋아하게 되었다. 가끔 '미국금광'으로 가는 짐을 실은 조랑말들로 구성된 캐러밴이 지날 때면 우리들의 놀이는 중단되었다. 이 캐러밴 중의 말 한 마리는 항상 호위병들의 삼엄한 경호 아래 수상한 나무 상자를 싣고 있었다. 이 상자들은 언제나 선교사의 집으로 옮겨졌다.

우리들은 나중에야 알았는데 그 상자 속에는 광산의 조선인 일꾼들에게 지불할 조선 은화가 들어 있었다. 조선 일꾼들은 지폐보다 은화를 원했다. 그 당시 평양에는 은행이 없었기에 선교사의 집에 보관하는 것이 가장 안전하다고 생각했던 것이다. 다른 짐이나 연장들은 근처에 있는 여인숙에 풀었다.

처음에는 아무 말썽 없이 잘 진행되었는데 어느 날 캐러밴을 인솔했던 미국인 간부가 짐을 다시 조랑말에 실으려 했을 때 문제의 상자가 가벼워져 있었다. 그래서 상자를 열고 세어본 결과 예상대로 얼마의 은화가 없어졌음이 확인되었다. 이 상자들은 계속 경호를 받았고 선교사의 집에서도 문단속을 잘했는데 사고가 생긴 것이다. 도둑을 찾아낼 수 없자 누군가가 광산의 창고에서 곰을 잡는 덫을 가져와 도둑을 잡자고 했다.

다음번에 캐러밴이 이곳에 다시 올 때 그 계획이 세워졌다. 몇몇 사람은 이 계획을 강력히 반대했다. 특히 노블이 그러했다. 그러나 그의 의견은 묵살되고 말았다. 나무 상자 뚜껑에 손이 들어갈 만한 구멍을 만들었다. 그리고 은화 위에 덫을 놓은 후 뚜껑을 닫았다. 벽장 속은 깜깜했으므로 도둑은 덫을 볼 수가 없었다. 상자 속은 손을 넣기만 하면 덫에 물리게 되어 있었다. 도둑이 잡힌다면 그는 반드시 흉악범일 거라고 예측하고 있었다.

그러나 모두들 깜짝 놀랄 일이 벌어졌다. 특히 노블은 경악을 금하지 못했다. 덫에 잡힌 도둑은 노블이 아끼는 조선인 비서였다. 그는 덫에 물린 채로 상자를 끌고 달아났지만 피를 많이 흘린 나머지 얼마 못 가서 기절하고 말았다. 무장 감시인들이 그를 발견하고 잡아왔다.

감시인들이 상자를 열고 덫을 풀었을 때 그의 손은 이미 반쯤 잘려 있었다. 출혈이 심해 근처의 어머니가 있는 병원으로 옮겨졌다. 어머니는 출혈을 막고 상처를 치료했다. 그러나 환자는 상처의 아픔보다는 부모와 선교사들에게 불명예를 준 사실을 더 가슴 아파했다. 그는 용서를 빌었다. 나도 그를 용서해달라고 애원했다. 나는 그를 무척이나 좋아했었다.

금광 직원은 그를 관아에 넘기지 않기로 동의했다. 선교사가 책임지고 그를 맡기로 했다. 그 당시 조선에서는 하와이의 설탕 농장과 파인애플 농장으로 갈 노무자들을 모집하고 있었다. 그가 충분히 회개한 것으로 보고 그들 부부를 하와이에 보내는 것이 가장 좋은 방법이라고 결정했다. 이 계획은 곧 실행되었다.

봄철이 되자 조선의 전통적인 돌 던지기 시합이 열렸다. 두 편이 알맞은 돌멩이를 골라서 가장 멀리 던지기를 겨루는 것이다. 소녀들은 자신들이 좋아하는 팀을 위해 돌멩이를 윤기 나게 갈고 닦는다. 이 경기가 열릴 때는 마치 서양에서 권투 시합에 군중이 몰리는 것처럼 많은 사람들이 모인다. 경기 장소는 성 밖이었으므로 우리는 성 위의 편편한 곳에 올라가서 편안히 볼 수 있었다. 하지만 나는 관중 틈에 끼어 이 스릴 있는 경기를 구경하고 싶었다. 가끔 선수들이 던진 돌멩이가 관중들 위에 떨어져서 위험한 경우가 있었으므로 어머니는 구경을 못 하게 했다. 관중들의 흥분이 절정에 달하자 돌을 던질 때마다 열광적인 고함 소리가 진동했다. 나도 그 열광에 휩쓸려 광적인 군중들 속으로 뛰어들었다. 어느 편이 이기고 지는지 보고 싶었던 것이다. 이 일로 어머니는 내게 벌을 주었다. 그러나 나는 어머니를 원망하지 않았다. 어머니의 말을 듣지 않은 잘못을 알고 있었기 때문이다.

우리가 어른들로부터 야단을 맞았던 또 하나의 놀이는 조선 부인들이 쓰고 다니는 커다란 모자(쓰개의 일종) 속에 들어가 숨바꼭질하는 것이었다. 이 모자는 어찌나 컸던지 부인들이 예배당에 오면 들고 들어갈 수가 없어 밖에 놓아두었다. 조선의 남쪽 지방에서는 부인들이 길에 나설 때는 천으로 만든 쓰개를 써서 얼굴을 가리는데, 북쪽 지방에서는 바구니 같은 것을 쓴다. 이것은 머리와 얼굴을 다 덮을 정도로 커서 쓰고 다니자면 두 손으로 받쳐 들어야 했다. 길에서 남자가 눈앞에 나타나면 뒤로 젖혔던 바구니 모자를 두 손으로 앞으로 밀어내려 얼굴을 가린다. 숨바꼭질하기에 이 모자같이 좋은 게 또 있을까! 여자들이 예배를 보고 있는 동안 우리들은 바깥에 늘어서 있는 모자 속에 들어가 숨으면 술래는 누가 어느 모자에 숨었는지를 알아맞히는 것이었다.

바구니 모자를 쓰고 있는 평양 여인

그러나 인생이란 언제나 재미있는 놀이만 계속하도록 허락된 것은 아니다. 나에 대한 교육문제가 어른들의 숙제로 제기되었다. 중국의 내륙 지방에는 선교사들에 의해 운영되는 영국식 학교가 있었다. 그러나 그곳은 황해를 건너 5백 킬로미터나 떨어져 있었으므로 어머니는 겨우 여섯 살밖에 안 된 나를 그렇게 먼 곳으로 보내려 하지 않았다.

평양에 있는 스웰렌도 우리와 같은 문제에 부딪혔다. 스웰렌 목사는 아버지가 평양에서 선교를 성공시킨 지 얼마 안 되어 교회를 세울 부동산을 구입하러 평양에 왔던 장로교 선교사다. 스웰렌 부인은 자기 아이들에게 직접 학습 지도를 하고 있었다. 나는 그 아이들과 함께 공부를 했다. 그러나 어머니나 스웰렌 부인은 이런 교육 방법이 언제까지 계속될 수 없음을 알고 있었다. 아이들을 중국에 보내지 않고도 적절하게 교육시킬 수 있으려면 교사를 구하는 일이 급선무라고 생각했다.

어머니와 스웰렌 부인은 선교사 자녀들을 위한 학교를 세우기로 결정했다. 그 무렵 평양에 있었던 장로교 선교사 윌리엄 베어드(William M. Baird Sr.) 박사 부부도 합세했다. 베어드 가족은 곧 미국으로 안식년 휴가를 떠날 예정이었다. 그들은 돌아올 때 미국에서 선생을 구해오는 임무를 맡았다. 이렇게 하여 '평양외국인학교'가 설립되었다. 그 후 이 학교에는 조선 전국에서만이 아니라 중국, 일본, 다른 아시아 지역의 선교사 자녀들까지도 유학을 왔다. 올리베트 스웰렌(Olivette Swallen), 거트루드 스웰렌(Gertrude Swallen), 존 베어드(John Baird), 그리고 나. 1900년 6월에 문을 연 이 학교의 첫 입학생은 우리 4명이었다. 이어서 다른 학생들도 이 학교에 들어왔다.

미국에서 온 자격 있는 선생들은 거의가 독신여성들이었다. 그들은 선교계의 사람들과 많이 결혼했다. 어머니는 학생들이 후에 미국으로

선교사들의 자녀들을 가르치기 위해 열린 평양외국인학교. 왼쪽에 말 뒤에 있는 루스 노블, 왼쪽에서 3번째 서 있는 이가 셔우드, 중앙에 앉은 이가 선생인 암스트롱 양.

가서 진학할 때 지장이 없게 하려면 뉴욕 교육심의회에서 제정한 교과과정을 그대로 적용시켜야 한다고 제안했다. 이 결과 '평양외국인학교'를 다녔던 학생들은 본국에 가서 중퇴자 없이 대부분 상급학교로 진학했다.

우리들의 첫 번째 선생은 루이스 오길비(Louise Ogilvy) 양이었다. 그녀는 조선에서 선교사 자녀들을 가르칠 교사가 필요하다는 말을 듣고 감동해서 그녀의 어머니에게 자신이 지원하겠다고 말했다. 그러나 그녀는 당시 겨우 열여덟 살이었기 때문에 베어드나 그녀의 어머니는 망설이고 있었다. 그러나 베어드 가족이 조선으로 귀임할 때까지 이 교사직을 맡겠다는 사람이 없었다. 선택의 여지가 없게 된 베어드는 이 일은 하나님께서 오길비에게 준 임무라고 인정했다. 그녀는 후에 평양의 감리교 선교사로 있었던 모리스(Charles D. Morris) 목사와 결혼했다. 모리스 목사와 오길비 선생이 밀회하는 장면을 교실 유리창을 통해 엿보다가 엉덩이를 맞았던 일도 있었다.

학교는 성 밖 장로교 선교회 구내에 있었다. 대부분의 학생들은 그곳에 살고 있었으나 감리교 선교사들은 성 안에서 살았으므로 우리는 약 1.6킬로미터의 거리를 걷거나 나귀를 타고 가야 했다. 나는 우리 집 송아지를 훈련시켰다. 그러나 송아지는 여행에는 관심이 없고 길가의 풀밭에만 정신을 팔았다. 결국 송아지 타는 일은 포기했다. 마침 뉴욕의 친척이 자전거를 하나 보내주어 나는 이것을 타고 다녔다. 평양에서는 자전거가 처음 보는 신기한 구경거리였다. 자전거를 보려는 행인들이 마치 닭처럼 갑자기 자전거 앞에 뛰어들거나 길을 건너가다가도 마음을 바꾸어 뒤로 물러서거나 했다. 나는 꾸물꾸물하는 사람들의 엉덩이를 자주 들이 받았다. 마음이 좋은 사람들도 있었지만 어떤 사람들은 이미 상처 난 내 머리통에다 군밤을 주곤 했다. 그럴 때면 걸어다니는 편이 오히려 덜 아픈 방법일 것이라는 생각도 들었다.

1900년, 에스더 박이 미국에서 의학 석사를 받아 귀국했다. 조선에 돌아온 그녀는 어머니의 의료사업에 큰 도움을 주었다. 어머니와 함께 일한 지 10개월 동안 그녀는 3천 명이 넘는 환자를 치료했다. 우리는 그녀를 무척 자랑스럽게 생각했다. 그녀는 조선에서 서양 의학을 공부한 첫 번째 여성이었다. 그녀의 남편인 박유산은 그녀가 학교를 다니는 동안 볼티모어의 식당에서 열심히 일해 아내를 도왔다. 그러다가 폐결핵에 걸렸다. 에스더의 따뜻한 간호에도 불구하고 그녀가 볼티모어 여자의과대학(현재의 존스 홉킨스 대학) 졸업반 때 박유산은 이국땅에서 병사했다.

나는 에스더를 무척 좋아했다. 그녀는 한 가족이나 다름없이 우리와 함께 살았다. 그녀는 감미롭고도 선율 있는 목소리를 갖고 있었다. 저녁에는 내게 소설이나 시를 낭송해주곤 했다.

에스더가 귀국한 그 해에 어머니는 며칠간 시골 여행을 떠났다. 그 무렵인 11월 23일에 기록한 일기를 보면 지방여행 중에 어머니가 한 일들을 알 수 있다.

> 시골 지방의 여성들은 우리의 도움이 필요하다. 나도 시골 여성들을 위해 지금보다 더 많은 일을 하고 싶다. 내 이야기를 들은 에스더는 그런 사업은 지체하지 말고 당장 시작하라고 격려해주었다. 나는 셔우드와 병원, 어린이 병동까지 그녀에게 맡기고 요리사와 수잔을 데리고 여행을 떠나기로 결정했다.

내가 출발하려던 화요일이 되기 전인 토요일에 셔우드는 열이 나기 시작했다. 다음날에는 열이 섭씨 40.3도까지나 올랐다. 월요일에야 열이 내렸다. 그래서 나는 출발 날짜를 하루 연기했다. 화요일에는 셔우드의 건강이 좋아졌다. 수요일 아침에는 학교에 갔다. 나는 서둘러 여행을 떠났다. 떠나기 전날 우리는 또 다른 불길한 소식을 들었지만 여행 계획을 강행했다.

우리가 들은 불길한 소식의 내용은 노블 목사가 해주에서 가져온 전보의 사본에 있었다. 이것은 언더우드 박사가 모펫 목사에게 라틴어로 보낸 것이다. 전보의 내용은 "모든 기독교인을 15일 이내에 다 죽이라는 비밀 지령이 각 관청에 내렸다"는 것이다. 우리는 그 전에도 북쪽 지방에 그런 벽보가 붙었다는 소문을 들었지만 그것이 사실인지 아닌지는 확인할 수 없었다. 노블 부인은 여행을 반대했다. 그녀의 반대가 너무나 강경해서 주위의 다른 사람들도 여정을 포기하는 게 좋겠다고 생각했을 정도였다.

나는 닥터 포웰, 리 목사, 모리스와 의논한 뒤 여행을 떠나기로 결정했다. 영사로부터 공식적인 시달도 없는데 소문만 가지고 조선 기독교 신자들을 전전긍긍하게 할 필요가 없다는 생각이었다. 미국 영사는 중국에서 반기독교 봉기에 대한 경험이 많았으므로 이 소문이 사실이라면 반드시 경고를 해주었을 것이다. 지금까지 우리는 아무 경고도 받지 않았다. 거기다 여행에 필요한 말도 준비했고 짐도 다 꾸렸으며 시간도 정했는데 특별한 이유도 없이 여행을 보류하면 조선인 신자들이 수상하게 여기지 않겠는가. 또 소문이 근거 없는 낭설이라면 내가 할 일만 지연될 뿐이다. 나는 이런 불길한 소문이 사실이 아니기를 간절히 바라면서 중국에서 선교사들이 치렀던 곤경이 또다시 조선에서 생기지 않기를 원했다. 그렇지만 만일을 대비해서 살상을 시작한다는 날짜 이전에 돌아올 수 있도록 여정을 이틀 정도 줄이기로 했다.

주일 오후, 우리는 첫 번째 일을 시작한 마을에서 그리 멀지 않은 두 마을을 방문했다. 마을마다 여자들이 한 방 가득 차게 왔다. 남자도 몇 사람 있었다. 한 마을에서는 사람들이 미친 여자를 고쳐달라고 간청했다. 이 불쌍한 여자는 34세의 미인 과부로 남편을 잃은 지 3년이 된 두 아이의 엄마였다. 사람들은 넉 달 전 평양을 다녀왔을 때부터 미쳤다고 주장했다. 그 후 석 달 반 동안 동네 사람들은 이 여자를 작은 방에 계속 가두었다. 단지 출입문 하나가 있을 뿐, 창이 하나도 없는 이 방은 도배도 하지 않은 흙벽 그대로였다. 가구라고는 아무것도 없는 방안에 동그라니 조롱박이 하나 있었는데 거기엔 돼지 먹이와 다름없는 음식물이 담겨 있었다. 이 방에서는 돼지우리보다 더 지독한 악취가 풍겼다.

이 여자가 처음 병이 들었을 때 사람들은 무당을 불러 20일간 계속 떠들썩하게 굿을 했다고 한다. 그들은 귀신을 쫓아낸다고 여자를 때리기도 하고 여러 군데를 심하게 불로 지져 온몸의 상처가 헐어 있었다. 이렇게 해도 미친 증세가 낫지 않자 더러운 골방에 가둬놓았던 것이다.

이 여자는 확실히 정신이 이상했지만 약과 음식, 그리고 적절한 치료를 하면 반드시 제정신으로 돌아올 것으로 보였다. 나는 이 여자를 치료해 그 결과를 보기로 했다. 나는 동네 사람들에게 "온전한 사람이라도 이런 형편없는 골방에 가두어두고 돼지같이 취급한다면 미치게 될 것"이라고 말했다. 어쩌자고 그들은 여자의 성기를 6일 밤 동안 매일 뜨거운 불로 지져댔으며 어쩌자고 머리꼭대기와 뒤통수까지 지졌단 말인가?

나는 적절한 시설과 장소, 그리고 보조 의원이 구비될 때까지는 이와 같은 정신병 환자들은 받지 않겠다고 결심하고 있었다. 그러나 지금은 에스더가 나를 도와주고 있고 또 에스더의 여동생까지 있으므로 병동의 한 장소를 개조할 수만 있다면 이 불쌍한 정신병 환자들을 치료하고 싶다. 돈을 구할 수 있다면 내 원래의 계획보다 두 개의 병동을 더 지어 하나는 전염병 환자를 위해 사용하고, 나머지 하나는 정신병 환자를 위해 쓰고 싶다.

11월 28일 수요일, 추수 감사절에 맞추어 집에 돌아왔다. 돌아오는 여행은 땅이 너무나 질어서 힘이 들었다. 땅이 언 다음에 여행했다면 훨씬 편했을 것을.

내가 없는 8일 동안 셔우드는 잘 지냈다. 이 용감한 꼬마 소년을 다시 볼 수 있어서 기쁘다. 에스더는 내가 없는 동안 치료소의 일을 전담했으며 어린이 병동의 두 환자들을 돌보았고 또 왕진까지도 맡아 하느라 정말로 바쁘고도 보람된 날을 지냈었다. 내가 없어도 병원의 모든 일이 이렇게 훌륭하게 처리된 것은 진정으로 내게 주어진 특별한 은혜다. 내가 보고서, 건축 계획, 또는 다른 사무일로 바빠져도 에스더가 병원 일을 계속 전담해줄 수 있다. 나는 맹인을 위한 사업도 더 진전시키고 싶다. 우리 학교에는 맹인 소녀들이 4명이나 있다. 그러니 학생과 선생을 위해 내가 해야 할 일은 한없이 많다.

여행에서 돌아온 나는 맨 처음 만난 선교사를 잡고 기독교인들을 학살한다던 소문에 대해 걱정스럽게 물어보았다. 얼마 후 알게 된 사실이지만 이 경고는 사실에 근거한 것이었다. 내가 떠난 지 얼마 지나지 않아 서울의 미국 공관장에게서 편지가 왔다. "여자들은 시골 여행을 중지하고 남자들도 될 수 있는 한 여행을 삼가라"는 경고였다. 기독교인뿐만 아니라 모든 외국인들을 살해하라는 지령은 실제로 유교 학교를 통해 각 지방의 관리들에게 보내졌던 것이다. 그 중의 한 지방 수령이 기독교 신자였으므로 위험을 무릅쓰고 이 지령서의 사본을 하나 얻어 미국 공관장인 앨런에게 보냈던 것이다.

선교사들이 근무지에서 여러 해 일하고 나면 본부에서는 그들의 고향으로 안식년 휴가를 보내는 것이 관례다. 휴가 동안 전공분야의 최신 지식을 습득하기 위해 대학원 과정을 공부하기도 한다. 어머니에게도 휴가가 주어졌다. 1901년 6월, 우리는 미국으로 안식년 휴가를 떠났다.

7
은둔 왕국의 백인 소년

1902년 늦은 여름, 미국에서의 휴가가 끝나갈 무렵 얻은 벨기에산 산토끼 한 쌍을 우리는 조선으로 가져가기로 했다. 첫 번째 기항지인 영국 런던으로 갈 때도 우리는 이 토끼를 데리고 갔다. 런던에 도착한 우리는 그 당시 있었던 영국의 에드워드 7세의 대관식 때문에 모든 기선들이 수주일 앞까지 다 예약되어 우리의 예약이 취소된 것을 알았다. 확실한 기약도 없이, 아무 하는 일도 없이 우리는 결국 그곳에서 42일간을 체류해야 했다.

나는 런던에서의 생활이 재미있었으나 어머니는 안절부절 못하며 선편을 찾아 뛰어다녔다. 나는 하숙집에서 가까운 공원으로 토끼에게 뛰기 운동을 시키러 다녔다. 하루는 원숭이를 데리고 손풍금을 타는 사람과 마주치게 됐는데 순식간에 원숭이가 토끼를 공격했다. 내가 뛰어가서 토끼를 구했을 때는 이미 크게 물리고 할퀸 뒤였다.

어느 날 어머니가 활짝 웃음을 띤 얼굴로 돌아왔다. 일본의 고베까

셔우드 홀, 칠면조와 벨기에산 토끼와 함께.

화물선 글렌 로건 앞에 서 있는 셔우드 홀

지 가는 글렌 로건이라는 화물선의 선편을 예약했다는 것이다. 그 배가 흑해를 경유하지만 여기서 여객선을 기다리는 것보다 더 빨리 조선에 갈 수 있을 거라고 믿었다. 우리 외의 다른 선객으로는 여성해외선교회의 의료선교사로 서울에서 일할 닥터 메리 커틀러(Mary M. Cutler)와 평양의 병원에 임명받은 간호사 마거리트 에드먼드(Margaret J. Edmunds) 양이 있었다.

1903년 3월. 우리의 예상과는 달리 길고 긴 반 년 만의 항해를 끝내고 평양에 도착했다. 어머니는 의료일로 바빴다. 거기에다가 에디스 마거리트 기념 어린이 병동에 잇대어 여성전용병원을 지을 충분한 기부금을 받아왔으므로 곧 건축 작업에 들어갔다. 본관은 2층 건물로 양철지붕에 벽돌 굴뚝이 있는 기존 건물과 같은 구조였다. 그때까지만 해도 이러한 서양식 건물은 평양 주민들에게는 구경거리였다. 많은 주민들이 서양인들은 참 훌륭하다고 칭찬했지만, 또 다른 사람들은 조선식 기와를 얹은 완만한 곡선을 가진 한옥이 더 예술적이라고 했다.

사실은 그 말이 맞다. 조선식 기와지붕은 양철 지붕보다 값이 더 비싸다. 또 기와를 받치려면 더 큰 나무 기둥이 필요하다. 2층집으로 결정한 이유는 역시 경제적인 문제 때문이었다. 아무튼 새 건물은 깨끗했고 쓸모가 많았다. 병원의 시설을 늘리고 개선하는 데는 이러한 건축 방법이 큰 도움이 되었다. 새 건축물의 이름도 전에 감사가 지어준 '광혜여원'을 그대로 썼다.

그 시절은 각국이 조선에 그들의 권력과 영향력을 심으려던 때였으므로 조선의 정치 기상은 긴장 상태에 있었다. 1904년 2월까지 노일전쟁이 일어날 것이라는 불길한 소문이 난무했다.

동학군이 다시 외국인들을 공격할지도 모른다는 소문도 있었다. 전에도 이런 소문이 사실로 판명된 일이 있었으므로 우리는 보급품과 물을 확보하고 모래주머니로 방책을 쌓았다. 사실상 직원들은 무기와 탄약들을 공급받았으나 대부분 어떻게 사용하는지를 전혀 몰랐다.

1894년에 동학군이 패배한 뒤 새로운 동학의 지도자로 손병희가 나타났다. 그는 많은 조선 청년들을 일본에 데려가 공부를 시켰다. 1904년 러시아와 일본의 관계가 험해지자 그는 조선의 동학 추종자들에게 진보회라는 정치 조직을 만들게 한 후 정부의 부패를 없애고, 필요하면 민중의 힘을 규합하여 조선의 정치적인 독립의 길을 다지려고 계획하고 있었다. 그러나 손병희로부터 정치적인 임무를 수행하도록 임명받은 다른 지도자(이용구〔李容九〕—옮긴이)가 진보회를 '일진회'라는 일본의 앞잡이로 이름난 단체에 팔아넘겼다(이용구는 진보회를 유신회와 합해 일진회로 만들었다—옮긴이).

이 소식을 접한 손병희는 분노를 참지 못해 종교를 정치로부터 분리시키겠다고 결심, 동학이라는 이름을 '천도교'라고 바꿨다. 그는 조선으로 돌아와 교육과 훈련을 통해 조선의 독립을 얻고자 30개 이상의 학교를 세우고 100개 이상의 전도소를 만들었다. 이 천도교는 후일 기독교 단체와 연합하여 조선의 독립을 쟁취하는 데 공헌했다. 그러나 1904년도의 우리는 아직 동학과 친하지 못했으므로 그들의 공격에 대비해야 했다.

우리 집은 앞이 훤히 트인 언덕 위에 있었다. 누가 쳐들어오는지를 지켜보기에는 아주 좋은 위치였다. 내 임무는 망을 보고 있다가 공격군을 발견하면 낮에는 깃발을 올리고 밤에는 램프를 켜놓는 곳에서 홍색의 기를 올리는 것이었다. 노블 가족이 이 신호를 받는 즉시 우리들은 더 튼튼하게 만들어둔 요새로 피신하도록 계획되어 있었다.

첫 날은 아무런 움직임도 없었다. 그 다음날 우리는 왜 동학군이 나타나지 않았는지를 알게 되었다. 망원경으로 보면 저 멀리 가는 선이 이쪽으로 접근하는 것을 볼 수 있었는데, 그들은 일본군 선봉대임이 밝혀졌다. 일본공병들은 강을 건널 수 있게 부교를 가설하기 시작했고 평양에 살고 있었던 얼마 되지 않은 일본인들은 우리 집 가까이 있는 성벽의 갈라진 틈을 보수하느라 바빴다. 러시아의 코사트 병들은 바로 평양의 북쪽에 나타났다. 이들은 수염을 짙게 길렀고 날쌘 기마를 탄, 몸집이 큰 병사들이라고 했다.

주민들은 떼를 지어 피난을 떠났다. 모든 상점들은 문을 닫았다. 우리가 넉넉하게 일용품들을 준비했던 것이 참 다행이었다. 일본인들은 백인 선교사들을 러시아군들과 식별하려고 빨간색, 흰색, 푸른색의 작은 배지를 발급했다. 그것을 옷 속에 감추고 있다가 필요한 때만 내보이면 되었다.

그날 아침까지도 전투가 벌어질 기미는 없었다. 나는 보통 때처럼 성 밖에 있는 학교로 갔다. 수업이 끝나고 와보니 일본군들이 성문을 지키고 있었다. 거친 목소리로 군인이 나를 붙잡았지만 나는 떨지 않고 자랑스럽게 배지를 보였다. 그러나 그 군인은 이 배지에 대해 알지 못해 나를 러시아의 스파이로 생각했다. 그들은 조선어나 영어를 몰랐다. 약간 수상쩍다는 혐의만으로 이미 몇 사람이 스파이로 간주되어 총살을 당하기도 했다.

나는 내 자신이 위험한 곤경에 빠진 것을 알았다. 손짓, 발짓을 동원해 내 뜻을 전하고 있을 때 우연히 그곳을 지나가던 일본 장교 한 사람이 무슨 일인가 하고 왔다. 그는 다행히 조선말을 몇 마디 할 줄 알았다. 그는 내 말이 사실인지를 알아보기 위해 부하 한 사람을 보냈다. 사실이 확인되자 그때서야 나를 놓아주었다.

이번 전투는 평양의 북쪽에서 벌어졌지만 평양과는 가까운 거리였다. 우리는 일본군들이 전사자들을 강둑으로 운반해 화장하는 것을 보았다. 수백 구의 시체들을 쌓아놓고 불태우는 광경은 어린 소년인 내게는 몸서리쳐지는 잔혹한 현장이었다. 불길이 타오르자 시체들은 뒤틀리고 꼬부라졌으며 어떤 시체들은 살아 있는 사람처럼 벌떡 일어나 앉기도 했다.

전쟁이 끝난 후 나는 결정적인 전투가 있었던 '203 고지'라는 곳에 가보았다. 러시아 군이 언덕을 수비하느라 판 넓고 깊은 도랑이 있었는데, 일본군은 이 도랑을 건너기 위해 지원병을 뽑아 이 도랑을 채우고 이들의 등을 밟고 도랑을 건너 승리했다는 것이다. 나는 기념으로 파편을 주워왔다.

내가 조선으로 돌아올 때 사온 칠면조들이 새끼를 낳아 그 수가 불어났다. 한번은 러시아군과 싸우고 돌아오던 일본군들이 이 기묘한 새를 구경하느라 멈춰 섰다. 그때 두 마리의 칠면조가 군복에 대한 감정이 좋지 않았던지 대담하게 공격을 했다. 군인들은 황급히 줄행랑을 쳤다. 칠면조들은 내가 전에 성문에서 일본군에게 곤욕을 당한 앙갚음을 해준 모양이다.

전쟁은 일본의 승리로 끝났다. 1905년 9월 5일, 루스벨트 대통령의 중재로 미국의 뉴햄프셔에서 평화 조약이 체결되었다. 러시아는 조선에서의 우선권을 일본에 양도했다. 11월 17일, 이 조약에 따라 일본은 조선의 외교권을 장악, 조선은 공식적으로 일본의 보호국이 되었다. 이 조약 후 1907년 7월 19일 조선 황제는 아들에게 왕위를 물려주었지만, 즉위한 황제는 1910년 8월 22일 조선이 일본에 정식으로 합병될 때까지 이름뿐인 황제로 존재했다.

선교사들은 전쟁의 긴박감에서 벗어나자 머리를 식힐 필요를 느꼈다. 어머니는 평양을 지나는 강을 따라 배를 타고 상류로 여행을 떠나기로 했다. 조선의 배는 길이가 길고 밑바닥이 납작하여 수심이 낮은 데도 갈 수 있다. 주로 오지에서 도시로 쌀을 운반하는 데 사용된다.

우리는 배 한 척을 준비하여 배 위에 기거할 수 있는 집을 지었다. 짚을 엮어 지붕을 만들고 벽과 문도 거적으로 칸을 막는 식으로 만들었다. 여닫는 문을 기둥에 연결해 낮에는 열어두게 했다. 망과 같은 거적으로 안에도 세 개의 방이 되게 칸을 막았다. 앞의 넓은 방은 테이블과 의자들을 놓아 거실로 쓰고 가운데 작은 방은 침실, 뒤쪽의 넓은 방은 부엌으로 썼다. 배 양쪽으로는 좁은 길을 두어 뱃사람들이 우리를 방해하지 않고도 뱃머리와 선미를 왕래하며 일할 수 있게 했다. 나는 가볍고 밑이 납작한 보트를 타곤 했다. 선원으로는 긴 노처럼 생긴 키를 잡는 선장격인 사람, 장대로 땅을 짚어 배를 움직이게 하는 사람 둘(한 사람은 뱃머리 쪽에서, 한 사람은 선미 쪽에서), 강둑에서 배를 끌고 걸어가는 사람 셋으로 구성되었다.

세 사람은 배가 하류로 내려갈 때는 노 젓는 일을 한다. 배가 상류로 올라가는 속도는 어찌나 느렸던지 선원들이 배를 움직이고 있는지

7. 은둔 왕국의 백인 소년

잠시 머리를 식히기 위해 대동강변에 띄운 하우스보트

장대로 땅을 짚에 배를 움직이는 모습

조선인 뱃사람들과 함께한 셔우드

의심스러울 지경이었다. 나는 참다못해 강둑에 내려서서 그들과 함께 배를 끌었더니 모두들 어이가 없다는 듯 재미있게 웃었다. 그러나 나의 그런 행동이 그들의 사기를 돋우는 데 도움이 된 것은 틀림없었다.

배가 상류로 올라가자 더욱 높은 산들이 나타나면서 절경을 이루고 있었다. 다른 선교사들도 우리와 비슷한 배를 타고 함께 출발했는데 분기점에서 헤어졌다. 우리는 분기점에서 동쪽의 경치가 아직 사람들의 손이 미치지 않은 듯 원시적인 아름다움을 지닌 데다 배가 들어갈 수 있을 정도의 큼직한 동굴들이 있어 그 쪽을 탐험하기로 했다. 이 동굴은 대낮인데도 시원했다. 나는 아름다운 석순과 종유석이 있는 이 동굴 탐험을 즐겼다. 한번은 벌어진 바위 틈 속으로 미끄러져 떨어질 뻔도 했다. 동굴을 지나 강변의 아름다운 모래사장에서 수영을 즐기기도 했다.

모래사장에 도착한 우리는 물고기가 많을 것 같아서 낚시를 해보기로 했다. 조선에서는 낚싯밥을 쓰지 않고 고기를 잡는다. 상류에서 구더기를 한 줌 뿌린 후 급히 배를 저어 하류로 내려와서 기다린다. 구더기들이 꿈틀거리면서 강물 위에 떠올라 천천히 떠내려 오면 물고기들이 이것을 쫓아온다. 그때 고기 잡는 그물을 던지거나 낚싯대를 이용해 물고기들을 떠올린다. 너무나 쉬워서 사실상 스포츠라고 볼 수는 없다.

이 지역에서 내가 잡은 생선은 거의 장어였다. 맛이 좋아서 실컷 먹었는데도 많이 남을 정도였다. 그 당시는 냉장고가 나오기 전이었으므로 저장하기 위해 나의 작은 보트에 물을 담고 그 속에 넣어 두기로 했다. 그날 밤 소나기가 몹시 쏟아졌다. 아침에 일어나보니 장어들은 보트의 젖은 뱃전을 타고 넘어 모두 도망치고 없었다. 또 한번은 배를 강둑의 나무 밑동에 매어놓고 하룻밤을 지냈다. 아침에 일어나보니 배가 나뭇가지에 닿아 있었다. 간밤의 폭우로 갑자기 강물이 불어 수위가 올라갔던 것이다.

날마다 새롭고도 장엄한 경치가 나타났다. 가는 곳마다 미역을 감을 수 있는 사장과 탐험 대상이 펼쳐졌다. 휴가를 보내기에는 가장 이상적인 방법이었다. 이때 병원에서 긴급히 어머니를 찾는다는 기별이 왔다. 아쉬웠지만 우리는 뱃머리를 돌렸다.

뱃놀이에서 급류를 탄다는 것은 스릴 있는 일이다. 그러나 조종이 잘 안 되는 이 '하우스 보트'로 급류를 헤쳐 나간다는 것은 매우 긴장된 위험이 따랐다. 뾰족한 바위들을 때리는 세찬 급류를 피하려면 능숙한 기술과 힘이 필요하다. 배가 옆으로 돌지 않게 주의해야 하고 격류에서 생긴 물결이 배를 휩쓸지 않게 해야 한다. 우리는 급류를 만나 신중히 대처했다. 다행히 큰 실수 없이 집으로 돌아왔다.

평양에 도착한 나는 시급히 착수하고 싶은 일이 있었다. "이 도시의 최북단에 비밀 통로가 있는데 고대의 왕들은 위험한 사태가 닥치면 그곳을 이용했다"는 짧은 문구를 평양의 초기 역사 기록에서 읽은 적이 있었다. 그 통로는 강 밑을 지나 강 중심에 있는 커다란 섬의 중앙으로 연결되었으리라 생각되었다. 거기에는 아마 숨겨진 보물이 있을지도 몰랐다. 나는 키드 선장처럼 부를 갈망하지는 않았다. 다만 그곳을 탐험해보고 싶었다. 이 사실을 친구인 존 베어드에게 이야기했다.

존도 나와 마찬가지로 이 계획에 적극적이었다. 우리는 극비로 탐험에 나섰다. 통로의 입구를 발견한다는 것이 불가능할지도 모른다는 것을 잘 알고 있었다. 우리의 계획이 노출되지 않게 신중히 여러 사람들에게 문의했으나 누구도 이러한 통로에 대해 들어본 적이 없는 것 같았다. 우리는 한편으로 남이 모른다는 사실이 오히려 다행스러웠다. 왕들이 피신을 했다면 어디로 갔을까를 염두에 두고 전 지역 일대를 샅샅이 뒤졌다. 그러한 통로는 강 가까이에 있는 호젓하고 가려진 곳이어야 한다는 점을 알 수 있었다.

우리는 운이 좋았다. 거의 예상했던 지점에서 덤불이 무성하게 자라고 홈같이 우묵하게 들어간 언덕 한쪽에서 출입구의 틈으로 보이는 부분이 어둡게 가려져 있는 것을 발견했다. 우리는 동시에 "바로 저거야!"라고 소리쳤다.

하지만 누가 먼저 그 속에 들어갈 것인가?

존은 날 쳐다봤고 나는 존을 쳐다봤다. 우리는 다 같이 주저했다. 그리고는 이런 어두운 곳을 성냥이나 초도 없이, 뱀이나 야생 동물이 덤빌 때 방어할 무기도 없이 들어간다는 것은 어리석은 일이라고 판단했다. 혹시 누가 우리를 보고 있지나 않았는지 주위를 잘 살핀 다음, 모든 준비를 해서 다시 오기로 하고 급히 집으로 돌아왔다. 그리고 그 날 밤엔 발견한 보물을 가지고 어떻게 할까 하는 꿈을 꾸기까지 했다.

그 다음날 삽, 성냥, 초를 준비해 굴로 들어갔다. 그곳은 돌로 벽을 만든 통로였다. 약 30여 미터를 따라 들어갔더니 큰 돌로 만든 또 다른 벽이 앞을 가로막았다. 우리는 이 벽 밑을 파기 시작했으나 오래된 뼈다귀 몇 개밖에 발견하지 못했다. 우리는 더 밑을 파서 벽 밑으로 통과하려고 했으나 그것이 무모한 모험임을 깨달았다. 밑을 더 파면 돌벽이 무너질 위험성이 짙었다. 주저한 끝에 탐사를 포기하고 말았다.

셔우드와 존 베어드가
왕의 비밀통로였다고 추정한 동굴의 입구

장난감 권총과 장총을 갖고 놀기 시작한 얼마 후 나는 캘리버 22구경 장총을 익숙하게 다룰 줄 아는 사격수가 되었다. 나는 어머니에게 오는 겨울 휴가에는 열흘 동안 사냥 여행을 할 수 있도록 허락해달라고 요청했다. 으레 따르는 훈계가 있은 뒤 어머니는 내 요청을 허락하셨다. 드디어 나도 나름대로 한 몫을 하는 어른이 된 기분이었다.

그 당시에는 기러기와 오리들이 너무나 많아서 가끔 하늘이 어두워질 정도로 새까맣게 날아가는 때가 있었다. 그래서 집 근처에서 사냥을 해도 상당한 양을 잡을 수 있었다. 그러나 나는 더 먼 곳으로 가서 멋진 사냥을 하고 싶었다. 어느 조선인 농부가 시베리아 호랑이 한 마리가 자기네 가축들을 잡아가고 있으니 그 놈을 쏴달라고 부탁해왔다. 그러나 내 총은 호랑이를 잡기에는 작아서 그들의 청을 들어줄 수 없어 미안하다고 했다. 하지만 사슴이 어디에 있는지 알려준다면 잡아서 나누어 갖겠다고 말했다. 한 젊은이가 동행하겠다고 나섰다. 그는 내가 사슴을 잡으면 포획물을 동네로 날라 오는 일을 맡겠다고 했다.

이삼 일 동안 눈밭을 헤치고 진종일 다녔지만 아무것도 발견할 수 없었다. 그러던 어느 날 눈 위에 상당히 많은 사슴 떼가 지나간 흔적을 발견했다. 아니나다를까, 골짜기를 지나자 바로 아름다운 점박이 사슴들이 떼를 지어 있었다.

조선 사람들은 총기를 소유하지 못하게 되어 있었고, 나는 흰색의 조선 두루마기를 입었다. 사슴이 그들을 해치지 않는 조선 사람으로 알도록 위장했던 것이다. 이 속임수는 효과가 있었다. 사슴 떼의 대장을 쏠 수 있는 충분한 사정거리 안으로 접근했다. 내가 총을 쏘자 사슴들은 번개같이 도망갔다. 나는 흥분해 총알을 빗나가게 쏜 줄로 알았다. 그러나 사슴들이 도망친 자리의 눈 위에는 빨간 피가 있지 않은가. 한 마리가 부상당한 것이다. 그동안의 형편없었던 실적을 만회하고 잡은 사슴을 마을로 가져가려고 추격에 나섰다. 우리는 곧 부상당한 사슴을 발견했다. 내가 다시 총을 쏘려는 순간 동행한 조선 청년이 "쏘지 말라"고 소리쳤다.

"내 동생이 폐결핵이 걸렸는데 동네 의원이 살아있는 사슴의 피를 마시면 낫는다고 했소."

나는 그와 다툴 수 없었다. 부상당한 사슴의 슬픈 눈을 보면서 다시는 사슴을 잡지 않겠다고 맹세했다. 나는 이 결심을 지금까지 지켜왔다.

우리 집 마당에는 뽕나무가 상당히 많았다. 이 나무들을 볼 때마다 "누에를 기르면 어떨까?" 하는 생각이 들었다. 내가 기른 누에고치에서 실을 뽑아 명주를 짜서 어머니의 옷감을 만들어드리면 참 멋이 있을 것 같았다. 그러나 옷을 만들자면 천이 약 6미터 정도는 있어야 했다. 그러자면 4천 개의 고치가 필요하다. 나는 금방 깐 유충을 번데기가 될 때까지 먹이를 주고 소나무로 만든 틀에다 누에가 고치를 만들 수 있게 준비했다. 누에는 자기 몸의 약 50배나 되는 양의 먹이를 먹어 치운다. 기간은 4회에 걸친 잠자는 시간까지 합해 대개는 42일간 계속된다. 누에들은 한 번 잠을 자고 나면 껍데기를 벗는다. 그 다음에 새 껍데기가 생긴다. 이때 그들은 뽕잎을 게걸스럽게 먹는다.

처음에는 먹이를 주는 일이 쉬웠는데 누에가 자라면서는 왕성한 식욕을 만족시켜주기 위해 밤낮을 가리지 않고 뽕잎을 따러 다녀야 했다. 마침내 고치가 되었다. 남은 일, 고치를 끓는 물에 넣어 실을 빼고 이 실로 옷감을 짜는 일들은 조선인 친구가 맡아주었다. 이렇게 해서 짠 명주 천을 나는 자랑스럽게 어머니께 선물로 드렸다.

1906년 8월, 평양의 선교사들은 원산의 캐나다 의료선교사인 닥터 하디(R. A. Hardie)를 초청해 모임을 갖기로 했다. 닥터 하디는 아버지가 처음 부산에 도착했을 때 마중을 나왔던 분이기도 하다. 아버지는 떠나셨지만 아버지가 세운 평양의 교회에 와서 그는 조선말로 특별 예배를 인도했다. 그의 설교는 웅변적이거나 격동적인 것이 아니었다. 다만 자기의 가슴을 열어 듣는 이들의 마음이 그의 마음과 맞닿게 직선적이고 성실하게 설교했다. 나는 그날의 설교에 감동했다. 그 내용은 지금도 내 가슴에 남아 있다.

기독교 복음의 핵심은 하나님의 은혜의 말씀에 있다. 무서운 지옥 형벌을 피하고 상을 받아 천국에 가고자 하는 마음만으로 이 세상을 산다면 하나님의 말씀은 알아듣지 못한다. 인간이 자기 힘과 노력으로 잘 되겠다고 생각하는 것은 자만심과 믿음의 부족에서 비롯된 것이다.

기독교의 가르침은 하나님께서 우리를 죄악에서 구해주시는 그 능력에 있는 것이지, 반드시 내세에만 있는 것은 아니다. 지금 바로 여기에 하나님의 은혜가 있다. 예수님은 모든 시대를 통해 가장 놀랍고 귀한 말씀을 하셨다. "아버지여, 저들을 용서하여 주옵소서. 저들은 자기들이 무슨 일을 하는지 알지 못하나이다"(눅 23:34). 이 말씀을 음미해보라. 하나님께서는 우리가 어떤 잘못을 저질러도 우리 죄를 사해주신다는 것을 의미한다.

아무리 높은 이상도 영적인 힘이 없다면 수행하기 어렵다. 기억하라. 이러한 영적인 힘은 계속적인 기도로만 얻어질 수 있다. 우리의 체력이 날마다 음식물을 섭취함으로써 유지되는 것같이 우리의 영적인 강건함도 날마다 기도를 통해서만이 유지될 수 있다. 이때 우리의 목적은 인간의 영광으로부터 하나님의 영광으로 그 초점이 바뀐다.

닥터 하디의 설교는 어린 내 가슴에 큰 파문이 되어 깊이 새겨졌다. 그때 나는 서양으로 돌아가 사업가가 되려는 계획을 세우고 있었다. 그러나 내 인생에 있어서 특별한 의미를 가졌던 그날 예배 후 의료선교사가 되어 조선으로 돌아와 일하겠다고 결심했다. 나는 새해만 되면 언제나 새 설계를 세우곤 했지만 작심삼일로 끝나곤 했다. 내 의지만으로는 조선에 돌아와 선교사업을 하겠다는 결심은 이루어지지 못할 게 자명했다. 그러나 닥터 하디의 설교에서 영적인 힘을 얻어, 마음이 열망하는 바를 이룰 수 있는 방법을 알게 되었으므로 나는 새 결심을 완수할 수 있다는 자신감에 찼다. 닥터 하디는 조선의 방방곡곡에서 하나님의 메시지를 전했다. 1907년 그는 조선에 '대부흥'을 일으켰다. 그 시기에 수천 명의 사람들이 하나님의 왕국으로 들어왔다. '은둔 왕국'의 새 기독교 신자 가운데 한 백인 소년도 있었다. 그가 바로 나였다.

평양에서의 의료와 교육 사업은 계속 확장되었다. 미국선교회 본부에서는 부정기적으로 대표를 파견하여 현지에서 필요한 사항이 무엇인지 알아보고 유대를 강화하도록 했다.

1906년 가을, 이 같은 임무를 띠고 서머 스톤(J. Summer Stone)이 평양에 왔다. 어머니는 매우 기뻐했다. 전에 아버지가 뉴욕에서 일했을 때 스톤 댁과 함께 살았던 일이 있었다. 아버지를 알고 있는 낯설지 않은 방문객에게 선교사업의 내용을 보여주는 것은 어머니로서는 뜻깊은 일이었다. 스톤이 평양을 떠나던 날 어머니는 기차 안에서 선교활동에 대해 얘기하느라 열중한 탓에 열차가 떠날 시간인 것도 모르고 있었다. 갑자기 기차가 움직이는 것을 알고 생각할 틈도 없이 뛰어내렸다. 순간적으로 취한 행동이었다. 어머니는 그때 다리가 부러졌다. 어머니는 이 일로 자신의 병원에 입원 환자가 되어 2층 병실에 갇힌 몸이 되었다.

1906년 11월 2일, 학교에서 수업을 받고 있는데 한 사람이 교실로 뛰어들면서 나를 보고 소리쳤다.

"너네 병원에 불이 났다!"

병원 2층에 어머니가 입원해 있었던 때였다. 나는 미친 듯이 뛰어갔다. 그곳에 도착해 보니 어머니의 입원실로 생각되는 창문에서 불꽃과 연기가 솟아오르고 있었다. 필사적으로 군중들을 헤치고 뛰어들려고 했으나 세차게 제지당했다. 나는 미친 듯이 소리쳤다.

"우리 어머니가 저 위에 있어요. 구해주세요!"

나의 간청은 무시되었다. 잠시 후에 알고 보니 사람들이 위기가 닥치기 직전에 사다리를 이용해 어머니를 구출한 다음 근처의 초가집으로 옮겨놓았던 것이다.

여성 병원과 에디스 마거리트 기념 어린이 병동, 어머니가 사랑한 이 병원들은 다 타서 재가 되었다. 남은 것은 단지 벽돌 굴뚝뿐이었다. 이 굴뚝은 바람이 세차게 불면 넘어질 것 같았다. 사람들이 다칠까봐 염려되었다. 다행이 운산에 있는 미국 금광의 한 광산 종업원이 다이너마이트를 이용해 무너뜨려주어 위험은 제거되었다.

어머니는 이제 새 병원 건물이 완성될 때를 기다려야 했다. 그동안 어디에서 병원 일을 할지 문제였다. 선교부 위원회가 시내 중심지의 구골이라는 동네에서 어느 조선식 건물을 구입하려고 교섭하는 중이었다. 어머니는 그 건물에서 병원 일을 다시 시작했다. 해외여성선교회 병원세로 주는 돈을 그 건물에 지불했다. 건물의 바닥은 진흙을 개어 만들었고 창문은 종이로 바른 집이었다. 의료기구도 별로 없었다. 평양에 처음 의료사업을 시작했던 때를 생각나게 하는 생활이 다시 시작된 것이다. 어머니는 이곳에서 정기적인 예배를 시작했다. 이 일은 이 지역에 교회를 생기게 한 계기가 되었다. 이 교회는 그 후 교회의 창설자인 어머니를 기억하여 매년 크리스마스가 되면 병원용 유니폼을 만드는 데 써달라고 손으로 짠 천을 보내왔다.

화제의 쓰라림을 경험한 어머니는 새 건물은 벽돌과 화강암으로 짓기로 했다. 장소도 홀 기념병원의 길 건너편에 있는, 아버지와 어머니가 평양에서 처음 의료봉사를 시작했던 곳 가까이에 정했다. 주로 친구들의 노력으로 더 크고 좋은 건물을 지을 수 있는 자금이 마련되었다. 수도 장치와 온수, 난방 시설도 설계되었다. 어머니가 구상한 건물은 그 당시 평양에서는 혁신적인 것이었다. 어머니는 내게 감독 일을 맡겼다. 조선인 친구, 고 서방을 내 오른팔로 쓰도록 해주었다.

나의 첫 번째 임무는 목수들의 조장인 김씨를 서울로 데리고 가서 벽돌 건물이 어떻게 생겼는지를 보여주는 일이었다. 그는 벽돌 건물을 본 적이 없었다. 그 무렵까지만 해도 평양의 선교회 건물들은 모두 한옥과 비슷하게 지어져 있었다. 열네 살짜리 '소년 감독.' 이 임무는 내게 너무나 벅찬 것이었다. 김씨와 나 사이는 장님이 장님을 인도하는 격이었다. 그러나 역시 경험은 가장 좋은 선생이었다. 경험을 쌓아가면서 일한 결과 1908년에는 새 건물이 완성되었다. 다음 해에는 맹인학교가 커져서 귀머거리와 벙어리들까지도 받아들였다.

평양외국인학교는 그 당시 8학년밖에 없었다. 가을이 되자 어머니는 나를 중국 산동성 치푸(Chefoo)에 있는 영국 선교부에서 운영하는

평양여학교가 설립된 후, 닥터 로제타 홀은 맹인반을 추가하여
조선에서는 처음으로 맹인 교육을 시작했다. 사진은 닥터 로제타 홀과 맹인 학생들의 모습.

옛 병원들의 모습. 평양의 여성병원은 1903년에 완공되었지만 1906년에 불에 타 소실되었다. 그 왼쪽 옆으로는 에디스 마가리트 어린이 병동이 있었다.

1908년에 완공된 광혜여원 새 건물.

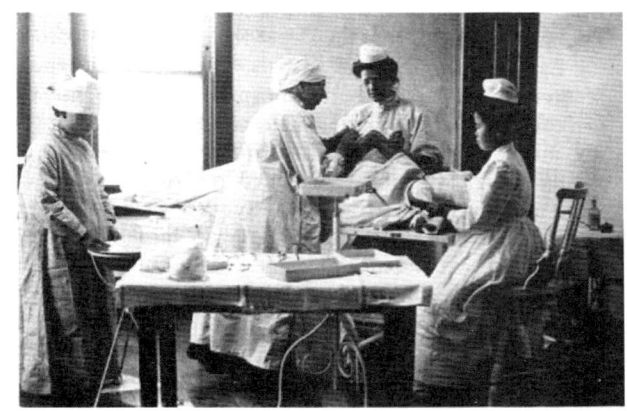

새 병원 수술실에서 닥터 로제타 홀

고등학교에 진학시켰다. 그 학교에는 나중에 유명한 인물이 된 미국인 헨리 루스(Henry Luce)와 손턴 와일더(Thornton Wilder)가 재학하고 있었다. 규율이 엄격해서 학교생활은 즐겁지 않았다. 어머니는 한 학기가 지나자 나를 평양으로 데려와 집에서 시간이 허용하는 대로 개인교습을 시켰다. 어머니는 2년 후 안식년 휴가로 미국에 갈 예정이었는데 그때 나를 매사추세츠에 있는 마운트 허몬 학교(Mount Hermon School)에 보낼 계획이었다.

나는 열다섯 살이 되었다. 어머니는 내게 경제적인 자립심을 길러 주어야겠다고 느꼈다. 앞으로 계속 공부하기 위해서 꼭 필요한 것이었다. 나는 그 전 해에도 아르바이트를 시도했으나 실패했다. 러시아의 자연 박물학자에게 나비와 곤충을 채집해주는 일거리를 맡았었는데, 내가 보낸 표본들이 모스크바에 도착했을 때는 조선의 우기로 습도가 너무 높아 대부분이 곰팡이가 슬어 썩어버렸다. 운송 시간을 계산에 넣지 않았던 것이 실수였다. 어머니는 이 일을 거울삼아 앞으로는 좀 더 철저히 계획을 세우고 돈을 현명하게 투자하기를 바랐다.

어머니는 아버지의 생명보험에서 내 몫으로 남겨둔 액수 가운데 일부를 내놓았다. 나는 이미 병원 신축 때 실제적인 경험을 얻었으므로 건설업이 내가 할 수 있는 적당한 사업이라고 생각했다. 때마침 조선으로 파견되는 두 선교사 가족들이 있었는데 평양에 집이 마련되지 않으면 그들은 다른 지역으로 임명될지도 몰랐다. 이들의 집을 짓는다면 선교사들을 돕는 일도 되고 내 사업의 발전을 위해서도 유익한 일이 될 것 같았다.

나는 내 돈을 투자해 연립 주택을 짓기로 했다. 연립은 단독 주택보다 경비가 적게 든다. 3층 건물로 설계했으므로 평양에서는 제일 높은 '고층 건물'이 될 것이다. 지난번 경험으로 재료를 나무로 쓰면 시간이 많이 걸린다는 점을 알고 있었다. 마루용 재목, 문짝, 창살 등의 재목과 철물들을 워싱턴의 타고마에서 주문해 쓰기로 결정했다. 이미 만들어진 부속품을 가져오면 시간과 돈이 절약될 뿐만 아니라 나중에 잘 맞지 않는다는 불평도 나올 수 없을 것이기 때문이다.

서둘러 작업에 들어갔다. 첫 작업으로 지하실을 파는 데 암석이 나타났다. 시간을 절약하기 위해 다이너마이트로 폭파하기로 했다. 그러나 시내 지역이라는 이유로 조선 청부업자는 발파 허가를 얻지 못했다. 나는 외국인이므로 내가 직접 발파한다면 허가를 받을 수 있다는 것이었다.

그 당시 철로는 서울에서 평양을 경유하며 만주 경계 부근까지 놓여 있었다. 우리는 납작한 철로용 차를 타고 철로가 가설되고 있는 끝까지 가서 발파 작업을 구경하곤 했다. 그곳에는 많은 발파 작업이 진행 중이었으므로 다이너마이트를 다루는 방법을 배울 수가 있었다. 퓨즈를 테스트할 때 깨물면 안 된다는 점도 알았다. 암시장에서는 다이너마이트 값이 금값과 맞먹었다. 많은 사람들이 내가 매우 힘들게 사온 귀중한 다이너마이트를 탐내고 있었다. 보관하기에 가장 안전한 곳은 바로 내 침실의 벽장 속에 넣고 열쇠를 잠가놓는 것이었다. 어떤 도둑도 거기에 다이너마이트가 있으리라고는 짐작하지 못할 것이다. 그러나 화재가 발생할 경우 이 화약은 '세상의 종말' 같이 폭파될 것이다.

발파 작업은 순조롭게 시작되었다. 그러나 한 번은 불을 붙였는데도 터지지 않았다. 어떻게 해야 하나? 묻힌 화약을 다시 파내는 것은

어머니가 준 돈으로 투자한
3층짜리 연립주택

셔우드와 그의 오른팔 고서방. 연립주택의 모퉁이돌 앞에서.
셔우드 홀은 열네 살의 어린 나이에 감독이 되어 새 여성병원 공사를 맡았다.

더 큰 모험이다. 가장 좋은 방법은 화약 하나를 더 묻어 터뜨리는 것이라고 생각했다. 발파 시 돌의 파편들이 사방에 튀기는 것을 방지하려고 물에 적신 짚들을 위에다 덮었다. 그러나 나는 두 개의 다이너마이트가 가진 힘이 얼마나 무서운 것인지를 정확히 계산하지 못했다. 폭발은 마치 작은 화산이 터진 것처럼 솟아올랐다. 파편들은 멀리 넓게 퍼져 날아갔다. 놀란 사람들이 사방에서 몰려왔다. 하늘이 도와서 아무도 다치지는 않았지만 경찰은 그렇게 큰 소리가 나지 않게 하라고 경고했다. 이 발파 소리가 순진한 사람들을 공포에 떨게 했다. 나도 그들 못지않게 공포에 떨었음을 말해주고 싶을 정도였다.

이 집은 1909년 7월에 완공되었다. 6개월 동안 고생한 결과였다. 이제 두 선교사의 평양 임명이 가능해졌다. 동시에 나의 상급학교 진학비 마련에도 도움이 되었다.

1909년 5월 28일은 '우리들의 의사'라고 불렸던 에스더 박에게 있어서 특별한 날이었다. 여성교육협회(Woman's Educational Society)와 여성기업협회(Woman's Enterprises Society) 공동으로 조선의 최초 대학 졸업 여성으로 문학사였던 하란사(B. A.)와 의사 에스더 김 박(Esther Kim Park, M. D.)에게 표창장을 주는 날이었다. 서울에서 거행된 이 식에 참석한 에스더는 금메달을 받았다. 에스더는 뿌듯하고 자랑스러워했다.

그러나 그녀에게는 이러한 영광을 간직할 수 있는 날이 채 1년도 남아 있지 않았다. 그때 에스더는 폐결핵에 걸려 투병 중이었는데 이미 병세가 악화되어 있었다. 나는 이 사실을 알고 가슴이 찢어지는 것 같았다. 그 당시 조선에는 폐결핵을 치료할 요양원과 같은 시설이 하나도 없었다. 그녀는 지난 10년간 병원과 성경학교에서 봉사하다가 1910년 4월 13일에 세상을 떠났다.

내게 있어서 에스더의 죽음은 큰 충격이었다. 이 세상에서 하나님의 사업에 봉사할 수 있는 가장 황금기의 인생을 보내고 있던 에스더, 그녀를 이 세상에서 앗아갔고 그녀가 사랑한 수많은 동족들의 생명을 앗아간 병. 나는 이 병을 퇴치하는 데 앞장서기로 결심했다. 나는 반드시 폐결핵 전문 의사가 되어 조선에 돌아올 것과 결핵요양원을 세우기로 굳게 맹세했다. 이 맹세를 실천하기 위해 4년 전 닥터 하디가 내 마음에 깊이 새겨준 말을 수없이 되새겼다.

"높은 이상과 고상한 동기도 영적인 힘이 없다면 실천하기에 미흡하다."

한국 최초의 여의사로서 표창을 받은 에스더 김 박

평양외국인학교 학생들의 모란봉 나들이.
1900년 6월 평양외국인학교가 문을 열었을 때는 학생이 불과 4명밖에 안 되었지만 그후 학교는 세계 각지에서 오는 선교사 자녀들로 규모가 커졌다.
―왼쪽에서 오른쪽으로 : 윌리엄 베어드, 앨던 노블, 플로렌스 폴웰(Follwell), 셔우드 홀, 그레이엄 리, 리처드 베어드, 스코트 웰스, 거트루드 스웰렌(흰색 겉옷), 마일로 리(격자무늬 모자), 버지니아 웰스(흰 모자), 스트랭 양(선생), 윌버 스웰렌(학교 모자), 올리벳 스웰렌, 마가리트 리(앞쪽)

8
시베리아—유럽 횡단여행

 어머니는 1910년 스코틀랜드의 에든버러에서 열린 세계선교사회의에 조선 지역 공식대표로 임명되었다. 어머니는 언제나 '여행은 교육의 한 부분'이라고 생각하고 있었다. 나도 이 점에 있어서는 나쁜 학생은 아니었다. 내 나이 열여섯, 새로운 세계로 모험을 떠날 준비를 갖춘 때였다.

 우리는 만주와 시베리아를 경유하는 육로 여행을 계획했다. 당시 사정으로 보면 참으로 과감한 행로였다. 우리가 탄 만주 철도는 노일전쟁 직전에 러시아가 완공한 것이다. 이 철도는 산등을 넘고 단단하지 못한 지반, 표토 등을 거치는 난공사였기 때문에 공학적으로 기념할 만한 공적이었다. 1904년의 분쟁 당시 군대와 보급품을 전선으로 운송하는 데도 많이 이용되었던 철도다.

 기차가 산맥을 통과할 때의 흥분과 스릴은 대단했다. 기차는 가파르고 꾸불꾸불한 산 옆으로 불안하게 달렸다. 창밖을 보면 깊은 협곡

이 새까맣게 낭떠러지를 이루고 있어 자칫 잘못하면 기차가 밑으로 떨어질 것 같아 매우 불안했다. 기차는 낮에만 운행했다. 우리는 작은 산마을에 내려 여관을 찾아 하룻밤을 지냈다.

여행 이틀째 날, 어머니는 나를 깜짝 놀라게 했다.

"넌 이 여행 코스를 매우 좋아하는 것 같구나. 이 여행을 한 번 더 해보면 어떻겠니? 지금 찾아보니 시베리아 횡단 기차표를 평양에 두고 왔더구나. 내가 에밀리 헤인즈에게 표를 가지고 국경까지 나와 널 만나라고 전보를 칠 테니 넌 거기 가서 표를 받아 여기까지 혼자 오너라. 우리 둘이서 함께 갔다 오면 기차 값을 너무 쓰게 되어 여행비가 모자라니까 말이다."

전혀 예상하지 못했던 일이었다. 참으로 난처했지만 다른 방법이 없었다. 제일 꺼림칙한 것은 만주의 여관에서 혼자 밤을 지내야 하는 점이었다. 만주에서는 마적이 자주 나타난다는 말을 들었기 때문이었다. 또 한 가지 불안한 점은 헤인즈가 정말로 국경까지 나올까 하는 것이었다. 이런 불안함과 초조함을 안고 만주 국경에 도착했다.

다행히 헤인즈가 우리들의 기차표를 들고 국경에서 기다리고 있었다. 긴장이 확 풀렸다. 너무나 기쁜 나머지 충동적인 키스를 해 주어 그녀를 놀라게 했다. 아직도 내게는 이 기차표를 안전하게 어머니에게 전달하는 일이 남아 있었다.

그날 밤은 여관에서 혼자 묵었다. 날이 어두워지자 종업원이 찾아와서 날씨가 추워졌으니 따뜻한 데서 자야 한다며 만주식 겨울 침실을 제공해주었다. 이것은 추운 겨울에는 안성맞춤이었다. 조선인들은 방바닥 전체를 덥게 하지만 만주인들은 방바닥 중에서도 침대가 될 부분만을 데운다. 방바닥의 일부에 돌을 높이 쌓아 만든 것으로 부엌 아궁이의 불길이 그 밑을 통과해 침실 끝에 있는 굴뚝으로 통한다. 사람이 굴뚝 위에서 자는 셈이다. 바닥보다 높이 있어 편리하고 아무리 추운 날씨라도 따뜻하게 잘 수 있다. 만주인들은 중국인들과는 다른 종족이다. 키가 180센티미터가 넘는 사람들이 많았고 여성들의 발을 작게 하려고 전족을 감지도 않는다. 그들은 주로 콩과 기장(수수)을 먹는 것 같았다. 이것은 그들의 체력을 좋게 하는 영양소인 모양이다. 하룻밤 묵으면서 나는 그들에 대해 좋은 인상을 받았다.

어머니는 평소에 자신의 감정을 잘 표현하지 않는 편이다. 얼마나 걱정을 했던지 내가 돌아오자 따뜻하게 껴안고 키스를 했다. 이윽고 우리는 만주의 끝 시베리아 국경에 도착했다. 마을은 황량하고 음침해 보였다. 우리는 여권, 비자, 기차표 등 모든 준비가 되어 있었으므로 버림받은 것 같은 이 마을에 더 머물지 않고 떠날 수 있어서 기뻤다.

러시아의 기차는 좌석이 길고 좁은 나무 의자인데다 아무런 깔개도 없어서 '딱딱한 러시아'(russian hard)란 이름으로 불렸다. 방석을 준비해왔으나 시간이 지남에 따라 점점 더 딱딱해지는 것 같았다. 러시아 승객들은 우리에게 호기심이 많았다. 시간을 보내기 위해 그들은 서로 이를 잡아주고 있었는데, 한 여성이 친절하게도 우리에게 이를 잡아주겠다고 했다. 어머니는 기겁하여 얼른 국제적인 통화 수단인 손짓으로 '노'라고 거절했다.

첫 번째 눈앞에 펼쳐진 경치는 사람 사는 동네라고는 전혀 보이지 않는 끝없이 넓은 평야였다. 그저 지평선만이 보일 뿐이었다. 여기에서는 기관차가 석탄을 태우며 달리고 있었다. 그러나 후에 기차가 유전 지역을 지나갈 때는 석유기관차로 바뀌었고, 다음번에 짙은 수림 지역을 지나갈 때는 목탄 기차가 되었다.

나는 혹시 큰 짐승이라도 보이지 않을까 해서 열심히 창밖을 내다 보았다. 곧 열차는 시베리아 호랑이가 서식한다는 지역을 지나갔다. 그러나 곰이나 사슴 같은 동물들만 눈에 띄었고, 호랑이는 볼 수가 없었다. 밤이 되자 열차는 한적한 정거장에 멈췄는데, 그때 우리는 피에 굶주린 듯한 시베리아 늑대들의 울음소리를 밤새 들을 수 있었다. 이런 으스스한 소리를 들으면서 우리는 늑대들이 우리를 덮칠 수 없는 것에 고마워했다.

이제 열차는 자주 멈추었고, 충분한 시간을 가지고 쉬었다. 그래서 우리는 열차에서 내려 다리를 펼 수도 있었고, 끓는 물을 얻어와 코코아를 먹기도 했다. 뜨거운 물은 어느 정거장에서나 공짜였다. 기관차에서 나오는 끓는 물도 거저 얻을 수 있었다. 어느 정거장에서나 우유, 버터, 계란, 검은 빵을 굉장히 싼 값으로 살 수 있었다. 이러한 음식물들은 우리가 미리 준비해온 식품을 충분히 보완해주었다. 실제로 열흘 정도 걸린 이 여행은 소풍이나 다름없었다.

어느 정거장에 가든지 거기에는 많은 사람들이 하는 일 없이 가끔 지나가는 열차를 호기심 어린 눈으로 주시했다. 이런 사람들은 도대체 무슨 일을 하며 먹고 사는지 궁금했다. 인구 밀도가 높은 동양에서는 많은 사람들이 꿀벌처럼 부지런히 일하는 데 반해 이들의 모습은 매우 특이했다. 이렇게 해이해진 정신을 가진 이들이 '태양신'인 일왕에게 맹목적으로 충성하는 일본군들에게 당할 수 없었던 것은 놀랄 일이 아니라는 생각이 들었다. 나는 러시아인들이 이 긴 단선 철도를 이용해 어떻게 그 많은 군인들과 말, 그리고 보급품들을 전선으로 조달할 수 있었는지 놀라웠다.

시베리아의 절반쯤 갔을 무렵 나는 고열이 나기 시작했다. 전에 중국에 갔을 때도 말라리아에 걸려 거의 의식을 잃은 적이 있었으므로 어머니는 신경이 곤두섰다. 어머니는 나의 반대에도 불구하고 모스크바에서 동쪽으로 5천여 킬로미터나 떨어진 이르쿠츠크에서 내렸다. 이곳은 아름다운 바이칼 호에서 그리 멀지 않은 곳이다. 그 당시는 길도 포장되지 않은 조그마한 개척지 마을에 지나지 않았다. 우리가 탄 마차는 땅이 질어서 바퀴가 진탕 속 중간까지 빠졌다.

통나무 오막살이를 발견했다. 이 집은 아버지가 태어난 캐나다의 통나무집과 비슷했지만 더 초라했다. 어머니는 러시아 의사를 찾는 데 성공했다. 그는 수염을 무성하게 길러 마치 수용소에서 막 도망 나온 사람 같아 보였다. 그러나 아주 친절하고 실력 있는 의사였다. 그는 내가 심한 말라리아에 걸렸음을 알려주었다. 운이 좋아서 말라리아에 잘 듣는 키니네로 치료받아 다음 주에는 시베리아 횡단 기차를 다시 탈 수 있었다. 우리는 여행 일정에는 그리 큰 지장을 받지 않고 시베리아의 개척지 생활을 경험할 수 있어서 흥미 있었다. 처음에는 그곳의 생활이 단조로워 재미가 없을 것 같았는데 인상과는 달리 매력적인 곳이 있었다.

다시 기차를 타고 긴 여행 끝에 우리는 드디어 모스크바에 도착했다. 오랫동안 타고 왔던 열차에서 내리니 상쾌한 기분이 드는 것 같았다. 동양과 유럽을 분리하는 우랄 산맥을 통과할 때의 훌륭한 경치는 안타까울 정도로 깊은 인상을 남겼다. 우리가 모스크바에 도착해 가장 좋았던 것은, 그동안 열차 여행으로 새까맣게 된 머리와 몸을 목욕할 수 있게 되었다는 사실이었다. 운이 좋게도 우리에게는 이가 발견되지 않았다.

모스크바에는 돔 양식의 교회 건물들이 많아 매우 인상적이었다. 이런 교회 안에는 많은 열성적인 신자들이 무릎을 꿇거나 서서 자신들이 선호하는 성자들의 상 앞에서 열심히 기도하고 있었다. 그리고 이런 성자들의 상은 잘 치장되어 있었다. 여러 돔 양식의 교회 건물들 중에서 유독 한 건물이 특이하게 나선형 돔 양식으로 건축되어 있었다. 이것은 '폭군 이반'(Ivan the Terrible)이 그 건물을 설계했던 사람의 눈을 멀게 했기 때문이라고 했다. 그 건물설계사의 눈이 멀지 않았다면 더 아름다운 건축물이 되었을 것이라는 설명이었다.

그런데 이로부터 7년이 지나자 세상은 변해 교회에서 열심히 기도하던 신자들은 스스로 무신론자임을 선언했고, 다른 신자들까지도 매도하게 되었다는 사실을 믿을 수 있겠는가. 또한 지금 모든 러시아인들의 절대적인 지배자였던 짜르의 운명이 훗날 어떻게 바뀔지 어느 누구도 상상하지 못할 것이다. 이 잘생긴 짜르는 나중에 그가 사랑하는 아름다운 가족들과 함께 사형을 받았던 것이다.

그런데 지금 이 짜르는 높은 성벽으로 둘러싸인 크레믈린 궁을 향해 말 위에 높이 올라타고는, 많은 국민들의 환호를 받으며 붉은 광장을 지나가고 있었다. 우리는 수많은 열광하는 관중들 속에 묻혀서 짜르의 모습을 잠시 보는 것만도 힘들었다. 결국 고생 끝에 관중들 속에서 짜르를 볼 수 있었는데, 이때 우리는 짜르의 모습이 런던에서 대관식 때 보았던 에드워드 7세와 너무나 닮아 깜짝 놀랐다.

안내자는 나폴레옹이 모스크바에 쳐들어왔을 때 있었던 혹한에 대해 이야기해주곤 했다. 우리는 나폴레옹이 러시아의 격심한 추위와 용감한 군대에 쫓겨 가기 전에 사용했다는 침대도 보았다.

페테르부르크는 모스크바보다 더 현대식인 도시였다. 도시를 건설한 역사적 인물은 피터 대제였지만 도시 이름은 1924년 레닌의 이름을 따서 레닌그라드로 바뀌었다. 페테르부르크에 도착한 지 얼마 안 되어 지진 같은 진동을 느끼고 깜짝 놀랐다. 그러나 다른 사람들은 아무런 동요가 없었다. 우리가 놀라자 사람들은 피터 대제가 이 도시를 세울 때 스펀지 같은 수렁 위에다 건설했기 때문이라고 설명했다. 시내에 전차가 지날 때 마다 이런 진동이 있었으나 곧 익숙해졌다. 이곳에서 우리는 세상에서 가장 큰 궁전이라는 '겨울궁전'을 구경했다. 셀 수 없을 만큼 많은 방들이 있었는데 다들 똑같아 보였다.

어머니는 훌륭한 그림들과 예술품들을 감상하느라 열중했지만, 나는 그런 데에 관심이 없었다. 단지 여기저기 탐색해보고 싶은 심정이었다. 그래서 어머니에게 나중에 합류하겠다고 말하고 그 자리를 떠났다.

나는 여기저기 돌아다니다가 나도 모르는 사이에 일반인들이 들어가면 안 되는 구역에 들어섰다. 그때 마침 보초병이 잠시 자리를 비웠었는지 출입금지라는 어떤 표시도 찾을 수 없었다. 나는 호기심 때문에 자꾸자꾸 깊숙이 들어갔다. 수많은 방들은 나를 더욱 탐색하라고 유혹했던 것이다.

한참을 돌아다니다가 언뜻 이제 엄마에게 돌아가야겠다는 생각이 들었다. 얼른 어머니를 만나서 그동안 내가 탐색했던 궁전 내부에 대한 이야기를 해야겠다는 생각에 마음이 부풀었다. 그러나 돌아가려고 했지만 계속 같은 지역을 돌뿐 길을 잃고 말았다. 설상가상으로 날은 이미 저물어가고 있었다. 이제 곧 칠흑 같은 어둠이 닥칠 시간이었다. 급한 김에 소리를 질렀다. 그러나 결국 소리가 메아리쳐 돌아올 뿐이었다. 러시아인들은 매우 의심이 많다는 사실을 나는 알고 있었다. 내가 여기에서 발견된다면 그들은 내가 무슨 나쁜 짓을 하려던 것으로 판단해 처벌을 할 것이다.

한편, 어머니는 시간이 많이 지났는데 내가 돌아오지 않자 걱정하기 시작했다. 더구나 날이 어두워지고 있었고 입장객들이 돌아갈 시간이었다. 어머니는 보초병들에게 나를 찾아달라고 부탁을 했지만 허사였다. 그 보초병은 이 구역 안에는 들어간 사람이 전혀 없었다고 완강하게 우겼다. 아마 보초병은 자기가 잠시 자리를 뜬 사실이 상관에게 알려지는 것이 싫었는지도 모른다. 가까스로 어머니는 궁전 경호대장을 찾을 수 있었다. 어머니는 대장에게 내가 아직도 궁전 안에 있을 것이라고 확신 있게 주장했다. 결국 경호병들은 등불을 들고 나를 찾기 위해 수색을 시작했다.

나는 긴 보도에서 헤매고 있다가 한 줄기 빛을 발견하고 소리를 쳤다. 경호병들이 내게 다가왔을 때 그들의 표정은 좋지 않았다. 그들은 내가 혹시 무기를 가지고 있는지 확인하기 위해 나의 몸을 수색했다. 마침내 내가 아무런 무기도 가지고 있지 않으며 훔친 물건도 없다는 사실이 판명되자, 그들은 복잡한 미로를 통과해 나를 안절부절못하며 기다리고 있던 어머니에게로 데려갔다. 나를 만난 어머니는 우리가 곧 그곳을 떠날 수 있을 것이라고 생각했다. 그러나 어머니는 러시아인들을 너무나 몰랐다. 이 사건은 그리 간단한 것이 아니었다.

경호 대장은 이렇게 말했다.

"이 젊은이는 황실 궁전을 무단 침입하는 것이 엄청난 범법 행위라는 사실을 알고 있는 것이요?"

나는 뭔가를 설명하려고 노력했으나 그는 내 말을 들을 생각도 하지 않고, 여권과 비자를 내놓으라고만 요구했다. 이렇게 되자 어머니는 나를 남겨둔 채 필요한 서류들을 가지러 호텔로 가지 않을 수 없었다.

어머니는 호텔에 들어가자마자 곧바로 호텔 주인에게 간곡히 도움을 요청해 그를 데리고 궁전으로 돌아왔다. 경호병은 영어를 잘 이해하지 못했기 때문이다. 그리고 오랫동안 빌고 간청해 비공식적인 벌금을 지불한 뒤에야 비로소 풀려나올 수 있었다.

우리의 다음 기착지는 바이에른(바바리아, Bavaria)이었다. 그 다음으로 파리, 그리고 런던.

우리는 세계선교사회의의 공식 개정날짜에 맞춰 에든버러에 도착했다. 이 회의는 선교사회의로는 가장 큰 규모로 열렸다. 큰 회의장은 세계 각지에서 온 대표들로 꽉 찼다. 회의는 선교활동으로 세계적인 명성을 얻고 있는 존 모트 박사가 주재했다. 그는 1897년 어머니에게 나와 동생을 데리고 조선으로 돌아가 일하라고 조언해주었던 사람 중 하나였다. 이 개인적인 친구를 다시 만난다는 것은 우리 가족에게는 특별한 기쁨이었다. 그는 일부러 우리가 머물고 있는 숙소로 찾아와주었다. 선교회의는 정말로 감명 깊고 고무적이었다. 회의가 끝나자 우리는 캐나다 몬트리올을 거쳐 다시 미국으로 갔다.

이번 여행의 종착지는 매사추세츠 주의 마운트 허몬이었다. 나는 아버지가 생전에 원했던 대로 이곳의 마운트 허몬 학교에서 고등학교 교육을 받기로 예정되어 있었다. 드와이트 무디가 창립한 이 학교는 '학생자원운동'(SVM)을 탄생시킨 곳이기도 하다. 아버지는 마운트 허몬의 가르침에 감명을 받아 의료선교사가 되기로 결심했었다. 아버지는 자주 어머니에게 "아들을 낳으면 이 학교에 보내고 싶다"고 말했었다.

내 앞에는 학업, 그리고 적응이라는 두 과제가 놓여 있었다. 어떻게 환경에 적응해야 하는지, 내가 태어났고 성장기를 보낸 조선에서의 생활과 미국 생활의 다른 점이 무엇인지 아무것도 몰랐다. 어머니가 안식년 휴가를 끝내고 조선으로 귀임한 1911년, 나는 마운트 허몬에 홀로 남았다. 아마도 나는 다른 선교사의 자녀들보다 더 철저히 조선식으로 자란 모양이었다. 어머니는 온종일 병원에서 일했으므로 나는 형제도 없이 외로웠다. 나의 놀이 상대는 거의 조선 아이들이었다. 그들에게서 조선 놀이를 배웠고 거의 그들처럼 행동했다. 사고방식도 조선 사람과 다름없었다. 처음 얼마 동안은 이곳 학교생활에 적응하기가 어려웠다. 간섭이 별로 없는 조선의 생활을 얼마나 그리워했는지 모른다.

조선 사람들은 대부분 시계 없이 산다. 조선에서는 서양 사람들의 긴박감과 시간 개념을 배울 수 없었다. 조선인들의 생활 철학은 서두르지 않는 태평함에 있다. 이상하게도 그것이 내 성격에도 맞는 것 같았다. 조선 사람들은 "또 내일이 있다"고 생각하는데 서양 사람들은 마치 '내일은 오지 않는 것' 같이 일한다. 항상 눈을 시계에서 떼지 않아야 하는 이런 생활 방식은 내게 여간 큰 어려움이 아니었다. 조선에서는 무엇이든 다 해주는 사람이 곁에 있었다. "아주머니, 이것 좀 해줘요"하는 말이 입버릇처럼 따라다녔다. 이곳 마운트 허몬에는 아무도 없었다. 이곳 생활에 적응하기 위해 나는 많은 것을 스스로 해결할 수 있는 경험을 쌓는 것에 너무나 많은 시간을 쏟았다.

이 학교에는 '노동 시간'이라 부르는 독특한 제도가 있었다. 학생들에게 하루 두 시간씩 일하고 번 돈을 수업료에 보태게 했다. 주일에는 일을 못하므로 월요일에는 한 시간 반을 더 일할 수 있다. 오버타임 수당은 시간당 12.5센트였다. 나는 생활비를 벌어야 했으므로 다른 학생보다 상당히 많이 일했다.

그들은 학교 농장에서 내게 여러 일을 시켰다. 금방 자른 옥수수 대를 위에서 떨어뜨리면 밑에서 그것들을 사일로(저장고) 안에 펴놓는 일은 매우 단순해 보였다. 감독은 눈에 미소를 지으며 물었다.

"이 일을 할 수 있을 것 같은가?"

나는 이 일에 대해 무지했으므로 자신 있게 대답했다.

"물론 할 수 있죠."

사일로 안은 먼지가 지독했고 지옥같이 뜨거웠다. 일을 시작하기도 전에 질식할 것만 같았다. 그 순간 위에서 사료들이 떨어지기 시작했다. 잠시라도 일을 쉬면 사료 밑에 묻혀버리게 되므로 정신없이 골고루 펼쳐 놓아야만 했다. 사일로 안에서는 "내일은 없다"란 말이 진리처럼 느껴졌다. 전력을 다하는 방법밖에는 도리가 없었다.

농장 감독은 내가 하는 일을 완수한 것을 보고 다음에는 우유 짜는 일을 시켰다. 나는 이 일이 훨씬 쉬울 것으로 생각했다. 그러나 손으로 우유를 짜보지 않은 사람들은 이 일이 어떤 것인지 말할 자격이 없다. 처음 내가 부드럽게 암소에게 손을 대려고 하자 이를 마다하고 발로 나를 차버렸다. 나는 별수 없이 의자에서 떨어졌다. 다음에는 심술궂게도 더러운 발 하나를 우유 통 속에 집어넣는 게 아닌가.

어느 정도 젖 짜는 법을 터득했다고 생각하고 있었는데 감독이 와서 내가 암소의 젖통을 충분히 짜지 않았다고 지적했다. 내가 하는 식으로 계속하면 소들의 젖이 곧 말라버린다고 했다. 이 일 다음에 맡은 것은 토마토를 따는 작업이었다. 허리가 아픈 것만 제외하면 그리 나쁘지 않았다. 그러나 시간이 좀 지나자 이 작업이야말로 어떤 잔인한 도깨비의 발명품처럼 생각되었다. 나는 전부터 농장을 하나 갖고 싶은 꿈이 있었다. 그러나 여기에서의 경험으로 절대로 농부가 될 수 없다는 것을 알게 된 셈이다.

농장 일에 겨우 익숙해질 무렵 기숙사 중 한 건물의 청소 일을 맡게 되었다. 속으로 불만스러워하고 있을 때 부엌과 큰 식당을 잇는 건물에서 일하게 되었다. 부엌에서의 수습이 끝나자 식당의 학생 담당 급사, 농장 감독들의 담당 급사, 선생 담당 급사로까지 승진되었다. 여기에서는 승진 외에도 좋은 음식을 먹을 수 있는 이득이 있었다. 이곳 마운트 허몬의 부엌에서 나는 비로소 서구식 시간에 대한 가치와 정확한 시간 약속의 개념을 배웠다.

이 학교는 학구적인 면에서도 내게 상당한 자극을 주었다. 나는 필수 과목의 하나로 해리슨(M. C. Herrison) 박사의 성경반을 수강했다. '학생자원운동'이 탄생되었던 바로 그 교실에서 강의를 들었다. 인도에 선교사로 가 있는 존 포먼 목사의 아들도 한 반이었다. 1887년 아버지를 '학생자원운동'에 참가하게 한 사람이 바로 존 포먼 목사였다. 나도 아버지를 조선으로 가게 했던 '학생자원운동'에 참여했다.

내가 마운트 허몬에 온 지 얼마 되지 않아 조선에서 다른 학생들이 도착했다. 그중에는 나의 단짝인 존 베어드도 있었다. 이들이 도착하기 전 나는 나보다 먼저 조선에서 나온 여학생들과 반시간 정도 담소하기 위해 강 건너편의 자매 학교인 노드 필드로 두 시간이나 걸려 터벅터벅 걸어가곤 했다. 우리는 자랑스러운 우리 학교에 대해 이야기를 나눴다. 그 당시에도 무디는 이미 복음 전도사로 명성이 높았지만 우리들의 두 학교와 시카고에 있는 성경학교가 있는 한 그는 더욱 오래 기억될 것이라는 데 우리들의 의견은 일치했다.

1912년 나는 패니 크로스비를 만났다. 그것은 행운이었다. 시각 장애인인 그녀는 모든 사람들로부터 사랑을 받는 찬송가 작가였다. 아버지가 뉴욕 메디슨 가의 의료선교사로 일했던 시절 사귀었던 훌륭한 친구였으며 아버지가 그곳을 떠나던 날 송별가를 지어주었던 분이다. 그녀의 집으로 찾아가자 그녀는 나를 따뜻하게 맞아주었다. 아버지가 메디슨의 의료선교사로 일했던 시절에 대해서도 많은 이야기를 해주었다.

패니 크로스비

나는 지금도 그녀가 '후일에 생명 그칠 때'(Saved by Grace, 한글찬송가 295장—편집자)와 그 외의 아름다운 찬송가를 작곡했을 때의 일들을 행복감에 젖은 얼굴로 회상하던 모습을 기억하고 있다. 마치 성인을 보는 것 같은 그녀의 밝은 인격에 반하지 않을 수 없었다.

마운트 허몬에서의 작업 수습은 1915년 6월 졸업과 함께 끝났다. 나의 학교생활은 나의 장래를 위한 학업 준비 이외에도, 조선과 미국이라는 서로 다른 두 문화권을 연결하는 데 필요한 지식을 쌓는 과정이기도 했다.

이제 나는 대학에 갈 준비가 다 끝나 있었다. 대학 진학 문제로 부모님의 친구인 서머 스톤 씨를 만나려고 뉴로셸을 방문했다. 그곳에서 그분의 사위이며 목사인 윌슨을 만나게 되었다. 그는 학생 수를 별로 중요시하지 않는 작은 대학의 장점에 대해 설득력 있게 이야기했다. 그도 학생 수가 적은 오하이오의 알리언스에 있는 마운트 유니언 대학을 졸업했다. 나는 규모가 큰 종합 대학에 갈 계획이었는데 그가 적극적으로 자기 모교에 가도록 주선해주겠다고 해서 그의 의견을 따르기로 했다. 그러나 이 대학을 선택한 것이 얼마나 큰 행운이었던가. 내 인생에 있어서 가장 중요한 사람, 매리언을 이 학교에서 만났던 것이다.

마운트 유니언 대학에서 한 방을 쓰게 된 프레드 브래튼을 만날 수 있었던 것 또한 행운이었다. 그는 문장력에 뛰어난 재능이 있었다. 훗날 「특출한 친구들」(*Friends Unique*)이란 책을 썼는데 나도 그 책에 친구로 등장하고 있다. 그 책에서 그는 나에 대해 이렇게 쓰고 있다.

대학의 첫날, 모든 신입생들처럼 나도 기거할 방을 찾고 있었다. 정면의 캠퍼스가 보이는 앞쪽의 방을 발견했으나 이미 다른 학생이 들어가기로 되어 있었다. 나는 복도에서 나처럼 낙심에 찬 학생을 만났다. 우리는 순간적으로 서로 쳐다봤다. 막 돌아서려는데 여자 관리인이 말했다.

"여기 좀 봐요. 이 건물의 뒤쪽에 방이 하나 비어 있어요. 방도 좋고 두 사람이 기거할 정도로 크니 한번 보세요."

목적이 같을 때 낯선 사람들도 쉽게 친구가 된다. 우리는 다시 서로를 쳐다봤다. 마치 상대방의 성격을 탐색하려는 듯 좀 더 차분히 서로를 관찰했다. 그리고는 함께 방으로 갔다.

"자네 생각은 어떤가?"

내가 먼저 물었다.

"네가 좋다면 있어 보지."

나의 새 친구는 내 물음에 대답했다. 이렇게 해서 또는 하나님의 뜻에 의해, 나는 조선에서 온 셔우드 홀과 한 방을 쓰게 되었다.

나는 곧 그가 이상적인 동료이며 내가 만난 사람들 가운데 가장 흥미 있는 사람 중의 하나임을 알았다. 함께 지낸 숱한 날 밤마다 홀은 침대에 걸터앉아 놀랍고도 신기한 자신의 경험담을 이야기했다. 나는 열심히 경청했다. 그 시간이 얼마나 즐거웠는지 모른다. 그는 머리를 짧게 깎았으므로 머리에 흉터가 선명하게 드러나 있었다.

"이 흉터는 내가 죽을 뻔했다는 표적이야. 어머니가 휴가 중일 때 배를 타고 미국으로 가고 있었지. 갑자기 그날이 미국의 독립기념일인 7월 4일인 걸 알고 선장은 축하를 해야 한다고 결정했어. 마침 근처에 지나가는 배가 눈에 띄지 않았으므로 축포를 쏘기로 했지. 안전하게 물러서야 했는데도 나는 어떻게 쏘는지 보려는 호기심에 앞으로 다가섰거든. 대포는 불을 댕기자 큰소리를 내며 수천 개의 조각으로 터졌단 말이야. 그 중의 파편 하나가 윙하고 날면서 내 머리를 스쳤어. 내 곁에 있던 중국인은 그 조각에 맞아 그 자리에서 즉사했어. 나도 처음에는 죽은 줄 알았었는데 머리에서 피가 나면서 아픔을 느꼈지. 그래서 죽지 않았다는 사실을 알게 된 거야. '아픔의 가치'에 대해 감사했던 기회이기도 했어. 그때 내 머리가 조금만 뒤로 움직였다면 아마도 지금 여기서 너와 만나지 못했을 거야."

나는 홀의 머리에 있는 흉터를 향해 축하했다.

홀의 탁월함은 학교생활 중에 곧 드러났다. 그는 교회, 선교 단체, 친지들의 모임에 나가 조선에 대한 역사, 부모의 사업, 조선과 다른 곳에서 얻은 경험에 대해서 이야기했다. 그의 강연은 인기가 있었다. 그것은 조선의 풍속에 대한 사람들의 호기심을 만족시켜주는 내용이었다. 어린아이들에게는 호랑이 이야기를 해주었다. 그 이야기는 조선 사람들 사이에 전해 온 민담이다. 부채, 머리털로 짠 밧줄, 조선옷, 수예품, 그림, 그리고 조선에서 찍은 사진 등이 자주 방의 장식품으로 등장했다.

그는 '학생자원대'의 회장이었으며 오하이오 대학들의 '학생자원연합회' 대표위원회의 회장이기도 했다. 양심적이고 신중한 학생이었으며 대학의 다른 여러 활동에도 참여했다. 홀은 비교적 말이 적었다. 그러나 그의 의견은 언제나 존중되었다. 그는 꼭 필요한, 해야 할 말만 했기 때문이다. 우리의 우애는 서로에게 축복이었다. 이 다재다능한 친구는 내 인생에도 계속 좋은 영향을 미쳤다. 나는 대학 기숙사에서 셔우드 홀과 한방을 쓸 수 있게 해준 하나님의 섭리에 감사한다.

나는 마음 깊이 브래튼의 우정 어린 기록에 대해 답례를 보내지 않을 수 없다. 그는 그 책에서 나에 대해 많은 것을 언급했다. 그러나 가장 중요한 이야기인 로맨스에 대해서는 생략하고 있다. 아마도 그것은 사생활이라고 생각했기 때문인지 모른다. 아니면 그가 너무 젊었기 때문이었을까? 이 로맨스는 마치 금실로 짠 길고 아름다운 비단처럼 내 전 생애를 감싸고 있는데도….

매사추세츠 마운트 허몬 학교에서 해리 스터드웰(왼쪽)과 함께 앉은 셔우드 홀

조선 옷을 입고 있는 셔우드 홀과 프레드 브래튼

9
내일을 찾아서

아더 던돈(Arthur Dundon)은 내가 가입해 있었던 학생 클럽의 회원이었다. 그는 내게 자신의 고향인 루츠타운 교회에서 강연할 기회를 만들어주었다. 이 마을은 학교에서 약 30킬로미터 정도 떨어진 거리에 있었다. 나는 여러 곳에서 자주 강연을 했으므로 이번의 초청도 별다른 의미를 두지 않고 받아들였다. 강연 중에 아버지가 이 루츠타운 교회와 비슷한 온타리오 주 아덴에 있는 작은 교회의 신도였으며 조선으로 파송된 선교사였다는 말을 했다.

모임이 끝나자 많은 사람들이 악수를 청하면서 인사를 했다. 그들 중에 매리언 버텀리(Marian Bottomley)와 그의 어머니 메리 버텀리(Mary Bottomley)가 있었다. 이 교회의 목사인 노리스 라인위버는 그의 아내와 함께 매년 열리는 성직자 회의에 참석차 가고 없었다. 목사의 아내 엠마가 매리언 버텀리의 언니였으므로 버텀리 가족이 목사 내외를 대신해 목사관에서 내게 인사를 했던 것이다. 그날 첫 만남의 자리에서 매리언 버텀리는 나를 깜짝 놀라게 했다.

"아덴의 감리교회 주일학교 벽에 걸려 있는 사진이 당신 아버님이신가요?"

나는 놀라움을 감출 수가 없었다. 미국 시골의 작은 교회에 있는 사람이 어떻게 캐나다 시골 교회에 걸려 있는 아버지의 사진에 대해 알 수 있단 말인가?

"네, 그렇습니다."

나는 이상하다는 표정으로 대답했다. 아더 던돈의 어머니는 목사 부부가 성직자 회의에서 돌아오자 다음과 같이 보고했다.

"미스터 홀은 교회 모임이 끝나고 우리 집에 왔을 때 대단히 흥분해 있는 것 같았어요. 그는 내게 말하기를 '던돈 부인, 전 교회에서 아버지를 아는 젊은 숙녀를 만났어요. 지금의 제 심정이 어떤지 모르실 거예요.' 라고 말입니다."

매리언 모녀가 목사 부부에게 나에 대해 이야기하자 그들은 더 많은 사람들이 내 이야기를 들을 수 있도록 해야겠다고 생각했다. 그들은 다시 지역 교회 예배와 친교 시간에 나를 초청했다. 모임이 시작되기 전 목사관에서 만찬이 있었다. 저녁 식사가 시작됐는데도 매리언은 나타나지 않았다. 이미 캐나다로 떠난 것은 아닌가 하고 실망하고 있었다. 그 순간 매리언이 부엌에서 나오지 않는가! 나는 안도의 숨을 쉬었다. 언니를 돕느라 부엌에 있었던 것이다.

교회의 친교 시간이 끝나 집으로 돌아온 라인위버 부인은 저녁에 마실 우유가 없는 것을 뒤늦게 알았다. 그들은 날마다 가까운 목장에서 우유를 날라다 먹고 있었다. 라인위버 부인이 매리언에게 목장에 가서 우유를 좀 가져오지 않겠느냐고 물었다. 나는 매리언과 함께 다녀오겠다고 청했다. 우리는 우유통을 들고 목장을 향해 걸었다.

목장으로 향하는 산책길에서 나는 이 사랑스러운 아가씨가 아덴 근처의 비숍 밀즈(Bishop Mills)에서 학교 교사로 있다는 것과 곧 캐나다로 돌아간다는 사실을 알게 되었다. 매리언은 그곳의 내 친척들과 아버지의 친구들도 알고 있었다. 나는 그녀에게 할머니에게 보낼 조그만 선물을 전해줄 수 있으면 고맙겠다고 부탁했다. 그녀가 내 청을 들어준다면 다음 주말에 한 번 더 이 루츠타운에 와서 그녀를 만날 수 있을 것이다. 나는 그녀를 한 번이라도 더 만날 수 있기를 바랐다.

내가 그녀와 목장으로 가고 있던 그 시간에 아더 던돈은 목사관으로 나를 찾아왔다가 이미 자기보다 먼저 내가 집으로 간 줄 알고 차를 몰아 되돌아가고 있었다. 헤드라이트가 비치는 곳에 젊은 남녀가 우유통을 들고 오는 것을 본 아더는 후에 이 광경을 이렇게 실토했다.

"나는 그때 내 자신에게 이렇게 말했지. 저건 절대로 홀이 아니야! 그 친구는 학교에서도 여학생과 데이트 한 번 한 적이 없거든. 그런데 이 늦은 시간에 시골 아가씨를 데리고 이런 곳을 걷고 있다니, 절대로 저건 홀이 아니고말고! 그런데 저건 홀이 틀림없지 않은가? 이 루츠타운에는 아무도 산동산(山東産)의 얇은 명주옷을 입을 사람은 없어. 동양의 실크를 입은 사람은 홀뿐인데 말이야. 어, 저건 홀이잖아!"

할머니께 보낼 선물을 준비해 그 다음 주일, 다시 루츠타운으로 갔다. 그곳에서 정규 예배에 참석했는데 뜻밖에도 매리언의 독창을 듣게 되었다. 그녀는 "정원에서"(*In the Garden*)를 불렀다. 나는 전에도 이 곡을 여러 번 들었으나 지금처럼 이토록 아름답게 내 가슴에 와 닿은 적은 없었다. 매리언의 목소리는 너무나 황홀한 선율로 내 귓전을 때렸다.

예배가 끝난 후 나는 다시 목사관에서 대접을 받았다. 이미 내 마음은 흔들리고 있었다. 아름다운 목소리와 매력적인 성격의 매리언, 캐나다에서 온 그녀와 좀 더 친할 수 있는 이 초대를 나는 얼마나 기뻐했던가! 나는 첫눈에 사랑에 빠졌던 것이다.

매리언의 어머니와 언니는 나에 대해 호감을 갖고 있었으나 라인위버 목사는 나를 어떻게 생각하는지 알 수 없었다. 얼마 후 알게 된 사실이지만 목사는 그때 이미 매리언의 배우자로 심중에 둔 청년이 있었다. 그러나 그 청년을 소개하기도 전에 이미 매리언의 마음은 내게로 기울어져 있었다.

매리언의 가족은 매리언이 다시 미국에 가서 마운트 유니언 대학에 들어갈 수 있기를 희망하고 있었다. 그것은 바로 나의 뜨거운 염원이기도 했다. 매리언도 이 의견에 동의했다. 나는 너무나 기뻤다. 시간은 빨리 지나갔다. 어느덧 매리언과 헤어져야 할 시간이 되었다. 그러나 나는 매리언이 정규적으로 편지를 보내겠다는 약속을 하기 전에는 떠나지 않을 생각이었다. 물론 작은 선물에 대해 할머니가 얼마나 기뻐하셨는지도 듣고 싶었고….

처음 우리들의 편지는 무슨 일이 있었다든가, 학교 행사가 어떠했다는 등의 일상적인 내용이었다. 그러나 편지가 몇 차례 오가자 매리언은 개인적인 이야기도 들려주었다.

매리언은 1896년 6월 21일, 감리교의 창시자인 존 웨슬리가 태어난 영국의 엡워스(Epworth)라는 작은 마을에서 태어났다. 매리언과 언니인 엠마(Emma)는 이 유명한 역사적인 마을을 찾아오는 방문자나 관광객들을 위해 안내역을 자청했다. 엠마는 이때 미국에서 온 방문객 라인위버 목사를 만났다. 엠마가 캐나다로 이주했을 때 그들의 우정은 사랑으로 발전했다. 마침내 그들은 감리교회에서 결혼식을 올렸다. 그 후 라인위버 목사는 이곳 오하이오의 루즈타운 감리교회의 담임 목사가 되었다.

매리언의 부모는 엡워스에 새로 새워진 웨슬리 기념교회에서 첫 번째로 결혼한 부부였다. 어머니는 교회의 오르간 반주자였고 아버지는 주일에 평신도 설교자로 봉사하고 있었다. 아버지는 사진사였다. 매리언은 어릴 때부터 아버지의 일을 자주 도왔다.

매리언의 어머니 메리 버텀리(Mary Keightley Bottomley) 여사는 남편 조셉 버텀리가 세상을 떠나자 1911년, 그 당시 고등학생이 될 나이인 두 딸을 데리고 캐나다로 이민 길에 올랐다. 용기가 필요한 모험길이었다. 그녀가 주일학교에서 가르치던 학생 하나가 먼저 캐나다로 이민을 가 있었는데, 그가 버텀리 여사에게 그리로 오도록 주선을 한 것이다. 이렇게 하여 온타리오 주의 아덴 마을로 이주하게 되었다.

이곳에서 버텀리 여사는 그럴듯한 사진관을 시작했다. 매리언은 4년 과정의 아덴 고등학교를 3년에 마쳐서 동네 사람들을 놀라게 하기도 했다. 매리언은 온타리오 주 킹스턴 일반 학교에서 교사 양성 과정을 이수하고 곧 벽촌의 여교사가 되어 많은 경험을 쌓았다.

1917년 여름, 매리언은 드디어 미국으로 오는 데 성공했다. 그녀는 가을부터 루즈타운 학교에 부임하기로 되어 있었다. 그러나 그 사이에 대학 진학 비용을 벌어야 했다. 그녀는 당시 전쟁 때문에 많은 주문을 받고 있는 이웃 동네의 모직물 공장에 임시로 취직했다. 공장 여공들은 이 신입 여공을 동정 어린 눈길로 쳐다보았다.

"딱하군. 이 복잡한 기계에 익숙해지려면 얼마나 오랫동안 배워야 하는지 모르는 모양이지? 더구나 감독은 지독한데 말이야. 이제 곧 눈물을 흘리면서 도망갈 거야. 여긴 여선생이 일할 만한 자리가 아닌 걸."

매리언에게 방적기가 맡겨졌다. 감독은 기계를 어떻게 다루는지 자세히 설명해주지 않았다. 곧 기계가 서버렸다. 여공들은 서로 쳐다보며 의미 있는 미소를 지으며 소곤댔다.

"저것 봐! 이제 감독이 올 거야. 여기서 일할 날도 얼마 남지 않았군."

매리언은 주저하지 않고 감독에게 갔다. 그때 감독은 높은 의자에 걸터앉아 있었는데 그녀의 당돌한 요구에 놀라 그만 의자에서 떨어질

매리언의 부모, 메리 버텀리와 조셉 버텀리

뻔했다. 그녀는 감독의 비웃음을 무시하고 기계의 도면과 인쇄된 지침서를 달라고 요구했다. 이 기계가 어떻게 작동되는지 스스로 확실히 알고 싶었던 것이다. 감독은 거칠게 대답했다.

"도면과 지침서를 보여줘도 넌 절대로 이해할 수 없어."

그러나 그녀는 끝까지 버텼다. 결국 감독은 주저하며 도면과 지침서를 주었다. 그것들을 들여다본 매리언은 즉시 기계를 이해했다. 그녀는 마치 선임 여공들처럼 능숙한 솜씨로 기계를 다뤘다. 모두들 깜짝 놀랐다. 감독의 놀라움은 더했다. 감독은 곧 그녀에게 더 복잡한 기계를 맡겼다. 이번에는 아예 처음부터 도면과 지침서를 주었다. 매리언은 곧 선임보다 생산 능률이 훨씬 더 빨라졌다. 학교가 개학을 하면서 매리언이 공장을 떠나야 했을 때 감독은 정말로 아쉬워했다.

학교는 컸고 학생 수는 많았다. 교실이 하나뿐이었던 캐나다의 학교에 비해 그만큼 더 힘들었다. 특히 학생들의 규율을 잡는 것이 문제였다. 하루는 말썽꾸러기 학생 하나가 공부 시간에 손가락을 가지고 딱딱 소리를 냈다. 매리언은 수업 후에 그 학생을 불렀다.

"윌버야, 넌 손가락을 가지고 딱딱 소리내기를 좋아하는 것 같구나. 그래. 좋아. 내가 15분간의 시간을 줄 테니 네가 하고 싶은 대로 손가락으로 소리 내어 보아라. 방해할 학생들도 없으니."

윌버의 얼굴에 회심의 미소가 번졌다. 그는 곧 양손의 손가락으로 딱딱 소리를 내기 시작했다. 그러나 얼마 가지 못해 미소가 사라졌다. 그는 한 손만을 가지고도 소리내기가 힘들었다. 매리언은 그에게 같은 속도를 유지하라고 했다. 15분 후에 그녀는 말썽꾸러기를 보냈다.

"난 내일 또 할 거예요."

매리언의 어릴 적 모습

영국 엡워스 마을에서의 매리언.
오른쪽 배경으로는 웨슬리기념교회의 뾰족탑이 보인다.

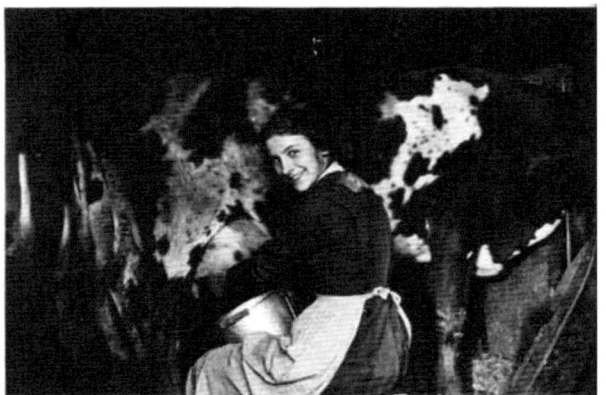
캐나다 온타리오 주 아덴에서 학비 조달을 위해 소젖을 짜고 있는 매리언.

닥터 매리언 홀은 남편 닥터 홀과 함께 우리나라 최초의 결핵요양원인 '해주 결핵요양원'을 설립했다.

윌버는 잘못을 뉘우치지 않았다.

"좋아. 네가 또 하면 넌 학교가 파한 뒤에 날 위해 30분 동안 소리를 내야 할 걸."

"더 길게는 못하겠어요."

이렇게 해서 윌버는 생각을 고치게 되었고 매리언의 반에서는 더 이상 말썽꾼들을 볼 수 없게 되었다. 그녀의 반은 전교에서도 가장 규율이 잘 잡힌 반으로 알려졌다.

매리언은 거리상으로는 가까운 곳으로 왔지만 우리는 만날 시간이 그리 많지 않았다. 매리언은 학교생활로 바빴고 나는 학비를 벌기 위해 수업시간 외에도 중국 치푸에서 수입한 실크와 레이스를 팔아야 했다. 내 장사 품목에는 차츰 부엌기구, 스푼, 포크, 나이프가 추가되었다. 나는 계속 시간을 내어 학생자원부에서 활동했다. 매리언도 이 일에 관심을 가졌다. 그녀는 자기도 선교사가 되고 싶은 자극을 받았다고 요즘 심경을 털어놨다.

1918년 3월, 오하이오 주 베레아의 볼드윈 월러스 대학에서 학생자원운동 총회가 열릴 예정이었다. 매리언도 이 회의를 참관하면 유익할 것 같았다. 나는 마운트 유니언 대학의 대표로 참석하기로 되어 있었으므로 매리언에게 함께 가자고 청했다.

총회에서 우리 두 사람은 깊은 감명을 받았다. 돌아오는 도중 이른 새벽, 우리는 클리블랜드 기차역의 식당에 앉아 있었다. 알리언스로 가는 기차가 오려면 한참 더 기다려야 했기 때문에 이 시간을 이용해 매리언의 장래에 대한 이야기를 나눴다. 나는 그녀가 의사가 되어 의료선교사가 되면 그녀의 꿈을 실현시킬 수 있는 가장 좋은 방법이 될 것이라고 말했다. 매리언도 나의 의견을 수긍하는 것 같았다. 나는 그녀 곁으로 다가앉으며 열심히 청했다.

"매리언, 나하고 같이 조선에 가지 않겠어요?"

그녀는 주저하지 않고 익살스럽게 대답했다.

"같이 가는 건 무리일 거예요. 그렇지 않아요? 서로 남남인 남녀 사이인데."

나는 너무나 당황해서 그녀의 눈에 떠오른 웃음을 보지 못했다. 나머지 여정 동안 계속 어색한 침묵만을 지켰다. 나는 언제나 신중하게 생각한 다음 말하는 편이었다. 나로서는 중요하게 꺼낸 말이었는데 묵살을 당했으니 무안하지 않을 수 없었다. 뒤늦게나마 기차역 같은 공공장소, 더구나 해도 뜨기 전인 새벽에 이처럼 심각한 프러포즈를 한다는 것은 너무나 적당하지 않았다는 사실을 알게 되었다. 나는 내 자신이 알고 있었던 것보다 훨씬 풋내기였다.

학생 클럽의 친구들은 프러포즈를 하려면 먼저 클럽의 상징인 글자를 장식한 핀을 준비했다가 여자가 수줍은 태도로 고개를 끄덕일 때 재빨리 꽂아주어야 한다고 했다. 다음 기회에는 이들의 조언대로 해서 실수하지 않을 생각이었다.

다행스럽게도 매리언은 야생 동물들을 무척 사랑했다. 그녀는 루츠타운 근처의 숲에 사는 많은 새들에 대해 이야기해 주었다. 그래서 숲속으로 즐거운 소풍을 가면 이상적인 무드가 만들어 질 것이라고 믿었다. 여행에서 돌아와 처음 맞는 주말, 나는 매리언에게 조선이 아닌 숲속으로 새를 구경하러 가자고 청했다. 소풍 가기에는 안성맞춤인 좋은 날씨였다. 살아 있음이 참으로 행복하다고 느껴지는 4월이었다. 적당한 시간을 놓치지 않고 프러포즈를 했다. 이번에는 전번과는 달리 결혼해서 함께 조선에 가기를 원한다고 분명하게 말했다. 그녀는 기다렸다는 듯이 얼른 승낙하면서 내가 꽂아주는 학생 클럽의 핀을 우아하고 사랑스런 태도로 받았다. 그 순간 우리는 얼마나 황홀했던가! 야생 동물에 대한 흥미는 안중에도 없었다.

우리의 약혼 소식은 빠른 속도로 대학에 퍼졌다. 친구들은 자기들 나름대로 내게 조언을 해주고 싶어 했다. 한 친구는 내가 큰 실수를 했다면서 약혼을 하면 장래 의사가 되겠다는 계획에 큰 차질이 올 것이라고 걱정했다. 또 어떤 친구는 어째서 여대생 가운데 찾지 않았느냐면서 몇몇 여대생의 이름까지 들먹거렸다. 또 한 친구는 잘 알지도 못하는 여자와 약혼을 하기 전에 다른 많은 아가씨들과 교제해봐야 한다

오하이오 주 알리언스의 마운트 유니온 대학에서 매리언과 셔우드

고 조언했다. 그들의 조언은 그런대로 다 일리가 있었다. 하지만 이미 나는 사랑에 빠져 있었다. 매리언과 나는 마치 구름 위에 둥실둥실 떠 있는 듯 행복했다.

그러나 우리는 곧 행복의 구름 위에서 지상으로 내려와야 했다. 1차 세계대전이 우리 눈앞에 현실로 다가와 있었다. 그 전 해 봄에 미국이 공식적으로 참전했기 때문이었다. 오하이오 주의 캔턴에서는 영국의 병사 모집이 있었다. 많은 사람이 영국 육군에 지원했다. 나도 그 모임에 갔었지만 지원을 보류했다. 5월이면 어머니가 휴가로 미국에 올 예정이었다. 만일 영국 육군에 지원하면 즉시 미국을 떠나야 했다. 그 대신 내가 선택할 수 있는 방법은 미국의 의무 보충대에 지원하는 것이었다. 마운트 유니언 대학에서 의예과 과정을 마쳤으므로 도움이 될 것이었다. 또한 훈련 기간 동안은 피츠버그에 머물 것이므로 어머니는 그 근처의 YMCA에 숙소를 정할 수도 있다. 그러나 미군에 지원하면, 내 캐나다 시민권을 잃을지도 몰랐다.

마운트 유니언 대학의 맥매스터(W. H. McMaster) 학장과 조선 감리교의 하버트 웰치 감독을 찾아가서 이 문제를 논의한 뒤 미국 시민권을 신청하고 미군 의무 보충대에 지원하기로 결정했다. 그때는 모든 적령기의 남자들은 징집 대상이었다. 의무 보충대에 입대하면 적어도 내가 원하는 분야에서 일하게 될 것이다. 나의 지원서는 수락되었다. 그리고 1918년 늦봄, 신체검사를 받으라는 통지서를 받았다.

매리언과 그녀의 가족은 그 전 주말에 나를 루츠타운으로 초대했다. 나는 주일 밤 전철 편으로 떠나 그 다음날 월요일에는 신체검사를 받을 수 있도록 계획을 세웠다. 그러나 사랑하는 사람들에게 있어 시간은 얼마나 빨리 지나가던지! 나는 미처 이 점을 알지 못했다. 전철을 놓치고 만 것이다.

도리 없이 30여 킬로미터를 걷는 수밖에 없었다. 행군이 끝날 때쯤은 발에 생긴 물집 때문에 한 걸음 한 걸음 내디딜 때마다 괴로웠다. 다행이 신체검사는 통과되었다. 그리고 1918년 9월 30일에 피츠버그 대학교의 의과대학에 있는 육군 훈련센터에 가서 신고하라는 통지서를 받았다.

6월 18일. 나는 어머니를 마중하러 알리언스 역으로 나갔다. 그때 나는 마운트 유니언 대학의 여름학교에 수강신청서를 냈었는데, 어머니도 나와 함께 몇 과목을 수강하면 좋을 것이라는 생각이 들었다. 매리언은 대학에 진학하기 위해 여름 방학 동안 다시 모직 공장에 가서 학비를 벌 생각이었으나 닥터 헤드런드가 장학금을 얻어주어 그녀도 나와 함께 여름학교에 다닐 수 있게 되었다.

여름 학기가 시작하기 전에 매리언의 언니 집에서 어머니를 초대했다. 그들은 오하이오 주 미드필드 근처의 교회로 전근되어 있었다. 매리언과 나는 어머니를 모시고 라인위버 댁으로 가기 위해 여행을 떠났다. 마침 6월 21일은 매리언의 스물두 번째 생일이어서 함께 축하를 했다. 어머니는 교회 부인들의 집회에서 조선에 대한 강연을 하느라 예정보다 오래 그곳에 체류하게 되었다. 여름 학기가 시작될 때쯤 우리는 함께 학교로 돌아왔다. 우리는 닥터 헤드런드의 성경 시간을 무척 좋아했다. 그 사이 여름도 어느덧 빨리 지나가고 있었다.

육군 의무 훈련소는 피츠버그 대학교의 의과대학 구내에 있었다.

여기에서 입대병들은 특수 훈련을 받도록 되어 있었다. 벌써 의과대학 가까이에 조잡한 간이 건물들이 세워져 있었다. 근처 운동장이 훈련장이었다. 훈련, 훈련, 또 훈련…. 집중적인 의학 교육만이 일상의 생활이었다. 밤이 되어 잠자리에 들 때는 너무나 지쳐 옷을 벗을 기력조차 없었다.

1918년이 되자 '스페인 인플루엔자'라는 유행성 독감이 발생했다. 그 당시는 의료 요원들이 부족해서 보건성과 필라델피아의 자선 기관들은 의사인 어머니를 임시로 징용했다. 시의 보건부에서는 공중 모임을 금했으므로 선교위원회가 계획했던 모든 모임도 취소되었다.

인플루엔자는 계속 번져 우리들이 묵고 있는 간이건물에까지 침입했다. 아침마다 한두 사람씩 들것에 실려 병실로 나갔다. 어떤 사람은 이미 시체가 되어 옮겨졌다. 다음에는 누구의 차례가 될 것인지! 우리들은 여기가 전쟁터보다 더 위험하다는 생각이 들었다.

나도 병에 걸렸다. 매리언에게 편지로 이 사실을 알렸다. 그녀는 많은 사람들이 공동생활을 하는 훈련소에서 이 병을 치료한다는 것은 불가능하다는 것을 알았다. 나는 그녀의 예기치 않은 방문에 깜짝 놀랐다. 또한 그녀는 직접 내 상관을 만나 나를 즉시 일반 주택으로 옮겨 적절한 간호를 하도록 허가해달라고 요청했다. 이 요청은 거의 불가능한 것이었는데도 그녀는 성공했다. 열, 두통 등으로 고생하고 있었는데 매리언의 용기 있는 조치 덕분에 나는 쉽게 회복되었다.

1918년 11월 11일, 휴전이라는 낭보가 날아왔다. 진정으로 축하할 만한 일이었다. 그러나 나는 정식으로 군에서 제대하려면 아직 시간이 더 걸려야 했다. 의료 훈련은 계속 되었으나 이른 아침의 군사 훈련이 없어져 우리는 공부 시간을 더 많이 배당받았다. 동시에 병영 밖에서 거주할 수 있도록 허락되었다.

어머니도 징용 의사로서의 기간이 끝나 돌아왔다. 11월 말경, 어머니는 캐시디 부인 집에 우리 두 식구가 살 수 있는 방을 얻었다. 캐시디 부인은 어머니의 친구인 울버턴 부인의 자매였다. 이분은 우리 생애에 중대한 영향을 미친 사람 중 한 사람이 되었다. 캐시디 댁에서 내가 맡은 일은 부인이 수집한 상당히 많은 희귀한 벽시계에 일일이 태엽을 감아주고 시간에 맞게 모든 시계들이 동시에 종소리를 내는지 알아내는 것이었다. 이 일은 생각보다 어려운 것임을 금방 알게 되었다.

매리언은 마운트 유니언 대학에서 학교생활에 충실하고 있었다. 그녀는 크리스마스 때 피츠버그에 와서 우리와 함께 일주일을 지냈다. 그때 우리는 장래에 대한 이야기를 많이 나누었다. 그녀는 1920년 가을, 의과대학에 들어갈 수 있는 자격을 따기 위해 여름 학기에도 수강하여 대학을 빨리 마치기로 계획했다. 이렇게 하면 그녀가 인턴 과정을 끝마치게 되는 7년 후에는 결혼할 수 있었다. 매리언은 학교를 끝낼 때까지의 학비를 자급자족하기 위해 엘리엇 홀의 식당에서 일했다. 우리는 둘 다 만날 시간이 별로 없었다. 대신 편지로 많은 이야기를 주고받았다.

대학공부가 끝날 무렵 나는 군대에서도 명예 제대를 했다. 피츠버그에서 이수한 학점과 알리언스의 여름 학기에서 받은 학점들을 합해보니 1919년 6월에 마운트 유니언 대학을 졸업할 수 있는 충분한 학점이었다.

나의 후견인이며 아버지의 둘도 없는 친구였던 닥터 오마르 킬본(Omar

Kilborn)과 재능 있는 그의 아들 닥터 레슬리 킬본은 내가 토론토 대학에서 의학 교육을 받는 게 가장 바람직할 것이라고 조언했다.

나도 그들의 생각에 동감했다. 그들은 마운트 유니언 대학에서 취득한 학점을 토론토 대학으로 옮기는 일을 맡아주었고 미국 감리교 선교회와 펜실베니아 의료선교협회에서는 학비를 보조해주기로 했다. 이 보조금과 방학 때 아르바이트를 하면 학교를 마칠 때까지 재정을 꾸려나갈 수 있었다. 나의 거주지는 이제 캐나다가 되었다. 이 때문에 미국 시민권을 받기 위한 최소한의 미국 체류 일자를 채우지는 못하게 됐다. 다시 캐나다 시민이 된 것이다.

내가 토론토 대학교를 다녔던 그 무렵, 이곳 의과대학에서는 매우 획기적인 연구 활동이 진행되고 있었다. 닥터 프레더릭 그랜트 밴팅(Frederick Grant Banting)과 닥터 찰스 허버트 베스트(Charles Herbert Best)가 당뇨병 치료제인 인슐린을 연구하고 있었다. 닥터 레슬리 킬본도 역시 이 연구팀 중의 한 사람이었다. 그는 나를 실험실로 데리고 가서 이 훌륭한 연구팀이 일하는 모습을 보여주었다. 이들의 위대한 연구 결과는 몇 년 후에 세계적으로 알려졌지만 그 당시에 헌신적이고도 열성적인 그들의 연구 광경을 본다는 것은 기막힐 정도로 감동적이었다.

매리언은 계획대로 충분히 학점을 따서 1920년 9월, 필라델피아 여자의과대학에 입학했다. 그녀는 나보다 더 열심이었다. 나는 단지 그녀의 결심과 열성을 멀리서 바라보며 경탄할 뿐이었다. 그녀는 다음 여름 학기에는 남은 과목을 더 수강하여 학점을 마저 받고 1922년 6월에는 마운트 유니언 대학에서 이학사(B. S.) 학위를 받을 예정이었다.

매리언이 새 학교에 왔을 때 그녀의 주머니에는 단돈 몇 달러뿐이었다. 수업료 면제혜택(장학금), 방을 거저 준다는 약속은 있었지만. 그녀가 도착한 지 얼마 되지 않은 어느 날, 방을 주기로 한 이사벨 웨스트 부인이 말했다.

"매리언, 우리와 함께 기거할 수 있겠지요? 어머니가 연로하시기 때문에 혼자 계시게 할 수 없네요. 나는 저녁 외출이 잦거든요. 그러니 당신이 방값으로 내가 외출한 동안 어머니를 보살펴주면 좋겠어요."

이렇게 하여 그녀는 하숙방을 거저 얻게 되었다. 이것은 그녀의 기도에 대한 하나님의 응답이었다. 하나님의 섭리는 이처럼 필요할 때마다 항상 해결할 길을 열어주셨다.

1921년 여름, 매리언이 마운트 유니언 대학의 마지막 학기를 마친 뒤 우리는 미시간의 베틀 시료소에서 함께 수주일을 지낼 수 있었다. 유명한 켈로그 결핵요양소의 실험실에 같이 고용된 것이다. 이곳 업무로 실제적인 의료 경험을 할 수 있었다. 또한 그동안 학교 공부 때문에 서로 떨어져 있어야 했던 게 견딜 수 없을 정도로 힘들었으므로 짧은 시간이었지만 함께 지낼 수 있어서 무척이나 행복했다.

너무나 길었던 약혼 기간, 매리언과 나는 각각 다른 지방에서 얼마나 오랜 시간 떨어져 있어야 했던가. 그 당시는 대학이 결혼한 학생들을 위해 요즘과 같은 기숙사를 짓는 일을 생각지도 못했던 때였다. 여대생이 결혼을 하면 눈살을 찌푸리는 사건으로 여겨지던 시절이었다. 결혼을 하면 그들은 거의 학업을 포기해야 했다. 남학생이라 해도 은행에 많은 돈을 저축해두고 있지 않은 한 여학생의 경우와 마찬가지로 대부분 학업을 중단해야 했다. 이러한 세상의 일반적인 추세를 거스르고 대학생의 신분으로 결혼한다는 것은 매우 어려운 일이었다. 특히 우리의 경우는 주위의 어른들과 일가친척들의 염려와 조언을 반대하고 결혼해야 했으므로 더욱 어려웠다.

그러나 우리는 자신에게 정직하기로 했다. 7년으로 정한 약혼 기간을 내던져버리고 1922년 6월 21일 결혼하기로 한 것이다. 그날은 특히 매리언에게는 의미 있는 날이었다. 그녀의 생일인데다 마운트 유니언 대학에서 이학사 학위를 받는 날이었다. 만일 그날 결혼을 한다면 경사가 겹치는 셈이다.

결혼식 날은 1초의 여유도 없이 예정대로 움직여야 식장에 도착할

1922년 6월 21일, 셔우드 홀과 매리언 홀의 결혼식. 매리언이 마운트 유니언 대학에서 이학사 학위를 받았던 날이기도 하다. 2년 후인 1924년 6월, 매리언은 의사 자격을 취득했다.
─앞줄 : 필리스 크룩 양, 매리언, 노리스 라인위버(매리언의 조카), 셔우드 홀, 월터 애쉬바우, 엠마 라인위버 부인
─뒷줄 : 아그네스 크룩, 노리스 라인위버 목사, 메리 버팀리(매리언의 어머니), 이삭 우드 목사, 프랭크 크룩, 폴 빈스레이, 샌포드 알미

수 있었다. 나는 그 전날 중요한 마지막 시험을 치른 다음 곧 토론토를 떠나는 야간열차를 타야 하고, 또 1분의 여유도 없이 연결되는 열차로 바꿔 타고 알리언스로 가야 했다. 첫 번째 예정은 정확한 시계처럼 진행되었다. 나는 의기충천해 있었다. 그런데 이때 철로에 부서진 화물열차가 가로 누워 우리 앞길을 막고 있는 것이 아닌가.

매리언은 필라델피아에서 알리언스로 먼저 와 있었다. 졸업식이 시작되었는데도 신랑감이 나타나지 않자 그녀의 시선은 초조하게 두리번거리고 있었다. 매리언이 재학 중에 동료 학생들에게 얼마나 좋은 모범생이었는지를 보우면 학장이 열띤 목소리로 말하고 있었지만, 그녀는 나타나지 않는 신랑에 대한 걱정으로 그 말이 들리지 않았다. 흐트러진 머리에다 숨도 제대로 가누지 못한 채 내가 강당으로 들어섰을 때 졸업식은 이미 끝나가고 있었다. 나는 신부에게 손을 흔들어 보았다. 졸업식이 끝나자 매리언은 소중한 졸업장을 손에 쥔 채 친구들의 축하도 뿌리치고 내 품에 뛰어와 안겼다. 우리는 곧 자동차를 타고 오하이오 주 이스트 리버풀을 향해 80킬로미터로 달렸다. 그곳에서 우리는 결혼식을 올릴 예정이었다.

매리언과 같은 여학생회의 회원이었던 필리스 크룩(Phyllis Crook)이 교회에서의 결혼식과 손님 접대에 필요한 준비를 맡아주었다. 매리언의 형부인 노리스 라인위버 목사는 아이작 우드 목사와 함께 결혼식 주례를 섰다. 매리언의 언니, 조카, 어머니는 미리 식당에 와 있다가 우리가 도착하자 진심으로 축복해주었다. 어머니는 1920년에 조선으로 돌아가셨기 때문에 결혼식에 참석하지 못했다. 나는 몹시 섭섭했다. 필리스와 그녀의 부모가 베풀어준 훌륭한 결혼 피로연을 즐긴 후 우리는 다음 날 캐나다로 떠났다. 우리는 전에 아버지가 캠핑을 했던 찰스턴 호수로 갔다. 여기에서 사람도 살지 않는 멀리 떨어진 섬을 찾아 우리의 밀월여행을 보냈다. 오늘날까지도 우리에게 세상에서 가장 아름다운 호수로 기억되고 있다.

신혼여행을 마치고 매리언이 의과대학으로 돌아가려고 했을 때 전혀 예기치 못했던 통지서 한 장이 우리를 기다리고 있었다. 여성 해외 선교회에서 "매리언이 학생일 때에 결혼했으므로 장학금 지급을 즉시 중단한다"는 통보를 보내온 것이다. 우리에게는 큰 타격이었다. 매리언의 결혼은 여선교회가 장학금을 중단할 충분한 이유가 되었다. 그러나 우리가 다른 방법을 강구할 수 있도록 미리 알려주었다면 이토록 낭패스럽지는 않았을 것이다. 우리는 결혼을 숨기지 않았다. 그것은 여선교회가 매리언이 학업을 마치고 의료선교사가 되면 여선교회를 위해 무료 봉사하도록 계획하고 있었고 매리언도 기꺼이 그렇게 하기를 원했기 때문이었다. 결국 학교는 우리의 사정을 이해했던 모양이었다. 매리언에게 장학금의 일부를 지급했다. 또 펜실베니아 의료선교협회에서도 나머지 경비를 보조해주었다. 이렇게 해서 매리언은 다시 의학 공부를 계속할 수 있었다.

1923년 나는 토론토 대학교의 의과대학을 졸업했다. 그때 매리언은 여자의과대학의 상급반에 있었다. 그해 6월부터 나의 인턴 과정은 필라델피아의 스테트슨 병원(Stetson Hospital)에서 시작되었다. 병원의 환자들은 대부분이 유명한 스테트슨 모자 공장과 관계있는 사람들이었다.

그 병원에서 일을 시작한 지 며칠 되지 않았을 때였다. 하루는 내가

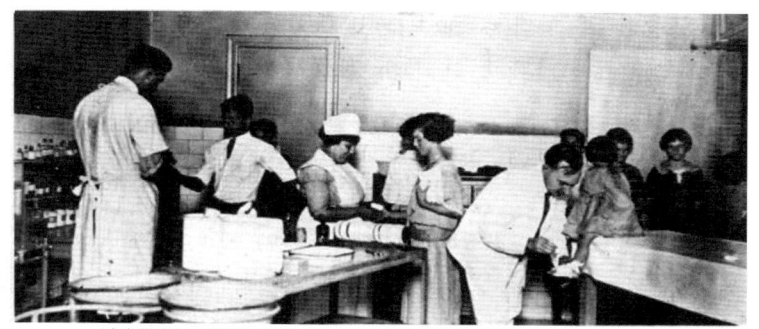
필라델피아 스테트슨 병원 응급실에서 인턴시절을 보내고 있는 셔우드 홀

환자를 보고 있는데 매리언이 졸도해서 병원 응급실로 실려 갔다는 긴급 전화가 왔다. 과장인 닥터 트레이시에게 허가를 받고는 매리언이 입원한 병원으로 달려갔다. 병원에 들어간 나는 마침 그 병원의 젊은 인턴이 동맥을 자르려는 것을 보고 간담이 서늘해졌다. 이 요법은 대단히 위험한 방법이다. 더구나 미숙한 손으로는 더욱 그렇다. 내가 급히 진찰해보니 목 근육에 딱딱한 게 없었으므로 뇌막염은 아니었다. 그날은 몹시 더웠으므로 심하게 열을 받았던 것 같았다. 나는 그 젊은 인턴에게 동맥절단 치료는 하지 않아도 된다는 내 의견을 강력히 주장했다. 그 의사는 기분이 상했으나 내 진단이 옳았다는 것이 나중에 판명되었다.

시간은 빠르고 행복하게 지나갔다. 1924년 6월, 매리언은 의사 자격을 얻었다. 그리고는 피츠버그의 사우스 사이드(South Side) 병원에 인턴으로 임명되었다. 기간은 1년이었다. 한편, 나는 뉴욕의 롱 아일랜드 홀츠빌에 있는 결핵요양소 병원에서 결핵을 전공하고 있었다. 그 병원의 닥터 에드윈 콜브(Edwin Colb)와 그의 의료팀 밑에서 원했던 훈련을 받을 수 있었다.

나는 캐나다 온타리오 주의 의사 면허와 미국의 의사 면허 두 개를 취득했고 매리언은 미국의 의사 면허를 가지게 되었다. 우리는 드디어 의료선교사가 될 수 있는 자격을 얻은 것이다. 우리가 평생을 바쳐 일하기를 원했던 의료선교사업을 실천하기 위해 보낸 그동안의 길고 길었던 준비 기간. 그 어려움의 시간들은 이제 다 지나간 것 같았다. 우리는 자신 있게 감리교 선교회 앞으로 조선 지역 선교사 자리를 신청했다.

매리언은 사우스 사이드 병원의 휴 맥과이어와 같은 뛰어난 의사들 밑에서 외과 분야에서는 최고의 훈련과 경험을 쌓았다. 우리 둘은 좋은 의료팀을 구성할 수 있다는 자신감에 넘쳤다. 그러나 선교회에서는 우리를 크게 실망시키는 통보를 보내왔다. 1925년의 경제적 불황으로 재정상 우리를 조선에 보낼 능력이 없다는 것이었다. 선교회는 자금이 없어서 휴가차 미국에 나왔던 선교사들까지도 현지에 보내지 못하고 있다는 소식이었다. 이 소식은 우리에게 졸도할 만큼 큰 타격이 되었다.

이때 나는 토론토의 의과대학 시절 닥터 윌프레드 그렌펠(Wilfred Grenfell)이 학생 자원 클럽 모임에서 연설했던 내용이 생각났다. 그는 자신이 맡고 있는 래브라도(Labrador) 선교에 의사들이 매우 필요하다고 한 적이 있었다. 모임이 끝난 후 개인적인 면담 자리에서 아내도 곧 의사가 된다고 말했더니 관심을 표명했다.

"당신들은 바로 우리가 찾는 의료팀이요. 당신이 우리에게 와서 일한다면 아내에게도 봉급을 주겠소." 나는 그에게 우리는 조선으로 가서 일할 계획이라고 말해주었다. 이 말을 들은 그는 포기하지 않고 다시 제의했다.

"당신들이 조선으로 가지 못하게 될 경우에는 우리에게 기회를 주기 바랍니다."

나는 닥터 그렌펠에게 아직 그 자리에 갈 수 있는지 알고 싶다고 편지를 보냈다. 곧 답장이 왔다. 그들은 지금도 의사를 구하고 있다고 했다. 조선으로 가는 일을 포기한다는 것은 참으로 아쉬웠지만 우리에게는 이미 다른 문이 열렸으므로 그 쪽을 선택하기로 했다. 닥터 크렌펠이 제시한 직책은 우리 마음을 끌었다. 봉사라는 일과 더불어 경제적으로도 매우 도움이 되는 조건이었다.

우리는 그 자리를 수락하기로 결정했다. 막 답장을 쓰려고 하는 순간, 뉴욕에서 띄운 한 통의 긴급 편지가 도착했다. 에디스 비버 울버턴 부인이 보낸 것으로 자기를 만날 때까지는 우리들의 장래에 대해 아무 결정도 내리지 말고 가능한 빨리 뉴욕으로 와서 그녀의 자매인 미리엄 울버턴 여사를 만나라고 했다. 나는 그들이 어머니의 좋은 친구들이란 것은 알고 있었지만 아직 만나 본 일은 없었다. 피츠버그에서 그녀의 셋째 동생인 마거리트 캐시디 댁에 방을 빌린 적은 있었지만.

이 일은 선교회가 자금이 없어 우리를 조선에 보내지 못하게 됐다는 소식을 들은 어머니가 곧 이 부유한 친구들에게 우리를 조선에 보낼 수 있는 길을 찾아봐달라고 편지를 보냈기 때문이었다. 이 부인들은 어머니의 의료사업에도 상당히 많은 도움을 주었던 분들이다. 그들은 어머니의 편지를 받자 우리를 불렀다. 이분들은 우리 교파도 아니었는데 우리를 만나본 후 재정적 도움을 약속했다. 이제 교파를 초월한 이 부인들에 의해 감리교 선교회는 우리는 조선에 파견할 수 있게 되었다.

때마침 조선 감리교 주재 감독인 허버트 웰치 목사가 뉴욕을 방문 중이었다. 부인들이 감독을 만나면 우리들에 대해 자세히 논의할 수 있었으므로 웰치 감독에게 소개를 시켰다. 그들은 우리가 감히 바라지 못했던 것까지 배려했다. 우리를 유명한 런던의 열대약학 학교(London School of Tropical Medicine)에 보내, 6개월간 동양 질병에 대한 철저한 훈련을 시킨다는 것이었다. 훈련이 끝나는 대로 조선 해주의 노튼 기념병원으로 부임하라고 했다.

얼마나 놀랍고 기쁜 소식이었는지 몰랐다. 근래에 와서 좌절감에 빠져 있었던 우리들은 이 사건의 전환이 마치 기적처럼 여겨졌다. 우리는 하나님의 은혜에 감사했고 이 모든 것을 선처해 주신 분들에게 고마움을 금할 수 없었다. 많은 사람들은 그해 안에 우리가 조선으로 떠나지 못할 것이라고 생각했으며 모든 일이 예정대로 끝나지 않을 것 같다고 말했다. 그러나 우리들은 믿었다. "하나님과 함께라면 모든 것이 가능하다"는 것을. 우리들은 젊었다. 그 젊음의 혈기와 열정으로 해외에서 있을 선교 생활의 새로운 경험과 모험을 상상하며 가슴이 두근거렸다.

우리는 출발할 날만을 기다렸다.

허버트 웰치 조선감리교구 감독.
1916-1928년에 조선과 일본의 감리교구 주재감독이었다.
닥터 셔우드 홀이 조선에 결핵요양원을 설립하는 데
실질적이고 정신적인 도움을 주었다.

10
조선을 향해

출발일인 1925년 8월 25일이 다가왔다. 우리는 S. S. 캐메로니아 호를 타고 뉴욕에서 영국 글래스고(Glasgow)로 갈 예정이었다. 매리언은 마지막으로 짐을 점검했고 일일이 품목들을 기록했다. 나의 신부는 조직적인 성격이었고 정리정돈을 좋아했다.

우리가 부두에 도착하자 전송 나온 일가친척들과 친구들이 벌써부터 기다리고 있었다. 그들 중에는 닥터 조지 히버 존스의 미망인과 울버턴 부인도 있었다. 존스 부인은 미혼이었던 1890년, 어머니와 함께 조선으로 선교의 길에 올랐던 분이기도 하다. 이런 친분이었으므로 그녀는 지금 근무 중인 뉴욕 선교부 대표로서만이 아닌, 그 이상의 의미가 있었다. 남편 존스 목사는 아버지가 1891년 제물포에 도착했을 때 공식대표로 나와 서울까지 안내했던 분이다. 결핵 병원에서 함께 근무했던 제시 스킷모어 부인과 닥터 사이먼슨은 전송객들이 가져온 꽃들로 우리의 선실을 신방같이 치장하느라고 바빴다. 이 때문에 글래스고까지 가는 동안 배 안에서 우리는 줄곧 신혼여행 중인 부부로 알려졌다.

드디어 닻이 올랐다. 형형색색의 리본 묶음이 우리에게 던져졌다. 전송 나온 사람들이 리본의 한쪽 끝을 잡고, 떠나는 우리가 반대쪽을 잡고 있으면 배가 천천히 부두를 떠나면서 리본이 풀리게 한다. 이윽고 하나둘씩 리본의 끈이 끊어진다. 그러나 우리의 사랑은 시간과 공간을 초월하여 이어진다. 배가 떠난다는 것은 매리언의 어머니, 스턴 여사, 스킷모어 부인, 닥터 사이먼슨… 우리가 사랑하는 모든 분들과의 이별을 뜻한다. 이별의 아픔은 우리가 선택한 생의 일부였다.

떠날 때의 슬픔과 기다림의 설렘은 선교사 생활에 항상 따라다니는 친구다. '선교 인생'의 첫 출발로 맞는 이별의 슬픔은 나보다는 매리언에게 더욱 힘든 것이었다. 매리언은 "자기 집을 떠난다"는 뜻이었고, 나에게는 "자기 집으로 돌아간다"는 의미를 포함하고 있었기 때문이었다. 그러나 그녀는 런던으로 공부하러 가기 전에 먼저 고향인 엡워스에 들린다는 사실로 곧 기분이 좋아졌다.

배가 떠나면서 리본이 풀린다.

스코틀랜드와 영국의 호수 지방을 관광하고 고색창연한 엡워스로 갔다. 이곳은 저 유명한 존 웨슬리가 심금을 울리는 복음 전파로 영국을 흔들어놓았던 곳이다. 그는 '전 세계를 나의 교구'로 삼겠다고 천명했었다. 이처럼 유서 깊은 도시가 매리언의 출생지이며 그녀가 어린 시절을 보낸 고향이라는 점에서 우리는 더 친근감을 느꼈다. 일가친척과 소녀 시절의 학교 동창들에게 자기 남편을 소개하던 날, 매리언은 진정으로 행복해했다. 더구나 매리언은 이 지방 출신 여성으로서는 손에 꼽을 정도로 소수였던 여의사 가운데 한 사람이었다. 얼마나 자랑스러운 일이었던가!

영국 엡워스의 웨슬리 기념교회

어린 매리언이 엡워스의 집에서 차를 마시고 있다.

우리는 존 웨슬리가 설교했던 곳을 방문했다. 그는 아버지 새뮤얼 웨슬리가 묻힌 묘의 돌판을 설교단으로 삼아 설교했다면서 그녀는 어린 시절을 회상했다.

"우리들은 어렸을 때 이곳에 자주 와서 묘석 앞에서 설교하는 웨슬리 흉내를 내곤 했어요."

웨슬리 기념 교회당의 아름다운 잔디밭에서 우리를 위한 환영회가 열렸다. 그들의 따뜻한 모습에서 엡워스의 이웃들이 매리언의 집안을 얼마나 사랑하고 있는지 느낄 수 있었다. 그들은 매리언이 의사가 된 것을 매우 자랑스러워했다.

런던에 도착한 우리는 학교 근처의 하숙집을 구했다. 나는 날마다 캐비지와 콜리플라워(Cauliflower)를 먹는 법을 배웠다. 사람들이 왜 콜리플라워를 영국의 국화라고 말했는지 이곳에서 비로소 이해할 수 있었다. 안에 조그마한 가스히터가 있었는데 앞에 있는 구멍에 동전을 넣으면 난로가 작동했다. 그러면 우리는 빙빙 돌아가는 걸상을 그 앞에 놓고 걸터앉아 이리저리 회전시키면서 몸을 녹였다. 난방 장치가 없는 방에서 겨울을 지내고 나니 영국 사람들이 외국에 나가 식민지를 얻는 데 능숙해진 것은 이 추운 겨울을 피하기 위한 지역 확대의 한 방법이었음이 틀림없다는 생각이 들었다.

이곳 학교의 학생들은 대부분 동양 각지에서 모인 의사들이었다. 더러는 식민지 정부의 의료관계 요직에 있는 영국 의사들도 있었다. 각양각색의 사람들이 모인 집단이라 서로 자극을 주고받을 수 있었다. 우리는 주말이면 자주 런던 근교의 역사적인 명소를 찾아다녔으므로 여기에서도 '신혼여행 부부', '미국 관광객'으로 통했다. 쉬는 시간이면 다른 학생 의사들이 우리 주위에 모여들어 새로운 탐방기에 대한 이야기 듣기를 즐거워했다.

런던의 열대약학 학교의 교수들은 이 분야에서 뛰어난 권위자들이었다. 의학 전문지에 여러 논문을 기고했으며, 어떤 이들은 기사 직위까지 받을 정도로 학문적인 공로가 컸다. 레너드 로저스 경 같은 분은 말라리아 치료 부문의 개척자였으며 간염 치료에 있어서도 특수하고 성공적인 길을 열기도 했다. 이 학교에서 우리들은 지구 곳곳에서 날아오는 실제적인 의학자료들을 접하는 행운을 누렸다.

런던 항에는 각종 열대성 질병에 걸린 선원이나 선객들을 격리 수용하는 병원이 있었다. 동양 현지에 가야만 볼 수 있는 특수한 질병들을 런던에 앉아 직접 다뤄볼 수 있었던 것이다. 우리들은 환자들이 병에 걸렸을 상황에 따라 기술적으로 치료하는 것을 견학했다. 이러한 경험은 후일 현지에 나가 의료선교사로 일할 때 많은 도움이 되었다. 우리는 여기에서 배운 지식으로 장기간의 치료과정에서 필시 반복되었을 실수를 저지르지 않고도 정확한 진단과 치료를 할 수 있게 되었다.

서양에서는 거의 없었던 질병들에 대해서도 많은 것을 배웠다. 예를 들면 이질의 경우, 가장 효과적인 치료법은 식이요법이었는데 지금까지 이질의 식이요법으로는 묽게 탄 우유를 먹이는 것으로 알고 있었다. 그러나 우유는 '외부에서 온 단백질 독소'라는 역효과를 초래, 환자를 사망하게 할 수도 있다는 것을 알았다. 이 경우 먼저 정맥 주사로 영양을 보급하고 보리죽을 쑤어서 환자에게 먹여야 한다.

조선으로 돌아온 지 얼마 안 되어 나는 이 식이요법으로 선교사들의 어린 자녀 둘을 구할 수 있었다. 그들은 우유 식이요법으로 인해 병이 악화되어 거의 죽어가고 있었다. 나는 얼른 보리죽 요법을 써서 완쾌시킬 수 있었다. 이 방법은 참으로 간단하다. 그러나 아는 것과 모르는 것의 차이로 환자를 살릴 수도 있고 죽게 할 수도 있다. 이뿐만 아니라 우리는 이상한 것들도 배웠다. 그동안 지렁이, 개구리, 개, 사람 시체들을 해부해본 경험은 많았다. 그러나 모기를 해부한다는 말은 들어보지 못했다. 모기가 내 피를 빨아 먹을 때 찰싹 때려서 죽인 일은 있지만 모기를 시험관에 넣어 죽인다는 이야기는 들은 적이 없었다.

모기를 해부하려면 모기의 몸체를 상하지 않게 죽여야 한다. 그러기 위해서는 모기를 시험관 안에 집어넣고 가볍게 시험관을 탁 치면 놀랍게도 모기는 뻗어버린다. 이렇게 하여 모기가 움직이지 못하면 섬세한 기구와 섬세한 솜씨로 배를 갈라서 모기의 내장을 꺼낸다. 또 그 내장을 조심스레 양쪽으로 펴서 고정시킨다. 그런 다음 현미경을 가지고 내용물을 관찰하는 것이다. 그러면 놀랍게도 그곳에서는 말라리아 원충의 세계가 펼쳐진다. 서양에서는 말라리아 원충을 가진 모기를 보기가 어렵다. 암놈이 수놈보다 독한 말라리아 원충을 갖고 있다. 암놈이 피를 빨 때는 고개를 꼿꼿이 세우기 때문에 수놈과 구별할 수 있다. 모기가 피를 빨 때 말라리아 원충을 혈관에 주입하므로 말라리아를 앓게 되는 것이다.

우리는 학교에서 많은 것을 배우고 훈련받았다. 이제 조선으로 돌아가서 그동안 쌓은 실력으로 의료선교와 봉사에 나설 날만을 고대했다. 조선으로 갈 때 우리는 유럽을 통과하게 되어 있었으므로 그것은 '제2의 신혼여행'이 될 수 있었다.

드디어 조선을 향해 출발하는 배를 탔다. 매리언이 여자의과대학의 학생이었을 때 퀴리 부인이 그 학교에 초청을 받아 강연을 한 일이 있었다. 그때 매리언은 학생회장이었기 때문에 강연이 시작되기 전에 퀴리 부인을 청중들에게 소개하는 영광을 누렸다. 라듐 발견과 이것을 암 치료에 응용할 수 있게 한 공로로 세계적인 명성이 있었던 마담 퀴리는 학생들에게 "만일 파리에 오는 일이 있으면 내 연구소를 찾아오라"는 따뜻하고 친절한 말을 했었다. 파리에 도착한 우리는 퀴리 부인의 연구소를 방문하기로 했다. 그러나 섭섭하게도 퀴리 부인이 자리에 없을 때 도착했다. 그러나 퀴리 부인의 딸이며 과학자인 이브를 만났다. 그녀는 과학자로서 자신의 영역을 개척하고 있었는데 매우 친절하게 우리를 맞아 부모의 연구실을 보여주었다.

우리는 또한 그 유명한 파스퇴르 연구소도 방문했다. 이 연구소의 업적으로 수많은 생명이 살아났는데 그때 진행 중이던 광견병 연구는 우리를 사로잡았다. 이러한 연구소 견학을 통해 너무나 깊은 인상을 받았기 때문에 파리의 여러 명소들을 관광하는 일은 세속적인 것으로 여겨졌다. 파리를 대강 돌아본 다음 서둘러 떠날 준비를 했다.

런던 열대약학 학교에서 스위스 로잔에 있는 롤리어 진료소(Rollier Medical clinic)가 폐결핵으로 인한 수술 대상자들을 일광욕법으로 치료하여 놀라운 성과를 보였다는 뉴스를 들은 바 있었다. 내 전문분야가 흉곽질환과 폐결핵이었으며 조선은 이런 질환의 온상지였으므로 반드시 그곳을 들러 견학을 해야겠다고 생각했다.

로잔으로 가는 길은 아슬아슬하기 짝이 없는 산길이었다. 롤리어 병원은 눈 덮인 산봉우리로 둘러싸인 알프스의 높은 지대에 있었다.

그곳은 먼지도 없고 바람 한 점 들어올 수 없는 지역이었다. 환자들이 아랫도리만 가린 채 웃통을 벗고 눈 위를 걷고 있는 광경을 보고 우리는 깜짝 놀랐다. 그들은 따뜻한 햇살을 받아가며 자외선 치료를 받고 있었던 것이다.

우리는 닥터 롤리어를 만났다. 그는 귀찮아하지 않고 친절하게 치료방법에 대해 차근차근 설명해주었다. 환자들의 엑스레이 사진을 꺼내놓고 치료 전의 것과 치료 후의 차이를 대조해 보여주었다. 그런 다음 방금 보여준 사진의 주인공들이 있는 병동으로 안내했다. 꼽추의 등허리는 똑바로 펴져 있었고 내장결핵 때문에 부풀어 있었던 복부가 정상이 된 모습들도 보았다. 그 당시는 '기적의 약'이라 불리는 신약들이 개발되기 전이었다. 그 당시로서 이러한 치유 결과는 정말로 기적 같아 보였다.

이 치유법의 가장 중요한 조건은 병원이 이상적인 장소에 위치해야 한다는 점이었다. 먼지가 없는 공간이어야만 자외선을 쬘 수 있었다. 또한 이 병원 의사들은 각 환자들에게 엄격한 일광욕과 약품 처방을 하고 있었다. 치료 전과 후에는 반드시 체온과 맥박을 기록한다. 열과 맥박의 수가 높아지면 일광욕 시간을 줄인다. 이 규율과 처방을 따르지 않는 환자는 더 이상 치료하지 않거나 퇴원시킨다. 이 견학 덕분에 나는 조선으로 돌아온 후에 롤리어 진료소의 방법을 현지 실정에 맞게 약간 고치고 규모를 축소하여 결핵요양소를 만들 수 있었다.

우리의 다음 도착지는 마르세유였다. 로잔에서 그리 멀지 않았다. 항구에서 우리는 런던에서 함께 훈련을 받았던 세 사람의 중국인 의사들인 타이(Tay), 쿠우(Khoo), 리(Li)를 만나 함께 출항했다. 우리가 탄

배는 영국의 S. S. 마케도니아 호로 동양행 선박이었다. 배는 수에즈 운하와 아덴을 지나 곧 인도의 봄베이 만에 도착했다.

봄베이에서 가볼 만한 데는 하페킨 연구소다. 그곳은 인도에서 발견되는 네 가지 독사 종류로부터 독사의 독에 항거하는 혈청을 만드는 곳이다. 인도에서는 독사에 물려 죽는 사람들이 매년 수백 명이나 되었다. 우리는 이 연구소를 방문해 뱀으로부터 독액을 추출하는 과정을 보았다. 뱀 대가리를 꽉 잡고 이빨에 망을 걸어 잡아끌면서 병에다 대면 독액이 흘러 유리병에 고였다. 이 독액은 여러 복잡한 과정을 거쳐서 항독 혈청으로 만들어진다.

우리가 도착했을 때는 마침 독사에게 먹이를 주는 시간이었다. 상자 안의 독사는 축 늘어져 있었다. 그런데 생쥐 한 마리를 넣어주자 번개같이 잡아 삼키는 것이 아닌가. 그 동작이 어찌나 빠른지 깜짝 놀랐다. 런던에서 공부할 때 독사들에 대해 배운 일이 있었고 이 연구소의 업적에 대해서도 들은 바가 있었으므로 이 견학은 무척 흥미로운 시간이었다.

시간이 남아 '정적의 탑'(Towers of Silence)을 구경했다. 이곳은 파시(Parsee) 교도들이 시체를 가지고 와서 독수리가 뜯어먹게 하는 장소다. 파시교는 고대 페르시아의 국교였던 조로아스터교의 뒤를 이은 교파다. 그곳에서 파시교 신자 한 사람을 만났다. 그는 시체를 독수리에게 먹이게 하는 풍습보다 시신을 땅에 매장하여 벌레가 살을 파먹게 하는 방법이 더 몸서리치는 일이라고 말했다. 그러나 가끔 독수리가 시체의 살점을 물고 날아가다가 떨어뜨리는 일이 있어서 가든파티를 즐기던 사람들의 기분을 상하게 하는 경우가 있다는 점은 시인했다.

어떤 풍습에 대해 좋고 나쁘다는 생각은 각자의 견해에 따라 달라지는 것을 알 수 있었다.

배는 다시 출항하여 스리랑카의 콜롬보에 기착했다가 중국인 의사들이 사는 항구에 차례차례로 정박했다. 닥터 타이는 말레이시아의 싱가포르에서 북쪽으로 500여 킬로미터 떨어진 페낭에 살고 있었다. 배가 페낭에 닿자 그는 이 도시를 구경시켜주고 싶어 했다. 그는 우리가 매우 흥미를 갖고 있던 유명한 뱀 사원에 데리고 갔다. 많은 종류의 뱀들, 독사들이 기둥을 감고 있거나 촛대 위나 주변에 꿈틀거리고 있는 것을 볼 수 있었다.

처음 우리들은 이 뱀들과 어느 정도 떨어져서 구경했으나 뱀에게 마취제를 먹여 독이 없다는 말을 듣고 좀 더 가까이에서 구경했다. 그러나 손이 닿을 만큼 접근하지는 못했다. 킹코브라는 그래도 독이 강했으므로 상자에 담긴 채 절 마당에 있었다. 어째서 사람들이 뱀을 모셔 놓고 참배하는지 이해하기 힘들었다. 닥터 쿠우의 집이 있는 싱가포르, 닥터 리가 살고 있는 홍콩을 구경하고 1926년 4월 10일 마지막으로 배가 도착한 곳은 일본의 고베였다.

일본은 동화 속의 나라 같았다. 우리가 갔을 때는 벚꽃이 만발한 초봄이었다. 벚꽃이 만발할 때 추는 '오사카 오도리'라는 춤을 구경했다. 사람을 황홀하게 하는 춤이었다. 조선으로 출발하기 전에 일본이 자랑하는 '공원'을 구경했다. 그들의 공원은 우리들의 것과는 달랐다. 장난이 심한 아이들이나 소풍 나온 사람들도 없었다. 공원의 모든 것들은 상징적인 축소판이었다. 작은 폭포수, 반달 같은 다리가 있는 두 개의 호수, 조그만 초원, 축소판 산과 같은 것들로 꾸며져 있고 낡은 벤치들이 적당한 간격으로 놓여 있었다. 한쪽 구석엔 운치 있는 찻집이 있었다. 그곳에서 사람들은 화로에 끓인 차를 손잡이 없는 찻잔에 받쳐 들고 인생을 노래하며 차를 음미하고 있었다. 새들은 꾸불꾸불한 소나무 가지에서 지저귀고 잉어들은 벌레를 잡으려고 물 위로 뛰어올랐다.

조용하고 아름다운 아침이었다. 우리는 한 묶음의 편지들을 이 조용한 공원에서 읽기로 했다. 이 편지들은 우리가 고베에 도착했을 때 우리를 기다리고 있었다. 그동안 여러 곳을 다니느라 한 장소에서 차분히 편지들을 읽을 시간조차 없었다. 대부분의 편지들은 우리들에게 진정한 용기를 주는 즐거운 내용이었다. 우리에게 좋은 친구들이 많다는 것을 알고 기뻤다. 특히 해주의 선교병원에 있는 미국인 펄 런드(Pearl Lund) 간호원장이 보낸 편지에는 우리가 그곳에 얼마나 필요한 사람인가를 확인하게 하는 따뜻한 환영의 내용이 담겨 있었다.

그곳에서는 우리가 조선에 도착할 날을 고대하고 있다는 사연도 들어 있었다. 그러나 어떤 편지들은 우리에게 혼란을 주었다. 그 중 하나는 어머니로부터 온 편지였다. 어머니는 솔직히 불만을 제기했다. 우리가 당연히 평양연합기독병원(Union Christian Hospital)으로 와야 함에도 불구하고 해주로 가게 되었다는 것은 중대한 실수라고 지적했다. 1920년 홀기념병원과 평양장로교병원을 통합하여 평양연합기독병원으로 이름이 바뀐 것이다. 어머니의 주장은 그 이론이 상당히 정연하였고 이유도 타당했다.

그러나 임지 선택은 선교회가 한 것이다. 평양병원에는 이미 훌륭한 의료선교사가 책임을 지고 있었으므로 선교회는 우리를 해주로 보낸 것이다. 마음속으로는 나도 성자 같은 아버지의 발자취가 살아 있는 그늘 밑에서 지내는 것이 내 미숙한 인격으로는 어렵다고 느끼는 중이었다. 게다가 평양에서 남쪽으로 약 100킬로미터 거리에 있는 해주에서는 우리를 절대적으로 필요로 하지 않는가. 그러므로 거기에서 우리 나름대로 새로운 출발을 할 수 있다.

해주의 선교사업은 1909년부터 감리교 감독의 책임 하에서만 운영되었다. 그전까지는 장로교 선교사들의 활동도 있었으나 이 지역에서는 감리교 선교활동에 중복되는 사업은 장로교에서 하지 않기로 쌍방 합의했던 것이다.

닥터 아더 노튼(Arthur H. Norton)은 조그마한 치료소에서 시작해 1913년에는 2층 벽돌 건물인 루이스 홈즈 노튼 기념병원(Louisa Holmes Norton Memorial Hospital)을 신축 발전시켰다. 이 병원은 황해도의 3분의 1을 점하는 해주 지역 주민들에게 봉사하기 위해 지어졌다.

병상 30개뿐인 병실로는 환자들을 수용하기에 부족했다. 때로는 환자들의 수가 세 배로 늘어나 방바닥에 눕히기도 했다. 다행이 조선 사람들은 방바닥에서 잠자는 데 익숙해 있었다. 의료진들은 이처럼 불어나는 환자들을 치료하기에 벅찼다. 해주에는 의료시설 외에 교육시설도 필요했다.

감리교 선교회에서는 남학교와 여학교를 설립하여 운영하고 있었다. 각 학교에 4명의 교사들이 있었고 학생 수는 여학교가 100명, 남학교가 280명이었다. 여학교는 좋은 벽돌집을 쓰고 있었으나 남학교는 어느 미국인 방문객의 표현대로 '포드 차 한 대를 주차하기에도 어려울 만큼 작은 집'이었다. 그러나 학교들은 지역 사회를 위해 귀중한 역할을 맡고 있었다. 병원과 학교에서 일할 사람이 크게 부족했으므로 이럴 때 우리가 해주로 가는 것은 우리의 노력으로 뭔가를 기여할 수 있는 좋은 선교 생활이 된다고 생각했다.

또 한 통의 편지는 해주병원의 닥터 김(Y. J. Kim, 한국명 김영진)으로부터 온 것이었다. 그는 지금 혼자서 병원을 유지하려고 애쓰고 있었다. 닥터 노튼이 있다가 1922년 서울의 세브란스 병원으로 전임되었는데 건강상의 이유로 미국으로 돌아갔고 그 후임으로 닥터 하이디(K. W. Hidy)가 해주에 왔으나 단 2년밖에 머물지 않았다. 닥터 김은 편지에다 "닥터 윌리엄 제임스 홀의 아들과 김창식 목사의 아들이 이제 해주에서 한 팀이 되어 일하게 되었으니 얼마나 기쁜지 모르겠다"고 썼다.

닥터 김은 김창식 씨의 아들이었던 것이다. 편견과 오해가 많았던 1894년, 평양에서 기독교 박해가 있었을 때 그의 아버지 김창식은 인내와 믿음으로 아버지 제임스 홀을 도와 그 역경을 넘겼던 분이었다. 감히 그 깊이를 헤아릴 수 없는 하나님의 섭리, 하나님께서는 이 지역에서 기독교를 개척한 두 사람의 아들들이 다시 만나 하나님께 봉사할 수 있는 길을 터주셨던 것이다.

닥터 김의 아버지 김창식은 1901년 집사 목사 안수를 받았다. 그는 조선의 신교사(新敎史)에 있어서 최초로 임명된 목사였다. 1904년에는 조선인으로서는 처음으로 감리교의 구역 담임자가 되어 6년간 영변 구역에서 사역했다. 마지막으로 맡은 지방이 해주였다. 지금 그는 은퇴하여 아들 닥터 김과 함께 살고 있었다.

다른 편지들은 우리를 설득하거나 조언하는 내용들이었다. 어떤 편지는 더 넓고 더 큰 봉사지역을 선택하지 않고 왜 그런 고립된 지역을 택했는지 알 수 없다고 썼으며, 또 어떤 편지는 선교회에서 운영하는 의학교의 교수진에 합류하면 좋을 것이라고 조언하기도 했다. 몇 통의 편지는 개인적인 문제를 언급한 것이었다. 무슨 권한으로 젊은 아내를 이러한 벽지로 끌고 와서 '고독의 고통'을 받게 하는지 알고 싶다고 힐책하면서 아내가 이곳 생활을 참지 못해 내 임기가 끝나기도 전에 나를 끌고 미국으로 돌아갈 것이라고 단정했다. 또 어떤 편지는 만일 우리가 아이를 갖게 되면 "그 아이는 서양인 친구와 놀 수도 없고 함께 공부할 수 있는 학교도 없으니 얼마나 잔인한 일이냐"고 나무라면서, "그렇게 자란 아이들은 나중에 자기네 사회에 적응하지 못하게 된다"고 썼다.

이른 아침의 공원은 고요했다. 이런 내용의 편지들이 뜻하는 바를 잘 분류해서 정리한 후 마음의 여유를 가질 수 있게 하는 분위기였다. 어떤 조언들은 미리 우리가 참고했어야 할 내용이기도 했으나 이미 결정된 우리의 해주행 뱃머리를 돌리게 할 만큼 중요한 사항들은 아니었다. 우리는 우리가 내린 결정을 후회할 아무런 이유가 없었다.

조선으로 돌아와서

 조선! 아버지는 연안용 기선을 타고 긴 여행을 하여 조선 땅에 첫발을 내디뎠지만 이제 우리는 일본에서 출발하는 야간 연락선을 타고 조선 해협을 건넜다. 그런 다음 열차편으로 서울로 가면 된다. 이 무렵 철도는 조선 남단인 부산에서부터 북단의 만주 접경까지 개설되어 있었다. 객차를 끄는 기관차는 미국 필라델피아 교외에 있는 볼드윈 기관차 공장에서 만든 것이어서 우리들에게도 낯설지 않았다.

 매리언은 아침마다 나보다 먼저 일어났다. 그러나 우리가 조선에 도착하던 날 아침에는 해도 뜨기 전에 내가 먼저 일어났다. 솟아오르는 장엄한 아침 햇살을 받으며 나는 먼 시야에 들어오는 당당한 조선 땅의 해안선을 바라보았다. 나는 가끔 전쟁에 시달린 이 땅이 어째서 '조용한 아침의 나라'라고 불리는지 궁금했었다. 동트는 순간, 갑판 위에 서 있던 나는 이제야 그 이유를 알 수 있었다. 배는 더할 나위 없이 잔잔한 바다 물결을 가르고 해안의 산맥들을 향해 접근하고 있었다. 동쪽을 보니 솟아오르는 아침 해가 바다에 반사되어 황금색의 넓은 길이 마치 내게로 연결된 것 같았다. 해안에는 꾸불꾸불한 소나무들이 여기저기 솟아 있는 암석 위를 덮고 있었다. 이러한 바다에 비친 초록색 경치 속에 만발한 분홍색 산벚꽃들이 나타났다. 수면에 반사된 분홍색 산벚나무의 꽃 그림자들이 바다 위의 황금색 햇빛이 만든 넓은 길과 섞여 절묘한 아름다움을 이루고 있었다. 나는 넋을 잃고 이 황홀한 광경에 빠져들었다.

매리언이 일어나 갑판 위로 올라왔다. 이른 새벽의 장관이 거의 사라진 후였다. 나는 마치 '장미로 물들인 안경'을 쓰고 있었던 것 같았다. 이러한 느낌이나 감동은 조선에서 지냈던 소년 시절의 여러 경험들과 밀착되어 남들과는 매우 다른 인상으로 가슴에 새겨졌다.

배가 해안으로 더 가까이 다가서자 벚꽃이 만발한 부산이 눈앞에 나타났다. 매리언은 감탄사를 연발하며 흥분을 감추지 못했다. 남자들은 불룩한 통바지를 입고 명주와 말총으로 만든 위가 편편한 까만 모자를 쓰고 있었다. 여자들은 연두색 장옷을 머리끝까지 덮고 다녔다. 발가벗은 아이들이 어머니들의 치마꼬리에 몸을 숨긴 채 우리를 내다보고 있었다.

이러한 풍경들은 이곳에 봄이 왔다는 것을 의미했다. 이처럼 색다른 광경은 매리언에게 놀라움과 즐거움을 주기에 충분했다. 매리언이 즐거워하는 모습을 보고 나의 기쁨은 더욱 커졌다.

"당신은 부산에 상륙하자마자 사람들과 조선말로 신나게 이야기할 게 아니에요? 그런데 난 뭐예요? 인사말 한 마디도 할 줄 모르니. 좀 가르쳐주세요. 그래야 나도 기분을 낼 수 있지요."

그때 나는 너무 의기양양하고 행복감에 취했던 모양이다. 내 감정을 절제하지도, 사리를 분별할 여유도 없었다. 그래서 매리언에게도 장난기가 동해버렸다.

"사람들이 깜짝 놀랄 아주 쉬운 말이 있는데, 이렇게 말해요. '내가 잔나비요.'(Nai ga Chan nab-e-o)."

우리는 서울에서 마중나온 어머니를 제일 먼저 만났다. 어머니는 부산에 살고 있는 친구들과 함께 나와 있었다. 나는 16년 동안을 떠나 있었기 때문에 조선말은 다 잊어버린 게 아닌가 생각했었다. 그러나 수영을 아는 사람은 오랫동안 물가에 가지 않았어도 물에 들어가면 자연히 수영을 하게 되는 것처럼, 조선 사람들을 만나자 나도 소년시절의 그 말투로 쉽게 조선말로 이야기할 수 있었다.

매리언도 조선 사람들에게 둘러싸여 외롭지 않아 보였다. 그녀를 둘러싼 조선 사람들의 얼굴을 보니 그녀의 말을 잘 알아듣지 못하는 표정이었다. 나는 매리언이 영어로 말하는 줄로 알았다. 매리언은 내가 가르쳐주었던 조선말을 또박또박 끊어서 말했다. 이윽고 주위 사람들은 그 말을 알아듣기 시작했다.

어느 품위 있는 조선인 신사가 매리언이 연습한 말이 뭘 뜻하는지를 알아차리고 말았다. 신사가 폭소를 터뜨리자 모두들 박장대소했다. 이상하게 생각한 매리언이 나를 불렀다. 그러나 이 상황에 그 말의 뜻을 그녀에게 해석해준다는 것은 사태를 더욱 악화시킬 뿐이었다. 나는 황망히 그 자리를 피했다.

"내가 잔나비요."

이 말은 "나는 원숭이입니다"라는 뜻이다. 이렇게 해서 이 말이 내가 매리언에게 가르칠 수 있었던 처음이자 마지막 조선말이 되고 말았다. 어머니는 나의 유치한 장난을 꾸짖었다. 변명의 여지가 없었으므로 한 마디 대꾸도 없이 가만히 있었다. 어머니는 매리언에게 사교적이고 품위 있는 조선말을 가르쳤다.

"매우 반갑습니다"(Mai-o Pangapsimneda). 이 말은 "I am happy to meet you!"와 같은 뜻이다.

우리는 빨리 임지로 가고 싶었다. 그러나 부산 친구들은 벚꽃이 만발한 해안 공원에서 환영 파티를 열테니 반드시 참석해야 한다고 말했다. 지금 이곳에는 벚꽃이 만발해 있지만 북쪽에 벚꽃이 피려면 한참 있어야 한다는 것이었다. 매리언은 공손히 말했다.

"우리는 빨리 일을 시작해야 하므로 그냥 떠나겠습니다."

한 나이 많은 호주 출신 선교사가 나서서 매리언에게 이렇게 조언했다.

"젊은 부인, 지금 댁은 시간을 따지지 않는 동양에 와 있다는 점을 기억하세요. 당신의 시계는 환자들의 맥박을 재는 일 외에는 필요하지 않을 겁니다. 동양에서 오래 있고 싶으면 느긋하게 처신하는 걸 배워야 할 겁니다. 그렇지 않으면 일도 제대로 못한 채 귀국하게 됩니다."

매리언은 그 선교사에게 실정을 잘 알려줘서 감사하다고 진심으로 인사한 다음 초청을 받아들였다. 매리언은 자기 시계를 본 다음 장난스런 목소리로 말했다.

"선생님께서 저희들을 기다리시지 않도록 정각 안에 그곳에 도착하겠습니다."

그는 만족한 듯이 빙그레 웃었다.

벚꽃이 만발한 공원의 화창함은 이런 모임을 갖기에 알맞은, 목가적인 분위기를 만들어 주었다. 부산에서는 호주에서 온 선교사들이 많아 자연스럽게 캥거루가 화제에 올랐다. 매리언이 질문을 던졌다.

"캥거루가 금방 태어났을 때의 크기가 얼마나 되는지 아는 사람 있으세요?"

여러 대답이 나왔으나 아무도 알아맞히지 못했다. 캥거루에 대한 매리언의 지식은 사람들을 놀라게 했다.

"그건 잘 자라지 못한 옥수수만 해요. 우리 엄지손가락보다 크지 않아요. 어미가 새끼를 배에 있는 주머니에 넣고 다니는데, 조금 커지면 젖꼭지에 닿도록 도와주지요. 동물원에서 캥거루 시체를 해부할 때 한 번 본 일이 있어요."

부산의 한 정원에서
벚꽃이 흩날리는 거리에 서서.
닥터 셔우드 홀과
어머니 닥터 로제타 홀

파티가 끝날 때쯤 해서 바람이 수면에 잔물결을 일으키며 불어왔다. 우리가 감사의 작별인사를 할 때 부드러운 바람은 분홍색 꽃잎들을 날려 우리를 위한 환영회의 아름다운 막을 내려주는 것 같았다.

우리를 실은 기차는 전속력으로 내달렸다. 차창에 비친 첫 광경은 한창 자라고 있는 보리밭이었는데 바람이 불자 물결처럼 출렁거렸다. 서울이 가까워지자 기차는 꾸불꾸불한 소나무들로 덮여 있는 산기슭을 돌았다. 마침내 내가 태어났고 어린 시절을 보낸, 눈에 익은 서울에 들어섰다. 기쁨과 하나님에 대한 감사함으로 나의 마음은 깊이 흔들렸다.

마침내 돌아온 것이다. 나는 이 감격을 숨길 수가 없었다. 사랑스런 신부, 내 곁에 있는 그녀에게도 내 감정을 표현할 적당한 말을 찾지 못했다. 그녀는 나의 이 벅찬 심정을 이해했다. 내 손등 위에 얹힌 아내의 손이 부드럽게 내 손을 눌렀다. 내 마음속에서 물결치고 있는 이 행복감과 흥분을 공감한다는 듯이.

서울역에 내리자 사방에서 악수를 청하는 손들. 수많은 환영객들에게 둘러싸여 누가 누군지 분간할 수 없을 정도였다. 불쌍한 나의 어머니! 어머니는 정신없이 사람들을 소개시켰다. 그러나 우리 귀에 그 이름들이 기억될 리 없었다. 매리언은 더욱 어리둥절했다.

어머니가 준비한 2인용 인력거를 타기 위해 밖으로 나오자 우리는 겨우 숨을 돌릴 수 있었다. 조선 인력거는 대부분 1인용이었으므로 어머니는 특별히 2인용 인력거를 왕진용으로 수입했었다. 급히 왕진 갈 때는 의사와 간호사가 함께 갈 수 있어야 했기 때문이다. 인력거는 두 사람이 끄는데, 한 사람은 앞에서 끌고 한 사람은 뒤에서 밀었다.

인력거는 빠른 속도로 남대문을 통과하고 있었다. 이 문은 전과는 달리 이제는 밤에도 닫혀 있지 않았다. 매리언은 눈을 크게 뜨고 구경하느라 정신이 없었다. 건물들이 현대식이고 도로가 넓은 것에 놀라고 있었다. 우리는 동쪽의 큰 문을 향해 빨리 갈 수 있는 샛길로 들어섰다. 길은 좁고 꼬불꼬불한데 많은 사람들로 붐볐다. 지게를 진 짐꾼들, 아기를 등에 업고 있는 어린 아이들, 소리를 질러가며 물건을 팔고 있는 장사꾼들이 서로 뒤섞여 길을 메우고 있었다. 어머니와 아버지가 처음 조선에 도착했을 때는 여자들이 집 밖에도 나오지 못했는데 이제는 식품 가게에 장보러 나온 여자들이 많았다. 매리언은 거리의 다채로운 풍경에 사로잡혀 있었다.

인력거는 사람의 물결을 헤쳐가면서 방울을 계속 울렸으나 별 효과가 없었다. 사람들은 우리가 왜 그렇게 급히 지나가려고 하는지를 의아해 하면서 천천히 옆으로 비켜줄 뿐이었다. 결국 우리는 지름길을 포기하고 다시 큰 길로 들어섰다. 큰 길 궤도 위로 지나가는 전차 안에는 사람들이 빽빽이 들어차 있었다. 계단의 손잡이를 잡고 매달려 가는 승객도 있었고 어떤 소년들은 지붕 위에까지 올라타려고 했다. 이것은 30년 전, 전차가 처음 조선에 들어왔을 때와는 전혀 다른 풍경이었다. 나는 전차가 대중에게 인기가 없었던 지난날을 기억하고 있다. 한때 전차는 조선 사람들에게 저주 대상이었으며 '외국 마귀들의 발명품'이라고 지탄을 받기도 했었다.

전차가 처음 도착했을 때, 운이 나쁘게도 조선에는 가뭄이 오래 계속된 시기였다. 점쟁이들은 비가 오지 않는 이유를 이 전차 때문이라고 했다. 사람들의 심중에 전차에 대한 의혹과 저주가 자꾸 쌓여가고 있었다. 다행히 장마가 시작되어 잠시 말썽은 진정되었으나 더 큰 말썽이 기다리고 있었다. 조선의 우기는 더위와 습도가 심하다. 더운 여름밤이면 사람들은 답답하고 공기가 통하지 않는 방에서 나와 흔히 길바닥에 자리를 깔고 잠을 자곤 했다. 부드러운 새털 베개를 좋아하는 서양인들과는 달리 조선인들은 딱딱한 나무로 만든 목침을 베고 자는 것을 좋아한다. 길에서 자는 사람들은 전차의 철로가 목침대용으로 안성맞춤이라는 것을 곧 알게 되었다.

1899년 안개가 자욱한 어느 날 아침에 일어났던 사고를 나는 생생하게 기억하고 있다. 그때 어머니는 선교사 모임에 참석해야 했고 나는 치과에 가기로 약속되어 있어서 평양에서 서울로 내려왔었다. 그날의

전복되어 불에 탄 전차. 철로를 베고 잠자던 조선인들은 그들을 미처 보지 못하고 전차가 지나가는 바람에 변을 당했다.

시간이 흐르면서 많은 사람들이 전차를 애용했다. 1899년 5월.

첫 전차가 드디어 운행을 시작했다. 유난히 이른 아침의 짙은 안개가 자욱하게 차창을 덮고 있어 차창 밖으로는 앞을 볼 수가 없었다. 그때 철로를 베개 삼아 잠자고 있던 많은 사람들의 머리위로 전차가 지나갔던 것이다. 순식간에 그들의 목이 잘렸다. 안개가 걷히고 해가 떠오르자 참혹한 광경이 드러났다. 대혼란이 일어났다. 광폭해진 노동자들은 운이 나빴던 차장을 공격했으며 전차를 전복시킨 후 불을 질렀다.

시간은 흘러가고 사람들의 생각은 시간을 따라 발전하기 마련이다. '외국 마귀들의 발명품'이라고 두려워하고 저주했던 지난날의 감정을 떨쳐버리고, 시간의 흐름에 따른 당연한 결과로 지금 전차는 조선 사람들을 가득 싣고 달린다.

매리언이 팔꿈치로 나를 쳤다. 나는 상념에서 깨어났다.

"지금 우리가 지나는 곳이 동대문인가요?"

그렇다. 동대문이었다. 동대문은 남대문만큼은 크지 않았지만 내게는 더 그림같이 아름다워 보였다. 이 문은 초가와 기와지붕들을 배경으로 완만하고 예술적인 곡선을 지닌 성벽을 끼고 있다. 이 문 옆의 경사진 언덕위에 릴리언 해리스(Lillian Harris) 기념병원이 서 있었다. 어머니는 이 병원의 원장이었다.

매리언이 참다못해 소리쳤다.

"이 불쌍한 인력거꾼이 저 급한 경사를 끌고 올라가도록 할 수는 없어요. 내려서 걸어가요."

그렇지 않아도 나는 이 길을 걸어서 오르고 싶었다. 매리언처럼 인력거꾼들에 대한 동정심에서 그런 것은 아니었다. 나는 어렸을 적부터 이들을 보았기 때문에 조선인 일꾼들이 황소같이 힘이 세다는 것을 알

당시 서울의 동대문

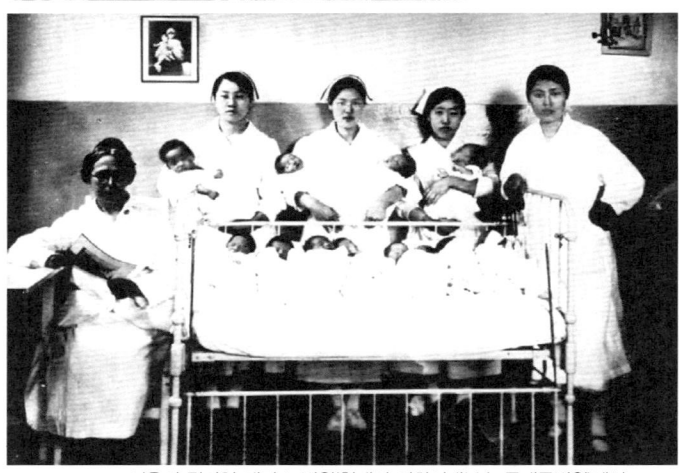

서울의 릴리언 해리스 병원(현재의 이화여대부속 동대문병원)에서
닥터 로제타 홀과 신생아실의 간호사들(1926년)

고 있었다. 그들은 180킬로그램(400파운드) 정도의 무거운 짐을 등에 지고도 이보다 더 멀고 급한 산악으로 올라갈 수 있다. 그들은 이런 힘든 일을 날마다 해냈다. 가끔 장죽에 담배를 넣어 피울 수 있는 휴식 시간만 주면 불평이 없었다. 그들은 우리가 인력거에서 내리는 것을

말리지 않았다. 그리고 가파른 비탈을 올라가는 모습을 빙그레 웃으며 바라보고 있었다.

어머니는 병원 옆의 셋집에서 살고 있었다. 집에 도착하자 조선인 방문객들이 이미 문 앞에 나와서 인사를 했다. 가방을 풀거나 뭘 먹을 시간조차 없었다. 손님들이 다 떠나자 어머니는 우리가 공식적으로 방문해야 할 곳들을 간추려 설명해주었다. 영국 총영사관의 하이드 레이 총영사를 만나고 영사관에 등록하는 일, 감리교 감독인 허버트 웰치 내외를 찾아뵙는 일 등. 뉴욕에서 우리를 도와준 그에 대해 우리는 항상 감사하고 있었다.

우리는 조선의 명사이자 어머니와 친한 기독교 신자인 윤치호 씨를 만나보고 싶었다. 우리는 그의 딸 헬렌이 미국에 유학생으로 있을 때 알고 지냈었다. 그는 1884년 조선에 첫 번째로 파견되었던 미국 정부의 사절 루시어스 푸트(Lucius Foote) 공사의 통역을 맡은 일도 있었다. 1884년 12월 폭동 후 중국 상해로 가서 대학에 다니는 동안 그는 기독교 신자가 되었다. 공부를 더 하기 위해 미국으로 건너가 밴더빌트 대학교(Vanderbilt University)를 다녔는데 특출한 학생이어서 이름이 났을 정도였다. 조선으로 돌아온 후 조선 정부에서 교육, 외교 분야에서 일하다가 교회를 위해 종교와 교육 부문에서 봉사 중이었다. 우리가 그를 방문했을 때는 YMCA의 총무직에서 은퇴한 지 6년째 되는 해였다.

어머니는 당시 총독이었던 사이토 마코토 자작 내외를 찾아가 인사하고 오기를 바랐다. 자작은 후에 일본 수상을 지냈는데 평화운동을 했다고 해서 1936년 암살을 당했고 그의 아내도 남편을 방어하다가 부상을 당했다. 조선은 1910년 8월 22일에 공식적으로 일본에 합병을 당해 우리가 도착했을 때는 일본의 지배를 받고 있었다. 공식적으로 조선(CHOSEN)이라고 불러지게 된 것이다.

어머니가 우리를 위해 마련한 명단에서 일본 관리들은 단순히 관리들로서만 만나는 것은 아니었다. 그들은 우리를 만나보고 싶다고 자청해온 개인적인 친구들이기도 했다. 외무부에 있는 오다 야수마는 모두에게 사랑 받는 일본 관리였다. 그는 일본인치고는 키가 상당히 컸기 때문에 조선 황제는 그가 조선 사람인 줄 알았다고 한다. "황제는 잘못을 할 수 없었기" 때문에 그에 대한 벌로 서 있어야 했다는 이야기도 전해졌다. 또한 영자 신문인 〈서울 프레스〉(*Seoul Press*)의 편집인 야마가다를 만나기로 되어 있었다. 그는 조선 여자들을 의사로 훈련시키는 일에 매우 열심이었다. 의사에 대한 그의 관심 때문에 어머니는 그에게 특별한 친근감이 있었다. 만나야 할 사람들은 끝이 없어 보였다. 어머니는 마침내 결론을 내렸다.

"6월 연례 감리교 총회가 열리는데 새로 온 선교사들을 환영하는 큰 행사도 있단다. 그때가 조선 각지에서 올라오는 선교사들을 만날 수 있는 좋은 기회다. 월요일에는 언어 학교가 시작하니 너희는 빨리 공식 방문을 할 수 있도록 계획을 세워야 할 거다. 웰치 감독 내외분은 6월 15일까지는 서울에 돌아오지 않으니 방문 예정을 연기하고 빠른 시일 안에 다른 곳을 방문할 수 있도록 해라. 런드 간호원장은 월요일에 열리는 간호사협회 회의에 참석차 서울에 온다고 했는데 그 주말에 해주로 돌아갈 때 너희를 안내할 수 있기를 원한다고 편지가 왔다."

이제 막 도착한 매리언은 정신을 차리지 못하고 있었다. 그런데 너무나 많은 절차를 한꺼번에 밟도록 하자 기가 질린 것 같았다. 나는 어머니의 계획을 수정해야겠다고 느꼈다.

"언어 학교가 시작되기 전에 우선 근무지인 해주에 가보기로 했습니다. 아마 그렇게 하는 게 훨씬 쉬울 겁니다. 금요일에 서울을 떠나 해주에 갔다가 런드 양이 서울로 올 때 함께 오면 좋을 겁니다. 언어 학교가 시작되면 시간을 내기 힘들지 않겠습니까?"

긴 여행 끝에 쉬지도 않고 또 여행길을 오르겠다는 우리의 결정에 어머니는 의외인 듯 놀라워했다. 그러나 여러 달 동안 기다려왔던 근무지를 보고 싶어하는 우리들의 열성을 고맙게 여기셨다.

금요일 아침 8시 5분 열차를 탔다. 이 열차는 해주에서 가장 가까운 역인 사리원을 통과한다. 그 당시는 아직 해주까지 철도가 연결되지 않아 북서쪽을 여행하자면 송도(松都, 개성[開城])를 지나 50여 킬로미터 북쪽에 있는 사리원에 도착한 후 해주까지는 소형버스로 갔다. 서울에서 200킬로미터를 가는 데 5시간 걸렸다.

그 당시 소형 버스는 포드의 모델 T를 개조한 것이었다. 헨리 포드가 본다 해도 결코 자기 회사의 차라고 믿지 않을 정도로 개조되어 있었다. 원래의 의자는 다 없어졌고 나무로 만든 좁은 의자 3개를 붙여 놓았다. 이 의자 때문에 다리를 뻗을 자리가 없어서 차가 흔들릴 때마다 무릎이 앞 의자의 등 뒤에 부딪쳤다. 아홉 명이 탈 수 있게 만든 차인데도 마치 조그만 차에 얼마나 많은 사람이 탈 수 있는지를 보여주는 서커스단처럼 승객을 무한정 태웠다. 우리는 출발 전에 버스 여행을 하기 전에는 물을 마시지 말라는 주의를 들었다. 조선 사람들처럼 길가에서 용변을 볼 수 없었으므로 한 말이었다.

얼마 후에 승객 중 여럿이 차멀미를 하게 되어 자동차 여행의 불편은 더욱 커졌다. 그래도 차는 계속 달려 강가에 도착했다. 비로소 다리를 뻗을 수 있는 기회가 온 것이다. 강을 건너기 위해 차를 나룻배에 실어야 했는데 차가 모래밭에 빠졌다. 모두들 '영차, 영차' 하는 구호에 맞춰 차를 힘껏 밀었다. 마침내 버스가 나룻배 위에 올라갔다. 나룻배에는 큰 어미 소 두 마리도 타고 있었다. 소 때문에 자리가 비좁았는데 소의 앞이나 뒤에 너무 가까이만 가지 않으면 비교적 안전할 것이라는 소 주인의 보장을 받았다. 더구나 배가 심히 흔들릴 때면 이 소들이 자리를 이동하여 무게의 균형을 잡아준다고 했다.

봄철 장마로 강물이 불어나 물결은 빠르고 거칠었다. 그래서 배는 상류로 한참 올라간 다음에 강을 건너야 건너편 둑에 제대로 닿을 수 있었다. 그러나 이 배는 짐을 많이 실었고 강물은 아직 차가웠으므로

서울에서 해주를 찾아가면서 우리는 타고 온 자동차를 나룻배에 실었다.

모험을 할 생각은 나지 않았다. 아무튼 건장하고 믿음직한 나룻배 사공들이 강의 급류를 잘 이용하여 배를 목적지까지 정확하게 갖다 댔다. 모두들 다시 소리치고 격려하여 버스를 경사가 급한 둑 위로 밀어올렸다. 차는 다시 달리기 시작했다. 계속 앞에 있는 딱딱한 나무 의자의 등 뒤에 무릎을 부딪치면서 우리는 고대하던 목적지를 향해 달렸다. 드디어 버스가 무사히 종착지에 도착하자 모두들 안도의 한숨을 내쉬었다.

첫 임지인 해주 병원의 간부진과 많은 기독교인들이 우리를 마중 나와 있었다. 기독교 남자 학교의 학생들이 일렬로 서서 멋지게 경례를 했다. 내가 학생들의 인사에 감사하다고 하자 옆에 있던 사람이 학교 이사회에서 나를 새 교장으로 겸직 임명했다고 정중하게 알려줬다. 현재의 교장 왁스(V. H. Wacks) 목사가 곧 이곳을 떠날 예정인데 건강상의 이유 때문에 다시 돌아오지 못한다는 것이다. 매리언은 이 영예로운 교장직을 수락하기 전에 먼저 교장직을 겸직할 경우 병원 일에 지장이 없는지를 알아보자고 제의했다. 그 자리에서 곧 알아보니, 교장을 맡아도 시간을 소비할 일은 별로 많지 않았다. 거기다 현재로서는 교장직을 맡을 사람이 달리 없다는 것이었다. 환영인들 앞에서 이 문제로 왈가왈부한다는 것은 시간과 장소가 적합하지 않았다. 나는 어쩔 수 없이 교장직을 수락했다.

우리는 함께 일할 사람들을 차례로 소개받았다. 맨 처음 악수한 사람은 닥터 김이었다. 그는 내 손을 꽉 잡고 부드러운 목소리로 말했다.

"당신들이 와주셔서 정말로 기쁩니다. 나는 이 병원을 혼자 힘으로 더 이상 지탱할 수 없던 참입니다. 의학적으로 어려운 일들이 당신 두 분을 기다리고 있습니다."

"당신과 함께 이 의료선교사업에 기여할 수 있게 된 점을 행운으로 여깁니다. 그렇지만 우리에게도 좀 쉬운 일을 주시기 바랍니다."

그는 웃으면서 내 말에 대답했다.

"모든 문제가 당신의 의술로는 쉬운 일임에 틀림없을 겁니다."

두 번째로 소개받은 사람은 제인 바로우(Jane Barlow) 양이었다. 그녀는 깔끔하고 깐깐한 전형적인 노처녀였다. 나는 첫눈에 그녀가 아무에게도 자기를 '제인'이라고 부르는 것을 용납하지 않을 것이며 또 누구도 감히 그렇게 부르지 못할 것이라고 느꼈다. 서양인들은 친근한 사이면 퍼스트 네임을 부른다. 그녀가 우리에게 던진 첫 마디로 내 느낌은 틀리지 않았음을 알 수 있었다.

"당신 두 분이 주님의 사업에 더욱 열중할 수 있도록 자녀를 두지 않아 기쁩니다."

나에게는 말을 척척 받아넘기는 재주가 없었다. 무방비 상태로 있을 때는 더욱 그렇다. 그러나 매리언은 나와 달리 즉각 응수했다.

"미스 바로우, 그 점이라면 아마도 곧 당신을 실망시켜드릴지 모르겠어요."

벨 오버먼(Belle Overman) 양은 뒤쪽에 서 있었다. 얼굴에 웃음을 띠고 있는 것으로 보아 매리언의 대답을 수긍한 듯했다. 벨은 루시스 코트 기념여학교(Lucy Scott Memorial School for Girls, 의정[懿貞]여학교)의 교장이었다. 그 다음으로 여러 조선인 기독교인을 소개받았다.

우리와 교대할 예정이던 빅터 왓스 목사 부부가 손을 내밀며 인사를 청했다. 우리는 곧 그들을 전송하게 될 것이다. 왓스 목사는 조선 사람들 사이에서 '모터사이클 선교사'로 불리고 있었다. 어린아이들은 소리가 요란한 모터사이클을 타고 선교 구역을 돌아다니는 그를 매우 좋아했으며 그에게 그걸 태워달라고 조르기도 했다.

왓스 목사는 우리에게 언덕 위에 있는 커다란 벽돌집을 쓰라고 했지만 우리는 여선교사들의 집과 왓스 목사 댁 사이의 '가운데 집'이라고 불리는 작은 석조 오두막집을 원했다. 작은 오두막집은 겨울에 난방비용이 적게 들 것이며 아직 우리 두 사람에게는 큰 집이 필요 없었다. 크고 아름다운 노란색 넝쿨 장미가 집 입구에 만발해 있었다. 남자 학교와 학교 가까이에 있는 선교병원은 이 오두막집에서 걸어가기에 그리 멀지 않은 거리에 있었다. 우리는 이 집을 주거지로 정한 뒤 의료시설을 보러 병원으로 갔다.

닥터 김과 런드 양의 안내를 받아 병원을 둘러보았다. 30명을 수용할 수 있는 입원실은 응급 환자들 때문에 늘 자리가 모자란다고 했다. 작은 2층집 건물이었지만 모든 공간은 경제적으로 이용 가능하게끔 잘 꾸며져 있었다. 닥터 노튼(A. H. Norton)의 치밀한 계획에 감사하지 않을 수 없었다. 외래 환자 대기실은 환자들이 도착하기 전 이른 아침에 병원 직원들의 예배 장소로 이용되었다. 환자들이 도착하면 일반 전도사나 성경을 가르치는 여자가 의사의 호명이 있을 때까지 환자들에게 전도를 한다. 이것은 참으로 효과적인 방법이었다. 시간을 잘 이용하여 환자들과 개인적으로 사귀고 또 후에 환자들의 집으로 심방을 해도 될지를 이때 결정하게 된다. 선교부의 정책은 사람들에게 복음을 배우도록 권고는 할 수 있지만 누구에게도 종교를 강조해서는 안 되게

펄 런드 간호원장이
해주로 오는 매리언을 환영하고 있다.

해주의 노튼 기념병원 앞에서 매리언과 셔우드

해주의 벽돌집에서 바라본 노튼 기념병원

되어 있다.

런드 양은, 청결이 마치 하나님을 믿는 일 다음으로 중요한 것처럼 병원을 먼지 하나 보이지 않게 더할 나위 없이 깨끗하게 관리하고 있었다. 소위 '병원 냄새'라는 것조차 맡을 수 없었다. 그러나 식사 시간이 되자 환자용 음식에서 나오는 김치의 독특한 냄새가 진동했다. 이 냄새는 사람에 따라서 싫어하기도 하고 좋아하기도 하지만 처음에는 다들 좋아하지 않는다.

병리실에서 가장 요긴한 것들이 너무나 많이 빠져 있어서 한심할 정도였다. 알약이나 주는 일을 두고 환자를 치료했다고는 말할 수 없지 않은가. 이에 대한 무슨 조치가 있어야겠다는 생각이 들었다. 약국은 놀라울 정도로 구색을 잘 갖추고 있었으나 모두가 값싼 일본약들이었다. 약사가 여자였으므로 매리언은 특히 기뻐했다. 외래 환자들을 치료하려면 더 많은 의료기구들이 필요했다. 그 중 어떤 것은 우리가 가져온 것도 있어서 닥터 김은 대단히 신이 났다.

외과 의사로서 자기가 맡아야 할 분야였으므로 매리언은 특히 수술실을 빨리 보고 싶어 했다. 수술실에도 여러 미흡한 점들이 많았다. 가장 눈에 띄는 것은 방이 어두운 점이었다. 비록 큰 들창을 통해 햇빛이 잘 들어오고는 있었지만, 가끔 해가 구름에 가려질 수도 있다. 또 가장 밝은 때라도 해부학적으로 세밀한 부분이 잘 드러나지 못할 정도였다. 가장 먼저 해야 할 것은 수술실의 조명을 해결하고 그 다음으로는 적당한 수술 장비를 갖추는 일이었다. 소식에 의하면 정부에서 운영하는 공립 병원의 수석 외과 의사가 최근에 파면되었다고 한다. 이유는 외출이 심해 환자들의 수술을 등한히 했다는 것이지만 실은 그가 수술할 때 고무장갑을 사용하지 않았다는 데에도 이유가 있었다. 맨손은 고무장갑보다 완전 소독이 어렵다.

해주는 그림처럼 선이 고운 기와집들과 초가집들로 이루어진 도시로 상당히 높은 산기슭에 자리 잡고 있었다. 우리가 살 오두막집 뒤에도 경사가 급한 언덕이 있고 언덕은 온통 꼬불꼬불한 소나무들로 덮여 있었다. 언덕 마루턱에는 '서낭당'이라는 귀신을 모신 집이 서 있었는데, 그것은 곧 우리 병원의 경쟁 상대가 서 있는 셈이었다. 이 언덕 위에 올라서면 해주항의 전경이 눈에 들어온다. 주황색 돛을 가득 단 돛단배들이 점점이 펼쳐져 있는 것을 볼 수 있었다. 황해도의 수도인 이 도시는 매우 중요한 요지다. 수년 후인 1903년, 송도에서 해주로 철도의 지선이 연결되자 이 지역의 중요성은 더욱 커졌다.

우리는 대충 이 선교기지를 살펴보았지만, 조선말을 잘 구사할 수만 있다면 상당히 많은 봉사를 할 수 있다는 것을 알게 되었다. 서울로 가는 길에 우리는 런드 양에게 병원, 직원, 시설 등 해주의 선교기지에 대한 모든 궁금한 점들에 대해 끝없이 질문을 던졌다. 런드 양이 우리 세 사람을 위해 버스 한 대를 대절했으나 한 조선 부인과 세 아이들, 그리고 살아있는 수탉 한 마리를 태워주지 않을 수 없었다. 매리언은 마음씨 곱게도 귀여운 꼬마 아기를 무릎에 앉혀 가겠다고 제안했다. 그러나 수탉을 안고 가는 일은 거절했다. 아기는 기저귀를 차고 있겠지만 수탉은 기저귀가 없기 때문이라고 했다.

이때 런드 양이 말했다.

"애기들도 기저귀를 차고 있지 않을 걸요!"

펄은 이미 경험이 많았으므로 미리 준비해온 고무깔개로 무릎을 덮었다.

사리원에서 열차로 바꿔 타고 서울에 도착한 것은 4월 19일 월요일 오후였다. 서둘러 모리스 홀로 가서 조선어학교에 등록을 마쳤다. 매리언은 아직도 기력이 남아 있었던지 그날 저녁에 열린 간호사협회 모임에 참석하여 라듐에 대한 주제의 논문을 읽고 토론했다. 정신없이 바빴던 하루 일정은 이렇게 막이 내리고 조선에서 열릴 새로운 내일이 기다리고 있었다.

어렸을 때 살았던 이 땅에 다시 돌아온 처음 여러 날 동안 내 마음속에는 매리언보다 더 인정받고 싶은 경쟁 심리 같은 것이 일어나고 있었다. 그러나 이러한 경쟁의 유혹을 마음속에서 빨리 몰아내야 한다는 것도 나는 잘 알았다. 아울러 초기의 적응 기간 동안에 잘못하면 내 행동이 매리언에게 정신적 혼란을 줄 수 있다는 점도 분명했다. 나는 이 점을 예리하게 감지하고 노력해야 한다는 점도 인식하고 있었다. 내게 필요한 것은 목적의식과 성숙한 마음 자세였다. 전에 매리언을 데리고 뉴욕의 뉴 셀로에 있는 아름다운 저택으로 닥터 스턴을 방문했을 때 그가 내게 해주었던 조언이 되살아났다. 그는 한 눈에 매리언을 간파한 다음 친절하고도 빈틈없는 조언을 해주었다.

"당신은 '매리언'이라는 귀하고 드문 보석을 찾은 셈입니다. 매리언은 재주 많고 감수성이 깊고 쾌활하며 시적이고 미적이며 음악을 좋아합니다. 게다가 아름다워요. 당신은 이런 점들을 감안하여 그녀를 대해야 할 겁니다. 당신이 그녀의 장점을 살리고 싶다면 마치 음악가가 스트라디바리우스 바이올린을 다루듯이 이해심을 가지고 그녀를 다뤄야 합니다."

나는 닥터 스턴의 말을 가슴에 되새겼다. 이제야말로 그의 조언을 생활에 적용시켜야 할 때가 온 것이 틀림없었다. 이러한 심리적 갈등을 해결하기에는 나는 너무나 미숙했고 경험이 없었다. 아버지의 친구였고 나에게도 아버지와 다름없는 후견인이었던 노블의 힘을 빌리기로 했다. 그는 천부적인 판단력과 분별력을 가지고 있었다. 내 생각에 그가 매리언의 내적 심리, 향수병 같은 점들을 나보다 잘 탐지할 수 있을지 모른다고 생각했다. 매리언은 내가 자주 노블 씨에 대해 이야기하는 것을 들었으므로 그와 친하게 되기를 바라고 있던 참이었다. 노블 부부는 우리를 진정으로 반갑게 맞아주었다.

"당신이 지금 어떤 느낌인지 짐작할 수 있어요, 매리언. 왜냐하면 우리가 처음 선교사로 왔을 때의 경험을 기억하고 있으니까요. 셔우드는 이곳에서 태어났고 자랐기 때문에 설령 미국에서 이제 돌아왔다 해도 그에게는 큰 변화가 느껴지지 않을 겁니다. 그러니 당신의 심정을 충분히 이해할 수 없겠지요. 매리언, 당신은 갑작스런 환경의 변화로 인해 적어도 주위의 모든 일이 하나의 충격으로 잠재되어 있을 겁니다. 당신은 지금 해도도 없이 낯선 해양으로 모험 길에 들어선 것이에요. 지금 주위 환경이 당신 마음에 맞지 않는다고 해도 그것은 항상 당신이 겪어야 하는 생활이지요.

당신은 낯선 사람들, 낯선 언어, 낯선 관습들에 둘러싸여 있습니다. 당신은 여기 온 지 얼마 안 되어 잘 모르겠지만 조선 사람들은 얼마나 친절하고 좋은 사람들인지 모릅니다.

그러나 당신은 다른 세계에서는 찾아볼 수 없는 매우 색다르고 독특한 사회에 발을 들여놓으려는 찰나에 있습니다. 조선에 있는 백인이라 할지라도 당신에겐 역시 이방인이나 마찬가지입니다. 그 이름만 외우는 데도 꽤 시간이 걸릴 겁니다. 서울의 서양인 사회는 다행스럽게도 서로가 매우 친밀하게 지내는 소위 '외국인'이라 불리는 집단입니다. 여기서는 다른 동양에서 볼 수 있는 소속의 구별이 없어요. 선교사들의 집단과 비선교사 집단을 나누는 경계선이 없다는 말입니다. 모리스관은 모리스(J. H. Morris) 씨의 이름을 따서 지은 것인데 모리스는 선교사가 아니고 이곳 사람들이 존경하는 사업가입니다. 당신들도 곧 모리스와 그의 아내인 펄 부인, 딸 매리온(Marion)을 만나게 될 겁니다.

이 독특한 모리스관은 당신들도 알다시피 조선어학교가 있는 건물입니다. 이 건물에는 교회와 어린이 학교도 있습니다. 각 파의 기독교인들이 이곳에서 함께 예배를 드리기도 하고 주일이면 언더우드 박사의 박력 넘치는 설교도 듣습니다. 초교파 정신이 이곳 여러 교파의 선교 기구들에 의해 이루어지고 있습니다.

우리들의 자녀들도 자연히 이 사회에 속한 사람들과 많이 결혼합니다. 내 딸 루스(Ruth)도 그렇게 결혼했지요. 루스는 조선에 온 첫 번째 감리교 선교사인 헨리 아펜젤러의 아들과 결혼했습니다. 셔우드의 어머니께서 루스와 내 아들 앨던이 태어날 때 받아주셨지요. 당신은 얼마 지나지 않아 향수병과 이방인이라는 감정이 사라지게 될 것입니다. 이 사회는 문을 활짝 열고 당신을 진정으로 따뜻하게 맞아줄 겁니다. 당신의 진취적인 성격으로 보아 나는 당신이 머지않아 이곳에서 마치 전 생애를 살아왔던 것처럼 느끼게 될 것으로 확신합니다. 당신은 이곳에 정말로 필요한 사람이 아닙니까! 나는 개인적으로도 당신이 우리와 이렇게 독특한 동지적 입장을 나누게 된 점을 너무나도 기쁘게 생각합니다."

노블 씨의 조언이 끝나갈 무렵 마침 앨던 노블(Alden Noble) 부부가 들어왔다. 우리는 그들을 소개받았다. 앨던 부인은 만삭이었다. 예상했던 대로 며칠 후인 4월 24일 저녁 8시 20분, 릴리언 해리스 기념병원에서 매리언은 앨던 부인의 출산을 도와주게 되었다. 딸이었다. 원래는 바로 그날 저녁 식사에 우리를 초대했었는데 출산 때문에 연기할 수밖에 없었다.

매리언은 노블이나 내가 전혀 예상하지 못했던, 직접적인 방법으로 이 '새로운 사회'에 기여함으로써 동지애를 굳혀가고 있었던 것이다. 그러나 이것은 단지 시작에 지나지 않았다.

아더 노블 목사와 그의 부인 윌콕스 노블 부부

12
오리엔테이션

  조선에 처음 도착한 선교사들은 전통적으로 먼저 온 선배 선교사들에게 의존하면서, 조선어를 배우기 위해 독습 교재를 가지고 공부해야만 했다. 그러나 1919년, 재한복음주의선교협의회(Federal Council of Protestant Evangelical Missions)에서는 정식으로 조선어 교육과정을 개설하여 봄과 가을철에 각각 2개월씩 조선어 학습시간을 두었다. 그 사이 기간에는 집에서 보습을 하면서 배운 것을 실제 생활에 사용하는 것이다. 이 프로그램은 3년 과정이었다. 새로 온 선교사들은 임무를 맡기 전에 먼저 첫 학기를 마쳐야 했다.

  조선어학교는 내게 몇 가지 새로운 사실을 알려주었다. 조선말을 좀 안다고 뽐냈던 내 체면이 오래가지 못했던 것이다. 나는 조선에서 어린 시절을 지냈으므로 조선어학교의 공부는 쉬울 것이라고 생각했다. 그래서 조선어의 가장 간단한 ㄱ, ㄴ, ㄷ부터 시작해야 할 매리언을 동정하고 있었다. 이 생각은 얼마나 잘못된 것이었던가!

어렸을 때 쉽게 재잘거렸던 조선말은 '어린아이들의 말'에 지나지 않았다. 아마 그때 나는 어머니를 방문한 점잖은 조선 신사들에게 버릇없게 말해서 그들을 대경실색하게 했던 일이 많았을 게 틀림없다. 조선말은 나이 많은 어른에게는 '앉으십시오'(Your honor, please sit down)라고 해야 하는데 나는 지금까지 '앉아라'(Sit down)라고 말해 온 것이다. 중간 정도의 경칭인 '앉으세요'(Please, sit down)라고만 말했어도 좋았을 것을.

그들은 아마 서양의 야만스런 아이들이 어찌 조선 아이들처럼 경어를 쓸 줄 알겠냐면서 눈감아주었을 것이다. 한번은 조선 양반 한 사람이 나에게 경어를 쓰지 않는다고 야단을 쳤었다. 그때 나는 그 어른에게 "나에게도 경어를 써주면 내가 경어를 잘 배울 수 있지 않았겠느냐?"고 항의했었다.

이제 나는 어린아이들이 쓰는 유치한 말을 잊어버려야 한다는 사실을 알게 되었다. 이미 습관으로 굳은 말투를 고치는 일은 말을 새로 배우는 것보다 더 어렵고 고생스럽다는 것 또한 실감했다. 내가 이렇게 고전하고 있을 때 매리언은 어땠는가? 그녀는 경쾌하게 나를 앞질러 가더니 이제는 "내가 잔나비요"라는 말을 좀 더 점잖은 어른들 세계의 말로 고쳐서 내게 가르쳐주는 게 아닌가!

우리에게는 아펜젤러 같은 뛰어난 선생이 있어 매우 신중하게 조선말을 가르쳤다. 언더우드 선생은 조선말에 능숙하여 학생들에게 기관총보다 더 빠른 속도로 조선말로 질문을 했다. 그 질문이 무슨 뜻인가는 그가 수업을 마치고 교실을 나설 때쯤 되어서야 겨우 알게 되는 경우가 허다했다.

찰스 사우어(Charles Sauer)는 평안북도 영변의 감리교 선교기지가 임지였는데, 이 학기 동안 와서 우리들을 가르쳤다. 진정한 신사이자 학자였던 그는 우리에게 경고에 가까운 주의를 주었다.

"어떤 조선인 선생이 영어가 모자ß라 기묘한 영어로 통역이나 번역을 하더라도 절대로 웃지 말아요. 웃게 되면 그 사람의 체면을 깎는 것이 됩니다. 체면을 손상당한다는 것은 그 당사자에게는 극도의 고통이 됩니다."

우리들은 조선인 선생이 가르치는 시간이면 웃지 않기 위해서 인내심으로 무장을 하고 들어갔다. 찰스 사우어는 조선말로 교과서를 쓰기도 한 사람이다. 그는 한없는 인내심을 가지고 잘 알려진 성경 이야기를 주제로 우리에게 조선어 회화를 연습시켰다. '우물가의 여인'의 이야기를 가지고 얼마나 다양한 표현으로 조선말을 구사할 수 있는지를 훈련시켰다. 한번은 내가 자랑스럽게 조선말 실력을 살려 '우물 속의 여인'이라고 했다가 온 반의 학생들이 참지 못하고 웃음을 터뜨렸다. 그들은 웃으면 조선인 선생과 마찬가지로 내 체면도 깎인다는 점을 미처 생각할 겨를도 없이 한바탕 웃었던 것이다.

조선어학교의 교장은 쿤즈(E. W. Koons) 박사로 우리들을 가르치는 선생이기도 했으며 북장로교 선교사로서 서울 경신학교의 교장이었다. 그는 도표와 재미있는 실례를 들어가면서 머리에 쏙쏙 들어오게 가르치는 재주가 있었다. 그에게는 또 다른 큰 귀가 있어서 특히 우리의 통역이 잘못됐을 때 그것을 기가 막히게 잡아내곤 했다.

우리가 조선어학교에 다니고 있었던 2개월 동안 조선은 역사적인 사건들로 격동했다. 유명한 이 씨 왕조의 27대 왕이자 마지막 왕인 순종황제가 1926년 4월 25일 서거했다. 조선의 관습에 따라 공식 장례식은 6월 10일까지는 거행되지 않는다. 그러나 장례는 거창하게 거행될 게 틀림없었다.

일본인들은 조선의 애국자들이 이 행사를 이용해 1919년 3월 1일의 독립운동과 같은 운동을 일으키지나 않을까 두려워했다. 3·1운동은 순종의 부친인 26대 고종황제의 장례일인 3월 4일이 되기 며칠 전에 일어났다. 고종황제는 일본인들의 압박이 심해지자 1907년 헤이그에서 열린 제2차 국제평화회의에 세 사람의 밀사를 파견했었다. 일본을 물러가게 해달라는 청원이 거절되자 밀사 가운데 한 사람인 이준(李儁)이 세계 대표들 앞에서 배를 갈라 죽었다고 한다. 이에 경악한 일본인들은 왕위를 타자에게 강제로 양위하게 했다. 그때가 1907년 7월 19일이었다.

1910년 8월 22일에 조선이 공식적으로 일본에 합병됨에 따라 이 씨 왕조는 종말을 고했다. 그러나 제1차 세계대전이 끝나자 조선의 애국자들은 미국 윌슨 대통령의 민족자결 원칙에 힘을 얻었다. 애국자들은 전 세계에 일본의 압정을 알린다면 일본에 대한 국제적인 비난여론이 일어나게 될 것이고, 따라서 일본으로 하여금 조선을 포기하게 할 수 있다고 결론을 내렸다.

33명의 조선 지도자들이 독립선언서에 서명을 하고 이것이 비밀리에 인쇄되어 조선 방방곡곡에 퍼졌다. 마침 국상을 당해 각 지방에서 사람들이 서울로 올라올 수 있게 된 좋은 기회를 이용해 1919년 3월 1일에 비폭력 시위를 거사하기로 계획했다. 그날 33인의 지도자들은 다들 서울에 모여 그들이 서명한 독립 선언서를 민중 앞에서 낭독했다.

33인은 천도교 계통이 15인, 기독교 계통이 16인, 그리고 불교 계통이 2명으로 구성되어 있었다. 이 선언은 전 세계를 향해 "조선은 독립국가로서 자유권이 있으며 일본에 부당하게 합병되었다"는 사실을 알리는 부르짖음이었다. 선언서들은 주요 열강의 정부들에 발송되었고 조선의 각 지방 중심지에서도 그 지역의 지도자들에 의해 낭독되었다.

일본에 의해 금지되었던 조선 국기들이 나부끼고 "만세!" 소리가 진동했다. 33인의 지도자들은 경악한 일본 관리들에게 자신들을 체포하라고 통고했다. 비폭력, 평화적 시위였음에도 불구하고 일본은 무자비한 보복을 자행하여 많은 사람들을 체포, 투옥시키고 죽였다. 기독교인들도 많이 체포되었고 죽임을 당했다. 조선 민중들은 이때 처음으로 기독교인들도 조선의 애국자들이라는 점을 인식하게 되었다.

이 독립 시위는 비록 원했던 자유를 가져오지는 못했으나 조선에 대한 일본 정부의 정책을 바꾸게 했다. 사이토 마코토가 조선의 총독에 임명되었는데, 그의 정책은 전임자들보다 회유적이었으며 주 관심사는 교육이었다. 그가 총독으로 올 때 조선의 학교는 250개 정도였는데 내가 다시 조선에 돌아왔을 때는 약 다섯 배 정도가 늘어나 있었다.

사이토 마코토 자작.
3·1운동 이후 1929-31년에 조선총독직을 맡았으며, 1932년에 일본총리가 암살된 후 총리가 되었다.

순종황제 장례식 날, 일본 경찰은 지난번과 같은 시위가 일어날까 봐 신경을 곤두세웠다. 사람들은 우리에게 장례 행렬이 지나가는 동안에는 길에 나오지 말라고 충고했다. 그러나 우리는 어머니가 근무하는 동대문병원 숙소에 기거하고 있었으므로 길거리에 나오지 않고도 장례 행렬을 구경할 수 있었다. 장례 행렬은 동대문을 지나 성 밖으로 나가 동쪽 25킬로미터 거리에 있는 왕가의 묘지인 금곡까지 진행될 예정이었다.

나중에 듣게 되었지만, 실제로 1919년의 운동과 비슷한 시기로, 학생들이 배일(排日) 선전인쇄물까지 준비했으며 금지되었던 조선 국기들이 서울의 모든 골목마다 나타났었다고 한다. 그러나 이번에는 경찰들이 사전에 철저하게 제압했으므로 성공하지 못했다.

어머니는 장례 행사에 참석해달라는 초청을 받고 장례식장에 갔다. 군중들은 구경하기 좋은 병원 마당으로 약 2천여 명 가량 몰려들어 건물이 상당히 파손되었다. 우리는 매리언이 이 다채로운 장례 행렬을 촬영할 수 있게 가장 전망 좋은 장소를 골랐다. 일본 경찰이 우리에게 와서 매리언의 사진기를 철저히 조사했다. 폭탄이 아니라는 점이 확인된 다음에도 한참을 더 기다려야 했다. 매리언은 이 역사적인 행사의 배경에 대해 설명해 달라고 내게 졸랐다.

희미한 기억을 정리하려고 골몰하고 있을 때 어렸을 적 서울에서 헐버트 댁 아이들과 놀던 기억이 섬광처럼 내 머릿속을 스쳤다. 유명한 호머 헐버트(Homer B. Hulbert) 박사는 원래 조선 국왕으로부터 조선에 관립 학교를 설립하고 학생들을 가르쳐달라는 요청을 받고 나온 분이다. 그 학교는 1886년에 창립되었는데 헐버트 박사는 1893년에 그 직을 사임하고 감리교 선교사로 일했다. 당시 1895년 명성황후가 시해당한 후, 생명의 위협을 받고 있는 국왕 곁에서 그의 신변을 지켜주던 세 명의 선교사가 있었는데 그 중에 한 분이었다.

특히 헐버트 박사의 딸인 메들린(Madeline)은 아버지로부터 들은 조선에 대한 이야기를 친구들에게 잘해주었다. 그녀는 학교 놀이를 좋아해서 우리들에게는 학생 역을 시키고 자신은 선생 역을 맡곤 했다. 가르치는 중 어떤 날짜나 사실을 기억하지 못하게 되면 아버지께 도움을 청하곤 했다. 결국은 헐버트 박사가 항상 이야기의 끝을 마무리해 주었는데 그게 우리에게는 참으로 재미있었다. 이 학교 놀이는 힘들이지 않고 역사를 배우는 방법이 되기도 했다.

"콜럼버스는 언제 미국을 발견했죠?"

메들린이 질문을 하면 어떤 아이가 소리쳐 대답한다.

"1492년이오!"

"맞았어요. 이 씨 왕조는 그보다 1백 년 전에 건국된 것을 기억하세요. 누구 그 날짜를 아는 사람이 있어요?"

이때 내가 손을 든다. 이미 메들린이 힌트를 주었으니까.

"1392년입니다."

그녀는 내게 공부를 잘하는 학생의 자리에 가서 앉아도 좋다고 말한다.

학교 놀이의 기억을 통해 나는 이 씨 조선이 1392년에 세워졌고 순종은 이조의 27대 왕으로서 윤 후작의 딸과 결혼했다는 것, 우리와 친한 윤치호는 윤 후작과 친척이라는 것, 순종의 비는 나보다 한살이 적은데 그녀는 열세 살이란 어린 나이에 결혼했다는 것 등을 설명했다.

매리언은 나의 지식에 감탄했다. 이때 갑자기 고함 소리가 들렸다.

"온다."

우리는 멀리서 흰 줄이 점점 가까이 오는 것을 보았다. 행렬이 더 가까이 오자 사람들의 '아이고, 아이고' 하는 곡소리가 들렸다. 그 순간 갑자기 모든 행렬이 정지했다. 무슨 일이 일어난 것이 아닌가 의아해하고 있을 때 누군가가 장례 행렬이 쉬고 있는 게 틀림없다고 알려주었다.

"자아, 당신은 쉴 필요가 없어요. 역사적 배경에 대해 더 이야기해줘요."

매리언이 다시 재촉했다.

나는 1910년에 조선을 떠났으니까 1919년의 독립운동을 목격하지는 못했다. 그러나 대학생 때 뉴잉글랜드에 있는 헐버트 박사 댁을 방문한 일이 있었다. 그때 헐버트 박사는 조선에서 일어난 일을 내게 자세히 알려주었으므로 매리언에게 이야기 해줄 수 있었다.

헐버트 박사는 고종황제를 대변하여 조선 독립을 위해 개인적으로 활동했지만 성공하지는 못했다. 1905년 4월 5일 노일전쟁 결과로 포츠머스에서 휴전조약이 서명되기 전에 미국의 루즈벨트 대통령에게 조선을 위해 청원했다. 이 일로 헐버트 박사는 일본인에 의해 다시는 조선에 돌아오지 못한다는 추방령을 받았다. 그러나 헐버트 박사는 본국에 돌아와서도 강연, 기고, 요직에 있는 사람들과의 면담을 통해 열심히 조선독립을 위해 활동하고 있었다. 오랜 후에 그는 결국 조선의 독립을 기쁜 마음으로 볼 수 있었다. 그는 다시 조선으로 돌아왔다. 그리고 제2의 고향인 서울에서 1949년 영원히 눈을 감았다.

고함치는 소리가 다시 들려왔다.

"다시 온다!"

성문은 예로부터 사람들의 '만남과 이별의 장소'로 이용되어 왔다. 특히 동대문이 그런 장소로 가장 많이 쓰였다. 수세기 동안 이 문은 조선 왕들이 죽으면 왕가의 묘지로 향하는 마지막 출구였다. 그러나 이번 경우에는 단순히 황제의 시신이 이 문을 통과해 떠나는 것만이 아니라 조선왕조의 역사에 있어 대단원의 막이 내리는 것을 의미하기도 했다.

맨 먼저 온 대열은 기마경찰이었다. 다음으로는 검은색 정복을 입은 경찰들이 마치 사람의 목을 베려는 듯 칼을 들고 떼를 지어 걸어왔다. 그들은 칼이 부딪치는 소리를 내면서 빽빽이 늘어선 군중들 틈으로 들어섰다. 그들의 검은 제복은 길 양편과 동대문 앞의 공터에 들어선 군중들의 흰옷과 너무나 대조가 되어 마치 흰 천에 검은 점이 찍혀 있는 것처럼 보였다. 조선 사람들은 조복으로 검은색을 입지 않고 흰옷을 입는다.

다시금 우리들은 경찰에 의해 소지품 검사를 받았으나 위험 요소가 없다고 인정되었다. 이 장소에서는 별다른 소요 사건은 일어나지 않았다. 단지 군중들이 너무나 앞으로 나갔기 때문에 여기저기에서 작은 소란이 있었을 뿐이었다. 군중들은 너무나 슬퍼서 항거할 마음조차 없는 듯했다. 우리들은 주위의 많은 노인들이 눈물을 흘리며 울고 있는 것을 볼 수 있었다. 이들은 틀림없이 자랑스러웠던 조선 역사를 회상하고 왕조가 끝나는 것을 슬퍼하고 있었을 것이다.

"아이고! 아이고!" 하는 곡소리가 보다 똑똑히 들려왔다. 더 많은 군경들이 말을 타고 왔다. 장례 행렬은 다시 진행되었다. 고인을 찬양하는 글이 쓰인 만장들이 대나무 장대 위에서 펄럭였다. 악귀를 쫓아내기 위해 가면을 쓴 사람들이 수레를 타고 왔다. 넓이가 약 90센티미터 정도 되는 가면은 툭 불거진 눈과 이빨로 무시무시한 형상이었다. 악귀를 겁나게 하는 데는 조금도 부족함이 없었다.

또 하나의 다른 관이 약 절반의 크기로 만들어져서 이 행렬 속에 있었다. 이것은 좁은 문이나 급한 경사를 내려갈 때도 이용되지만 악귀들에게 어느 관에 고인이 누워 있는지 혼동하게 하려고 만들어진 것이었다. 그 다음으로 곧 장엄한 광경이 나타나 우리의 시선을 멎게 했다. 순종황제의 관을 운반하는 거대한 붉은색 상여가 오고 있었다. 맨 앞에는 베옷을 입고 같은 천으로 만든 뾰족한 모자를 쓴, 곡을 선창하는 사람이 있었고 비슷한 복장을 한 호곡하는 사람들이 상여의 양편에 늘어서서 걸어왔다.

관은 서로 교차하는 나무 장대들 위에 안치되어 있었고 직교된 장대들에는 넓적한 헝겊으로 만든 줄들이 서로 연결되어 있었다. 그물같이 연결된 장대와 거기에 달린 끈들을 어깨에 걸치고 190여 명의 사람들이 이 무겁고 큰 상여를 운구하고 있었다. 상여를 받치는 두 개의 커다란 사각목이 있고 이 사이를 가로질러 직교하는 장대들이 17개 있었다. 이 장대들을 연결하는 끈은 어깨에 메도록 만들어져 있었다. 상여 자체의 크기는 길이 3미터, 넓이 1.5미터, 높이 1.8미터 정도이며 붉은색으로 채색되어 있었다.

긴 끈이 상여의 앞쪽과 뒤쪽에 늘어져 있어 사람들이 그 끈을 잡고 가고 있었다. 이것의 실제적인 목적은 경사진 곳을 갈 때 무거운 상여의 움직임을 조절하기 위한 것이기도 했지만 앞에서 이 줄을 잡아당기면 뒤에서는 반대쪽으로 계속 당겨 상여를 천천히 가게 함으로써, 고인을 애도하는 상징적 표현을 담고 있다고도 한다. 두 사람이 상여의 앞뒤에 올라서서 전면과 후면을 향해 각각 손에 든 종을 흔들면서 상여를 옮기는 사람들의 걸음에 박자를 맞춰주었다.

그 다음에는 고인의 왕비인 윤 씨와 왕가의 여자 친척들이 탄 가마들이 오고 있었다. 문에 발을 치고 있어서 그들의 모습을 볼 수는 없었다. 그 가마들 뒤를 왕실의 친척들, 정부 요인들이 인력거를 타고 따르고 있었다.

우리에게 가장 흥미 있었던 것은 종이로 만든 말들이었다. 이것들은 여섯 개의 수레에 각각 한 마리씩 실려 왔는데 지상에서 약 4미터 높이로 우뚝 서서 오고 있었다. 말들은 질긴 조선종이(뽕나무 껍질을 가지고 손으로 만든 것)에 풀을 발라서 더욱 두껍고 질기게 한 다음 거기다 대나무를 골격이 되게 넣어서 말의 형상을 만든 것이다. 종이말들은 고인이 된 황제가 내세에 타고 갈 것이었다. 네 마리는 안장까지 갖추어져 있어 당장에 탈 수 있게 되어 있었고 두 마리는 예비용이어서 안장이 얹혀 있지 않았다. 종이 말들은 묘지에서 불태운다. 이 장례 행렬은 무려 2킬로미터 이상 뻗어 있어서 촬영할 수 있는 소재를 많이 제공해주었다.

매리언과 나는 조선 역사의 한 장면을 직접 목격할 수 있는 행운을 누렸다. 조선의 중요한 역사의 한 장면이 이렇게 막이 내렸다. 왕가의 거창한 장례 행사, 옛 전통의 화려함도 이것으로 마지막이라는 것을 우리 눈으로 확인했던 셈이다.

승하한 순종황제의 장례식 행렬, 1926년 6월 10일

고인이 된 황제가 내세에 타고 갈 수 있도록 준비한 종이로 된 말들. 묘지에서 불태워진다(오른편).

악귀를 내쫓기 위해 가면을 쓴 사람

악귀를 속이기 위해 따로 마련된 두 번째 상여

그물같이 연결된 장대와 거기 달린 끈들을 어깨에 걸치고
190여 명의 사람들이 순종황제의 큰 상여를 운구하고 있다

이틀 후 나는 어머니, 매리언과 함께 미국 영사관저의 뜰에서 열린 서울여성클럽의 연례 파티에 참석했다. 그때는 곧 여름철이 시작될 무렵이었으므로 우리들의 대화는 자연히 휴가계획에 집중되었다. 사람들 대부분은 우리에게 서해안의 소래 해변을 추천했고 나머지 사람들은 동해안의 원산 해변을 권했다.

에비슨 부부(O. R. Avison)와 아들 닥터 더글러스 에비슨(Douglas Avison, 나와는 토론토 대학교 의과대학 동창)은 서해안의 소래 해변에는 꼭 가봐야 한다고 거듭 강조했다. 언더우드 가족들도 소래 해변에 대한 열광자들이었다. 호러스 언더우드(Horace Underwood)는 자기가 디자인한 '검은 오리'(Black Duck)라는 이름의 돛단배를 손수 제작 중이었다. 그는 배가 완성되면 함께 타고 여행하자고 했다. 우리의 임지인 해주는 소래에 가는 길목이었으므로 우리는 언더우드 가족에게 여행 중에 해주에 들러달라고 초청했다.

고든 에비슨, 잭 부츠(Jack Boots) 등 다른 사람들은 원산 해변이야 말로 가장 멋진 해변이므로 반드시 가봐야 할 곳이라고 강조했다. 또한 원산에 가게 되면 그 근처에 있는 명산인 금강산으로 쉽게 캠핑 여행도 갈 수 있다는 점을 들어 열심히 원산 해변을 권했다. 아펜젤러도 우리가 원산 해변으로 가면 세일 보트(Sail Boat)를 태워주겠다고 제의해왔다. 그는 원산만은 세계적으로도 큰 만에 속하며 해군의 대함대를 전부 수용할 수 있을 정도라고 말했다. 또 한사람의 '원산파'는 우리가 원산에 흥미를 보이자 더욱 신이 나서 말했다.

"이건 방금 들은 소식인데, 원산 해변에 있는 작은 별장 한 채를 그 지역에서 유일한 모터보트와 함께 팔려고 누군가 내놨습니다. 그 집 주인은 곧 세상에 종말이 온다고 믿어 아이들도 자퇴를 시켰고 귀국하려고 짐도 다 꾸렸다고 합니다."

곧 세상의 종말이 온다고 믿는 사람이라면 돈도 별로 필요하지 않을 테니 싸게 살 수 있을 것이다. 나는 이 소식에 마음이 들떠 흥분하고 말았다. 그러나 매리언은 정말로 사리가 분명한 아내였다. 그녀는 단 한 마디의 질문으로 나의 흥분에 제동을 걸었다.

"무슨 돈으로 그걸 사겠다는 거죠? 빚내어 이자를 물면서요?"

그녀는 곧 달래는 목소리로 어조를 부드럽게 바꿨다.

"여하튼 별장을 사려면 양쪽 해변을 다 봐야 하지 않겠어요?"

나는 매리언의 말이 옳다는 점을 인정하고 동의했다.

"그래요, 소래 해변은 해주에서 80킬로미터밖에 떨어져 있지 않으니 주말에 잠시 그곳을 돌아본 뒤에 기회가 생기는 대로 원산에 가봅

시다. 아직 청진기의 먼지도 털지 못했으니 먼저 일부터 시작합시다."

영사관에서 마련한 파티에도 참석했다. 세브란스 의학교의 외과 과장인 닥터 루드로우(Ludlow)는 해주에 와서 우리가 런던에서 배워온 간농양 치료법을 배우고 싶다고 했다. 그는 약속대로 그 후 해주에 와서 치료법을 배워갔다. 조선 궁중의 여성담당 외과 의사인 닥터 메리 스튜어트는 "궁중의 한 여성을 수술하게 됐는데 어려운 점이 많다"면서 매리언에게 협조를 구했다. 매리언은 기꺼이 그녀를 도와주었다.

파티에 참석한 사람들은 다들 모임의 분위기가 성공적이었다고 말했다. 거기에서 사귄 몇몇 친구들은 다음에 우리가 서울에 오면 자기들 집에 와서 지내라고 했다. 우리는 후에 가끔 그들의 집에 머물면서 좋은 친구가 되었다.

조선어학교의 첫 학기는 6월 18일에 끝났다. 비록 공부는 힘들었으나 오랫동안 우정을 나눌 수 있는 좋은 친구들을 사귈 수 있어서 즐거웠다. 학기가 끝나는 것이 섭섭하긴 했지만 우리는 10월에 시작하는 2학기에 또 올 수 있을 것이라는 희망을 안고 헤어졌다.

조선의 연례 감리교 선교회의가 그 달 말에 열렸다. 6월 24일에는 새 직책을 맡게 된 임원들의 이름이 발표되었고 새로운 선교사들이 공식적으로 소개되었다. 우리와 함께 생기발랄하고 젊은 모드 키스터 (Maud Keister) 양이 소개되었다. 모드 양은 6월 10일, 순종황제의 장례일에 서울에 도착했다. 우리는 그녀에게 역사적인 시간 감각이 대단하다고 박수를 보냈다. 그녀는 그 후 우리의 좋은 친구가 되었으며 2년 후 크리스 젠슨(Kris Jensen) 목사와 결혼했다. 모드 양은 선교부의 재무 담당 보조로 일하다가 후에 담당 책임자가 되었다. 크리스 젠슨 목사는 조선 중부를 전도 담당 구역으로 맡고 있었다. 그들과 우리는 조선에 있는 동안 즐겁게 왕래하는 좋은 친구가 되었다.

임지로 떠나기 전에 서울에서 내가 해야 하는 중요한 일이 하나 있었는데, 아직도 시간을 못 내고 있었다. 그것은 매리언에게 내가 태어난 집을 보여주는 일이었다. 어머니는 "다음에 서울에 올 때 그곳에 가보면 되지 않겠느냐고 생각했다가는 그 건물은 영영 못 보게 될지도 모른다"고 했다. 그 자리에 신식 건물이 세워진다는 소문을 들었던 것이다. 매리언은 내가 그녀의 고향집을 본 것처럼 이곳에 내가 태어났던 집을 보고 싶어 했다.

집은 크지 않았다. 모양을 내느라 치장하지는 않았으나 그 자체로 동양적인 아름다움을 가지고 있었다. 기와지붕의 끝이 하늘을 향해 쳐들었는데 그 선이 고아해보였다. 천장은 가운데 커다란 대들보가 있고 들보를 중심으로 양쪽에서 지붕을 받쳐주는 서까래를 경사지게 했는데 그대로 드러나 보여 마치 척추에 붙은 갈비뼈처럼 생겼다. 밖의 벽은 진흙을 이겨서 만들었는데 거기에 동양적 상징인 노송, 황새, 거북이 등 장수를 나타내는 무늬들이 새겨져 있어서 매우 흥미로웠다. 이 무늬들은 진흙이 마르기 전에 새긴 것이다.

우리는 내가 태어난 방과 아버지가 돌아가신 방도 구경했다. 방의 칸막이는 부분적으로 허물어져 있어서 빗자루로 쉽게 청소할 수 있었다. 이 집은 아버지가 태어났던 통나무집과 비슷한, 편안하게 만든 동양식 가옥이다. 아버지와 어머니는 선교 생활 초기에 노블 댁 내외와 함께 이 집을 썼고 노블 씨의 딸이 태어날 때도 이 집에서 어머니의 손으로 출산을 도왔었다. 우리가 청일전쟁 발발로 평양에서 서울로 돌아왔던 날 저녁에 딸이 태어난 것이다.

우리의 화제는 자연히 노블 부부에게로 옮겨졌다. 나는 매리언에게 노블 부인을 매우 높이 평가한다고 말했다.

"부인은 두 아이를 아주 어릴 때 잃었어요. 그처럼 큰 슬픔 속에서도 희망을 잃지 않고 모든 것을 긍정적으로 받아들였어요. 나는 소년 시절부터 부인과 자주 이야기를 나누었는데 그때마다 항상 새로운 힘을 얻었어요. 유태인 랍비였던 벤 에스라(Ben Esra)의 말마따나 '최고의 날은 아직 오지 않았다'(The best is yet to be)는 점을 그녀는 믿고 있었어요."

매리언은 그 자리에서 참지 못하고 졸랐다.

"지금 바로 노블 댁에 갑시다. 해주로 떠나기 전에 만나보고 싶어요."

우리가 그 댁에 갔을 때 노블 부인은 외출중이어서 자리에 없었다. 대신 노블 목사가 반갑게 맞아주었다. 우리는 지난번 그가 우리의 입장을 이해하고 여러 문제에 대해 조언해준 점에 감사를 표시했다. 매리언은 그때 노블 목사가 '이 새로운 사회'에 대해 암시했던 내용을 더 자세히 이야기해달라고 졸랐다.

노블은 자기가 관심을 가진 내용에 대해 매리언이 이야기해달라고 하자 매우 흐뭇해하는 것 같았다. 그가 그날 우리에게 해준 이야기들은 선교 생활을 시작하는 우리에게는 너무나 도움이 되는 것이었다. 선교에 대해 그가 내린 정의를 지금까지도 생생하게 기억하고 있다.

"돈이란 선교사가 되기 전까지는 개인 생활에서 대단히 중요한 조건이 됩니다. 그러나 지금부터는 당신들의 생활에서 돈이 차지하는 가치는 단지 선교사업을 위한 자금 외에는 점점 작아질 것입니다. 우선은 한 선교 구역 내에 있는 모든 선교사들의 기본 급료는 모두 같아요. 두 사람은 의사이지만 그렇다고 해서 고등학교만 졸업하고 선교 분야에서 일하는 사람보다 급료가 더 많은 건 아니지요.

선교회에서 요구하는 선교사들의 교육 수준은 높은 게 사실입니다. 오늘날 거의 모든 선교 분야에 종사하는 사람들은 대학 졸업자들이고 그들 대부분은 안식년 휴가 때 고국에 돌아가 박사 과정을 공부합니다. 어떤 이들에게는 봉급 외의 생활 보조금을 지급하는 경우도 있어요. 그러나 그것은 교육 수준이 높거나 특정 훈련을 받은 사람들에게 지급하는 것이 아니라 부양가족, 즉 아이들이 많다거나 나이가 들었다든가 하는 경우에 해당됩니다. 또 그 액수란 많은 것도 아니지요.

당신들 두 사람은 대학을 나왔어요. 대학 중에서도 의과대학을 졸업했지요. 만일 미국에서 산다면 전문의로 살아가기에 충분할 겁니다. 앞으로 당신들의 학교 동창들은 멋진 스포츠카를 타고 비싼 개인전용 요트를 소유하고 호화로운 저택에서 살게 될 겁니다. 또 어떤 동창이나 친구들은 자기네들이 입지 않는 헌 옷들까지 당신들에게 주겠다고 할지 모릅니다. 그럴 때 그들이 주는 것을 기쁜 마음으로 받기 바랍니다. 그렇게 함으로써 당신들은 물건도 그냥 얻게 되거니와 그들로 하여금 당신들을 통해 좋은 일을 할 수 있는 기회를 주는 게 되기 때문이지요.

휴가가 되면 당신들은 친구들과 함께, 소위 이곳에서는 불교 스님들이 '동냥'이라고 하는 자선을 구하는 일에 나서게 됩니다. 이것은 당신들이 성취하고자 하는 일을 하나님의 이름으로 보조받으려는 것입니다. 그렇게 하여 병든 사람들을 돕고 하나님나라가 지상에 더 빨리 이루어지도록 하려는 것입니다.

여기에서는 미국에서와 같이 그 사람의 수입을 가지고 '1만 달러짜리' 또는 '2만 달러짜리'니 하여 사람과 사람 사이를 구별하거나 평가하는 일은 없습니다. 여기 선교사회에서는 모든 사람들이 똑같은 액수의 수입을 갖고 있으므로 그러한 경쟁의식은 배제되어 있습니다. 어느 선교사든지 자기가 저축한 돈으로 책이나 옷 등 기타 용도로 쓸 것을 가질 수는 있습니다. 그러나 우리 선교사들의 세계는 허울만이 아니라 진정으로 계급이 없는 사회입니다.

아무리 계급이 없는 사회라 해도 세력이나 혜택을 더 갖기 위한 경쟁은 있을 수 있습니다. 그러나 실제로 이곳 선교회는 그런 일이 일어나는 예가 거의 없습니다. 그 이유는 그렇게 경쟁해봐야 생기는 건 돈이 아니고 머리를 식혀야 할 일만 더 늘어날 뿐이거든요. 그러니 아마도 동료 선교사들보다 경쟁을 하여 이기려는 선교사는 거의 없을 겁니다. 진실하고 정직한 선교사가 되는 길은 항상 최선을 다하는 태도라야 합니다. 왜냐하면 선교사업이란 전적으로 하나님을 위한 일이고 다른 사람들에게 봉사하는 것이며 개인의 야심이나 이득을 위하는 일이 아니기 때문이지요.

그러한 가운데서만 진정한 인생의 만족을 찾을 수 있는 것입니다. 선교사의 삶이란 그 가치가 지대하여 다른 어떠한 것과도 견줄 수 없는 독특한 점을 가지고 있습니다. 선교사가 되고자 한 동기가 불분명하고, 종교적 믿음이 약하고 열정이 적은 사람들은 자연히 이 생활에서 탈락하고 맙니다. 당신이 탈락하면 그 자리를 메우려는 사람들이 많지 않다는 점을 잊지 말기 바랍니다. 모국에서 당신이 의사의 자리를 내놓으면 그 자리를 신청하는 사람이 많은 경우와는 다릅니다. 여기에서 당신이 중단하게 되는 경우, 일반 사회의 의사들은 당신의 자리를 탐내지 않기 때문에 당신이 종사했던 하나님의 사업은 심한 타격을 받게 됩니다. 당신들은 하나님께서 당신에게 맡긴 임무에 대해 항상 하나님께 힘을 주십사하고 간구하고 인도하심을 부탁드려야 합니다. 나는 당신들이 성실하고 충정으로 하나님을 섬기리라 확신합니다."

신앙에 대한 그의 이토록 진지한 정의는 선교사로 첫 발을 내디딘 사람들에게 크나큰 도움을 줄 것이다. 우리는 이 '독특한 사회'의 도움을 받아, 팔소매를 걷어붙이고 용감하고 당당하게 나설 자세가 준비된 셈이다.

13
첫 번째 해와 예순한 번째 해

 이제 해주에서 우리의 새로운 삶이 기다리고 있었다. 연회가 끝나자 우리는 무거운 짐들, 병원 기구와 보급품들을 연안용 선박 편을 이용해서 해주 항으로 옮겨야 했다. 이미 육로로 해주에 가보았기 때문에 이번에는 경치가 좋은 해안의 뱃길을 따라 해주에 가는 것도 좋겠다고 생각했다. 그러나 해상 여행은 폭풍을 만나게 되면 암초가 많은 해안선에서 좌초되는 경우가 많았으므로 경치는 좋았지만 그만큼 위험했다. 이러한 폭풍으로 조선선교의 개척자인 헨리 아펜젤러(H. G. Appenzeller) 목사는 조선인 소년을 구하려다 목숨을 잃었었다. 그 사고는 1902년에 일어났는데 우리가 휴가를 떠나 있었을 때 그 소식을 들었다.

 서울을 떠나 해주로 향하기 전에 나는 일본 제국의 의사 면허를 받아야 했다. 이것이 있어야만 합법적으로 해주나 일본 제국의 어느 지역에서나 의료 행위를 할 수 있었다. 일본과 영국은 외교 조약에 의해

의사 면허는 서로 인정해주기로 되어 있었다. 캐나다는 영연방이었으므로 나는 자동적으로 면허를 얻을 수 있었다. 그러나 매리언은 미국 면허만 가지고 있었으므로 면허를 받아야 했는데 편리상 도에서도 면허를 지급한다고 했다. 도의 면허만으로 우리의 선교사업에는 지장이 없었으므로 그냥 떠나기로 했다.

다음날 아침 6시에 떠나는 기선을 타기 위해 6월 29일 저녁, 서울을 떠나 제물포로 향했다. 날씨가 좋아서 충분히 여행을 즐길 수 있었다. 배는 험한 해안선을 따라 점점이 펼쳐져 있는 섬 사이를 들락날락하며 항해했다.

우리가 해주에 도착하자마자 닥터 김은 이 도시에 있는 중요한 관리들을 방문하는 것이 좋겠다고 했다. 우리는 서울에 있을 때 이곳 풍습에 따라 명함을 만들어왔으므로 사람들을 방문할 준비는 되어 있었다. 방문 결과 우리가 예상했던 것보다 훨씬 좋은 대접을 받았다. 우리가 조선 총독 사이토 자작과 친하다는 소문이 이곳까지 전해져서 방문하는 곳마다 특별한 환대를 받았던 것 같았다. 이처럼 따뜻한 환대를 받은 또 하나의 이유는 나중에 알게 되었지만 황해도의 박 지사가 소년 시절의 나를 알고 있었던 점이었다. 박 지사의 아버지가 진남포의 원님으로 있었을 때 그 집에 손님으로 묵었던 일이 있었다. 그곳에 첫 교회를 세우기 위한 모금이 있었는데 그때 나는 모자에다 연보 거두는 일을 맡았었다. 박 지사는 진정으로 나를 반기는 것 같았다. 우리가 방문한 사람들 가운데 특별히 친절했던 또 한 사람은 일본인 경찰국장인 사사키였다. 그는 자기 가족은 이곳에서 고립되어 있다면서 "아내는 이곳 해주에서 형제처럼 친하게 지낼 사람들이 아무도 없어 고독하다"고 했다. 우리는 이 고독한 가족을 기꺼이 우리 집에 초대했다. 우리도 자주 그 집에 놀러가곤 했다. 우리는 점점 그들을 좋아하게 되었으며 세월이 지나면서 우정은 더욱 깊어졌다. 이 우정은 우리의 선교사업이나 개인적으로도 도움이 되었다. 그 당시에는 몰랐으나 수년 후에 우리가 어떤 위험을 맞게 되었을 때 이 우정은 우리를 위기에서 구해주었다.

황해도지사 박 루터(Luther Park). 닥터 셔우드 홀이 해주에서 의료선교를 하는 동안 행정적으로 많은 도움을 주었다.

해주의 일본인 경찰국장 사사키와 그의 가족

매리언이 아직 짐도 채 풀기 전에 병원에서 긴급히 매리언을 찾는 기별이 왔다. 매리언은 재빨리 청진기를 들고 산과 병동으로 달려갔다. 산기가 있는 한 산부가 분만을 못하고 있었다. 진찰 결과 태아가 잘못 나오고 있었다. 아기가 아직 살아 있음을 확인한 매리언은 솜씨 좋은 손으로 태아를 바로 잡아 무사히 분만시켰다. 사내아이였다. 그 아기가 사내아이였던 것은 매리언의 공이 아니었는데도 마치 매리언이 사내아이를 만들어 내기나 한 것처럼 그들은 고마워했다. 이러한 매리언의 솜씨, 사내아이를 낳게 하는 재주에 대한 소문은 급속도로 퍼져갔다. 매리언은 아기를 낳는 곳마다 불려 다니느라 바빴다. 그 당시 매리언은 밤에 잠을 제대로 잘 수 없었다. 아기들은 주로 한밤의 어둠을 틈타 이 세상에 '데뷔'하려는 듯 밤에 태어나는 일이 많았기 때문이었다.

한편 나는 청진기와는 아무 관계도 없는 다른 종류의 긴급 연락을 받았다. 내가 교장을 맡고 있는 남자 학교의 교무주임이 와서 교사 한 사람을 당장 파면시켜달라고 요청한 것이었다. 집무를 시작하기 전부터 사람을 파면시켜야 한다는 것은 참으로 꺼림칙한 일이었다. 매리언이 황급히 병원으로 달려간 것과 달리 나는 되도록 천천히 학교를 향해 걸었다. 걸으면서 이 문제를 어떻게 처리해야 할지 곰곰이 생각해 보았다. 교장으로서의 내 역량은 이 문제를 어떻게 처리하는가에 따라 평가될 것이다.

교무실에 들어서자 방안은 무거운 감정으로 꽉 차 있었다. 교무주임인 김 선생의 얼굴은 화가 난 표정이었고 파면을 당할 선생은 침통한 얼굴을 하고 있었다. 이러한 분위기에서 좋은 결말을 짓기란 몹시 힘들다. 두 사람은 서로 사랑의 마음으로 이해하기가 곤란한 입장이었다. 이 문제는 의료의 영역이 아니었으므로 나로서도 낯선 분야였다. 나는 어떻게 해야 할지 난감했다. 잠시 하나님께 인도를 청하는 묵도를 올렸다.

교무주임은 이 문제를 빨리 해결해주기를 원했다. 교사를 파면시켜야 할 이유는 명백했으므로 즉시 파면해야 했다. 나는 교무주임의 입장을 두둔해야 할 처지였고, 다른 교사들과 학생들 앞에서 교무주임의 체면을 깎아내려서는 안 된다는 것도 알고 있었다. 학교의 기강을 위해서는 교무주임의 말대로 해야 했다. 교무주임이 생각할 때 이제 내가 해야 할 일이란 비교적 간단하고 명확하게 '파면'을 얘기하는 것뿐이었다. 나는 미소를 지으며 말했다. 그 두 사람은 내가 이런 태도를 취하리라고는 미처 예기치 못했다.

"이런 분위기는 새 교장을 환영하는 것으로는 별로 좋은 것이 아니군요. 다들 긴장을 풀고 차라도 한 잔 하면서 얼굴이라도 익힙시다. 여기에 차를 끓일 수 있는 기구들은 있겠지요?"

교무주임은 고개를 끄덕이더니 딱딱 손뼉을 쳤다. 이것은 심부름하는 소년을 부르는 동양식 방법이다. 이렇게 해서 사태가 어떻게 돌아갈 것인가? 그런 표정으로 그들은 말없이 차를 마셨다.

몇 마디의 농담을 던진 나는 교무주임에게 가족 상황에 대해 물어보았다. 그는 아내와 네 아들이 있다고 대답했다. 나는 얼른 "그것 참 다복하시네요"고 치하했다. 그 다음으로는 파면될 교사에게 가족 상황을 물었다. 그는 처음에는 망설이다가 교무주임에게 시선을 던져 대답해도 좋은지 양해를 구했다. 교무주임은 마지못해 고개를 끄덕였다.

그는 천천히 입을 열기 시작했는데 어느새 그의 눈에는 눈물이 가득 고였다. 그는 슬픔을 억제하기가 힘들어 말을 잇지 못했다. 나는 계속 이야기하라고 용기를 북돋아 주었다.

"아내는 최근에 폐병으로 죽었습니다. 지금은 저의 하나밖에 없는 아들이 같은 병에 걸렸는데 아이를 간호할 사람이 없습니다. 그래서 제가 학교에 출근을 못했습니다."

이 대목에 이르자 나는 얼른 그의 말을 가로막았다.

"그렇다면, 원 세상에, 어째서 교무주임에게 미리 이야기하지 않았습니까? 그런 사정을 들었다면 교무주임은 당신의 딱한 사정을 이해하고 출근하지 못한 점을 나무라지 않았을 게 아닙니까?"

교무주임은 내 말에 수긍한다는 듯 고개를 끄덕였다. 이렇게 하여 고조되었던 감정의 열기가 수그러졌다. 모두들 감정이 차분하게 가라앉은 것을 알 수 있었다. 그러자 그 교사가 말을 이었다.

"교장 선생님, 우리 북쪽 사람들은 남쪽 사람들이 문둥병을 큰 수치로 생각하는 것처럼(남쪽 지방에는 나병 환자가 많았다) 폐병에 걸린 것을 말할 수 없는 수치로 알고 있습니다. 그래서 집안에 누가 폐병에 걸렸어도 밖에 나와 말할 수 없답니다."

나는 종이에 몇 자를 써서 심부름하는 소년에게 주어 병원의 김 선생에게 전하라고 했다. 조선인들의 성에는 김씨, 이씨가 미국의 스미스나 존만큼 많다. 의사가 곧 우리에게로 왔다. 나는 그간의 사정을 설명하고 소년을 입원시킬 수 있는지 물었다.

닥터 김은 한참 망설이다가 말했다.

"폐결핵 환자를 받는 것은 우리 병원의 방침과는 어긋납니다. 일단 폐병 환자를 받으면 같은 종류의 수많은 환자들이 몰려들어 이 병원에는 다른 환자들이 들어설 자리가 없게 되기 때문입니다."

나는 무척 실망했다. 불쌍한 그 소년의 아버지도 말할 수 없는 비탄에 빠졌다. 상황을 판단한 의사는 재빨리 이야기를 계속했다.

"제 생각은 이 경우를 특별한 예외로 하여 그 아이를 격리 병동에 입원시킬 수 있다고 봅니다. 마침 그 병동은 지금 비어 있습니다."

우리는 모두 안도의 숨을 내쉬었다. 모든 사람들의 체면이 살아났고 나도 성공적으로 학교 일의 첫 번째 난관을 무사히 통과할 수 있었다.

그날 저녁 바로 나는 석유등 밑에 앉아서 낮에 있었던 교사의 아들과 같은 폐결핵 환자들을 위한 작은 병동을 지을 수 있는 자금을 호소하는 편지를 몇 사람의 지인들에게 썼다. 조선에서 나의 꿈인 결핵요양소를 짓기 위해서는 시간이 걸린다는 점을 잘 알고 있었다. 선교회에서는 경제적 도움을 줄 수 없는 입장이었으므로 스스로 다른 곳에서 모금을 해야 했다. 이러한 취지를 편지로 써서 여러 군데 보내려고 상당히 많은 시간을 할애해야 했다. 거기다 승낙하기 주저했던 교장직을 수행하기 위해서도 병원 일과 병행해서 시간 분배를 잘해야 했다.

다음 날 매리언과 나는 병원으로 출근했다. 우리를 기다리고 있던 소위 '난치병 환자'로 불리는 환자들부터 회진하기 시작했다. 농담 같지만 "의사의 실수는 묻혀버린다"는 말이 있다. 이 말에 힘을 얻어 우리는 실수를 무릅쓰고라도 남들이 주시하고 있는 이 첫 날의 왕진에서 의사로서의 역량을 과시하지 않을 수 없었다. 여기에서도 나는 또 하나님께 기도를 드렸다. 청진기를 꺼내면서 "이제 전투는 시작됐구나" 하는 생각이 들었다.

하룻밤만에 내 청진기의 중요성은 매우 커졌다. 여기에서는 엑스레이나 다른 진단에 필요한 보조 기구가 없었기 때문이었다. 청진기는 계속 내 손에서 떠나지 않았다. 청진기가 전해주는 여러 소리들을 정확히 탐지하고 해석해나가면서 경험을 쌓게 될수록 내게 있어서 청진기의 의미는 더욱 중요해졌다. 건강한 사람의 심장은 그 고동이 힘차고 깨끗한 소리를 내지만 고장 난 심장에서는 여러 소음이 섞인 것 같은 소리가 난다. 이 소리가 점점 약해지다가 마침내 들리지 않게 되는 때가 온다. 이때 의사는 환자의 사망을 선고하는 것이다.

복부에 청진기를 대고 액체의 소리, 가스의 소리, 태아의 숨소리 등을 구별하듯 청진기의 도움으로 심장 소리도 탐지한다. 청진기는 폐에서도 여러 소리들을 구별한다. 마치 줄질하는 것 같은 거친 소리라든가 미세하게 '그르르' 하는 소리 등으로 폐의 병을 진단해야 하므로 이런 소리들을 잘 구별해서 들어야 한다. 어떤 소리는 집게손가락과 엄지손가락으로 귀근처의 머리카락을 긁는 소리가 나고 어떤 소리는 물에 젖은 포장된 도로에 타이어가 굴러가는 소리가 난다. 그러나 중요한 것은 이런 소리들이 나는 위치를 정확히 파악하는 것이다. 소리가 폐 위쪽에서 나는지 아래쪽에서 나는지를.

환자들을 청진하고 병세를 진단할 때는 이런 모든 요인들과 그밖에 다른 요인들까지 합쳐서 동시에 마음속에 기억하고 판단해야 한다. 환자의 얼굴에 스쳐가는 아주 작은 표정 하나까지도 놓치지 않고 관찰하며 참고해야 한다. 흔히 이러한 관찰 과정에서 머리털 하나의 차이로 오진이 발생한다.

비록 가장 훌륭한 학교에서 철저하고 성실하게 의과 훈련을 받기는 했지만 막상 우리의 책임 하에서 전적으로 환자의 생명을 책임져야 하는 현실적인 도전을 받고 보니 어떻게 해야 할지 막막하지 않을 수 없었다. 여기에서는 물어볼 선생님도 없고 환자들을 보낼 전문의도 없거니와 의논할 의사들도 없다. 지금까지는 모든 일이 쉬울 것처럼 여겨졌었는데, 어느 순간부터 우리 둘이서 환자들의 생사여탈권을 손에 쥐게 된 것이다. 오진이건 아니건 간에 마지막 결론을 내릴 사람은 우리 자신들이었다. 거기다 우리 뒤에는 우리가 실수할 경우 크게 떠벌릴 조선의 무당들이 도사리고 앉아 항상 우리를 위협하고 있었다.

갑자기 나는 공포감에 휩싸였다. 직업상 매우 고독함을 느꼈다. 이때 마음속 깊은 데서 들리는 소리가 있었다. 그 소리는 나를 진정시키고 격려했다.

'너는 지금 홀로 서 있는 게 아니다. 너의 주님이 도와주시고 너와 함께 계시지 않느냐.'

이 순간 나는 자신감을 되찾았다. 확신을 가지고 앞으로 나갈 수 있는 용기가 생긴 것이다.

닥터 김은 우리가 진료해야 할 환자들의 순서를 정해 대기시켜놓고 기다렸다. 매리언은 여자 환자들과 어린 아이들을 맡았고 나는 남자 환자들을 맡았다. 그만큼 우리가 진찰해야 할 환자들이 많았다.

호랑이에게 물린 사람이 들것에 실려 왔다. 산에서 나무를 하고 있다가 습격을 받았던 것이다. 호랑이는 가만히 내버려두면 대개는 사람을 해치지 않는다. 그러나 호랑이가 부상을 입고 있다면 쉽게 먹이를 찾기 위해 사람을 해치는 야수로 변한다. 다행히 그 사람이 공격을 당했을 때 근방에 나무하던 사람이 있었기 때문에 비명 소리를 듣고 뛰어와서 그를 구했다. 하지만 그때는 이미 호랑이 발톱에 할퀴어 눈알이 빠지고 심하게 상처를 입은 뒤였다. 환자를 본 순간 당장의 위험은 병균의 감염임을 알았다. 이때 적절한 치료를 했다.

독사에 물려 병원에 온 환자도 여러 명이었다. 한번은 논에 모를 심다가 뱀을 잘못 밟아서 물린 농부가 왔다. 이런 경우는 독사에 물린 상처의 치료보다는 지혈대를 오랫동안 놔두었기 때문에 생기는 탈저증(脫疽症, 신체 조직의 한 부분이 생활력을 잃고, 영양 공급 및 혈액 순환이 두절됨으로써 그 부분이 썩어 문드러지는 병－편집자)의 치료가 더 시급했다. 탈저가 심해져서 손이나 발을 절단해야 하는 경우도 많았다.

복부가 매우 커진 증세의 환자들도 있었다. 이것은 서구에서 자주 볼 수 있는 일종의 비만증과는 전혀 다르다. 장결핵이거나 흔히 만성 말라리아 증세로 비장이 팽창한 경우가 많다. 간염 때문인 환자에게는 런던의 의학교에서 배운 대로 흡출법(吸出法)을 써서 치료할 수 있었다. 이 치료법은 대단히 만족할 만한 결과를 보였다.

한번은 내가 환자를 진찰하려고 청진기를 들었는데 매리언이 자기 환자를 좀 봐달라고 뛰어왔다. 산모의 배에서 두 개의 다른 심장소리를 들었으니 이를 확인해달라는 것이었다. 내가 산모의 복부에 청진기를 대었더니 아닌 게 아니라 서로 다른 심장의 고동 소리가 들렸다. 우리는 산모가 쌍둥이를 가졌다고 진단했다. 그러나 나는 매리언에게 전에 내가 스테트슨 병원에서 경험한 것 같이 세쌍둥이일지도 모르니 조심하라고 주의를 주었다. 그녀는 내 말에 웃으면서 잘 살펴보겠다고 다짐했다.

매리언은 여자 환자들 중에서 여러 모양으로 복부가 늘어진 증상을 발견했다. 그것은 대게 팽창된 자궁섬유종, 종양, 그리고 놀랄 만큼 많은 커다란 난소난종들이었다. 이것들은 외과적으로 수술을 해야 하는 것들이었으나 다행스럽게도 암종은 별로 발견되지 않았다. 이때 우리는 암이 서구보다 이곳이 훨씬 적다는 점을 알았다.

시일이 지나면서 내 청진기로 진단해볼 때 두 명 중 한 명은 결핵환자였다. 이들 중 대부분의 경우는 이미 병세가 상당히 진전됐으므로 입원시켜 치료하지 않으면 희망이 없는 상태였다. 이러한 사실은 결핵 요양소의 설립이 시급하다는 의미였다. 나는 이런 환자들을 위해 우선 일차적인 처방을 했으나, 사실 더 시급한 일은 아직 감염되지 않은 가족들, 특히 어린이들과 환자들의 접촉을 막아야 한다는 점이었다. 환자들에게는 직접 말하지 않고 집안 어른들에게 알려주는 것이 좋겠다고 생각했다. 그러나 나의 격리 요청은 조선 사람들에게는 받아들이기 어려운 사실이었다. 가족들은 환자와 헤어지지 않고 내가 의술만으로 완치시켜 주기를 기대했다. 그들이 나의 요청에 이런 반응을 보이자 나는 의기소침해졌고 결핵환자들에 대해 내가 할 수 있는 일이 아무것도 없다는 좌절에 빠졌다.

이처럼 우울한 나날이 계속되는 중에도 때로는 희망을 주는 장면도 있었다. 한 환자의 경우, 출혈도 있고 청진기를 통해 들리는 소리도 거칠었지만 증세에 비해 병세는 그다지 심해 보이지 않았다. 자주 밝은 색의 거품 있는 피를 토했는데 이것은 피가 폐에서 나왔다는 것을 뜻한다. 위장에서 피가 나왔다면 거품도 없고 색깔도 위에 들어 있는 염산에 의해 탈색되므로 어두운 색이 된다. 닥터 김은 이러한 경우에 대해 매우 궁금해 했다. 왜냐하면 의학 교과서를 보면 그러한 증상은 결핵 때문인 것으로 기술되어 있는데 환자의 증세는 그다지 심하지 않았기 때문이었다. 나는 닥터 김에게 폐가 잘라진 조그만 조각들이 있는지 알아보기 위해 환자들의 가래를 검사해봤느냐고 물었다. 그는 검사해보지 않았다고 대답했다.

다행이 이런 환자들은 디스토마 때문에 결핵과 비슷한 증상을 보였다는 사실을 알게 되었다. 이런 경우에는 에메틴 치료법(emetine treatment)을 써서 성공적으로 고칠 수 있었다. 환자들에게 효과가 있는 특별한 치료법을 쓸 수 있고 또 그들이 부끄러워하는 폐병이 아니었다는 것을 말해 줄 수 있다는 것은 얼마나 다행이었던가.

오랫동안 환자들을 진찰하고 치료한 다음 알게 된 사실이었지만, 이곳에서 소위 '불치병'으로 생각해온 경우들은 우리가 예상했던 것만큼 진단하기 어려운 질병은 아니었다. 물론 완전 치료를 한다는 문제에 있어서는 어려운 여건이 없지는 않았지만.

"이 수술은 반드시 성공해야 해요. 비록 수술실의 조명은 적당하지 않고, 수술 기구도 충분하지 못하고 조수도 우리와 아직 한 번도 수술해 본 일이 없고 거기다 의사인 우리 자신도 경험이 부족하지만 이 수술은 절대로 실패하면 안 됩니다."

그 운명의 날 아침, 수술실로 들어가면서 매리언은 이처럼 단호하게 말했다. 그러나 이 말은 매리언 자신이 생각하고 있었던 상황보다 훨씬 더 어려운 일이 닥칠 것을 예상치 못한 데서 오는 용기였다.

수술 전날은 런드 간호원장과 그 외의 간호사들도 꿀벌처럼 바빴다. 천장의 먼지를 털고 마루를 닦았다. 병균이 묻어 있을 만한 곳들은 구석구석 먼지하나 없이 깨끗이 청소했다. 수술복, 환자의 가운, 고무장갑, 수술 기구들은 두 번씩이나 완전 소독을 해서 병균이 하나도 남아 있지 않게 처리하고 확인했다. 남자 간호보조원까지도 동원하여 수술실 밖에 파리채를 들고 서 있게 하여 곤충이나 필요 없는 사람들이 들어오는 것을 막도록 조처했다.

매리언은 해주에서 첫 번째 수술 환자인 이 처녀를 사소한 점에 이르기까지 세밀하게 살폈다. 매리언은 내게 그 환자의 심장과 폐를 검사하고 병리 검사도 해달라고 청했다. 환자는 난소낭종이란 병소만 제외하면 건강 상태가 좋았다. 환자의 가족들까지도 수술에 필요한 서류에 서명했다. 수술이 잘못된다면 이러한 서류는 쓸모없는 한 조각 휴지에 지나지 않겠지만, 가족들은 매리언에게 환자의 복부에 커다랗게 튀어나온 부분을 제거해 달라고 간청했었다. 배가 만삭이 된 산모보다 더 불러보였기 때문에 불편하고 보기도 싫었지만, 처녀가 이런 모양이니 결혼도 할 수 없는 처지였다. 실제로 어떤 사람들은 그녀가 임신했다고 비아냥거리고 놀리기도 해서 소문이 좋지 않았다. 이처럼 사람들이 주시하고 있었으므로 이 수술의 결과는 환자, 병원, 그리고 우리 모두에게 중대사가 아닐 수 없었다. 담당 목사도 수술실에는 들어오지 못하게 했다. 그래서 목사는 환자가 수술실에 들어오는 도중 복도에서 기도를 했다.

처음에는 모든 진행이 시계바늘처럼 잘 맞아갔다. 환자는 침착했다. 수술을 받기 위해 가운을 입고 준비를 끝냈다. 의사와 간호사들은 몸을 깨끗이 닦고 장갑을 낀 후 수술복과 마스크를 썼다. 마취사는 에테르 마취제를 쓰기 위해 환자의 얼굴에 마스크를 부드럽게 얹어 놓은 후 마취약병을 들고 의사가 고개를 끄덕 거리기를 기다렸다. 이 순간

밖에서 마치 폭탄이 터지기라도 한 듯 사람들의 고함 소리가 들렸다. 병원 마당에서 들리는 것 같았는데 이 소리는 점점 커지면서 가까워지고 있었다. 갑자기 수술실에 어떤 사람이 뛰어 들었다.

"수술을 그만두세요. 가족들이 수술하기 전에 사진을 찍어야 한대요. 알고 보니 환자의 독사진이 없답니다. 사진 없이 환자가 죽으면 악귀가 그 가족에게 역병을 주어 괴롭힌답니다. 그래서 사진 없이는 절대로 수술 못한대요."

그토록 애쓴 보람이 이렇게 해서 수포로 돌아갔다. 매리언과 런드는 기가 막혀서 서로 얼굴만 쳐다볼 뿐이었다.

"이건 말도 안 돼요. 절대로 그들이 하라는 대로 따라갈 수 없어요."

매리언이 부르짖었다. 그동안 병실과 모든 것을 소독하는 등의 수술 준비를 위한 노력은 다 어쩌란 말인가? 수술이 임박했을 때 금지 구역인 수술실에 외부 사람이 들어왔다는 것을 알면 매리언을 지도했던 외과 과장 닥터 맥과이어가 얼마나 기절초풍할까?

닥터 김과 우리 세 사람은 급히 한 곳에 모였다. 닥터 김은 밖에 있는 가족들이 어떤 형태로 분노를 폭발시킬지 알고 있었다. 간호원장 런드는 닥터 김의 얼굴을 보자 재빨리 수술을 내일로 연기하자고 제의했다. 이렇게 되자 병원의 원장격인 내가 마지막 결정을 내리지 않을 수 없었다.

나는 화가 난 조선인들이 폭도로 변하면 얼마나 분별력이 없어지는가를 알고 있었으므로 마음속으로는 내키지 않았지만 문 안에 들어온 사람에게 "좋다"고 대답했다. 이것은 미리 마음속으로 계산한 바가 있어서 모험적인 일이었지만 용단을 내린 대답이었다. 그러나 나는 사진사와 직계 가족 한 사람만이 들어올 수 있다고 우겼고, 촬영은 환자의 진정제 효과가 없어지기 전 10분 이내에 끝내야 한다고 시간을 제한했다. 이 결정을 내리자 밖에서 기다리고 있던 가족들은 만족한 듯 슬금슬금 흩어지기 시작했다. 갑작스런 일로 넋이 빠진 환자를 재빨리 수술대 위에 앉히고 가족이 그녀를 넘어지지 않게 받쳐주는 동안 사진사는 버튼을 눌렀다. 억지로 찍은 사진은 악귀를 쫓기에는 충분할 정도로 귀신같은 모습임에 틀림없었다.

병균에 오염되었을 것으로 생각되는 물건들은 소독된 것들로 대치했다. 다시 소독제를 뿌렸다. 더 이상의 장애를 받지 않고 수술은 진행되었다. 조선인 간호사 몇 사람은 뛰어나게 일을 잘 해서 매리언의 요구를 재빨리 충족시켰으나 두 사람의 간호사는 혼동을 해 매리언에게 다른 기구를 건넸다. 그러나 매리언은 침착해서 드러내놓고 야단치지 않았다. 런드는 재빨리 견인기(牽引器, 상처를 벌리는 기구)를 들고 있던 간호사로 대치했다.

수술은 성공했다. 환자는 죽지도 않았고 병균에 감염되지도 않았다. 퇴원할 때는 원래보다 더 날씬한 몸매를 보였다. 모든 사람들이 경탄하면서 기쁨을 감추지 못했다. 이런 일이 있은 후부터 우리는 수술할 때마다 환자들에게 최근에 사진을 찍었는지 물어보는 것을 잊지 않았다.

나는 환자들과 병원 일과 학교의 여러 문제로 바쁘게 지냈다. 저녁이면 또 펌프질을 자주 해야 하는 석유등의 밝은 불빛 밑에 앉아서 친지들에게 결핵요양원 건립에 필요한 자금을 '간청'하는 편지를 쓰느라 시간을 보냈다.

처음 얼마 동안 매리언에게는 밤이 더 힘든 시간이었다. 아기를 낳는 사람들 외에도 조선의 밤은 여러 가지로 시끄러웠다. 그건 마치 조용한 시골 환경에 익숙한 사람이 소음이 많은 도시로 이사 온 것 같았다. 그러나 이러한 소음들은 도시의 것과 종류가 달랐다. 초저녁마다 이 집, 저 집에서 들리는 단조로운 다듬이질 소리, 이것은 부지런한 조선 여인들이 남편들의 흰옷들을 뜯어 세탁한 다음 천을 다듬질하는 방법으로 넓적한 돌(다듬잇돌) 위에 놓고 나무 방망이로 때리는 작업이다. 거기다 짝을 잃었는지 슬프게 울부짖는 듯한 개 짖는 소리가 뒤섞여 들려온다. 울부짖는 개는 아마도 그 전날 주인을 위한 개장국으로 마지막 봉사를 하도록 자기 짝을 떠나보냈는지도 모른다. 다음이 자기 차례라는 것을 알기 때문에 그토록 구슬픈 목소리를 내는지도 모를 일이다.

이 모든 소리들 중에서도 가장 참기 힘든 소리는 무당들이 치는 북소리와 고막을 찢는 듯한 징소리였다. 이 북소리와 깨지는 쇳소리는 밤이 깊을수록 점점 강렬해지다가 이윽고 그 맹렬도가 클라이맥스에 이르면 갑자기 모든 소리는 중단된다. 그러다가 다시 이 전 과정이 처음부터 반복된다. 이것이 되풀이 되고 또 되풀이 되어 한밤 내내 들리면 그 밤은 참으로 길고 으스스한 밤이 된다.

서낭당으로 가는 사람들은 우리 집 뒤에 있는 가파른 언덕을 통과해야 했다. 환자의 가족과 친지들은 악귀를 몸에서 내쫓는다면서 환자들 몸에 바늘을 찔러 상처를 내기도 하고 신체의 특정 부위를 불에 달군 쇠붙이로 지진 다음 등에 업거나 나귀등에 태워서 무당집으로 데리고 간다. 소독하지 않은 바늘로 놓은 침 때문에 병균이 감염되어 고통

무당　　　　　　　　　　홀의 주택 뒤편 언덕에 있던 서낭당

스러운 염증이 생기기도 한다. 이 불쌍하고 어처구니없는 방법으로 희생된 환자들은 무당이 병마를 내쫓기만을 바라고 매달리는 것이다. 무당집에서 병이 낫지 않을 경우 이들 중 어떤 이들은 마지막 시도로 병원을 찾아온다.

그때는 대부분 병이 너무 중해져서 치료할 수 없는 상태가 되어 있다. 이러한 여러 사실들을 알게 된 매리언은 정신이 혼란해졌다.

"어떻게 해야 이 환자들을 먼저 병원으로 오게 하지?"

이러한 궁리로 매리언의 머리는 한시도 편하지 않았다.

나도 매리언처럼 밤마다 고통에 시달렸다. 그것은 매일 밤 나를 괴롭히는 악몽 때문이었다. 꿈속에서 청진기로 진찰을 하는데 마치 노면에 타이어가 굴러가는 듯한, 증세가 심히 좋지 않은 소리가 들린다. 그 소리는 점점 커져 나를 압박해오면 결국 식은땀에 흠뻑 젖어서 잠을 깨곤 한다. 또는 비참하게 병에 든 결핵환자가 이 병원 저 병원을 찾아

다니지만 입원은 거절되고 다음에 친구들을 찾지만 수치스러운 병이 들었다는 이유로 도움을 거절당한다. 침을 뱉으면 가족에게 감염될까 봐 가래를 그냥 삼켜서 장결핵이 되고 그것 때문에 괴로워하는 환자가 나타나는 악몽이 되풀이됐다. 병보다는 병에 대한 무지함이 더욱 나를 무섭게 했던 것이 당시 현실이었다. 그럴 때는 매리언이 내 어깨를 부드럽게 흔들어 깨워주었다. "무슨 꿈에 그렇게 시달려요?"

어느 날 아침 지친 듯한 우리들의 모습을 보고 펄(Pearl)은 이렇게 말했다.

"두 분의 얼굴이 밝지 않군요. 걱정스런 모습들이에요. 두 분의 힘만으로 이렇게 무거운 책임을 수행할 작정이신가요? 우리 모두는 사랑하는 하나님이 계신다는 사실을 기억해야 합니다. 하나님께서는 한없이 우리들을 보살펴 주시니까요. 하나님께 모든 걸 맡기셔야 해요. 하나님께서는 우리들의 짐을 덜어주실 거예요."

펄의 말이 옳았다. 우리들에게 가장 용기가 필요한 때에 그것을 상기시켜주어 얼마나 고마웠는지 몰랐다. 그날 저녁 기도를 마치고 우리는 오랜만에 편안한 마음으로 잠들 수가 있었다. 우리는 다시금 우리의 위치에 서서 일할 수 있었다.

오래 기다린 후에 드디어 우리는 짐의 나머지 부분이 도착했다는 연락을 받았다. 짐은 한꺼번에 도착하지 않은데다가 나머지 짐들이 바로바로 오지 않아 그동안 불편한 점이 많았다. 나는 약 6킬로미터 떨어진 부두로 짐을 가지러 갔다. 운반비가 가장 싸게 드는 방법은 소가 끄는 달구지를 이용하는 것이었다.

짐이 도착하자 가장 기뻐한 것은 매리언이었다. 그녀는 물품 장부와 철저히 대조해보고 하나도 빠지지 않았다는 것을 확인했다. 매리언이 조심스럽게 짐을 잘 싼 덕분에 두어 개만 파손되었을 뿐 모든 물건들은 그대로였다.

짐이 도착하기 전에는 여성 선교사들과 함께 식사를 했는데, 이제 짐들이 왔으니 식사 문제 등을 맡아줄 하인을 둘 것인지를 결정해야 했다. 전에 왁스의 하인이었던 경험을 가진 요리사로는 신씨가 있었고, 요리 이외의 바깥일에는 송씨가 있었다. 우리는 많은 돈을 지불할 형편이 아니었다. 거기다 매리언은 한 푼이라도 낭비하지 않는 성격이었으므로 하인을 둔다는 것은 감히 생각하지도 못했다. 그런데 바로우 양이 하인은 반드시 두어야 한다고 주장했다.

"하인을 쓰지 않으면 의사인 두 분은 쓸데없는 일로 시간을 낭비하게 됩니다. 동양에서 하인을 둔다는 것은 호사하기 위함이 아니고 필요하기 때문입니다. 서양에서는 당신들도 일종의 하인들을 두고 있었던 것이나 다름없었습니다. 수돗물, 전기, 가스, 청소기, 수세식 화장실과 같은 편리한 도구들이 하인의 역할을 한 것이지요. 그런 도구들로 당신들은 일하는 시간을 줄일 수 있었던 것이지요. 그러나 조선에서는 귀중한 시간을 줄일 수 있는 그런 편리한 기계들이 없어요. 그러니까 여기에서 가치 있는 일을 성취하려면 반드시 하인이 있어야 합니다. 반드시 말입니다."

그녀는 마치 이 논쟁을 결말지으려는 듯 당당하게 이같이 말했다.

"그리고 하인들에게 주는 인건비는 비교적 적은 편입니다. 이들을 고용하지 않는 것은 절실하게 직업이 필요한 불쌍한 두 사람을 실직자로 만드는 것과 마찬가집니다."

이쯤 되니 매리언은 내키지는 않았으나 승복했다. 이 결정에 나는 얼른 동의했다. 아직 발표하기에는 너무 이른, 특히 바로우 양에게는 말 못할 아내의 '비밀'을 알고 있었기 때문이다.

이런 일이 있은 지 얼마 후 바로우 양은 흥미 있는 순방 전도여행을 하고 돌아왔다. 그녀는 자기가 경험한 것을 우리에게 이야기하고 싶어 했다. 이때 펄이 피크닉을 가자고 제안했다. 좋은 생각이라고 기꺼이 동의했다. 바로우 양은 음료수를 준비했다. 음료수라고는 단순히 홍차 뿐이었지만, 펄과 벨(Belle)은 샌드위치를 준비했고 매리언은 샐러드와 케이크를 만들었다.

바로우는 여행에서 돌아온 후 충분한 휴식을 취해서였는지 기분이 좋아보였다. 그럴 때의 그녀는 정말로 유쾌하고 재미있었다. 나는 그녀와 매리언의 사이가 좋아지는 것을 보고 기뻤다. 바로우는 이번 여행에서 있었던 일화를 이야기했고 우리는 재미있게 들었다.

"조선에서 '말'이란 단어는 세 가지 뜻을 갖습니다. 곡식의 양을 재는 '도량'의 단위로서의 말〔斗〕, '언어'를 뜻하는 말〔言〕, 그리고 타고 다니는 '가축'의 말〔馬〕을 가리킵니다. 한번은 한 조선 젊은이가 말〔言〕을 잘해서 내가 축하한다고 했더니 그는 자신의 자랑스러운 말〔馬〕을 칭찬하는 줄 잘못 알고는 당장 뛰어나가더니 말고삐를 잡아 말을 끌고 와서 날더러 자꾸 타라는 거예요!"

벨 양은 조용한 성격이지만 학교 일을 하는 걸 보면 상당히 현명한 여성이란 점을 알 수 있었다. 우리는 그녀의 풍부한 경험으로 많은 도움을 받을 수 있었다.

산에는 많은 야생화들이 자라고 있었다. 봄에는 보라색의 진달래들이 이 산을 덮는다고 한다. 우리는 할미꽃이라 불리는 꽃도 보았다. 조선에서 처음 볼 수 있었던 이 꽃은 흰 머리털같이 생긴 꽃술 때문에 붙은 이름이다. 꽃잎 안쪽은 우단같이 감촉이 좋은 자주색이다. 희거나 색깔 있는 야생 바이올렛도 상당히 많았다.

피크닉에서 돌아온 지 얼마 안 된 어느 날, '세 마리 언더우드 개들 도착'이라 적힌 전보 한 장이 배달되었다. 내용이 하도 수수께끼 같아 영문을 알 수 없었다. 우리는 언더우드 가족이 '검은 오리 호'를 타고 소래 해변을 항해할 때 우리에게 들르라고 초청한 적은 있으나 개들에 대해 언급한 일은 없었다. 더구나 우리는 개를 길러본 경험이 없었으므로 개들에게 무엇을 주어야 하며 고기를 얼마나 먹여야 하는지도 알 수 없었다.

다행히 우리가 고기를 살 시간을 갖기도 전에 언더우드 박사와 그의 두 아들이 도착했다. 그래서 전보의 미스터리는 풀렸다. 이 지역 전신 사무소에서 'BOYS'라는 글자를 'DOGS'로 잘못 표기한 것이다. 언더우드 박사는 자신을 'BOYS'에 포함시켰던 것이다.

그들이 도착한 날은 몹시 더웠다. 매리언은 피크닉을 갔을 때 따온 야생 포도로 만든 주스를 손님들에게 대접했다. 그녀는 손님들이 이 주스를 마시면 매우 시원해할 것이라고 믿고 있었다. 언더우드 박사는 내가 잘 볼 수 있는 위치에 서 있었는데 한 모금을 마시더니 얼굴을 찡그리는 게 아닌가. "뭔가 잘못된 게 틀림없다"는 느낌이 들었다. 내가 뭐라고 말하기도 전에 언더우드 박사는 매리언에게 함께 축배를 들자고 태연하게 말했다. 매리언의 빈 잔에 주스를 따라주었다. 서로 잔을 부딪친 다음 그들은 잔을 들어 입에 댔다. 그러나 이번에 주스를 마신 사람은 매리언뿐이었다. 순간 매리언은 쏜살같이 부엌으로 돌진했다. 다른 사람들은 웃음을 터뜨렸다. 요리사가 포도주스를 담을 병에 간장을 부어두었던 것이다. 간장병과 주스 병은 비슷했고 간장의 색깔도 주스와 비슷해서 매리언은 알지 못했다.

아무튼 언더우드 박사는 재빠른 솜씨로 매리언에게 간장을 마시게 했다. 이 일은 오랜 후까지 '매리언의 갈증을 풀어주는 특별 처방'이란 제목으로 언더우드 박사가 매리언을 놀리는 소재가 되었다. 언더우드 가족은 이곳에서 약 80킬로미터 떨어진 소래로 자기네 배를 타고 함께 가자고 청했다. 그러나 그때 우리는 시간이 없었으므로 주말에 합류하기로 약속했다.

소래 해변은 지금까지 내가 본 것 중 가장 아름다운 사장이었다. 이 모래로 조선 사람들은 수정같이 깨끗한 유리를 만든다. 소래의 첫인상은 정말로 좋았다. 그러나 당시 별장으로 쓸 오두막집은 팔려고 내놓은 것이 없었다. 거기다 휴양지 선정은 원산 해변에 가본 후에 결정하겠다고 어머니와 약속했었기 때문에 결정을 보류했다.

조선어학교의 제2학기는 10월 5일부터 시작될 예정이었다. 10월 1일은 조선을 합병한 날이라 일본은 이 날을 조선의 국경일로 정해놓고 있었다. 어머니는 학기가 시작하기 전의 휴일을 이용해 2-3일간 원산 해변에 가보는 게 어떻겠느냐고 했다. 어머니는 그곳에 이미 캐나다 선교사인 맥컬리 자매와 오두막집 별장 한 곳을 공동 소유하고 있었다. 다른 원산 애호가들도 우리에게 원산을 꼭 구경하라고 권유했으므로 드디어 원산에 갈 기회가 왔다고 생각했다. 서울에서 어머니와 하룻밤을 지낸 후 북동쪽으로 약 225킬로미터 거리에 있는 원산으로 열차를 타고 갔다. 서울에서 원산까지는 무려 7시간이나 걸렸다. 원산시에서 선교사로 있는 엘리자베스 맥컬리와 루이스 맥컬리 자매가 정거장까지 우리를 마중 나왔다. 그녀들의 집은 항구가 보이는 언덕 위에 있는 밝은 집이었다. 그 집에서 잠시 머물렀다가 오후엔 원산 해변으로 갔다.

해변을 본 순간 우리 마음은 벌써 기울어졌다. 즉흥적으로 레이드 별장으로 가보기로 했다. 이 별장은 아직 팔리지 않았는데 값은 원래 가격보다 더 내려갔다고 맥컬리 자매가 말해주었다. 집의 골격은 나무였는데 분에 넘치지 않을 정도로 아담했다.

그러나 우리는 집 자체보다 그 위치에 더욱 마음이 끌렸다. 앞마당에 서면 바다가 보였는데 멀리 있는 섬들이 점점이 보였다. 작은 강이 한쪽으로 연결되어 바다로 흘러가고 있었다. 그래서 이 강에 별장과 함께 팔려고 내놓은 모터보트를 정박시키기에는 안성맞춤이었고 바다에 파도가 험할 때는 안전하게 피할 수 있는 수로로도 적당했다. 별장의 전면 창은 위아래로 여닫게 되어 있어 날씨가 좋을 때는 이 문을 열면 시원한 바다 바람이 불러오고 뛰어난 경치가 한눈에 나타난다. 폭풍이 심할 때 문을 꼭 잠그면 유리창을 통해 빛이 들어온다.

닥터 W. T. 레이드(W. T. Reid)는 조선의 남감리교 선교부를 창설했던 닥터 C. F. 레이드(C. F. Reid)의 아들로 그 역시 의사였다. 그는 밤에는 말라리아 모기가 집안에 들어오지 못하고 낮에는 파리가 침입하지 못하게 특별히 망을 쳐놓았다. 또한 펌프도 설치해서 신선한 지하수를 쓸 수 있게 만들었다. 특히 별장은 강당으로 쓰기에 적당할 것 같아 우리의 시선을 끌었다. 일요일에는 교회로 사용하고 주중에는 강연, 오락

회와 여름철 여러 회의장소로 적당했다. 대개 해변에는 별장들이 서로 밀집되어 있는 경우가 많지만 이곳에서는 서로 떨어져 있었다.

"바로 이거야!" 우리는 조금도 주저함 없이 결정했다.

닥터 레이드를 만나보니 값이 알맞았고 제시한 후불 조건 또한 너무나 유리해서 사지 않으면 손해라고 느껴졌다. 이 별장은 우리 부부와 앞으로 태어날 우리 아이들의 휴양지가 될 것이다. 어머니는 우리가 좋은 투자를 했다고 말했다. 이 집은 휴식이 필요할 때 요긴한 안식처 역할을 해준다고 보았다. 우리는 이 '발견'을 의기양양해하면서 학교로 돌아왔다.

9월 19일, 어머니는 예순한 번째 생일을 맞았다. 그 날은 신교복음 전도회 연합위원회 회의가 있었기 때문에 특별한 생일축하 모임을 갖지는 않았다. 그러나 조선인 친구들은 그렇게 중요한 날을 아무 행사 없이 그냥 넘기도록 내버려두지 않았다. 조선에서 61회 생일은 대단히 특별한 날로 여겨 '환갑'이라고 한다.

서로 시간을 낼 수 있는 날을 축하 일로 잡았더니, 10월 26일이 어머니의 환갑날로 결정되었다. 매리언은 어머니 고향 마을 신문인 〈리버티 가젯〉(The Liberty Gazette)에 환갑잔치에 대한 글을 기고했다. 그 글은 이날의 행사가 얼마나 감격적이었는지를 보여준다.

닥터 로제타 홀, 조선에서 영예로운 환갑잔치를 받다

닥터 매리언 홀이 보낸 통신.

시어머니의 환갑 날에 특별한 손님으로 참석하게 된 것은 나로서는 분에 넘치는 영광이었다. 조선에서는 부모가 61회 되는 생일을 맞으면 자녀들은 큰 잔치를 베푼다. 많은 손님들을 초대하고 그분의 생전의 공적을 찬미하고 기리는 것은 조선의 아름다운 관습이다. 친구들은 선물들을 보내오고 온갖 축하 인사를 드린다. 이 축하연은 생업의 노고가 끝나는 것을 의미한다. 61세 이후는 여생을 편안하고 행복하게 지내라는 뜻이다.

61년째라는 것은 중요한 의미를 갖는다. 이것은 조선 달력의 한 주기가 끝나고 제2의 주기가 시작됨을 뜻한다. 한 삶이 태어나 한 주기가 끝나는 때를 '환갑'이라고 하는 것이다. 60년을 한 주기로 보는 까닭은 이렇다.

조선 달력은 갑을 병정 무기 경신 임계라는 이름을 각 해에 붙여 10년의 기간을 정한다. 이것은 우리가 연을 말할 때 쓰는 시간의 길이를 가리킨다. 여기에다 짐승이나 파충류의 이름을 붙여 십이지(十二支)를 부른다. 자(子)는 쥐, 축(丑)은 소, 인(寅)은 호랑이, 묘(卯)는 토끼, 진(辰)은 용, 사(巳)는 뱀, 오(午)는 말, 미(未)는 양, 신(申)은 원숭이, 유(酉)는 닭, 술(戌)은 개, 해(亥)는 돼지를 뜻한다. 각 해마다 이러한 짐승들 중 하나의 이름이 붙는다. 예를 들면 첫해가 갑자, 두 번째 해가 을축 등의 순으로 나간다. 그러나 거기에는 연보다 시간이 더 많기 때문에 10년이 지난 후에는 새로운 이름의 배합이 이루어진다. 즉 갑자 대신 갑술이 되고 그 다음 해는 을해가 된다. 산수로 풀어보면 같은 시간과 같은 해가 다시 일치하려면 60년이 지나야 한다. 이것을 한 주기로 치는 것이다. 조선의 아기들은 태어나면 그 해를 한 살로 치기 때문에

61세를 말하는 환갑은 우리 방식대로 말하면 60세에 해당된다.

조선인들은 선교사들을 위해 자신들이 아들과 딸의 역할을 맡아 잔치를 차려준다. 조선에 온 선교사로서 60세가 되고도 환갑잔치를 받지 않은 사람은 거의 없을 정도다.

닥터 로제타 홀의 환갑은 작년이었다. 그러나 본인의 아들과 며느리가 조선에 도착할 때까지 잔치를 연기해달라고 조선 친구들에게 부탁했다. 그래서 올해가 된 것이다. 이 잔치의 모든 계획과 진행은 조선의 이름 있는 인사들로 구성된 33인의 준비위원회에서 맡고 있었다. 우리 가족이 할 일이라고는 아무것도 없었다.

환갑날 오후 6시, 우리를 태우고 연회장으로 갈 자동차가 왔다. 연회실에는 이미 하객들이 와서 기다리고 있었다. 방바닥은 윤이 나도록 깨끗했고 벽은 화려하게 장식되어 있었다. 오늘의 주인공인 닥터 로제타 홀의 자리는 크고 파란, 화려한 수를 놓은 보료로 꾸며져 있었다. 셔우드와 나는 어머니 옆자리에 앉았는데 하객들이 어머니에게 인사하러 올 때마다 소개를 받았다.

이런 공식적인 절차가 지나자 다른 방으로 자리를 옮겼다. 거기에는 진미의 조선 음식들이 나지막한 조선상 위에 차려져 있었다. 닥터 로제타 홀과 가족을 위한 특별한 상이었다. 그 상의 앞쪽 건너편에는 화려하고 밝은 색깔로 치장한 조선식 캔디, 떡, 과일들이 원통 모양으로 각각 높이 담아져 있었다. 이 음식들은 이 자리에서 다 먹으라는 것이 아니라 나중에 주인공의 집으로 가져가서 이 자리에 참석하지 못한 사람들에게 나누어주라는 것이었다. 이 중의 많은 음식들을 평양으로 보내 닥터 로제타가 시작했던 맹인학교의 학생들에게 나누어주었다.

각 상의 음식들은 모두 같았다. 첫째 주식으로 '국수'라는 것이 나왔다. 이것은 메밀가루로 스파게티같이 실 모양의 가락을 만든 것이다. 국수는 끓는 물에 삶은 다음, 고기 스프에 말아 먹는다. 국수를 먹을 때는 숨을 내쉬지 말고 소리를 내면서 빨아들여야 국수 가락이 잘 들어간다. 그렇지 못하면 엉켜진 국수 가락을 분리시키느라 애써야 한다. 국수는 맛이 대단히 좋아서 특히 내가 즐겨 먹는 조선 음식 가운데 하나다. 이외에도 셀 수 없을 만큼 많은 종류의 보조 음식(부식)들이 나왔다. 이것들은 생선, 고기, 쌀, 호도, 밤, 채소, 과일들로 만들어진 것들이다. 이 음식들의 이름을 일일이 말하려면 조선인 미식가의 도움을 받지 않으면 안 될 정도다.

잔치가 진행되면서 조선인 명사들은 36년간 조선에서 봉사한 닥터 홀의 공적에 대해 치하를 아끼지 않는 연설을 계속했다. 그들은 주인공의 공적 중 특히 두 가지에 대해 진심으로 감사를 표시했다. 첫째는 맹인학교를 설립해 뉴욕 점자법을 한국 점자법으로 만들어 도입한 점, 둘째는 한국 사람들을 의사로 양성 시킨 점이었다.

이러한 공적들은 여러 사람들의 치하에서 반복되었는데 그들이 사용한 말들은 오직 동양인들만이 표현할 수 있는 고귀하고도 간절한 것이었다. 순서에도 없었는데 스무 살가량 된 한 소녀가 자발적으로 나와 자기 어머니와 자신이 지금까지 살아 있는 것은 닥터 홀이 자기가 태어날 때 산모와 아기를 위험에서 구해주었기 때문이라고 말했다. 또 다른 한 사람은 "닥터 홀이 어떤 화상을 입은 어린아이와 부인에게 자신의 피부를 떼어 이식 수술을 해주었는데 그 부인이 너무나 감사한 마음으로 자기의 살점을 크게 도려내어 닥터 홀에게 혈서로 편지를 써 보냈다. 미국에서 마지막 안식년 휴가가 끝나면 꼭 한국으로 돌아와 달라"고 간청한 내용이었다는 이야기를 전했다.

병원의 한 여의사의 남편이 지은 시에 곡을 붙여 잔칫날 병원 직원들이 합창을 불렀다.

산중 깊은 곳에 금은이 숨겨져 있네.
진주는 깊은 바다 밑에 놓여 있지만
하나님의 은혜로 닥터 홀은 우리에게 보내졌네.
60년간의 노고와 눈물에는 끊임이 없었네.
서슴지 않고 바친 그의 생애는 진정 기억되리.

마지막 축사가 끝나자 여의사 한 사람이 분홍색 리본으로 장식한 상자를 조선인들을 대표해 닥터 홀에게 증정했다. 은으로 만든 아름다운 꽃병이었다. 조선의 장인이 만든 미술 작품은 많은 축하객들이 있는 자리에서 발표되었으며 가격은 75달러나 되는 것으로 전해졌다. 한글로 감사의 문구가 새겨져 있었고 그림은 중국 고대의 무늬로 새겨져 있었다.
닥터 로제타 홀은 많은 사람들의 축사에 대한 답사를 했다.
식이 끝난 다음 하객들이 테이블 뒤에 쌓인 여러 선물을 구경하러 모였다. 은과 동으로 만든 장식품들, 실크로 만든 조선옷들, 수놓은 병풍, 수가 놓인 여러 수예품들이었다. 이날 닥터 로제타 홀은 실크로 만든 한복을 입고 있었다. 이 옷은 한 맹인 부인이 손수 만들어 선물한 것으로 그녀는 맹인학교에서 배운 기술로 번 품삯을 모아 그 옷을 만들어 보냈던 것이다.
이 잔치에는 손님들이 100여 명이나 참석했다. 저명한 조선인들과 일본인들도 있었으며 각 선교 단체의 대표들도 있었다. 어느 조선인이 "기독교나 비기독교 단체를 막론하고 이렇게 많은 인사들이 주선하고 참석한 잔치는 이번이 처음"이라고 말했다.

잔치를 끝내고 밖으로 나오자 우리를 집으로 데려다 줄 자동차가 기다리고 있었다. 우리는 행복이라는 표현만으로는 부족할 정도로 기쁨과 감격에 넘쳐 있었다. 오늘 행사는 그동안 어머니가 남편과 딸이 묻힌 이 조선 땅에서 좌절감, 포기, 반대 등의 난관을 극복하고 성취한 어머니의 노력에 대한 조선인들의 감사였고 어머니에 대한 그들의 뜨거운 사랑을 말해주는 것이었다.

조선여자의과대학의 설립은 어머니의 사업 중에서 가장 기념할 만한 것으로 꼽혔다. 이로써 조선의 여성들은 자기 나라에서 기독교 정신으로 의사가 될 수 있는 훈련을 받아 의술의 도움이 절대적으로 필요한 동족의 여성들을 위해 봉사할 수 있게 되었다. 조선인들은 이미 이와 같은 교육 기관의 필요성을 절실히 느끼고 있었으므로 선교사들과 동포들의 협조로 어떻게 해서든지 이 꿈을 실현하고자 계획하고 있었다. 어머니는 마음속에서 우러나는 진정한 기쁨으로 이 사업을 적극적으로 추진 중이다.

환갑잔치가 있은 지 2년 후에 어머니는 이 꿈을 실현시켰다. 1928년 9월 4일, 어머니는 여자의학교(Women's Medical Institute)를 설립해 서울에서 문을 열었다. 이것은 최초로 조선에 세워진 여성을 위한 의학교였다.

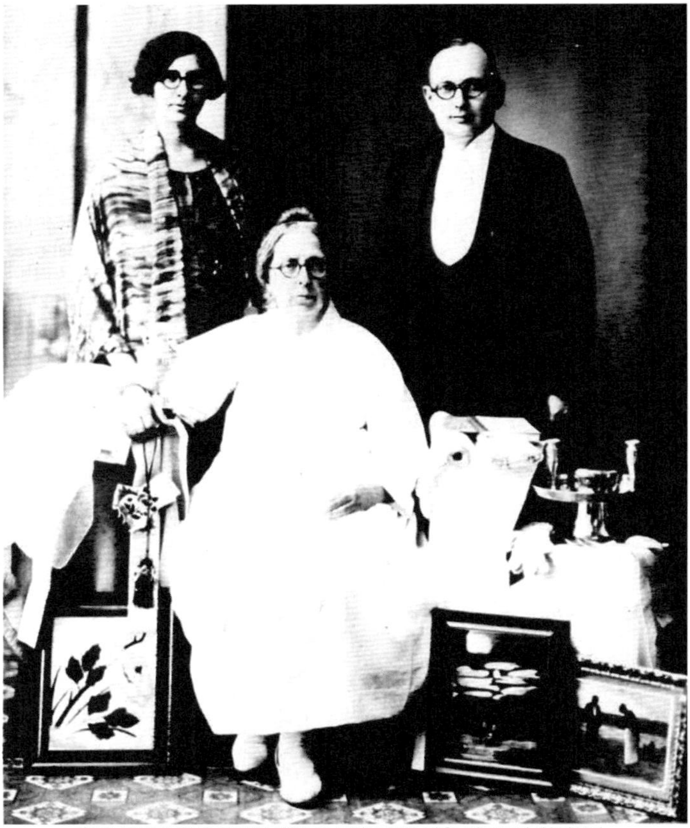

닥터 로제타 홀이 환갑을 맞아 조선인들에게 받은 선물들과 함께했다.
뒤에는 닥터 매리언과 셔우드가 섰다.

자신의 회갑날에 맹인 학생들이 지어준 한복을 입고 있는 닥터 로제타 홀(중앙).
사진 오른쪽에는 며느리인 닥터 매리언 홀이 있다.

14
첫 아이

조선어학교에서 제2학기를 마치고 다시 해주에 돌아왔다. 돌아온 매리언을 본 순간 바로우 양은 착잡한 표정으로 외쳤다. "당신은 임신했죠? 틀림없어요! 당신은 실수로 아기를 가졌어요. 난 확신해요. 그렇죠? 이제 선교사 임무를 수행하는 데 있어 당신의 유용성은 크게 저하될 거예요."

예기치 못하게 한 대 얻어맞은 매리언은 처음에는 바로우 양에게 가시 돋친 응수를 하려는 태세였다. 그러나 금세 숨을 가다듬어 감정을 진정시키더니 쓸쓸한 목소리로 물었다.

"그 유용성이란 게 대체 뭔데요?"

다른 여선교사들은 매리언의 입장을 이해하고 옹호한다는 시선을 보냈다. 그들은 매리언을 껴안아주었다. 벨은 못마땅해 하는 바로우의 눈앞에서 예쁜 아기 담요를 짜기 시작했다.

이처럼 여선교사들의 반응은 각양각색이었지만, 조선인 친구들은 백인 아기가 태어난다는 소식에 환호성을 질렀다. 그때 윤치호의 딸 헬렌 윤이 미국에서 공부를 끝내고 조선에 돌아와 여학교를 시작하겠다고 해주에 와 있었다. 그녀는 조선인들의 환호에 대해 이렇게 설명해주었다.

"조선인 여자 친구들은 당신이 결혼하고 수년이 지났는데도 아직 아기가 없는 것을 보고 진정으로 걱정하고 있었어요. 언젠가는 당신 남편이 첩을 얻게 되고, 당신은 쫓겨날 것으로 믿고 있었거든요. 당신 남편은 그럴 사람이 아니라고 아무리 설명해주어도 그런 문제는 자기네들이 더 잘 안다고 내 말에 귀 기울이지 않았어요. 그들은 진정으로 당신을 아끼기 때문에 당신에게 그런 불행이 닥치기를 원하지 않을 겁니다. 당신이 아기를 가졌다니 이제야 그런 걱정이 없어진 겁니다.

많은 여성들이 당신을 수준 있는 전문의로 높이 평가하고 있어요. 당신을 참으로 존경하는 마음들이죠. 그러나 당신과 그들 사이에는 지금까지 친밀감으로 연결될 수 있는 공통점이 없었어요. 다시 말해 그들에게 거리감을 느끼게 하는 요소가 당신 쪽에 있었던 셈이죠. 그 거리감의 요인이 하룻밤 사이에 사라진 겁니다. 이제 당신과 그들은 '어머니'라는 공통된 입장에 있으므로 그들은 친밀감을 느낄 수 있게 되었습니다. 특히 아들을 낳는다면 말입니다. 사람들은 다 이렇게 말하고 있어요. '물론 그 여의사는 아들을 낳을 거야. 그 의사가 받는 아기들은 거의 다 아들이잖아. 남의 아기들도 아들로 받아주는데 자기 아기가 아들일 것은 두말할 필요도 없지!'라고요.

당신은 이제 '이름 없는 여자'의 위치에서 벗어나게 됐어요. 앞으로는 격이 높아져서 '아무개의 엄마'라는 이름으로 불리게 될 겁니다.

더구나 아들을 낳게 되면 당신이 죽은 후에도 제사를 지내줄 후계자를 얻게 된 것이니 저승에 가서도 마음 편히 지낼 수 있게 된다는 거죠. 그들은 이런 경사를 맞게 되었으니 당신은 마음 편히 일을 더 잘할 것이며 조선 여성들을 위해서도 더욱 많은 봉사를 할 것이 틀림없다고 믿고 있어요."

매리언은 헬렌 윤이 전한 말의 의미가 무엇인지 알아차렸다. 매리언은 부르짖었다.

"맞았어! 바로우 양의 말은 틀렸어! 아기가 있다고 해서 내가 할 일을 못하게 되지는 않을 거야. 오히려 효과가 커질 거야. 미스 윤, 당신이 바로우 양에게 이 모든 사실을 설명해줄 수 있겠어요? 아마 바로우 양의 태도가 달라질 거예요."

헬렌 윤은 쾌히 승낙했다.

"그러죠. 조선에서는 아직도 미혼 여성들을 보는 시선이 매우 부정적입니다. 옛날부터 미혼녀들만이 기녀가 되었으니까요. 조선 여성들을 이러한 관습에서 벗어나게 하고 자유스럽게 만드는 것이 내 목표 중의 하나입니다. 독신 여선교사들의 활약으로 독신여성에 대한 지위가 향상되고 있습니다. 독신 여선교사들은 용기 있는 사람들이며 하나님께서는 그들의 노력을 축복해주시리라 믿습니다."

헬렌 윤이 바로우 양에게 이야기했는지는 알 수 없었으나 바로우 양은 곧 매리언을 찾아와서 자기가 그런 심한 말을 해서 미안하다고 했다. 그녀는 고생스런 지방 여행에서 방금 돌아왔던 참이었다. 그리고 전도의 성과가 없었던 데다가 오히려 교회를 떠난 사람들이 있어서 의기소침해져서 감정이 극도로 예민해져 있었을 때였다. 매리언은 다

정한 태도로 그녀의 사과를 받아주었다. 바로우 양의 마지막 말은 더욱 뜻밖이었다.

"당신 아기에게 주려고 갓난아기 용품을 한 벌 주문했는데 아기가 태어나기 전에 도착했으면 좋겠군요."

바로우 양의 태도가 누그러지자 우리 기분도 훨씬 좋아졌다. 작은 선교기지 안에서 동료들과 조화를 이루지 못한다는 것은 심각한 일이다. 우리는 바로우 양이 중년이 훨씬 지난 나이에 선교사가 된 것과 그 나이에도 불구하고 외국어를 마스터한 점에 경탄을 금할 수 없었다. 그녀는 부유한 가정에서 고생하지 않으면서 자랐고 지금도 집에서 편안히 지낼 수 있는 처지였다. 그런데도 이 고달픈 새 생활을 택했고 거기에 적응했다.

어느덧 크리스마스가 눈앞에 다가왔다. 어머니는 우리와 함께 크리스마스를 지내고 싶었으나 본부에서 안식년 휴가를 가라는 지시가 왔기 때문에 어쩔 수 없이 떠나야 했다. 어머니는 12월 12일에 일본 고베에서 출발, 미국으로 갈 예정이었다. 매리언에게는 친지들을 멀리 두고 온 이역에서의 첫 크리스마스가 참기 힘들 정도로 외로울 것으로 보였다.

외국 우편은 매우 부정기적으로 도착했다. 오랫동안 엽서 한 장 없다가 어느 날 커다란 뭉치로 쌓여온다. 그건 마치 굶주리다가 잔칫집의 푸짐한 음식상을 받는 것과 같다. 이 특별한 크리스마스를 맞으면서 나는 얼마나 편지 잔치를 기다렸는지 모른다. 그것만이 쓸쓸한 매리언을 위로해줄 수 있었기 때문이었다. 그 무렵 나는 병원의 직원들

문제로 복잡한 일이 있었기 때문에 이런 일들을 잠시 잊기 위해서라도 매리언에게 기쁨을 주고 나에게도 기분 전환이 되는 고국의 편지들이 절실히 필요했다.

이런 쓸쓸하고 외로운 12월에 난방 장치까지 말썽이 생겼다. 우리 집 지하실에는 낡은 버너가 있는데 그 통기 구멍을 통해 열이 거실에 들어오게 되어 있었다. 다른 방들은 문을 다 열어놓아야 거실의 열기가 돌게 설계된 것이다. 석탄 버너는 자주 그을음과 연기를 내뿜어서 눈이 쓰라려 눈물이 났고 커튼도 검게 그을리곤 했다. 난방 시설도 이처럼 엉망이었지만 그나마도 석탄 배달이 늦어져 불을 때지 못할 때가 많았다. 부엌에 있는 조그만 화로에 나무를 때면서 우리는 너무나 추워서 이빨이 덜덜 부딪치는 소리를 내고 있었다.

짐을 실은 소달구지가 우리 집에 들어서는 것을 보고 매리언이 안도의 한숨을 내쉬며 나를 불렀다.

"드디어 석탄이 배달되었나 봐요."

그러나 소달구지가 싣고 온 것은 석탄이 아니라 더 추운 물건이 아닌가? 여름에 쓰기 위해 저장해야 할 얼음덩어리들이었다. 냉장고가 없었으므로 겨울에 특수하게 장치한 창고에 얼음을 보관해 두어야 했다.

매리언이 조선에서 맞는 첫 번째 크리스마스는 아무래도 적막하고 쓸쓸할 것 같았다. 그녀는 내 시선을 피해 자주 길목을 바라봤다. 내가 마음 아파할까봐 몰래 내다보는 것이었다.

나는 여기저기 다니면서 한참 고생한 끝에 병원과 학교, 독신 여선교사 숙소와 우리 집에 쓸 수 있는 꼿꼿하게 자란 크리스마스 트리들을 찾아냈다. 매리언이 집에서 만든 여러 장식품들로 솜씨 있게 꾸몄더니 예술적인 분위기가 나는 아주 멋진 크리스마스 트리가 되었다. 이제 내가 바라는 것은 트리 아래 놓을 고국에서 온 편지들뿐이었다.

크리스마스 전날이었다. 집 앞에서 소달구지의 바퀴가 눈을 밟으며 구르는, 삐걱거리는 소리와 채찍질하는 고함소리가 났다. 오랫동안 기다리던 석탄이 드디어 도착했다. 그리고 잠시 후 현관에서 매리언이 "대단히 고마워요!"라고 외치는 소리가 들렸다. 집배원이 왔던 것이다.

우리의 크리스마스 소원이 어쩌면 이토록 시간을 맞추어, 도저히 말로 표현할 수 없는 기쁨으로 우리에게 전해질 수 있었단 말인가? 이제 크리스마스 트리 아래는 흥분하면서 읽을 우편물들이 선물들과 함께 쌓였다. 친구들과 후원자들이 보낸 카드들이 있어서 모양만 흉내 낸 벽난로 주변을 장식할 수도 있었다.

가슴속으로부터 솟아오른 온기와 함께 지하실의 버너가 내뿜는 더운 공기는 우리들의 몸을 따뜻하게 녹여주었다. 우리를 기억하고 염려해주는 친구들의 깊은 사랑은 마치 요술처럼 우리들 사이의 먼 거리를 단축시켜주었다. 아직 태어나지도 않은 우리 아기에게 온 선물도 있었다. 매리언은 아기가 그 선물을 받고 기뻐서 발뒤꿈치로 배를 찬다고 했다. 우리는 어린아이처럼 들떠서 예쁘게 포장된 선물 상자들을 풀었다. 해주에서 맞은 첫 번째 크리스마스는 이렇게 해서 우리들에게 진정한 행복을 맛보게 해주었다.

해산일이 가까워지자 나는 매리언에게 병원 일을 점점 줄여가도록 했다. 그동안 그녀는 일에 대한 욕심이 많았고 너무 지나치게 열중했다. 매리언의 일을 줄였으나 다른 직원들도 사정을 이해하고 불평하지 않았다. 매리언에게서만 치료를 받고 싶어하는 여성 환자들에게도 상황을 설명했더니 모두들 이해하고 대신 내가 진료하는 것을 허락했다. 그래도 그녀는 자기가 필요하다고 생각될 때는 불편한 몸을 이끌고 치료에 나서곤 했다.

아기를 낳기 전, 어느 날 밤 긴급 환자가 생겼다. 매리언은 이를 물리치지 않고 발 벗고 나섰다. 이 기념할 만한 밤에 생겼던 일을 그녀는 잊을 수 없었다. 후일 매리언은 미국에 있는 우리의 후원자들에게 그 사건을 자세히 기록해 보냈다.

그날은 유난히 피곤했다. 나는 일이 끝나면 곧 잠자리에 들어가 푹 자야겠다고 다짐하고 있었다. 그러나 일은 내 뜻대로 되지 않았다. 하나님께서는 그날 밤 우리에게 의료선교사 생활에서나 있을 수 있은 정말 스릴 있는 사건을 만들어주셨다. 내가 막 자려고 이불에 들어갔을 때 병원과 우리 집을 연결한 전화벨이 울렸다. 약 50킬로미터 떨어진 동네에 한 남자가 장폐색증으로 누워 있는데 이른 아침부터 고통을 당하고 있다는 전갈이었다. 이 밤중에 거기까지 가서 수술을 해야 할까?

의료선교사에게는 이런 경우 한 가지 대답밖에 없다. 어떤 사람이 위급할 때 도움을 주지 않는다면 우리가 그 사람을 죽게 한 것과 다름없는 일이었다. 그런 응급 환자를 치료할 사람은 우리뿐이기 때문이다. 닥터 셔우드 홀은 독신여성 기숙사에 가서 런드 양과 간호사를 깨웠다. 간호사도 우리와 마찬가지로 이 일에 적극적으로 나섰다. 셔우드는 병원에 가서 여행을 떠날 준비를 시작했다. 조선인 수간호원은 모든 기구들을 완전히 준비하여 소독하기 전에 내게 점검을 받았다. 런드 양은 2,3분 후에 도착했다. 우리들은 모든 준비를 끝내고 자동차가 나오기만을 기다렸다.

그날 밤은 달빛이 유난히 아름다웠다. 그러나 매서운 찬바람이 불더니 우리가 목적지에 도착하기 전에 눈이 내리기 시작했다. 다행히 일본인들이 건설해놓은 도로 덕택에 대부분의 길은 차가 달리기에 좋았다. 우리들은 마을을 통과해 빠른 속도로 달렸다. 조선인 마을들을 지나려면 이렇게 달릴 수가 없었다. 낮이 되면 길은 어린아이들의 놀이터였다. 어른들 또한 달달거리는 자동차가 온다고 해도 빨리 비켜서는 것은 품위가 손상된다고 생각하기 때문에 언제나 차가 비켜가야 했다. 거기다 소달구지가 길을 독차지한다. 이것이 왼쪽으로 갈지 오른쪽으로 갈지 점치기란 힘든 일이다. 자동차를 가지고 순회 선교를 다니던 어느 선교사에게 내가 물은 적이 있다.

"조선에서는 길의 어느 편으로 차가 다닐 수 있나요?"

"왼쪽으로 가세요. 오른쪽이 비었건 왼쪽이 비었건 간에 말입니다."

그의 대답은 사실상 옳은 말이었다. 또 다른 선교사는, 조선인들이 차가 자기 등 뒤에 바짝 다가선 다음에야 비켜서는 것은 길을 갈 때 자기 뒤를 쫓아오는 악귀를 차에 딸려 보내기 위한 것이라고 했다. 차가 바짝 다가온 다음에 비켜서면 자기 뒤를 쫓아오던 악귀가 차를 따라간다고 생각한다는 것이다. 이 이야기가 사실인지 아닌지는 알 길이 없지만 실제로 차가 뒤에 바짝 붙어야 길을 비키는 것을 보면 어느 정도 일리가 있는 것 같다.

오늘 밤에는 이런 낮의 말썽들을 볼 수 없었다. 조선의 마을들은 고요한 달빛 아래 그림처럼 잠들어 있었다. 어쩌다 흰옷을 입은 조선 남자들이 친구들과 늦도록 놀다가 얼큰히 술에 취해 우리 옆을 지나칠 뿐이었다.

몸이 얼어 떨리기 시작했을 때 드디어 차가 마을로 들어섰다. 그때 어떤 물체 같은 것이 손을 들고 우리를 막았다. 그를 따라 한 조선집으로 갔다. 방문이 열렸는데 숯불을 피운 화로를 가운데 두고 많은 사람들이 둘러앉은 광경이 보였다. 우리는 "바로 이곳이로구나!" 하고 안도의 숨을 쉬었다. 그러나 우리가 가야 할 길은 아직도 멀었다는 것이었다. 여기서 흰옷을 입은 조선 사람 네 명까지 탔다. 차가 다시 덜커덩거리며 떠났다. 마치 밤중에 무슨 공작을 꾸미러 가는 단원 같아 보였다.

차가 달릴 수 있는 막다른 길까지 오자 논두렁을 따라 약 1킬로미터 이상을 걸어가야 했다. 한참을 걸으니 몸이 더워졌다. 막상 걸어보니 실제로는 2킬로미터는 더 가야 했다. 짐은 조선인들이 지고 갔다. 논두렁 사이의 작은, 당나귀가 다닐 수 있는 길을 3킬로미터 정도 가니 넓은 대지가 나타났고 언덕에 진흙으로 지은 형편없는 집이 보였다. 높은 계단을 올라가니 남자들의 거실인 '사랑방'이 있었다. 방에 들어서니 천장은 매우 낮고 벽은 흙으로 발라져 있었고, 바닥엔 돗자리가 깔려 있었다. 난방 장치라고는 약하게 타고 있는 화롯불이 유일한 것처럼 보였다. 아주 작은 등잔이 벽에 걸려 있었는데 불꽃이 완두콩만한 크기였다. 나는 런드 양에게 말했다.

"닥터 김이 등불을 걱정하기에 떠날 때 손전등을 주머니에 넣고 왔어요. 얼마나 다행인지 모르겠어요."

저렇게 간들간들 깜빡이는 등불을 가지고 어떻게 수술을 할 수 있단 말인가? 그것은 의술만으로는 불가능한 기적이 있지 않고서는 안 될 일이었다.

우리들은 겉옷을 벗어 사랑방 바닥에 놓고, 이나 빈대 같은 것들이 옮겨 붙지 않기를 바라며 옆방으로 갔다. 방에는 환자가 친척들과 친구들에게 둘러싸여 누워 있었다.

닥터 노튼이 조선에 있었을 때 그 밑에서 의술을 많이 배워 의사 면허를 딴 사람으로 이 지방에서 의료업을 하고 있는 사람도 와 있었다. 그가 바로 우리를 부른 장본인이었다. 그의 진단은 정확했다. 환자는 고통 때문에 신음하고 있었다. 수술을 해야 한다는 점은 의심할 바가 없었다. 우리는 곧 수술 준비를 했다. 첫 번째 일은 두 사람만 남겨두고 모두 방에서 나가게 하는 일이었다. 나는 우선 방 주위를 둘러보았다. 흙벽, 먼지가 많은 들보, 지금까지 내가 본 것 중에서는 가장 더러운 옷을 입은 환자, 환자의 옷만큼 더러운 이불…. 나는 더러운 방바닥에 무릎을 꿇고 앉아 이것들을 어떻게 처리할 것인지 고민하여 난감해했다. 이 모든 것들은 다 소독해야 할 대상들이었다.

이윽고 수술 준비를 시작했다. 잠시 후 고개를 들고 보니 벽이라고 생각했던 곳에 세 사람의 조선 여인들이 슬픈 얼굴로 나를 바라보고 서 있었다. 닥터 김은 수술 부위를 박박 문지르며 씻고 있었고 닥터 셔우드 홀은 마취제를 놓았다. 런드 양은 다른 여러 일들을 준비하고 있었다. 두 조선 남자가 안전하게 거리를 두고 기름등잔을 들고 있었으나 불이 어찌나 약하든지 그 중 한 사람이 전등을 들고 나를 비춰주어야 했다. 이윽고 수술은 시작되었다. 내가 12센티미터나 되는 매우 탈색된 내장을 꺼냈다가 그걸 다시 뱃속의 제자리에 넣자 등잔을 들고 있던 두 조선인들은 동시에 탄성을 질렀다. 일이 다 끝나기도 전에 동이 텄다. 마지막 봉합이 끝나고서야 우리들은 저렸던 다리와 등을 펼 수 있었는데 그 시간은 참으로 길었다. 그러나 죽어가는 생명에 다시 삶의 기쁨을 주었다는 점에서 보람을 느꼈다.

사랑방으로 돌아오자 방안엔 담배 연기가 자욱했다. 동네 사람들이 많이 모여 있었다. 그러나 기독교인은 한 사람도 없었다. 런드 양은 이 기회를 틈타 예수가 어떤 분이며, 예수를 믿을 때 얻는 새 삶에 대해 이야기했다. 닥터 셔우드 홀도 다른 방에서 전도를 하고 있었다. 그는 이 동네에 기독교를 믿는 사람들이 하나도 없다는 사실을 알고 더욱 열심이었다. 이리하여 또 하나의 전도 지역의 문이 열렸다. 이 동네 사람들은 환자가 회복되기만 하면 온 동네가 예수를 믿겠다고 약속했다.

환자는 회복되었다. 그러자 그곳 두 마을에서 교회를 세워달라고 요청해왔다. 우리들은 그 지역에도 정기적으로 의료사업을 시행하기 시작했다.

그날 밤 응급 수술이 있고 난 후에, 나는 용기를 내어 매리언에게 임신 중이지만 자동차 여행에 별로 고통을 받는 것 같지 않으니 서울에 가서 출산하는 게 어떻겠느냐고 물었다. 첫 출산은 일반적으로 난산인 경우가 많기 때문이었다.

매리언은 거침없이 대답했다.

"당신은 나더러 사람들이 많이 타고 있는 버스 안에서 아기를 낳으라는 말인가요? 내가 당신을 얼마나 믿고 있는지 잘 알고 있잖아요. 당신과 펄이 준비하는 수술 기구들과 물품들에 대해서는 확인할 필요도 없어요. 조금도 걱정되지 않거든요."

그러나 나는 자신이 없었다. 이 점은 참으로 솔직한 고백이다. 자기인척이 아닌 임산부의 아기를 받는 것과 자기 아내의 출산을 돕는 것은 전혀 다를 수밖에 없지 않은가? 펄과 나는 세심한 데까지 신경을 써서 거듭 준비물을 점검하고 챙겼다. 조금이라도 잘못되는 일이 없기를 원했던 것이다. 드디어 더 이상 참을 수 없게 된 펄이 "나이 먹은 하녀같이 꽤나 하찮은 데까지 신경을 쓴다"고 푸념을 늘어놓았다. 나도 펄에게 "젊은 하녀답지 않게 조심스럽고 꼼꼼히 준비물을 챙기고 있군요"라고 응수했다.

"조선 사람들은 아무도 나를 젊다고 생각하지 않아요. 갈색 머리카락 때문이지요. 그들은 색깔 있는 머리카락은 나이가 먹어 세어진 것으로 보는 모양이에요. 어떤 사람은 숫제 나보고 '할머니'라고 불러요. 연장자를 대하는 것처럼 높이 대우해주기도 해요. 그들이 아는 것처럼 그렇게 나이를 먹지 않았다고 말해주곤 했어요. 아무튼 여기에서는 나이 많은 대우를 받는 게 훨씬 편해요. 조선 사람들은 언제나 나만 보면 왜 결혼하지 않았느냐고 물어요. 어째서 부모님께 남편감을 구하게 하지 않았는지 매우 궁금하게 여긴답니다. 내 인생에는 결혼 못지 않게 중요한 다른 목표가 있어서 그렇다고 대답하면 믿지 못하겠다고 고개를 갸우뚱해요."

나는 그녀에게 자신 있는 목소리로 말했다.

"당신의 목적의식을 존중합니다. 그러나 나는 내가 결혼을 택한 점은 분명히 잘한 일이라고 생각해요."

매리언의 출산은 우리 집에서 하기로 하고 그때가 되면 함께 행동을 취하기로 런드 양과 약속했다. 산모를 돌보고 아기 받는 일은 내가 하고, 태어난 아기를 돌보는 일은 펄이 맡기로 했다. 아기가 울지 않으면 아기의 엉덩이를 때려서 울게 하고 다른 조치가 필요하면 그 일은 내가 하기로 했다. 펄은 실력 있는 간호사여서 정확하고 신속하게 응급조치를 취하는 법을 잘 알고 있었으므로 매리언과 나는 그녀를 철통같이 믿고 있었다.

바로우 양은 여행을 떠나고 없었다. 이제 출산의 기쁨을 맞이할 무대는 다 준비되었다. 우리는 바로우 양이 일부러 이 자리를 피하느라 여행을 떠난 것을 알고 있었다. 마치 시간을 맞추기라도 한 것처럼 바로우 양이 여행을 떠나자 산모의 진통이 시작되었다. 우리 모두는 산모와 새 생명의 안전을 위해 최선을 다했다.

그 당시는 아직 '무통 분만'이 많이 이용되지 않았던 때였다. 어떤 종교인들은 "여자는 출산의 고통을 당연히 받게 되어 있다"고 충고했지만 아프지 않게 이빨을 빼는 것이 보편화된 것처럼 지금은 무통 분만에 대한 인식도 보편화되어 있다. 그때의 무통 분만은 스코폴라민(scopolamine)을 써서 반수면 상태에서 분만하는 방법이었다. 이 약물은 '스코폴리아'라는 식물의 염분에서 추출한 하나의 알칼로이드로서 최면과 진정제 효과가 있었다. 감각이나 고통의 기억은 중단시키면서 동시에 환자의 근육 작용은 정상적으로 해서 의사와 산모가 출산에 협조하는 효과가 있었다.

모든 일은 잘 진행되었다. 조선인들이 예견한 대로 아기는 사내아이였다. 아기의 성별이 판명되자 나는 펄에게 기쁨의 윙크를 보내고 싶어 견딜 수가 없었다. 청진기로 산모의 상태를 살펴보니 심장의 고동은 정상적이고 힘이 있었다. 그러나 매리언은 아직도 마취에서 덜 깬 상태로 물었다.

"아기가 언제 나올 것 같아요?"

나는 펄에게 아기를 데려오라고 손짓했다. 아기를 매리언의 팔에 부드럽게 안겨주면서 대답했다.

"질문의 대답은 여기 있소."

"믿을 수가 없어요. 아무것도 느끼지 못했는데."

매리언은 손으로 자기 배를 만져보더니 다시 물었다.

"사내 아기인가요?"

"그래요. 우리는 아들을 얻었어요."

나는 얼굴에 기쁨을 감추지 못한 채 대답했다. 아기가 기운차게 울기 시작하자 펄이 아기를 안으려고 다가왔다.

1927년 2월 18일, 우리들의 기억에 남을 해주에서의 그날, 아침에 비가 내리더니 다시 모든 것이 얼어붙어 미끄러운 빙판이 되었다. 나는 우리가 아들을 낳았다는 사실을 알리는 전보를 치기 위해 빙판길에 나섰다. 아기의 이름은 할아버지의 이름을 따라 '윌리엄 제임스'로 정했다. 처음에는 너무나 기쁜 나머지 내 몸이 마치 허공 속을 떠다니는 것 같았다. 알고 보니 대단히 미끄러운 빙판 위를 걷고 있어서 그랬던 것이었다. 한참을 가다가 빙판 위에 미끄러져 벌렁 뒤로 넘어졌을 때 "거만한 마음은 넘어짐의 앞잡이니라"는 잠언 말씀이 무슨 의민지 더 잘 알 수 있었다.

계속 미끄러지면서 겨우겨우 전신소에 도착했을 때는 무릎이 까지고 멍이 든 데다가 머리카락은 어지럽게 흩어져서 점잖은 체면이 말이 아니었지만, 아들을 얻은 기쁨에 나는 당당히 전신소로 들어갔다. "아들을 낳았다는 것과 모자가 건강하다는 것"을 송신해달라고 했다. 특히 '아들'(boy)이란 단어를 틀리지 않게 조심해달라고 전신소 직원에게 부탁했다. 전에 언더우드 가족으로부터 온 전보에서 'boy'라는 단어가 'dog'으로 둔갑한 일이 생각났기 때문이다. 이번에도 전처럼 잘못 표기될 수 있었지만 모험을 하지 않을 수 없었다.

우리의 일상생활은 차츰 안정되어가고 있었다. 아기가 내는 여러 소리는 아기의 목청과 폐가 잘 자라고 있다는 증거였으며, 우리에게 자신의 존재를 잊지 말라는 것이기도 했다. 여행에서 돌아온 바로우 양이 아기를 보러 왔을 때도 꼬마는 마치 항거하기라도 하듯 울어댔다. 그녀는 아기가 잠들었을 때 다시 와서 조용히 이야기하겠다며 황망히 자리를 피했다.

우리는 아기가 태어나기 전에 이미 어떤 방법으로 키울 것인가를 정해두고 있었다. 꼬마가 아무리 울더라도 안아주지 않겠다는 것도 그 중 하나였다. 아기가 운다는 것은 자신을 표현하는 한 방법이고 동시에 폐를 발달시키는 일이기 때문이었다. 얼마 동안 이 규율은 잘 지켜졌다. 그러나 한번은 쉬지 않고 어찌나 계속 울어대는지 이상한 생각이 들었다. 여태까지 길들인 버릇을 깨지 않겠다는 생각에는 변함이 없었으나 더 이상 참을 수가 없었다. 아기한테 가보니 머리가 아기 침대의 나무 봉 사이에 끼여 있었다. 낀 머리가 부어올라 머리를 빼내기가 무척이나 힘든 지경이었다. 이 일이 있고 난 후부터 윌리엄은 다른 조선 아기들처럼 '울면 안아준다'는 것을 아는 아기가 되고 말았다.

닥터 셔우드가 첫 아들 윌리엄 제임스 홀을 안고 기뻐하고 있다. 할아버지의 이름을 따라 '윌리엄'이라 지었다.

윌리엄을 다루는 방법이 달라지자 가장 기뻐한 사람은 일하는 아주머니였다. 그녀는 그 동안 우리가 아기를 너무 냉정하고 잔인하게 다룬다고 상당히 언짢아했었다. 이렇게 해서 한 가지 예외는 허락했으나 울든 울지 않든 간에 음식은 반드시 시간에 맞춰주어야 한다는 규칙은 변함없이 지켰다.

부모 노릇이 순풍에 돛단 듯 순조로운 것만은 아니라는 것을 느끼고 있을 무렵, 선교병원이 나아가야 할 방향도 어느 누구하나 가르쳐 주지 않는다는 것을 알게 되었다. 이 무렵 해주에는 전에 있었던 동학을 상기시키는 반외세, 반기독교 단체가 활동하고 있는 것 같았다. 기회만 있으면 병원과 학교에 대한 우리 선교회의 노력을 나쁘게 평하려는 사람들이 있었다.

일본이 조선을 통치하기 시작하자 조선은 '은둔 왕국'에서 '허가 왕국'으로 그 이름이 바뀌었다는 소문이 들려오곤 했다. 왜냐하면 거의 모든 일에 허가를 받아야 했기 때문이다. 건축, 정지 작업, 자동차 소유나 운전, 출판과 인쇄, 하물며 공중 집회까지도 허가를 받아야만 했다. 이러한 허가 업무는 각 분야에서 일하는 하급 관리들이 관할했다. 이런 사람들을 만나 허가를 받으려고 했을 때 반기독교 단체의 입김이 작용한다는 것을 느낄 수 있었다.

우리는 공중위생 계몽과 교육을 위해 마을을 찾아다니며 강연회를 열려고 했는데 이 일을 못하게 하는 장애물에 계속 부딪쳤다. 선교사업에 이용하라고 선물로 받은 영사기와 환등기, 그리고 우리가 직접 작성한 공중위생에 대한 도표들을 제시하면서 이것을 기초로 공중 교

영사기와 환등기로 공중위생에 대한 교육을 준비하는 닥터 셔우드 홀

육을 하면 예방과 위생에 좋은 성과를 거둘 수 있을 것이라고 설명했다. 겨우 허가를 받았나 싶으면 집회 자체에 말썽이 생기곤 했다. 특히 전도만을 주제로 집회를 열려고 할 때 보이지 않는 장애물이 더욱 심했다.

어떤 질병에 대해 예방접종을 할 때도 허가를 받아야 했다. 한번은 장티푸스 예방접종에 대한 허가를 신청했는데, 우리가 운영하는 미션 스쿨에서만 시행할 수 있다는 허가가 나왔다. 다른 학교에 가서 할 수 있는 허가는 결국 받지 못했다. 우리 학교에는 약 200명 이상의 학생들이 있었으나 예방접종 덕택에 장티푸스에 걸린 사람은 한 명도 없었다. 그러나 같은 시기에 비슷한 크기의 다른 학교에서는 여러 명의 환자들이 발생했다.

이런 일들은 내게 좌절감을 안겨주었다. 앞으로 계획한 사업전망까지도 흐려졌다. 나는 미국으로 공부하러 떠나기 전부터 조선에 반드시 결핵요양소를 설립하겠다고 마음을 굳히고 있었다. 내가 롱아일랜드 홀츠빌에 있는 서퍼크 결핵요양소에 있었을 때도 이 문제를 동료 의사들과 자주 거론하곤 했었다. 젊은 시절의 우직한 성격으로, 나는 그 당시 경제적으로 현실성이 없음을 알면서도 이러한 나의 꿈을 반드시 실현하기 위해 많은 사람들을 설득하려는 정열에 불타 있었다. 아직 내가 원하는 요양소는 세워지지 않았지만 그 사업에 쓰라고 나에게 보내진 영사기와 환등기 등의 기재들이 있었다. 이것은 서퍼크 요양소에서 만났던 제시 스킷모어 부인이 보내준 것이었다. 그녀는 나의 꿈이 반드시 실현될 것으로 확신하기 때문에 사진이란 수단으로 공중위생을 가르치는 일에 자기도 한몫 거들 수 있기 바란다고 했다. 서퍼크 요양소의 의료진과 환자들도 석영 전등, 엑스레이 기구를 사라고 모금한 40달러를 보내면서 격려해주었다.

웰치 감독은 우리의 조선 파견이 결정되기 전에도 조선에서 결핵을 퇴치하겠다는 나의 계획에 귀기울여주었다. 그는 나의 말을 단순한 젊은이의 이상주의에서 나온 객기로 여기고 웃어넘기지 않았다. 그는 감독이 되기 전에 11년 동안 오하이오 웨슬리언 대학교(Ohio Wesleyan University)에서 총장을 지낸 경력이 있었기 때문에 젊은이의 이상주의적인 야망이나 꿈을 인정하는 안목을 가졌는지도 몰랐다. 그때 그는 메리 버버그(Mary Verburg)라는 사람이 죽으면서 조선에 새 병원을 짓는 데 쓰라고 유산을 남겼다는 유언 내용을 선교회에서 통지 받은 일이 있다고 했다. 이 유산은 유언장의 조건에 맞는 계획이 나타나지 않아 유언의 법적 집행인이 집행을 보류하고 있는 중이었다. 그 조건이란 공중위생 교육을 강조한 것이었다. 웰치 감독은 격려의 미소를 지으면서 말했다.

"당신의 사업 계획은 그 요지부동인 유언 집행인의 마음을 움직일 수 있을 겁니다."

모든 여건이 이처럼 희망적이었는데 이제 와서 공중위생 교육을 못하도록 막는 반기독교세력들의 반대에 부딪히게 되었으니 나의 사기는 심한 상처를 입지 않을 수 없었다. 이런 일들로 고심하고 있던 어느 날, 진찰을 받으러 온 환자들 중에서 낯익은 사람을 발견했다. 나는 깜짝 놀랐다. 우리가 공중 집회를 가지려고 할 때마다 허가를 내주지 않고 항상 우리를 애타게 했던 바로 그 관리였다.

"이 아침에 어떻게 여기를 오셨습니까?"

나는 부드러운 목소리로 물었다.

"기침이 심하고 가슴이 아파서 밤에 잠을 잘 수가 없습니다. 무당이 하라는 대로 다 해봤으나 더 심해지기만 합니다."

그는 풀이 죽은 채 대답했다. 그의 가슴에 청진기를 대고 귀를 기울였다. 그를 괴롭힌 기침의 이유를 알아내는 데는 긴 시간이 필요하지 않았다.

"안됐습니다만, 폐병에 걸렸다는 걸 말하지 않을 수 없군요. 이 병원에는 현재 폐병을 치료할 시설이 없습니다. 담액이 음성으로 나타날 때까지 당신은 다른 환자들과 격리되어 치료를 받아야 하기 때문입니다. 그러자면 시간이 오래 걸립니다."

그의 얼굴은 충격과 공포로 굳어졌다.

"내 가슴 속에 폐병이 있다면 죽을 게 틀림없군요."

그는 신음하더니 갑자기 또 다른 위험을 느끼는 표정으로 나를 올려다봤다.

"의사 선생님, 지금 제 외아들이 몹시 걱정됩니다. 그 아이도 밤새도록 기침을 하고 있어요. 제가 기침이 너무 심해 잠을 자지 못하기 때문에 아이의 기침 소리를 들을 수 있었습니다. 아들의 몸에도 폐병 균이 들어 있을 가능성이 있습니까?"

"그 아이도 병균을 갖고 있을 가능성이 매우 큽니다. 폐병은 한 사람이 걸리면 다른 가족에게 대단히 쉽게 전염됩니다. 더구나 당신이 매일 가족들과 함께 지내니 더욱 그럴 수밖에 없지요."

나는 덧붙여 설명했다.

"그래서 내가 그렇게 열심히 마을의 집회 허가를 얻으려고 애썼던 겁니다. 이 병이 어떻게 퍼지며, 예방하려면 어떻게 해야 하는지 사람들에게 이해시키려고 한 것입니다."

그는 내가 지적한 말의 요점에 대해서는 들은 척도 않고, 비탄에 잠긴 얼굴로 내게 애원했다.

"우리 아이가 폐병에 걸렸는지 검사를 받을 수 있도록 이리로 데리고 와도 좋습니까?"

"네, 데리고 오세요. 검사해드리지요. 아무튼 당신은 당장 가족들과 너무 가까이 있으면 안 됩니다. 그건 가족들을 위해서입니다."

얼마 안 되어 그는 몸이 마르고 병색이 짙은 소년을 데리고 나타났다. 청진기는 나의 불길한 예상을 확인시켜주었다.

"당신 아들도 폐병에 걸렸습니다."

나는 수심에 잠긴 아버지에게 말했다.

"그런데 당신 아들의 폐에만 병균이 있는 게 아니라 목의 내분비선에도 감염된 것 같습니다. 증상이 아주 좋지 않아요. 아이가 병에 대한 저항력을 잃어버렸기 때문입니다."

"저 아이는 외아들입니다. 저한테는 금쪽과도 같습니다."

마음이 얼마나 괴로웠는지 그는 흐느껴 울었다.

"선생님, 그 기독교 신의 신통력을 제발 써주세요. 제가 듣기에는 선생님께서 그 신통력을 해주에서 많이 썼다고 하던데요. 사람들은 이곳을 '구세병원'이라고 부릅니다. 제발 제 아이를 살려주십시오. 네?"

그는 애원했다. 그 남자의 비탄은 충분히 이해할 수 있었다. 지금은 나도 아들을 둔 아버지가 아닌가. 나는 그를 잠시 기다리게 하고 닥터 김에게 단둘이 의논을 하자며 눈짓을 보냈다. 우리는 이 문제를 어떻게 처리할 것인지를 의논했다. 닥터 김은 전에 학교 선생의 아들을 치료하기 위해 사용했던 멀리 떨어져 있는 병동을 임시 폐결핵 병동으로 이용하자고 했다. 그의 의견은 현재 그 관리 자신이 폐병을 앓고 있으니 이번 경우를 잘 처리하기만 하면 다른 도시의 관리들에게도 큰 영향을 미쳐 우리가 하려는 공중위생 교육에 더 많은 도움이 될 것이라는 것이었다.

"그렇지만 혹시 그 사람이나 그의 아들이 치료를 받다가 죽으면 어떻게 합니까?"

나는 더 나쁜 결과가 오지 않을까 해서 물었다.

"그 문제는 그냥 '전능하신 하나님'께 맡겨야지요. 우리의 부모들도 난관에 봉착했을 때 그렇게 하지 않았습니까?"

닥터 김은 미소를 지으며 말했다.

나는 그 관리를 사무실로 불렀다. 동료 의사인 닥터 김과 의논한 결과, 두 사람의 완쾌를 바라는 간절한 마음으로 이 병원에 입원시키겠다고 알려주었다. 그의 눈에서 감사의 눈물이 뺨을 타고 흘러내렸다.

이번 일은 그 관리와 아들의 생명에만 국한된 것이 아니라 보다 큰 중요성을 내포하고 있었다. 우리가 조선에서 결핵과 싸워 이기려면 이들이 치료를 받아 완쾌되어야 했다. 그래야 우리가 필요로 하는 분위기가 조성될 수 있었다. 나는 기독교 신자들에게 우리가 성공할 수 있도록 하나님께 기도해달라고 부탁했다. 조선 기독교인들의 믿음은 산이라도 움직일 수 있을 만큼 강했기 때문이었다.

신자들은 모여서 밤낮으로 계속 기도할 계획을 세웠다. 조선의 기독교인들은 소리 내어 기도하기를 좋아했다. 기도 내용은 각각 사람마다 달랐다. 하나님께서는 각 사람의 기도 내용을 헷갈리지 않고 따로따로 다 들으실 수 있다는 점을 모르는 바 아니었지만 그들 남녀의 가슴에서 터져 나오는 열렬한 간청의 기도 소리는 다른 사람들에게는 굉장히 시끄러운 소리로 들릴 것임에 틀림없었다. 아무튼 나는 기도의 응답을 많이 보아왔다. 나 자신도 경험했기 때문에 기도의 힘은 틀림없이 믿었다. 또한 하나님께서는 우리 인간에게 각각 알맞은 지성을 주셨기 때문에 우리는 이 지성을 닦고 훈련시켜서 지혜롭게 써야 한다고 생각한다.

새로 온 두 사람의 환자 중에서도 아들 쪽이 아버지보다 병세가 더 심한 것 같았다. 의학적으로 말하자면, 저항력이 없고 말라서 가죽만 남은 그 소년을 성공적으로 치료하기란 참으로 어렵다는 사실을 이미 알고 있었다. 그 당시에는 오늘날과 같은 '결핵 특효약'이란 거의 없다시피 한 시절이었다.

그 소년은 거의 가망이 없었으므로 조선에서 폐병의 특별 처방으로 여기는 생사탕(生蛇湯, 뱀탕)을 몰래 복용할 수도 있었다. 생사탕에는 파충류의 내분비선 독소가 그대로 남아 있을지도 모르기 때문에 간호사들은 그 소년을 24시간 교대 근무로 지켜봐야 했다. 그에게 주는 음식물은 흰자질, 광물질, 비타민 등 함량이 높은 것으로 준비해야 했다. 거기다 심한 기침으로 매일 밤 잠을 못잤기 못했기 때문에 코데인(codeine: 아편에서 채취되는 진통·진해·수면제)이 조금 함유된 특별한 조제약을 복용시켰다. 햇볕의 효과를 내과적으로 충당시키기 위해 비타민D가 함유된 대구의 간유를 먹였다. 이 간유는 결핵환자들에게 결여되기 쉬운 비타민A도 공급해준다. 이 간유를 먹기 좋게 하기 위해 엿에다 섞었다.

소년이 차츰 회복되자 우리는 진짜 햇볕을 조금씩 쬐게 처방했다. 이 일광욕은 목의 내분비선에 감염된 결핵을 매우 빠르게 녹였기 때문에 다들 경탄할 정도였다. 소년은 곧 체중이 불어나기 시작했다. 앙상하게 드러나 셀 수 있을 정도로 도드라졌던 갈비뼈들은 보이지 않게 되었다. 동시에 소년의 아버지도 병세가 회복되었다. 이들을 위해 기도하고 있던 신자들도 이제는 환자들을 방문해도 좋다는 허락을 받았다. 이들의 상태가 호전되고 있는 것을 본 신자들은 용기백배하여 더 쉬지 않고 기도하기로 결정했다.

나도 쉬지 않고 계속 열심히 치료해나갔다. 이 두 환자도 다른 조선인들과 마찬가지로 우유가 '소의 젖'이라는 이유로 싫어했다. 그래서 대신 칼슘 글루콘산(Calcium Gluconate) 주사로 보충했다. 주사를 자주 놓았지만 이 점에는 그다지 괘념치 않았다. 아마 조선의 전통적인 치료방법인 침에 익숙했기 때문이었던 것 같다.

어느 사이 소년은 병원의 귀염둥이로 등장했다. 점점 건강해지면서 장난이 심해져 침대에 붙들어놓기가 힘들어졌다. 기침은 서서히 사라졌다. 드디어 나의 청진기에도 그 험악했던 폐의 이상한 소리들은 들리지 않게 되었다.

하루는 닥터 김이 평소의 침착성을 잃고 흥분한 모습으로 내 사무실로 뛰어들었다. 옛날 평양에서 선교 개척을 시작한 우리 부모들을 박해했던 행정 장관이 이 도시에 나타났다는 것이다. 김창식 목사는 1924년 은퇴한 이후 해주에서 아들과 함께 살고 있었다. 그가 거리에 나갔다가 우연히 그 행정관을 보았는데 그 사람은 김 목사를 알아보지 못했다. 그 사람이 이곳에 나타난 일이 우리에게 좋은 징조인지 그 반

김창식 목사와 그의 아들 닥터 김, 그리고 손주. 김창식 목사는 1894년 평양에서 기독교 박해가 있었을 때 닥터 윌리엄 제임스 홀을 도와 난경을 넘었던 분으로, 감리교에서 배출한 한국인 최초의 목사였다. 닥터 셔우드 홀이 해주 구세병원에 부임했을 때 김창식 목사의 아들이 이 병원의 담당 의사였다. 감리교 선교의 개척 시대를 살았던 2대의 만남은 하나님의 섭리로 여겨졌다.

대인지 알 수가 없었다. 그 의문점은 오래가지 않아 밝혀졌다. 그 장본인이 내 진찰실에 나타났던 것이다. 그는 자기 아들과 손자가 이 병원에 입원해 있어서 면회하러 왔다고 했다. 그는 참으로 놀랍게도 우리의 특별 결핵환자인 소년의 할아버지였던 것이다! 아들과 손자를 만나고 난 다음 그는 나와 단둘이 이야기하고 싶다고 했다.

"당신은 아마 나를 모르고 있겠지만 나는 당신을 잘 알고 있소."

그는 이야기를 시작했다.

"당신은 전에 내가 죽이려 했던 사람의 아들이오. 당신 부친의 조수였던 김창식도 내 손에 죽을 뻔했었소. 나는 김창식을 평양에서 사형수 감옥에 넣었었는데 그 감방에 들어갔다가 사형을 당하지 않고 살아 나온 사람은 실제로 김창식뿐입니다. 기독교인들을 박해했던 우리들은 점점 세력을 잃었죠. 한편 기독교인들은 매우 강해졌소. 민 감사는 그 사건이 있은 직후 나를 평양의 관가에서 내쫓았소. 우리의 상식으로 생각하자면, 이제는 기독교인들이 자신들을 박해하던 사람들을 보복해야 할 차례요. 그러나 당신네 기독교인들은 내 아들과 손자에게 베풀어 준 것같이, 사랑과 친절을 보여주었소. 이제 나는 기독교인들을 존경하게 되었소. 전날 평양에서는 기독교인들로 하여금 그들의 신을 부정하라고 탄압했고 기독교가 나쁜 종교라고 말하도록 강요했지요. 지금 와서야 내가 잘못했다는 점을 알게 된 것이오."

이 일이 있고 난 뒤에는 모두 기쁜 일들의 연속이었다. 그 관리와 아들인 소년은 결국 완쾌되어 퇴원했다. 평양의 전 행정관이었던 그의 아버지와 현재 관리인 아들이 우리와 교회를 보호해주겠다고 자청하고 나섰다. 소년은 빠지지 않고 주일학교에 나왔다. 한번은 도내 각처에서 모여든 기독교 신자 대표들의 집회가 있었다. 나는 환등기를 이용해 '예수의 생애'라는 제목으로 강연을 하려고 했다. 미리 강연회 신청을 못했는데도 그는 연락을 받자 곧 집회 허가를 얻어주었다. 그뿐만이 아니라 그 역시 직접 집회에 참석했다.

나는 이러한 일련의 기적들을 조선에 결핵요양소를 세우려는 나의 꿈을 곧 실현하라는 하나님의 분명한 명령으로 받아들였다. 이리하여 해주의 병원은 기초가 단단히 잡혔고 남학교도 잘 되어갔다. 우리의 선교 노력에 대한 인식이 기적적으로 좋아졌고, 우리를 용납하는 분위기가 조성되었다. 비록 막대한 자금이 필요한 일이었지만 그것은 다음에 있을 연회에서 통과가 있고 난 다음의 일이다. 버버그의 유산에 대한 신청서를 내기 위해서는 먼저 조선에 나와 있는 선교부와 모국에 있는 위원회의 사업 허가를 받아야 한다.

선교부의 연회는 1927년 6월 19일 서울에서 열릴 예정이었다. 매리언과 나는 이 기회에 웰치 감독에게 꼬마 윌리엄 제임스의 세례를 부탁하기로 했다.

세례식은 제일감리교회에서 열린 연회에서 성찬 예배가 끝난 직후에 있었다. 윌리엄과 많은 조선 아기들이 함께 세례를 받았다. 식이 예정대로 진행되고 있는데 갑자기 흰옷 정장을 입은 한 조선 사람이 벌떡 일어났다. 주위에서 "앉으시오. 앉으시오!"하며 소리쳤으나 그는 못 들은 척 그 자리에 서서 말하기 시작했다.

"나는 이야기를 해야겠소! 여기 많은 사람들이 모였지만 오늘 아침, 지금 이 자리에서 세례 받고 있는 저 백인 아기가 평범한 보통 아기가 아니라 하락(셔우드 홀의 아버지인 닥터 윌리엄 제임스 홀을 중국 발음으로 표기한 조선 이름)이란 이름을 가졌던 하락 선생의 손자라는 사실을 아는 분들은 얼마나 되시는지요? 인생의 수렁에서 날 꺼내주신 분이 바로 '하락 선생'이었습니다. 나를 광명의 세계로 구해주신 분이 바로 하락 선생이었습니다."

주위가 갑자기 조용해졌다. 가끔 "하나님, 찬양합니다!"라는 탄성만이 터져 나올 뿐이었다.

이리하여 세례식은 우리에게 더 큰 의미를 주었다. 식이 끝난 후에 우리 주위에는 많은 사람들이 모여들었다. 우리는 기쁘게 인사를 나누었다. 아버지를 알고 있는 사람들과 이야기를 나눌 때면 윌리엄은 언제나 그들의 관심의 대상이 되었다. 내가 이제 시작하려는 사업을 나의 아버지, 윌리엄의 할아버지가 축복해주시는 것 같았다. 짧았지만 선교사업에 일생을 바쳤던 아버지께서 내 갈 길을 다져주셨음을 알 수 있었다.

15
원산의 여름

 연회의 간부모임은 웰치 감독의 능숙한 사회로 진행되었다. 결핵요양소 건립이 안건으로 나오자 활발한 토론이 이루어졌다. 누군가가 물었다.

 "이미 설립된 병원들을 유지하는 데도 곤란을 겪고 있는 처지에 어떻게 새 사업을 후원할 수가 있겠습니까? 감리교에서 시작한 영변, 공주, 원주의 병원들은 이미 자금과 인력이 모자라 모두 문을 닫지 않았습니까? 지금 지방에서 운영하고 있는 감리교 계통의 병원으로는 닥터 홀이 일하고 있는 해주가 유일합니다."

 나는 이 질문에 대답했다.

 "조선 인구의 80퍼센트 이상이 농촌에 살고 있습니다. 해주 병원이 지금까지 운영되고 있는 것은 시골에서의 의료사업이 얼마나 필요한가를 입증해주는 것이라고 생각합니다."

 또 다른 사람이 말했다.

"그런 사업이 절실히 필요하다는 것은 우리 모두 인정합니다. 닥터 홀의 의견에 대해 마음속으로 깊이 동조하고 있어요. 그러나 현재의 실정은 그런 새 사업을 시작하기에는 매우 곤란한 때인 것 같습니다."

나는 희망이 내 눈 앞에서 사라지고 있는 것을 보았다. 웰치 감독이 내 심정을 이해하고 도와주려고 나섰다. 그렇지 않았으면 이 의제는 이 정도에서 결말을 짓고 다음 의제로 넘어갔을 것이다. 웰치 감독은 이 토론을 계속 하게 했다. 이때 나의 오랜 후견인이었던 노블 목사가 설득력 있는 내용을 제안했다.

"닥터 홀로 하여금 현재 재직하고 있는 해주의 병원장 임무를 그냥 계속하게 하면서 여가를 이용해 요양소 건립 계획을 추진하도록 하면 어떻겠습니까? 물론 이 건은 선교부나 위원회로부터 예산을 받지 않고 한다는 조건으로 말입니다."

이 제안대로 한다면 선교부나 위원회에서는 경제적인 책임을 지지 않아도 되었다. 결국 이 제안으로 반대 의견들은 철회되었다. 다행히 내 개인 자격으로 조선이나 미국에서 모금할 수 있도록 허가되었다. 다만 모금된 자금은 선교부를 통해 나에게 전해지는 형식을 택하기로 정했다. 첫 번째 관문을 통과하자, 하나님의 사업을 하는 데 있어서는 나도 친구들과 후원자들의 마음을 움직일 수 있다는 자신감을 가지게 되었다. 그때 우연히 한 회원이 옆 사람과 말하는 것을 엿듣게 되었다.

"이 계획은 물론 이루어지지 못할 게 뻔합니다. 그러니 그가 하고 싶은 대로 내버려두어도 해가 되지는 않을 겁니다."

그러나 나의 의기는 조금도 사그라지지 않았다. 조금 후 내가 어느 방을 지나가고 있는데 내 이름이 대화에 오르내리는 소리가 들렸다.

"닥터 홀은 현실을 모르는 공상가이고 이상주의자로 보입니다. 선교사로 나온 지 이제 겨우 2년밖에 안된 사람이 어떻게 많은 장애를 물리치고 동양을 움직일 수 있다고 생각하는 거지요? 조선 관리들도 그런 젊은 사람의 말은 절대로 듣지 않을 거요. 우리가 충분히 제동을 걸면 그 일은 없었던 것으로 될 거요. 위원회 이름으로 그 계획을 철회시키는 것이 그래도 그를 가장 덜 실망시키는 방법입니다. 그를 위해서도 그러는 것이 좋을 겁니다. 지금 우리가 경제적으로 어떤 상황에 있는지를 닥터 홀도 알고 있습니까?"

이 말이 끝나자 대답이 들려왔다.

"아마 닥터 홀은 하나님과 함께 있는 동안은 어떤 일도 다 이룰 수 있다고 생각하는 모양이지요."

나는 이들의 대화를 듣고 너무나 기뻤다. 이 순간 인간으로서의 나의 한계를 한층 더 실감하게 되었다. "하나님과 함께라면 불가능이란 없다"는 신념이 더욱 굳게 내 가슴에 와 닿았다. 그렇다. 하나님과 함께라면 불가능이란 없다.

많은 사람들은 내가 용기를 잃었으리라고 예상했다. 그러나 나는 그 반대였다. 웰치 감독이 내게 용기를 북돋아주었다. 그는 버버그가 선교사업의 공중위생 분야에 써달라고 남긴 유산 3,850달러에 대한 집행권을 당연히 신청해야 한다면서 나를 격려했다. 그동안 모든 선교병원에서 이 유산에 대해 집행권 신청을 했으나 유산 관리인은 지금까지 나온 계획에 만족하지 못했다. 웰치 감독은 계획서를 작성할 때 조선의 결핵환자에 대한 숫자와 사실을 자세하게 열거하고 그 계획 내용도 자세히 적어 제출해야만 유산 관리인의 마음을 움직일 수 있다고 말해주었다.

    그날 밤 나는 유산 관리인이며 메리 버버그의 조카인 베니트에게 제출할 서류를 밤새워 작성했다. 실제 상황과 통계 숫자를 자세히 기록하면서 그의 마음이 움직이기를 기도했다. 통계 숫자와 계획서, 그리고 동봉한 나의 편지를 깨끗하게 타이프로 쳐서 미국으로 우송하는 일은 친구가 맡아주었다. 우편물이 유산 관리인에게 도착하려면 3주일은 걸릴 것이다. 그동안 내가 할 수 있는 일이란 기도의 힘을 믿으면서 기다리는 것뿐이었다.

    해주에 돌아오니 전보 한 장이 우리를 기다리고 있었다. 전보는 매리언의 어머니 메리 버텀리가 1927년 6월 25일에 별세했다는 슬픈 소식이었다. 매리언의 슬픔은 너무나 컸다. 이 소식은 내게도 큰 슬픔이었다. 나는 장모님을 좋아했다. 우리 사이는 마치 친부모와 자식처럼 가까웠다. 특히 내가 서퍼크 결핵요양소에 재직하고 있을 때는 더했다. 그때 나는 수습 의사였는데 병원에서는 사택을 제공해주었다. 그러나 매리언은 당시 피츠버그에서 인턴으로 일하고 있어서 홀츠빌에 와서 함께 지낼 수 없었다. 나는 장모님께 이곳에 와서 지내주기를 원했다. 장모님은 신앙이 깊은 분이었다. 그분과 함께 있으면 언제나 마음이 편안하고 즐거웠다. 장모님이 내게 와 있었기 때문에 매리언과 떨어져 있는 동안의 외로움과 생활의 불편함이 덜어졌다.

    몇 주일이 지난 후에 또 하나의 전보가 배달되었다. 나는 혹시 더 나쁜 소식이 아닐까 두려워서 봉투를 여는 것도 겁났다. 내가 분홍색 봉투의 겉봉을 뜯을 때 매리언도 초조하게 내 표정을 살피고 있었다. 이번에는 좋은 소식이었다. 그녀는 내 표정에서 금세 그것을 알아차렸

메리 스코트 버버그. 그녀는 공중위생 분야에 써달라며 자신의 유산 3,850달러를 남겼다. 닥터 홀의 믿음과 여러 사람들의 도움으로 이 유산을 얻을 수 있었다.

다. 전보의 내용은 간단했다.

"당신의 계획은 허락되었음. 자금 활용 가능함."

나는 매리언과 부둥켜안았고 매리언은 너무 기뻐서 눈물을 흘렸다. 이 기쁜 소식은 우리의 모든 친구들에게 밀물처럼 퍼져나갔다. 특히 웰치 감독은 매우 만족했다. 나는 지체하지 않고 부동산 매매에 능숙한 조선 친구들을 만났다. 그들은 팔리는 땅이 나와 있는 곳을 알려주었다. 매리언과 나는 그들이 알려준 대지들을 보러 다니느라 바빴다. 어느 때는 아예 소풍을 겸해 윌리엄도 데리고 다녔다.

마침내 우리는 이상적인 장소를 찾았다. 그곳은 바로 우리 집 뒤에 있는 언덕의 반대편 경사진 곳에 위치해 있었다. 소나무 숲에 둘러싸여 있어 방풍이 잘 되었고 남향이라 따뜻한 햇볕도 쬘 수 있었다. 앞쪽의 전망 또한 용당 포구와 황해에 떠 있는 아름다운 섬들로 멋진 경치가 한눈에 들어왔다.

우리는 이미 자금을 확보했기 때문에 하루 속히 대지를 구입하는 절차를 밟아야 했다. 이때 여러 사람들의 의견이 땅을 구입할 때는 조선 사람의 명의로 하는 게 유리하다는 것이었다. 그래서 우리가 휴가를 떠나 해주에 없을 때 조선인 친구들이 땅을 구입하기로 했다.

미국에 의료기구들을 주문하면 통관으로 지체되는 시간을 제하고도 많은 시일이 걸렸다. 나는 이 사실을 잘 알고 있었으므로 휴가를 떠나기 전에 이 문제를 시급히 처리하기로 했다. 청진기는 나의 귀를 위해 성실히 봉사해왔지만 이제는 내 눈에 봉사할 형광 투시경과 엑스레이 등의 기재가 필요했다. 이 기회에 이러한 기구들도 주문하기로 결정했다. 어떤 사람들은 요양소 건물을 짓기도 전에 그런 의료기구부터 주문한다는 것은 말도 안 된다고 했다. 그들은 이처럼 경제적으로 곤란한 시기에 엑스레이의 계산 청구서가 오면 어떻게 지불할 수 있겠느냐고 반문했다. 그러나 나는 믿었다. 지금까지 하나님께서 우리의 기도를 얼마나 잘 들어주셨던가! '돈 걱정'을 한다는 것은 약한 믿음을 스스로 드러내놓는 일이라고 생각했다.

그러나 그들이 걱정했던 예상은 현실로 닥쳐왔다. 그 무렵 나는 돈 문제를 해결할 아무런 능력도 갖고 있지 않았다. 내게 조금이라도 내일을 보는 눈이 있었다면 그처럼 무모한 행동을 하지는 않았을 것이다.

갑자기 병원의 환자수가 줄어들고 있었다. 환자들은 벽촌에서 오는 사람들이 대부분이었는데 여름철 장마가 시작되어 개천물이 불어나자 다리들이 다 떠내려가고 길도 무릎까지 빠지는 수렁이 되어 걸을 수가 없었다. 농부들은 무너진 논둑을 막고 물이 찬 논둑을 트는 등 매우 바쁜 때였다. 사람들은 너무나 바빠서 모든 병의 통증도 잊을 지경이 되었다.

날씨는 무덥고 습기 차고 끈끈했다. 닥터 김과 펄 런드는 마침내 우리에게 이 한가한 시간을 틈타 휴가를 다녀오는 게 어떻겠느냐고 했다. 우리는 반갑게 이 제안을 받아들였다. 학교는 방학이었고 병원은 한가했다. 우리는 안심하고 원산 해변으로 떠날 수 있었다.

우리는 별장을 손질하고 집안을 꾸밀 때까지 맥컬리 댁에 머물렀다. 보트에 다시 페인트칠을 하고 'Chamie'라는 이름을 붙였다. 이것은 조선말로 '재미'라는 뜻이다. 실제로도 이 보트는 우리와 친구들에게 많은 재미를 안겨주었다. 서울에서 사귄 친구들도 이 해변으로 휴가를 왔다. 그들은 우리가 원산을 택했다는 사실에 무척이나 기뻐했다. 그들은 우리를 매우 따뜻하고 편하게 대해주었다. 이때 모인 우리 그룹은 사람들에게 '젊은 집단'이라는 이름으로 불려졌다. 이 이름은 우리가 나이를 먹은 다음에도 우리를 따라다녔다.

우리와 친한 이웃이 된 잭 부츠(Jack Boots)는 특히 우리를 환영해주었다. 그들 가족은 우리에게 작은 섬으로 소풍을 가서 그곳에서 아침 식사를 하자고 했다. 이른 아침에는 대개 물결이 잔잔해서 배를 타고 나가기에 좋았다. 우리는 모터보트 '재미'와 음료수를 준비하기로 하고 부츠 가족은 나머지 모든 것을 맡기로 했다.

소풍을 가서 매리언이 차를 따를 때까지 모두들 유쾌한 기분으로 들떴다. 매리언은 영국 출신이라 음료수라면 으레 홍차만 생각했다. 잭이 난감한 표정을 짓는 것을 보고 우리가 큰 실수를 한 것을 깨달았다. 아침 식사용 커피를 준비해오지 않았던 것이다. 그 뒤로 잭은 그날의 실수를 가지고 우리를 놀리기 좋아했다. 그것은 우리가 두고두고 잊을 수 없는 하나의 경험이 되었다.

우리 지하실에 진료실을 만들어 놓고 해변에 휴가 온 의사들이 교대로 진료를 맡도록 했다. 그런데 내 순번이 돌아와 청진기를 꺼내려고 가방을 열었더니 전부 곰팡이가 피어 있었다. 나는 얼마나 놀랐던지. 역시 청진기란 자주 써야 한다는 사실을 깊이 깨달았다.

백인 환자들은 비교적 결핵에 걸린 사람들이 없었으나 여기 조선인들 중에는 상당수가 결핵에 걸려 있다는 사실을 알게 되었다. 나는 백인 동료들에게 결핵에 감염된 조선인 하인들에게 어떤 조치를 취하지 않으면 그들 백인 가족도 감염될 것이라고 알려주었다.

어느 날 아침에 일어나보니 고운 모래사장이 여러 부스러기들로 어지럽혀 있었다. 파손된 집기들, 가축의 사체와 사람 시체까지도 모래밭에 널려 있었다. 내륙에 있었던 엄청난 홍수가 스쳐간 흔적이었다. 이 재해의 증거물들은 북쪽에 있는 강을 따라 바로 떠내려 온 것이다. 어디서 이런 큰 홍수가 일어났는지 미처 알아볼 시간적인 여유도 갖기 전에 떠내려 온 물건들을 서로 줍겠다고 사람들이 몰려와서 싸우기 시작했다.

이 소문이 퍼지자 관청에서 나와 시체를 거둔 다음 물건들을 주운 사람들에게 물건에 따라서 세금을 매겼다. 이때 걷은 세금은 재해민을 구호하기 위한 자금으로 쓰일 것이라고 했다. 사람들은 물건을 줍기 위해 시체를 옆에 놓고 주먹을 휘두르며 싸웠다. 그 모습은 그것을 보는 사람으로 하여금 화나게 만들었다. 얼마나 비참한 풍경이었던가! 이런 소란이 지나자 해변은 다시 깨끗하게 정돈된 원래의 모습으로 되돌아왔다.

천재지변이 휩쓸고 가면 의사들이 바빠지기 마련이다. 우리는 도시에 퍼지고 있는 이질, 콜레라, 장티푸스 같은 전염병이 이곳에 들어올까봐 겁이 났다. 사람들에게 방역 주사를 놓고 채소나 과일 등 날것은 절대로 먹지 말고 물도 반드시 끓여서 마셔야 한다고 주의를 주었다.

우리가 서울에 처음 도착했을 때 헨리 아펜젤러는 원산에 돛단배를 타러 가자고 했었다. 그는 지금까지도 그 말을 잊지 않았다. 그래서 바람이 적당히 부는 어느 날, 그는 자기 돛단배인 '갈매기 호'를 타러 가자고 했다. 매리언은 윌리엄을 데리고 아펜젤러의 별장에 가서 그의 아내 루스와 차를 마시면서 망원경으로 우리를 보고 있기로 했다.

헨리는 돛과 배를 능숙한 솜씨로 다뤘다. 배는 그가 원하는 대로 잘 나갔다. 올망졸망한 섬들 사이로 빠져나갈 때는 정말 스릴이 있었다. 헨리가 돛단배 타기를 얼마나 즐기는지 이때 비로소 알 수 있었다. 나까지도 이 뱃놀이의 재미가 어떤 것인지 알 것만 같았다. 매리언이 함께 탔으면 좋았을 것이라는 아쉬운 생각까지 들었다.

나는 그의 배 이름은 '재미있고 말고'(Chamie-go-malgo)로 고치라고 했다. 발동이 잘 걸리지 않고 진동과 소음 때문에 배에서 이야기도 제대로 할 수 없는 모터보트를 산 것이 잘못된 선택이 아닌가 후회되기 시작했다. 이 돛단배는 조용함과 평화가 있었다. 들리는 소리라고는 부드럽게 돛에 부딪쳐오는 바람 소리와 이 작은 선체가 칼날같이 물을 가르고 나갈 때 뱃전을 때리는 물결 소리뿐이었다.

갑자기 모든 것이 너무나 조용하고 고요해졌다. 우리 배가 움직이지 않았다. 처음에는 돛이 약간 펄럭거리더니 나중에는 그마저 없어졌다. 키를 아무리 돌려보아도 배의 진로는 조금도 바뀌지 않았다. 우리는 이미 바다 멀리 나와 있었는데 배가 움직이지 않으니 어찌할 것인가? 헨리는 어정쩡한 웃음을 지어보였고 나는 그의 집에 가서 차라도 한 잔 마실 수 있다면 행운이란 생각이 들기 시작했다. 갑자기 약한 바람이 불어와서 돛이 펄럭였다. 이때 헨리는 의기양양하게 소리쳤다.

"됐다! 이제 집에 가서 차 한 잔 마실 수 있게 됐구나!"

그의 환호 소리가 채 끝나기도 전에 일진의 광풍이 몰아쳤다. 헨리는 무진 애를 썼다. 그러나 배는 특급 열차 같은 속도로 대해로 밀려가고 있었다. 성난 광풍은 뱃머리를 밀고 또 밀었다. 이윽고 해안선이 마치 아물거리는 선으로 보일 만큼 바람은 바다 한가운데까지 배를 밀어냈다. 헨리는 즉시 돛들을 다 거두고 파도를 타고 넘어갈 작은 돛 하나만 남겨놓았다. 드디어 파도가 산같이 커지더니 이 조금만 배를 덮칠 듯이 높이 솟아올랐다. 절박한 순간이었다. 그 순간 너무나 많은 생각들이 일시에 마음속에 떠올랐다. 참으로 놀라운 현상을 체험했던 것이다.

그때 내 머리를 스쳐갔던 생각들은 말한다면 지금은 하나의 '웃음거리'가 될 뿐이겠지만, 그 공포의 순간 스쳐간 생각들 중에는 신문에 새겨진 커다란 제목이었다.

'의료선교사 뱃놀이 중 파도와 싸우다 익사.'

선교위원회에서는 이러한 제목보다는 '의료선교사, 질병과 미신과 싸우다 순직'이라는 제목을 원할 게 아닌가? 나의 상념은 더 슬프게 전개되었다. 내가 성취하지 못한 일들이 마음속에 떠올랐다. 이러한 생각에 미치자 나는 양심의 가책을 느끼며 몸을 떨었다.

헨리는 나뭇잎같이 뒤흔들리는 배를 다루느라 나처럼 괴로운 생각을 할 틈도 없었다. 얼마나 싸웠던가. 갑자기 잠잠해졌다. 그러더니 리처드 할리버튼이 말한 것처럼 '믿거나 말거나 간에' 바람은 방향을 바꾸어 처음의 속도와 세기로 불기 시작했다. 순간의 기적처럼 바람이 우리를 해안 쪽으로 몰아가고 있었다.

우리가 미처 발견하기도 전에 파도와 부딪혀 흰 거품을 뿜고 있는 바위로 된 섬의 해안들이 눈앞을 가로 막고 있었다. 우리는 이 섬들 사이로 빠져나가야 된다는 또 다른 난관에 부딪쳤다. 유혹하는 처녀처럼 흰 팔을 길게 뻗고 있는 섬들에게 현혹되지 않아야 한다는 점은 헨리가 나보다 더 잘 알고 있었다. 우리 배가 지나가는 바다 밑에는 암초들이 깔려 있었다. 이것을 헤치고 지나가야만 원산의 모래 해변과 우리들을 기다리고 있는 사랑하는 가족들에게로 돌아갈 수 있었다.

잘 알아 볼 수 없는 암초가 갑자기 우리 앞에 나타난 것을 보고 헨리는 재빨리 뱃머리를 돌렸다. 그때 조금만 머뭇거렸어도 배는 그냥 박살났을 정도로 순간적인 위기였다. 그 바위들로부터 겨우 한 걸음 물러섰는가 했더니 엄청나게 큰 파도가 우리 위를 덮쳤다. 배에는 물이 가득 찼다. 우리는 정신없이 물을 퍼냈다. 우리는 겨우 배가 가라앉는 것을 모면했다.

바람은 계속 해안 쪽으로 불고 있었다. 그 바람이 지친 우리를 어느덧 모래사장에 안착시켰다. 안도의 한숨을 쉬었다. 가슴을 졸이며 우리를 기다리고 있던 원산 친구들은 아직도 먹이를 삼키려는 듯 우리를 덮치려는 성난 파도로부터 배를 끌어내느라 필사적으로 매달렸다. 매리언과 루스는 우리를 뜨겁게 껴안았다. 그들은 우리가 탄 배의 돛이

원산 해변가의 주도로와 함께 보이는 여러 집들

닥터 셔우드 홀이 함께 탑승한 헨리 아펜젤러의 "갈매기 호." 갑자기 불어닥친 풍랑으로 두 사람은 죽을 뻔한 위험에 처했다가 구사일생으로 살아났다.

헨리 아펜젤러 선교사 가족.
아내 루스, 리처드(8), 캐럴(6), 마가리트(11, 아이들은 왼쪽부터)

멀리 수평선으로 사라지는 것을 보고 함께 발을 동동 굴렀다고 한다. 다시 그들의 시야에 우리 배가 나타났을 때까지는 이루 말할 수 없는 초조함의 연속이었다. 아내는 우리가 살아서 돌아온 것은 그들의 열렬한 기도 덕분이라고 믿었다. 그들 모두가 우리의 안전을 심히 염려했고 원산의 다른 친구들도 모두 기도했다. 처음 루스는 매리언처럼 그렇게 걱정하지 않았다. 그녀는 자기 어머니를 닮아 낙천적이었고 더구나 헨리의 돛배 타는 익숙한 솜씨를 믿었기 때문이었다. 그러나 배가 시야에서 사라지고 풍랑이 일자 그녀까지도 냉정을 잃었었다고 한다.

휴가는 은혜로운 집회를 마지막으로 끝이 났다. 우리는 새로운 정열로 일에 전념할 수 있도록 무장되었다. 우리가 해주에 돌아가면 다른 직원들이 휴가를 가야 할 차례다. 어머니는 안식년 휴가 중이었으므로 우리는 돌아가는 길에 서울에 들러 어니스트 피셔(J. V. Earnest Fisher) 박사의 초대에 응하기로 했다. 피셔 박사는 연희전문학교(Chosen Christian College)의 저명한 교수였다. 그의 아내 베시(Bessie)는 하디 박사의 딸이다. 하디 박사는 사실상 나의 정신적인 지도자였다. 나는 그를 깊이 존경하고 있었다. 이런 인연으로 피셔 부부를 만난다는 것은 큰 기쁨이었다. 그들의 집은 학교 근처에 있는 소나무 숲속에 아름답게 자리 잡고 있었다.

우리는 해주로 가기 전에 서울에서 해야 할 일이 있었다. 병원과 우리 가족에게 필요한 3개월분의 식량과 필요한 물품을 구입하는 일이다. 당시는 큰 상점이 없었으므로 여러 물건을 구입하려면 많은 시간이 걸렸고 그에 따라 인내심도 필요했다. 지게꾼이나 머리에 큰 바구니를 이고 있는 부인을 데리고 상점에서 원하는 물건을 찾을 때까지 돌아다녀야 한다. 이럴 때면 항상 꼬마 소년들이 자기네들이 들 수 있는 물건들을 들어주겠다고 열심히 쫓아다녔다. 아침에 나가 쇼핑이 끝날 때쯤이면 우리 주위에는 짐을 이고 손에 든 짐꾼들의 행렬이 따랐다. 마치 영화의 한 장면으로 촬영해도 좋을 만큼 재미있는 풍경이었다.

우리가 해주로 돌아오자 닥터 김과 다른 직원들이 휴가를 떠났다. 병원에는 소위 '여름병'이라 불리는 병으로 시달리는 환자들이 아직도 많았다. 환자는 주로 어린이들로, 채 익지 않은 참외 같은 과일들을 먹어서 배탈이 난 경우였다. 또 여름에는 파리, 모기 등이 급증하여 병균의 감염이 심했다. 산과와 외과를 맡은 매리언은 윌리엄을 돌보는 일에다 '여름병 환자' 진료로 더욱 바빠졌다. 매리언은 윌리엄을 낳기 훨씬 전부터 '어머니와 어린이 복지 클럽'을 조직해 매우 활발하게 운영하고 있었다. 이제 그녀 자신이 어머니가 되자 회원들은 그녀의 지시를 잘 따랐고 그녀를 더욱 존중했다.

우리가 휴가를 떠나 있을 때 이곳에도 장티푸스와 이질이 발생해 나 역시 일손이 바빠졌다. 우리 병원은 곧 '이질을 잘 치료하는 병원'으로 소문이 났다. 우리가 런던의 열대약학 학교에서 배웠던 치료법이 조선인 환자들에게 효과가 있었다. 많은 일본인 환자들이 공립 병원에 다니다가 이런 소문을 듣고 우리 병원으로 옮겨왔다. 일본인들을 치료하다가 한 가지 이상한 수수께끼를 발견했다. 조선인들과 똑같은 방법으로 치료했지만 일본 사람들은 회복이 대단히 늦었다. 연구 시설이 없어서 그 이유를 과학적으로 규명하지는 못했으나 경험에 의해 설명할 수는 있다.

조선인들은 항상 고추를 많이 넣은 매운 '김치'를 먹는다. 이 음식은 어찌나 매운지 눈물이 날 정도다. 내 생각으로는 소화기 내장에서도 이 같은 반응을 보인다면 아메바 균이 내장에 서식하기도 전에 이 매운 맛이 물리적인 작용을 하여 균이 씻겨 나올 것이다. 그러나 일본인들은 물리적인 작용을 할 고추가 든 음식은 질색을 하고 먹지 않는다. 이미 이질에 걸린 일본인 환자들에게 김치를 먹이는 일은 치료 효과를 보아 너무 늦은 일이다. 하지만 내 충고를 받아들여 미리 김치를 먹기 시작한 일본인들은 매우 좋은 효과를 보였다. 이들은 이질에 걸리는 비율도 낮았지만 병이 나도 회복이 빨랐다.

신경정신병 환자들도 적지 않았다. 이 경우는 본인은 물론 가족들까지도 고통을 받고 있었으므로 말할 수 없이 생활이 불쌍했다. 처음 이런 환자들을 받을 때는 비교적 치료될 가망이 많은 환자들만 받았다. 그러나 병원의 평판이 점점 좋아졌으므로 치료하기 힘든 환자들까지도 받기로 했다. 결국 기독교적인 봉사 정신과 열정만 가지고 모든 환자들을 받아들이는 데까지 발전했다. 우리는 환자와 가족들을 위로하기 위해 거짓 희망을 주는 일을 하지 않았다. 그랬는데도 어떤 환자들은 우리의 예상을 뒤엎고 놀랄 정도로 빨리 완치되어 우리를 기쁘게 했다. 우리는 환자들이 낫도록 치료에 최선을 다했고 뜨거운 쇠로 살을 지지는 따위의 불결하고 원시적인 '무당 치료법'으로부터 그들을 보호해주었다.

흔히 말하는 복수, 늑막염, 수종 등으로 시달리고 있는 환자들도 많았다. 이들 환자에게는 약물이나 물을 제거해 환자들을 편안하게 해주는 방법을 썼다. 이 제거법은 자주 되풀이해야 한다. 마치 우물에서 물을 퍼내는 것 같아서 물은 더 괸다. 비록 근본적인 치료는 못 되어도 이렇게 하면 우선 환자들은 숨을 돌릴 수 있게 된다. 그런 다음에야 건강을 회복하게 하는 부수적인 치료가 가능해진다. 이런 환자들의 경우, 필요할 때면 고통을 덜어주기 위해 진통제를 복용시켜야 했다.

동양에서는 서양인들과 죽음에 대한 두려움의 정도는 달랐지만, 치료를 거절당하고 사형 선고를 받으면 정신적인 충격을 받는 것은 같았다. 나는 병원 의료진들에게 환자들의 마음에 편안함을 주어야 한다는 기독교 정신을 상기시켰다. 하나님께서는 성경을 통해 우리에게 이렇게 가르치셨다.

"우리의 모든 환난 중에서 우리를 위로하사 우리로 하여금 하나님께 받는 위로로써 모든 환난 중에 있는 자들을 능히 위로하게 하시는 이시로다"(고후 1:4).

우리 병원의 전도사들은 환자들을 위해 함께 기도했다. 환자들은 이런 우리들의 태도를 받아들이고 고맙게 여겼다. 그럴 때 비로소 그들은 편안한 가운데 죽음을 맞을 수 있었다. 그들은 얼굴에 미소를 띠고 이 세상을 하직했다. 신경정신 병동에서 일하는 직원들은 교대 근무를 시켰다. 이 방침은 매우 중요한 의미를 가지고 있다. 환자의 가족들이 요구하는 것이 무엇인지 이해하는 것도 대단히 중요한 문제였지만, 환자들은 정서적인 면을 기대할 수 없을 정도로 그 태도가 거칠었기 때문이다. 직원들은 환자의 병세가 호전되지 않는 데 대한 좌절감을 자주 맛보아야 했고 간호하기에도 매우 힘들었다. 이런 직원들에게 어느 정도 즐거운 분위기에서 일하도록 하기 위해서는 다른 병동의 환자들을 번갈아 보게 하지 않을 수 없었다.

우리 병원이 '죽는 장소'가 아니라 '병을 낫게 하는 곳'이라는 지금까지의 좋은 이미지를 유지하기 위해서는 신경정신 환자들의 입원수를 최소로 제한하지 않을 수 없었다. 환자들을 더 받지 못하고 돌려보낼 때의 내 마음은 말할 수 없이 착잡했다. 고통을 치료받지도 간호 받지도 못하는 그들에게는 '죽음'이라는 운명만이 기다리고 있을 뿐이었다. 나는 이들의 절망과 고통을 알고 있기 때문에 안타까움으로 몸을 떨곤 했다.

16
기초 작업

"결핵요양소 설립 허가를 내줄 수 없습니다. 우리 도시에 결핵환자들이 우글거리게 할 수는 없지 않소."

해주 시장은 단호하게 말했다.

"부끄러운 환자들을 수용하는 병원을 이 도시에서 그토록 가까운 곳에 짓는다는 것은 도저히 용납할 수 없단 말이오. 그 병원을 지으면 조선 천지에서는 폐병을 다루는 유일한 곳이 될 테니 그 병에 걸린 환자들은 모두 해주로 몰려올 게 아니오? 우리 시의 좋은 평판이 어떻게 되란 말이오."

나는 요양소 대지를 구입하기 위한 허가를 받으러 시장실을 방문 중이었다. 조선 친구들은 우리가 원산에 있는 동안 땅 주인과 좋은 가격으로 흥정을 끝내놓았다. 그런데 이런 장애에 부딪치리라고는 생각지도 못했다. 시장은 계속 다른 이야기를 덧붙였다.

"당신이 고른 대지는 우리가 공원을 조성하려고 계획한 정부 소유의 소나무 숲 옆이오. 그러니 그곳을 결핵환자들이 어슬렁거리게 할 수 없습니다."

나는 시장과 시의 유지들에게 환자들을 위해서나 시를 위해서도 환자들을 요양소에 격리 수용하는 것이 타당하다는 점을 납득시키려고 노력했다. 환자들은 요양소에서 어떻게 자신이 치유 받을 수 있는지 배우게 된다고 설득했다. 조선인들은 학교를 높이 평가한다는 것을 알고 있었으므로 결핵 병원이나 요양소라는 명칭 대신에 '결핵환자 위생학교'라는 이름을 붙이기로 했다는 사실도 말했다. 결핵환자들은 치료만이 아니고 교육도 받게 되는데, 전염을 예방하기 위해 가래를 태워버리는 것, 기침을 할 때는 종이 수건으로 입을 막는 것 같은 방법을 배우게 된다고 했다. 결핵균이 퍼지는 것을 막고 환자들을 위한 조선말 교육용 책자도 벌써 만들기 시작했다는 점도 강조했다.

"해주에서는 지금 결핵환자들의 수가 지나치게 많습니다. 이들이 길에서, 상점에서, 공공장소에서 상당히 많은 병균을 퍼뜨리고 있으므로 매우 위험합니다. 요양소에 격리시키면 일반인들에게 전염될 걱정은 없어집니다."

유지들은 내 면전에 대고 비웃는 목소리로 말했다.

"당신이 말하는 병균이란 당신이 지어낸 거짓말은 아니오? 도대체 병균을 본 사람이라도 있단 말이오?"

나는 그들이 대표를 뽑아주면 그 사람에게 결핵균을 묻힌 빨간 에오신(Eosin) 종이를 현미경을 통해 보여주겠다고 제안했다. 그들은 내 제안까지도 당치 않는 말이라고 일축해버렸다. 그들의 대답은 계속 "안된다"라는 한 마디뿐이었다. 비로소 나는 무지와 미신이라는 단단한 장벽 앞에서 다시 도전하는 수밖에 도리가 없다는 생각이 들었다. 나는 심한 좌절을 맛보았으나 조선인들에게 절실히 필요한 요양소를 지어야 한다는 나의 신념은 흔들리지 않았다.

그 당시 결핵은 어떠한 방해도 받지 않고 전국으로 퍼져나가고 있었다. 다른 나라에서는 20명에 한 사람 꼴인 이 병이 이 나라에서는 5명 가운데 한 사람의 비율로 희생자가 생겼다. 조선이 구시대에서 신시대로 접어들 무렵인 그 당시 가장 활동력이 강했던 병균은 결핵균이었다. 새로운 교통수단과 통신수단이 생겨났던 때였으므로 병균은 고립된 시골에서 큰 도시로 전염되어 나갔다가 다시 시골로 되돌아와 전염되고 있었다.

비위생적인 환경에서 일하는 도시의 공장 노동자들은 가장 좋은 감염 대상자들이었다. 일단 병균이 가정에 침투하면 조선인 가족들은 병을 피할 희망이 거의 없었다. 서민들의 주택은 대체로 불결하고 굴속같이 막혀 있는 구조여서 햇볕이 들어올 틈이 없었다. 이 때문에 병균

서민들의 주택은 대체로 불결하고 굴속같이 막혀 있어 햇볕이 들어올 틈이 없다.

은 농부, 도시의 근로자, 교육받은 사람, 젊은이, 노인을 가리지 않고 더욱 널리 번져나갔다.

결핵환자들 중에는 병균과 싸우다 죽는 사람만이 아니라 싸워보기도 전에 자살하는 환자들도 많았다. 폐병은 불치의 병으로만 알고 있었기 때문에 마음이 약한 많은 조선인들은 공포와 미신에 사로잡혀 죽음을 택하곤 했다. 그러니 요양소 건립은 치료만이 아니라 계몽과 교육이라는 목적에서도 절실히 필요했다.

'결핵환자 위생학교'는 환자들에게 치료와 함께 전염 방지를 포함해 질병에 대한 일반적인 지식을 가르칠 예정이었다. 그들이 완치되어 집으로 돌아가면 배운 것을 주위 사람들에게 전하게 될 것이니 병이 퍼지는 것을 막는 데 큰 도움이 될 것은 당연했다. 이처럼 시급하고 절실한 요양소를 만들기 위한 나의 계획과 노력이 이제 와서 수포로 돌아가다니! 나의 사기는 땅에 떨어진 기분이었다.

소년 시절부터 키워온 꿈이 비로소 이루어지려는 순간, 허공으로 사라지는 것을 보는 일은 얼마나 슬픈 일인지! 나의 절망감은 너무나 커서 "세상에 종말이 왔으면 좋겠다"고 말한 사람들의 심정을 이해할 수 있을 정도였다. 그들의 절망과 고통이 지금 내가 맞고 있는 것과 같았을 것이다.

그러나 나는 곧 자신이 부끄럽게 여겨졌다. 신앙심이 강한 조선인 신자들이 교대로 기도하기 위해 조를 짜기 시작했다. 이들은 내게 용기를 잃지 않도록 격려했고 보잘것없는 인간적인 내 자신의 힘만 믿고 일을 성취시키려 했던 나의 자만심을 다시 한 번 깨닫게 해주었다.

기도는 열심히 계속되었으나 문제가 해결될 기미는 보이지 않았다.

불안해지기 시작했다. 우리는 '옛날식으로 믿는 종교', 기도가 모든 것을 해결해 준다는 믿음의 자세에 의심이 생기기 시작했다. 분위기가 여기까지 이르자 지금도 우리를 열심히 후원해주는 사람들 중에도 비관하는 사람들이 나타났다. 선교위원회의 허락을 받고 요양소 건립 자금까지 이미 손에 들어온 때에 나의 꿈은 산산 조각난단 말인가?

내게서도 희망이 사라져가고 있던 어느 날, 불현듯 해주에 도착해서 만나보았던 도 경찰국장 사사키의 모습이 떠올랐다. 지금까지 일본 친구들의 힘을 빌려 교섭하는 것은 양심상 주저되는 일이라 한 번도 부탁한 적이 없었다. 먼저 조선인들에게 허락을 받은 뒤에 필요하다면 조선인들이 결정해준 내용을 일본인들에게 가져가서 마무리하려 했던 것이다. 그러나 모든 희망이 사라진 상태니 사사키를 방문해 볼 수밖에 없었다.

마침내 나는 면회를 신청했다. 사사키는 나를 반갑게 맞아주었다. 그는 정중하고 부드러운 태도로 물었다.

"이렇게 영광스런 방문을 해주신 용건이 무엇입니까?"

처음에 나는 주저했다. 그러나 나는 진퇴양난인 현재의 내 처지를 솔직하게 말했다. 그는 진심으로 내 이야기에 귀 기울여주었다. 나는 이러한 시설을 빠른 시일 내에 세우는 것이 나의 열망이라고 계속 강조했다.

"다른 대지를 찾아보시지요. 찾은 다음 허가를 신청해보십시오. 그런 다음에는 별일 없이 순조로울 겁니다."

사사키는 내게 조언을 한 것이지 약속을 해준 것은 아니었다. 그러나 나는 그가 신중한 태도로 말하고 있다는 것을 알 수 있었다. 더 이상 다짐을 받아야 할 필요는 없다고 판단했다. 그의 사무실을 나서면서 나는 몇 주일 만에 처음으로 마음이 가벼워졌다.

새로운 장소를 찾는 일은 오랜 시간이 걸리지 않았다. 새 대지는 처음에 골랐던 곳에서 수백 미터 거리밖에 떨어져 있지 않았다. 역시 남향이고 경사를 이루고 있었으며 아래로 넓은 평야가 펼쳐져 있어 요양소로는 참으로 좋았다. 도시에서는 그리 멀지 않아 왕래하기에도 좋은 위치였지만 동시에 너무 가깝지도 않아 매연을 피할 수도 있었다. 땅임자도 기꺼이 팔고 싶어 했다.

시장과 시의원들이 새 대지의 구입을 허가해주는 것을 보고 나는 사사키가 도와주었음을 알았다. 모든 일은 잘 되어갔다. 내 꿈이 실현되고 있음을 마음속으로 확신할 수 있었다. 나는 진심으로 하나님께 감사드렸다.

결핵요양원 처소 용도로 새롭게 구입한 대지

이런 시련의 과정에서도 노튼 기념병원(해주 구세병원)에 대한 평판은 더욱 높아져갔다. 외국인 방문객들도 늘어났다. 미국에서 온 사람도 여러 사람 있었는데 나의 사촌인 에밀리 해스킨스(Emily Haskins)도 그 중 한 사람이었다. 그녀는 상해에 있는 선교사 메리 스톤 박사를 방문하고 오는 길에 우리를 방문한 것이다. 그녀는 설교를 통해 병원 직원들과 환자들에게 좋은 영향을 주었으며 우리의 병원 일에 상당한 관심을 표했다. 뉴욕 빙엄턴에 있는 가족과 함께 다시 우리를 방문하겠다고 약속하기도 했다. 병원에는 많은 약품이 필요했기 때문에 미국의 엘리 릴리(Eli Lilly)나 파크 데이비스(Parke-Davis, 현재의 화이자)와 같은 제약회사의 판매원들도 찾아왔다. 그중 파크 데이비스 회사의 판매원인 스토컬리(H. V. Stokely)는 단순한 세일즈맨을 넘어 우리와 개인적으로 친한 사이가 되었으며, 여러 해 동안 우리 사업에 좋은 후원자가 되었다.

하루는 웰치 감독으로부터 편지가 왔다. 선교위원회의 사무장인 랄프 디펜더퍼(Ralph E. Diffendorfer) 박사가 조선을 방문하게 되는데, 그가 지방의 선교기지를 참관하고 싶다는 것과 그에게 해주의 선교기지를 보여주려 하는데 우리 의견은 어떠한가 하는 내용이었다. 말할 것도 없이 우리의 대답은 '예스'였다. 우리는 해주가 본보기로 선정된 것을 영광으로 생각했으며 이 일은 우리가 시작할 요양소 사업에도 많은 도움이 될 것이라 여겼다. 참관자에게 전도, 교육, 의료 활동의 상황을 보여주기 위한 환영위원회가 구성되었다. 바로우 양과 목사들은 전도 활동 분야를 맡고, 펄과 닥터 김은 의료 활동부를 책임지기로 했다. 나는 연락 조성을 맡았으며 매리언은 손님 접대와 교통편을 담당하기로 했다.

매리언은 "우리를 찾는 귀한 손님들이 사리원에 도착한 뒤에 볼품없는 소형 버스를 타고 험한 도로 위에서 이리저리 흔들리고 부딪치면서 해주까지 온다면, 과연 우리 선교기지를 제대로 참관하고 평가할 정신이 나겠는가"하며 의문을 던졌다. 다른 위원들은 그들도 우리처럼 고생하며 와야 한다고 주장했다. 그러나 매리언의 의견이 우세했다. 그녀는 설득력 있는 말과 아름다운 문장력을 구사하여 이 도에서는 유일하게 크고 편안한 에식스(Essex)라는 미국 자동차를 갖고 있는 사사키에게 편지를 썼다. 경찰국장인 그는 도내에서 가장 세력 있는 사람이었다.

매리언은 부드럽고 외교적인 필치로 "우리의 귀한 손님을 맞아 송도의 북서쪽에 있는 사리원 역에서부터 해주로 모시고 와야 할 일이 생겼는데 그때 이용할 수 있도록 귀하의 그 귀한 차를 세를 받고 빌려줄 수 있을지 부탁드린다"는 뜻을 전했다. 사리원과 해주 사이는 65킬로미터나 되는 거리였으므로, 실제로 이 부탁은 무리한 것이었다. 강심장을 가진 매리언만이 할 수 있는 일이었다. 우리는 조마조마한 마음으로 답을 기다렸다. 특별 배달꾼이 직접 답장을 가지고 왔다. 사사키가 향내 나는 특별한 종이에 친필로 커다랗게 쓴 첫 페이지에는 간단히 이렇게 쓰여 있었다.

"대단히 죄송합니다. 자동차를 세로 줄 수는 없습니다."

그러자 누군가가 말했다.

"그것 봐, 내가 안 될 거라고 했잖아."

매리언은 거절당한 것을 섭섭해 하면서도 다음 장을 넘겨 계속 읽었다.

"그러나 즐거운 마음으로 당신들의 손님을 맞이하는 데 쓰도록 그냥 빌려 드리겠습니다."

이 대목에 이르자 매리언은 잠깐 읽기를 중단했다. 그녀는 의기충천하여 다시 계속 읽었다.

"그리고 손님이 머무는 동안 계속 제 차를 이용해주십시오. 또한 당신과 당신의 손님을 모시고 경찰 보트로 낚시를 하러 가고 싶습니다. 언제 시간이 나실지 그때를 알려주시면 감사하겠습니다."

마지막에 "친애하는 사사키로부터"라는 사인이 있었다. 또 덧붙여 이렇게 쓰여 있었다. "낚시 준비는 걱정하지 마십시오. 우리가 다 준비해놓겠습니다."

얼마 후 승용차 주인의 직위를 나타내는 깃발을 날리며 우리 집으로 리무진이 들어섰다. 매리언은 긴장한 모습으로 베란다에서 기다리고 있었다. 웰치 감독이 손을 흔들며 매리언에게 걸어가자 닥터 디펜더퍼가 큰 소리로 말했다.

"잊지 말아요, 감독. 키스하겠다고 한 말 말이오."

"어떻게 그렇게 좋은 차를 구했지? 매리언?"

감독은 전에 소형 버스를 탔던 것을 기억했기 때문이다.

매리언이 당황해서 대답했다.

"감독님이 귀하신 디펜더퍼 박사님과 함께 오신다고 사사키 씨에게 말했어요."

웰치 감독은 순간적으로 놀란 표정을 지었고 디펜더퍼 박사는 만족

16. 기초 작업

스러운 표정이었다. 매리언은 얼굴을 붉혔으나 디펜더퍼 박사는 농담조로 계속 감독을 재촉했다.

"좋은 차를 타게 해준 상으로 키스해주겠다고 한 말은 어찌됐지요? 아름다운 부인이 당신을 늙은이라 한다 해서 물러서면 안 돼요!"

웰치 감독은 매리언에게 아버지 같은 키스를 해주었다. 이어 손님들이 방으로 안내되었다. 이때 감독은 뒤를 돌아보며 디펜더퍼 박사에게 말했다.

"빨리 따라오게, 젊은이!"

이렇게 하여 어색하고 어려운 자리일 수 있었던 분위기가 부드러워졌다. 형식적인 정중함은 바람에 날려 보내고 모두들 손님이 머무는 동안 기쁘고 즐겁게 지냈다.

손님들이 떠나기 전에 나는 디펜더퍼 박사에게 울버턴 여사가 우리에게 약속한 3년간의 지원 기간이 거의 끝나고 있다는 점을 상기시켰다. 디펜더퍼 박사는 선교위원회는 아직도 우리에게 봉급을 지불할 경제적인 능력이 없다면서 미국에 돌아가면 울버턴 여사를 만나 우리에게 지원을 3년만 더 연장시켜줄 수 있는지 타진해 보겠다고 약속했다.

17
긴급 취임

디펜더퍼 박사는 약속을 잊은 모양이었다. 우리는 그로부터 소식이 오기를 안절부절못하며 기다렸으나 아무런 연락이 없었다. 우리는 선교회 본부를 통해 공식 경로를 밟아 연락하려고 노력했으나 마침내 그 방법을 포기하고 울버턴 여사에게 직접 편지를 썼다. 그가 계속 조선에 머물 수 있도록 선처해주지 않는다면 우리는 미국으로 돌아갈 수밖에 없다. 거처가 어떻게 정해질 것인지 우리는 미리 알아야 했다. 그 당시에는 선박 예약도 미리 해야 했지만 윌리엄에 대한 책임도 등한히 할 수 없었기 때문이었다.

이런 때에 운산에 있는 동양연합광업회사(Oriental Consolidated Mining Company)에서 우리를 그곳 의사로 와달라는 요청이 왔다. 우리는 그 제안을 고려해보기로 했다. 운산의 금광은 내가 어렸을 때 방문한 적이 있었던 미국의 금광이다. 광산 담당 의사인 닥터 파워(E. L. Power)가 건강상의 이유로 가족을 데리고 미국으로 귀국할 예정이었다. 그는 이미 사직서를 제출해놓은 상태였다.

광산에서는 봉급도 상당히 괜찮은 조건을 제시했다. 그들은 우리가 선교사업에 깊이 관여한 상태임을 감안하여 여가를 이용해 선교사업을 할 수 있게 해주고, 거기에 소요되는 의료품과 다른 물품들도 무료로 제공하겠다고 제안했다. 경제적으로 어려운 시기에 이토록 후한 조건은 우리의 마음을 끌었다. 이 요청을 수락하면 조선에 계속 머물 수 있으며 또한 어느 정도 의료선교일도 할 수 있다. 그러나 만일 그곳에 간다면 나의 꿈인 결핵요양소 건립 기회는 잃게 된다. 거기다 두 주인을 동시에 잘 섬길 수 없다는 점도 생각하지 않을 수 없다. 광산 일이나 선교 일 중 하나는 희생될 것이 자명했다.

우리가 결정을 내리지 못해 고민하고 있을 때 뉴욕의 울버턴 여사가 보낸 편지가 도착했다. 우리가 직접 연락을 해주어 기뻤다는 것과 항상 우리를 생각하고 있었으며 지금부터 5년간을 더 연장하여 우리에 대한 경제적 책임을 기꺼이 맡겠다는 약속이었다. 이것은 우리가 미국으로 돌아갈 때의 여비까지 포함된 것이었다. 그러나 5년 후의 일은 책임지지 않겠다고 언명했다. 얼마나 좋은 소식이던가. 이것은 분명 하나님께서 직접 내리신 선물이었다. 우리는 울버턴 여사의 약속을 웰치 감독과 디펜더퍼 박사에게 알렸다. 운산의 미국 금광에도 해주에 있을 수 있게 되었다는 회신을 보냈다. 우리는 하나님의 은총을 또 한 번 확신하게 되었다.

경제적인 지원에 대한 낭보가 도착하자 그동안의 불확실했던 전전긍긍의 시절은 막을 내렸다. 대신 이 '허가 왕국'에 항상 존재하는 좌절감을 맛보아야 했다. 구입한 대지 위에 지을 요양소의 건축 허가가 나오지 않고 있었다. 이때 서울의 감리교 본부 감독 사무실로부터 한 장의 전보가 날아들었다.

"당신들은 임시로 미국 금광에 급히 내려가 주지 않겠소? 광산의 닥터 파워는 신병으로 최소 2개월간 휴직임. 당신들은 선교부에 그대로 속한 것이며 봉급도 계속 지급될 것임. 노튼 병원의 재정도 손실을 보지 않게 조치할 것임. 즉시 해답 요망. 웰치 감독."

감독의 요청은 정중한 명령임을 알 수 있었다. 그러나 매리언과 아기를 데리고 혹독하게 추운 북쪽의 오지로 가는 게 현명한지 판단이 서지 않았다. 매리언은 "하나님께서 우리를 돌봐주실 테니 믿고 가자"고 했다. 전전긍긍하던 시절에 우리에게 큰 도움을 주려고 했던 것을 생각해서라도 그들이 우리를 필요로 할 때 도와주는 것이 도리라고 생각했다. 닥터 파워의 건강이 회복되는 데는 2~3개월 정도의 기간이면 된다고 하지 않는가.

우리 두 사람은 떠나기로 결정했다. 나는 지체하지 않고 직원회의를 열었다. 직원들은 탐탁지 않게 생각했으나 웰치 감독의 요청인 만큼 마지못해 동의했다. 요양소 건립 문제에 있어서는 건축 허가가 나올 때까지는 어쨌든 아무 일도 하지 못할 것이다. 그러니 허가가 나올 때까지는 해주를 떠나 있어도 큰 지장은 없었다. 우리는 전보의 답신을 '예스'라고 적어 보냈다.

지금까지 우리는 동양에 진출한 구미(歐美) 기업들에 대해 별로 좋은 인상을 갖고 있지 않았다. 옳지 못한 방법으로 서로 경쟁하고 노동자들을 착취하는 사례를 자주 봤기 때문이었다. 물론 우리의 훌륭한 감리교 감독이 그렇게 나쁜 광산 회사에 우리를 보내지는 않을 것으로 믿었지만 마음속에는 그래도 광산 회사에 대한 의구심을 말끔히 씻어 내지는 못했다. 이러한 우리들의 선입관은 운산에 도착한 즉시 해소되었다. 우리는 해주에서 상당히 북쪽에 있는 임지로 겨울의 추위와 험악한 산 속의 눈을 헤치며 나아갔다. 우리가 운산에 도착한 후 매리언은 언니에게 곧 편지를 보냈다. 1월 30일자로 띄운 이 편지는 그 당시의 상황을 잘 묘사하고 있다.

사랑하는 언니.
나는 지금 만주의 국경에서 약 100킬로미터 거리이고, 조선의 북쪽 끝 가까이에 있는 금광 마을의 어느 집에 앉아서 활활 타는 불을 쬐며 이 편지를 쓰고 있습니다. 어젯밤 온도는 섭씨 영하 23도였는데 지난 나흘 동안 눈보라 때문에 길이 막혀서 우편물이 도착하지 못하고 있습니다. 우리는 운이 좋아서 눈보라가 일기 이틀 전에 이곳에 도착했습니다. 한 발만 늦었다면 우리는 맹중리역(孟中里驛)에서 발이 묶일 뻔했답니다. 광산 담당 의사가 병이 나서 선교부에서 우리를 2개월간 광산에 보낸 것입니다. 해주에 있을 때보다 일이 적고 장소도 더 고립된 것 같지만 여기에는 서양 사람이 40명 이상이나 있습니다. 그래서 서양 사람들과 만나는 일은 훨씬 많습니다. 이 집은 겨울보다 여름에 알맞게 지어졌지만 땔 나무들이 넉넉해 스토브 두 개와 벽난로 하나가 계속 활활 불꽃을 태우고 있어 방들은 따뜻합니다. 우리가 해주를 떠난 것은 지난 월요일 아침이었는데 그날 저녁에는 맹중리에 도착해서 회사의 객사에 묵었습니다. 다음날 아침 우리를 데리러 온 광산 자동차를 타고 100킬로미터 거리인 광업소를 향해 떠났습니다. 눈 덮인 계곡을 가로지르는 참으로 멋진 여행이었습니다.

우리는 1916년 한 미국 청년이 조선인 강도를 만나 피살된 지점을 지났습니다. 강도는 그때 금괴를 운송하고 돌아오는 미국인의 돈을 강탈하려고 했으나 성공하지 못했다고 합니다. 그 지점에다 광산에서 기념비를 세워놓았습니다. 계곡을 지날 때는 길가의 나뭇가지에 매달린 눈송이들이 아침 햇살을 받아 반짝였는데 그 모습이 마치 사방에 다이아몬드가 달린 동화 속의 길을 지나가는 듯했습니다.

윌리엄에게 우유를 먹이려고 어느 마을에 차를 세웠을 때 마을 사람들은 대단한 호기심으로 우리들을 구경했습니다. 보온병에서 뜨거운 물이 나오는 게 신기했던 모양입니다. 이곳에도 보온병이 있지만 주로 일본산으로 성능은 별로 좋지 않습니다. 누군가가 영국에서 산 우리의 소중한 보온병의 성능을 보려고 물을 한 방울 떨어뜨려보라고 했습니다. 물은 어젯밤에 넣은 것인데도 아침 6시인 아기 우유를 먹일 시간까지도 뜨거웠답니다. 머리를 빡빡 깎은 어린이가 옆에 친 장막을 헤치고 머리를 들이밀기에 샌드위치를 먹으라고 주었더니 외국 음식이라 겁이 나서 그러는지 받지 않았습니다.

우리는 오후 1시, 점심시간에 알맞게 광산촌에 도착했는데 모두들 따뜻하게 환영해 주었습니다. 이곳 사람들은 한결같이 친절하여 저녁마다 우리를 초대해주곤 합니다. 멋진 회관도 있어 재미있게 이용하고 있습니다. 회관 건물은 일반 가옥들보다 훨씬 좋습니다. 우리는 오랫동안 비어 있던 집을 임시로 사용하고 있습니다. 이 직장을 장기적으로 수락했다면 닥터 파워가 살고 있는 편안한 집을 가졌을 것입니다. 회사에서는 매년 1만 5천 달러를 병원비로 쓰고 있고 모든 진료는 무료입니다.

해주의 병원보다 환자들의 수는 훨씬 많아서 선교할 기회는 매우 많습니다. 여기의 봉급은 선교부에서 받는 것보다 두 배 이상이고 과외로 돈을 벌 수 있는 기회도 많아서, 이 회사의 제안을 거절하기란 그리 쉬운 일이 아니었습니다. 그러나 요양소 건립은 우리가 해주에 있어야 곧 시작할 수 있는 단계까지 와 있었으므로 수입은 적어도 선교 일에 전념하고 싶었던 것입니다. 비록 울버턴 여사가 세상을 떠나고 나면 막막해지겠지만 말입니다[울버턴 여사는 그 당시 일흔여섯 살이었다].

이처럼 좋은 광산의 제안을 거절한 게 바보짓이었는지도 모르지만 하나님의 뜻은 다른 곳에 있다고 생각합니다. 또 우리가 하나님의 뜻을 따르는 한 장래에 대해 걱정할 필요는 없겠지요. 우리는 얼마 안 있어 광산을 전부 구경하게 되겠지만 도착한 지 사흘째 되는 오늘 선광장(選鑛場, 광석을 기계적으로 처리해 유용한 광물을 분리하는 곳)이 있는 곳까지 가보았습니다. 아래층에 사는 우드포드 씨와 함께 식사를 했습니다. 목요일 저녁식사 후 그가 우리에게 마을까지 산책을 가자고 제안했습니다. 우리는 즐겁게 걸어서 중국인이 경영하는 잡화점으로 외국 통조림과 기타 식품을 팔고 있는 G.P.O.라는 상점을 구경했습니다. 일본인 이발소에 가서 머리를 손질한 다음 선광장 옆으로 갔습니다.

우드포드 씨는 우리를 데리고 다니며 이곳저곳을 구경시켜주고 싶어 했습니다. 그는 정중하고 신사적인 태도로 미끄러운 진흙과 얼음판 위에서는 내 팔을 부축해주었습니다. 엔진실의 불빛은 매우 희미했습니다. 콘크리트 바닥의 끝에 있는 문을 열려고 했을 때 우리는 갑자기 뒤로 넘어져버렸습니다. 왼쪽 정강이에 통증이 느껴졌습니다.

콘크리트 바닥이라고 보았는데 사실은 어두운 불빛 때문에 잘못 본 것이었습니다. 그곳은 바닥에 난 큰 구멍이었습니다. 그때 나는 "우리가 빠진 것을 보고 셔우드는 실수하지 않겠지"하고 안심했는데, 바로 그 순간 나를 꺼내주려고 성급히 뛰어왔기 때문에 그도 구멍에 빠져 발목을 삐었습니다. 셔우드도 우리만큼이나 놀란 모양이었습니다. 왜냐하면 그가 모퉁이를 돌자마자 우드포드 씨가 나를 끌어주는 것을 보았고 가까이에 긴 파이프가 몇 개 있었으므로 내가 거기에 걸려 넘어진 줄 알았기 때문입니다.

내 다리에는 두 군데나 큰 멍이 들었고 금방 부어올랐답니다. 그러나 셔우드가 가장 많이 다쳐서 우리는 그를 부축하여 언덕 위의 집으로 갔습니다. 셔우드는 다음날도 하루 종일 일어나지 못할 정도였습니다. 셔우드는 걸을 때면 지팡이를 짚고 다닙니다. 우드포드 씨는 약간 긁힌 정도의 상처만 입었습니다. 그는 우리가 심하게 다친 것을 매우 걱정했지만 우리는 정상적으로 환자들을 진료했습니다. 이 일이 있고 난 뒤에 셔우드는 내가 다른 남자의 팔을 잡으면 이런 고통을 당하게 되니 앞으로는 자기 팔만 잡아야 한다고 말했습니다. 나도 그 말에 동의했습니다.

여의사가 왔다는 소식을 듣고 여자 환자들이 아침마다 몰려들어 병원 일이 바빠졌습니다. 그러나 이곳에는 간호사가 없어 혼자서 모든 일을 다 해야 하므로 무척 힘이 듭니다. 여자들을 진료하려면 수술실 외에는 이용할 장소가 없으므로 부인과를 진료 과목에 넣은 것은 잘못 같습니다. 내가 아무리 최선을 다한다 해도 간호사 없이는 모든 일을 다 처리할 수 없으니 자연히 만족스러운 진료를 기대할 수 없습니다. 나는 여기에서 필요한 의료기구 몇 가지를 서울에 주문했습니다.

얼마 후 몇 건의 수술을 하게 될 것 같습니다. 닥터 파워는 흥미 있는 병증을 하나 발견했으므로 후에 자기가 돌아오면 그 환자를 수술할 때 보조해달라고 말했습니다. 나는 경험 많은 외과 의사를 보조할 기회를 다시 갖게 되어 기쁩니다. 더구나 환자에 대해 혼자 책임지지 않으면서도 경험을 더 쌓게 되니 행운입니다. 그러나 환자들의 방을 본 다음에는 어떻게 수술 환자들을 치료할 수 있을지 의문이 생겼습니다. 환자들은 온돌방에 누워 있고 간호사가 없어서 가족들이 간호를 맡고 있습니다. 방들은 더러워서 냄새가 납니다. 그러나 우리는 체재 기간이 짧아서 이런 점들을 개선할 기회가 없습니다.

매리언은 병원의 시설이 무척 훌륭하고 수술실에는 밝은 램프가 있는 것을 보고 기뻐했다. 특히 수술실 램프를 보고는 몹시 부러워했다. 광산 지배인은 매리언이 해주에 돌아갈 때 램프를 하나 선물하겠다고 약속했다. 우리는 온갖 종류의 좋은 수술 기구들이 유리상자 안에 잘 보관되어 있는 것을 구경했다. 특히 피하 주사용 바늘이 많은 것을 눈여겨보았다. 이 병원에서는 바늘을 한 번 사용한 후 그냥 버린다고 한다. 해주에서는 사용하고 난 후에도 다시 갈아서 쓰고 있었다. 나는 버리는 바늘을 얻어 갈 수 있었으면 좋겠다고 부탁했다.

선반마다 값비싼 미국산 의약품들과 의료품들이 진열되어 있었다. 그중에는 내가 처음으로 보는 새로운 것들도 있었다. 우리는 예산이 없어 할 수 없이 값싼 일본산 의약품에 의존하는 상황이다. 의료선교사들에게는 눈이 번쩍 뜨이는 황홀한 의료품 전시장이었다. 우리가 흥분하는 것을 보자 지배인은 무척 기쁜 표정을 지었다.

닥터 파워는 구세대 시골 의사의 인정미를 가진 현대판 의사였다. 광산 마을 사람들이 왜 그를 좋아했는지 우리는 곧 알게 되었다. 그는 미국 사람이든 조선 사람이든 차별하지 않고 성심껏 진료했다. 환자들을 사랑했고 그들도 의사를 사랑했다. 이 유능한 의사가 병이 나서 진료를 계속 할 수 없자 이곳에서는 좋은 미국인 의사를 구할 수 없었다.

그때에 우리가 도착하자 온 마을이 따뜻하게 환영해주었던 것이다.

옛날 어렸을 때 어머니를 따라 이 광산에 왔을 때는 종업원들이 혼자 와 있었다. 그 후 여러 해가 지나자 광산 회사에는 유능한 기술자들이 필요했다. 이 벽천 산골짜기에 그들을 데려오려면 병원 시설을 만들어 가족을 데려올 수 있게 해야 했다. 저학년 어린이들은 현지에서 운영하는 학교에서 미국인 선생에게서 배우고 고학년이 되면 평양외국인학교로 보내지고 있었다. 평양외국인학교에는 기숙사 시설과 고등학교 과정이 있었다.

운산의 생활이 시작된 지 얼마 되지 않아 매리언은 말로만 들어왔던, 서양 사람들에게는 큰 충격인 풍습을 목격했다. 토머스 반 에스 댁으로 차를 마시려고 가는데 한 조선 사람이 개의 목에 밧줄을 맨 채 질질 끌면서 우리 앞을 가로질러갔다. 올가미에 목이 졸려 개는 피를 흘리며 신음하고 있었다. 조선 사람들은 개를 잡아먹는데, 이런 식으로 천천히 고통을 주며 죽여야 고기 맛이 더 부드러워진다고 믿었다. 반 에스 댁에 도착한 매리언은 기분이 너무 상해 차도 마시지 못할 정도였다. 방금 목격했던 장면이 자연스럽게 화제로 등장했다. 나는 어렸을 때, 정부에 항거했다고 해서 관청에서 사람을 이런 식으로 죽이는 것을 목격한 일이 생각났다.

반 에스는 개를 질질 끌고 가는 모습을 볼 때마다 조선 사람들이 질색하는 것도 불사하고 총을 쏘아 개의 고통을 덜어주었다고 한다. 그는 씁쓸하게 웃으며 이런 동정심 때문에 최근에 자신이 당한 곤욕스러웠던 사건을 이야기해주었다.

"요전에 말을 타고 마을을 지나고 있는데 한 사내가 거의 발가벗기

다시피 한 젊은 여자의 머리채를 휘어잡고 험한 돌밭 위를 질질 끌고 가고 있었어요. 여자의 몸에서는 살이 터지고 찢어져서 피가 흐르고 있었지요. 인간이 어떻게 같은 인간에게 저토록 잔인할 수 있느냐는 심정에 분개했죠.

나는 참지 못해 말에서 뛰어내렸습니다. 잔학한 사내에게 여자를 당장 놓아주라고 호통을 쳤지요. 그 사내는 '여자가 정숙하지 못했으니 죽어야 마땅하다'고 주장했어요. 나는 분을 이기지 못해, 공포에 떨고 있는 여자가 풀려날 때까지 말 회초리로 그 남자를 때렸습니다. 그 다음날 뻔뻔스럽게도 그 사내가 상처를 입은 여자를 데리고 내 사무실에 나타났어요. '여기 계집이 있다. 네 놈이 이년을 갖고 싶어서 그런 거지' 하고 고함을 치지 뭡니까. 나는 이 짐승 같은 사내와는 말해봐야 쓸데없다는 것을 직감했어요. 내가 이 여자를 거두어주지 않으면 그는 이 여자를 죽일 것이 뻔했죠. 우리는 어린아이 몇 명을 데려다 보호하고 있어요. 그러니 항상 빨랫감이 쌓여 있죠. 그래서 그 여자를 세탁부로 고용하기로 결정했어요. 여자는 얼마나 감사하는지 모른답니다."

'지상 천국'과 '하늘 천국'과의 차이를 들라면 '지상 천국'은 결코 오래 지속되지 않는다는 점을 들 수 있다. 우리의 광산 생활이 끝난 것이다. 그러나 우리는 닥터 파워가 회복되어 기뻤으며 그간 많은 경험을 쌓게 하고 물질적으로도 혜택을 준 광산 회사에 감사하면서 3월에는 해주로 돌아왔다. 매리언은 수술실용 좋은 램프를 얻어서 특히 기뻐했고 나는 재생한 피하 주사용 바늘을 얻어서 기분이 좋았다. 우리가 도착하자 닥터 김은 치료하기 힘든 환자들이 많이 밀려 있다고 했다. 이 말은 우리가 병원을 비웠다가 돌아올 때마다 듣는 소리다. 우리는 전보다 더욱 준비가 잘 된 상태에서 병원의 우리 일을 다시 시작했다.

18
꿈은 이루어지고

1928년 3월, 금광에서 해주로 돌아온 지 얼마 되지 않아 요양원 건축 허가가 나왔다. 허가서에는 어린 시절 평양에서 친구였던 도지사 루터 박(Luther Park)의 서명이 있었다. 이것은 우리 인생에 있어서 또 하나의 '기쁨의 전환점'이었다. 얼마 안 있어 1928년 4월 8일에는 뉴욕의 빙엄턴에서 사촌들이 우리를 방문했다. 에밀리 해스킨스(Emily Haskins)는 전에 약속한 대로 자기 어머니 프레드 해스킨스(그레이스) 여사, 에밀리의 자매인 폴리 윌리엄스(Polly Williams)와 폴리의 남편 로버트 윌리엄스 목사도 함께 왔다. 우리 앞을 가로막았던 모든 장애물이 사라지고 영광과 기쁨의 날이, 마치 동이 터오듯 시작되려는 때에 그들이 도착한 것은 정말로 더할 수 없이 시간을 잘 맞춘 일이었다.

4월 13일, 드디어 결핵환자 위생학교 기공식이 있었다. 우리가 해주에 도착한 지 2년 만에 이루어진 일이었다. 우리의 귀한 손님인 해스킨스 여사가 첫 번째 삽을 들었고 윌리엄스 목사는 축사를 했다. 그

해주 결핵요양원 기공식.
**왼쪽부터 : 로버트 윌리엄스 목사(안경쓴 이), 폴리 윌리엄스, 프레드 해스킨스(앉은 이), 닥터 셔우드 홀, 닥터 김, 닥터 매리언 홀(앉은 이), 에밀리 해스킨스(앉은 이)

정초식을 진행하는 닥터 로제타 홀.
"1928년, 한국의 첫 번째 결핵요양원 건립을 기념하며"라고 새겨져 있다.

후 5월 28일에는 어머니 로제타 홀이 조선에서 처음으로 건립되는 결핵요양소의 정초식을 해주었다. 이 지역 감리교구의 책임자였던 김창식 목사가 감명 깊은 설교를 했다. 어머니는 지난 1월에 미국에서 안식년 휴가를 끝내고 돌아왔기 때문에 이 역사적인 정초식에 공식적으로 참가할 수 있었다. 나는 어머니의 참석으로 더욱 기뻤다.

식이 끝나자 우리는 모두 도지사 루터 박 댁으로 초대를 받아 갔다. 박 지사는 특히 어머니를 다시 만난 것을 기뻐했다. 매리언은 이 자리에서 2년 만에 처음으로 김치를 먹게 되었다. 여태껏 냄새가 난다는 이유로 그녀는 김치를 멀리해왔었다. 그러나 도지사가 김치 한 조각을 조심스럽게 매리언의 접시에 놓아주자 주인의 기분을 상하지 않으려면 먹을 수밖에 없음을 알아차렸다. 그녀는 코를 살짝 막고 먹었는데 상당히 맛이 좋은 것에 놀랐다. 박 지사는 매리언이 예상 외로 맛있다고 하자 기분이 좋은 얼굴이었다.

어머니는 여자의과대학의 설립을 계속 추진하기 위해 서울로 돌아갔다. 나는 요양소 건축에 온 힘을 쏟았다. 그러나 아직도 우리가 뛰어넘어야 할 장애물들이 도처에서 우리를 기다리고 있었다. 예상치 못했던 어려움들이 계속 나의 용기와 의지를 시험했다. 때로는 내가 원했던 것보다 더 큰 기쁨을 안겨주기도 했지만.

첫째, 한정된 예산으로 우리가 원하는 건물을 지어줄 업자를 만나기가 어려웠다. 마침내 한 중국인 기독교 신자가 나섰다. 그는 죽은 아내를 기념하는 뜻에서 이익을 남기지 않고 건축해 주겠다고 했다. 그는 계약서의 첫 구절에서 안식일에는 작업을 하지 않겠다고 했다. 물론 이 약속은 지켜주었다.

이 중국인은 조선인들을 시켜 돌을 구할 수 있는 대로 많이 가져오게 했다. 그러자 기초 공사에 필요한 초석들을 팔겠다고 많은 조선 사람들이 몰려들었다. 이렇게 구입한 돌들은 필요에 따라 크고 작게 부셔서 사용했다. 많은 돌들은 이미 초석으로 썼고 나머지는 근처에 쌓아놓았다.

모든 일이 너무나 순조로웠다. 무슨 일이나 시간이 걸리는 동양에서 진행이 너무나 빨라 좀 이상하다는 생각이 들기 시작했다. 아니나 다를까 성난 군중이 몰려왔다는 급한 전갈이 왔다. 공사장에 도착해보니 험악한 몸짓, 고함 소리, 손에 들고 있는 돌멩이들…. 아무리 보아도 단순히 날 욕하고 겁주려는 것이 아니었다. 그들은 진짜로 날 공격할 태세였다. 처음에는 무엇 때문에 그들이 이토록 화가 났는지 알 수가 없었다. 여러 사람들의 고함 소리 가운데 한 사람이 더 크게 외쳤다. "외국의 악귀들이 우리 조상의 묘소를 모독했다"는 것이었다. 그러면서 그 근처에 쌓아놓은 초석용 돌무더기를 손으로 가리켰다. 마침내 나는 이유를 알게 되었다. 이 돌무더기는 산등성이에 있는 많은 묘지에서 빼내온 것이었다.

조선의 묘지들은 마치 둥근 공을 절반 잘라 엎어 놓은 것 같이 불룩하게 만들어져 있다. 묘 앞에는 옛날 것이든 근래의 것이든 간에 반드시 매끄럽게 잘 다듬어진 돌 테이블이 있다. 이 돌 위에 음식물을 차려놓고 제사를 지낸다. 그들에게 이토록 중요한 상석을 건축용으로 훔쳐왔으니 진정으로 중대사가 아닐 수 없었다. 조사를 해보니 묘 상석에 새겨놓은 것과 같은 글씨가 새겨진 석판들이 돌무더기에 섞여 있었다. 이 돌들을 중국인 업자에게 팔아먹은 불량자들은 벌써 도망가고 없었다.

가져온 상석 중에는 이미 여러 조각들이 깨뜨려져 있어서 주인에게 돌려줄 수 없는 것도 있었다. 나는 성난 군중에게 진심으로 사과하고 모든 묘석은 다 산소에 원상 복귀해주겠으며 이미 깨뜨린 것은 보상해주겠다고 다짐했다. 비로소 마음이 놓였는지 군중들은 노여움을 풀었다. 이러한 사실을 건축이 완공된 후에 알게 되었다면 어떤 사태가 벌어졌을까? 생각만 해도 정신이 아찔했다. 사전에 발견된 것이 얼마나 다행이었는지.

일을 맡은 사람들은 모두 열심이었다. 나는 나대로 자세한 항목들을 지시하러 공사장을 돌아보았다. 내가 할 수 있는 일은 만주식 침실을 어떻게 만드는지 석공들을 가르쳐준다든가 하는 것들이었다. 나는 만주식 침실을 병동에다 설치하기로 했다. 이것은 1910년 소년 시절 어머니를 따라 만주 횡단여행을 할 때 본 것으로 방의 한 부분을 마치 침대 모양으로 높게 만드는 것이다.

돌을 괴고 콘크리트로 바른 다음 두터운 조선장판지를 그 위에 바르면 된다. 높이 쌓은 침대용 돌 밑으로는 부엌 아궁이에서 때는 불기와 연기가 통과하여 굴뚝으로 빠져나간다. 돌 밑을 통과하는 불기와 연기가 돌과 콘크리트 바닥을 따뜻하게 데워주고 굴뚝으로 나가게 하는 방법이다. 침대 밑에는 여닫는 문이 있어서 날씨가 무더울 때는 그 문을 닫으면 불기와 연기가 바로 굴뚝으로 빠져나가게 되어 있다. 이 온돌식 침대의 따뜻함은 마치 커다랗고 납작한 뜨거운 물병 위에 누운 것 같은 느낌을 준다. 환자들을 위한 취사용 화력으로 침대까지 덥히는 것이다. 한번 데워진 침대는 다음 번 식사 준비로 불을 지필 때까지 그 열을 유지한다. 이 방법은 환자들을 따뜻하게 할 뿐만 아니라 동시에 통기의 효과도 있다.

조선 가옥에는 이와 비슷한 난방 장치가 방바닥 전체에 설치되어 있다. 내가 설계한 것은 이 두 가지를 합친 것이다. 따뜻한 조선식 온돌로 된 침대, 이것은 조선의 온돌방보다 환자를 진료하고 간호하기에도 훨씬 편리한 높이로 되어 있다. 의사나 간호사들도 허리가 훨씬 덜 아플 것이다. 매끌매끌하고 적당하게 두꺼운 조선 기름종이로 이 돌침대를 도배하면 청소하기에도 편해 청결이 유지된다. 더구나 바닥에 틈이 하나도 없어 벌레들도 없다.

이러한 온돌식 돌침대가 조선에 만들어지기는 이번이 처음이다. 뿐만 아니라 이 난방법으로 병동을 지은 요양소도 세계에서 유일하다. 이 돌침대는 값싸고 영구적이고 유지하기에 좋다는 장점과 함께 이곳에서는 더욱 환영을 받을 것이다. 동양 사람들은 용수철이 달린 침대보다는 딱딱하지만 바닥에 얇은 요만 까는 것을 좋아하므로 이 침대는 이곳 환자들에겐 참으로 적합했다.

적외선을 받아들이기 위해서 셀루 글라스(cellu-glass)라는 특수한 재료를 썼다. 자외선 투과 유리(vitaglass)를 사용하면 적외선을 더 많이 받을 수 있지만 셀루 글라스는 품질이 급격히 나빠지지 않으면서 일반적으로 값이 싸서 나중에 조선 환자들이 쓰기에도 부담이 없다. 이런 방법을 쓰면 환자들이 퇴원해서 집으로 돌아간 다음 반드시 외국식 주택에서 살아야 건강이 좋아질 수 있다는 생각을 고집하지 않게 된다. 조선집에서도 요양소에서 배운 이 방법을 실천할 수가 있다. 나는 조선인을 외국인으로 개조할 생각은 없다. 단지 그들로 하여금 서구의 지식을 배우게 해서 자신들의 고유한 생활방식에 이용하고 거기서 유익을 얻게 해주자는 것이다. 동양과 서양의 좋은 점들만 선택하여 자기 것을 소화시킬 수 있게 하자는 것이 내 의도다.

우리가 설계한 건물을 완성하려면 자금이 더 있어야 했지만 우리는 침대 8개가 있는 병동 둘을 계획했다. 두 채의 병동을 서로 연결시키는 중앙 건물에는 각 병동의 일광욕실이 설치된다. 중앙 건물은 양쪽의 두 병동보다 더 넓게 설계했다. 여기에는 또한 엑스레이실, 암실, 병리실, 조제실, 치료실, 대합실, 의사 집무실이 들어 있다. 이 건물은 전체 모양이 E자 모양으로 생겼는데 서해에 이어져 있는 만을 향해 앉는다.

우리가 현재 가지고 있는 자금으로는 중앙관과 병동 하나와 이에 연결된 일광욕실밖에 지을 수 없다. 일차적으로 지을 이 건물들은 여기서 생산되는 흙을 구워 만든 벽돌로 짓기로 했다. 그래야 비용이 비교적 적게 든다. 중국인들은 돌을 다루는 일에 능숙하므로 벽돌 쌓는 일을 맡기기로 하고 목공 일은 조선인들을 쓰기로 했다. 소년 시절, 어머니의 병원 건축을 감독했던 경험이 이번 건축 작업에 얼마나 도움이 되는지 몰랐다.

'간호'라는 전문 직업은 조선인들에게는 비교적 새로운 개념이었다. 조선에서 '간호'라는 말이 쓰이기 시작한 것은 1903년 마거리트 에드먼드 양이 해외여성선교회의 후원으로 평양에 처음으로 간호사 양성소를 시작했을 때부터였다. 조선말에는 그러한 일을 하는 사람을 지칭하는 단어가 없었다. 그래서 어느 학식 높은 조선 노인이 선교사들을 위해 '간호원'(看護員, kan-ho-won)이라는 단어를 지어준 것이다. 이 말은 병자를 보호하고 돌봐준다는 뜻이다.

처음으로 세워진 해주 결핵요양원 건물, 측면과 뒷면 모습.

앞에서 본 결핵요양원 모습.

1906년에는 쉴즈(E. L. Shields) 양이 서울에서 세브란스 병원을 위해 간호사 양성학교를 만들었는데, 이때도 에드먼드 양이 도와주었다. 이렇게 하여 조선에 두 개의 간호학교가 생겼으나 간호사 수는 크게 모자랐다. 그 당시 조선의 관습에 따르면 여자를 교육시켜 모르는 남자나 여자의 병을 간호하게 하는 직업은 있을 수 없는, 나쁜 풍습으로 여겨졌다.

이런 상황이었으므로 동양에 있는 병원의 일반적인 풍습에 따라 환자 한 사람이 병원에 오게 되면 가족이나 친척이 따라와 음식을 만들고 간호를 한다. 우리 병원에도 간호사가 있었지만 가족들은 전과 다름없이 병원에 와서 환자와 함께 먹고 자고 했다. 그래서 요양원 병동에는 침대 두 개마다 독립된 부엌이 하나씩 있도록 설계해야 했다. 또 환자들의 가족을 위해 요양원 근처에 임시로 오두막집을 지었다. 임시 거처들은 보잘것없는 장소였지만, 전 가족을 데리고 아예 여기서 살려는 경우는 빌려주지 않기로 했다. 이 집을 지은 목적은 환자들을 위해 음식을 장만하는 장소로 이용하라고 편의를 봐주는 데 있었다. 주거지를 원하는 가족들은 시내에 있는 여관을 찾아야 했다.

어머니의 고향 뉴욕 주의 리버티에 사는 어머니 친척들과 친구들은 어머니의 선교사업에 항상 큰 관심을 가지고 아낌없이 후원해왔다. 그들은 어머니뿐만 아니라 우리 일에도 관심을 보였다. 그들이 우리에게 자동차를 살 수 있도록 모금을 했다는 소식을 듣고 우리는 감격했다. 지방을 여행하면서 진료하기 위해서는 정말로 자동차가 필요하다. 거기다 서울에서 자주 열리는 의료 관계나 선교사회의에 참가할 때도 유용하게 쓸 수 있을 것이다.

자동차와 함께 미국에 주문한 엑스레이 기구들과 다른 특수 의약품들이 도착했다는 통지서가 왔다. 나는 까다로운 통관절차를 밟기 위해 서울로 갔다. 마침 서울에서 열리는 여자의학교 개교기념식에도 참석해야 했으므로 한 번에 두 가지 일을 볼 수 있는 좋은 기회였다. 어머니는 그동안 많은 장애를 극복하면서 여자의학교를 설립하겠다는 꿈을 버리지 않고 계속 노력했다. 1928년 9월 4일, 여자의학교의 개교일은 어머니가 얼마나 오랜 세월 기다렸던 날인가! 그날 나도 어머니의 꿈이 이루어진 이 기쁨을 함께 나눌 수 있었다. 이 학교는 현재 정식 의과대학으로 발전했다. 어머니가 설립한 이 학교의 교수진이나 직원들은 모두 무료 봉사를 자원했다. 나중에 이 학교가 계속 발전하여 어느 정도의 수준에 도달하자 조선 사람들이 전적으로 경제적인 지원을 맡아주었다.

비가 억수같이 쏟아지는데도 불구하고 축하 분위기는 조금도 위축되지 않았다. 이 행사를 끝내고 나는 의료품과 의약품들을 통관하러 나섰다. 이 물건들을 관세 없이 통관시킬 수 있다면 상당히 많은 돈을 절약하게 된다. 쉽지 않은 일이라는 것은 알고 있었으나 우리의 경제 사정은 한 푼이라도 절약해야 할 형편이었다. 요양원의 서쪽 건물을 지을 돈도 넉넉하지 못한 상태여서 아무튼 최선의 노력을 다해야 했다. 이 품목들을 통관하려면 두 곳을 거쳐야 했다. 의료기구와 기타 용품은 일본인 관리 담당이었고 의약품은 조선인 관리 담당이었다. 그래서 이들과 만나기 위해서는 각각 다른 방법을 써야 했다.

먼저 통관세가 비싼 의료기구들을 관장하는 곳부터 도전하기로 했

1928년 9월, 여자의학교 개교 기념사진.
설립자 닥터 로제타 홀(앞줄 왼쪽에서 4번째), 그리고 뒤로는 닥터 셔우드 홀과,
헨리 아펜젤러 목사 그리고 그의 아내 루스 노블 아펜젤러가 보인다.

다. 직책, 성명, 병원 주소가 일본 글로 인쇄된 명함을 제출했다. 세관 책임자와의 면회가 허락되어 그의 집무실로 안내되었다. 일본인 특유의 인사말을 수없이 받은 뒤 손잡이가 없는 찻잔에 가져온 녹차를 대접 받았다. 몇 가지 세상 돌아가는 이야기를 하면서 나는 일부러 우리 병원을 여러 면으로 도와준 일본 관리인 친구들의 이름을 들먹였다.

한참 후 이제는 청원을 해도 좋을 정도로 분위기가 무르익었다고 생각되어 내 청을 털어놓았다. 그러나 그는 내 생각과는 전혀 다른 분위기로 몰고 갔다. 일본이 조선인들에게 여러 많은 혜택을 베풀어주었음에도 불구하고 조선인들은 일본을 하나도 고맙게 여기지 않는다며 조선인을 매도하는 장광설을 늘어놓기 시작했다. 조선인들이 얼마나 둔하고 고집스럽고 또 대체로 비발전적인지를 강조하면서 그런 조선

인들을 위해 이렇게 비싼 기구들을 들여와 쓰겠다고 하니 그게 무슨 가치가 있는 일이겠느냐고 의심하기까지 했다.

나는 화제를 바꾸려고 몇 번이나 시도해보았지만 그는 하고 싶은 말이 얼마나 쌓여 있었는지 계속 목소리를 높였다. 나는 얼른 그에게 물었다.

"당신이나 나는 각각 다른 방법으로 조선을 도우려고 지금 이 자리에 와 있는 게 아닌가요?"

그리고 그에게 기회를 주지 않고 계속 말했다.

"일본 사람들이 조선에 와서 교통, 산림 복구, 특히 공중위생 개선 등에 기여했다는 점은 잘 알고 있습니다. 내가 어렸을 때 그렇게 흔했던 천연두가 일본 사람들의 덕택으로 지금은 거의 다 없어졌습니다."

나는 일인의 공로를 치하하면서 그의 감정이 누그러지기를 기다렸다. 그러자 그의 얼굴에 기분 좋은 표정이 살짝 스쳤다. 나는 이때를 놓치지 않고 공동의 자선을 위해 이 의료기구들을 관세 없이 통관시켜 달라고 했다. 마침내 그는 상당히 주저한 끝에 숨을 크게 한번 몰아쉬더니 서류에 관인을 찍었다. '무관세 통관'이라는 도장이 찍힌 서류를 들고 나서는 내 발걸음은 한없이 가벼웠다.

의료기구를 통관하느라고 한참을 이리저리 뛰어다닌 나는 잠시 쉬면서 정신을 가다듬고 그동안의 여러 일들을 종합해보았다. 이 일에서 얻은 경험을 바탕으로 다시 작전을 세워 의약품을 담당하는 조선인 세관원을 만나러 나섰다. 조선인과 일본인 사이에서는 이해나 애정이란 찾아볼 수가 없다. 일본인 관리가 의료기구를 무관세로 통관시켜주었다는 말을 한다면 오히려 역효과를 얻을 뿐, 틀림없이 조선인 관리는 화를 내리라는 것쯤은 알고 있었다.

조선인 관리는 품위는 있었으나 덜 의례적이었다. 일본인처럼 긴장한 목소리도 아니었고 그렇게 많이 허리를 굽혀 절하지도 않았다. 지난 번 일본 관리를 면회할 때와는 대조적으로 작고 낮은 책상 옆에 방석을 깔고 편안하게 앉으니 내 마음도 편했다. 명함도 다른 것으로 준비해왔다. 한문으로 인쇄했는데 한글도 몇 자 넣었다. 일본차 대신에 쌀을 끓여 맥아를 넣고 발효시켜 만든 조선식의 달콤한 음료수(식혜)가 나왔다. 방바닥은 장판지를 발랐는데 티끌 하나 없이 깨끗했다.

내가 몇 마디의 인사나 세상 이야기를 하기도 전에 그는 일본 야만인들은 미개인보다 나을 것이 없다고 욕을 하기 시작했다. 일본인들이 아무리 조선을 업신여긴다 해도 옛날에 조선 사람들이 도예, 문화, 불교를 일본에 전파하여 가르쳐주지 않았다면 지금같이 되지는 못했을 것이라고 설명했다. 일본인들은 참으로 비열한 모방꾼이어서 조선과 중국의 좋은 것만을 훔쳐 흉내를 냈는데 이제는 서양의 것을 흉내내고 있다는 것까지 지적했다. 이 말을 할 때의 그는 얼굴에 미소까지 띤 상당히 너그러워진 표정이었다. 나는 도무지 대꾸할 말이 생각나지 않았다. 그냥 가만히 있어도 좋을 것 같았다. 그는 속에 품은 불만을 터트릴 필요가 있었으며 내게는 그런 불만을 토해도 피해가 없다는 것을 그는 알고 있었다. 일본에 대한 분이 어느 정도 풀릴 만큼 욕설을 한 다음, 그는 너무나 직선적인 질문을 던져 나를 깜짝 놀라게 했다.

"당신은 어째서 이렇게 비싼 서양 의약품들을 수입합니까? 예전부터 내려오는 우리 조선 의약들은 오랜 세월에 걸쳐 그 효과가 증명되어 온 것인데 말이요. 서양 약보다 훨씬 우수합니다. 호랑이 발톱가루보다 더 강인한 힘을 주는 약이나 표범의 담즙보다 더 좋은 강장제나 모든 질병을 치료할 수 있는 뱀으로 만든 약보다 더 좋은 약들을 어디에서 구할 수가 있단 말입니까?"

나는 그가 계속 예를 들어 이야기할까봐 겁이 났다. 그의 말을 중단시키려 얼른 말을 받았다.

"그렇습니다. 저도 서울에서 태어났기 때문에 조선 전래의 처방에 대해서 잘 알고 있습니다. 예를 들어 혈압을 내리게 하는 데 감나무 잎이 효과가 있다는 것 등 말입니다."

그는 상당히 놀라는 표정을 지었다.

"그럼, 당신은 벌써 다 알고 있었군요!"

"그렇습니다. 황해도의 조선인 지사도 상당히 이해심이 많고 우리 병원을 여러 가지로 도와줍니다. 당신도 너그럽게 이 서양 의약품을 무관세로 통관시켜주시면 감사하겠습니다. 이 약품들은 방금 선생께서 말씀하신 조선 약들과는 용도도 다르고 효과도 다릅니다."

그는 미소를 띠면서 직인을 찍었다.

요양원 건물의 중요한 부분은 그해 9월까지 완성되었다. 꾸불꾸불 휘어진 소나무 숲속에 아늑하게 자리 잡은 건물을 바라보면서 나는 무한한 기쁨을 느꼈다. 앞으로 증축할 수 있는 공간도 넉넉히 남아 있어 이상적이었다. 건물 아래로는 점점이 떠 있는 고기잡이배들의 오렌지색 돛들이 펼쳐져 있어 환자들과 직원들의 정신을 맑게 해 줄 것이다. 도시의 소음과 먼지, 아침저녁마다 피어오르는 매연에서 멀리 떨어져 제대로 휴식을 취할 수 있는 환경이었다. 하나님은 우리의 기도에 응답해주셔서 우리가 원한 것보다 더 좋은 것을 이루어주셨다.

해주결핵요양학교의 공식 개교식은 선교사 연회 후인 1928년 10월 28일로 잡혔다. 그날 연설할 사람들에게 미리 초청장도 보냈고, 여기 와서 묵을 장소도 물색해두었다. 프로그램은 세밀하게 구성했다. 이런 사업에 관심을 갖고 있다고 생각되는 인사들에게 전국을 망라하여 초청장을 보낼 필요가 있었다. 이 학교의 봉헌식은 제임스 베이커 감독이 집진하기로 했다. 베이커 감독은 그때 웰치 감독의 후임으로 조선 감리교의 감독으로 취임해 있었다. 식의 집전에는 노블 목사와 빌링스(B. W. Billings) 박사가 감독을 보좌하기로 했다. 어릴 적부터 내 친구였으며 이 요양소가 생기게 된 배경을 누구보다도 잘 알고 있었던 우리 병원의 닥터 김은 요양원 건립의 경위를 발표하기로 했다.

개원식 준비위원회에서는 개원 축하 테이프를 끊는 데 매리언도 참가해야 한다고 주장했다. 그런 영광은 다른 높은 분들에게 돌려야 한다고 매리언은 사양했으나 위원회의 주장이 이겼다. 나는 마음속으로 얼마나 기뻤는지 몰랐다.

식장에서 매리언이 테이프에 다가서는 모습을 보면서 나는 드디어 내 꿈이 이루어지는 기쁨을 느꼈다. 이는 고통 받는 조선의 결핵환자들을 위해 새로운 시대의 막이 열리는 극적인 순간인 것이다. 이제 더 이상 에스더 박과 같이 비참하게 죽는 사람은 없을 것이다. 매리언은 테이프를 끊었다. 드디어 공식적으로 결핵환자 위생학교(해주 구세요양원)의 개교가 선포된 것이다.

도지사 루터 박은 번쩍이는 금빛 수를 놓은 관복을 입고 참석했고 일본 관리들을 대표해서 사사키도 훈장과 칼을 차고 참석했다. 이 두 사람들도 각각 축사를 했다.

서울의 세브란스 의과대학의 오(Oh. K. S.) 학장은 우리가 해야 할 사업이 얼마나 시급한 것인지에 대해 연설했다. 베이커 감독은 봉헌식에서 해주의 남산 기슭에서 지금 시작한 이 학교를 에드워드 리빙스턴 트뤼도(Edward Livingston Trudeau) 박사와 비교해 말했다. 트뤼도 박사는 1885년 미국에서는 처음으로 애디론댁 산에 있는 사라낙 호숫가(Saranac Lake)에 결핵요양소를 세운 사람이었다. 아름다운 색깔의 조선옷을 입은 조선 소녀들이 요양원을 위해 특별히 작곡된 노래를 부르는 것을 마지막으로 식은 끝났다.

축하객들은 건물 안을 둘러보았다. 엑스레이 기구는 엑스레이 실에서 아직 상자 속에 든 채로 기계 전문가가 와서 설치해줄 때를 기다리고 있었지만 석영 수은등은 치료실의 제 위치에서 빛나고 있었고, 환자들이 언제나 기본적인 생활용품 정도는 구입할 수 있도록 요양원 상점의 선반에 진열되어 있었다. 해주 시장은 이것들을 보고 한 마디 했다.

"아하, 일회용품들을 여기서 구입할 수 있으니 환자들이 시내에 나오지 않아 시민들에게 전염시키지 않는다는 뜻이로군."

나는 조용히 머리를 끄덕였다. 그가 이제야 우리를 이해하게 된 것을 보는 기쁨은 마음속에 감춘 채.

현재 완성된 동쪽 건물과 같은 모양으로 지을 서쪽 건물, 앞으로 산사면 여러 곳에 지어질 별관들은 에드윈 캠벨이 설계했다. 토목 기사인 그는 만주의 국경 가까운 신천 남학교에서 학생을 가르치고 있는 북장로교 선교사다. 본관 요양원의 설계도 역시 그가 한 것이다. 앞으로 더 증축해야 할 계획에 대한 청사진도 전시했다. 참관인들 가운데 혹시 뜻 있는 독지가가 있어 우리의 사업을 도와줄 수도 있지 않을까 하는 희망에서였다. 별관 한 채를 짓는 데는 약 8백 달러 정도의 건축비가 필요했다. 이 별관은 개인전용 입원실로 쓸 것인데, 여기에서 받은 입원비로 무료 환자들을 도울 예정이었으며 다른 별관들은 병원 직원들의 사택으로 사용할 생각이었다.

손님들이 다 떠나자 나는 깊은 감회에 젖었다. 지난 세월을 잠시 돌이켜보기 위해 혼자서 조용히 내가 좋아하는 요양원 위쪽의 바위를 찾았다. 선교사 생활 겨우 2년이 조금 지난 이 시간, 하나님의 지극한 은혜와 끊임없이 우리를 도와준 친구들 덕분에 이 모든 일이 이루어졌음을 느끼자 감사로 인한 뜨거움이 가슴을 적셨다.

얼마 전까지만 해도 푸른 소나무와 붉은 논바닥이었던 곳에 지금은 요양원 건물이 서 있지 않은가! 나는 짧은 기간에 몰라보게 모습이 달라진 숲속을 바라보았다. 앞으로 얼마 지나지 않아 산 사면에는 이곳저곳에 별관들이 세워질 것이다. 이곳을 찾는 환자들은 건강과 함께 희망을 얻으며 고통과 낙망에서 벗어나 밝은 앞날을 향해 새 인생을 시작하게 될 것이다.

산기슭의 소나무 숲을 바라보면서 나는 잠시 상상의 나래를 펼쳤다. 요양원 입구에는 커다랗게 금색으로 쓴 글씨가 햇빛에 빛나고 있었다. 조선의 모든 결핵환자들은 마음 깊이 희망의 문구를 새긴다.

"이곳에 들어오는 모든 이들은 두려워말고 희망을 가지세요!"

모든 결핵환자들은 이 문을 통해 몰려올 것이다. 우리의 처음 시작은 물 한 방울 정도에 불과해 소수의 환자들밖에 치료하지 못하겠지만, 마치 한 방울 두 방울의 물이 모여 시냇물이 되는 것처럼 앞으로는 수많은 요양원들이 건립되어 희생자가 줄어들게 될 것이다.

　미용 크림을 잘못 발라서 생긴 피부 결핵을 고치려는 젊은 처녀도 올 것이고 찢어지는 듯한 기침, 칼로 찌르는 것 같은 늑막의 고통 때문에 숨쉬기조차 힘든 결핵환자들도 찾아올 것이다. 또한 내장 결핵에 걸린 환자가 뱀이 몸속에 들어간 줄 알고 이를 제거해달라면서 엉금엉금 기어서 요양원 문을 들어서기도 할 것이다. 곱사등을 한 환자도 찾아 올 것이다. 꼽추는 브래드포드 틀(Bradford frame)과 적외선 치료, 아주 심한 경우에는 스파이널 퓨전술(spinal fusion technique, 척추의 안정성을 얻기 위해 이식골을 삽입하여 두 개 또는 그 이상의 척추를 융합시키는 수술-편집자)을 써서 등이 바르게 서도록 고쳐줄 것이다. 가장 극적인 경우로는 출혈 환자들이 오면 즉시 인공기흉(氣胸, pneumothorax, 결핵을 치료하기 위해서 주사바늘을 통해 늑막강 속에 공기를 집어넣는 조치-편집자)과 다른 응급조치로 치료를 해줄 것이다.

　나는 바위에서 일어섰다. 지금껏 머릿속에 그렸던 상상 속의 미래에서 현실의 세계로 돌아가기 위해 다시 병원을 향했다. 이때 나는 마음속에서 엄청나게 큰 힘과 용기가 솟아오르는 것을 느꼈다.

19
최초의 요양원-해주 구세요양원

요양원이 공식적인 개업식을 가진 후 3주일 동안 입원 환자는 단 세 사람의 여자뿐이었다. 그러나 곧 입원하겠다는 신청서가 전국 각지에서 쇄도했다. 월말이 되자 요양원은 환자들로 가득 찼다. 병동에 있는 8개의 침대 수보다 더 많은 환자들을 받기 위해서는 일광욕실, 치료실, 의사의 집무실까지도 이용하지 않을 수 없었다.

우리는 원래 여성환자들만 받으려고 계획했었다. 그러나 성(性)을 기준으로 환자를 구별하는 건 옳지 않다고 생각해서, 남자들은 건물의 한쪽 끝을 쓰게 하고 여자들은 그 반대쪽을 주었다. 따라서 이미 계획 중에 있는 서쪽 건물을 증축하는 일이 더욱 시급해졌다. 그것은 환자들의 수를 늘리기 위해서만이 아니라 남녀 환자를 모두 받아 분리하여 수용하기 위해서도 절실했기 때문이다.

얼마 후부터는 환자들의 수가 상당히 많아 입원 순서를 기다려야 했다. 입원실이 한정되어 있었으므로 증세가 가벼운 환자나 회복 가능성이 없는 환자들은 입원시키지 못했다. 이런 환자들을 돌려보낸다는 것은 참으로 가슴 아픈 일이었다. 우리가 거절하면 그들이 조선에서 달리 치료받을 곳이 없음을 누구보다도 잘 알기 때문이었다.

한 젊은 청년이 북만주에서 22달러나 되는 여비를 들여 무려 6일간의 여행 끝에 우리 병원을 찾아온 적이 있었다. 그때 우리는 그를 수용할 방이 없어서 할 수 없이 그대로 돌려보내야 했다. 이런 일은 계속되었다. 장소는 좁고 신청인은 많았기 때문에 입원 환자를 선택할 때는 완치될 가능성이 큰 환자를 우선으로 하다 보니 학생들이 가장 유리한 입장에 있었다. 그들은 연령 면에서도 효과가 빠른 나이였지만 교육을 받고 있는 사람들이니 장래 자기 고향의 지도자가 될 사람들이 많았다. 그들은 요양원 안에서도 우리가 가르치는 위생 관리를 준수했고, 후에 다른 사람들에게도 이곳에서 배운 지식을 잘 전달할 수 있을 것이니 이중으로 유리했다.

11월이 되자 날씨는 점점 추워졌다. 환자들의 병동은 따뜻했지만, 치료실, 진찰실, 조제실, 엑스레이실, 병리실, 의사 집무실에는 난방 시설이 설계만 되어 있을 뿐 아직 설치가 안 되어 추위에 따르는 어려움이 많았다. 그러나 자금이 없어 언제 난방 시설을 설치하게 될지 난감했다. 나도 이미 봉급을 가불하여 비용으로 다 써버렸으므로 달리 돈을 마련할 방법이 없었다. 문제가 이처럼 시급해지자 내가 할 수 있는 일이란 다시 미국의 친지들에게 원조를 청하는 편지를 쓰는 일뿐이었다. 나는 난방장치와 서쪽 건물을 완성할 수 있는 자금을 간청했다. 좋은 소식을 기다리면서 우선 병동 외에 입원한 환자들에게는 작은 스토브로 그들을 추위에 떨지 않게 하려고 애썼다.

우리가 기다리던 소식이 왔다. 난방 장치를 해결할 자금이 미국에서 우리에게 전달되기 위해 서울에 도착했다는 전보였다. 얼마나 기뻤는지 모른다. 사물을 보는 각도는 사람마다 생각하기에 따라서 달라진다. 우리에게 주어진 기쁜 소식을 어떤 사람은 운이라고 하고 또 어떤 이는 하나님의 배려라고 할 수 있을 것이다. 이때 마침, 평양의 선교기관에서 미국에 주문해서 도착한 화로가 있는데 그것을 원하면 당장 양도하겠다는 것이었다. 평양의 선교부에서는 도착한 화로가 필요한 규격이 아니었던 모양이었다. 우리에게 난방 기구가 당장 필요한 때에 이렇게 해결된 것은 운이 아니라 우리가 열심히 간구한 기도의 응답이 아니고 무엇이겠는가. 이렇게 하여 난방 문제가 해결된 것은 12월 초였다.

1929년 1월 9일 저녁 6시 30분. 아버지의 신앙심 깊은 동료였던 김창식 목사가 일흔둘의 나이로 영광스런 곳으로 부르심을 받아 우리 곁을 떠났다. 장례식은 1월 25일에 거행되었다. 그의 인생은 오로지 하나님을 위한 봉사로 일관된 삶이었다. 그는 35년 동안 한 번도 주일 예배에 빠진 적이 없었다. 아무리 아파도 하나님을 섬기는 예배를 못 드린 적이 없을 정도로 그는 믿음의 사람이었다. 큰 딸은 방기순 목사와 결혼했고, 외아들 김영진은 우리 노튼 기념병원(해주 구세병원)의 의사이며, 막내딸인 로다 박(Rhoda Park)은 서울에 있는 릴리언 해리스 기념병원의 의사로 재직하고 있었다.

해주 구세요양원은 개원한 지 얼마 되지는 않았지만 벌써 네 명의 환자가 완치되어 퇴원했다. 이들이 '졸업' 하자 그 자리는 곧 새 환자들로 채워졌다. 요양원의 위치가 좋아서 환자들이 빨리 회복될 수 있었던 것이다. 환자들은 입원하자 곧 체중이 늘어나기 시작했고 나날이 증세가 좋아졌다.

1929년 1월 나는 전혀 예상하지 못한, 나로서는 영광스러운 소식을 받았다. 지난 가을 사사키는 요양원에 대해 많은 질문을 하면서 나의 답변을 공문서 같은 종이에 자세히 적은 적이 있었다. 그런데 오늘 조선총독부의 공문 서신과 함께 100달러짜리 수표가 요양원에 도착했다. 이 영광스러운 일은 확실히 사사키가 그때의 기록으로 애써준 덕택이었다. 인정을 받으니 나는 어떤 스릴 같은 것을 느꼈다. 한 달 후에 이보다 더 큰 영광이 나를 찾아왔다. 해주의 황해도 도청에서 나를 위한 특별 예식을 갖추고, 나의 친구이며 도지사인 루터 박이 일왕이 내린 감사장과 요양원에 쓰라는 35달러를 전해주었다. 내가 보낸 편지를 받고 어머니는 1929년 2월 22일자 일기에 이렇게 썼다.

> 셔우드는 자신이 받은 큰 영광에 대해 자세히 편지를 보내왔다. 일왕이 내린 감사장을 시민들을 대표한 많은 사람들이 참가한 가운데 큰 예식을 갖추고 우리의 오랜 친구인 도지사 루터 박이 셔우드에게 전달했다고 한다. 이것은 15년 전에 마츠나가 경기도장관(임기 1916년 3월 28일~1919년 9월 26일—편집자)이 나에게 준 것과 같다. 그러나 나는 25년 동안 일한 뒤에 그 감사장을 받았지만 셔우드는 단 5년 만에 받았다! 후세대는 앞세대를 앞서가는 법이다. 당연히 그래야지….

어느 날 요양원의 진찰실에서 환자를 치료하고 있는데 뜻밖의 방문객이 찾아왔다.

"시장님. 어떻게 오셨습니까?"

해주 시장은 착잡한 표정으로 나를 쳐다봤다. 그의 심정을 한 눈에 읽을 수 있었다. 그는 무엇인가 말하기 어려운 문제를 가지고 온 사람처럼 망설이고 있었다. 요양원 설립을 반대했고 우리의 선교사업을 해주의 적이라고 생각했던 그가 지금 내게 도움을 청하러 온 것이다.

"홀 선생님, 우리 아들 때문에 왔습니다."

시장은 주저하며 말했다.

"아들 때문에요?"

입술이 타는 듯한 그에게 나는 격려하듯 부드럽게 물었다.

"그렇습니다. 그 아이가 결핵에 걸리지 않았는가 해서요. 진찰해주실 수 있겠습니까? 정말로 제 생각대로 병에 걸렸다면 여기에 입원시켜 치료해주실 수 있겠습니까?"

그는 무척이나 어색한 태도로 말했다. 시장의 눈에는 감출 수 없는 두려움이 엿보였다.

"데리고 오십시오. 여기에는 이미 자리가 꽉 찼지만 아드님을 위해 자리를 마련해보겠습니다."

그 소년은 아버지가 걱정한 대로 정말 결핵에 감염되어 있었다. 다행히 아직 초기 상태였다. 그래서 치료에 민감한 반응을 보여 상당히 효과가 빨랐다. 나머지 치료는 통원으로도 될 만큼 좋아져서 퇴원시켰다. 소년이 집으로 가서 정양하고 있는 동안 나는 계속 그의 집으로 찾아가 완치될 때까지 치료해주었다.

"선생님께서 옛 감정을 잊고 이렇게 친절하게 대해주시니 어떻게 해야 할지 모르겠습니다."

내가 그 집에 마지막 진료를 갔을 때 시장은 고마움을 감추지 못한 표정으로 말했다.

나는 계속 여러 곳에 원조를 청했다. 그 결과 건축자금이 조금씩 모아지기 시작했다. 이제는 현재의 요양원 건물 옆에 있는 대지를 사야 했다. 동쪽 건물과 같은 크기의 서쪽 건물을 지으면 현재 확보중인 대지를 다 쓰게 되므로 요양원 정면에 차도를 만들 여분이 없기 때문이었다. 거기다 요양원까지 연결하는 포장도로도 필요했다. 그 도로는 시장이 공원을 만들겠다고 계획한 소나무 숲을 지나야 한다. 그러니 자연히 그 숲의 소나무들을 일부 제거하지 않으면 안 된다. 일본인들은 이 문제에 대해 매우 민감했다. 그들은 조선에 식목을 하여 삼림을 울창하게 하려고 노력하고 있었다. 그들은 비록 개인 소유의 땅이라 해도 나무를 베는 일은 쉽게 허락하지 않았다.

그러나 이번에 우리가 대지를 구입하고자 하면 시장은 전처럼 반대하지 않을 것이다. 대지를 구입한 후 도로 개설 허가를 얻을 때도 시장은 오히려 우리에게 적극적으로 도움을 줄 것이라는 생각이 들었다.

얼마 후 시장과 시의원들이 요양원 의사들에게 보낸 초청장이 도착했다. 근방에 있는 절에서 야유회를 열게 되었으니 참석해달라는 것이었다. 조선인 친구들은 우리를 그처럼 적대시하던 사람들이니 초청을 거절하라고 충고했다.

그러나 내 생각은 달랐다. 그 초청장을 보낸 의도가 그들의 마음이 달라진 점을 시사하는 것이라면 도로 개설 허가를 받기는 쉬울 것이다. 또한 친근감을 표시하기 위한 초청이었는데도 거절한다면 그들의 기분이 상할 것이다. 그들의 기분을 언짢게 하는 일은 내가 원하는 바가 아니다. 그래서 우리는 초청에 응했다. 그들은 우리를 친절하게 맞아주었다. 서로간의 친목을 위한 특별한 음식들을 준비해 우리를 존중하는 정중한 태도로 잔치 분위기를 만들어주었다.

시장은 환영사를 통해 동포들에게 지대한 은혜를 베풀어주게 된 요양원을 건립할 때 자기가 방해했던 점을 죄송하게 생각한다고 말했다. 앞으로는 자신들이 도울 수 있는 일이라면 무엇이든 다 돕겠다고 했다. 시장은 자신이 약속한 대로 우리를 위해 허가받는 일을 책임지겠다고 했다. 그는 허가를 받아주었고 그 후 도로 건설에 보태 쓰라고 135달러를 희사하기까지 했다. 이 돈은 도로 건설 때 큰 도움이 되었다.

나는 도로 개설 허가를 얻기는 무척 어렵겠지만 대지 구입은 전혀 문제가 없을 것이라고 예상하고 있었다. 그러나 실제로는 그 반대 현상이 일어났다. 땅 주인이 팔기를 거절했다. 그 땅은 선산인데 비록 묘지가 있는 부분은 아니지만 그 일부를 파는 것은 집안의 복을 파는 것이나 마찬가지라고 주장했다. 자신의 복을 팔려는 사람이 있겠는가? 남의 복을 사려는 것은 불가능한 일이다. 더구나 땅 임자는 부유한 사람이니 금전의 유혹 같은 것은 받지 않을 게 명백했다. 이 문제는 아무래도 가망이 없는 것 같았다.

여러 달이 지난 어느 날이었다. 그 땅 주인이 나를 찾아왔다. 딸이 병이 났으니 왕진을 와달라는 요청이었다. 나는 날마다 언덕의 뒷길을 지나 그의 집으로 딸을 치료하러 다녔다. 딸의 병세가 좋아지기 시작하자 땅 주인은 이미 거절했던 그 대지 건에 대한 자신의 태도를 고쳐 생각하기 시작했다. 복 받은 땅의 일부를 팔기로 작정한 것이다. 그러나 팔겠다는 생각만 했을 뿐 땅을 증정한다든가 싼 값으로 주겠다는 것은 아니었다. 상당히 비싼 값으로 흥정을 해왔다. 우리가 가진 돈으로는 도저히 땅을 살 수 없었다. 그때 환자 중 한 사람이 우리가 처한 상황을 알게 되었다. 그 여환자는 땅 주인이 동포들을 위해 일하는 요양원을 상대로 돈을 벌려 한다고 비난하면서 자기가 돈을 내서 모자라는 차액을 채워주었다.

우리는 어쨌든 땅을 살 수 있어서 감사했다. 하나님께서 굳게 닫혀 있었던 문을 열어주셨다는 것을 느낄 수 있었다. 아마 하나님께서는 또 다른 목적이 있어 길을 열어주셨는지도 모른다.

그 여환자의 기부금은 요양원에 증정된 조선인의 선물로는 첫 번째였다. 중국인, 일본인, 미국인, 영국인들은 이미 요양원에 많은 것을 기부했다. 그러나 정작 실제적인 혜택을 받고 있는 조선 사람은 지금껏 거의 아무런 희사도 없었다. 이 사업에 대한 깊은 이해를 가지고 볼 때 이제 조선 사람이 기부를 했으니 이 사실은 여러 의미에서 매우 보람 있는 일이었다.

원했던 대지를 구입하자 도로 건설은 곧 시작되었다. 그러나 아직 서쪽 건물을 지을 수 있는 자금은 충분하지 못했다. 열심히 일하며 자금이 모이기를 마냥 기다리는 수밖에 없었다.

우리가 요양원을 시작한 초기에는 환자들을 이해시키는 데 어려움이 많았다. 결핵요양원은 병원과 달라서 치료만 받고 퇴원하는 곳이 아니라 계속 요양과 치료를 받아야 병이 치유된다는 점을 설득시키는 데 무척이나 힘이 들었다. 환자나 직원들이 함께 인내하고 노력하지 않는다면 결핵은 완치되기 힘들다. 우리는 입원한 사람들에게, 요양원에 있는 사람에게만 해당되는 것이 아니라 병이 나은 것 같아 보이는 사람도 사실은 아직 환자라는 것을 누구이 설명해야 했다.

한 지방 신문에서는 우리가 안타까워했던 비극적인 환자들 중에 사건 하나를 기사로 실었다. 그 이야기는 '형'이란 이름으로 불렸던 한 학생 환자에 대한 실화다.

형이는 배제고등보통학교의 교장인 내 친구 헨리 아펜젤러가 보낸 학생이었다. 배제고보는 헨리의 아버지가 설립한 학교였다. 요양원에 도착했을 때 그는 중환자였다. 높은 열, 심한 기침, 거기다 매일같이 거의 한 컵이나 되는 가래를 토했다.

그는 진찰한 결과 오른 폐만 병들었고 왼쪽 폐는 정상이었다. 곧 오른쪽 폐에, 공기를 늑막의 공동(空洞)으로 들여보내는 기흉 치료법을 실시하는 한편 완화 치료법도 병행했다. 치료 효과가 좋아서 회복이 빨랐다. 그의 가슴은 벽이 아주 얇아서 형광 투시경에 폐의 상태가 잘 나타났다. 왼쪽 폐는 활발하게 움직였으나 오른쪽 폐는 기흉 치료로 공기의 압력을 받아 운동량이 대단히 적었다. 젊은 의료진들은 투시경에 생생하게 전개된 이 대조적인 현상을 보고 흥분했다.

형이의 폐결핵 증상은 차츰 줄어들었다. 고열, 기침, 가래의 양도 눈에 띄게 줄어들더니 서서히 없어졌다. 그는 식욕을 느꼈고 몸무게도 빨리 늘어났다. 기력도 회복되기 시작했다. 본인도 새사람이 된 것 같다고 말했다. 사실 그의 모습은 마치 다른 사람으로 느껴질 정도였다. 기흉 치료는 이제 가끔 실시해도 좋을 정도였다. 형이는 사람들과 잘 사귀었고 누구나 좋아하는 소년이었다. 병원직원들은 그를 너무 귀여워한 나머지 그가 하고 싶은 대로 내버려두었다. 그는 일광욕은 열심히 했지만 휴식을 취하지 않고 자신의 건강을 시험해보려고 했다. 너무 조급하게 정상인처럼 활동하려고 해서 그런 식으로 무리하면 건강을 해치게 된다고 여러 차례 경고해야 했다. 그는 집으로 돌아가고 싶은 향수병에 걸려 퇴원하겠다고 조르기 시작했다. 우리는 그에게 아직 완치되지 않았으니 퇴원하기에는 이르다고 달랬지만, 그는 고개를 좌우로 흔들면서 자기 병은 다 나았다고 고집을 부렸다.

어느 날 아침, 내가 회진을 돌아보니 형이가 소지품을 챙기고 있었다. 그는 자기 마음대로 집으로 돌아가기로 결정한 것이었다. 나는 강력히 만류하면서 지금 집에 가면 우리가 여태까지 한 수고는 모두 수포로 돌아간다고 강조했다. 그는 내 설명에 귀를 기울이지 않았다. 당장 떠나는 기차를 타겠다면서 정거장으로 갈 소형버스를 불러달라고 우겼다. 요양원 직원들도 한결같이 만류했지만 전에는 그토록 치료에 협조적이었던 소년이 이번에는 막무가내로 고집을 부렸다.

요양원은 감옥이 아니다. 환자가 절대적으로 원하니 우리로서는 도리가 없었다. 할 수 없이 그를 떠나보내야 했다. 그는 진심으로 우리에게 감사하다는 말을 남기고 떠났다. 나는 손을 흔들며 떠나는 형이의 뺨을 타고 흘러내리는 눈물을 보았다. 요양원의 직원들도 모두 섭섭해했다.

"고맙습니다, 의사 선생님. 감사하는 제 마음을 어떻게 전해야 할지 모르겠어요."

"벌써 말했잖아, 형이! 네 마음을 우리는 다 알고 있어요. 그렇지만 우리에게 진정으로 감사하려면 건강을 잘 돌봐서 튼튼한 사람이 되어야 해. 그것이 우리를 가장 기쁘게 하는 거예요. 어떻게 건강을 지켜야 하는지는 알고 있을 테니 다른 사람들에게도 가르쳐줘요. 좋은 소식 주리라 믿어요."

형이는 버스를 타고 65킬로미터 떨어진 사리원 역으로 갔다. 거기에서 기차를 갈아타고 5시간 후에는 눈에 익은 서울역에 도착했다. 그토록 그리워한 집에 돌아온 것이다. 그는 속으로 생각했다.

"집까지 걸어가는 게 낫겠다. 이 전차 안은 더럽고 지금은 마침 퇴근 시간이니 공장 직공들, 노동자들이 차에 가득할 것이다. 그러니 결핵환자들도 많이 섞여 있을 테지."

형이는 먼 길을 천천히 걸었다. 그는 자주 쉬었으나 집에 도착했을 때는 지쳐 있었다. 그를 맞이한 가족들은 따뜻한 환영 대신 멀찌감치 서서 그를 둘러싸고는 의심스러운 눈초리로 쳐다보았다.

"병원에서는 뱀탕이나 사슴의 생피를 주더냐?" 형이 할머니가 물었다.

"아니요. 가슴에 공기를 집어넣는 특수 치료를 받았어요. 휴식과 일광욕과 소젖을 먹는 법도 배웠는걸요."

"그럴 줄 알았다."

그의 할머니는 의기양양하여 형이 아버지를 돌아보았다.

"당장 가서 무당을 불러오너라. 외국 악마들이 경영하는 곳에 있었으니 이 아이 몸에는 악귀가 들어 있다. 악귀를 내쫓으려면 무당을 불러 침을 놓아야 한다."

형이는 할머니의 말에 움찔했다. 이제는 그런 말이 얼마나 터무니없는 것인지를 알고는 있었지만 갑자기 심한 피로감을 느꼈고 용기가 꺾였다. 그는 힘없이 어두운 집안으로 들어갔다. 잠시 후 아버지와 이웃 사람이 주고받는 이야기를 엿들었다.

"형이가 집에 돌아왔다지?"

"그렇다네."

아버지의 퉁명스런 대답이 들렸다.

"병은 다 나았나?"

"자기 말로는 다 나았다네."

"그래? 우리 집에는 오지 못하게 하게. 정말로 나았는지는 모르겠지만, 혹시 우리 식구에게 전염될지도 모르니까."

아버지는 화가 나서 급히 집으로 들어오더니 문을 꽝 하고 소리나게 닫았다.

"너는 광에 가서 자거라."

아버지는 형이에게 가혹하게 말했다. 광 속은 축축하고 추웠다. 신선한 공기도 없었다. 여기는 잘 수가 없는 곳이다. 그러나 가족들과 싸우는 일은 부질없는 짓이었다. 그들은 뱀탕과 사슴피만이 폐병을 고칠 수 있다고 믿고 있었다. 다른 방법으로 고칠 수 있다는 사실을 그들은 받아들일 수가 없었다.

그 후 수주일 동안은 불행한 시간들이었다. 형이의 가족들은 폐병에 대한 공포감을 억누르지 못했고 그의 옛 친구들도 그를 피했다. 어디를 가도 그를 환영하는 사람은 없었다. 물론 음식도 병을 치료하는 데는 적당하지 않았다. 집안은 불결했다. 그는 절망적이었다. 그때 아버지가 일하러 나가라고 재촉했다. 아무리 나쁜 환경이라도 지금처럼 의심받는 분위기보다는 나을 것 같아서 그는 아버지의 제의를 얼른 받아들였다.

몇 달 후 우리는 형이가 보낸 편지를 받았다. 다시 심한 병에 걸렸으니 되돌아오고 싶다는 것이었다. 그러나 그때는 불행하게도 요양원에 빈자리가 없었다. 나는 그에게 대기자 명단에 올려두었으니 기다려 달라고 답장을 보낼 수밖에 없었다. 그러나 연이어 슬픈 소식을 받았다. 형이는 이미 그의 조상이 묻힌 옆으로 갔다. …

형이와 같은 사례는 하나의 전형처럼 반복되었다.

젊은 농부 한 사람이 입원했다. 그 역시 회복이 빨랐다. 입원한 사이에 열렬한 기독교 신자가 된 그는 기독교 정신으로 자기보다 더 병이 중한 사람에게 자신의 입원실을 내주려고 애태웠다. 그는 완쾌를 기다리지 못한 채 퇴원하려고 했다. 결국 그도 우리의 만류를 뿌리치고 많은 일들이 기다리고 있는 고향으로 돌아갔다. 그는 완전히 건강을 되찾았다고 생각해 잃어버린 시간을 보충하려고 열심히 일했다. 그러나 마을에는 건강 상태를 점검해줄 의사가 없었다. 그도 일을 너무

당시 사람들은 뱀탕을 결핵 특효약으로 생각했다.

심하게 해서 끝내는 형이처럼 죽음을 피하지 못하고 말았다.

이러한 죽음들이 계속되자 어떤 조치가 없다면 문제를 해결할 수 없다는 점이 명백하게 느껴졌다. 요양원과 의사들의 손길이 닿는 곳에다 환자들이 일하고 먹고 살 수 있는 생활 터전을 만들어준다면 이같은 불행은 생기지 않을 것이라고 여겨졌다.

그 당시는 인구 중 80퍼센트 이상이 농촌에서 살고 있었다. 이런 일이 있기 전부터 나는 요양원에서 운영하는 모범 농장을 만들고 싶다는 생각을 했었다. 그렇게 하면 환자들은 지루한 회복기 동안에 육체적으로 덜 힘든, 현대적 영농 방법을 배울 수 있을 것이다. 특히 농부 출신의 환자들은 퇴원 후 고향으로 돌아가면 여기서 배운 현대식 농사법을 그 지방의 다른 사람들에게도 가르칠 수 있는 이점도 있다.

환자들의 더 좋은 건강을 기대하기 위해서는 재교육이 필요했다. 조선 사람들은 우유라면 질색을 했으므로 젖소와 젖염소는 아직 기르지 않고 있었다. 조선의 소는 젖의 크기가 서양 소에 비해 대단히 작아서 우유의 생산은 보잘것없었다. 닭도 서양 닭과는 많이 달랐다. 이곳 닭고기는 식용으로 하자면 너무나 질겨서 치아가 튼튼한 사람이나 먹을 수 있을 정도였다. 달걀도 매우 작았다. 채소 또한 별반 신통한 게 없었다.

조선인들의 음식은 영양학적으로 조화를 이루지 못하고 있었다. 그들은 주식으로 주로 쌀을 먹었다. 이런 실정이었으므로 우리가 정말로 결핵을 다스리고, 일단 퇴원한 사람들이 다시 요양원으로 되돌아오지 않게 하려면 "뭘 먹어야 한다"고 말로만 가르칠 것이 아니라 그 식품을 어떻게 구할 수 있는가 하는 방법까지도 실제로 보여주어야 했다. 요양원에 농장을 만든다면 이러한 목적을 달성하는 데 효과적일 것이다.

나의 꿈은 이제 농장뿐만이 아니라 모범 촌락으로까지 확대되었다. 모범 촌락의 환자들은 위생적인 환경 속에서 건강하게 생활할 수 있는 방법을 배울 수 있을 것이다. 그곳엔 유리창이 없고 연기가 가득찬 조선집들 대신에 햇볕이 넘쳐흐르는 집이 세워질 것이다. 회복기에 들어선 환자들이 그런 부락에서 가족들과 함께 산다면 가족들도 결핵예방 교육을 받게 되는 피교육자가 될 것이 아닌가!

이러한 마을의 중앙에는 교회당이 서게 될 것이며 학교 건물과 마을 회관도 있을 것이다. 회관은 공중위생 교육 센터도 되고, 영화, 강연, 어머니와 어린이들의 클럽, 주부 클럽, 소년들의 농구 경기, 소녀들의 재봉실습 등을 할 수 있는 시설이 구비될 것이다. 또 상점, 우체국, 놀이터가 갖추어질 것이다. 현재의 조선집 재료로 간단하게 건축할 수 있게 설계하면 된다. 다른 마을에서도 이 모범 주택과 똑같이 쉽게 지으려고 본보기로 견학하러 올 것이다. 이 집들에는 신선한 공기와 햇볕이 충분히 들어올 것이고 하수처리 탱크도 설치될 것이다.

이런 농장과 모범 마을에 대한 내 꿈이 이루어지려면 반드시 장기 계획이 필요했다. 그러나 나는 즉시 시작하기로 작정했다. 얼마 후 우리에게 요양원에 인접한 3만 평의 땅을 구할 수 있는 행운이 주어졌다. 그곳은 환자들을 위해 농작물을 키울 수 있는 이상적인 땅이었다. 토질이 비옥해서 감나무, 밤나무, 앵두나무들이 잘 자라고 있었다. 이 과수원은 어느 젊은이가 취미로 가꿔왔던 곳인데 어느 날 갑자기 죽어버렸다. 그의 아버지는 너무나 충격을 받아 아들 생각을 나게 하는 과

결핵환자들을 위해 구비된 오두막집.
닥터 셔우드 홀은 회복기에 들어선 환자들이 완전히 치료되고 삶에 적응할 수 있도록
이런 오두막을 기초로 한 촌락을 구상했다.

수원을 빨리 처분하고 싶었다. 그래서 아주 싼 값에 사라고 우리에게 제의해왔다. 마침 해롤드 윌리스 무어(Harold Willis Moore)를 추모하는 기념으로 요양원에서 유용하게 쓰라고 보내온 돈이 있었다. 내 꿈의 하나인 농장 계획은 이렇게 시작되었다.

요양원에서는 귀한 방문객들도 자주 왔다. 한번은 윌라드 프라이스(Willard Price)라는 자유기고가가 신혼여행 차 해주까지 들렀다. 그들이 해주에 온 것은 웰치 감독이 이곳을 생기로 넘치는 곳이라고 추천했기 때문이었다. 그는 여러 잡지에 기고한 글로 이미 잘 알려져 있는 저명 인사였다. 감리교 해외선교위원회에서 출간하는 〈월드 아웃룩〉(*World Outlook*)이라는 잡지의 편집인을 지내기도 했는데 항상 새로운 소재를 찾기 위해 노력하고 있었다. 그는 내가 왕진을 가거나 관리들을 방문할 때도 동행했으며 매리언의 수술 장면을 관찰하는 등 관심이 많았다. 그 후 고국으로 돌아가서 우리의 활동에 대한 기사를 썼다. 그로 인해 우리 사업은 널리 알려졌다. 덕분에 우리 프로그램까지도 자세히 발표되어 새로운 후원자와 친구들이 생겼다. 이 결과 경제적 지원이 증가되어 해주 구세병원과 해주 구세요양원의 시설을 확장할 수 있었다.

버버그 여사의 질녀인 베네트(Bennett) 여사도 요양원 병리실에 짜이스(Zeiss) 현미경 한 대를 증정했다. 이것은 버버그의 유산으로 요양원 건립을 허락한 베네트 가족과 그들의 친척, 친구들이 그 후 계속 우리의 사업에 관심을 가지고 있었다는 또 하나의 기쁜 소식이었다.

병리실에서 실시되는 각종 검사는 진단을 올바르게 내리는 데 중요한 도움을 준다. 침전 검사는 병을 치료하는 동안에 큰 도움이 된다. 이것은 환자의 혈액을 검사 튜브에 넣어 관찰하는 것으로서 적혈구가 들러붙는 비율을 보고 양성인지 음성인지를 예측한다.

투베르쿨린(tuverculin) 피부반응 검사는 어른들보다 어린이들에게 더 유용한 진단 방법이 되었다. 동양의 모든 성인들은 이 검사에 무조건 양성 반응을 보였기 때문이다. 이 검사는 바로 피부 밑에 주사하는 것이다.

한 사람씩 따로따로 쓰던 자외선 등(燈)은 마침내 크고 멋진 스위스제 일광욕실 등으로 대치되었다. 여기서는 환자 12명이 동시에 자외선 요법으로 치료 받을 수 있었다. 그들은 특별히 장치된 회전하는 판 위에 자리를 잡았다. 이때 기사는 자외선을 막은 유리방 뒤에서 모든 것을 조정한다. 우리 병원의 여기사는 환자들이 처방된 만큼만 정확히 자외선을 받는지를 지켜본다. 자외선 치료시간은 각 환자마다 시간을 엄격히 지키고 기록도 한다. 자외선을 받고 난 뒤에도 환자의 체온을 재고 그것을 기록한다. 지나친 자외선 치료는 환자를 위험하게 할 수

결핵환자에게 기흉치료법을 실시하고 있는 모습

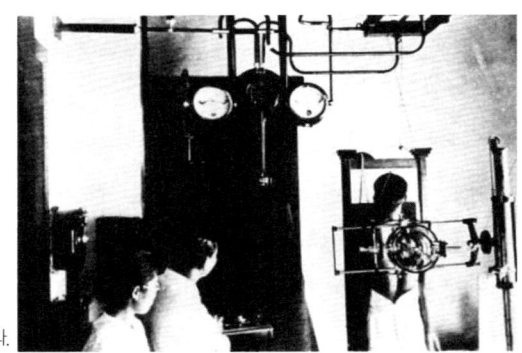
환자의 엑스레이를 찍고 있다.

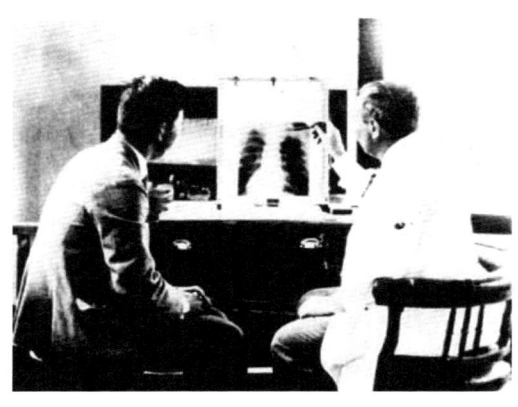
엑스레이 결과를 놓고 환자에게 설명하는 모습.

도 있으므로 매우 주의해야 한다.

이 요법은 대체로 처음에는 3분간만 쬐기 시작했다가 환자의 반응을 보며 점점 3분 내지 5분씩 시간을 늘려서 나중에는 약 2시간까지 증가시킨다. 만일 반응이 좋지 못하면 즉시 치료를 중단하고 하루나 이틀쯤 쉬었다가 다시 서서히 시작한다. 이것은 환자들이 일광욕을 통해 자외선을 받게 하는 것보다 더 정확하게 조절이 가능하다. 폐결핵 환자들에게 이러한 치료법은 별로 효과가 없으나 뼈, 복부, 또는 임파에 결핵이 있는 환자들에게는 잘 듣는다.

우리는 특히 인공기흉 치료기구를 가진 게 자랑스러웠다. 이것은 공기를 흉강에 서서히 넣어서 감염된 폐를 완화시키는 방법이다. 흉강에 들어간 공기는 감염된 폐를 고정시켜 마치 부목을 댄 것 같은 역할을 한다. 이렇게 하여 폐의 상처가 자연적으로 아물게 한다. 현대에는 수술 후 조리하는 경우를 제외하고는 이 방법을 거의 쓰지 않지만 당시 우리는 이 방법으로 대단히 좋은 효과를 보았다. 다른 병발증도 거의 나타나지 않았다. 그러나 꼭 한 번 병발증이 있었는데 그것은 늑막에 충격을 주어 환자를 중태에 빠지게 한 일이다. 내가 의사로서 겪은 가장 참혹한 경험이었다.

양쪽의 폐가 다 감염되어 거의 희망이 없는 환자들의 경우에는 복강에 공기를 넣는 기복(氣腹)을 써서 큰 효과를 본 적이 있다. 물론 이런 방법들은 '기적의 약'으로 불리는 현대의 특효약이 나오기 전의 전근대적인 방법들이었지만 여하튼 이러한 구식의 방법으로 우리는 그때 놀랄 만한 성과를 거두고 있었다.

미국에 있는 후원자들에게는 우리 요양원 사업에 대한 보고를 계속

현대식으로 지어진 여성전용 별채. 에디스 마커리트 기념관으로 불렸다.

보냈다. 이 보고는 우리에게 좋은 소식이 되어 되돌아오곤 했다. 1929년 11월, 마침내 서쪽 건물을 지을 수 있는 충분한 자금이 곧 도착할 것이라는 연락을 받았다. 또 봄이 되자 여성전용 별채를 지을 자금도 들어왔다. 이 여성전용관은 에디스 마커리트 기념관이라 이름 지었다. 별채 자금은 어머니와 어머니의 친구 분들이 보내준 소중한 선물이었다.

그러나 별채 하나만 짓는다는 것은 경제적이지 않았다. 건축업자는 서울에 살고 있었으므로 일거리가 넉넉해야만 여기까지 와서 일할 수 있다는 계산이 나왔다. 그 후 우리가 그 업자를 불렀을 때는 서쪽 건물 말고도 별채 두 채를 지을 자금이 들어와 있었다. 거기다 원래 계획에 포함되어 있는 정원을 꾸밀 수 있는 자금도 가지고 있었다.

많은 장인들을 알고 있었던 데다가 축소판 공원을 설계하고 만들 수 있는 일본인 조경사를 만날 수 있어서 기뻤다. 금붕어가 뛰노는 연못, 반원형 다리, 환자들의 찻집이 들어섰다. 잔디밭도 만들어 회복기의 환자들이 이용할 수 있게 했다. 사사키가 요양원에 벚꽃나무 1백주를 선사했는데 봄만 되면 요양원 마당은 벚꽃이 만발하여 아름다움을 더해줄 것이다.

나는 갓 태어난 요양원이 자랑스러웠다. 그래서 가끔 요양원을 '나의 아기'라는 애칭으로 불렀다. 요양원은 그 나름대로 어려움은 있었으나 비교적 잘 운영되고 있었다. 처음에는 선교회나 본부 위원회에 아무런 경제적인 도움도 청하지 않겠다고 약속한 것이 매우 불리한 조건처럼 생각되었다. 그러나 막상 실제로 일이 진행되자 오히려 전화위복이었음이 드러났다. 선교회의 지원을 받지 않았기 때문에 나는 그만큼 재량권을 갖게 되었고 그 재량권으로 오늘의 요양원을 구상하고 배치하여 완공할 수 있었다.

선교회의 도움을 받았다면 모든 진행은 정식으로 절차를 밟아야 한다. 건축을 시작하기 전에 먼저 계획서와 예산을 책정하여 재정위원회

요양원의 정원

에 제출해야 하고, 그 계획이 통과되면 건축위원회에 서류가 넘어가게 된다. 그곳에서도 여러 세부 질문과 요점을 정리하는 데 시간이 걸린다. 선교위원회는 다시 미국에 있는 본부에 이 모든 계획을 제출해야 하고, 미국에서는 지금까지의 과정을 또 되풀이하게 된다. 그러는 동안에 물가가 올라 건축비는 당초에 작성했던 예산을 초과할 수도 있다.

더구나 건물을 짓기 전에 반드시 건축비는 현금으로 마련되어 있어야 하므로 경리 계산을 자주 해야 하고, 그러는 동안 시간은 자꾸만 흘러가게 된다. 내 경우는 선교부의 도움을 받지 않았기 때문에 이처럼 복잡한 관문들을 통과할 필요가 없었다. 모든 건축 과정은 나의 계획과 나만의 지시로 처리될 수 있었다. 내가 별관을 지을 계획을 세웠을 때도 여러 건축업자들에게 보여주고 입찰을 받기만 하면 되었다. 반드시 값이 싼 업자에게 공사를 맡겨야 할 필요가 없었으므로 가장 믿을 수 있다고 생각되는 업자에게 일을 주면 그만이었다. 그러면 업자는 당장 일을 시작했고 대체로 공사가 끝나기 전에 건축비는 내 손에 모두 마련되었다.

그러나 돈이 그때까지 마련되지 못했던 경우도 없지 않았다. 그럴 때도 걱정할 필요가 없었다. 업자는 나를 신용했으므로 기꺼이 기다려주었다. 그것을 다음 번 공사를 맡을 수 있는 좋은 기회로 여겼기 때문이었다.

우리는 계속 전진만 했다. 어느 사이 별채 병동들이 산마루에 버섯이 피어난 것처럼 여기저기 세워졌다. 선교의 역사를 보면 첫 임기 동안에 이토록 많은 재량권을 행사한 선교사는 드물다. 나는 선교회의 도움을 전혀 받지 못하고 오지에 내던져졌으나 그 때문에 많은 장애물들을 뛰어넘어 시간을 절약할 수 있었다. 별채 안의 많은 물품들은 이 지방의 부유한 조선인들이 선물한 것이다. 요양원에는 환자들을 수용할 자리가 항상 모자랐다. 그래서 돈 많은 환자들이 입원을 신청하면 나는 언제나 그들에게 이렇게 말했다.

"지체하지 않고 입원하고 싶으면 별채를 한 채 지으면 될 텐데. 나중에 퇴원할 때는 그 별채를 병원에 기증해주시면 다른 가난한 환자를 돕는 일이고요." 이렇게 하여 부유한 환자들로부터 얻은 별채는 돈 없는 무료 환자들을 위해 쓰이게 되었다. 물론 큰 병동은 계속 본국의 후원자들에게 원조를 받아서 지어야 했다.

결핵요양원의 운영은 병동을 짓고 환자를 치료하는 일 외에도 마음을 졸여야 할 문제가 많았다. 좋은 직원들을 확보하기 위해서는 봉급을 후하게 주고 지불 날짜를 잘 지켜야 했다. 나는 비록 직원들 수가 늘어나 봉급 지불 시간을 맞추느라 허둥댄 일은 있었어도 시간을 어긴 적은 한 번도 없었다. 그러나 내가 가장 해결하기 어려웠던 것은 직원들의 인사 문제였다. 그것은 결핵에 대한 일반인들의 어처구니없는 선입관 때문이었다. 요양원이 배출한 퇴원 환자들의 수도 많지 않았고 개원한 지도 오래되지 않았기 때문에 요양원에 대한 주민들의 의식은 크게 좋아지지 않고 있었다.

요양원 직원들은 마스크를 쓴다든지 위생적으로 조심만 하면 요양원에서 일해도 병균에 감염되지 않는다는 점을 잘 인식하게 되었지만 가족들과 친구들은 요양원에서 일하면 폐병에 걸린다면서 직장을 그만두라고 권했다. 이런 대중을 계몽하려면 교육이 필요하다. 그러나 하루아침에 이루어질 수 있는 일이 아니었다. 이 때문에 '직원 확보'

문제가 우리에게는 가장 큰 과제였다.

주위에서는 경제적인 어려움이 닥칠 때를 대비해 요양원을 어느 정도 영리로 경영하여 예비 자금을 준비해두어야 한다고 자주 조언했다. 그러나 나는 자금을 비축하기보다는 그럴 돈이 있으면 좋은 의료기구와 의약품들을 사려고 했다. 예금이 없어야 긴장하여 일할 수 있는 자극을 받곤 했다. 이 자극은 요양원의 효능을 높이는 계기가 되기도 했다. 더 중요한 점은 이러한 기관이 영리를 염두에 두는 일이 있으면 좋지 않기 때문에 처음부터 그런 여유를 없애자는 데도 의미가 있었다. 장부상의 흑자를 생각한다는 것은 원래의 목적에 위배되기 때문이다.

우리 앞에는 또 다른 문제가 가로놓여 있었다. 울버턴 여사의 경제적 지원 만기시점이 임기 만료와 함께 다가오고 있었다. 그러나 선교회에서는 아직도 우리를 경제적으로 책임질 수 있는 처지가 못되었다. 조선에서 계속 의료선교사로 일하기 위해서는 본국으로 돌아가 다른 후원자를 찾아야 할 입장이었다. 아무튼 임기가 끝나면 안식년 휴가를 갖게 된다.

우리는 5년의 임기가 끝나는 안식년을 맞아 본국으로 돌아가서 휴식을 갖도록 되어 있다. 그것은 반드시 건강상의 휴식이 필요하기 때문만은 아니었다. 본국에서 다시 공부해 전문 분야의 새로운 지식을 습득하거나 교회를 방문해 선교 상황을 알려주는, 일종의 현지 선교보고 기간이기도 하다. 그러므로 선교사들은 자신의 의사와는 상관없이 귀국해야 한다.

우리가 없는 동안 요양원은 어떻게 될 것인가? 해주 구세병원과 해주 의창보통학교는 이미 자리가 잡혀 있어 걱정 없지만 해주 구세요양원은 아직 문을 연 지 얼마 되지 않아 시험 단계에 있는 중이었다. 직원들도 어리고 경험이 없었다. 어떤 간호사들은 "요양원에서 근무하는 간호사들이 결핵병이 감염되었을까봐 아무도 결혼하려 하지 않는다"며 그만 두겠다고 해서 언제나 우리를 불안하게 했다.

선교부에 아무 도움도 청하지 않겠다고 약속했으니 지금 와서 안식년 휴가 동안 내 대신 일할 의사의 비용을 부담시킬 수도 없었다. 또 선교부에서도 의료선교사들의 수가 적어 신통한 대책이 없었다. 다른 선교구도 사정은 마찬가지였다. 설사 단기간 임시로 취임할 의사가 있다 해도 언어와 현지 적응 등 어려움이 많았다. 그 당시에 우리 일을 임시로 맡아줄 수 있는 의사를 찾는 일은 도저히 기대할 수 없었다. 우리의 사정을 걱정해주는 사람들이 없지는 않았지만 그들에게도 구체적인 대책이 없었다. 함께 걱정만 해줄 수 있을 뿐이었다. 이 문제는 나를 무겁게 짓눌렀다. 그러나 요양원 문을 닫을 수는 없었다. 늘 그래왔던 것처럼 나는 또 한 번 장벽에 부딪힌 것이다.

해도 뜨지 않은 이른 새벽녘, 나는 자포자기 상태로 잠자리를 벗어나 남산 기슭으로 올라갔다. 요양원의 전경이 바라다 보이는 큰 바위 위에 앉아서 혼자 고심하고 있었다. 내 자신이 너무나 고독하게 느껴졌다. 좌절감은 전보다 더 무겁게 나를 엄습했다. 마침 그때 동쪽 하늘에 장엄한 아침 해가 솟아오르고 있었다. 그 광경을 본 나는 자신을 향해 말했다.

"저 햇살은 내게 하나님의 권능과 희망을 일깨워주는 빛이다. 햇빛은 쉬지 않고 비친다. 구름에 가려졌을 때에도 해는 변함없이 빛나고 있다. 지금 내 앞을 덮고 있는 구름도 곧 걷힐 것이다."

남산 봉우리 바위 위에서의 이러한 내 경험은 모세의 경우처럼 가시떨기가 거룩한 불에 붙었다든지 십계명을 받은 것 같은 특별한 상황은 아니었다. 십계명은커녕 일계명도 받지 않았다. 아침 해가 솟는 일상적인 현상이었지만 내 마음은 이상하게도 편안해졌다. 구름이 걷히듯, 조바심, 긴장, 긴박감이 걷힌 것을 느낄 수 있었다. 그곳에서 어떤 해결의 실마리가 눈에 보인 것도 아닌데 이상하게도 마음이 평화로워졌다. 모든 일이 잘되리라는 믿음이 생겼다. 구체적인 방법은 아무것도 떠오르지 않았지만 조금 전까지만 해도 나를 사로잡고 있던 절망감이 이유 없이 기쁨의 감정으로 뒤바뀐 내 자신을 발견할 수 있었다. 어깨에 지고 있던 큰 짐을 벗은 것 같은 홀가분한 기분이었다.

이런 편안한 마음으로 며칠이 지나자 아닌 게 아니라 희망적인 소식이 날아왔다. 운산에 있는 미국 금광에서 의사로 있는 닥터 어니스트 이바스(Ernest M. Ewers) 부부가 금광을 떠나 곧 미국으로 돌아가게 됐는데 우리가 안식년 휴가를 떠나 있는 동안 임시로 이곳에 와서 일을 보아줄 수 있을지도 모른다는 이야기였다. 이 기쁜 소식을 듣자마자 나는 지체하지 않고 닥터 이바스와 연락을 취했다.

닥터 이바스는 원래 중국에서 근무하고 있었는데 중국인들에게 밀려나게 되었다. 그때 마침 금광의 닥터 파워가 건강 때문에 미국으로 귀국하게 되어 운산 금광에 임시로 취임했었다. 그는 우리가 울버턴 여사의 경제적 지원을 받게 되어 포기했던 자리에 긴급 취임한 의사였다. 이런 경험이 있었으므로 닥터 이바스는 긴급 요청, 임시 취임이 생소하지 않았다. 그들은 기쁜 마음으로 우리의 청을 들어주었다. 나는 표현하지는 않았지만 기쁘기 한량없었다.

선교본부의 감독과 이사회에서는 닥터 이바스의 임시 취임을 동의했다. 그러나 나중에 안 일이지만 몇 사람들은 "자신들의 봉급도 보장받지 못한 처지에 어떻게 다른 의사의 봉급까지 지불할 수 있겠느냐"고 의문을 표했다고 한다. 이사회는 혹시 경제적인 책임이 자기들에게 떨어질까 겁이 났던 것이다. 그 자리에서 노블 목사는 "닥터 홀은 지금까지 요양원 운영을 하면서도 동전 한 푼 선교부에 도움을 청한 일이 없었습니다. 그러니 이 문제에 있어서도 선교부에 책임을 전가하지는 않을 것입니다"라고 강력하게 이야기했다고 한다.

우리는 깊이 감사하는 마음으로 닥터 이바스 부부를 맞이했다. 나는 하나님께서 우리 요양원을 살려주시기 위해 그를 보내주셨다고 굳게 믿었다. 닥터 이바스 부부는 이곳 생활에 잘 적응했다. 환자들과 직원들도 그들을 매우 좋아했다.

안식년 휴가를 떠나는 준비기간은 마치 마술사의 공연처럼 동에서 번쩍 서에서 번쩍하는 바쁜 일이 겹쳤다. 우리는 1930년 6월 13일 해주를 떠날 예정이었다. 그런데 펜실베니아의 피츠버그에서 폴 목사 부부가 곧 조선에 도착한다는 것이었다. 나는 5월 30일 그들을 맞이하러 차를 몰고 서울에 갔다가 6월 2일에 함께 해주로 왔다. 그 다음날 폴 목사는 여성 병동인 서쪽 건물과 에디스 마거리트 기념 별관의 봉헌식을 주관했다. 서쪽 건물은 그의 아내의 이름으로 헌정되었다. 우리는 폴 목사 내외를 해주 관광과 낚시로 대접한 다음 6월 6일에는 평양으로 전송했다.

어머니는 넘어져 부상을 입어 집에서 조리하고 있었다. 그래서 여성해외선교회 부인들에게 남은 여름 동안 그들 숙소에 계신 어머니를 돌봐달라고 부탁한 뒤 모두와 '안녕'이라는 한 마디로 작별을 고했다.

조선에서의 첫 임기는 수없이 많은 도전의 시기였고 그래서 더욱 보람찬 것이었다. 1930년 6월 27일, 우리가 탄 도츠다 호가 일본의 해안에서 멀어져갈 때 첫 안식년 휴가를 떠나는 우리 마음은 설레었다.

20
안식년 휴가

　미국으로 향하는 태평양횡단 항해는 참으로 유쾌했다. 바다는 항해하기에 이상적이었다. 해주를 방문했던 신혼여행 중인 윌라드 프라이스 부부가 이 배에 타고 있어 여행은 더욱 즐거웠다. 배가 샌프란시스코에 도착하자 우리는 뉴욕으로 가는 대륙횡단 철도로 갈아탔다. 특히 윌리엄은 이 여행을 누구보다도 즐거워했다.

　그러나 목적지에 도착하니 슬픈 소식이 우리를 기다리고 있었다. 우리의 좋은 친구요, 후원자였던 울버턴 여사가 그 사이에 별세했다는 소식이었다. 우리는 제일 먼저 빙엄턴에 살고 있는 사촌 그레이스 해스킨스를 찾아가 우리가 처한 곤경을 말하지 않을 수 없었다. 그녀는 우리를 실망시키지 않았다. 비록 경제적인 책임을 전담하지는 않았지만 일부는 책임지겠다고 했다. 그뿐만이 아니라 자신이 죽더라도 계속 지불될 수 있게 빙엄턴 태버너클 감리교회(Binghamton Tabernacle Methodist Church)를 통해 이 문제를 조치해놓겠다고 약속했다.

뉴욕 주의 빙엄턴 태버너클 감리교회의 모습

장래의 경제적 보장과 안식년 휴가 동안 우리 대신 병원 일을 보고 있는 닥터 이바스 가족에게 지불할 봉급 문제를 해결하기 위해 나는 뉴욕에 있는 선교위원회를 찾아보기로 했다. 나머지 차액을 부담할 수 있는 방법을 알아보기 위해서였다. 그 당시 선교위원회의 수석은 국제적으로 유명한 찬송가 작사가인 프랭크 메이슨 노스(Frank Mason North)였다.

노드 박사는 상당히 바쁜 직책에 있는 분이므로 미리 시간 약속을 하지 않으면 만나기 어려웠다. 그러나 나는 아무 사전 약속도 없이 무작정 그를 방문하기로 했다. 내가 어려운 상황에 있을 때 힘을 준 찬송가를 작사한 사람이니 어쩌면 내가 당면한 이 문제를 해결하는 데 좋은 가르침을 줄지도 모른다는 기대에 선교위원회 본부의 사무실로 갔다. 기다린 지 얼마 안 되어 비서가 노스 박사의 집무실로 안내했다. 그는 따뜻하게 나를 맞아주었다.

"당신과는 이미 구면인 것 같군요."

노드 박사는 뜻밖의 말을 했다.

"웰치 감독이나 다른 사람들로부터 당신의 이야기를 들을 때마다 나는 당신 부친이신 닥터 윌리엄 제임스 홀의 품격과 봉사활동을 상기하곤 했어요. 당신 어머님의 조선과 미국에서의 놀랄 만한 활약상은 제쳐놓고라도 말입니다. 1892년 내가 이 도시선교회의 책임간사로 취임했을 때 부친은 뉴욕의 동부 지역에서 의료봉사를 맡고 있었지요. 나는 곧 부친의 성함과 지속적인 봉사활동에 대해 잘 알게 되었습니다. 부친이 이곳을 떠난 후로는 그토록 훌륭한 분을 아직 만나보지 못했어요. 그가 하늘나라로 불려갈 때까지 현지에서 의료선교사로 행한 뛰어난 공헌과 헌신은 이제 선교사의 한 장으로 기록되었습니다. 그것은 조선에서 부친의 뒤를 이어 거룩한 일을 하고 있는 당신에게 남겨진 유산이기도 합니다. 진정으로 귀중한 유산입니다."

너무나 뜻밖의 환영을 받자 놀라고 당황하여 그가 지은 찬송가에서 내가 많은 힘을 얻었다는 말까지도 잊어버리고 못할 뻔 했다. 우리가 당면한 경제 문제에 대해 노스 박사는 큰 용기와 희망을 주었다.

선교위원회에서는 오래 전부터 현지에 나가 있는 선교사들과 그들을 후원하는 교회들을 선정해 이들 사이에 긴밀하고 개인적이고 구체적인 접촉이 있어야 한다고 생각하고 있었다. 이것을 '교구 해외선교 후원'(Parish Aboard)이라는 이름으로 계획해왔다고 한다. 마침 오하이오 주 클리블랜드의 세이비어 교회(Saviour Church)에서 후원 대상 선교사를 선정해달라는 요청이 왔다는 것이다. 노스 박사는 그 교회에 우리를 추천할 생각이며 그 교회에서도 우리를 기꺼이 파견 선교사로 정할 것이 틀림없다고 했다. 특히 우리 부부는 클리블랜드에서 그리 멀지 않은 마운트 유니언 대학 출신이니 조건이 더 유리하다고 했다.

선교회에서 우리를 추천하자 세이비어 교회는 지체하지 않고 우리의 후원교회가 되었다. 동시에 메릴랜드의 볼티모어에 있는 애폴드교회(Appold Church of Baltimore)에서도 똑같은 동기로 우리의 후원교회가 되었다. 이렇게 하여 우리의 경제적인 걱정은 해결되었다.

우리가 의과 대학생이었을 때 장학금을 주어 우리를 도와주었던 펜실베니아 의료선교사협회에서는 뉴저지의 벤트놀(Ventnor)에 있는 선교사 전용 '안식년 휴가용 별장'을 무료로 사용하라고 했다. 우리는 그곳을 거처로 정한 다음, 교회들을 방문하여 선교사 생활에 대한 보고 강연을 하는 동시에 뉴욕과 필라델피아에서 대학원 과정을 공부하기로 했다.

다행히 근처에 조세핀 짐머맨 양이 능숙한 솜씨로 경영하는 작은 사립학교가 있어서 윌리엄은 그 학교 유치원에 보냈다. 수많은 장애와 맞서 고투하느라 자신을 소모시켜야 했던 조선에서의 나날들, 그런 생활 뒤에 맞이한 우리의 안식년 휴가는 이처럼 다시 용기를 회복하게 하는 좋은 일들로 시작되었다.

나는 펜실베니아 대학교의 대학원에 등록하고 결핵의학 연구로 뛰어난 헨리 핍스 연구소(Henry Phipps Institute)를 다녔다. 이 과정을 밟기 위해 매일 필라델피아로 통근을 했다. 나는 이 과정을 마친 후 매리언과 교대로 윌리엄을 돌보았다. 매리언은 뉴욕 대학원에서 외과에 대한 특별 연수를 받았다.

어느 주일, 필라델피아 교회에서는 선교사 대표로서 예배를 인도하는 일을 내게 맡겼다. 집회가 끝나자 언제나처럼 많은 사람들이 몰려와서 악수를 청하고 인사를 했다. 그때 결핵에 대해 많은 관심을 가지고 한 신사가 내게로 와서 자신을 소개했다. 그는 전국결핵협회의 뉴욕 본부에 재직하고 있는 필립 제이콥스(Philip P. Jacobs)였다. 제이콥스는 결핵협회에서 '대중에게 결핵에 대해 가장 잘 알려주는 방법'이라는 제목으로 강좌를 열 예정인데, 그 내용에 대해 관심이 있는지 내 의견을 알고자 했다. 물론 그것은 내가 큰 관심을 가지고 있는 분야였다.

제이콥스는 계속 말했다.

"그리고 또 말입니다. 내게는 아주 좋은 친구가 두 사람 있는데 한번 만나보시면 좋을 겁니다. 그들은 오늘 아침 선생이 말씀하신 '형'이라는 이름의 결핵환자 이야기에 굉장히 흥미를 가질 겁니다. 가족들이 결핵에 대해 제대로 알았다면 그 소년의 생명을 구할 수 있었으리라는 점에 그들도 틀림없이 공감할 겁니다. 그 친구들에게 제가 소개장을 써드리겠습니다. 한 사람은 미국 굴지의 신문인 〈노스 아메리칸〉(*North American*)의 편집자인 미첼 핫지스(Leigh Mitchell Hodges)입니다. 그는 바로 이 필라델피아에 살고 있지요. 또 한 사람은 델라웨어의 윌밍턴에 살고 있는 에밀리 비셀(Emily P. Bissell) 양입니다. 이 두 사람은 크리스마스 씰(Christmas Seal)의 아이디어를 미국에 소개한 주인공들입니다."

제이콥스는 이야기를 계속했다.

"크리스마스 씰은 지금 우리 결핵협회의 주 수입원입니다. 연 5백만 달러나 모금되고 있습니다. 경제 공황에도 영향을 받지 않으므로 선생의 선교활동에는 중요한 도움을 줄 겁니다. 저소득 국가에 특히 알맞은 것이기 때문입니다. 이 씰이 미국에 소개되었던 1907년부터 1930년 사이에 6,100만 달러 이상이 모금됐습니다. 보다 중요한 사실은 이 씰 모금은 미국의 결핵을 기록적으로 감소시킨 가장 큰 요인이었다는 사실입니다."

이 통계가 사실이라면 이것이야말로 진짜 중요하고 새로운 방법이란 생각이 들었다. 나는 이 위대한 크리스마스 씰 운동을 미국에 보급시킨 두 사람을 만나볼 생각에 전율 같은 흥분이 느껴졌다. 소개장을 가지고 갔더니 무사히 통과되었다. 나는 곧 핫지스의 집무실로 안내되었다. 그는 이미 일선에서 물러난 지 수년이 지났는데도 책상 위에 일거리를 잔뜩 쌓아놓고 있었다. 아직도 상당한 활동을 계속하고 있다는 것을 한눈에 알 수 있었다.

핫지스는 친절하게 나를 맞아주었다.

"당신은 내가 활동한 이야기를 듣고 싶은 것 같은데, 사실 그 일의 공적은 비셀 양에게 있습니다. 내게 크리스마스 씰에 대한 아이디어를 준 사람은 그녀입니다. 매년 우리 신문사에서는 사회에 도움이 되는 운동에 대한 아이디어를 발굴하고 그 운동을 후원해주고 있습니다. 왜냐하면 나는 신문이란 뉴스 중개에서만 그칠 것이 아니라 그 이상의 일도 해야 한다고 믿고 있었기 때문이지요. 1907년, 비셀 양이 내 사무실에 들어왔던 그날을 나는 마치 엊그제 일처럼 지금도 생생하게 기억하고 있습니다. 그날 아침은 유난히도 바빠서 제 방문에는 '들어오지 마시오' 라는 팻말까지 붙여놓았을 정도였어요. 이 팻말을 보고 아무도 들어오지 않았는데 비서는 그것을 보지 못했던 모양입니다. 그 아이가 내 방에 노크를 하고 들어오더니 밖에 어떤 여성이 꼭 나를 만나야겠다고 기다리고 있다는 거예요. 나는 책상 위에 쌓인 읽어야 할 신문들을 쳐다봤지요. 나는 그때 좀 쉬고 싶은 심정이었어요. 그때 한마디 던졌지요. '그 여자가 예쁘게 생겼더냐? 예쁘면 들여보내'라고 말입니다."

그는 감회에 젖어 계속 그 당시를 회상했다.

"비서는 그 여성이 예쁘다고 생각했던 모양입니다. 방으로 안내되어 온 젊은 여성은 말을 제대로 못했어요. 당황하는 것 같았어요. 그래서 나는 용기를 주려고 미소를 지으며 이야기를 하라고 했지요. 그 다음의 자세한 이야기는 본인에게 직접 듣도록 하시지요. 간단하게 설명하면 그녀는 우리 신문사가 윌밍턴에 있는 작은 결핵요양원을 도와줄 수 없겠느냐는 것이었습니다. 그녀는 요양원에 큰 관심을 가지고 요양원을 돕기 위한 씰을 팔고 있다고 했어요. 환자들은 대부분 우리 지방 사람들이라는 것이었습니다. 나는 내 앞에 앉아 있는 그 젊은 여자의 용기에 경탄하지 않을 수 없었습니다. 그녀의 동기가 하도 아름다워 내 마음이 이미 흔들리기 시작했습니다. 비록 '크리스마스 씰' 아이디어는 생소한 것이었지만 적당한 홍보를 하면 가능성이 있다는 점은 신문인으로서 쉽게 판단할 수 있는 일이었습니다. 나는 신념과 추진력을 겸비한 젊은 숙녀에게 할 수 있는 대로 힘써주겠다고 약속했습니다."

그는 씰이 성공한 그 후의 일까지도 말해주었다.

"첫 번째 크리스마스 씰이 이곳에서 성공했던 것은 이제는 역사적인 일이 되었습니다. 윌밍턴에 있는 작은 브랜디와인 요양원(Brandywine Sanatorium)은 문을 닫는 위기를 모면했을 뿐만 아니라 오히려 확장되었지요. 더 많은 환자들을 수용할 수 있게 되었고 더 좋은 의료 봉사를 할 수 있게 된 것입니다. 이 운동은 급속도로 확대되어 얼마 후에는 전국결핵협회에서 주관하겠다고 나섰습니다. 내가 관련된 부분만을 요약하면 대략 이 정도입니다."

나는 핫지스 씨에게 마음 깊이 감사하면서 그의 사무실을 나왔다. 나는 어떻게 하면 이 운동을 조선에서 전개할 수 있을까를 궁리했다. 월밍턴의 비셀 양을 만나 이 운동의 전모를 알 때가 언제쯤 올 지 막연해 내 마음은 조급했다. 그러나 기회는 내가 생각했던 것보다 빨리 왔다. 내가 연사로 초청되어 월밍턴으로 가게 된 것이다.

비셀 양은 조용하고 여성적인 모습으로 나를 맞아주었다. 그녀의 인상은 패니 크로스비처럼 연약했다. 이렇게 작은 체구의 얌전한 여자가 어떻게 막강한 핫지스 씨의 마음을 움직일 수 있었는지 경탄하지 않을 수 없었다. 대단한 일을 하게 된 경위를 듣기 위해 그녀의 입을 열게 하기까지는 정말 힘이 들었다. 그러나 한 번 입을 열자 상당히 열심히 이야기를 계속했다. 그 당시를 회상하면서 이야기에 열중할 때 그녀의 눈은 열정으로 반짝였다.

"우리 집 근처에는 작은 결핵요양원이 하나 있었어요. 운영 자금이 없어서 항상 허덕였죠. 날마다 찾아오는 환자들을 돌려보내곤 했습니다. 요양원은 사람들의 관심도 끌지 못했고 후원하는 단체도 없었어요. 요양원을 걱정하는 주위 사람들은 사기가 크게 저하되어 있었습니다.

그 무렵 나는 잡지에서 제이콥 리스라는 분이 기고한 글을 읽게 되었습니다. 그 글은 덴마크의 어느 소박하고 평범한 우체국 직원에 대한 이야기였습니다."

그녀는 그 무렵의 이야기를 자세히 들려주었다.

"아이나 홀보엘이라는 우체국 직원은 부자나 가난한 자를 막론하고 우표는 다 사게 마련이고, 값은 싸더라도 많은 수를 모으면 상당히 큰 금액이 된다는 사실을 염두에 두었답니다. 그때 그의 집 가까이에 작은 결핵요양원이 하나 있었는데 경제적인 어려움 때문에 운영을 계속할 수 없어 문을 닫아야 할 지경이었습니다. 이를 본 홀보엘은 만일 우표와 같은 특별한 씰을 만들어 판다면 누구나 한 장쯤 사는 데는 큰 부담을 느끼지 않을 것이고 동시에 총 매상은 큰 금액이 될 것이니 요양소 같은 기관을 돕기는 쉬울 거라고 생각했습니다. 씰은 값이 싸기 때문에 남녀노소 누구나 결핵을 퇴치하는 이 운동에 참여할 수 있다고 착안한 거죠.

많은 노력 끝에 드디어 크리스마스에 한해 씰을 발행해도 좋다는 허가를 받았답니다. 모든 사람들의 마음속에 있는 크리스마스 정신으로 씰은 넓은 지역에 걸쳐 팔렸고 그 결과 요양원은 문을 닫지 않았던 거예요. 이 착상은 좋은 호응을 얻어 덴마크 내에 점점 널리 퍼지게 되었고 덴마크 내에 있는 결핵환자들은 모두 그 덕을 보게 되었습니다. 이 일로 덴마크는 결핵으로 인한 사망률이 전 세계에서 가장 낮아졌다는 것입니다.

제이콥 리스는 형제 여섯 명이 모두 결핵으로 사망했다면서, 크리스마스 씰 운동을 미국에서 일으켜주기를 글을 통해 호소했습니다. 저는 그 글을 읽고 밤잠을 이룰 수 없었습니다. 친구들에게 이 운동에 대해 누누이 이야기했으나 모두들 부정적이었습니다. 이 운동은 미국에서는 효과가 없을 것이라고 생각했지요. 그들은 이렇게 말했어요. '여

하튼 이런 운동은 큰 기관에서 해야 돼.'

저는 전국결핵협회에도 찾아갔습니다. 거기서도 이 아이디어는 모금 방법으로 적당하지 않다면서 후원할 수 없다는 거였어요. 그 다음에는 적십자사를 갔더니 결핵협회보다는 고무적이었어요. 자기네 이름으로 이 운동을 벌여도 좋다고 했습니다. 그러나 막상 일을 하려니 이 운동을 시작할 클럽들을 찾을 수 없었습니다. 그러는 동안에 내가 사랑하는 브랜드와인 요양원은 계속 고통을 겪고 있었지요. 문제가 해결될 가망이라고는 아무 것도 없었습니다.

이때 누가 제게 〈노스 아메리칸〉이 사회에 유익한 아이디어가 있으면 주관하여 후원하는 일을 하고 있다고 했어요. 지푸라기라도 잡을 심정으로 그 신문사의 편집자 핫지스 씨를 찾아갔습니다. 약간은 두려운 마음으로요. 그 후의 이야기는 이미 다 아시겠지요."

비셀 양은 그때의 이야기를 이처럼 간단하게 들려주었지만 나는 이 여성의 용기에 깊은 감명을 받았다. 자리에서 일어나면서 나도 어떤 가능성을 느꼈다. 그리고 "조선에서도 이와 비슷한 운동을 성사시켜야겠다"고 결심하게 되었다.

이 일이 있고 난 후 얼마 지나지 않아 전국결핵협회 주관으로 열리는 강좌가 있었다. 이미 미국 씰 운동의 개척자들인 비셀 양과 핫지스 씨를 만나본 후였으므로 이 강좌에 참석하게 된 것이 더욱 기뻤다. 강좌는 제이콥스가 진행했다. 공중위생 교육의 요점과 함께 결핵환자들 및 병에 감염되었다가 치유된 사람들에 대해 일반인들이 갖고 있는 이해와 포용의 수준을 가장 효과적으로 증진시키는 방법들에 관해 다루었다. 바로 내가 알아야 했던 것들이었다.

나는 특히 크리스마스 씰의 디자인 방법, 인쇄, 보급에 대한 강의에 관심을 가졌다. 나는 전부터 우표를 수집하고 있었다. 그래서 자연히 씰 수집도 내 취미 중 하나가 되었다. 나는 곧 당시 발행되고 있는 각국의 씰들을 거의 대부분 수집했다. 재미도 있었지만 교육적인 의미도 컸다. 장래 씰을 발행할 때 이용할 수 있는 풍부한 아이디어를 얻었다.

우리의 안식년 휴가는 거의 끝나가고 있었다. 휴식은 별로 취하지 못했으나 많은 자극을 받았다. 나는 앞으로 수행해야 할 계획을 세우게 되었고 이 계획을 실천하기 위해 빨리 조선으로 돌아가고 싶었다. 가서 공중위생 계몽과 결핵예방 운동을 대규모로 전개하고 싶었다. 이러한 운동은 치료 자체보다는 인기가 없겠지만 중요하기는 마찬가지다. 문득 소년 때 학교에서 배운 시가 생각났다. "사람들은 절벽에서 떨어지지 않게 담을 쳐두는 일보다는 절벽에서 골짜기로 떨어진 다음, 그때 입은 상처를 치료해주는 것에 고마움을 느낀다"는 내용이었다.

조선을 향해 떠나기 전에 우리는 클리블랜드의 세이비어 교회의 예배에 참석했다. 우리를 그 교회 대표 선교사로 임명하는 특별 예배를 베풀어준 것이다. 이 교회당은 가톨릭 교회의 성당같이 아름다웠다. 그 당시 미국 경제는 대공황을 지나는 형편이라 이 교회도 큰 타격을 받고 있었으나 능력 있는 맥코비(J. McCombe) 박사의 지도와 성실한 교회 위원들의 노력으로 교회 기능을 빠르게 회복하고 있었다.

훗날 이 교회는 하워드 브라운(Howard Brown) 박사의 인도로 각 분야에서 뛰어난 활동을 했다. 교회의 지도자들은 한결같이 우리를 사랑으로 맞아주었다. 그들을 그 후 여러 해를 두고 우리에게 좋은 후원자가 되었다. 우리를 전송해주기 위해 베풀어준 이 훌륭한 집회는 우리

COMMISSIONING SERVICE
FOR
Drs. Marian and Sherwood Hall

Wednesday, April 29, 1931
6:30 o'clock

오하이오 주 클리블랜드의 세이비어 교회에서는
닥터 홀 선교사 가족을 파송하는
특별 예배를 가졌다.

에게 말할 수 없는 격려가 되었으며 사기를 높여주었다. 그들의 기도와 편지들은 계속 우리의 용기를 북돋아주는 원천이었으며 우리에게 닥친 힘든 시련을 극복하는 데 큰 힘이 되었다.

우리는 조선으로 돌아가기 직전 노스 박사로부터 한 통의 편지를 받았다. 너무나 고마운 격려 편지였다.

"지난번 서로 만나본 후 나는 당신에 대해 많은 생각을 하고 있습니다. 또한 당신들 부부에 대해서도 깊은 관심을 가지고 있습니다. 당신이 조선에서 하고 있는 선교활동은 성스럽고 참된 사업입니다. 두 분이 행하는 훌륭하고 뛰어난 의료사업은 과학적인 의미와 정신적 이상을 추구하는 데 있어 효과를 가져 오고 있습니다. 그 점에 나는 감명을 받아 당신들의 사업에 열성을 갖게 되었습니다. 두 분이 헌신하고 있는 일이 크게 성공해서 원래의 계획보다 더 좋은 결실을 보시길 진정으로 바랍니다."

그 시절에 미국 동부에서 조선으로 가는 가장 빠른 길은 뱃길이 아니라 시베리아를 횡단하는 육로였다. 그래서 우리는 소위 지름길이라는 육로를 택했다. 나는 소년 시절에 이 길을 지나가 본 적이 있었기 때문에 이제는 그때보다 더 편해졌을 것이라고 생각했다. 내 짐작이 얼마나 잘못이었던가는 나중에 곧 드러났다.

뉴욕에 있는 여행사에서는 목적지까지의 표를 미리 다 사두고, 될 수 있는 대로 현금은 적게 가져가는 것이 좋다고 일러주었다. 그 말에 좀 의심이 갔지만 여행사가 사정을 잘 알고 있을 것이라는 생각에서 그들의 의견을 따랐다.

1931년 이른 가을, 우리는 독일 베를린에 도착했다. '히틀러의 광풍'은 빠른 속도로 접근해 오고 있었으나 아직 이 도시에까지는 미치지 못한 상태였다. 상점마다 물건들이 많았고 가격도 적당했다. 러시아와 시베리아에는 필수품들이 매우 부족할 것으로 예상되어 여기에서 물건을 구입했다. 특히 필요한 것은 윌리엄이 먹을 분유와 쉽게 가져갈 수 있고 보관하기 쉬운 가벼운 음식물들이었다.

우리는 다시 젖과 꿀이 흐르는 초원의 땅에서 단조로운 갈색이 넓게 펼쳐진 소련 땅으로 향하는 장도에 올랐다. 러시아에서는 여성들이 미니스커트를 입고 있었다. 그 시절 기준으로 보아서는 상당히 짧은, 무릎보다 훨씬 위에 오는 치마였다. 이 짧은 치마는 단순한 유행이 아니라 비참한 경제 사정 때문이었다. 그들은 옷감이 충분하지 못해 치마를 짧게 해야 할 정도였고 모든 물품들이 극도로 부족해서 배급제로 공급하고 있었다. 사람들은 한 덩어리의 빵을 사기 위해 긴 행렬 속에 서서 기다리고 있었다.

열차에는 떠들고 잘 웃는 독일인들로 꽉 차 있었지만 소련 국경이 가까워지자 대부분이 다 내리고 허술한 차림에 침울한 표정의 소련 사람들이 탔다. 그들 중에 옷을 잘 입은 신사 한 사람이 있었다. 그는 약간 당황한 듯한 얼굴로 계속 통로를 왔다 갔다 하고 있었다. 우리 앞을 지날 때면 윌리엄을 쳐다보며 다정한 미소를 지었다. 우리가 점심을

소련에서 닥터 홀 가족의 여러 편의를 봐주고 관광을 시켜준 새뮤얼 파인. 후에 그는 인도에 있던 닥터 홀을 찾아와 둘은 재회를 하게 된다.

먹기 시작하자 그는 부러운 눈으로 바라보았다. 우리는 그에게 윌리엄 곁에 앉기를 권하면서 함께 점심을 들자고 청했다. 그제야 그는 국제 열차이니 당연히 식당이 있으리라 믿고 먹을 것을 준비하지 않았다고 말했다.

새로 사귄 이 친구는 원래 러시아인이었는데 젊을 때 미국에 가서 성공해 뉴욕에서 살고 있었다. 그의 이름은 새뮤얼 파인(Samuel Fine)이었다. 고향을 떠난 후 처음으로 친척과 옛 친구들을 방문하러 가는 중이었다. 친지들에게 주려고 물자가 풍부한 미국에서 많은 선물을 준비해왔다. 그는 소련 관리들이 자기를 어떻게 생각할지 모르겠다며 마음속으로 걱정하고 있었다. 그러나 친지들은 자기를 대환영할 것으로 믿고 있었다. 소련에서는 구할 수 없는 선물들을 준비해왔기 때문이었다. 레닌그라드에 도착할 무렵 이미 우리는 친구가 되어 있었다. 그와의 친분은 그 후에도 여러 해 동안 계속 되었고 나중에는 그의 가족들과도 친해졌다.

레닌그라드의 큰 역은 삭막하고 황량했다. 거리도 마찬가지였다. 택시나 러시아의 사륜마차도 눈에 띄지 않았다. 베를린의 여행사에서는 우리가 여기 도착하면 예약된 호텔에서 누가 마중나와 있을 것이라고 했었다. 파인은 짐들을 길에다 쌓아놓은 다음에 짐에서 눈을 떼지 말라고 재삼 강조했다. 무슨 일이 있어도 짐 곁을 떠나선 안 된다며 잠시라도 한눈을 팔면 짐은 사라질 것이라고 했다. 그리고는 우리가 예약한 호텔로 전화를 하러 갔다. 얼마 후 그가 돌아와서 호텔에서 곧 사륜마차를 보낸다고 했다는 것이다. 우리는 이처럼 친절한 사람을 만나게 된 것이 매우 다행스러웠다. 그는 러시아 말을 유창하게 했고 외국

여행자들이 당하기 쉬운 함정을 잘 알고 있었다. 우리가 레닌그라드에 머무는 동안 그는 우리들의 훌륭한 관광 안내인이 되어주었다.

일반적으로 큰 호텔에는 목욕실이 구비되어 있는 게 상식이다. 그러나 여기에서는 사정이 달랐다. 우리 방에는 목욕실이 없었다. 여러 층 아래 공중 목욕실이 있는데 거기까지 걸어서 내려가야 했다. 방에 수건이 없어서 목욕실에는 있겠거니 하고 갔더니 거기에도 없었다. 다시 걸어서 메인 데스크까지 가서 이야기를 했더니 수건을 얻으려면 한 층을 더 내려가 홀의 포터에게 말해야 한다는 것이었다. 겨우 수건을 얻은 다음 개선장군처럼 목욕실로 돌아오니 이번에는 비누가 없었다. 비누는 호텔에서 공급하지 않고 손님들 각자의 것을 써야 한다는 것이었다. 설상가상으로 막 목욕실에서 나오던 어느 손님이 우리에게 일러주기를 샤워실에서 더운 물은 들통 하나 정도만 나오고 곧 찬물이 나온다고 주의를 주었다. 우리는 도저히 목욕을 할 수가 없어 마른 수건으로 몸을 문지르는 수밖에 도리가 없었다.

파인이 우리를 찾아와 관광을 시켜주었다. 그는 재판소로 안내했는데 한 방에서는 즉석 결혼식이 열리고 있었고 그 옆방에서는 즉석으로 이혼이 허가되고 있었다. 다음날은 창녀들을 교화시키는 곳으로 데리고 갔다. 거기에서 여자들은 직조 기술을 배우고 있었다. 이 교화소는 대단히 훌륭하게 운영되고 있는 것 같았다. 파인은 우리가 계급 없는 사회의 식사 시간을 보고 싶을 것이라고 생각해 공장 식당도 구경시켜 주었다. 건물 2층까지는 일반 노동자들의 식당이었다. 노동자들에게는 러시아 쇠고기 스프 한 사발과 검은 빵만이 있을 뿐이었다. 높은 사람들은 맨 위층에서 식사하고 있었는데 그들은 먹고 싶은 러시아 요리들을 보드카와 함께 마음대로 골라가며 먹고 있었다.

저녁에는 그와 함께 인기 있는 소련 영화를 보러 갔다. 일종의 선전 영화로 예전에는 부자들만 갈 수 있었던 흑해변의 유명한 휴양지에 이제는 소련 노동자들도 휴가를 지내러 간다는 이야기였다. 영화 장면에서 덜거덩거리는 기차를 아주 사실적으로 묘사한 것을 보고 우리가 곧 겪어야 할 시베리아 횡단여행이 어떤 것이 될지를 미리 보는 듯했다.

다음으로 파인 씨가 선정한 관광 대상은 집단 농장이었다. 일반적으로 외국인에게는 이러한 농장을 구경시켜주지 않기 때문에 우리는 특별대우를 받은 셈이었다. 흥미 있는 것은 돼지 축사였는데 돼지들이 흙에서 놀지 못하도록 축사를 특별 포장한 것이었다. 윌리엄은 돼지가 불쌍하다고 한 마디 했다. 농장 지배인은 현대식 농기구들을 가리키면서 자랑스러워했다. 그러나 한 농부가 몰래 이야기하기를 자신들은 이런 집단 농장이 싫다는 것이었다. 자기 땅에서 조금은 비능률적이더라도 현대 기계같이 자주 고장 나지 않는 구식 농기구를 가지고 일했으면 좋겠다고 했다. 무엇보다 우리가 충격을 받은 사실은 소련 땅에 도착한 이후 한 번도 즐겁게 웃는 소리를 듣지 못했고 행복한 얼굴을 만나보지 못했다는 것이었다.

우리는 모스크바로 떠나는 기차에 오르면서 좋은 친구였던 파인 씨와 작별을 고했다. 기차가 떠난 지 얼마 안 되어 불쾌한 일을 당했다. 한 소련군이 보드카를 너무 많이 마신 모양인지 매리언과 윌리엄이 자고 있는 객실에 억지로 들어왔다. 마침내 열차의 지배인을 만날 수 있게 되어 항의를 했더니 이런 일은 흔히 있는 일이라고 말하며 마지못해 침입자를 내보냈다. 그리고 모스크바에 도착하기까지 아무런 사고

없이 여행했다.

모스크바 역은 레닌그라드와는 대조적으로 활기가 느껴졌고, 붉은 광장과 크렘린 근방에는 많은 군중들이 몰려 있었다. 관광 안내원 한 사람이 우리에게 배정되었다. 안내원은 라트비아에서 온 소녀로 소련 당국이 관광객을 위해 선정한 지역만을 보여주었다. 이럴 때 파인이 있었다면 그가 분별력 있게 관광지를 선택해주었을 것으로 여겨져 우리의 아쉬움은 더했다.

그런대로 소녀는 최선을 다해 우리를 안내했다. 소녀는 레닌의 수염을 가리키면서 그가 죽은 다음에도 수염이 자랐다고 말했다. 사람이 죽으면 얼굴의 피부가 움푹 들어가게 되므로 수염이 더 자란 것같이 보인다. 소녀는 근방에 누가 있을 때는 배운 대로 '선전 안내'를 했으나 우리만 있을 때는 사랑하는 조국 라트비아의 운명에 대해 매우 불만스러운 심정을 토로했다. 그녀는 미국으로 망명할 수 있는 방법이 없느냐고 물었다. 우리는 즉시 이상한 상황으로 빠져들고 있음을 눈치 챘다. 그 소녀 안내원에게는 미안했지만 더 이상 관광을 계속할 수 없어 중단했다.

여행 사무소를 향하는 길에는 고급 옷감들, 은 장식품들, 식사용 고급 식기들이 전시되어 있는 큰 상점이 있었다. 이것들은 부유층으로부터 빼앗은 물건들로 미국 달러를 벌기 위해 헐값에 팔고 있는 것들이었다. 우리가 가지고 있는 기차표는 여기에서 다시 확인을 받아야 했으므로 급히 여행사로 갔다. 그러나 최근에 시베리아와 만주 국경 간에 말썽이 생겨 만주 내의 기차표 확인은 이곳에서 해줄 수 없다고 했다. 우리는 너무나 놀랐다. 우선 만주 국경까지 간 다음에 거기에서 만주 내로 들어가는 기차표를 러시안 루블로 환불해주었다. 그러나 당시 소련 화폐는 외국에서 거의 가치가 없었다.

우리는 뉴욕에서 미국 달러로 기차 요금을 지불했으니 미화로 돌려달라고 강력히 항의했다. 그러나 우리의 항의는 그들에게는 마이동풍이었다. 그렇다면 이 환불은 우리가 당초에 전액 미화로 지불했던 금액에 대한 차액을 러시아 루블로 돌려준 것이라는 확인서를 정식으로 만들어달라고 주장했다. 우리가 우기고 그들은 거절하기를 한참 반복한 후에 마침내 확인서를 얻었다.

우리는 두 개의 여권을 갖고 있었다. 하나는 매리언과 윌리엄의 사진이 붙은 두 사람용이었고 하나는 내 것이었다. 여행 사무소의 여행국 본부에서 우리는 시베리아 끝까지의 여행표와 출국 비자가 모두 완비되었다는 확인을 받았다. 소련의 광대한 땅을 즐겁게 여행하게 된 것이다. 여행국 직원들은 우리가 몇 년 후에 다시 소련에 오게 되면, 그때는 자본주의 국가들을 훨씬 능가한 발전상을 볼 수 있을 것이라고 말했다. 하지만 우리는 그 말에 대꾸할 가치조차 없다고 생각했다. 이미 그렇게 되지 못할 이유들을 충분히 보았기 때문이다.

튼튼하게 생긴 시베리아 횡단 기관차는 마치 떠나기를 재촉하는 듯 모스크바 역에서 증기를 폭폭 뿜어대고 있었다. 우리는 소위 '딱딱한 러시아'란 별명이 붙은 나무 의자에 앉아 여행해야 했다. 이 나무 의자는 소년 시절 기억하는 것보다 더욱 딱딱해진 것 같았다. 차가 떠날 때쯤 승객들도 혼잡했는데 몸이 가렵고 뭐가 무는 것이 아닌가. 차에는 사람만 탄 게 아니었다. 우리는 불행하게도 벼룩 잡는 가루약을 챙기지 못했다. 기차역에서 본 닭들처럼 우리도 팔을 휘저으면서 싸워야 했다. 우리를 괴롭히는 것은 비단 벼룩만이 아니었다.

또다시 보드카에 만취한 군인이 나타나 매리언을 귀찮게 했다. 군인은 자기의 '사람을 끄는 젊은 매력'을 왜 매리언이 싫다고 하는지 알 수가 없다고 했다. 이때 여행국 직원이 와서 사태를 수습해주었다. 직원은 블라디보스토크까지 가는 중이었다. 그러니까 국경까지는 우리와 동행이라는 것이었다. 그는 상당히 영어가 서툴렀지만 유창하게 말할 정도로 영어를 배우려고 열심이었다. 매리언은 과거의 선생 경력을 자청해 그의 영어 선생이 되었다. 시베리아의 나머지 여행 기간인 단 며칠 동안에 그의 영어회화 실력은 놀랄 만큼 향상되었다.

시베리아 평원을 지나는 동안 승객들의 수는 계속 줄었다. 기차 정거장에서 오래 정차할 때는 열차에서 내려 다리 운동도 하고 기관차에서 끓는 물을 얻어 차를 만들어 마셨다. 열차의 일등칸에는 젊은 영국인도 두 명 있었는데 새침을 피우며 우리와 사귀려 하지 않았다. 얼마 지나지 않아 윌리엄과 이야기를 시작하더니 나중에 우리와도 이야기를 나누게 되었다.

당시 영국인들은 화가 머리끝까지 솟아 있었다. 그들은 이미 사진을 찍어도 좋다는 허가를 받은 상태였는데 소련 당국은 필름은 반드시 모스크바에서 현상해야 한다는 이유로 달라고 요구했던 것이다. 그 말을 믿고 필름을 주었는데 시일이 지나도 돌려주지 않고 있었다. 그들은 고생하며 찍은 사진을 한 장도 갖지 못하고 말았다.

이 손실을 만회하려고 창가에 앉아 사진을 몇 장 찍느라 무진 애를 썼다. 그러나 눈과 귀를 쫑긋 세우고 있는 소련 정보원들에게 이 이야기가 들어가서 다음 역에 도착하자 그들의 짐은 샅샅이 조사를 받아야 했다. 다행히 필름이나 카메라는 발견되지 않았다. 육감 때문에 카메라를 미리 여자 화장실에 숨겨두었기 때문이었다. 정보원들은 정보가 잘못 들어왔다고 결론을 내렸는지 더 이상 영국인들을 괴롭히지 않았다. 이들 두 사람 가운데 키 큰 영국인은 자신이 가져온 술을 무척 아꼈다. 소련 술들에 대해서는 심하게 혹평까지 하면서.

윌리엄이 먹을 우유가 점점 떨어지기 시작했다. 그러자 새로 사귄 영국 친구들이 자기네 것을 나누어주었다. 그들 역시 소련과 만주 사이의 국경 분쟁에 대해 걱정했다. 자꾸만 사정이 악화되고 있다는 소식을 들었다는 것이다. 우리는 만주 국경에서 기차표를 사야 하는데 만주리역(Manchouli, 옛 이름은 루빈역)에서는 우리가 가지고 있는 소련 루블을 받는지 어떤지 궁금했다. 영국인들은 대부분의 국경 부근 마을에서는 상대방 국가의 화폐를 받는다면서 걱정할 것이 없다고 우리를 안심시켰다. 단지 환율 차이로 크게 손해를 보게 될 것이라고 했다. 우리는 얼마 남지 않은 여비를 아끼기 위해 역에서 아무것도 사먹지 않기로 했다.

우리의 친구가 된 소련 여행국 직원은 국경인 만주리역에 가까워지자 작별을 아쉬워했다. 그는 매리언이 자기에게 영어회화를 가르쳐준 것에 진심으로 감사했다. 우리도 그와의 석별이 아쉬웠다. 그때 갑자기 기차가 정거하더니 짙은 콧수염을 기른 소련 관리들이 우리에게 몰려왔다. 우리가 그토록 소중하게 보관한 소련 루블을 내놓으라는 것이었다. 소련 화폐를 국외로 가져가는 것은 국법에 위배되기 때문이라고 했다.

이때 나는 소련 여행국의 친구를 불렀다. 그를 통해 이 돈은 우리가 완불했던 기차 값 총액에서 만주부터의 여비를 돌려받은 액수라고 경위를 설명했다. 내 말을 증명하기 위해 모스크바 여행국에서 확인해준 증서를 보여주었다. 그러나 그들은 거칠게 비웃으며 즉시 돈을 빼앗았다. 나는 "그렇게 돈을 가져가려면 최소한 영수증이라도 주어야 한다. 그것마저 해주지 않는다면 열차 강도나 다름없지 않느냐"고 맞섰다. 한참 실랑이를 한 후에 그들은 마지못해 종이쪽지에다 악필로 뭐라고 써주었다. 여행국 친구는 영수증이라도 얻어서 운이 좋다고 말했다.

어처구니없게도 돈을 빼앗겨 나머지 여행을 계속할 기차표를 살 돈이 모자라자 우리는 너무나 막막해 괴로웠다. 이때 다른 한 떼의 소련 관리들이 여권을 보자고 요구했다. 한 사람이 매리언을 향해 머리를 흔들더니 매리언과 윌리엄을 출구 쪽으로 난폭하게 떠미는 것이었다. 윌리엄은 너무나 어려서 사태가 얼마나 심각한지를 몰랐으나 뭔지 잘못되고 있음을 알아차리고는 그 조그만 주먹으로 대항했다.

매리언은 겨우 윌리엄을 제지했다. 나는 가족을 따라가려고 했지만 관리는 거칠게 밀며 자리에 앉아 있게 했다. 나는 이 긴박한 상황에 필사적으로 다시 여행국 친구를 찾았다. 이 말썽은 모스크바의 관리들이 내 여권에는 출국 도장을 찍고 매리언과 윌리엄의 여권에는 도장을 찍지 않았기 때문에 일어난 것이었다. 우리를 조사한 관리는 매리언과 윌리엄은 남아 있어야 하고 나는 가라는 것이었다. 그들은 선택의 여지도 주지 않고 가족을 거친 소련의 변경에 남겨두고 떠나라는 것이었다. 돈을 빼앗겼어도 빨리 국경을 넘어 만주로 들어가는 것이 상책이라고 재촉했다.

우리는 이러지도 저러지도 못하는 입장에 처하게 되었다. 여행국 친구에게 무슨 일이 있어도 우리는 헤어질 수 없다는 점을 군인들에게 전해달라고 부탁했다. 나는 이 문제는 틀림없이 모스크바 여행국 직원들의 실수라고 생각했다. 아내와 아이의 입국을 허락한 쪽이 소련 여행국이었으니 두 사람의 출국도 반드시 허락해야 하지 않은가?

관리들의 마음은 도무지 움직일 기미가 보이지 않았다. 그들은 아예 이유나 변명 같은 것은 들으려고 하지도 않았다. 옆에서 보니 관리들은 여행국 친구가 우리들을 두둔한다고 비난하는 모양이었다. 그들을 그때까지도 여행국 친구가 어떤 직책을 가졌는지 모르고 있었던 것 같았다. 우리의 친구가 이 모든 말썽을 상부에 보고하겠다고 위협하자 그들의 태도가 누그러지기 시작했다. 이런 위기와 한바탕 씨름한 다음 우리 가족은 시베리아를 떠나 만주로 가도 좋다는 허가를 받았다. 드디어 공포 분위기를 벗어나 비교적 자유스러운 국경 건너편으로 들어갔을 때에야 비로소 마음을 놓을 수 있었다.

우리가 실랑이를 하는 사이에 영국 친구들은 말썽 없이 국경을 통과했다. 그들은 우리가 나타나지 않자 걱정되어 어떻게 된 것인지 알아보려고 다시 소련 경계로 들어가려고 했는데 소련 경비병들이 거칠게 밀어 제쳤다고 한다. 그러는 사이에 만주행 열차는 떠날 시간이 임박해졌다. 이 기차를 놓치면 을씨년스러운 국경 마을 만주리에 기약 없이 발이 묶이게 된다. 이윽고 우리가 오는 모습을 본 영국 친구들은 소리쳤다.

"빨리빨리! 표 살 시간이 없어요!"

우리는 소리쳐 대답했다.

"표를 살 돈이 모자라요!"

그동안 무슨 일을 당했는지 서둘러 설명하자 술을 좋아하던 키 큰 영국 친구가 급히 돈을 꺼내주어 겨우 3등석 기차표를 끊었다. 그로서는 큰 희생을 각오한 우정이었음을 우리는 알 수 있었다. 우리에게 돈을 빌려주면 그토록 좋아하는 술을 마실 수가 없게 된다. 우리는 그가 얼마나 고마웠는지 모른다. 그의 우정으로 우리는 가까스로 열차를 탈 수 있었다. 얼마 후 알게 된 일이지만 그때 그 기차를 놓쳤으면 큰일 날 뻔했다. 소위 '만주사변'이라는 큰 사건이 일어나 우리가 탄 기차를 마지막으로, 소련과 만주를 연결하던 기차는 한동안 운행되지 못했다. 그뿐만이 아니라 이 열차도 이미 군인들에게 잡혀 있었으며 기관사는 총살을 당했는데 그때 우리는 그런 사실도 모르고 있었다. 기차를 지키고 있던 군인들은 그날 밤 더 많은 사람들을 총살하기로 되어 있었다고 한다. 그런 사실도 모르고 기차를 탔던 우리는 이제야 안전하다고 마음을 놓고 있었다.

그러나 영국 친구들이 이 모든 사실을 알고 있었으므로 우리에게 자신들의 1등석에 와서 차를 마시자고 초청했다. 표면적으로는 초대한 것이지만 실은 매리언과 윌리엄이 놀랄까봐 그랬던 것이다. 총살이 있을지 모른다는 사실을 내게만 귀띔해주면서 1등 객실에는 3등 객실과는 달리 유리창을 가릴 수 있는 커튼이 쳐 있어 밖을 볼 수가 없었으므로 우리를 그곳에 오게 했다는 것이다.

그러나 매리언은 여자들만의 특이한 직감으로 뭔가 잘못되고 있음을 감지했다. 특히 윌리엄에게 밖을 내다보지 못하게 하니 더 수상했다. 키가 좀 작은 영국 친구는 대단히 감정이 예민해져서 정상적인 상황에서라면 이상스럽게 생각될 부탁을 했다. 그는 매우 주저하는 태도로 매리언에게 자기 누이 이름과 주소를 주고는 혹시 자기가 목적지에 도착하지 못하는 일이 생기면 그리로 편지를 해달라는 것이었다. 그런 후 그들은 놀랄 정도로 깊은 침묵에 잠겼다. 매리언은 그들과 계속 이야기를 나누려고 노력했지만 결국은 혼자서 떠드는 격이 되고 말았다. 그녀마저 침묵을 지키면 윌리엄이 놀랄까봐 후두염이 생길 정도로 혼자서 떠들어댔다.

우리들은 마침내 만주의 중심지인 목단(牧丹, Mukden, 오늘날의 선양 〔瀋陽〕)에 도착했다. 거리마다 일본 군인들이 삼엄하게 경비를 서고 있었다. 알고 보니 나카무라 소좌라는 일본 육군 장교가 6월에 중국 군인에게 사살 당했다는 것이다. 이 사건이 일본인들의 감정에 불을 질러 벌써부터 초긴장 상태라고 했다. 목단 북쪽에 있는 일본 만주 철도의 교량이 폭파당했다는 소식이 일본 육군 장교들의 귀에 들어가자 일본 군대는 이 도시를 점령하고 중국인들이 다리를 폭파했다고 비난했다. 다리가 폭파된 때는 1931년 9월 18일 밤이었다. 그러니까 우리 뒤에 오던 모든 열차는 운행이 정지되었다.

이런 구사일생의 온갖 어려움을 헤치고 우리를 실은 열차는 달렸다. 우리는 감리교 선교구 책임자인 윌리엄 쇼(William Shaw) 목사에게 전보를 쳤다. 우리를 구해준 고마운 영국 친구에게 갚아야 할 돈을 마련해 가지고 제발 역으로 마중 나와 달라는 내용이었다. 열차가 평양역으로 들어서자 쇼 목사가 나와 있었다. 전보는 제대로 들어간 모양이었다. 매리언은 아직도 충격에서 깨어나지 못해 말을 잇지 못했다. 나는 그들에게 매리언의 몫까지 합쳐 인사에 인사를 거듭했다.

쇼 목사는 우리가 탄 열차는 '만주사변'으로 마지막 통과한 기차였고 교량도 정말 폭파되었으며 철도도 철거되었다고 말해주었다. 이 사건은 중일전쟁의 불씨가 되었으며 일본의 육군은 만주를 점령하기 시작했다. 만주는 1932년에 만주국이 되었다.

사람들은 참으로 짧은 순간의 차이로 아슬아슬한 위기를 모면한 우리의 생환을 축하해주었다. 얼마나 운이 좋았던가? 우리를 이렇게 안전하게 도착하게 해준 영국 친구들이 얼마나 고마웠는지 몰랐다. 다시 돌아온 조선은 고향처럼 따뜻했다.

21
크리스마스 씰

우리가 해주에 돌아오자 기독교 신자는 물론 비기독교인들까지도 굉장히 반가워했다. 우리가 없는 동안에도 닥터 이바스의 노력으로 요양원에는 별채가 두 채나 더 세워져 있었다. 환영 나온 친구들에게 "우리가 없는 동안에 일이 더 잘 되었으니 또 어디로 떠나야겠다"며 농담을 하기도 했다. 그들 스스로의 힘으로 이렇게 일을 발전시킨 것을 보자 나는 진심으로 기뻤다.

'그렇다면 안식년 휴가 때 계획했던 또 하나의 새로운 꿈인, 크리스마스 씰 운동을 시작해도 되지 않을까?'

나는 곧 크리스마스 씰 운동이 조선에서 어느 정도나 가능할지 의견들을 종합해보았다. 대부분의 사람들은 별로 관심을 보이지 않았다. 어떤 이들은 그런 아이디어는 서구에서는 성공할지 몰라도 조선처럼 '가진 것 없는 나라'에서는 절대로 가능성이 없다고 단정하기도 했다. 이 아이디어는 조선 사람들에게는 너무나 서구적이라 생소하다는 것이었다.

나는 우표를 예로 들어 이들에게 반대 의견을 펼쳤다. "우표는 원래 외국의 것이었는데 이제는 벽촌 어디서나 다 이용하는 보편적인 게 아닙니까? 신년 카드도 조선에 도입된 지 얼마 되지 않았습니다. 그러나 우체국 통계에 의하면 카드 때문에 팔리는 우표는 8만 2,567달러나 되고 매년 1만 6,667달러씩 증가하고 있습니다"라고 설명했다.

곧 서울에서 선교사회의가 열리는데 우리는 거기에 참석할 예정이었으므로 그때 씰에 대한 우리의 계획을 추진할 기회가 있을 것으로 믿었다. 또한 서울에 가면 영국 총영사인 오스왈드 화이트(Oswald White)를 만나 시베리아 여행에서 빼앗긴 돈을 찾을 수 있는지 문의해볼 수도 있을 것이다.

화이트는 우리를 만나자 안전하게 돌아와서 기쁘며 좋은 여행을 했으리라 믿는다며 인사를 했다. 나는 소련과 만주 국경 사이에서 돈을 강제로 빼앗긴 일, 또 국경에서 어떻게 하여 영수증을 받게 되었고, 모스크바에서는 기차 삯의 차액을 얼마나 돌려받았는지 등을 자세히 이야기했다. 이 영수증이 한 조각의 휴지가 될 것이라는 생각은 들었지만 그래도 혹시 돈을 되찾을 수 있는 길이 없는지 알아보려고 했던 것이다.

화이트는 이야기를 다 듣고 나더니 모스크바에 있는 영국 대사관에 이 영수증을 보낼 필요가 있다면서 그 종잇조각을 보자고 했다. 총영사는 흥분했다. 그 이유는 많은 여행자들이 시베리아 횡단여행에서 같은 수법으로 돈을 탈취 당했으나 영수증을 받은 사람이 없었다는 것이다. 모스크바에서는 이런 사실을 보고하면 언제나 영수증이 없다는 이유로 돈을 돌려주기를 거절했다. 소련 당국에서는 그런 불평은 근거나 증거도 없는 것이라고 일축해왔다. 화이트는 이제야 증명할 수 있는 영수증을 보게 되어 기뻤던 것이다. 그는 우리에게 영수증을 받아와서 감사하다고 치하했다. 우리는 돈을 빼앗겼던 그 당시에는 이 영수증이 이토록 중요한 의미가 있을 줄 몰랐다.

소련에서는 아무 소식도 보내오지 않았다. 그러나 약 2년이 지난 어느 날 우리 은행 계좌에 이상하게도 소련에서 빼앗겼던 만큼의 액수가 불어나 있었다. 은행에 문의해보니 자기네가 아는 것은 이름을 밝히지 않은 어떤 사람이 제일은행에 찾아와 이 액수를 우리 계좌에 넣어달라고 부탁했다는 점뿐이라고 했다. 이처럼 소련이 비밀리에 처리한 것은 자신의 체면을 살리기 위한 것이었다. 여하튼 2년 전에 잃어버린 것으로 체념하고 있었던 돈을 다시 찾게 되어 기뻤다.

서울에 머무는 동안 나는, 처음 시도하는 크리스마스 씰의 발행 허가를 정부로부터 받기 위해 작업을 시작했다. 특히 동양에서는 전례가 없는 이러한 일에 대해 상당히 시간이 걸려야 허가가 난다는 점은 이미 잘 알고 있었다. 일본 관리 중에 나와 친한 사람이 있었다. 그는 오다 야스마츠로 외무성의 영국 담당이었다. 나는 그를 찾아가 도움을 청했다. 그는 개인적으로 크리스마스 씰에 대해 내게 가장 협조적인 사람 중 하나였다. 최선을 다해 발행 허가를 얻어주겠다고 약속했다.

그러나 내가 최초로 도안한 씰을 보여주자 그는 단 한마디로 "안 된다!"고 했다.

나는 씰의 도안이 반드시 조선의 민중들에게 열성과 가능성을 부채질할 수 있는 그림이어야 한다고 생각했다. 조선 사람은 세계 최초로 철갑을 입힌 군함을 만들어 적의 군함들을 크게 무찔러 승리한 적이 있었다. 영국 어린이들이 호레이쇼 넬슨 제독의 유명한 해전과 승리에 대한 이야기를 아무리 들어도 지치지 않는 것처럼, 조선의 어린이들은 어른들이 들려주는 이순신 장군과 거북선에 대한 이야기는 아무리 들어도 지치지 않는다. 이 거북선은 일본군들이 기어오를 수도, 불태울 수도 없게 만들어진 것이었다. 이렇게 거북이 모양으로 생기고 무장이 잘된 전함들을 이끌고 이순신 장군은 1592년 진해만에서 일본 해군의 대전함들을 무찔렀다.

이런 의미에서 씰의 도안을 거북선으로 하면 즉각적인 민중의 호응을 얻을 것이라고 생각했다. 내가 도안한 씰의 거북선은 국가의 적인 결핵을 향해 발포되도록 대포를 배치했다. 나는 현재 조선을 지배하고 있던 일본에 대해서는 전혀 생각하지 못했던 것이다.

닥터 홀은 첫 씰에 거북선의 문양을 사용함으로써 조선인들의 사기를 드높이고자 했다. 하지만 이 도안은 시작부터 일본의 반대에 부딪혀 다른 것으로 대체되어야 했다.

오다는 그림을 가리키면서 이런 도안은 결코 허가가 나지 않을 것이라고 했다. 그림에서 대포가 겨냥하고 있는 적을 보면서 지난날의 일본 목조 전함들의 패전을 연상했던 모양이었다. 일본은 근래 전쟁에서 많은 승리를 했다. 그래서 그들은 조선을 정복하기 이전에 거북선에 패한 사실을 되새기기 싫어했다. 조선인에게 패배 당했음을 상기시켜주는 이 거북선 도안을 일본 정부에서 어떻게 허가해 줄 수가 있겠느냐는 것이었다. 오다는 외교적인 태도로 "일본과 조선 쌍방이 만족할 수 있는 도안을 새로 만들어 오라"고 했다. 오랫동안 조선 친구, 일본 친구들의 의견도 묻고 심사숙고한 끝에 전보다 드라마틱한 것은 훨씬 떨어지지만 역사적인 서울의 남대문으로 결정했다. 남대문은 조선을 상징하는 보편적인 그림이다. 지브롤터의 바위처럼 이것은 조선의 방위력을 나타내므로 크리스마스 씰에 나타난 남대문은 결핵을 방어하는 성루임을 상징한다. 드디어 우리의 첫 번째 씰의 도안과 씰 캠페인에 대한 허가가 일본 관청에서 나왔다. 오다 씨가 성심껏 도와준 덕이었다.

1932년 가을이 되자 이제 씰 보급 운동을 시작해도 좋을 만큼 준비가 되었다. '조용한 아침의 나라'에 크리스마스 씰을 소개하는 일은 미국에서 처음 보급되었을 때와 비슷한 상황이었다. 당시 황해도지사는 한 씨였다. 나는 비셀 양이 했던 것처럼 도지사를 찾아가 크리스마스 씰에 대한 도움을 청했다. 그는 핫지스 씨가 그랬던 것처럼 이 운동을 후원해주었다.

도지사는 미국의 씰 개척자들에 대한 이야기를 들은 데다 그들로부터 "조선에서 이 운동이 성공하기를 빈다"는 메시지까지 받게 되자 큰 감명을 받아 해주 시청 공회당에 시민회를 소집했다. 한편 나도 개별적으로 시의 유지들을 방문해 이 의회에 참석해주기를 간청하면서 동시에 씰 보급 운동을 펼쳤다. 나는 이왕 일을 시작한 바에야 처음부터 많은 호응을 받아야겠기에 시민 대표들이 참가하는 회의에 우리의 안을 지지할 사람들을 미리 확보하기로 했다.

회의에는 많은 사람들이 참석했다. 반응도 그런 대로 호의적이었다. 크리스마스 씰 위원회가 조직되었으며 도지사는 명예회장, 나는 회장으로 임명되었다. 그 위원회에서 가장 먼저 한 일은 조선의료선교사협회(Korea Medical Missionary Association)에 크리스마스 씰의 보급을 담당해달라고 요청한 것이었다. 그 당시에는 이미 선교병원들 가운데 결핵 병동을 가진 곳이 여러 곳 있었다. 그러나 전국결핵협회는 아직 발족되지 않았을 때였다.

첫 해의 크리스마스 씰 운동은 이처럼 순조롭게만 진행된 것은 아니다. 막 운동을 시작하려는 때에 허가 상에 뭔가 잘못된 부분이 있다면서 바로 잡을 때까지 활동을 정지하라는 통보를 받았다. 모든 일이 무산되지나 않을까 염려되어 도지사의 도움을 청하려고 그를 방문했다. 도지사는 이야기를 듣더니 자신 있는 미소를 지으면서 대답했다.

"아마도 무슨 기술상의 문제가 있는 모양입니다. 제게 맡기십시오. 이 문제는 개인적으로 처리하지요. 그렇게 좋은 동기로 일을 하는데 두려워할 필요가 없습니다. 선생은 환자들을 치료할 때 '마음을 편히 가지라'고 하지요? 선생 자신이 이 말을 상기하시는 게 어때요?"

도지사는 자신이 장담한 대로 문제를 해결해 주었다. 이렇게 해서 보급 운동은 다시 시작되었다. 나는 병원, 학교, 요양원의 정규 업무에

다 크리스마스 씰의 보급 운동까지 겹쳐 큰 중압감에 싸여 있었다.

이때 인생의 중요한 사실을 깨닫게 하는 또 다른 일이 발생했다. 시간, 조수의 간만, 생명의 탄생과 같은 자연 현상은 우리 일이 아무리 바쁘고 복잡해도 기다려주지 않고 닥쳐온다는 사실이었다. 씰 보급이 선결과제였지만 내게는 정신이 번쩍 들게 하는 일이 닥쳤다. 매리언이 '임신 중'이었던 것이다. 우리 식구가 하나 더 늘게 되었다.

런드 양은 부재중이었으나 능숙한 영국인 간호사 쿠퍼 양이 있었기 때문에 너무도 다행이었다. 그녀는 마침 오빠인 세실 쿠퍼 목사를 방문하러 조선에 와 있었다. 이번에는 바로우 양의 기분을 상하지 않게 하려고 미리 이 사실을 알렸다. 의외로 그녀는 "윌리엄에게도 형제가 필요하다"며 진심으로 기뻐해주었다.

윌리엄이 동생이 태어난다고 좋아서 떠들어대자 매리언은 그 모습을 사진으로 찍었다. 이 사진은 후에 아기가 태어나면 아기의 탄생을 알리는 카드에 끼워 넣을 생각이었다. 이제 출산 준비는 완료되었다. 나는 매리언에게 이번에는 아기 낳기 직전에 전과 같이 털털거리는 차를 타고 응급 환자를 수술하러 가는 일이 없어 다행이라고 위로해주었다. 내가 이 말을 한 지 얼마 안 되어 공교롭게도 긴급 환자로부터 매리언에게 왕진을 청하는 연락이 왔다. 매리언은 가까운 시내이니 걱정할 게 없다고 우겼다. 나로서도 반대할 수가 없었다.

그 집안은 부유했다. 매리언이 도착해 어둡고 환기가 잘 안 되어 냄새가 심한 방으로 들어가니 기름을 먹인 따뜻한 방바닥 요 위에 누운 환자가 고통으로 몹시 신음하고 있었다. 이 환자는 약 3개월 전에 일곱 번째 아기를 출산했는데 그때 아기가 잘 나오지 않아서 서툰 기구를 가지고 조금씩 아기를 건드렸다는 것이다. 환자는 복부에 이상이 있었다. 매리언은 복막염이 아닌가 겁이 났다. 배 모양이 둥근 복부는 전체가 부드러웠고 당연히 있어야 할 딱딱한 것은 잡히지 않았다. 환자의 맥박은 빠르고 약했으며 열이 높았다.

온돌방에서는 환자를 진찰하려면 무릎을 꿇고 앉아서 해야 한다. 환자가 침대가 아닌 방바닥에 누워 있기 때문이다. 매리언은 임신 중이라 그런 자세로 진찰하기가 힘들었다. 필요한 진찰을 끝낸 뒤 매리언은 환자를 우리 병원에 입원시켜 더 관찰하고 계속 치료해야 한다고 말해주었다. 그러나 매리언은 이 집에서 너무나 놀라운 사실을 알게 되었다. 자기는 이 환자를 진찰하는 네 번째 의사라는 점이었다. 네 사람의 의사들은 다른 의사가 같은 목적으로 이곳에 오는 줄 모르고 각기 자기 나름대로 진찰하고 처방했던 것이다. 가족들은 매리언에게 다른 의사들과는 시간이 중복되지 않을 테니 세 명의 의사들과 번갈아가며 치료를 해달라고 부탁했다.

매리언은 물론 분개하여 한 마디로 일축했다.

"거절하겠습니다."

그리고는 몇 마디 덧붙였다.

"국을 끓일 때 요리사가 여럿 달라붙으면 국 맛은 엉망이 됩니다."

환자 한 사람을 가지고 의사 네 사람이 각각 따로 치료를 한다면 환자는 어떻게 되겠는가? 매리언은 너무나 무지한 가족들의 요구에 아연했다. 환자를 병원에 입원시키고 자기에게 치료를 전담시키지 않는 한 아무런 도움도 줄 수 없다고 명백히 말했다. 가족들은 결국 환자를 입원시키지 않았다.

이런 일이 있은 지 얼마 지나지 않아 그 집에서 또 급히 와달라는 전갈이 왔다. 가족들은 매리언에게 애걸했다. 환자의 복부가 크게 솟아올라 환자의 어머니가 배 위에 올라앉아 누르고 있다는 것이었다. 어처구니없는 이야기였다. 이 말을 듣고도 매리언이 눈도 까딱하지 않자 환자가 심하게 하혈을 하고 있다고 이야기했다. 매리언은 위험한 상황일지도 모른다는 생각이 들었지만 가족들에게 환자를 입원시키지 않는 한 손을 쓰지 않겠다고 계속 고집했다. 그제야 가족들은 마지못해 입원을 시켰다.

어처구니없게도 환자의 하혈은 월경임이 드러났다. 그 다음날 출혈은 멈추었다. 그런데도 가족들은 그 공을 매리언에게 돌렸다. 장이나 복막의 공동에 가스나 공기가 차서 복부가 팽창하는 증상을 치료하니 불렀던 배가 가라앉았다. 그런데도 매리언을 훌륭한 의사라고 칭찬을 아끼지 않았다. 그런데도 환자는 계속 배가 아프다면서 수술해달라고 애원했다. 매리언은 그 이유를 알 수가 없었다.

다음날 아침, 간호사가 환자를 관장시킨 후 그 내용물을 가지고 왔다. 아! 거기에는 꿈틀거리는 수많은 촌충들이 있었다! 전에 대변 검사를 할 때는 음성으로 나타났는데 이처럼 많은 촌충이 나온 것이었다. 매리언은 흥분해 나를 불렀다. 우리는 마디들이 완전하게 붙어 있는 촌충을 보기는 이번이 처음이었다. 이것들은 어딘가에 주둥이를 들이밀려고 대상을 찾는 듯 마디의 끝 부분을 길게 뻗어 밀치고 쑤시고 있었다. 우리는 이것이 영국에서 배웠던 디스토마가 아닌가 하여 검사를 했다. 결과는 곧 나왔다. 역시 몸체가 촌충이었다. 세밀히 관찰해보니 다행스럽게도 촌충의 머리 부분이 발견되었다. 만일 대가리가 나오지 않았다면 거기에서 마디들이 계속 자라 새로 생긴다.

환자에게 이 긴 기생충을 보여주자 매우 놀라는 모습이었다. 그러나 여전히 수술해달라고 간청했다. 이제 곧 완쾌될 것이라고 이야기해주었지만 계속 수술해달라는 것이었다. 그러자 매리언은 조선 사람들이 잘 이해할 수 있는 비유를 생각해냈다.

"당신네 집안처럼 한 집안이 부자가 되면 가난한 일가친척들이 도움을 받으러 오지요. 아마 집에 들어와 함께 사는 사람들도 있을 겁니다. 그런 사람들이 바로 촌충 같은 사람들입니다. 청하지도 않았는데 들어와서 주인의 음식을 빼앗아 먹는 것이지요."

매리언의 설명을 듣고서야 그들은 무슨 뜻인지를 알겠다는 듯 미소를 지었다. 매리언이 집안일을 예로 든 것이 적중했던 것이었다. 매리언은 환자의 남편을 보고 계속 이야기했다.

"아내가 건강했을 때는 큰 증상을 일으키지 않고도 이러한 기생충에게 먹이를 공급할 수 있었지만, 몸이 허약해지자 이런 불청객들을 먹이는 일이 매우 힘들게 된 것입니다."

남편은 이 말뜻을 금방 알아차렸다.

이런 일이 있은 지 얼마 안 되어 이제는 매리언의 배가 아프기 시작했다. 전에 윌리엄을 직접 받아본 일이 있어서 자신을 가지고 노력했는데도 자꾸만 겁이 났다. 그러나 모든 일은 잘 진행되었다. 1932년 10월 8일, 오후 5시 45분, 매리언은 내게 두 번째 사내아이를 선사했다. 윌리엄도 원했던 대로 남동생을 얻었다. 우리는 아기의 이름을 그의 외할머니 이름을 따라 조셉 케이틀리(Joseph Keightley)라고 지었다. 아기의 세례는 언제나 우리에게 좋은 후원자였던 노블 목사가 인상적으로 진행해주었다.

비기독교인 친구들은 아들 둘 낳은 것을 마치 생명보험에 돈을 완납한 것같이 여겨, 동양적인 사고방식으로 우리를 축하해 주었다.

"정말 복이 많습니다! 이제 상줏감을 둘이나 두었으니 산소 앞 상석에 음식을 차려 당신들의 혼을 위로해줄 테니 말입니다. 선생을 모실 며느리도 이제 둘씩이나 두게 되었으니 여생을 편안히 지낼 수 있게 됐습니다. 오래 사셔야죠!"

조선 친구들은 우리가 자기들처럼 아들만 원했던 것으로 알고 있었다. 조선 사람들은 딸들은 아예 자식의 숫자에 넣으려고 하지 않았다. 사실상 조선 사람들에게 아이들을 몇이나 두었느냐고 물으면 자랑스럽게 아들이 몇이라고 대답할 뿐 딸에 대해서는 언급조차 않는다. 귀여운 딸들에 대해 물으면 조선 사람들은 바지를 툭툭 털며 한마디 내뱉는다.

"그 아이들이요? 계집애들 아닙니까. 시집가면 남의 식구가 될 텐데요."

그리고는 조금 생각하는 듯하다가 대개는 이렇게 한마디 덧붙인다.

"정말 그것들 때문에 손해가 많지요. 신랑 집 형편에 따라 저것들 혼숫감을 장만해주어야 하거든요. 선생은 그런 부담이 없으니 얼마나 좋겠습니까."

그동안 어쩔 수 없는 사정으로 잠시 중단했던 크리스마스 씰 캠페인에 다시 몰두할 수 있게 되었다. 이 운동을 막 전개하려는 때에 많은 조선인 친구들과 여러 서양인 친구들까지도 합세해 이 캠페인을 더 확장시키려는 나의 계획에 강력히 반대하고 나섰다. 그들은 자주 이렇게 반문했다.

"그 미친 짓 같은 크리스마스 씰 사업은 왜 더 펼치겠다는 겁니까? 아무도 그 일을 찬성하지 않고 있다는 사실을 모릅니까? 이 사업에 실패하면 누가 돈을 상환해 주겠습니까? 당신은 그것 말고도 학교, 병원, 금방 생긴 요양원 때문에 골치 아픈 일이 많습니다."

"요양원은 아직 실험 단계에 있고 운영 기금도 바닥이 드러나고 있습니다. 당신은 벌써 감당하지 못할 만큼 일을 벌여놓았습니다. 이 일 때문에 다른 의료선교 일까지 타격을 받게 되면 당신 가족들은 어떻게 하려고 그럽니까?"

이들이 이런 말을 하는 것은 조선에서는 아직도 씰 캠페인에 호응할 정도의 환경이 조성되지 않았다고 판단했기 때문이었다. 조선 사람들은 일본의 지배를 거부하고 있었다. 그들은 다른 일에는 관심이 없었다. 이들이 가장 시급한 일로 생각한 것은 건강이나 보건 따위가 아니라 어떻게 해서든 독립을 쟁취하는 일이었다. 다른 일들은 다 뒷전으로 미뤄두어야 했다. 결핵은 이미 전부터 있었고, 일반적으로 조선 사람들은 이 병에 대해 달리 뾰족한 방법이 없다고 생각하고 있었다. 이런 상황이었으므로 여기에서 씰 캠페인을 하기에는 아직도 방해 요인이 많았다.

이 무렵까지도 일반 조선인들은 결핵을 '부끄러운 병'으로 생각했다. 악귀의 기분을 상하게 한 사람이 운명적으로 받는 벌이라고 보았다. 결핵 크리스마스 씰을 사기보다는 오히려 환자가 '신령한 나무'(서낭) 밑에 쌓여 있는 돌무더기 위에 돌을 몇 개 더 던져 올려놓는다든가, 나뭇

결핵요양원으로 가는 길에는 이러한 '서낭'이 있었다. 가지에 붉은 색 옷을 달아놓거나 악귀를 달래려고 나무 주위에 돌을 던져 놓았다.

가지에 울긋불긋한 헝겊을 매달아 귀신을 달래는 것이 더 좋다고 생각하고 있었다. "그들은 형벌을 받아 병에 걸린 사람들인데 어째서 이미 정해진 그들의 운명을 방해하려는 것인가?" 하고 오히려 내게 반문하는 것이었다. 이런 이야기를 들을 때면 나는 분개해 마지않았다. 그러면서 속으로 외쳤다.

'아니야. 이런 태도를 가진 자들 앞에서 그냥 소극적으로 가만히 있어서는 안 된다. 결핵에 대한 이렇듯 잘못된 관념은 반드시 고쳐야 한다. 결핵환자나 결핵에 걸렸던 사람들에 대한 일반인들의 비동정적이고 잔인한 처우는 반드시 고쳐주어야 한다.'

그러나 불치병을 완치시키는 일은 사람들의 눈에 늘 극적으로 보이지만 반대로 보다 시급한 '예방'은 대수롭지 않아 보인다. 그 이유는 사람들이 문제의 근본을 알지 못하는 데 있다. 이 결핵 교육 캠페인을 젊은 세대에 집중하면 젊은이들은 새로운 사조에 민감하므로 이 병을 근절시키기에 불가능하지 않을 것이라는 생각이 들었다.

크리스마스 씰 위원회에서는 세 사람의 의사, 두 사람의 평신도, 두 사람의 목사들을 임명해 전국 방방곡곡에 다니며 이 운동의 의미를 전달시키는 사명을 맡겼다. 이들은 모두 자원한 사람들이었다. 뉴욕에서 만났던 제이콥스는 크리스마스 씰의 보급에 있어 지극히 중요한 점은 시간을 맞추는 것이라고 내게 일러주었다. 씰은 너무 이르게 또는 너무 늦게 도착해도 안 된다고 했다. 나는 도안을 고치고 허가를 얻느라 그 동안 많은 시간을 써버렸다. 그래서 시간을 맞추기에도 이미 늦은 때였는데 이번에는 또 다른 이유로 씰의 인쇄를 연기해야 할 일이 생겼다.

나는 조선에 나와 있는 각 선교단의 대표위원회에 크리스마스 씰을 후원하고 보급해달라고 청했는데 그 대표 위원들이 이러한 취지를 허락하려면 또 시일이 걸린다는 것이었다. 나는 이것을 계산에 넣지 않았던 것이다. 인쇄 마감일은 빠르게 다가오고 있었다. 나는 덴마크나 미국에서 있었던 실수를 여기에서 다시 되풀이하게 될까봐 겁이 났다. 크리스마스 씰의 인쇄가 더 이상 선교위원회의 통지를 기다릴 수 없게 되자 나는 주저하면서도 씰의 밑쪽에 '해주 구세요양원'이라고 명시했다.

이렇게 해서 조선 최초의 크리스마스 씰은 1932년 12월 3일에 발행되었다. 씰을 제일 먼저 산 사람은 배재학당의 헨리 아펜젤러 목사였다. 씰의 인쇄가 계속되고 있던 중에 각 선교단에서 씰 발행을 허가한다는 통지가 도착했다. 그 통지를 받은 이후의 씰은 '해주 구세요양원'이란 글자를 삭제했다.

이제 이미 '해주 구세요양원'이라는 글자가 인쇄된 씰을 "어떻게 처분할 것인가"가 문제로 등장했다. 씰 위원회에서는 없애기보다는 미국의 후원자들에게 기념으로 선사하는 것이 가장 좋은 방법이라고 결정했다. 우리는 시간이 늦을세라 즉시 우송을 서둘렀다. 이 표시가 있는 씰은 몇 장 되지 않아서 현재는 수집가들 사이에서 매우 비싼 값으로 거래되고 있다.

크리스마스 씰 위원회의 보급 선봉대들은 12월 초에 보급을 위한 여행을 시작했다. 마지막 팀은 조선의 명절인 음력 정월 초하루가 지난 2월 하순이 되어서야 돌아왔다. 알고 보니 조선 사람들은 크리스마스 때보다 양력 2월에 있는 구정에 씰을 더 사용했다. 그래서 크리스마스가 지난 후에 조선 사람들에게 더 많이 팔렸다.

보급대는 남쪽으로는 부산까지 북쪽으로는 성진까지 다녀왔다. 그들은 9천 명의 학생들과 3천 명의 어른들에게 씰을 보급했으며 씰의 목적에 대해 이야기해주었다. 또 "결핵을 어떻게 예방할 것인가"라는 인쇄물을 만들어 여행하는 각 지역에서 원가로 팔았다. 우리 위원회에서는 공중위생 교육이 모금운동보다 더 중요하다고 생각했다. 우리 회의 임원인 닥터 문은 전적으로 학생들을 상대했다. 그는 타고난 연사였으므로 학생들을 감동시키는 방법을 잘 알고 있었다.

위원회는 전국 각 신문사의 편집인들과 만나 이 캠페인에 대한 기사를 싣도록 이해시키라는 임무를 내게 맡겼다. 여기에는 언론 기관에서 무료 광고를 내주도록 도움을 청하는 일까지 포함되어 있었다. 거기다 또 조선에 거주하는 외국인들에게도 협조를 얻는 방법을 강구하라는 것이었다.

1932-33년 첫 번째 결핵 씰의 도안으로 서울의 남대문이 사용되었다.
씰 아래 부분에는 '해주구세요양원'이라는 글귀가 보인다. 1932년 12월 3일 첫 발행.

이 일을 시작할 때부터 안 사실이지만 우리 단체의 적은 인원만으로는 조선 전역을 상대하기가 불가능했다. 단지 우리들은 자원봉사자들을 격려하여 그들로 하여금 크리스마스 씰의 취지를 벽촌까지 전달하게 하고 또 다른 사람들이나 집단을 움직이게 하는 방법을 택했다. 이렇게 봉사자들을 통해 일을 전개했더니 우리가 직접 사람들을 만나 설득하는 것보다 훨씬 성공적이었다.

이 운동의 중요한 결과 중 하나는 우리 요양원 환자들이 대단한 관심을 갖고 자신들이 할 수 있는 모든 방법을 다해 이 운동에 직접 참가하고 싶다고 자원한 것이었다. 환자들은 이 운동을 위해 밖에 나가서 활동할 수 있게 해달라고 간청했다. 물론 그들의 청이 허가될 리 없었다. 그러나 글을 쓸 줄 아는 환자들은 전국 각지의 친지들에게 편지를 썼다. 기독교인 환자들은 기도회를 조직해 이 운동이 성공하도록 기도했다. 환자들은 크리스마스 씰을 많이 팔아주기도 했지만 결핵퇴치를 위해 직접적으로 큰 공헌을 했다. 우리는 위원회의 이름으로 조선의 저명인사들에게 수없이 서신을 띄웠으나 환자들이 개인적으로 직접 보낸 편지에 비하면 너무나 미미한 반응을 보였다.

그러나 우리는 마음에서 우러나온, 한 사람의 조선 사람이 보낸 다음과 같은 편지를 받았다.

> 저는 그 훌륭한 운동에 조금이라도 도움이 될 수 있기를 희망하면서 이 글을 씁니다. 당신은 제가 왜 이렇게 관심을 갖는지 궁금하게 여기실지도 모릅니다. 저도 미국에서 프린스턴 대학교를 졸업할 무렵, 결핵에 걸렸던 일이 있었기 때문입니다. 저는 프린스턴 근방에 있는 요양원에 들어가 병을 고쳤습

니다. 그래서 이제 조선에서도, 결핵을 치유할 기회가 생긴다는 소식에 너무나 기뻤습니다. 더 많은 씰을 보내주시면 더 팔아드리겠습니다.

그러나 우리는 다른 종류의 엉뚱한 편지도 몇 장 받았다.

저는 당신이 결핵으로 고통 받고 있는 사람들을 돕는다는 광고를 보고 씰을 샀습니다. 그리고 매일 밤마다 이 씰을 정성껏 가슴에 붙였습니다. 그런데도 이 약은 나의 심한 기침을 조금도 낫게 해주지 않았습니다. 돈을 돌려주시기를 청구합니다.

여러 사람들 입에 자자한 그 훌륭한 크리스마스 씰 약을 좀 보내주시면 감사하겠습니다. 값은 얼마라도 지불하겠습니다.

당신의 요양원에 무료 입원할 수 있는 크리스마스 씰 입원권을 좀 보내주십시오. 저의 친구들도 많이 들어가려고 합니다.

첫 해의 크리스마스 씰 운동은 경제적으로도 성공을 거두었다. 실제의 경비를 다 제하고도 170달러나 이익금이 남았다. 이 돈을 조선의료선교협회에 넘겼다. 거기에서는 여러 선교병원 중 결핵퇴치에 힘쓰고 있는 평양의 연합기독병원, 여주의 영국 교회병원, 함흥의 캐나다 연합교회병원 등에 각각 25달러씩을 보조하고 서울의 세브란스 유니언의 결핵병동과 해주 구세요양원에 각각 35달러씩을 나누어주었다. 나머지는 결핵서적 구입비와 연구와 병리 실험비로 책정했다. 각 병원에 나누어준 보조금은 물론 무료 환자들을 위해 사용되었다.

이 운동은 크리스마스 씰의 취지가 조선에서는 전혀 생소한 운동이었던 점과 '허가'라는 어려운 난관을 거쳐야 했던 점을 감안한다면 대성공이라고 볼 수 있었다. 이번 일을 통해 다음에 있을 캠페인에 도움이 되는 많은 경험을 쌓을 수 있었던 점도 큰 소득이었다. 다음 해에는 씰을 10월에 발행해 외국에 보낼 크리스마스 카드에 이용할 수 있도록 계획을 세웠다. 동시에 조선에 거주하는 일본인들을 위해 일본어로 인쇄된 씰을 만들 생각도 하게 되었다.

첫 번째 크리스마스 씰 운동이 이토록 성공적이자 조선의료선교협회는 내가 계속 씰 위원회의 회장으로 일한다면 이 사업을 맡겠다고 동의하기에 이르렀다. 조선의 결핵 씰은 전 세계에서 유일하게 선교사들이 주관하는 운동이 되었다. 내 앞에는 더 힘든 일들이 놓여 있었다. 결핵퇴치용 인쇄물, 신문과 방송을 통한 인터뷰, 강연 등… 그리고 다음 해에 쓸 씰의 도안도 미리 준비해두어야 했다.

조선의 씰 운동은 미국의 것을 본받았던 만큼 미국 씰 중에서 좋은 그림을 이용한다고 해서 이상할 것은 없었다. 1932년도의 미국 씰의 도안은 소년과 소녀가 눈 위에서 크리스마스 캐럴을 부르고 있는 그림이었다. 캐럴은 찬양이나 기쁨을 노래하는 것이니 이 장면은 괴로움에 시달리는 나라에서 앞으로 올 건강한 사회를 예고하는 기쁜 소식을 듣고 노래하는 것을 상징할 수 있다. 나는 이 그림이 다음 해 크리스마스 씰의 도안으로 적당할 것 같았다. 미국의 필립 제이콥스도 내 의견에 동의해주었다. 미국 전국결핵협회를 대신해 그 그림을 조선판 도안의 모델로 해도 좋다는 허락을 받아주었다. 서울 YMCA의 인쇄소 화가는 이 미국 그림을 조선판으로 변형시켜주었다.

조선 국토는 13개 도로 나누어져 있었다. 각 도에는 미션 스쿨이 있고, 서울과 평양에는 중요한 대학도 있었다. 조선에 있는 백인들은 이미 모국에 크리스마스 씰이 있었기 때문에 이것을 생소하게 보지 않았다. 또 학교의 많은 선생들은 제자들 중 많은 수가 결핵으로 희생되었기 때문에 결핵의 무서움을 잘 알고 있었다. 나는 미션 스쿨의 권위를 인정하고 있는 의료선교협의회를 통해 명령하달로 학교 교사들의 지원을 얻고자 노력했다. 선생들이 열성을 아끼지 않는다면 그 열의는 학생들에게 전달될 것이다. 그 다음은 학생들이 주위의 어른들에게 다시 전할 것이다. 이렇게 파상적으로 도시에서 시골로, 시골에서 산 속까지 이 운동은 사랑하는 이 나라의 방방곡곡 구석구석 전파될 것이다.

과연 교사들이 우리 운동에 협조해줄 것인지는 미지수다. 교사 한 명이 맡고 있는 학생 수만 해도 이미 초과 상태라 업무량이 적지 않았다. 어쩌면 외부에서 부탁하는 일은 부드러운 태도로 거절할지 모른

1932년도에 발행된 미국 씰. 이 도안은 적절히 변형되어
1934-35년의 조선 씰로 사용되었다.

다. 어떤 이들은 나를 보고 "교사인 우리들은 학교 일이나 볼테니 의사인 당신은 의사 일이나 하라"고 할지도 모른다. 아마 다른 단체의 사람들도 이와 비슷한 생각을 하지 않을까? 심지어는 선교병원의 의사나 간호사까지도 "우리가 하고 있는 일만으로도 너무나 힘겨우니 더 이상 업무 외의 일을 할 수 없다"고 말하지 않을까? 그러나 이처럼 모든 사람들의 깊은 이해와 협조가 없다면 이 사업이 진일보하는 일은 불가능하다. 나는 이런 장벽에 도전하지 않으면 안 된다고 보았다.

물론 그 당시엔 텔레비전이 없었다. 라디오 청취자 수도 극소수였으므로 즉각적인 뉴스 교환은 되지 못했다. 이런 실정이었기에 나는 이 운동을 위해 사람들과의 만남과 인쇄물을 전달 수단으로 삼았다. 인쇄물들도 그냥 쓰레기통에 던져질 위험이 많았지만 그보다 더욱 극복하기 힘든 난관은 타성과 비관적인 태도였다.

제일 먼저 조선 화가들에게 부탁해 사람의 시선을 끌 수 있는 결핵퇴치용 포스터를 만들어달라고 했다. 이것들을 전국에 있는 학교와 병원 책임자들에게 보냈다. 내 생각으로는 이 운동을 별로 대수롭지 않게 여긴 사람들이라 할지라도 이런 포스터를 받으면 자기 기관에 전시하는 일을 반대하지 않을 것이라고 보았다. 우편물 겉봉에는 '선물임, 무료 증정'이란 글자를 또렷하게 적어 넣을 것이며 이 운동에 대한 그들의 관심을 불러일으킬 편지를 인쇄해 함께 보낼 계획을 세웠다.

또한 가능한 한 크리스마스 씰 운동에 영향을 줄 수 있는 핵심인사들에게는 개별적인 서신을 보내기로 했다. 판매 성적이 가장 좋은 기관에는 소정의 상금을 주고 결핵에 대한 문헌이나 이 운동의 진척 상황에 대한 보고서들도 원한다면 보내주겠다고 알려주었다. 씰 위원회에서는

결핵예방 캠페인의 일환으로 1934-35년에 발행된 카드.
장수의 상징인 황새 그림이 그려져 있다.

닥터 셔우드 홀, 아들 윌리엄, 그리고 동역자들이
발행된 씰과 포스터를 배포하기 위해 바쁘게 움직이고 있다.

인쇄물 책자들을 사람들이 반드시 읽도록 하기 위해 소정의 책값을 받아야 한다고 말했다. 책값은 경비를 부담하는 데도 도움이 되었다.

우리는 언덕 위에 있는 큰 집으로 이사했다. 가족 수가 늘어나서만이 아니라 씰 운동과 관련된 일이 많아져서 넓은 집무실이 필요했다. 곧 이 집무실은 마치 꿀벌통처럼 사람들이 바쁘게 움직이는 장소가 되었다. 윌리엄도 자주 우리 일을 도와 봉투를 붙인다든가 씰을 한 다발씩 묶는 일을 거들었다.

황해도의 새 도지사로 부임한 원 씨는 고맙게도 다음 번 캠페인의 시무식은 도에서 공식적으로 열어주겠다고 우리의 청에 기꺼이 응해주었다. 그가 공식적인 회를 소집하자 새 도지사를 보려고 많은 사람들이 참석했다. 그 자리에서 도지사는 평범한 말 같지만 우리에게는 매우 격려가 되는 연설을 했다.

"정부의 시책은 필요 없는 장례식의 수를 줄이자는 것입니다."

연설의 첫 부분은 그다지 공식적인 느낌도 주지 않았고 정책을 논하는 연설 같지도 않았다.

나는 크리스마스 씰의 정신에 대해 이야기해달라고 부탁한 내 뜻이 잘 전달되지 않은 게 아닌가 하는 생각이 들기 시작했다. 그러나 도지사는 이 주제에 대해 더 구체적으로 이야기를 전개해나갔다. 나는 비로소 겨우 안심할 수 있었다.

"조선에서는 수많은 돈이 결핵으로 죽은 사람들의 장례비용으로 쓰이고 있습니다. 그러나 결핵을 방지하거나 치료하는 데 쓰이는 돈은 몇 푼 안 됩니다. 그것은 바로 씰을 사는 사람과 그의 가족, 자기 자신을 위한 것입니다. 그러므로 본인은 필요없는 장례를 없애주는 이 역사적인 운동의 시작을 이 자리에서 공표하게 된 것을 지극한 영광으로 생각하는 바입니다."

도지사의 연설문에서 내용이 좋은 부분을 발췌해 인쇄물로 만들어 많은 사람에게 우송했다.

이 취지는 사람들에게 잘 전달되었다. 운동에 자원하는 사람들이 계속 늘어났다. 곧 보급의 진척 상황에 대한 보고와 씰의 주문이 전국에서 쇄도했다. 숫자는 적었지만 일본, 중국, 만주에서도 주문이 왔다. 드디어 '씰의 정신'이 전국으로 퍼져나가기 시작했던 것이다. 우리를 감동시키는 편지들도 여러 곳에서 도착했다.

디자인이 참 매력적입니다. 피터스 여사는 이 지역의 열성적인 보급 운동가입니다. 좋은 호응을 받고 있습니다. 우리들은 당신의 사업을 100퍼센트 찬성합니다.
—메리 처치

결핵 씰 운동에 유용하게 써주시기 바라면서 여기에 수표를 동봉합니다. 우리는 그 훌륭한 계획에 지대한 관심을 가지고 있습니다. 하나님의 축복과 성공을 빕니다.
—허버트 웰치 감독

나는 국제 사망률 도표를 많은 사람들에게 보여주었습니다. 당신이 지적한 조선인 사망률을 포함해서 말입니다. 조선의 결핵 사망률의 경우, 세계에서 가장 높다는 점을 알게 되자 사람들은 동요했습니다. 우리 학교의 여학생 한 명이 이번 주에 결핵으로 사망했고 또 한 명은 지금도 앓고 있습니다. 이러한 사실을 보고 사람들은 한 번 더 생각하면서 씰을 구입했습니다.
―앨런 클라크

여기에 씰을 판매한 금약 340엔을 동봉합니다. 조선 사람들이 씰에 이처럼 큰 관심을 가져주어 나는 기쁩니다.
―애다 샌델

학교의 설립에 당신 어머니의 공로가 컸던 평양외국인학교에서는 120명의 학생 중 100명이 씰의 보급 판매를 돕고 있습니다.
―안나 도리스

불청객의 입장에서 이 편지를 씁니다. 조선을 위해 당신이 현재하고 있는 사업에 나는 깊은 감명을 받고 있습니다. 내 힘이 닿는 대로 당신에게 도움이 되고 싶습니다. 이 운동이 성공하기를 바랍니다.
―W. A. 윌버

그러나 모든 편지들이 다 이처럼 고무적인 것은 아니었다. 어떤 이는 조선 사람들은 남을 생각할 수 없을 정도로 가난에 허덕이고 있으니, 이들에게 더욱 고통을 주는 모금운동은 옳지 않다고 말했다. 그러나 이러한 편지들은 극소수였다. 해가 갈수록 이 운동은 점점 더 대중에게 보급되어 자극을 주었다. 이러한 추세에 맞추기 위해 우리들은 포스터 크기의 씰 복사품, 크리스마스 카드, 달력, 우편엽서, 그림 맞추기를 위한 장난감 조각 등을 만들어 팔았다.

세 번째 씰 보급까지는 정물을 그려 넣어 나름대로 사람들에게 잘 받아들여졌다. 나는 다음번 씰은 좀 더 활동적이고 색깔 있는 도안을 만들어야겠다고 생각했다. 조선 어린이들의 놀이나 운동을 매년 차례로 실으면 어떨까? 그 도안들은 연날리기, 제기차기, 얼음판 위에서 팽이 돌리기, 널뛰기, 그네뛰기 등이 포함될 것이다.

이제는 유명한 화가들이 자청해서 그림을 그려주겠다고 나섰다. 그 가운데는 영국 화가인 엘리자베스 케이스(Elizabeth Keith) 양도 있었다. 케이스 양은 동양에서 1915년부터 1925년까지 동양의 디자인을 공부하고 있었다. 그녀는 자주 조선을 방문했다. 1930년에는 서울의 내 어머니집을 거처로 정하고 여러 차례 여행을 하기도 했다. 케이스 양은 두 가지 씰을 도안해주었다. 유명한 판화가 와타나베 씨가 그녀의 스케치를 떠서 판화로 크리스마스 카드 그림을 만들었던 것이다.

또 다른 두 개의 도안은 20대 후반의 젊은 조선 화가인 김기창 씨의 작품이었다. 그는 네 살 때 귀가 먹어 말도 못하게 되었는데 그 당시 조선 화단의 유명한 스승 아래서 그림 공부를 하여 화가로 출발했다. 그의 그림을 사토 씨가 각목에 인쇄해 크리스마스 카드로 만들었다. 평양의 조선인 화가와 호주의 장로교 선교사인 에즈먼드 뉴(Esmond W. New, 한국명 류영완) 목사가 각각 도안을 하나씩 더 해주었다.

도안을 맡기느라고 화가들과 만나면서 또 다른 어려움을 느꼈다. 그들은 감성이 예민해서 기분이 상하는 일이 자주 일어났다. 거기다나 역시 사교성이 부족했다. 화가들을 만날 때는 사람마다 다르게 대해야 했는데 특히 도안을 고쳐야 할 때는 어려움이 더했다. 그러나 문제점을 수정해 다시 손질한 도안들은 모두 만족스러웠다. 후원자들은 역시 풍속화가 그려진 씰을 좋아했다. 그들은 경제적인 지원과 칭찬에 인색하지 않았다.

　매년 씰 캠페인이 실시될 때마다 결핵퇴치라는 목적을 향해 한걸음씩 앞으로 나아가고 있었다. 나는 그동안 비관적이고 부정적인 견해에 수없이 부딪혔지만 결코 굴하지 않았다. 그리하여 이 땅에 크리스마스 씰의 정신이 펼쳐지고 있었다. 이제 씰은 조선의 방방곡곡에 보급되었다. 흐뭇한 일이었다.

닥터 홀은 조선의 전통놀이인 널뛰기를 1935-36년의 결핵 씰 도안으로 사용했다.

1932–33년, 남대문,
YMCA 화공

1933–34년, 캐롤 부르는 소년소녀,
YMCA 화공

1934–35년, 아기업은 여인,
엘리자베스 케이스

1935–36년, 널뛰는 소녀,
최신영

1936–37년, 연 날리는 어린이,
엘리자베스 케이스

1937–38년, 팽이치는 소년,
김기창

1938–39년, 제기차기,
김기창

1939–40년, 그네뛰는 소녀,
류영완(에즈먼드 뉴)

조선의 크리스마스 결핵 씰 도안들. 각 도안 밑에는 년도와 간단한 제목, 화가들이 나와 있다.
—1932년부터 2009년 현재까지 발행된 한국의 크리스마스 씰에 대한 자세한 설명과 도안을 보고 싶다면
대한결핵협회 홈페이지를 참조하라. www.knta.or.kr/korea/seal/seal01.asp

22
이정표

 요양원은 씰 캠페인에 힘입어 계속 발전에 발전을 거듭했다. 침대 여덟 개로 시작했던 것이 60여 명이 넘는 환자들을 수용할 수 있게 되었다. 환자들이 "결핵에는 장기간 요양이 필요하다"고 인식하게 된 것도 씰 보급의 하나였던 공중위생 교육 덕분이었다. 많은 환자들이 이제 생사탕이나 싱싱한 사슴의 생피보다는 요양원에서 오랫동안 안정하고 치료받는 것이 더 효과적이라는 사실을 믿게 되었다. 몇 채의 멋진 별채들이 요양원에 더 세워졌다. 요양원이 커지자 많은 젊은이들이 입원했다. 이 때문에 의외로 복잡한 문제가 생기기도 했다.

 젊은 남녀들이 자유롭게 교제할 수 있는 서양과는 달리 당시 조선에서는 남녀의 구별이 엄격했다. 미혼 여성이 남자와 교제를 하면 그녀는 품행을 의심받아 결혼을 하는 데 지장이 있었다. 특히 육체적인 접촉이 있었다는 의심을 받을 때는 더 그러했다. 그러나 남자의 경우는 별로 큰 흠이 되지 않았다. 얌전한 처녀라는 소리를 들으려면 수줍어하고 과묵하며 매우 조심스럽게 처신해야 했다.

요양원 환자 가운데 한 남자 청년이 어느 여자 환자에게 여러 번 접근을 시도했다. 이 사실이 우리 직원에게 알려졌다. 우리는 그 청년에게 여러 차례 경고를 했다. 그러나 청년은 조금도 반성하는 기미가 보이지 않았다. 결국 우리는 그 청년을 퇴원시키는 수밖에 없었다. 이 방법만이 여자 환자를 보호하는 길이었다. 그러자 청년은 구차스러운 변명을 했다. 다른 남자 환자들도 그의 편에 서서 퇴원이 부당하다며 주장하고 나섰다. 그러나 나는 퇴원 조치를 철회하지 않았다.

나는 평상시에는 정오 이전에 요양원 회진을 끝내고 점심은 집에 가서 먹곤 했다. 그날도 회진을 거의 다 마치고 남자 환자용 일광욕실을 거쳐 본관을 나서려는데 갑자기 '쾅' 하고 문이 닫히는 소리가 들렸다. 얼른 나가 문을 밀어보니 문이 잠겨 있었다. 불시에 나는 요양원에 갇힌 것이었다. 도움을 청하는 소리를 지르자 문 밖에서 성난 목소리들이 들려왔다. 비로소 나는 우연한 사고로 문이 잠긴 것이 아님을 알아차렸다. 연이어 남자 환자들이 요구 조건을 말하기 시작했다. 그들은 내가 퇴원시켰던 그 청년을 다시 입원시키라고 했다. 요구를 들어주지 않는 한 나를 내놓지 않겠다는 것이었다.

나는 그들의 요구를 거절했다. 나는 그들에게 왜 그런 결정을 내렸는지 이유를 설명할 기회를 달라고 말했다. 그들은 내 말에 귀를 기울이지 않고 "놔주지 말라"며 소리를 지를 뿐이었다. 그러는 사이에 환자들의 점심시간이 지나갔다. 점심식사 후면 환자들이 모두 휴식을 취한다. 이때는 병원의 직원들도 순시를 하지 않는다. 아내는 아마 내가 무슨 일이 있어서 늦는다고 생각할 것이다. 환자들은 자신들의 계획을 위해 비교적 시간을 잘 선택한 셈이었다. 나를 이렇게 가둬둔다는 것은 참 우스꽝스럽게 느껴졌으나 이것은 장난이 아니었다. 이 난처한 지경에서 어떻게 벗어나야 한단 말인가?

오후 4시가 되면 간호사들이 환자들의 체온을 재기 위해 병동을 순회한다. 이 일로 벌써 내 몸의 체온은 오르고 있었다. 하지만 간호사 중에 누가 경보를 울릴 때까지 기다리는 수밖에 별 도리가 없었다. 이런 상태로 지루한 시간이 어느 정도 지나자 반대편의 대표격인 청년이 문을 열더니 내 앞을 막아섰다. 나는 그를 밀쳐내고 밖으로 뛰쳐나갈 수도 있었다. 그러나 내 입장에서 환자를 그런 식으로 대하는 것은 절대로 현명한 방법이 아니라는 것쯤은 알았다. 그래서 냉정을 유지하고 대화를 통해 해결해야겠다고 마음먹었다. 그는 전혀 내 말을 들으려 하지 않았다. 나는 헛수고만 하는 것 같았다. 그러나 여러 말 가운데 "그 환자를 퇴원시키는 것은 당신네들을 위해 그렇게 한 것이오"라고 한 말이 그에게 호기심을 자극했던 모양이었다. 그는 좀 이상하다는 듯이 퉁명스럽게 물었다.

"그게 무슨 뜻입니까?"

이는 바로 내가 기다렸던 기회였다. 나는 결핵환자에게는 감정적이고 육체적인 일, 특히 이성에 마음을 빼앗기는 일이 얼마나 치명적인 장애가 되는지 설명했다. 그 환자를 그대로 방치하면 남자 환자들도 그의 뒤를 따를 것이 아닌가? 그렇게 되면 그동안 열심히 건강을 되찾으려고 노력했던 당신들의 모든 공은 허사가 되는 불행한 결과를 초래하게 된다고 했다.

그는 종교적이나 도덕적인 것에 가치를 부여해 주장을 굽힐 그런 사람이 아니었다. 자신을 위해서였다는 뜻을 납득했기 때문에 그는 물러섰다. 문에서 비켜서면서 사과를 한 다음 누구에게도 이런 일이 있었다는 것을 말하지 말라고 부탁까지 했다. 나도 이 사건이 내 체면에 득이 될 게 하나도 없었으므로 비밀로 접어두기로 약속했다.

요양원 농장은 소규모로나마 현실화되었다. 이 농장을 추진할 북장로교의 농업 선교사인 덱스터 루츠(Dexter N. Lutz)의 도움을 받을 수 있었던 것은 행운이었다. 요양원 농장에서 그는 토양 분석, 농경지 이용, 특히 산악 개발, 과수 재배, 낙농 등 현대 농업 기술을 지도했다. 인근 농촌의 농부들도 이 강좌에 초청되어 함께 교육을 받게 했다. 이런 식으로 우리의 농업 강좌와 소규모 농장이 운영되자 이 지역에 좀 더 본격적인 시범 농장이 필요해졌다. 회복기 환자들을 위한 시범 농장과 모범 농가 마을을 만들어야겠다는 내 꿈은 더욱 강해졌다.

시범 농장이 생기면 회복기의 남녀 환자들은 건강이 허락하는 정도에 따라 하루에 몇 시간씩 일하게 되고 일한 만큼 임금을 받을 것이다. 계속 치료도 받으면서 편안하게 거주할 집을 제공받는 것 외에 농사법, 양계, 양잠, 목공, 수공업에 대한 과학적인 지도도 받게 될 것이다. 환자들은 육체적으로 완전한 건강을 찾고 정신적으로도 자신감을 갖게 되어 자기가 선택한 어느 한 가지 기술에 완전히 숙달될 때까지 이 모범 마을을 떠나지 않을 것이다. 내 계획에 의하면 회복기 환자들이 이 모범 마을에 거주해야 하는 기간은 평균 2년이다.

우리들의 기도에 대한 직접적인 응답이었을까? 전혀 예상하지 못했던 축복을 받았다. 미국 페니 백화점의 설립자인 J. C. 페니(Penny)

는 플로리다 주에 좋은 모범 농장을 가지고 있었는데 그 농장을 전문가인 클라크(F. O. Clark)에게 맡겨 운영하고 있었다. 그때 마침 YMCA에서 한국에 현대 농업 기술을 도입시킬 계획으로 페니에게 기술자를 요청했다. 그러자 페니는 한국에 클라크를 파견해주겠다고 약속한 것이다. 이 사실을 알게 된 나는 페니와 YMCA에 각각 편지를 보내, 해주구세요양원에 모범 농장을 만들 수 있도록 도와달라고 간청했다. 두 곳에서 모두 나의 청에 응하겠다는 기쁜 회신이 왔다.

일이 이렇게 진전되자 내 머리 속에는 시범 농장과 모범 마을을 만드는 구상으로 가득 찼다. 마침 YMCA는 한국의 중심지역에 농업시범센터를 설립할 생각이었다. 당시 한국의 농업은 원시적이었다. 씨를 뿌리기 전에 땅을 가는 방법도 신통치 않았으며 수확을 예상할 과학적인 근거도 없었다. YMCA에서는 농업시범센터를 만들어 전국의 농부들을 모집하여 이곳에서 교육 시킨 후 그들을 통해 새로운 기술을 전파시킬 계획이었다. 내가 페니와 YMCA에 편지를 했을 때 나의 구상과 그들의 계획은 절묘하게 일치했던 것이다. 우리 요양원 환자들은 전국에서 모여든 사람들이니 YMCA에서 생각한 '전국에서 모집한 농부들'이나 마찬가지다. 거기다 요양원에 입원한 사람들은 모두가 각 분야의 지도자로 자랄 특별한 자질이 있어 보이는 젊은이들이었다. 이들은 남을 가르치고 이끌어나갈 정신적인 자세를 갖춘 사람들이었다. YMCA에서는 요양원에 다음과 같은 조건을 제안해왔다.

"당신이 충분한 땅을 구입해 시범 마을을 건립한다면 당신의 계획이 우리의 구상과 일치한다고 판단해 우리는 가축, 씨앗, 비료를 공급하는 동시에 농장과 마을을 운영할 두 사람의 전문가를 고용해 봉급을

요양원 농장에서의 다양한 모습

지급하겠음."

이 제안을 받은 우리들은 너무나 기뻐서 믿어지지가 않았다. 요양원은 이미 3만 600평의 땅을 확보해 환자들의 부식 조달에 한몫을 하고 있었다. 나는 이를 확대하기 위해 인접한 12만 2천 4백 평의 땅을 사려고 곧 모금운동에 들어갔다. 그 땅은 마침 팔려고 내놓은 땅이었다. 여러 농작물을 실험하려면 그 정도의 땅은 필요했다. 그 땅은 밭, 과수원, 작은 동산 하나와 논으로 이루어져 있었다. 이처럼 지형이 다양하므로 회복기의 환자들은 자기 취향에 맞는 농업의 한 분야를 선택할 수 있다. YMCA는 이 땅 구입에 열심인 우리들에게서 좋은 인상을 받았던 모양이었다.

마침내 클라크가 도착했다. 그는 농장 설계와 건축을 도와주었다. 우유를 많이 생산하는 젖소, 스위스 염소, 벨기에 토끼, 흰색 레그혼 닭들을 수용할 건물들이 세워졌다. 이 농장은 회복기 환자들의 교육과 직장을 해결해줄 뿐 아니라, 요양원 환자들에게 절대적으로 필요한 신선한 식품들을 싼 값에 공급해주는 역할도 할 것이다.

그동안 '형'이의 경우와 같은 비극이 얼마나 많았던가! 이제 겨우 그 비극들을 막기 위한 첫걸음을 내디딘 것에 불과하다. 조선 민중을 계몽할 일들은 아직도 많이 남아 있었다. 회복된 환자들을 사회가 따뜻이 맞아주고 좋은 이웃으로 그들을 도와줄 수 있도록 결핵에 대한 편견을 고쳐주어야 했다.

페니는 요양원 농장 계획이 잘 추진되자 더욱 큰 관심을 보였다. YMCA와 클라크는 그러한 반응을 보고 매우 기뻐했다. 페니는 이제 모범 마을의 설립이 시급하다는 것을 알자 경제적인 지원까지 해주었다.

우리들의 즐거움은 말할 것도 없었다.

클라크는 농장을 지도하고 모범 마을은 농업 선교사인 루츠가 맡기로 했다. 루츠는 미국에서 인디언들을 위한 모범 취락을 만든 경험이 있었으므로 이 일을 하는 데 큰 도움이 되었다. 이 두 전문가들의 활동으로 요양원 농장은 갱생 센터와 교육 실습장과 모범 마을을 갖춘 규모로 성장했다. 회복된 환자들과 마을 농부들은 새 농사법을 배우는 데 상당히 열심이었다. 채소나 과일 등은 약 80킬로미터 거리에 있는 소래 해변의 작은 상점에 내다팔기도 했다. 여름휴가 때 오는 선교사들이 그것을 사먹었다.

요양원이 완전한 모습을 갖추려면 처음 설계 시부터 교회당이 있어야 했다. 그동안 우리는 교회당을 짓기 위해 정성을 다해 기도해왔다. 지금까지는 환자 대기실을 예배 장소로 이용해왔는데 환자와 직원들 수가 늘어나 모두 들어설 수 없을 정도로 비좁아졌다. 나는 사촌인 해롤드 무어(Harold Moore, 결혼 전 이름은 메리 크래리[Mary Crary]로 그레이스 크래리 해스킨스[Grace Crary Haskins]의 자매) 여사에게 원조를 청했다. 그녀는 부유했고 활동가였다. 우리가 안식년 휴가로 미국에 갔을 때 콜로라도 덴버에 있는 아름다운 자기 집에 우리를 초대해준 일이 있었다. 그날, 메리가 나가는 교회의 교인들도 함께 초대되었는데 그때 매리언은 해주에서 일하는 우리들의 모습과 사업 내용을 담은 필름을 영사기를 통해 보여주었다. 나는 그 자리에서 해주요양원에 교회당이 꼭 필요하다고 역설한 적이 있었다. 그날 우리가 뿌린 씨앗이 이제야 추수 때를 맞이해 거두고 있었던 것이다.

메리는 요양원 교회당 건립에 대한 우리 꿈을 이루어주고자, 한 사람의 기부금으로는 가장 큰 액수였던 1만 달러를 보내주었다. 메리는 항상 내 어머니를 존경해왔으므로 교회당 이름을 '로제타 교회당'이라고 짓기를 원했다.

나는 병원 건축에는 어느 정도 경험이 있었지만 교회당 건축에는 문외한이었다. 때마침 한국을 방문 중이었던 한 건축가를 만나게 되어 나의 구상을 설명했더니, 그는 그렇게 설계하는 것이 가능하며 주위 환경과 잘 조화된다면서 칭찬해주었다. 내 구상은 해주 근처의 해안에 많이 깔려 있는 둥근 돌들을 건축 재료로 이용할 수 없을까 하는 것이었다. 그는 이런 돌들을 사용하면 벽돌보다 더 멋진 건물을 만들 수 있다고 했다. 지붕은 빨간색 타일로 깔면 사철 녹색인 주위 산과 더욱 대조되어 한층 더 아름다운 건물이 될 것이라며 자신감을 심어주었다. 요양원 건축 때 설계를 해주었던 에드윈 캠벨이 이번에도 역시 설계를 맡아주었고 건축 시공은 마(C. Y. Mah)씨와 계약했다.

이윽고 교회당이 완공되었다. 이 건물은 조선에서 가장 아름다운 교회당 가운데 하나가 되었다. 산과 바다의 푸르름과 조화를 이루어 절묘한 경관을 연출했다. 존 러스킨(John Ruskin)의 글은 교회당을 지을 당시의 우리들의 심정을 잘 대변해주고 있다.

우리가 건축할 때 건물은 영원히 쓸 수 있도록 지어지게 하소서. 당장에만 좋고 필요한 건물이 되지 않게 하소서. 후손들이 우리에게 감사할 만한 건축이 되게 하시고 우리가 돌을 하나씩 쌓을 때마다 돌이 쌓여서 신성한 장소가 된다는 점을 상기하게 하소서.

해주에 있는 로제타 교회당

1933년 9월에 건립된 로제타 교회당 앞에서 주일학교 학생들과 함께

어머니 닥터 로제타 홀의 68세 생일날에(1933년 9월 19일).
닥터 매리언 홀은 조셉을 안고 있고 닥터 셔우드 홀 앞에는 윌리엄이 있다.
43년간 봉사한 조선을 떠나는 어머니를 송별하는 때이기도 했다.

헌당식은 1933년 9월 2일 거행되었다. 교회당 이름은 어머니의 이름을 따서 '로제타 교회당'이라고 지었다. 이날은 어머니의 68회 생일이 지난 지 나흘째 되는 날이기도 했다. 어머니는 이 식장에서 43년간 이 땅에서 봉사한 수고에 대한 공식 표창을 받았다. 1933년과 1934년의 결핵 씰 보급에 지대한 도움을 주었던 원종교 황해도지사도 식에 참석했다.

어머니는 예정보다 앞당겨 은퇴할 예정이었으므로 어머니 이름을 딴 교회당의 헌당식은 더 의미가 있었다. 선교회에서 정한 은퇴 연령은 일흔 살이었으나 어머니의 오빠인 프랭크 셔우드가 노환으로 시달리고 있어서 그를 돌보기 위해 은퇴하기로 결정했던 것이다. 외삼촌은 은퇴한 감리교 목사로서 아내와 사별하고 혼자 미국에 있었다. 어머니는 1933년 10월 2일 미국으로 떠날 예정이었다.

헌당식 때 나는 〈서울 프레스〉의 편집장을 지낸 야마가타가 보낸 편지 한 통을 받았다.

> 조선, 특히 조선의 여성들은 당신의 어머니를 더 이상 볼 수 없게 되어 매우 섭섭할 것입니다. 어머님은 조선 여성들을 위해 정말로 훌륭한 일을 하셨습니다. 그 교회당이 아무리 훌륭하고 아름답게 지어졌다 하더라도 제가 생각하기에는 어머님이 행하신 훌륭한 일에 비하면 백분의 일도 그 업적을 상징할 수 없을 것입니다.

이 헌당식에서 모든 사람들을 더욱 즐겁게 해준 것은 구세군 악대의 특별 음악연주였다. 윤치호 씨가 여행비용을 부담해주어 서울 구세군 '소년 근로자의 집'에서 한국 소년들이 해주에까지 와서 주말에 열린 각종 행사에 참여했던 것이다. 이 행사에는 음악회, 연극, 건강 퍼레이드, 강연, 해주 구세병원의 창립 25주년 기념, 해주 결핵요양원의 창립 5주년 기념식도 포함되어 있었다. 구세군 소년 악대의 연주를 듣기 위해 300여 명 좌석의 교회당은 사람들로 꽉 들어찼다. 음악을 좋아하는 조선 사람들의 재능이 이들의 훌륭한 연주를 통해 유감없이 발휘되었다.

조선 교회는 의자가 없어서 바닥에 그냥 주저앉게 되어 있었다. 어떤 교회에서는 남녀를 가르는 휘장을 가운데에 치기도 했다. 아기들은 예배 도중에도 엄마의 젖을 먹었고 기저귀를 차지 않는 아기들이 대소변을 보려고 하면 어머니는 아기를 안고 창밖에다 용변을 보게 했다. 어린아이들은 예배 도중에 계속 통로를 돌아다니며 놀기도 하고 휘장이 쳐졌을 때는 남자석을 기웃거리며 살펴보는 등 예배를 방해했다. 예배 중에 갑자기 아기들이 울음을 터뜨려 예배가 방해가 되기도 했는데, 그때는 엄마가 급히 젖을 물렸다. 상당히 큰 아이들까지도 엄마 젖을 먹는 경우가 허다했다.

이처럼 부인들은 아기들의 뒤치다꺼리에 바빠서 예배를 제대로 볼 수 없는 실정인데도 개의치 않고 교회를 나왔다. 집에 갇혀 있는 것보다는 더 낫기 때문이었다. 그들은 자기 아이들을 분잡스러운 남의 아이들과 비교해보거나, 예배가 끝나 모두 퇴장할 때는 다른 남편들을 살짝 관찰해보고는 자기 남편이 더 점잖은 양반같이 생겼음을 자랑할 수도 있었다.

해주 시내의 제일감리교회에는 많은 교인들이 다니고 있었다. 우리

교회 헌당식에서 음악을 연주하는 구세군 악대

헌당식에서 메시지를 전하고 있는 노블 목사. 그는 아울러 해주 구세병원의 창립 25주년 기념식, 해주 결핵요양원의 창립 5주년 기념식에서도 말씀을 전했다.

새 교회당에서 아이들을 가르치고 있는 박 선생

의 새 교회에는 시내까지 갈 수 없는 인근 주민들만 왔지만 요양원에 활력을 불어넣었다는 점에서 그만큼 의의가 있었다. 교회는 환자들과 직원들의 정신적인 안식처가 되었다. 전에 요양원에 환자로 입원한 적이 있었던 김영순 목사가 교회의 담임목사가 되었다. 훨씬 뒤의 이야기지만 북쪽이 공산주의자들의 치하에 들어갔을 때에도 이 교회만은 유일하게 그 체제하에서 종교의 자유를 구속당하지 않았다고 한다. 공산주의자들도 결핵환자들에게는 신앙이 사기를 높여주고 병을 치료하는 데 도움이 된다는 점을 인정한 것이다. 공산주의자들이 예외로 기독교를 인정한 하나의 역사적인 사실이 된 셈이다.

헌당식이 있은 지 얼마 지나지 않은 10월 초 어느 날, 김 목사가 돌아오는 휴일에는 금강산 구경을 가자고 했다. 이때는 조선의 전통적인 명절(추석)이다. 조선인들이 집안 어른들의 산소를 참배하는 일로 휴가를 맞게 되어 우리들의 주말 휴일도 연장된다. 거기다 농부들도 추수하느라 바빠 병원은 조용해진다. 우리가 여가를 갖기에 가장 좋은 시기다.

금강산은 원산에서 남쪽으로 얼마 멀지 않은 동해안에 위치해 있다. 매리언은 몇 년 전에 북경에서 온 친구들을 데리고 그곳에 가보았는데 꼭 한번 가볼 만한 산이라면서 자신은 아이들을 맡기고 가기가 곤란하니 나만 김 목사와 함께 다녀오라고 했다. 1929년 7월, 요양원의 병리기사인 김평시 씨와 함께 차를 운전해 금강산 가는 길인 해주에서 원산 간 도로를 따라 동서로 횡단했던 일이 있었다. 도로 사정이 말할 수 없이 나빴던 그때의 경험을 고려해 이번에는 자동차 여행은 포기하기로 했다. 도로는 금강산 가장 자리를 따라 이어져 있을 뿐 산을 구경하는 유일한 방법은 걸어서 올라가는 것뿐이었다.

김 목사와 나는 서울을 경유해 원산 행 기차를 탔다. 원산에서 남쪽으로 세 번째 정거장인 안변에 내려 작은 버스로 갈아타고 금강산 등산의 출발 지점으로 갔다. 거기에서 지게꾼을 구해 짐을 날라야 한다. 조선인 친구들은 금강산은 경치가 빼어난 산이라고 내게 자랑해왔었다. 그들은 조선을 창조한 신이 특별히 조선을 선택했다는 표시로 이 산을 준 것이라고 믿고 있었다. 그래서 옛날부터 많은 사람들이 찾는 산이기도 했다.

이 마을의 촌장은 매우 유능한 상인이었다. 우리는 그에게 준비물 구입을 부탁하면서 짐꾼들을 구해달라고 했다. 처음에는 투덜대며 힘든 척했다. 하지만 실상 우리의 부탁은 상인인 그로서는 무척 반가운 것이었다. 그는 하늘 높이 솟아 있는 금강산의 장관을 형편없이 평했다.

"어찌 그런 등산을 하려고 사서 고생을 하시오? 그저 바위들이 쌓인 것에 불과한 쓸모없는 산이란 말이오. 아무것도 자라지 않아 겨울이 되면 머리를 빡빡 깎은 중이나 여승들이 동냥 그릇을 들고 마을로 내려온단 말입니다. 그 그릇을 채워주지 않으면 액운을 당할 테니… 난 산에 올라가지 않아요. 이 산은 배고픈 사람들을 배부르게 해주지도 못하고 고통을 덜어주지도 못하는 걸요."

한바탕 장광설이 끝나자 비로소 우리에게 도움이 되는 이야기를 했다.

"낮에는 꽤 덥지만 밤이 되면 서늘해집니다. 우리 가게에 있는 등산용 이불은 누에고치에서 나온 명주로 만든 겁니다. 목화솜과는 달라서 가볍기는 새털 같지만 따뜻하기는 온돌방에서 자는 것이나 다름없지요. 도시에서 쓰는 이불보다는 훨씬 편하다는 걸 알게 되실 겁니다."

물건을 사면서 나는 그가 그토록 멸시하는 이 아름다운 금강산이 그와 그의 마을에 얼마나 덕을 주고 있는지 지적하지 않을 수 없었다. 그는 호인답게 껄껄 웃고는 물이 많은 배를 덤으로 주었다. 서양 배와는 모양이 달라서 사과처럼 둥글지만 맛은 같았다.

"경사가 급한 바윗길로 올라가면 고생이 심할 테니 그때 이걸 드시면 목도 축이고 힘도 날 겁니다."

우리는 그의 마음씨에 감사하면서 등산길에 올랐다. 얼마 가지 않아 아주 생소한 외딴 지역으로 들어왔다는 것을 알 수 있었다. 여기에서는 주민들의 복장도 옛날의 조선식 그대로였고, 농부들이 지고 가는 짐들을 묶은 끈도 머리털을 꼬아서 만든 것이었다. 아마도 이런 머리털은 줄가하여 승려가 되려는 남녀의 머리에서 자른 것이 아닌가 싶었다. 많은 산마루의 이름들 중에 '단발령'이라는 이름이 있었다. 불교의 승려가 되기 위해 산을 찾아오는 사람들이 이 고개에서 삭발했기 때문에 붙여진 이름이라고 한다.

들어갈수록 야생 동물들이 점점 많아졌다. 짐승들은 마치 길들여진 것처럼 사람을 보아도 겁을 내지 않았다. 사슴들이 우리 앞을 자주 가로질러 뛰어가거나 우리가 지나가기를 기다리기라도 하듯 움직이지 않고 가만히 서 있기도 했다. 그러다가는 흰 엉덩이를 팔딱팔딱 재빨리 움직이면서 잡목 사이로 순식간에 사라졌다. 흑곰 한 마리가 신경이 곤두선 우리를 못 본 척하면서 어슬렁어슬렁 걸어가고 있었다. 우리를 깜짝깜짝 놀라게 한 것은 큰 산짐승이 아니라 꿩과 메추리들이었다. 그것들은 갑자기 발밑에서 푸드득 소리를 내며 날아올랐다. 야생 동물들이 이렇게 잘 보존된 것은 아마도 불교도들이 모든 생물의 생명을 높이 존중해 채식만 했기 때문인 것 같았다.

지형은 이제 온통 암석이었으며 올라갈수록 더 험해졌다. 다른 지역보다 훨씬 많은 종류의 낙엽송을 볼 수 있었다. 가을철을 맞아 붉은색, 오렌지색, 노란색 등 아름다운 단풍이 일대를 온통 뒤덮고 있었다. 우리는 감탄사를 연발했다. 오르는 길은 경사가 더욱 급해졌다. 경관은 점점 더 자연의 원색을 이루어가고 있었다. 시간은 이미 늦은 오후였다. 발은 부르트고 몸은 지쳤는데 어디에서 밤을 지내야 할지 알 수 없었다. 그때 한 무리의 불교 신자들이 우리 옆을 지나갔다. 그들은 친절하게도 우리와 보조를 맞추기 위해 천천히 걸었다. 그들은 "금강산에서의 첫날밤은 불교 사원으로 이름이 있는 장안사에서 지내는 것이 좋을 것"이라고 했다. 그 절의 승려들은 우리 같은 방문객이나 순례자들에게 잠자리를 제공해주는 일에 익숙해 있다고 한다. 게다가 여기에서 조금만 가면 된다고 일러주기까지 했다. 우리는 그들의 충고를 고맙게 받아들였다. 그러나 그들이 말한 '조금만 가면'이란 거리는 발에 물집이 생긴 우리로서는 상당히 먼 거리로 여겨졌다.

그 절의 주지는 쾌활하고 친절했다. 그는 동자에게 당장에 우리가 부르튼 발을 담글 수 있도록 물을 떠오라고 시켰다. 그는 말린 약초를 부셔서 물에도 풀어 넣었다. 이렇게 하면 쓰라리고 물집이 생긴 발이 낫는다고 했다. 정말 조금 지나자, 약초를 넣은 물에 담근 우리의 아픈 발은 씻은 듯이 나았다. 밥을 보니 식욕이 다시 살아났다. 주지는 양껏 음식을 먹으라고 권하면서 우리가 신고 있는 가죽신은 등산에는 적당하지 않다는 점을 눈여겨보았다가, 다음날 아침이 되자 특별히 짚으로 짠 샌들(짚신)을 주었다. 이 신발은 승려들이 손수 만든 것으로 개울을 건너가나 돌이 많은 오솔길을 오르는 데 훨씬 편리했다.

그날 밤 따뜻한 절간의 온돌방에 다리를 뻗고 눕자 우리는 너무나 피곤해서 곧 잠이 들었다. 이른 새벽이 되어 방바닥이 싸늘하게 차가워 잠이 깼다. 이때 촌장에게서 산 명주솜 이불을 덮었더니 어찌나 따뜻한지 놀랄 정도였다.

다음날 아침에도 밥과 김치를 대접받았다. 식사를 하고 있는데 주지승이 와서 산꼭대기를 가리켰다. 그의 손끝을 따라 올려다보니 그곳에 절이 하나 있었다. 그것은 마치 커다란 독수리의 둥지처럼 높은 암벽에 걸려 있었다. 처음 보는 광경에 나는 경탄하며 물었다.

"세상에, 저 큰 목재들을 어떻게 저 위까지 운반할 수 있었단 말입니까? 맨몸으로도 저 가파른 절벽을 올라가기 힘들 텐데요!"

"쉽지 않은 건 사실이지요."

주지가 대답했다.

"망원경으로 자세히 살펴보시면 수직으로 서 있는 저 암벽에는 좁고 경사진, 선반처럼 생긴 발을 디딜 홈이 있습니다. 그것을 발판으로 삼아 암벽을 올라가지요. 절간의 기둥이 되는 큰 통나무 목재들을 옮기려면 아주 치밀하게 계획을 세워야합니다. 재목들은 톱으로 켜서 토막을 냅니다. 그리고는 승려 한 사람이 한 토막씩 끈으로 묶어 등에 메고 절벽을 오릅니다. 이렇게 해서 운반된 재목들은 저 위에서 조각을 맞춰 그림을 완성하듯 다시 원형으로 맞추는 것이지요. 저 암자를 짓는 데는 여러 해가 걸렸답니다. 실제로 몇 사람의 승려들이 절벽을 오르다가 발이 미끄러져 떨어져서 죽었습니다. 그러나 한 사람이 떨어질

금강산에서 김영순 목사. 저 멀리 산꼭대기에 지은 조그마한 암자가 보인다.

때마다 그 자리를 지원하는 승려가 항상 나왔습니다."

이야기가 끝나자 주지승은 눈가에 미소를 지으면서 다음과 같이 제안했다.

"저기 올라가서 묵상할 생각이 없습니까? 저곳에는 당신의 묵상을 방해할 사람은 아무도 없습니다. 아마 당신은 우리 불교의 해탈(열반)과 기독교에서 말하는 천당이 별로 다를 게 없다는 점을 묵상을 통해 아시게 될 것입니다."

그의 말은 내 호기심을 자극했다. 비록 불교에 대한 이야기를 자주 들어왔지만 그건 어디까지나 기독교인의 관점에서 본 불교였다. 이 기회에 불교의 승려가 직접 가르쳐주는 불교 철학의 심오한 진리가 무엇인지 알고 싶었다. 나는 관심을 가지고 그에게 불교에 대한 이야기를 해달라고 부탁했다.

"불교는 한때 조선에서 매우 세력이 컸었지요."

그는 내가 관심을 가지자 즐거운 마음으로 이야기를 펼쳤다.

"그러나 불행하게도 불교인들이 속세의 권력에 미혹되어 정치에 개입했답니다. 그것이 타락의 시작이었지요. 불교는 도시에서 쫓겨났고 시골에서도 얼굴을 들 수 없게 되었습니다. 조선에서는 어느 성내에도 들어갈 수 없도록 금지 당했습니다. 이런 산 속은 경작지가 없으므로 동네가 없었답니다. 그래서 산 속으로 피신한 것입니다. 지금은 차츰 잃었던 정신력을 만회해가고 있는 중입니다. 불교의 중심지를 이런 곳에 서서히 세워가고 있는 거지요."

그는 평범하지 않는 화법으로 이야기를 계속해나갔다.

"당신네 기독교인들은 우리 불교인들 하고는 천당에 대한 개념이 전혀 다른 것으로 알고 있습니다. 우리는 천국을 '열반'(Nirvana)이라고 부르는데 이것은 모든 욕망이나 고뇌가 사라진, 인간이 도달할 수 있는 가장 높은 종교적 인식 세계를 말합니다. 여기에서 인성은 마지막으로 신성으로 흡수되는 것입니다.

그러나 내가 듣기에는 우리의 '니르바나'는 기독교인에게는 '지옥'이 될 수도 있다고 들었습니다. 왜냐하면 기독교인에게는 육신의 고행 자체가 성취라는 즐거움의 큰 부분이 되기 때문이지요. 대부분의 경우에 있어 서구인들은 의식주의 문제는 해결한 상태이므로 개인의 성취에서는 한 계단 우리보다 높은 경지를 바랍니다.

그러나 당신도 보다시피 우리 조선의 불교인들은 태어나면서부터 고생이 시작되어 죽을 때까지 계속됩니다. 생존을 위해 뼈를 깎는 듯한 고생 때문에 마음은 병들고 몸은 기진맥진합니다. 우리는 휴식을 원합니다. 모든 고뇌가 중단되는 '니르바나'로 들어가기를 열망합니다. 우리는 모욕을 당하면서 동냥을 다니는 날이 끝나는 때를 기다립니다. 이 절은 금강산에 들어가는 길목에 있으므로 운이 좋은 편입니다. 당신과 같은 여행객들이 이곳에서 쉬어가고 적선을 하지요. 그러나 다른 사원들은 이렇게 좋은 자리에 있지 못합니다. 당신들이 말하는 '하늘나라에 들어감'은 자신보다 남을 더 생각하는 높은 경지의 목표를 가지고 있지만 우리들 주위에 각박한 환경은 자기 자신을 먼저 생각하게 만듭니다. 우리의 '니르바나' 개념은 당신네 종교관과는 거의 반대가 됩니다. 우리는 앉아서 더 깊은 묵상에 잠기기를 좋아합니다."

종교를 논하는 주지승의 눈에는 광채가 서려 있었다. 그가 기독교에 대해 이처럼 깊은 지식이 있음을 보고 나는 몹시 놀라기도 했지만 한편으로는 궁금하기도 했다. 이때 김 목사가 길을 떠나자고 재촉하여 아쉬운 석별을 나눠야 했다. 우리가 숙박비를 내려고 하자 주지승은 끝내 사양하면서 정녕 고집한다면 절에 헌금하라고 했다. 우리는 기꺼이 그렇게 했다.

다시 산을 오르는데 경치는 더욱 숨이 막힐 정도로 장관이었다. 오솔길은 작은 계곡을 건너 이어져 있었는데 그럴 때면 징검다리를 건너야 했다. 어떤 곳에는 돌들이 물속에 잠겨 있는 경우가 많아 상당히 미끄러웠다. 그러나 짚신을 신은 덕분에 미끄러지는 일 없이 무사히 건널 수가 있었다. 이런 점을 헤아려 우리에게 짚신을 준 그 주지 스님이 더욱 고마웠다. 이 짚신은 얼마 가지 못해 닳아서 떨어졌지만 도중에 있는 암자에 들러서 새로 사서 신을 수가 있었다.

한 산봉우리에 올라서니 일만 이천 봉이 눈앞에 펼쳐졌다. 누가 지었는지 모르지만 톱날 같은 산봉우리들을 두고 다이아몬드(금강)산이라 이름을 붙인 모양이다. 앞으로 더 올라갔더니 결정 같은 암석들은 쏟아지는 햇빛을 받아 진짜 다이아몬드처럼 눈부시게 빛나고 있었다. 옛날 이 산의 이름을 지은 사람은 아마도 이 광경을 보고 다이아몬드를 연상한 것 같다. 금강산이라는 이름은 '금강경'(金剛經, Diamond Sutra)이라는 가장 유명한 불교의 경전에서 빌린 것이라는 설도 있다. 그 이름의 유래야 어찌 되었든 우리 눈앞에 펼쳐져 하늘까지 닿을 듯한 장려한 경관은 '금강'이라는 이름을 너무나 실감나게 하는 장관이었다. 길을 가노라면 오솔길 주변의 바위에는 힘들여 새긴 많은 이름들이 있었다. 절간에서 볼 수 있는 부처의 상과 조선의 샤머니즘이 혼합되어 있는 증거들도 많이 볼 수 있었다. 괴이한 상을 하고 있는 나무 기둥들이 길가에 서서 무섭고 기분 나쁜 얼굴로 우리를 흘겨보고 있었다.

남쪽에서 금강산으로 들어가는 길목에는 '금산 윤'이라고 알려진 한 조선인 기독교 신자가 산장을 경영하고 있었다. 금강산에서도 유명한 구룡폭포를 가려는 외국 선교사들은 이 산장에서 자주 묵었다. 그러나 우리는 북쪽에서 오는 중이어서 산장에 들르지 못했다.

폭포에 가까워지자 경치는 더욱 가경(佳景)을 이루어갔다. 위에서 아래로 줄줄이 이어져 있는 아홉 개의 폭포들은 밑의 깊은 못에 흰 거품과 물보라를 뿌리며 급하게 떨어지고 있었다. 폭포들은 구태여 가파르고 험한 바윗길을 올라가지 않아도 한눈에 보였다. 그러나 마치 용들이 우리를 그 위로 올라오라고 손짓을 하는 듯해 유혹을 뿌리칠 수가 없었다. 한걸음 한걸음씩 가파른 바윗길을 오를 때 그 아슬아슬함은 말할 수 없는 고생이었지만 경치는 더욱 신비경을 이루고 있었다.

이윽고 마지막인 아홉째 폭포에 올라섰다. 오르느라고 숨도 찼지만 주위의 경치에 놀라 우리는 더욱 숨이 막힐 지경이었다. 마치 스페인의 아름다운 신부가 그 고운 얼굴을 베일로 아련히 가린 것 같이, 안개가 산 주위를 보일 듯 말 듯 아늑하게 둘러싸고 있는 풍경은 가늘디가는 붓으로 그린 한 폭의 동양화였다. 이제야 동양의 산수화를 이해할 것 같았다. 우리는 조선 화가들에게 영감을 주는 그 엄청난 근원이 바로 이곳임을 눈으로 직접 확인한 것이다. 우리는 하나님께서 이 지상에 절묘하게 창조하신 '지상 천국'을 구경한 증인이 된 듯한 심정이었다.

우리는 천국에서 다시 하계로 내려와 해주로 돌아왔다. 보배 중의 보배인 산을 볼 수 있었던 은혜에 감사하면서.

크리스마스가 지나갔다. 크리스마스 씰 보급 덕분에 우리 사업을 적극 후원하는 많은 친구들을 얻기도 했다. 정신없이 바쁜 연말이 지난 어느 날, 요양원 담당인 김 목사가 나를 찾아왔다. 그는 요양원의 어린 환자인 혜순이라는 소녀가 정신적으로 극히 의기소침한 상태에 있는데 희망을 불어넣어줄 방도가 없느냐고 물었다. 그동안 여러 방법을 시도해왔으나 전혀 소용이 없었다고 했다.

혜순이는 자신의 병이 치유될 가망이 전혀 없다며 심히 낙담하고 있었다. 음식조차 잘 먹지 않았다. 문득 나는 미국에서 아름다운 크리스마스 카드 한 상자가 도착한 것이 생각났다. 이 카드들은 한 번 사용했던 것들이지만 요양원에서 환자들에게 도움이 될 수 있지 않을까 해서 보내준 것이었다. 나는 이 아름다운 카드들이 절망하고 있는 꼬마 환자에게 기쁨을 주지 않을까 해서 상자에서 여러 장을 꺼냈다. 백악관에서 온 카드들을 들고 혜순이에게 갔다.

"이봐요, 혜순이. 이 카드들은 저 멀리 미국에서 온 것들이에요. 원래 이 카드들은 사람들이 미국 대통령에게 보냈던 것들인데 대통령이 이것을 받은 후에 친절하게도 다시 혜순이와 같은 환자들에게 보내준 거지요. 자, 봐요. 여기에 프랭클린 루즈벨트라고 이름이 있죠?"

처음으로 그 소녀의 얼굴에 미소가 스쳤다.

"카드 한 장 가져도 되나요?"

소녀가 물었다.

"물론이죠. 두 장이나 석 장쯤은 맘대로 골라요. 병이 나아서 집에 돌아가면 오빠나 동생들에게도 한 장씩 주어요. 대통령에 대해 알고 싶죠? 대통령도 혜순이 같이 전에는 심한 병에 걸렸었어요. 그렇지만 대통령은 반드시 병을 이기겠다고 결심했어요. 그래서 의사가 하라는 대로 힘껏 노력했고, 결국 얼마 후에 건강을 회복했어요."

"미국에 있는 사람들도 병에 걸린다고는 생각도 못한 걸요!"

소녀는 소리쳤다. 그리고는 희망에 찬 목소리로 말했다.

"제가 병을 이기려고 힘껏 노력하면 선생님이 대통령에게 편지를 써주시겠어요?"

"물론이지요. 그렇게 하고말고요. 그렇지만 대통령은 너무나 바쁘시기 때문에 직접 답장을 쓰지는 못할 거예요. 아마 다른 사람에게 대신 편지를 쓰라고 할지도 모르지요."

간호사가 저녁밥을 가져오자 혜순이는 기쁘게 웃으면서 말했다.

"이제 하루 속히 병이 나아야지."

병원에 입원한 후 혜순이는 처음으로 아무 말썽 없이 밥을 먹었다. 이런 일이 있는지 얼마 지나지 않아 혜순이는 건강이 좋아지기 시작해 몇 시간 동안 앉아 있을 수도 있고 조금씩 걷기 시작했다. 혜순이의 회복을 지켜보면서 우리는 기쁨을 감출 수 없었다.

이제 혜순이에게 약속한 대로, 대통령에게 편지를 써도 좋을 정도로 병이 회복되었다고 생각되어 혜순이에 대한 이야기를 간단하게 쓰고 있었다. 내가 편지를 쓰고 있는 옆에서 우표수집 작업을 하고 있던 윌리엄이 불쑥 "미국 대통령에게 조선 우표를 좀 동봉해보내자"고 제안했다. 윌리엄은 어느 책에서 대통령이 우표수집에 열광하고 있다는 것을 읽은 적이 있었다.

내가 원산에서 휴가를 지내고 있을 때 백악관에서 보낸 편지가 해주에 도착했다. 그 편지가 원산에 있는 내게로 전해졌다. 편지 봉투의 소인은 1934년 6월 18일로 찍혀 있었다. 내가 봉투를 여는 동안 윌리엄도 나처럼 흥분을 감추지 못했다. 답장을 기대하지 않았던 나의 예상은 빗나간 것이다. 이 편지를 혜순이에게 빨리 보여주고 싶은 심정에서 나는 급히 해주로 날아가고 싶었다.

해주에 도착하자마자 제일 먼저 달려간 곳은 요양원의 혜순이 방이었다.

"혜순이, 깜짝 놀랄 일이 있어요. 여기, 미국에서 편지가 왔어요."

혜순이가 흥분해서 물었다.

"대통령으로부터 온 건가요?"

"맞아요, 혜순이. 여기 대통령이 친필 서명까지 있어요. 자, 여기 봐요. 프랭클린 루즈벨트(Franklin D. Roosevelt)라고 되어 있죠?"

혜순이는 참을 수가 없었다. 그녀는 거의 애원에 가까운 목소리로 말했다.

"읽어주세요! 의사 선생님. 저는 대통령께서 답장을 보내주실 거라고 믿고 있었어요."

친애하는 닥터 홀!
5월 24일자로 보내주신 서신에 대단히 감사합니다. 나는 특별히 당신이 이야기한 꼬마 소녀에 대해 관심을 표합니다. 그 소녀가 완쾌되기를 간절히 빕니다.

이 부분에서 나는 읽기를 잠시 중단했다. 편지의 마지막 부분은 윌리엄이 동봉한 조선 우표와 결핵 씰에 대한 것이라고 혜순이에게 말했다.

당신의 어린 아들 윌리엄에게, 우표를 보내준 데 대해 깊이 감사한다고 말해 주십시오. 그 우표들이 나의 수집에 보탬이 되어 기쁘게 생각합니다.
프랭클린 D. 루즈벨트로부터

혜순이는 손뼉을 치며 기뻐했다.
"저는 대통령이 답장을 할 거라고 믿고 있었어요. 대통령이 보낸 편지가 내 병이 낫는 데 도움이 됐다는 점을 알면 기뻐하시겠죠."
얼마 후에 혜순이의 오빠가 이제는 완전히 건강을 되찾은 누이동생을 데리러 왔다. 혜순이는 개울을 따라 튀는 물방울같이 맑고 빛나게 춤을 추면서 집을 향해 뛰어갔다. 그녀는 백악관에서 온 카드를 자랑스럽게 가족들에게 보여주었다.

"미국 사람들도 아프기도 하고 고생도 해요. 그렇지만 그 사람들은 항상 남을 도와주려고 노력한대요."

혜순이의 가슴은 공무로 바쁜데도 불구하고 멀리 조선에 있는 작은 소녀를 기억해준 대통령에게 감사하는 마음으로 가득 찼다.

혜순이와 루즈벨트 대통령의 편지에 대한 이야기가 이 마을에서 저 마을로 전해지자, 크리스마스 씰의 보급은 마치 팔뚝에 활력소 주사를 맞은 것 같았다. 사람들의 호응이 눈이 띄게 변한 것을 느낄 수 있었다. 이런 변화에 대한 보고가 전국의 의사와 간호사들로부터 계속 들어왔다. 이러한 기쁜 소식은 더 멀리까지 전해져 이제는 결핵환자들도 더 이상 자기 병을 수치스럽게 여겨 감추지 않고 증세가 초기일 때 병원을 찾아왔다. 우리의 해주 구세요양원에서도 이러한 전국적인 변화의 흐름을 뚜렷이 느낄 수 있었다.

감리교회에서는 조선 감리교 50주년 기념행사를 계획하고 있었다. 기념일은 1934년 6월 24일로 정해졌다. 50년 전 마클레이(R. S. Marclay) 목사 내외가 조선에 도착한 날을 근거로 삼은 것이다. 그는 서울에 학교와 병원을 세울 허가를 받는 일과 대지 확보의 임무를 맡고 왔었는데 그 임무를 성공적으로 수행하여 이 폐쇄된 '은둔 왕국'에서 선교활동을 할 수 있는 가능성을 열었던 것이다.

기념행사는 1934년에서 1935년까지 계속하기로 되었다. 1935년 4월 5일에는 조선 주재 최초의 감리교 파견 선교사인 아펜젤러 목사 내외가 도착한 날을 기념하기 위한 특별 행사가 서울에서 열리게 되었다. 감리교회사가 편찬되고 논단, 기념사 등이 인쇄되었다.

이 역사적인 이정표를 표시하기 위해 크리스마스 씰이 아닌 특별 기념 씰을 만들 계획도 세워졌다. 나는 씰의 도안에서부터 인쇄까지 모든 책임을 맡게 되었다. 나는 조선지도 위에 감리교 선교활동 지역을 표시한 도안을 만들어 제출했다. 그리고 이때 「*Korea for Christ, 1884-1934*」라는 제목의 기독교 운동을 요약한 책자도 기념행사의 하나로 인쇄되었다. 조선 감리교는 그동안 계속 성장해 자주적인 능력이 갖추어졌다.

비로소 조선 기독교인들의 신앙생활을 위한 '기독교조선감리회 교리적 선언'(Korean Creed)이 정해졌다. 허버트 웰치 감독이 12년간 조선에서 감독으로 일한 경험을 바탕으로, 얻은 조선 기독교인의 입장을 살려 초안한 것이다. 이 강령은 1930년 서울에서 열렸던 제1차 조선총회에서 그 요약본이 통과되었다. 이는 미국 감리교 신앙고백의 내용과도 같았고 미국 전역의 감리교회에서 주일마다 고백하는 내용이기도 했다.

서울의 정동 감리교회는 제일교회라고도 불렸다. 이 교회당은 1898년에 세워진 것으로 당시에는 서울에서 처음으로 지은 서양식 교회였다. 50주년 기념 축하식은 이 교회에서 열렸다. 조선 감리교단에서 한국인으로는 맨 먼저 총리사(현재의 '감독')가 된 양주삼 박사가 개회사를 했다. 그는 지난 반세기 동안 조선 감리교가 이룩한 특기할 만한 발전을 강조하면서 그 성과를 이야기했다. "여성을 위한 최초의 학교, 최초의 유일한 여자대학, 최초의 병원, 최초의 맹아학교, 최초의 유치원, 최초의 한국인 목사, 최초의 여의사, 최초의 간호사, 최초의 유치원 보모, 최초의 여자 박사들은 모두 감리교 선교활동의 결과입니다."

한국 최초의 남학교 배재학당도 감리교에서 설립한 것이었다. 50주년 기념식에서 우리는 "하나님과 함께하면 불가능은 없다"는 점과 암담하고 절망적인 가운데서도 하나님의 기적은 계속 우리를 지켜준다는 점을 다시 느꼈다. 이 사실은 얼마 후 내가 다시 극심한 어려움을 당했을 때 재확인되었다.

웰치 감독이 해주 구세병원과 요양원에 시찰을 왔을 때 요양원의 로제타 교회당 앞에서.
(1935년 6월 17일)

KOREAN JUBILEE SEALS
representing Fifty Years of Progress of the
METHODIST CHURCH IN KOREA

To be used by all who have helped to make this possible-churches, Sunday Schools, and individual in America, and by missionaries in Korea.

The artist has depicted churches, schools, and hospitals being built on the map of Korea. This work is shown to be still in progress and one in which all may share in winning Korea for Christ.

조선 감리교 50주년 기념행사를 축하하기 위해 발행된 씰.

서울의 제일감리교회. 그 뒤로 영국 공사관이 보인다.

23
공수병 소동

 윌리엄과 조를 돌보는 최씨 아줌마가 마치 비밀을 털어놓듯 주저하면서 내게 말했다.

 "선생님께서 병원에 나가고 안 계시면 사모님이 자주 의자에 걸터앉아 쉬시곤 해요."

 "아, 알고 있어요. 아기를 가진 거예요."

 나는 부드러운 목소리로 대답했다.

 매리언과 나는 다른 부부가 흔히 하는 것처럼 아기 이름을 의논하고 있었다. 서로의 의견이 일치되는 적당한 이름이 생각나지 않았다. 나는 딸이라면 '매리언'이라고 부르자고 했다.

 "아니에요."

 아내는 강경하게 반대했다.

 "대학 친구인 필리스 크룩의 이름을 따서 '필리스'라고 하면 좋겠어요."

한 차례 말씨름 끝에 나는 웃으며 '필리스 매리언'으로 결정했다. 그러나 말씨름은 겨우 시작에 불과했다. 사내아이가 태어나면 '셔우드'라고 짓자고 매리언이 제의했다. 나는 외삼촌의 이름을 따서 '프랭크'로 하자고 했다. 외삼촌은 항상 우리 가족에 대해 깊은 관심을 가지고 있었다. 그래서 우리는 '프랭크 셔우드'로 결정했다.

이름을 결정한 지 얼마 후 아내를 진찰하고 있는데, 매리언은 내 얼굴이 이상해지는 것을 보고 재빨리 물었다.

"왜 그래요?"

"소리가 여기와 저기에서 들리는데? 두 군데에서 심장 소리가 뚜렷하게 들려요."

나는 손으로 그 위치를 가리키며 청진기를 매리언에게 주었다. 아내는 정신을 집중해 잘 듣더니 곧 수긍했다.

"아, 이제 알겠어요. 가끔 가다가 두 풋볼 선수가 내 뱃속에서 경기를 하는 것 같았어요. 어떤 때는 오른편 팀이 이기고 다른 때는 왼편 팀이 이기고요. 그러는 동안 나는 녹초가 되었어요."

매리언은 외치듯 말했다.

"어쩐지 이번 임신 중에는 당신이 전처럼 활동을 하지 않더라니. 쌍둥이를 가져서 그랬구려!"

이거야말로 놀라운 소식이었다. 매리언은 전에는 아기를 낳을 때까지 계속 의료 일을 했지만 이번에는 상당히 힘들어했다. 심장의 압박감이 심해서 가끔 위험스러울 정도였다. 적당한 간호사도 없는 때에 이런 건강 상태로 쌍둥이를 낳는다는 건 걱정스러운 일이 아닐 수 없었다. 나는 서울이나 평양에 가서 출산하자고 우겼지만 매리언은 긴 여행이 오히려 좋지 않다고 생각했다. 나도 이 점에는 동감이었다. 이곳저곳 수소문해 힘들게 간호사인 마틴 부인을 구했다. 그러나 그녀는 한동안 쉬고 있었기 때문에 긴급 상황이 생기면 잘 대처할 수 있을지 의문이었다. 나는 매리언을 돌보는 데 온 정신을 집중해야 하므로 태어난 아기들은 모두 간호사 손에 달린 것이다. 나는 솔직히 이 걱정을 매리언에게 말했다. 매리언은 웃으며 대답했다.

"전에 스테트슨 병원에서 당신은 세쌍둥이를 거뜬히 받아내고도 여유 있게 커피까지 마시러 나갔었잖아요! 이번에는 두 쌍둥이니 전혀 힘들 게 없어요."

뒤늦게나마 나는 매리언을 걱정하게 해서는 안 되겠다고 생각했다. 아내에게 즐거운 모습으로 용기를 북돋아주는 미소를 지으려고 노력했지만 실상 마음속으로는 떨고 있었다.

조선의 9월은 비교적 쾌청한 날씨다. 매리언에게 기분 전환을 시켜줄 필요가 있을 것 같아 차에 태워 약 8킬로미터 떨어진 부두로 나갔다. 거기에는 색색의 깃발을 단 고깃배들이 생선을 싣고 들어오고 있었다. 그 광경은 볼 만한 것이었다. 그러나 매리언은 생선 비린내와 해변에서 말리고 있는 해초의 냄새를 역겨워했다. 그러더니 아이를 금세 낳을 것 같다는 게 아닌가. 우리는 급히 병원으로 돌아왔다.

집에 돌아오자 잠시 동안 매리언은 간호사가 준비하는 것을 지켜봤다. 모든 게 제대로 진행되는 것을 확인한 다음에야 우리에게 맡겼다. 드디어 우리는 한숨을 놓았다. 마지막 순간까지 매리언이 걱정하는 게 싫었기 때문이었다.

매리언은 1934년 9월 12일 쌍둥이를 낳았다. 시작은 모든 게 순조로웠다. 첫 번째 나온 아기는 매리언이 예상한 대로 여자아이였다. 아이가 울자 나는 안심했다. 매리언의 심장도 응력(應力)에 잘 견디는 것 같아 마음을 놓기 시작했다. 그런데 한참을 기다려도 두 번째 아기가 모습을 드러내지 않았다. 전에 필라델피아에서 세쌍둥이를 받을 때 출산 사이의 시간이 무척 길었던 것이 생각나서 그다지 걱정하지는 않았다. 이 순간 나는 갑자기 소리쳤다.

"아기가 나와요. 간호사, 준비 됐죠?"

간호사는 느리게 고개를 끄덕였다. 두 번째 아기는 사내였는데 울지 않았다. 매리언의 상태도 좋지 않았다. 나는 아기를 간호사에게 건네고 엉덩이를 때리라고 하고는 청진기를 들었다. 매리언의 심장소리는 잘 들리지 않을 정도로 작아졌고 맥박도 부정확하고 약해져 있었다. 나는 신경이 곤두섰다. 그 경황 중에서도 "아기는 어때요?" 하고 물었다. 간호사의 대답은 절망적이었다.

"숨을 쉬지 않아요!"

"닥터 김을 당장 불러와요!"

나는 소리를 질렀다.

닥터 김은 연락을 받자마자 언덕 위의 우리 집으로 헐레벌떡 뛰어왔다. 그는 즉각 상황을 판단하고 인공호흡을 시작했다. 한동안 계속했으나 결국 우리 아기가 죽었다고 슬픈 선언을 했다. 그때서야 닥터 김은 나를 도와 매리언을 돌봤다. 매리언의 맥박은 아직도 몹시 약했으나 차츰 반응을 보이기 시작했다. 얼마 후에 프랭크가 죽었다는 말을 간신히 했다. 이 얼마나 아내에게 충격적인 소식이었던가!

프랭크를 잃게 되자 필리스(Phyllis)는 더욱 귀한 딸이 되었다. 갓난

아기는 보통 예쁘지 않은데 필리스는 태어난 순간부터 내게는 예쁘게 보였다. 필리스의 두 오빠는 여동생이 생겼다고 좋아 어쩔 줄 몰랐다. 남동생을 잃었다는 사실에는 별로 관심을 갖지도 않았다.

간호사는 죽은 프랭크를 목욕시키고 세례식 때 입히려고 준비해둔 예쁜 수를 놓은 옷을 입혔다. 프랭크는 마치 살아 있는 듯했다. 슬퍼하는 산모에게 보였을 때는 새록새록 잠들어 있는 듯한 모습이었다. 요양원의 목수가 조그만 관을 짰고 병원의 간호사들은 아름다운 조선 명주 천으로 아기를 감쌌다. 관을 봉한 후 만발하기 시작한 하얀 국화꽃을 위에 덮었다. 우리는 프랭크를 아버지와 내 누이동생이 묻혀 있는 서울 근교의 그 강변에 묻어주는 게 좋겠다고 생각했다. 그래서 노블 목사에게 프랭크의 관을 싣고 서울에 갈 테니 장례를 준비해달라고 전보를 쳤다. 매리언은 여행을 할 만큼 몸이 회복되지 못했을 뿐 아니라 슬퍼하는 그녀를 데리고 간다는 것은 나로서도 고통스러운 일이어서 집에 있도록 했다.

노블 씨 가족은 따뜻한 이해와 동정심으로 나를 맞아주었다. 그들도 이와 비슷한 경험이 있어서 우리의 슬픔을 누구보다 깊이 이해했다. 프랭크를 잃은 우리들의 슬픔이 조선 친구들과 더 강한 유대를 맺게 했다. 당시 그들은 아이를 잃지 않은 집이 거의 없을 정도였다. 그 당시 유아 사망률은 동양에서 상당히 높은 편이었다. 우리는 가장 직접적으로 관련 있는 친구들만 불러 조촐한 장례식을 가졌다. 1934년 9월 20일이었다. 노블 목사가 우리를 위로하는 설교를 했다. 매리언과 함께 듣지 못해 아쉬웠다.

돌아오는 길은 새로 태어난 딸을 보고 싶은 마음에 발걸음이 빨라졌다. 집이 가까워지자 마치 딸이 웃으며 나를 맞이해줄 것 같은 착각에 빠지기도 했다.

매리언은 아직도 필리스를 보살필 만큼 건강이 회복되지 않았다. 우리는 아기에게 먹일 적당한 우유를 구하기가 힘들었다. 아기는 우유를 먹기만 하면 복통을 일으켰다. 아기에게 우유를 먹인 다음은 애처롭게 우는 소리를 매리언이 듣지 못하게 하려고 나는 아기를 안고 집 안에서 멀리 떨어진 곳까지 나가곤 했다. 불쌍한 아기는 울다가 지쳐서 잠이 들곤 했다.

한번은 내가 실수로 필리스의 우유를 너무 뜨겁게 데워 위에 뜬 찌꺼기를 걷어내야 했다. 놀랍게도 이번에는 우유를 먹고 난 뒤에 울지 않고 좋아하는 게 아닌가. 찌꺼기에 들었던 건락소(乾酪素)가 문제를 일으켰던 것이다. 그때부터 우리는 우유를 뜨겁게 끓인 뒤 위에 뜬 찌꺼기를 걷어냈다. 필리스는 이 새로운 처방에 잘 적응해 무럭무럭 자랐다. 필리스는 엄마, 아빠의 자랑과 기쁨이었고, 온 가족의 귀염둥이어서 그만 버릇없는 아이가 되고 말았다.

우리집의 귀염둥이 필리스 홀

매리언은 쌍둥이가 태어나면 유아 세례 때 입히려고 길고 아름다운 드레스를 장만했었다. 이것은 가톨릭 수녀원의 수녀들이 빼어난 솜씨로 수를 놓은 천으로 만든 옷이었다. 이제는 필리스 혼자 유아 세례를 받게 되었다. 이때 친구인 에셀 언더우드(Ethel Underwood)가 예상하지도 않은 편지를 보냈다. 그녀는 필리스가 유아 세례를 받을 때는 언제든지 우리 가족 모두 자기 집을 이용하라는 내용이었다. 언더우드 가족은 우리에게 세례 날짜와 초대할 사람들의 명단을 보내달라고까지 했다.

우리는 감사한 마음으로 호레이스 언더우드 목사와 노블 목사에게 필리스의 세례식 주례를 부탁했다. 식은 우리가 예상했던 것보다 훨씬 더 훌륭했다. 필리스는 매리언이 훈련시킨 효과로 머리에 물을 적셔도 울지 않았다. 식에 참석한 손님들은 한결같이 나는 제쳐두고 매리언에게만 예쁜 아기를 가졌다고 축하 인사를 퍼부었다. 이번 서울 방문으로 매리언은 비로소 다시 옛날의 명랑함을 되찾았다.

1935년 일본이 조선을 합병한 지 25년이 되는 해여서 각종 기념행사를 했다. 하루는 도지사가 찾아왔다. 총독부에서 내게 서울에서 열리는 특별행사에 참석하라고 긴급 통지가 왔다는 것이었다. 서울에 가서 상을 받아야 된다는 것이다.

내가 당황하자 도지사는 '조선의 결핵퇴치에 앞장선 공로'로 표창장을 받게 된 것이라고 알려주었다. 다른 두 사람의 감리교 선교사들도 함께 공로상을 받는데, 한 사람은 윌리엄스(F. E. C. Williams) 목사로 공주농업직업학교 교장으로 벽지에서 행한 교육산업에 대한 공로로,

또 한 사람은 평양연합기독병원의 닥터 앤더슨(A. G. Anderson)으로 그의 뛰어난 의료사업의 공로에 대해 표창하기로 결정되었다고 했다. 닥터 앤더슨은 우리 요양원의 고문 의사 중의 한 분이기도 했다. 도지사는 식장에 갈 때는 정장인 모닝코트에 줄이 선 바지를 입어야 한다고 귀띔까지 했다. 나는 주저했다. 결핵퇴치 운동에 참가한 사람들은 모두 똑같이 상을 받아야 할 분들이기 때문이었다. 내가 망설이자 도지사는 웃으며 이것은 사실 초대가 아니고 명령이라고 했다.

예식은 정말로 거창했다. 일본 정부는 공식적으로 우리의 수고를 표창한다는 동양식의 수사를 아름답게 나열하며 치하를 거듭했다. 많은 상들이 만주국의 전선에서 용감하게 싸운 사람들에게 주어졌다. 나에 대한 치하는 전쟁터에서의 공이 아니라 결핵을 퇴치하는 전투에서 공을 세웠다는 내용이었다. 부상으로 17달러를 결핵을 퇴치하는 데 보태 쓰라고 주었다.

내가 정부로부터 표창을 받았다는 사실은 이 운동의 확산에 많은 도움이 되었다. 여러 모임에 자주 연사로 초청되었으며 사람들은 나를 '크리스마스 씰 닥터'라고 소개하곤 했다.

서울에 자주 왔다갔다하는 사이에 한번은 우리 아이들이 호레이스 언더우드 댁에 초대를 받아 놀러가게 되었다. 그 집에 도착한 아이들은 갑자기 흥분을 감추지 못했다.

최근 미국에서 가져온 콜리 종 애완견이 새끼를 낳아 강아지가 여러 마리 있었던 것이다. 우리 아이들은 잘 가꾼 언더우드 댁의 잔디밭에서 강아지들과 뒹굴며 놀기를 좋아했다. 강아지들이 귀를 핥아주면

큰아들 윌리엄과 애견 '맥'

아이들은 간지럽다고 웃곤 했다.

윌리엄이 특별히 강아지를 좋아하자 에셀은 고맙게도 한 마리를 선물로 주었다. 윌리엄은 재빨리 강아지를 받았다. 나는 강아지를 기르려면 손이 많이 가고 책임이 따른다는 점을 알기 때문에 주저했으나 윌리엄은 강아지의 이름을 '맥'(Mac)이라고 재빨리 지어버렸다. 맥에게 광견병 예방 주사를 맞혀야 한다고 했지만 내가 보기에는 너무 어려서 다른 개들과 어울릴 정도는 못되는 것 같았다.

1936년 5월, 해주로 돌아온 지 얼마 안 된 어느 날이었다. 매리언은 2층 베란다에서 윌리엄에게 캘버트 통신강좌(Calvert Lesson)를 시키고 있었다. 이 캘버트 교습법은 학교가 없는 외국에 거주하는 부모들에게 잘 알려진 학습법이다. 메릴랜드의 볼티모어에서 통신 강습용으로 오는 교재는 평이 좋았다. 이 교재로 가정교육을 받은 학생들은 미국에 있는 학교로 어렵지 않게 편입할 수 있었다. 이때 윌리엄의 동생들이 맥과 놀고 싶어 했다. 매리언은 공부에 방해되지 않게 하려고 두 아이들에게 강아지와 놀아도 좋다고 했다. 얼마 후에 꼬마들이 울면서 돌아와 맥이 자신들을 물었다는 것이었다.

매리언은 대수롭지 않게 생각했다.

"아, 그건 강아지가 놀 때는 으레 그냥 장난으로 깨무는 거야."

매리언은 윌리엄에게 맥을 데려오라고 일렀다. 윌리엄이 그냥 돌아와서는 맥이 자기를 물더니 옆에서 말리는 최씨도 물었다는 것이었다. 이에 매리언은 좀 이상한 생각이 들어 직접 가보기로 했다. 그때 나는 요양원 진찰실 안에서 일을 하고 있었다. 맥은 매우 흥분한 상태였다. 매리언이 맥을 안으려고 손을 내밀자 팔을 두 군데나 물었다. 매리언은 무언가 잘못된 것을 알아차리고는 맥을 얼른 꿩을 기르던 철망으로 친 닭장 안에 넣었다.

양원에서 돌아온 나는 자초지종 사건의 줄거리를 듣고는 즉시 맥을 보러나갔다. 맥은 흥분한 상태로 닭장 속을 이리저리 계속 뛰면서 가끔 철망을 물기도 했다. 나는 즉시 뭔가 크게 잘못된 것을 판단, 아무도 맥에게 손을 대지 말도록 엄명했다. 나는 맥의 흥분이 가라앉기만 바랐다. 왜냐하면 맥이 미친개에게 물린 적이 없다고 확신하고 있었기 때문이다. 그러나 이 점은 내가 오해한 것이었다. 나중에 윌리엄에게 들었는데 수일 전에 길 잃은 개 한 마리가 맥을 물었는데 윌리엄이 소리를 지르자 그 개가 도망갔다는 것이다.

매리언이 어린 아이들과 부인들을 치료하고 있는데 윌리엄이 맥을 안고 뛰어 들어왔다.

"맥이 자기 꼬리를 물어뜯으려고 해요!"

윌리엄의 말대로 맥은 피를 흘리고 있었다. 매리언은 즉시 맥을 땅에 내려놓게 한 다음 곧 어린 아이들을 그 방에서 내보내려고 했으나 불행하게도 강아지는 어린 환자를 잽싸게 물었다. 매리언은 자기의 가죽 외투로 강아지를 싸들고 닭장에 갖다 넣었다. 그리고는 물린 아이를 치료했다. 그러나 그 물린 아이의 가족들이 조선 전래의 치료방법을 고집해 강아지의 가죽을 떼어 달라고 했다. 매리언이 맥을 붙잡고 하인인 김사봉이 가죽을 조금 떼어냈다. 김씨가 강아지를 넣고 막 닭장 문을 닫으려는데 맥이 또 그를 물었다.

맥은 가끔 음식을 먹기는 해도 물은 절대로 입에 대려고 하지 않았다. 물을 마시면 인두에 고통스런 경련이 나는 게 두려워 물을 피하는 것이 틀림없었다. 혹시나 맥이 공수병에 걸리지는 않았을까 하던 지금까지의 걱정이 사실로 드러난 셈이었다. 나는 암담해졌다. 다른 도리가 없었다. 그동안 얼마나 많은 사람들이 맥에게 물렸던가? 그 무서운 바이러스가 감염되었으리라고 생각되자 정신이 아찔했다. 특별히 공수병 예방접종을 제 시간에 하지 않으면 가장 무섭고 고통스러운 죽음들을 지켜봐야 할 것은 자명했다.

맥에게 물렸거나 맥이 핥기라도 한 사람들은 모두 내가 약을 구하는 대로 접종을 받아야 한다고 경고했다. 그런데 더욱 나를 공포로 몰아넣은 것은 맥에게 물린 어린아이 가족이 한마디로 "아니오" 하고 거절해버린 일이다. 자기네는 이미 개가죽과 털을 상처에 놓고 태웠기 때문에 더 이상 치료가 필요 없다는 것이었다. 이런 식의 전래 방법으로는 광견병의 희생자를 구할 수 없다. 그러나 이 조선 전래의 치료법이 전혀 근거가 없는 것만은 아니었다. 이 같이 뜸뜨는 방법은 정상적인 건강한 개에게 물렸을 때는 감염을 방지할 수 있다. 또한 이러한 방법을 쓰면 사나운 개의 껍질이 벗겨져 있음을 볼 수 있으므로 재차 사고가 발생할 때는 그 개를 죽일 수 있다. 어렸을 때 나는 개를 돌로 때려죽이는 광경을 길거리에서 자주 보았다. 이번 경우에는 그들에게 조건을 제시할 수 있는 좋은 구실이 있었다. 나는 맥에게 물린 어린아이 가족들에게 말했다.

"그러면 좋아요. 당신네들은 당신네 재래식 방법으로 치료를 했으나 나의 아내는 당신네에게 털을 떼어주려다가 개에게 물렸단 말이오. 당신네 때문에 물렸으니 어떻게 하겠소? 그러니 이번에는 서양 방법대로 접종해주어야 일이 공평하지 않겠느냐 말입니다."

그들은 주저하면서도 내 말에는 수긍했다.

나는 서울의 정부 산하 공중보건부에 일곱 명의 희생자를 치료할 특별 백신을 보내달라고 전신을 보냈다. 조선 어린아이 한 명, 최씨, 김사봉, 매리언, 윌리엄은 모두 맥에게 물렸고 조와 필리스는 맥이 핥았을 것이다. 맥의 침이 두 아이의 피부에 스며들었다면 병은 피할 수 없다.

서울에서 보내온 회신을 받고 나는 절망의 나락에 빠졌다.

"재고가 떨어졌음."

나는 즉시 일본에 전보를 쳤다. 그러나 답신 내용은 마찬가지였다. 나는 미칠 것만 같았다. 시간은 저만치 달아나고 있었다. 프랑스 파리의 파스퇴르 연구소를 방문했을 때 보았던 그 무시무시한 사진들을 생각하며 몸서리쳤다. 공수병은 1885년 파스퇴르의 치료법이 출현하고 나서야 그 가공할 비극을 예방할 수 있게 된 것인데 접종은 개에게 물린 지 한 달 이내에 받아야 한다.

어떤 사람들은 어쩌면 맥이 미치지 않았을지도 모를 일이라며 위로하기도 했다. 송곳니의 신경이 잘못되어 강아지가 고통을 당한 것인지도 모른다는 말을 해주기도 했다. 그들의 해석도 일리는 있었다. 아무튼 맥을 닭장에 가두고는 병이 어떻게 진행되는지 관찰했다. 맥은 9일 만에 죽었다.

공수병에 걸린 개는 14일이 지나야 죽는데 맥은 예정보다 빨리 죽은 것이다. 나는 맥의 골수를 병리검사하기 위해 서울에 있는 세브란스 유니언 의과대학의 닥터 더글러스 에비슨에게 즉시 보냈다. '공수병 있음'이라는 검사 결과의 답신이 왔다. 이제 더 이상 의심할 여지가 없다. 나는 최악의 두려움으로 몸을 떨었다. 미친개에게 물리지도 않은 내가 미쳐가는 것처럼 느껴졌다. 물에 빠진 사람은 지푸라기라도 잡는다는 말이 있다. 의약품 회사 에이전트이고 나의 좋은 친구이기도 한 상해의 하비 스토킬리(Harvey Stokley)에게 미친 듯이 전보를 쳤다. 나는 그가 광견병이 틀림없이 많이 있을 광대한 중국 땅 어느 약국에서 백신을 반드시 찾아주려고 최선을 다할 것이라고 믿었다. 시간은 계속 흘러갔다. 이제 백신의 긴급성은 더 급박해졌다. 나는 가족들 앞에서는 의연한 척하려고 노력했으나 공포에 떨고 있었다.

일각이 삼추 같은 몇 시간이 지났을 때 전보가 도착했다. "백신 있음. 즉시 송부함." 나는 마치 하나님께서 주신 소식처럼 반가웠다. 그러나 나의 안도감은 순간에 무너져갔다. 아직도 극복해야 할 문제들이 많았다. 백신은 다른 물건과는 상당히 다른 모양을 하고 있었다. 세관에 도착한 약품은 특별하게 처리된 토끼의 척추도 포함되어 있었다. 세관원은 이런 것을 본 적이 없었으므로 상해에서 온 명세서에 대해

꼬치꼬치 물었다. 나는 이것이 그 명세서에 적힌 물건이라고 열심히 설명했다. 약에 대한 설명, 우리의 급박한 사정을 늘어놓는 사이에 너무나 귀중한 시간은 흘러가고 있었다. 나의 조바심과 걱정이 그에게 전달되었던 모양인지 얼마간 시간을 지체하더니 망설이면서 통관시켜 주었다. 이번 품목은 세관의 분류표에도 없었기 때문이다.

그 당시에는 광견병 백신을 준비하는 일은 복잡했다. 루이 파스퇴르가 지시하는 방법을 그대로 준수해야 했다. 토끼에게 대뇌내접종(intracerebral inoculation)을 시켜 광견병 바이러스를 감염시킨다. 그 결과 토끼는 15일 내지 21일이면 죽는다. 이 토끼에게서 뽑은 척추를 주사용액으로 만들지 않고 의사에게 그냥 보내준다. 그것을 주사용액으로 만들기 위해서는 주사를 놓을 때마다 조금씩 토끼의 척추를 절구에 넣어 잘게 부순 다음 특수 용액을 넣어 여과지로 받쳐 주사 용액을 얻는다. 요즘은 이렇게 복잡하게 날마다 준비하지 않고 석탄산으로 처리되어 10cc짜리 앰플에 들어 있어 그때그때 편리하게 사용할 수 있다.

처음 주사는 12일 동안 건조시킨 토끼 척추로 만든 주사 용액이었다. 이것은 가장 성분이 희박하고 약한 주사약이다. 이로부터 날마다 주사액을 준비할 때마다 점점 약의 강도를 높게 만들어 열일곱 번 주사를 맞는다. 환자들은 주사를 맞을 때마다 점점 더 통증이 심해져 주사 기간이 다 끝날 때까지의 고생은 말로 표현하기 어렵다. 주사를 제시간에 놓고 주사액을 준비하는 데 한 치의 실수도 없이 지침대로 해야만 면역은 성공한다. 이 접종의 어려움은 '완벽하게'라는 단서가 붙어 있어 완전하게 접종하지 않으면 실패한다. 하루하루의 접종 준비와 주사는 그야말로 정성 그 자체여야만 했다.

의과대학생 시절에 이 모든 과정을 좀 더 자세히 그리고 철저히 익혀두지 않았던 것이 후회되고 겁이 났다. 그때는 그냥 학과의 하나로만 생각하고 배웠던 것이 지금은 이처럼 엄청난 중대성을 띠고 나를 초조하게 할 줄이야. 무경험과 미약한 지식으로 이 큰일을 치러야 하는 입장에 서게 된 것이다. 의학 서적에도 접종의 반응은 매우 고통스러우며 주사 맞은 자리가 탄다는 점도 언급하고 있었다. 주사 놓은 자리는 양쪽 어깨뼈 사이의 등이었는데 그 자리가 거무스름하게 타고 견딜 수 없이 가려웠다. 요즘은 복부에 주사하는 것이 더 좋다고 한다.

주사를 놓는 횟수가 늘어나면서 더 이상 주사 놓을 자리를 찾기가 힘들게 되었다. 마치 바늘로 문신을 뜬 것처럼 되었다. 예민한 피부는 가려워서 참을 수 없어 했다. 우리는 등을 긁어도 상처가 나지 않게 하려고 아이들의 손톱을 짧게 깎아주었다. 나는 사랑하는 아내와 아이들이 악몽에 시달려 잠을 설치는 것을 지켜볼 때가 많았다. 나의 모든 신경 조직도 파괴되는 것 같았다.

이처럼 공수병을 눈앞에 두고 최악의 투쟁을 벌였지만 설상가상으로 주사약 속에 불순물이 들어갔던 모양이었다. 환자들은 고문을 당하는 듯 더 큰 고통을 받았다. 매리언, 윌리엄, 필리스는 주사 맞은 자리가 헐어서 농양(膿瘍)이 되었다. 결국 종기를 제거하는 수술을 해야 했다. 매리언에게는 모르핀이나 수면제를 쓰지 않고 요양원 의사인 닥터 리(H. C. Yi)가 국부 마취를 했다. 그래서 매리언은 상당히 통증을 느꼈다. 그녀의 고통은 아이들이 우는 소리를 듣자 더욱 커졌다. 아이들의 괴로움을 덜어줄 수 없는 엄마의 고통은 자기 육신이 당하는 아픔보다 훨씬 더했다.

이러한 최악의 시련을 이기는 데는 과학이나 인간의 정성도 아무 힘이 못되는 것 같아 나는 심한 좌절을 느꼈다. 다만 내가 할 수 있는 것은 단순한 치료의 전 과정을 다 거치는 일뿐이었다. 나는 예수님께서 병자를 고쳐주신 그 힘을 베풀어달라고 매달렸다. 'savior'(구주)라는 단어는 라틴어의 'salvare'에서 유래한 말로 '고쳐준다', '구해준다'는 뜻이다. 내가 위대한 의사이신 예수님께 간청할 때에 이 말은 더욱 새로운 의미로 내게 다가왔다. 내 마음은 잘되리라는 믿음으로 평온을 되찾았다. 이런 평온이 나를 위로해준 얼마 후에 나는 기도의 응답을 받았음을 확신할 수 있었다.

우리에게 닥쳐왔던 이 엄청난 시련이 다 지나간 뒤에, 해주시의 의원 한 사람이 내게 말해주었다. 사고가 발생한 초기에 시민들은 미친개에게 물린 세 조선인들은 양반이 아니고 가난한 사람들이었지만 우리 개에게 물렸다는 점 때문에 분개했었다고 했다.

"환영해선 안 될 외국인들을 이곳에서 일하도록 허가했고, 이상한 그들의 종교를 조선 사람들에게 퍼지게 했기 때문에 이런 일이 생긴 것이오."

그들은 또 비난을 퍼부었다.

"토끼 척추에서 만든 물을 몸속에 넣다니 그런 일은 누가 들어보기나 했단 말이오? 괴상하기 짝이 없습니다. 그런 모골이 송연한 무지와 미신을 우리 조선 사람들이 잠시라도 참아서는 안 됩니다. 서양인들이 불필요한 그 잔인한 주사를 가지고 우리 사람들을 고문하고 있어요. 수백 년 동안을 지켜온 우리의 완벽한 치료법이 있는데 말입니다."

그런 중에도 우리의 처지를 동정하는 사람도 있었다고 한다.

크리스 젠슨 가족. 중부지역을 전도구역으로 맡았던 젠슨 목사는 한국전쟁 당시 개성의 선교기지를 방문했다가 다른 다섯 선교사들과 함께 피납, 3년간의 억류 끝에 1953년 5월 13일 풀려났다. 그해 9월 한국으로 돌아와 일하다가 1956년 11월에 한국에서 별세했다. 왼쪽부터 모드 부인, 필립, 클레어리, 젠슨.

"그 사람들은 자기네 가족에게 한 똑같은 치료를 우리 조선 사람들에게도 했습니다. 더구나 그들은 우리 전래의 치료법을 존중해서 자기네의 희생을 무릅썼습니다. 그들은 미친개를 붙잡고 털을 잘라서 우리 조선 아이의 상처에 놓고 태워주지 않았습니까?"

이 한마디로 사람들의 비난을 중지시켜주었던 시의원은 이제 축하한다는 목소리로 한마디 덧붙였다.

"그렇게 했기 때문에 대중들의 소요를 막을 수 있었던 겁니다."

드디어 접종이 끝났다. 나는 가족들을 데리고 원산 해변으로 가서 그동안 쌓인 모든 긴장을 풀기로 했다. 우리는 먼저 서울에 가서 친한 친구인 모드(Maud)와 크리스 젠슨(Kris Jensen)을 만났다. 그들은 최근에 안식년 휴가를 마치고 돌아와서 우리가 겪었던 사고에 대한 소식을 들었다면서 진심으로 위로해주었다. 크리스는 항상 쾌활했다. 그와 이야기하면 강장제를 먹는 것보다 기분이 더 좋아진다. 모드와 매리언은 한 형제처럼 따뜻한 우정이 오갔으며 젠슨의 딸 클레어리(Clairlee)와 필리스도 매우 사이좋게 놀았다. 젠슨 가족은 우리에게 신선한 공기를 불어넣어주었다. 원산 해변에서 휴가를 함께 지낸 일이 있으므로 우리는 매우 가까웠다. 이 특별한 방문을 통해 그들의 사랑과 이해는 우리 가족의 힘을 회복하게 한 하나님의 선물이라고 느껴졌다. 이때부터 모든 일은 더욱 잘 되어나갔다.

24
반가운 사람들의 방문

공수병 예방접종으로 온갖 고통을 치르면서도 매리언은 언니인 엠마 라인위버(Emma Lineweaver)와 조카 존이 한국에 도착하기를 기다리고 있었다. 매리언의 언니는 세계 일주 중이었는데 도중에 조선에서 7개월간 머물겠다고 했다. 존은 열한 살이었고 윌리엄보다 두 살이 많다. 그들은 좋은 소꿉친구가 될 수 있을 것이다.

엠마의 남편인 노리스 라인위버(Norris A. Lineweaver) 목사는 그 당시 버지니아의 매리온(Marion)에 본부를 둔 CCC(미국민간자원보존단, Civilian Conservation Corps, 1933~42년 존속했던 초기의 뉴딜 정책 기구—편집자)의 전임 목사로 재직 중이었다. 그는 각 캠프를 찾아다니느라 여행을 많이 해야 했다. 스무 살 된 큰 아들 노리스는 매리온 단과대학에 재학 중이었으므로 엠마는 여행할 시간이 넉넉했다.

엠마와 존은 1936년 늦은 9월에 볼티모어를 출발하는 배를 탔다. 파나마를 통과해 로스앤젤레스를 경유, 일본의 요코하마를 거쳐 조선에 도착한 것은 11월 초순경이었다. 라인위버 가족의 방문은 우리 집에 활기를 불어넣었다.

엠마는 이곳에 머무는 동안 집으로 여러 통의 편지를 보냈다. 여러 해가 지난 후 그 편지들을 우리에게 보여주었는데 그 속에는 우리들의 조선 생활이 그녀의 눈에 어떻게 비쳤는지를 잘 알려주는 내용들이 담겨 있었다.

1936년 11월 15일,
매리언, 윌리엄, 반하트(Barnhart) 부인이 서울역에서 우리를 맞아주었습니다. 역 2층에는 헨리 아펜젤러 내외와 크리스 젠슨 부인도 기다리고 있었어요. 남자들은 짐을 찾기 위해 남고, 우리는 택시를 타고 먼저 떠나기로 했어요. 매리언의 말처럼 이곳의 길은 세계에서 그 예를 찾아볼 수 없는 그런 모습이었습니다. 좁고 꼬불꼬불한 도로에는 보행자들과 소달구지들이 넘쳐서 자동차가 지나갈 자리가 거의 없었어요.

이리저리 꼬인 길을 따라 한참 가자 언덕 위에 있는 연희전문학교(Chosen Christian College)의 교장인 언더우드(H. H. Underwood) 박사 댁이 나왔어요. 우리는 곧장 해주로 가는 대신 이 집의 손님으로 며칠 머물 예정이었습니다. 언더우드 가족은 '언더우드 타자기'를 제작한 집안이어서 부유했어요. 건물은 대단히 크고 스팀식 난방 장치에 목욕실도 여럿 있는 현대적 설비가 잘된 저택입니다. 존과 저는 아름답고 큰 방으로 안내되었는데 거기에는 전용 목욕실도 있었어요.

우리가 도착한 날은 마침 서울 장로교 선교사들의 월례회의가 있었는데 회의장은 언더우드 박사 댁의 서재로, 주일학교의 방만큼 커요. 언더우드 박사는 다섯 자녀를 두었어요. 아들 호레이스는 미국에서 대학에 재학 중이며 쌍둥이인 아들 제임스와 존은 서울에서 고등학교에 다니고, 열한 살쯤 된 딕과 여섯 살짜리 외동딸 그레이스가 있습니다.

도착하자마자 오후에 열린 선교사 모임에 참석하기 위해 서둘러 옷을 갈아입었어요. 여러 주일 동안 배에서는 예배를 보지 못했다가 회의 후에 예배를 보니 기뻤습니다. 이날의 의제 중에는 조선에 파견되는 선교사들이 이제 조선말뿐 아니라 일본말도 배워야 하는지에 대한 토의도 있었어요. 일본어가 조선의 공용어가 되었으니 선교사 일을 하려면 일본말도 알아야 한다는 의견이 나왔습니다. 회의 후에 언더우드 부인은 만찬을 준비했어요. 내 자리는 명랑하고 허물없는 사람들이 모인 테이블로 정해져 이때부터 내 이름도 친근하게 '엠마'로 불렸습니다. 조선에 도착한 첫 날 저녁은 참으로 기분 좋은 밤이었습니다.

11월 11일, 도착한 다음 날이네요. 우리는 조선 감리교 선교사회의에 참관하였으나 의약품 세일즈맨인 하비 스토컬리 씨가 점심식사에 초대해주었으므로 회의 중에 일찍 나왔습니다. 그는 매리언과 셔우드의 친구인데 우리는 조선 호텔에서 대접을 받았어요. 식사가 끝나자 우리는 나의 디너 가운이 들어 있는 가방을 찾을 수 있는지 알아보려고 다시 서울역으로 갔어요. 언더우드 댁에서 셔우드의 생일과 우리의 도착을 축하하는 디너파티를 연다고 해서 그때 입어야 했기 때문이에요. 그리고는 일본 미용실에 들러 머리를 매만졌습니다.

매리언과 나는 일본말을 몰라 몸짓으로 의사를 통했어요. 매리언은 나를 미장원에 두고 감리교 계통 인사들의 리셉션이 열리고 있는 조선 호텔로 갔다가 다시 내게로 와서 언더우드 박사 댁에서 준비한 디너파티에 참석했어요.

영국 영사 내외와 미국 영사도 참석했는데, 24명의 손님들은 모두 재미있는 분들이었어요. 저는 언더우드 씨의 오른쪽, 셔우드는 여주인의 오른편에 앉았습니다. 내 왼편에는 서울의 영국 성공회 헌트 신부가 자리를 잡았어요. 그는 대화를 즐겁게 이끌어갔어요. 그의 영국식 영어 발음은 내 귀에 마치 음악처럼 들렸어요. 만찬 후에는 제스처 게임 등으로 아주 즐거운 저녁을 보냈습니다.

11월 12일, 우리는 국화전을 구경하러 궁전의 정원으로 갔어요. 그곳에는 일본이 원산지인 꽃들이 만발해 있었습니다. 전시장에서 나와 세브란스 유니언 병원의 닥터 에비슨 씨 댁에서 점심을 대접받았어요. 에비슨 내외는 캐나다 장로교 교인들로 대단히 유쾌한 분들이었어요. 오후에는 언더우드 내외가 우리를 유니언 레크리에이션 홀의 볼링장으로 데리고 갔습니다. 매리언과 셔우드는 회의에 참석하고 없었으므로 여기서 내가 언더우드 내외를 일본 식당에 초대했어요.

이 식당에서 일본 풍속으로는 방에서 신을 벗는다는 것을 알게 되었어요. 현관 바닥보다 약간 높은 마루 앞에서 신을 벗고 일본식 슬리퍼로 갈아 신은 다음 작은 방으로 안내되었어요. 방의 벽은 종이를 바른 문이었는데 방문 앞에서 또 슬리퍼를 벗고 양말만 신은 채 방으로 들어섰어요. 우리는 약 30센티미터 높이의 작은 상 앞에 방석을 깔고 앉았습니다. 방안은 상당히 추웠는데 난방이라고는 화로의 숯불뿐이었어요. 나는 발이 거의 얼어붙는 것 같았어요. 장어와 밥, 그리고 스키야키를 시켰어요. 장어는 입에 맞지 않았으나 스키야키는 그런 대로 잘 먹었습니다.

11월 13일 아침, 셔우드와 아이들은 해주로 먼저 떠나고 나는 매리언과 함께 크리스마스 쇼핑을 하려고 하루를 더 묵었어요. 언더우드 씨 댁은 시내에서 멀리 떨어져 있었으므로 우리는 반하트 씨 댁에 초대를 받아 묵었어요. 반하트 씨는 YMCA의 간부입니다. 이 댁에 있는 한 조선 사람이 놋쇠로 만든 궤를 팔러왔기에 나는 노리스에게 주려고 하나를 샀어요.

11월 14일, 아침에 쇼핑을 마치고 점심을 먹은 후 짐들을 챙겼더니 제법 큰 가방으로 9개나 되었습니다. 둘이서 이 짐들을 들고 다닌다는 건 당신이 상상할 수 있듯이 보통 일이 아니었어요. 조선 사람들은 개찰구가 열리자마자 기차를 향해 마구 뛰었어요. 좌석을 빨리 잡으려는 것이었어요. 우리는 앉을 자리를 찾느라 꽤 애를 먹었습니다. 이 많은 짐들을 들고 중간에 또 한 번 기차를 갈아타는 소동을 치른 후, 드디어 종착역인 해주에 도착했어요. 역에는 셔우드가 요양원 차를 가지고 나와 있어서 곧 매리언의 집에 도착했어요. 더운 코코아와 샌드위치가 준비되어 있었고, 우리 침실 난로에는 불이 활활 타고 있었습니다.

우리 방에는 두 개의 커다란 유리창이 시내를 굽어보고 있었어요. 밤이 깊어지자 창밖은 반짝이는 불빛으로 시가의 풍경이 마치 하늘의 별들을 가져다 뿌려놓은 것 같았습니다.

이 건물의 정면으로 잔디밭을 지나서 남학교(의창보통학교)와 병원이 있고 그곳을 지나면 해주시가 나타나요. 저 멀리에는 산이 높이 솟아 있습니다. 아침 해가 솟아오르면 베개에서 고개를 들 필요도 없이 해를 볼 수 있고 창문의 절반은 푸른 산이 차지해요.

도착한 지 며칠 되지 않아 조선집 잔치에 초대받아 흥미 있는 모습을 보았어요. 요양원의 의사 중 한 사람이 첫 아들 생일잔치를 치렀어요. 요양원의 전 직원들과 나까지 대접했어요. 잔치는 조선 식당에서 있었는데 식당은 작았습니다. 주인공은 식탁 중앙에 좌정하고 셔우드와 매리언, 나는 그의 옆 귀

빈석에 앉았어요. 난생 처음으로 셔우드가 남의 나라 말로 하는 기도를 들었는데 대단히 감동적이었습니다. 그는 이 잔치와 아기에게 하나님의 축복을 빌었어요.

1936년 11월 20일,
이곳에 도착한 후 첫 주일을 맞이했어요. 셔우드와 함께 교회로 가는데 셔우드는 빠른 길로 가느라고 골목으로 들어갔어요. 조선 초가들은 골목에 그대로 노출되어 있었는데 가난하고 더러운 광경이 샅샅이 보였습니다. 각종 쓰레기들은 그냥 문밖에 버려져 있었어요.
우리는 제일교회로 갔어요. 모든 예배 순서는 다 조선말로 해서 무슨 말을 하는지 이해할 수 없었습니다. 교회에는 남자들보다 여자들이 훨씬 많았어요. 교회당의 일부를 보고는 메릴랜드의 다마스커스에 있는 우리 교회를 연상했어요. 교회에는 양쪽에 문이 있었는데 남녀가 다른 문을 이용했어요. 셔우드는 남쪽 지방과 북쪽 지방의 여자들은 서로 다르다면서 남쪽 여성은 머리에 아무것도 쓰지 않지만 북쪽 여성은 수건(조바위나 아얌-옮긴이)을 쓴다고 알려주었습니다. 교인들 중에는 미국식으로 정장한 남자들이 몇 사람 있었으나 대부분은 그들 고유의 복장을 하고 있었어요.

1936년 11월 28일,
평양에 있는 영국 성공회의 캐럴 신부가 감사절 휴일을 우리와 함께 보내려고 수요일 저녁 이곳에 도착했다가 어제 저녁(금요일)에 떠났습니다. 영국인인 바로우 양도 감사절 만찬에 손님으로 왔었어요. 오후에는 놀이를 하고 찬송가를 불렀습니다. 바로우 양이 영국 웨슬리언 찬송가를 가져와서, 나는 엡워스에서 추수감사절 찬송을 합창하던 옛날로 잠시 돌아갔지요.

밖에는 폭풍이 일고 비가 내렸습니다. 금요일 아침에 일어나보니 눈이 내리고 있었어요. 존과 윌리엄은 좋아서 야단들입니다. 우리는 모두 크리스마스 씰 대문에 정신없이 바쁩니다. 이 일은 아직도 상당히 많은 시간을 요하는 작업입니다. 존과 윌리엄에게 맞춤법을 가르칠 시간이 거의 다 됐군요. 지금 매리언이 아이들에게 산수를 가르치고 있어요.

라인위버 모자는 세계 일주를 하면서 캘버트 통신강좌로 가정 교습을 하고 있었다. 이 교재는 매리언이 윌리엄에게 가르치는 것과 같았다.

1936년 12월 10일,

이 선교기지는 외롭습니다. 나는 날이 갈수록 이점을 더욱 실감하게 되네요. 매리언과 셔우드는 자녀가 있는 유일한 부부예요. 그 외에 구세군에 단 한

엠마 라인위버와 그녀의 아들 존(오른쪽에서 두세 번째). 1936년 해주에서. 원본 사진의 초점이 맞지 않아 흐리게 나왔다.

24. 반가운 사람들의 방문

쌍의 부부가 있을 뿐입니다. 독신자로는 성공회의 비어(Beere) 신부와 바로우 양이 있어요. 선교회에서 이처럼 단 한 가족만 파견하는 것은 이들을 현지에서 더욱 힘들게 해요. 많은 선교사를 이곳에 파견하고 대우도 나쁘지 않게 해야 합니다. 이곳은 감리교 선교기지 가운데 유일하게 한 세대의 선교사 가족만이 살고 있는 곳입니다.

1936년 12월 21일,
어머니회에서 크리스마스 모임에 나를 연사로 초청했습니다. 모임은 12월 19일 제일교회에서 있었어요. 교회에는 어머니들과 아이들로 꽉 찼어요. 남자들과 소년들은 드문드문 있었어요. 매리언과 나는 연사가 앉는 특별석에 안내되었습니다. 먼저 병원에서 일하는 조선 여의사의 안내로 기도 예배가 있었어요. 물론 조선말이었습니다. 여성 클럽을 창설한 매리언은 어머니들에게 상을 주었습니다.

이곳에서 처음으로 젖먹이를 가진 부인들이 유방을 가리지 않는 풍습을 눈여겨 볼 수 있었어요. 조선 여성들은 짧은 저고리 밑으로 유방이 덜렁거리게 내놓고 있었습니다. 어느 추운 날, 나는 거리에서 한 부인을 보았는데 매섭게 바람이 부는 겨울 날씨인데도 유방을 다 내놓고 있었어요. 이 사람들은 유방 노출을 마치 우리가 팔꿈치를 내놓는 정도로 생각하는 모양입니다. 그들은 여자가 팔이나 어깨를 노출시키는 것은 매우 충격적인 사건이라고 생각합니다. 여름에는 아이들이 발가벗고 길에서 뛰어논다고 합니다.

여성회의 모든 순서가 끝나고 내 차례가 왔어요. 나는 약 10분간 이야기했지만 통역을 맡은 닥터 김은 20분이나 걸렸습니다. 다시 내게 강연을 부탁하면 3분간만 이야기해야겠어요.

젖가슴을 열어놓고 아이에게 모유를 먹이는 어머니. 항상 따뜻한 식사가 제공되는 셈이다.

매리언과 셔우드는 어제 슬픈 소식을 들었습니다. 그들에게 계속 기부금을 보내주던 분이 갑자기 별세했다는 소식이에요. 크리스마스 때마다 500달러씩 보내주었던 분입니다. 그들은 도움을 주던 좋은 후원자를 잃은 것만이 아니라 사업에 필요한 자금 500달러도 같이 잃었어요. 그들의 기본 봉급은 1년에 1천 달러인데 자녀 하나에 1백 달러씩 더 추가됩니다. 이것은 적당한 보수라고 할 수 없어요.

크리스마스에는 당신을 생각하겠어요. 매리언과 나는 크리스마스 이브인 내일 밤 이중창을 부를 예정입니다. 우리는 곧 연습할 곡목을 정해야 해요.

1937년 1월 2일,

이곳의 신년 선물 쇼핑은 미국의 크리스마스 쇼핑에 비교될 만했어요. 매리언이 사사키 씨네 가족을 크리스마스 저녁만찬에 초청했더니 사사키 가족은 신년 축하연에 우리들을 초대했어요. 나는 감기가 들어 가지 못했습니다.

1937년 1월 7일,
다음 달 조선의학회(Korea Medical Association)가 서울에서 열린다기에 나는 그동안 아이들을 볼 테니 셔우드와 매리언은 이삼 일간 서울에 다녀오라고 했습니다. 언더우드 부인은 자기 집에서 자기 아들 딕과 함께 묵으면서 그동안 학교에도 함께 다니라고 윌리엄과 존을 초청했어요.

1937년 1월 14일,
여하튼 국방부의 봉투는 사용하지 않는 게 좋겠어요. 당신이 비록 민간자원보존단(CCC)의 목사라 할지라도 육군과의 관련성을 나타내지 않는 것이 현명하다고 셔우드가 말했습니다. 이곳 정부는 매우 신경이 날카로운데 특히 미국인에 대해서는 더 그렇답니다. 우리의 모든 움직임을 관찰하고 있어요. 매리언과 내가 크리스마스를 지내고 서울에 갈 때도 이 지방 형사가 어디를 가는지 언제 서울역에 도착하는지 조사해갔는데 다른 형사는 또 어디에 숙소를 정하는지 물었답니다.

1937년 2월 11일,
이날은 조선의 명절(정월 초하루)이면서 역시 일본의 명절이기도 합니다. 어린이들은 화사한 고유의 복장을 하고 거리를 다녔고 일본 깃발이 펄럭였어요. 땅이 너무 질어서 시내 구경은 갈 수 없었어요. 아직도 연 날리는 걸 보지 못했어요. 셔우드는 요양원에 일왕이 내리는 하사금을 받기 위해 나갔습니다. 요양원을 세운 공로에 대한 상금이랍니다. 상금은 도지사가 대신 전한

답니다. 상금을 얼마 받았는지 셔우드가 돌아올 때까지 이 편지를 봉하지 않을 거예요. 추서: 하사금 100달러임.

1937년 2월 13일,
얼마 전에 서울에서 조선의학회가 열린다고 당신에게 말한 적이 있지요? 셔우드는 학회의 회장인데 매리언은 공수병에 대한 논문을 발표한답니다. 매리언 부부는 영국 영사관에 체재할 예정인데 내일 아침에 떠났다가 금요일에나 토요일에 돌아와요. 매리언이 아기를 걱정하지 않고 셔우드와 함께 떠날 수 있어서 나는 참으로 기뻐요. 나는 아이들을 돌보는 아주머니와 함께 있을 겁니다.

1937년 2월 19일,
바로우 양이 어제 잠시 들렀기에 오늘 오후에 차를 마시러 오라고 했어요. 우리는 재미있게 이 얘기 저 얘기를 했습니다. 지금은 겨울특별 성경학습이 열리고 있어서 바로우 양은 매우 피곤해 보였어요. 그녀는 수년간 힘을 다해 일해 왔는데 이제는 거의 지쳐 있어요. 이 지방의 7월은 매우 무덥다고 해서 걱정이 됩니다. 그래서 선교사들은 7월과 8월에는 북쪽으로 가는 모양이에요. 셔우드가 서울에서 어느 선교사에게 들은 말인데 무슨 수를 써서라도 우리가 탈 선편을 미리 예약해야 된다는군요. 여름에는 선편이 꽉 찬답니다. 나는 셔우드에게 계획보다 일찍 떠나는 것이 어떻겠느냐고 했지만 그는 찬성하지 않았어요. 아마 우리를 데리고 원산 해변에 가기를 고대하고 있는 것 같습니다.

1937년 2월 23일,

요양원 교회를 세워주었고 요양원을 위해 매년 1,000달러씩 원조했던 무어 여사가 별세했다는 슬픈 소식이 전해왔어요. 그뿐만이 아니라 에밀리의 어머니인 해스킨스 부인도 몇 주일 후에 별세했다는 것입니다. 해스킨스 부인은 셔우드 부부가 조선에서 일할 수 있도록 책임을 담당했던 분이에요. 유일한 상속자인 에밀리는 더 이상 홀 부부를 후원하지 않을 것으로 생각되어 안식년 휴가 이후에 홀 부부는 조선에서 더 이상 일하지 못하고 귀국하게 될지도 모릅니다. 봉급은 선교위원회를 통해 지급되었으므로 다른 선교사와 똑같이 받아왔어요.

1937년 2월 28일,

도로가 선교사 주택 곁을 지나므로 북쪽 유리창과 서쪽 유리창으로 통해서 조선 사람들의 생활을 볼 수 있어요. 왼쪽으로 뻗은 도로 너머 언덕 위에는 조선인의 공동묘지가 있습니다. 방금 장례 행렬이 지나갔습니다. 이곳의 장례 행렬은 오히려 퍼레이드 같아요. 색깔이 요란한 헝겊에 글씨를 쓴 깃발도 보입니다.

1937년 3월 18일,

저는 지금 서울의 젠슨 씨 댁에 있고, 셔우드는 사우어 씨 댁에 있습니다. 우리는 베이커 감독 내외분을 마중하러 서울에 왔어요. 날씨가 무척 추웠습니다. 감독은 미국 교회의 상황에 대해 이야기해주었는데 매우 고무적이었어요. 오후에는 조선 호텔에서 감독 내외분을 환영하는 리셉션이 있었으며 약 2백여 명의 선교사들과 조선 기독교인들이 참석했어요. 저는 마침 감독의 맞은

편 자리에 앉았는데 가까운 자리에 헬렌 김[김활란]이 앉아 있었어요. 헬렌 김은 이화여자 전문학교의 교장으로서 뛰어난 조선 여성입니다. 그녀가 환영사를 맡았는데 참으로 훌륭한 내용의 연설이었어요.

저는 계획대로 중국(베이징)으로 열흘 동안 여행을 떠나려고 해요. 동행할 몇 사람도 찾았어요. 셔우드는 '앞으로 10년 안에 우리가 백만장자가 된다고 할지라도 지금이 아니면 북경에 가볼 기회가 없을 것'이라고 말했어요. 왜냐하면 북경의 역사 유적지는 보존 불량으로 폐허가 되어가고 있기 때문이라고 합니다. 모두들 "거기에는 아름답고 훌륭한 골동 미술품이 많은데 너무나 값이 싸서 항상 예정했던 액수보다 돈을 더 쓰게 된다"고 말합니다. 그렇지만 제가 갖고 있는 돈 이상은 쓰고 싶어도 못쓰겠지요? 존은 북경에 간다는 사실 때문에 흥분을 감추지 못하고 있어요. 저도 마찬가지입니다. 만리장성을 구경할 수 있다니!

1937년 3월 25일,

방금 커(W. C. Kerr) 여사로부터 북경 여행에 동행하겠다는 좋은 소식이 왔어요. 커 여사와 딸, 그리고 또 한 젊은 부인이 3등 열차로 산해관까지 간답니다. 여기에서 산해관까지 존과 나의 왕복 기차표 값은 약 20달러 정도예요. 산해관에서 북경까지는 편도 기차표를 살 예정이에요. 그 구간에서는 왕복표에 대한 할인이 없으며 3등 객차의 운임은 약 2달러로 생각보다 싸기 때문입니다.

길을 알고 일본말과 조선말을 할 줄 아는 사람과 여행을 하게 되어 기뻐요. 커 내외는 북장로교 선교사인데 일본인들을 대상으로 선교활동을 하고 있습니다.

이제 제가 할 일은 일본 경찰에 가서 중국에 갔다가 다시 이곳으로 돌아와도 좋다는 허가를 받는 것뿐입니다. 북경에 가서 얼마나 있을지는 확실히 알 수 없지만 아마 열흘 아니면 2주일쯤 걸릴 거예요. 존과 저는 벌써부터 중국에 대한 책들을 읽고 있어요.

1937년 4월 2일,

우리는 4월 5일에 해주를 떠나 서울로 갑니다. 영국 영사관의 핍스 씨를 만날 예정이고 4월 8일 오후 3시 30분에 기차로 목단을 경유, 북경으로 떠납니다. 9일 아침 일찍 목단에 도착할 예정이며 거기에서 오전 8시 20분에 산해관과 북경 행 열차로 갈아타고 그 다음날 밤 11시 20분에 북경에 도착해요. 일본 정부에서 해외로 가는 우표값을 두 배로 올린다고 해서 우리는 지난 삼사일간 편지를 쓰느라고 정신이 없었어요.

목단에서 북경까지의 기차여행에서 사용한 편지지 위에 찍힌 소인, 1937년.

여러 해가 지난 뒤 존은 북경 여행을 이렇게 회상했다.

목단까지 가는 기차에는 많은 일본군들이 빽빽이 타고 있었으며 도중의 각 역에도 일본 군인들이 많이 있었다. 덜거덕거리는 칼을 허리에 찬 일본 군인의 모습은 매우 인상적이었다. 열차가 중국 땅에 들어서자 파자마처럼 누빈 군복을 입은 중국 군인들이 단도를 머리 위에서 빙빙 돌리다가 목표를 향해 내던지는 광경을 차창을 통해 보았다. 이런 중국 군인들의 모습은 해주에서 목격했던 일본 군인들의 훈련 광경과 비교해볼 때 매우 전근대적으로 보였다.

하루는 존이 해주의 우리 집 뒤에 있는 언덕에서 조선 사람 묘지를 지나는 오솔길을 산책하고 있을 때 일본 군인들과 부딪치게 되었다. 군인들은 묘지 사이로 포복 훈련을 하고 있었는데 존과 군인들이 동시에 놀랐던 모양이다. 존은 떨리는 가슴으로 집으로 뛰어왔다. 그때 나는 일본 육군이 아시아, 특히 중국 북방을 지배하려는 계획에 대한 선교사 사회에 퍼진 소문을 들려주었다.

해주에서도 일본 군인의 군사활동이 눈에 띄게 증가하고 있었다. 소문은 사실인 모양이었다. 우리가 어디를 가든 우리의 거취는 낱낱이 탐문되었다. 어떤 여행 계획이든 형사들에게 조사를 받았다.

우리는 그 당시 일본 육군의 야욕이 얼마나 확대될지 별로 실감하지 못하고 있었다. 그러나 몇 개월 지나지 않아 중국과 일본 사이에 전쟁이 시작되었다. 1937년 7월 7일, 북경 교외에서 일본군은 중국군을 공격했다. 중일전쟁의 시작이었다. 국제법에 대한 기술상의 문제 때문에 선전 포고만 없을 뿐이었다. 존과 그의 어머니가 북경을 방문했을

때 우리들은 사태가 이처럼 악화되었는지 모르고 있었다.

존은 그 여행 중에 한 장면을 특히 생생하게 기억하고 있었다. 만주를 통과할 때 철로변을 따라 창끝에 꽂아 진열해놓은 마적들의 머리였다. 이것은 다른 마적들에게 기차를 습격하면 이런 운명에 처하게 된다는 경고로 둔 것이었다. 그러나 마적들의 철도 습격은 그 후에도 매우 잦았다. 그들에게는 이런 무시무시한 전시도 효과가 별로 없었던 모양이다.

바로우 양은 지중해에 수뢰가 설치되어 있다는 소문을 들었다고 했다. 그래서 엠마는 실론, 아덴, 수에즈 운하, 런던을 경유해 미국으로 돌아가기로 결정했다. 엠마와 존은 런던에서 선편을 갈아탈 계획이었다. 4월에는 그들이 미국에서 타고 왔던 테루구니 호를 예약할 수 있었다. 영국 영사관의 핍스 씨는 그 항로가 위험하지 않을 것이라고 생각했다. 엠마와 존은 1937년 5월 25일 서울을 떠나 일본으로 가기로 결정됐다.

그들이 갑자기 귀국하게 되어 섭섭했다. 그래서 엠마에게 평양을 구경시켜주겠다고 약속했다. 마침 5월 초순에는 평양에서 연회가 열릴 예정이었다.

우리는 친구인 라이브세이 가족과 베어드 가족이 활동하고 있는 장로교가 선교활동에 성공한 재령(載寧)을 거쳐 평양으로 가기로 했다. 윌리엄 베어드 주니어(William M. Baird Jr.) 목사는 나의 소년 때 친구인 존의 형제로 그의 아내인 안나는 간호사였다. 우리는 라이브세이(J. B. Livesay) 목사를 'JL'이라고 부르는데 그의 아내는 뮤리엘(Muriel)이라는 캐나다 여성이다. 매리언과 뮤리엘은 캐나다에서 왔다는 공통점으로 서로 잘 통했다. 재령은 해주에서 가까운 곳이라 우리들은 서로 시간이 날 때마다 왕래해온 사이였다. 그들은 평양에서 열리는 감리교 연회에 우리가 참석한다는 것을 알고 가는 길에 재령에 들러달라고 초청한 것이다. 이 여행에 대해서도 엠마는 편지를 써서 고향에 보냈다.

1937년 5월 6일,
우리는 재령의 친구들을 찾아 즐거운 방문을 했어요. 매리언과 세 아이들, 아이를 돌보는 아주머니, 그리고 저는 자동차를 타고 갔습니다. 셔우드가 자기 자동차를 요양원에 기증한 이야기를 제가 말씀드렸던가요? 자동차가 없어서 셔우드와 존은 열차를 탔어요. 우리가 재령에 도착해 라이브세이 가족과 차를 들고 있을 때 셔우드와 존이 도착했어요. 다들 베어드 목사 댁에서 식사를 했습니다. 베어드 목사와 라이브세이 목사는 북장로교 선교사들입니다. 라이브세이 목사는 버지니아의 웨인스보로 출신이에요.
홀 가족은 라이브세이 댁에서, 저와 존은 베어드 댁에서 잤습니다. 다음날 정오경 우리는 수마일 떨어진 기차역에 가서 철도편으로 평양에 갔어요. 평양에는 오후 3시쯤 도착했으며 셔우드는 그 지역 책임자인 쇼(W. E. Shaw) 목사 댁에 머물고 저와 존은 닥터 앤더슨(A. G. Anderson) 댁에서 신세를 졌어요. 닥터 앤더슨은 셔우드의 부친을 기념해서 설립된 병원의 원장이에요. 그는 2년 전에 스물두 살 된 아름다운 딸을 척추뇌막염으로 잃었답니다.

1937년 5월 7일,
앤더슨 씨 가족은 주인 역을 잘해주어 우리는 그 집에서 매우 즐거운 시간을 가졌어요. 수요일에는 저녁 모임에 나갔는데, 조선인 교인들이 500여명 이상이나 참석한 것을 보고 깊은 감명을 받았습니다. 회의 순서는 모두 조선말로 진행되었지만 예배의 정신은 느낄 수 있었어요. 교인들이 '내가 사랑하는 예수님'이라는 찬송가를 부를 때는 내 몸이 떨렸습니다.

모임의 진행은 미국과 마찬가지였어요. 단상에는 작은 탁자들이 있고, 그 주위에는 화분을 놓았습니다. 저는 제 앞쪽에 작은 탁자가 놓여 있기에 아마 기자석인가 보다 생각했었는데 나중에 알고 보니 경찰관의 좌석이었어요.

목요일 아침에는 엔더슨 부인이 저를 상가에 데리고 갔어요. 오후에는 여성 해외선교회에서 차를 마시고 저녁에는 여성병원에서 준비한 만찬에 초대를 받아갔답니다. 손님들은 셔우드, 서울 신학교의 교장인 빌링즈 목사, 교사인 노리스 목사, 여의사인 닥터 블록(Block), 서울에서 온 사우어 목사였어요. 만찬의 모든 진행은 부츠 양과 페인 양, 그리고 앤더슨(닥터 앤더슨의 누이동생) 양이 맡았는데 훌륭했습니다. 현지의 선교사들은 셔우드와 셔우드의 어머니가 지은 병원 구내에 거주하고 있어요. 셔우드는 열네 살 때 이 건물의 건축을 감독했다는군요. 정말 놀라운 일입니다.

금요일이에요. 오늘 저녁에는 셔우드와 존, 그리고 추수 감사절에 해주에 왔던 캐럴 신부와 저녁 식사를 하기로 되었습니다. 내일은 회원 전원이 모두 강으로 뱃놀이 겸 소풍을 갑니다. 주일에는 예배에 참석하고 월요일에는 해주로 돌아가서 짐을 마저 꾸린 후 14일에는 송도를 경유, 서울에 갑니다. 25일에는 일본으로 떠날 예정이에요.

1937년 5월 10일.

평양과 해주 사이에 있는 조선의 유명한 사과 산지에 갔어요. 이곳은 조선의 쉐난도 밸리(Shenandoh Valley)입니다. 사방팔방이 다 사과 과수원입니다.

이곳의 사과 꽃은 흰색이어서 미국의 분홍색 꽃과 다릅니다. 이 지역에서 생산되는 사과는 전 세계로 나간다는군요.

1937년 5월 14일,
약 한 시간쯤 전에 우리는 해주를 떠났어요. 셔우드는 우리가 떠나는 것을 보지 못했습니다. 어제 해주의 사업을 원조해 주는 분이 세계일주 여행 중에 서울로 오셨다고 해서 마중을 나갔기 때문이에요. 우리가 떠나는 것은 매리언과 윌리엄만 보았지만 홀 가족은 우리가 출발하는 25일 이전에 서울에 오겠다고 했습니다. 일본인 두 가족이 우리를 전송하려고 해주역까지 나와 주어서 저는 무척 감동했습니다. 한 가족은 해주의 공립병원 소아과 과장인 닥터 이와후치의 아내와 아이였는데 남편은 매우 아파서 나오지 못해 죄송하다며 선물을 주었어요. 다른 가족은 부지사인 사사키 씨와 그의 부인이었답니다.
떠나는 지금은 우리가 해주에 왔을 때의 풍경과는 아주 다릅니다. 그때는 추수가 끝나서 벌거벗은 땅이었고 날씨도 추웠습니다. 지금은 농부들과 소들이 바쁘게 일하며 들판은 녹색 물결을 이루고 있어요. 여기저기 논에 옮겨 심을 모판들이 보입니다.
우리는 다시 열차를 갈아타고 송도에 도착할 겁니다. 송도에는 엘라수 와그너(Ellasue Wanger) 양이 우리를 기다리고 있을 거예요. 송도는 남감리교의 선교기지예요. 오늘밤은 그곳에서 묵으며 선교활동을 견학하려고 합니다. 내일 저녁에는 서울에 도착하여 일본으로 떠날 때까지 언더우드 댁에 머물게 됩니다.

1937년 5월 27일,

매리언과 윌리엄은 지난 목요일 저녁에 해주에서 이곳으로 왔고 토요일에는 셔우드가 아이들을 데리고 도착했어요. 주일에는 언더우드 가족과 다른 여러 가족과 함께 남한산성으로 소풍을 갔어요. 이 요새에서 한때 조선 왕이 살기도 했다고 합니다. 요새는 성곽으로 둘러싸여 있어요. 차를 타고 시골길을 걸어서 산꼭대기까지 올라갔습니다. 저 멀리 산 아래 펼쳐진 경치는 정말 멋있었어요. 이번 조선 여행 중 가장 잊지 못할 기억이 될 것 같아요.

라인위버 가족이 떠나려면 몇 시간밖에 남지 않았다. 매리언과 나는 서울의 한 식당으로 20명의 손님을 초대하여 스키야키를 대접했다. 엠마는 이런 환송에 놀랐으며 기뻐했다. 이 기회에 그동안 정들었던, 그리고 매우 고맙게 해준 분들에게 개별적으로 인사할 수 있어서 우리도 기뻤다. 식사가 끝나자 모두 서울 유니언 클럽으로 가서 언더우드 부인이 대접하는 아이스크림을 먹었다. 이때는 아이들도 합석했다. 드디어 이날 저녁 엠마와 존을 태운 열차가 우리 모두에게서 멀어져갔다. 그들은 손을 흔들며 떠나갔다.

지난 7개월 동안 라인위버 가족의 방문은 그들과 우리 가족 모두에게 좋은 경험이 되었다. 그들이 체류하는 동안에 있었던 여러 일들을 회상하면서 해주로 돌아오는 우리의 발걸음은 쓸쓸했다.

25
화진포의 성(城)

 우리는 다시 일상의 생활로 돌아왔다. 이 무렵부터 일본 군부의 세력이 매일매일 더 무겁게 압박해오는 것을 실감할 수 있었다. 집안에 생겼던 불상사인 공수병 사건과 친척의 방문 등으로 우리는 세상이 어떻게 돌아가는지 미처 주의해 볼 틈이 없었다. 그 사이에 정세는 크게 달라졌다.

 1937년 가을 어느 날, 라디오에서 "원산 해변을 일반인의 접근 금지구역으로 포고한다"는 뉴스를 들었다. 그래서 그곳에 있는 모든 별장용 가옥들을 철거해야 된다는 것이 아닌가! 이 놀라운 뉴스는 곧 사실임이 확인되었다.

 관용을 기대할 수 없는 것으로 알려진 일본 군부였는데 원산 해변에서 해안을 따라 남쪽으로 약 160킬로미터 떨어져 있는 아주 이상적인 장소를 선정하여 선교사들에게 대신 제공해주었다. 그곳은 금강산과 더 가까운 곳이었다. 새 휴양지는 정면은 바다, 다른 한쪽은 호수,

남쪽은 구릉이었다. 그 구릉에 올라서면 서쪽으로는 호수가 내려다보이고, 동쪽은 바다에 닿는 암벽으로 되어 있다. 일본인들은 이곳을 '가신호'라 부르고 조선말로는 '화진포'라고 한다. 호수는 길이는 약 5킬로미터 가량인데 모양이 클로버 잎같이 생겼으며 산으로 둘러싸여 있었다. 이 호수는 스위스의 루체른 호수를 연상시켰다.

매리언과 나는 휴양지 이전 실행위원으로 임명되어 곧 일에 착수하라는 명을 받았다. 거기에다가 매리언은 새 해변을 촬영하는 공식 사진사 일도 겸직하게 되었다. 우리는 촬영기를 준비해 현지로 갔다.

일본 군부는 원산 해변의 별장들에 대해 섭섭하지 않은 보상금을 주거나 아니면 집을 뜯어 새 장소에 옮겨주겠다고 제안했다. 우리는 대부분 후자를 원했다. 별장들은 가벼운 목재로 지어져 있었으므로 쉽게 뜯을 수 있었다.

철거 기간에 제한이 있었으므로 우리는 원산 해변의 별장들을 해체할 때 현지 인부들을 고용하지 않을 수 없었다. 마지막 집을 헐어 새 휴양지로 옮기자 일본군은 원산 해변을 다이너마이트로 폭파시켜 나무 한 그루도 남아나지 못하게 만들었다.

여러 추억이 담긴 원산 해변과 작별하는 아쉬움은 컸다. 그러나 우리들은 어느덧 새 휴양지를 개발하는 데 열심이었다. 실행위원의 임무는 헐어서 새 지역에 실려 온 별장을 다시 짓기 위해 대지의 경계를 정하고 그 번호를 매기는 일이었다. 매리언은 아직 이곳에 와보지 못한 사람들을 위해 주위를 카메라와 영사기로 촬영하느라 몹시 바빴다. 대지의 구획이 결정되면 그 번호를 써넣은 종이를 모자 속에 넣고 제비를 뽑아 주인들을 정하기로 했다.

화진포의 모습(위)과 원산 해변으로부터 옮겨온 여러 별장들(아래)

　새 휴양지는 우리가 생각했던 것보다 훨씬 더 좋았다. 모래바닥에 파이프만 묻으면 깨끗한 음료수를 쉽게 얻을 수 있었고, 파도가 험한 날이면 바로 뒤에 있는 호수에서 뱃놀이를 즐길 수도 있었다.

　번호를 뽑았다. 우리 대지는 호수에 면한 곳으로 나왔다. 우리는 원산 해변에서 즐겼던 그 파도치는 바다 풍경을 잊을 수가 없었다. 이 구석 저 구석 살펴보니 바다에 면한 암벽 위에 대지가 될 만한 곳을 찾을 수 있었다.

누구도 암벽 위에 별장 짓는 것을 원하지 않았다. 그곳은 우리가 차지할 수 있는 곳이었다. 우리는 젊었기 때문에 높은 곳을 개의치 않았다. 또한 암벽 위까지 올라가는 오솔길을 소나무 숲 사이에 지그재그로 만들 자신이 있었다. 우리는 이 자리를 택했다. 일단 그 위에 올라서면 눈앞에 펼쳐지는 경관이 너무나 기가 막혀 말을 잃게 된다. 우리는 새 자리에 지을 별장을 종이 위에 설계하기 시작했다. 아무리 훌륭하게 설계해도 돈이 드는 것은 아니었기 때문이었다.

1918년과 1919년 사이에 일어났던 러시아 혁명 당시, 조선으로 피신 온 백인계 러시아인들이 있었는데, 이들은 선교사들과 친하게 지내고 있었다. 마찬가지로 히틀러의 공포정치를 피해 조선으로 피난 온 독일인들도 있었다. 이들에게도 역시 선교사들은 친절하게 대해주었다. 베버(Herr Weber) 씨는 이러한 독일인들 가운데 한 명이었다. 그는 정식으로 공부한 건축가였는데, 우리에게 감사함을 표하며 자신의 능력을 발휘하고 싶어 했다.

어느 날 저녁, 화진포 별장에 대해 재미로 공중누각을 짓는 우리의 설계 이야기를 했더니 베버 씨는 벌떡 자리를 박차고 일어섰다. 자기가 설계하고 싶으니 그 기회를 달라는 것이었다. 우리로서는 그의 제안은 매우 반가운 것이었다. 사실 우리는 별장 짓는 일에 시간을 낼 만큼 한가하지 않았다. 더구나 그 무렵에는 장티푸스 전염병이 심하게 돌고 있어서 잠시도 병원을 떠날 수가 없었다.

독일인 친구는 자신의 재능을 몹시 살리고 싶어 했다. 그러나 거기에 소요되는 경비가 문제였다. 베버 씨는 그 점에 대해서는 걱정하지 말라고 했다. 그는 설계를 무료로 제공하는 것은 물론, 건축 과정의 일도 자기가 직접 해내겠다고 우리를 안심시켰다. 단지 재료값과 자기가 그동안 먹고 살 수 있는 생활비만 주면 된다는 것이었다. 그 생활비도 많은 돈은 아니었다. 그는 극히 적은 돈으로 매우 검소하게 살아가고 있었다.

나는 베버 씨와 함께 화진포로 가서 바다가 굽어보이는 암벽 위의 대지를 보여주었다. 또 뜯어 온 우리 집을 다시 맞추어 지어 줄 인건비가 싼 현지의 조선인 건축업자도 소개했다. 그때는 공사철이 지나 인부들도 한가한 때였다. 공사비용을 아주 싸게 해주겠다고 약속했다. 더구나 건물이 완전히 지어질 때까지는 선금을 한 푼도 받지 않겠다는 것이었다.

요양원 건축 때는 매우 조심스럽게 입찰을 통해 건축업자와 합법적인 계약을 했지만 이번 경우는 너무나 작은 공사이고 이 두 사람은 믿을 만해서 그런 공식 절차를 밟지 않았다. 나 역시 돈과 시간이 없어서 뭐라 말할 처지도 못 되었다. 그냥 그들의 재량에 맡기기로 했다. 이미 베버 씨에게 나의 구상을 자세히 말했고 대략적인 설계도까지 그려주었다. 그도 재차 나의 구상을 확인했다. 그는 경비를 최소한으로 줄이는 선에서 건축하겠다고 약속했다. 그와 조선인 업자는 공사가 끝나기 전에 내가 현장에 오지 않아도 된다며 자신들을 믿으라고 했다.

공사 중에 한번 화진포에 다녀오는 것이 옳은 일이었지만 병원 일이 바빠서 그렇게 시간을 낼 수 없었다. 그러던 어느 날 아침 용케 시간을 얻어서 우리의 '작은 오막살이 별장'을 보러 현장에 내려갔다. 현장을 도착한 나는 적잖이 놀랐다. 그냥 놀라기만 한 것이 아니라 한 마디로 경악 그 자체였다. 나는 벙어리처럼 입을 벌린 채 한 마디도 못하고 서 있었다. 베버 씨와 조선인 건축업자는 자신들의 창작물에 대해 대단히 자랑스럽게 생각하고 있었다. 그 두 사람이 어찌나 자랑스러워하고 스스로 만족해하는지 그들 마음에 상처를 준다는 것은 잔혹한 일일 것 같아 더욱 내 심정을 드러낼 수 없었다. 우리 별장은 내가 생각하고 있었던 조그만 막사가 아니라 그야말로 작은 성이었다. 회색 돌로 지은 성은 뒤의 푸른 나무숲과 잘 어울렸다. 라인 강가에 있는 성들의 모양과 다를 바 없었다. 베버 씨는 '고요한 아침의 나라'에 온 정성을 다해 독일의 성을 재현한 것이었다. 성 지붕은 평평해서 그 위에 올라서면 사방의 절경을 감상할 수 있었다.

이곳에서 달빛을 받으며 파티를 연다면 안성맞춤일 것이다. 둥글고 큰 탑에는 들창이 달려 있었는데 베버 씨는 특히 이 부분의 설계를 자랑스러워했다. 그는 마치 성의 귀부인이 이곳에서 손님들에게 차를 대접하는 모습을 상상하여 설계한 것 같았다. 탑은 바로 암벽 옆에 세워져 있어서 바다의 전경이 눈앞에 들어왔다. 마치 배를 타고 바다를 내려다보는 듯한 착각이 들 정도였다.

"부인께서 큰 파티를 열 때는 이 넓은 리빙룸을 쓰시면 됩니다."

베버 씨는 한쪽에는 들창이 있고 그 반대쪽에는 큰 벽난로가 있는 방에서 나를 안내하며 말했다. 벽난로에는 동굴 속에서 채취해온 수정 암석이 쌓여 있었다. 그는 벽난로가 얼마나 불을 잘 빨아들이는지 보여주려고 불을 붙였다. 춤추는 듯한 불꽃은 벽난로에 붙어 있는 수정에 현란하게 반사되었다. 베버 씨는 한 발 물러서서 감상하며 자신의 작품에 스스로 감탄하고 있었다.

베버 씨와 조선 건축업자가 자부심과 기쁨에 차서 자신들의 걸작을 나에게 보여주는 동안 내 머릿속은 앞으로 내게 닥쳐올 문제를 굉장히 빠른 속도로 생각하고 있었다. 이들이 내게 청구할 엄청난 계산서를 도대체 어떻게 감당해야 한단 말인가? 눈앞이 캄캄했다. 따지고 보면 이것은 내 잘못으로 빚어진 결과이기도 했다. 공사 내용을 명확히 명시한 문서 계약을 만들어놓지 않았던 탓이 아닌가? 하지만 조그만 막사 같은 별장을 짓는 데 무슨 계약서가 필요했단 말인가? 베버 씨가 내 공상의 집보다 이토록 잘 지을 줄이야 감히 상상이나 할 수 있었겠는가? 나는 두 사람의 뛰어난 건축 솜씨에 탄복하지 않을 수 없었다. 그러나 내 걱정은 사그라지지 않았다. 나는 너무 기가 질려 한동안 아무 말도 못하다가 가까스로 용기를 내어 물었다.

"얼마입니까?"

나는 또 한 번 놀랐다. 그들이 청구한 액수는 생각보다 너무나 적었다. 그렇긴 해도 당시 내 능력으로는 도저히 해결할 수 없는 금액이었다. 아무튼 나는 현금이 없었다. 어쨌든 이 궁지는 내가 스스로 초래한 것이니 어떤 방법으로든지 해결하기로 작정했다. 나는 그들에게 시간을 달라고 부탁했다. 베버 씨는 내가 매우 만족하기를 바란다고 말했으나 나는 허둥지둥 대답도 못하고 그 자리에서 빠져나왔다.

이 충격에서 깨어나 정신을 차리는 데는 시간이 좀 걸렸다. 나는 그동안 살아오면서 돈이 없어서 궁지에 몰렸던 적이 여러 번 있었다. 내 개인적인 경우는 허리띠를 졸라매는 근검 생활을, 선교사업과 관계된 일을 특별히 각처에 원조를 청하는 방법을 써왔다. 그러나 지금 내가 처한 이 곤경은 어느 쪽에도 해당되지 않았다. 이 때문에 나는 더욱 난감했던 것이다. 아무리 근검절약을 해도 이 큰 계산서를 처리할 수는 없다. 선교사업과는 다른 별장 문제니 다른 이들에게 경제적 도움을 청할 수는 없지 않은가.

며칠 동안 걱정에 싸여 멍한 상태로 지냈는데 갑자기 소년 때의 평양 친구였던 수잔 로(Susan Roe)의 모습이 떠올랐다. 그녀는 어머니 병원의 간호원장이었는데 지금은 은퇴해 있었다. 그녀의 동생인 루시는 미국 금광의 책임자와 결혼했었다. 나는 당장 평양으로 가서 내 곤경을 의논하고 싶은 충동을 느꼈다. 그녀는 금전 문제를 해결하는 데는 항상 능숙했었다.

내가 평양에 도착하자 수잔은 반색을 하며 맞아주었다.

"그렇지 않아도 당신에게 전보를 치려던 참이었는데 이렇게 오다니 참 반가워요. 이제 그 일을 결정할 수 있겠네."

"아니 무슨 일인데요?"

"왜 당신 소유로 있는 땅이 있잖아요. 쓰지 않고 있는 평양의 대지 말이에요."

내가 놀라는 것을 보고 그녀는 웃으면서 말했다.

"내 동생 루시가 자기네 광산 회사에서 광산물을 보관하는 장소가 필요한데 당신의 그 땅이 위치로 보나 크기를 보아 가장 적당하다더군요. 값만 적당하면 현금 지불을 하고 싶답니다."

나는 부동산 시세에 대해서는 아는 바가 없었으나 베버 씨와 조선인 청부업자에게 주어야 할 액수는 알고 있었다. 그래서 그 금액을 이야기했다. 수잔이 생각하기에도 내가 말한 값이 광산 회사에서 만족할 수 있는 가격이었던 모양이다.

이렇게 하여 내 곤경이 해결되었다. 하나님께 진심으로 감사했다.

수잔과 루시에게도 감사하면서 가벼운 마음으로 해주에 돌아왔다. 드디어 성 값을 다 지불할 수 있었으니 우리들의 기쁨은 참으로 컸다.

이 일의 자초지종은 이렇다. 아버지가 별세하자 아버지 몫으로 들었던 생명보험금이 내 앞으로 나왔던 일이 있었다. 소년 때에 그 돈을 투자하여 벽돌집을 지어 선교사 주택으로 임대업을 했을 때 거기서 나온 돈은 내 대학 교육비에 많은 도움이 되었다. 그때 나는 얼마 되지 않는 매우 값이 싼 땅을 구입했었다. 훗날 결혼해 아이들이 생기면 교육비에 충당할 수 있지 않을까 해서 투자했던 것이다. 그 땅이 아이들 교육비 대신에 성 값으로 쓰인 것이다.

우리 가족은 친구들과 함께 이 성에서 몇 번 즐거운 시간을 보냈다. 그러나 전쟁이란 소용돌이는 곧 우리의 성마저 빼앗아 가버렸다. 우리에게 남은 것은 몇 장의 사진과 매리언이 그렸던 유화뿐이다. 그러나 그곳의 즐거운 추억들은 빼앗아갈 수 없다. 아름다운 성의 몇몇 추억들은….

화진포의 성(城). 이 성에 대한 건축비로 닥터 홀은 아이들을 위한 교육비로 투자해두었던 평양의 땅을 팔아야 했다. 1945년 8.15 광복 후 당시 고성군 지역이 북한 치하에 들어가면서 1948년부터 1950년까지 김일성 일가가 이곳을 휴양지로 보냈다. 당시 김정일도 이곳에 머물렀던 것으로 알려졌다. 지금은 주로 '김일성별장'으로 불린다.

매리언이 그린 화진포의 성

26
대행(代行)

두 번째 안식년 휴가가 1938년에 돌아왔다. 우리는 호놀룰루를 경유해 캐나다의 밴쿠버로 향하는 기선을 예약했다. 배는 1938년 7월 27일 일본을 출발했다.

밴쿠버에 도착하니 사촌인 루이스와 아더 사이먼이 보낸 편지가 우리를 기다리고 있었다. 밴쿠버에서 얼마 떨어지지 않은 워싱턴의 자기 집으로 오라는 초청 편지였다. 우리는 후드 운하(Hood Canal)에 있는 그들의 아름다운 저택에 묵으면서 그 주위의 경치를 즐기고 있었다. 어느 날 저녁, 안식년 휴가 계획에 대해 사이먼 가족과 대화를 나누게 되었다. 전공과목을 다시 연수하여 새 지식을 습득하는 것 외에도 각 감리교회를 찾아다니며 '대리사업'(deputation work)을 해야 하는 게 안식년 휴가의 목적이기도 하다고 설명하자 어째서 그런 활동을 대리사업이라고 부르는지 물었다.

우리는 이 말에 익숙해 있었으므로 선교사 세계와 동떨어져 있는 사람들이 이 단어를 이상하게 생각할 수 있다는 것을 생각하지 못했다. 정확한 것을 좋아하는 매리언이 사전에서 그 말을 찾아보았다. 'deputy'는 '남을 위해 일을 처리하는 사람'을 말하며, 'deputation'은 '남을 위해 일을 처리해주는 행위'를 뜻했다. 'depute'는 '특별한 사명이나 권한을 남의 이름으로 수행할 수 있는 대리인을 임명함'이라고 되어 있었다. 선교사들은 바로 이 단어의 뜻처럼, 교회의 사명을 다른 나라에서 대행하고 있는 대리자 또는 대행자(代行者)인 것이다.

우리가 대행할 힘을 얻기 위해서는 그 교회의 교인들로부터 기도를 통한 정식적 후원과 사업을 가능하게 하는 물질적 후원을 받아야 한다. 그러나 그 무렵은 "전쟁이 일어난다"는 소문이 유럽과 극동에서 미국까지 흘러들어오고 있어서 그 사업을 '대행'할 선교사들을 위한 모금은 아주 어려운 실정이었다.

사이먼 가족은 일을 시작하기 전에 이곳에 온 기회를 이용해 연안 도서 사이의 뱃길을 항해하는 알래스카를 구경하라고 일러주었다. 참 좋은 생각이었다. 매리언이 마운트 유니언 대학에 다닐 때 체육강사였던 제시 글라스가 결혼해 지금은 관광코스 중의 하나인 알래스카의 주노에서 살고 있다. 글라스 씨 내외는 전부터 우리에게 그곳을 찾아달라고 자주 말했었다. 사이먼 가족은 즐거운 여행이 되기를 기원해주었다. 우리는 밴쿠버로 돌아가서 알래스카 행 프린세스 루이스 호에 승선했다.

이 연안선은 우리가 타고 왔던 태평양 횡단 기선에 비하면 마치 난장이처럼 작았지만 오밀조밀해서 모든 승객들이 금방 친해졌다. 항해 도중 여러 곳에 정박했는데 그때면 다리를 쭉 뻗고 쉬기도 하고 관광지들

두 번째 안식년 휴가로 조선을 떠나기 직전의 닥터 셔우드 홀 가족.

을 구경하기도 했다. 배가 주노에 가까워지자 우리는 유명한 멘덴홀 빙하를 보려고 갑판으로 뛰어나갔다. 빙하 가까이를 지날 때 배에서 고동을 불면 그 음파의 힘으로 빙하에 금이 가서 커다란 얼음덩어리들이 깨져서 둥둥 바다에 떨어져나간다는 것이었다. 승객은 모두 우의까지 입고 얼음이 떨어지기를 기다렸으나 빙하는 깨지지 않았다.

배는 빙하를 지나 곧 주노에 닿았다. 제시와 그녀의 남편 존 글라스 목사가 부두에 나와 있었다. 우리는 배가 이 부두에 정박 중인 이틀 동안 이곳에 머문 후 다시 배를 타고 린드 운하를 따라 항해할 예정이었다.

글라스 부부는 우리에게 정성껏 주노 지역을 안내해주었다. 우리가 빙산을 자세히 볼 수 있도록 차를 타고 멘덴홀 빙하로 데리고 갔다. 얼음이 깨지는가를 보려고 필리스가 파이프를 불었다. 역시 얼음은 깨지지 않았다. 글라스 부부는 웃으면서 말했다.

"너무 실망하지 말아요. 얼음을 자르는 칼을 줄 테니 얼음을 가져가서 아이스크림이나 만들어 먹읍시다. 아이스크림 만드는 구식 기계가 있으니 아이들이 그걸 손으로 빙빙 돌리면 아이스크림이 됩니다."

빙산의 얼음으로 만든 아이스크림의 맛은 좋았다. 남은 여행 중에서 이만큼 좋은 구경은 없을 것 같았다.

즐거운 하루를 지낸 그날 저녁, 필리스가 갑자기 열이 올랐다. 우리는 할 수 없이 이곳에서 더 묵었다가 우리가 타고 온 배가 나머지 항해를 하고 돌아올 때 승선하기로 결정했다. 다행히 배가 돌아올 때는 필리스의 건강이 회복되었다. 우리 부부는 번갈아 필리스를 간호하면서도 주노 일대를 체류한 만큼 더 많이 보았다. 광산을 방문하여 금괴를 만드는 장면은 정말 재미있었다. 높은 온도에서 금을 녹여 액체같이 된 것을 그릇에 부을 때 손가락으로 재빨리 탁 쳐도 손이 데지 않는다면서 그들은 우리더러 한번 해보라고 했다. 우리는 겁이 나서 거절했다.

밴쿠버에 다시 돌아온 우리는 동쪽을 향해 캐나다 횡단여행길에 올랐다. 우리 식구는 다섯 사람이어서 함께 앉을 자리가 없었다. 윌리엄은 친절해 보이는 어느 부인 옆에 자리를 잡았다. 두 사람은 곧 친해졌다. 부인은 허버트 그린이라는 분으로 친척인 프레더릭 맥오웬 부인과 함께 여행 중이었다. 그린 부인은 우리에게 윌리엄이 하도 이야기를 잘해서 반했다고 했다. 이런 계기로 우리는 부인들과 친구가 되었는데, 그것은 하나님께서 우리에게 내려주신 배려였다.

윌리엄은 부인들과 이야기하는 사이에 그들이 필라델피아에 살고 있다는 사실을 알게 되자 매우 흥분했다. 윌리엄은 필라델피아에 대해 알고 있는 모든 것을 이야기하면서 필라델피아 오케스트라의 연주를 매우 듣고 싶다고 했다. 부인들은 윌리엄이 필라델피아로 오면 구경시켜주겠다고 약속했다. 그뿐만 아니라 우리에게도 필라델피아에 오게 되면 꼭 자기들을 찾아달라고 초청해주었다. 우리는 지금 뉴저지 주의 벤트놀로 가는 중이다. 그곳에는 펜실베니아 의료선교회에서 운영하는 간이주택들이 있어 지난번 안식년 휴가 때처럼 거기서 묵을 계획이었다.

벤트놀에 가려면 필라델피아를 경유해야 했다. 그래서 우리는 허버트 그린 댁을 방문했다. 그린은 고무 제품을 생산, 판매하는 업체의 주인이었다. 그린은 윌리엄에게 약속대로 필라델피아 오케스트라 공연을 보여주었고 맥오웬 부인은 보통 사람들은 가보기 힘든 유니언 리그 클럽(Union League Club)에 초대해주었다. 유니언 리그클럽은 미국의 남북전쟁 당시인 1863년 링컨 대통령과 북군에게 자금과 인력을 공급하기 위해 설립된 것이라고 한다. 앞으로 1년 동안 공부와 '대행사업'을 시작하게 될 우리로서는 필라델피아 방문은 상상도 못했던 여행이었다.

벤트놀에서 학교를 경영하는 조세핀 짐머맨 양은 지난번 안식년 휴가 때 유치원생이었던 윌리엄을 기억해주었다. 우리는 아들 둘을 그 학교에 등록시켰다. 우리도 학교공부와 대행사업을 해야 했으므로 그 동안 아이들을 돌봐줄 사람을 찾았다. 친구들의 도움으로 리어나 포터 양을 구했다. 그녀는 아들을 잘 보살펴주고 살림도 잘 꾸려서 아이들은 우리가 몇 주일씩 집을 비워도 개의치 않을 정도였다. 리어나는 선교사업에도 관심이 많아서 우리가 조선으로 귀국한 뒤에도 자주 편지를 보내줄 정도로 친해졌다.

감리교 선교위원회에서는 선교사들과 후원교회가 서로 만날 수 있도록 주선해주었다. 이 해후로 선교사들은 후원자들과 개별적인 이해를 증진시킬 수 있었다. 어떤 교회에서는 주요 교구민을 선정해 우리를 그 집에 여러 날씩 묵게 했다. 이 일로 교회와 선교사들 사이의 친밀한 관계는 지속되었으며 교회는 그만큼 선교사업에 지대한 도움을 줄 수 있었다.

여기서 우리는 목사가 다른 교회로 전근되어도 그 교회에서는 이미 시행해오던 선교사업에 대한 기본 방침은 바꾸지 않았다는 점을 알았다. 감리교단에서는 목사들의 이동이 매우 잦은 편이었는데 이러한 교회의 지속적인 후원을 확인할 수 있었던 것은 그 당시의 우리에게는 매우 위로가 되는 일이었다.

우리는 여러 교회들을 방문했는데 어떤 교회에서는 연사와 청중의 관계로만 끝나지 않고 더 오래 머물며 사귀기도 했다. 이러한 '머무는' 일로 사귄 친분으로 여러 해를 두고 좋은 결실이 맺히기도 했다. 후원자들의 선교 사명을 대행할 임무를 부여받은 우리들의 사역이 얼마나 보람 있고 막중한 것인가를 이때 절실히 느꼈다.

나의 교회순방 계획에 적힌 첫 교회는 뉴욕 빙엄턴에 있는 태버너클 감리교회당과 리버티의 감리교회였다. 태버너클 감리교회는 프레드 해스킨스 여사를 기념하는 사업의 하나로 '해스킨스 성경반'을 운영 중이었다. 해스킨스 여사는 별세할 때까지 우리가 조선에서 의료선교사업을 할 수 있게 경제적 책임을 맡아준 분이다. 이 성경반에서도 계속 우리의 선교사업을 후원해주고 친절하게 보살펴주었다.

어머니는 조선에서 은퇴한 후 리버티에서 작은 의원을 차리고 있었다. 나는 그곳을 방문해 어머니도 뵙고 오랫동안 어머니의 의료선교사업을 물심양면으로 도와준 리버티의 친지들에게 감사 인사를 전했다. 우리가 안식년 휴가를 보내는 동안 어머니는 자주 벤트놀에 와서 우리가 집을 비우면 여러 날씩 아이들을 돌봐주시곤 했다.

매리언은 뉴욕에서 부인과와 소아과 대학원 과정을 등록해 그동안 발전한 최신 의학을 공부했다. 매리언의 공부가 끝나자 나도 트루도 결핵학교(Trudeau School of Tuberculosis)의 고급반에 등록했다. 이 반은 뉴욕 주의 아디론덱 산에 있는 사라낙 호숫가에서 1939년 5월 15일부터 6월 10일 사이에 열렸다.

이 학교의 원장은 바로 닥터 에드워드 리빙스톤 트뤼도의 아들로, 그는 이 분야에서 뛰어난 사람이다. 그의 아버지는 1885년, 미국에 처음으로 결핵요양원을 설립한 분이다. 그도 결핵환자였다. 그러나 스스로 병을 치료, 완치함으로써 결핵을 이기려면 휴식, 영양식, 맑은 공기, 그리고 적당한 운동이 가장 중요하다는 점을 모든 사람에게 보여주었다. 최초의 요양원 건물이었던 작은 집은 훗날 '리틀 레드'(The Little Red)로 불렸다. 그 집은 지금도 설립자의 정신을 기리기 위해 그대로 보존되어 있다.

닥터 에드워드 트뤼도가 결핵 치유의 새 장을 열기 전까지는, 환자들을 어두운 집안에 가둬두고 유리창과 문들을 꼭꼭 잠궈 공기가 통하지 못하게 했다. 이렇게 하여 환자들의 기침에서 전염되는 병을 막자는 것이었다. 닥터 트뤼도는 자기 동생이 결핵에 걸려 죽는 것을 지켜봤고 자기도 이제 결핵에 걸려 죽음의 문턱에 섰다는 사실을 알게 되자, 죽기 전에 하나님께서 세상에 주신 맑은 공기를 깊숙이 마시고 하나님께서 주신 햇볕을 그의 방에 밝게 맞아들이기로 결심했다. 그는 추운 날씨에도 사냥과 낚시를 다녔다. 사람들은 환자가 야외에서 그렇게 무리한 운동을 하면 죽음을 재촉하는 것이라고 여겼다. 그러나 예상을 뒤엎고 그는 결핵을 이겨냈다.

저명한 작가인 로버트 루이스 스티븐슨이 결핵에 걸려 이곳 사라낙 호수의 요양소를 찾아왔다. 닥터 트뤼도와 좋은 친구가 됐지만 그는 말썽꾼 환자였다. 스티븐슨은 추위를 싫어해서 방 속에 틀어박혀 문과 유리창을 꼭꼭 닫아놓고 있었다고 한다. 닥터 트뤼도는 강제로 문을 열어 요양원의 규칙을 따르게 하면서 추위를 두려워하지 않게 만들었다고 한다.

닥터 에드워드 트뤼도는 1915년 67세의 나이로 세상을 떠났다. 그가 만든 아디론덱 요양원은 그가 죽은 후 '트뤼도 요양원'으로 불렸다. 그 후 근방에 작고 초라한 요양원, 호화판 요양원 등이 세워졌는데, 요양원마다 각각 특징이 있었다. 어떤 곳은 외과적 수술을 위주로 했고 다른 곳에서는 일반 치료를 주로 했다.

닥터 에드워드 트뤼도의 아들로 결핵 학교의 교장인 닥터 프란시스 트뤼도(Francis B. Trudeau)는 근방에 여러 다른 요양원을 대학원 학생들에게 개방해서 요양원마다 각각 다른 치료방법을 공부할 수 있도록 하고 있었다. 나는 각양각색의 치료법을 연수할 수 있는 이 현장실습에 매우 관심이 컸다.

우리가 방문했던 요양원들 중 아주 고급스러운 곳은 미국 연극배우 조합에서 운영하는 요양원이었다. 이곳은 환자들의 안락함을 위해 아낌없이 돈을 투자한 모양이었다. 유리창들은 모두 자외선만 통과시키는 특수유리였고, 의료진들도 환자들이 부르면 언제나 뛰어갈 수 있을 정도로 숫자가 많았다. 게다가 회복기의 환자들을 위한 아름다운 극장까지 있었다.

닥터 프란시스 트뤼도는 우리들에게 모든 결핵치료 방법을 집중적으로 재확인하여 정리하게 했다. 그가 자기 아버지의 결핵 투병생활을 자세히 들려주었을 때 우리는 감명을 받았다. 그때 함께 배운 학생들은 약 100명이었는데 미국과 캐나다의 각처에서 온 사람들과 다른 나라에서 온 학생들도 있었다. 서로 친밀해진 우리들은 많은 경험들을 이야기하는 사이에 정규과정 이외의 지식에 대한 정보도 얻을 수 있었다.

트뤼도 요양원은 상당히 보수적인 치료방법을 따르고 있었지만 결과는 성공적인 편이어서 그 방법이 인정받고 있었다. 우리는 현미경으로 관찰할 때 더 잘 볼 수 있게 결핵간상균을 착색하는 새로운 기술을 배웠다. 또한 결핵과 다른 증상을 엑스레이 사진에서 판별하는 법을 전문가로부터 배우기도 했다. 이 구분을 잘못하면 엉뚱한 진단을 내리게 된다. 열띤 토론주제 가운데 하나는 기흉치료법 사용에 대한 문제였다. 이 방법은 살균하지 않고 시행하면 더 나쁜 결과를 초래해서 폐의 공동에 고름이 생긴다. 모두들 열띤 논쟁을 벌였지만 결론은 좀 더 조심스럽게 이 방법을 응용해야 된다는 것이었다. 우리는 트뤼도 요양원의 의사들이 능숙하게 이 방법을 시술하는 것을 참관할 수 있어서 운이 좋았다.

이곳에서의 연수가 끝나자 나는 곧 오하이오 주로 가서 마운트 유니언 대학의 20주년 졸업식에 참석한 다음 이 지방의 교회들을 다니면서 강연을 했다. 이 기회에 우리를 후원해준 또 하나의 교회인 클리블랜드의 세이비어 교회도 방문했다. 이 교회는 1931년 4월부터 조선에서의 우리 의료사업을 여러 모로 도와준 곳이다.

1939년 6월은 어머니가 여자의과대학을 졸업한 지 35주년을 맞는 해였다. 학교에서 축하식이 있어서 나는 매리언, 윌리엄과 함께 필라델피아에 가서 이 식에 참석했다. 어머니는 1889년에 졸업한 아홉 명의 졸업생과 함께 금메달을 받았다. 그 해의 졸업생은 모두 41명이었는데 어머니가 가장 어렸다고 한다. 어머니는 1889년에 찍은 동창생들의 단체 사진과 교수들의 사진을 갖고 갔다. 그 교수들 중에 한 사람인 닥터 킨(W. W. Keen)은 어머니가 학생이었을 때의 일화를 들려주었다.

펜실베니아 여자의과대학의 메리온 패이가 닥터 로제타 홀에게 메달을 수여하고 있다.

나는 지금까지 한 학생에 대한 기억을 잊지 못하고 있습니다. 1887년 5월이 었는데 아주 특이한 수술을 하게 되었어요. 너무나 유별난 수술이어서 아마도 수술의 역사를 뒤져보아도 그런 유례는 찾아보기 힘들 겁니다. 어느 날 목에 결핵성 내분비선 이상이 있다며 한 학생이 나를 찾아왔어요. 그 증세가 거의 농양이 되어가고 있어서 제거 수술을 권했답니다. 학생은 그 자리에서 수술을 받겠다고 대답하더니 단 한 가지 조건이 있다는 거었어요.

"전 마취는 받지 않겠어요."

"그렇지만 이봐요. 아마 학생은 이 수술 내용을 잘 알지 못하는 것 같은데 이 수술은 말이죠. 한 시간 반 정도 걸릴 겁니다. 귀에서부터 유방 밑의 뼈까지 절단한 뒤에 쇄골을 따라 어깨까지 다시 절단해야 합니다. 그 다음에는 절단된 사이의 넓은 피부를 잡아 올리고는 그 밑에 있는 분비선들을 인후부의 혈관, 경동맥, 그리고 목에 있는 수많은 신경조직들로부터 떼어내야 합니다. 아픔을 참지 못해 몸을 움직이게 되면 수술칼이 어디를 다치게 될지 모르는 거예요."

"전 잘 알고 있어요. 어떤 아픔이라도 저는 참고 조금도 움직이지 않겠어요. 아무튼 마취는 거절하겠습니다."

그녀는 너무나 단호하고 결정적인 태도로 대답했습니다.

"왜냐하면 전 뉴욕의 헨리 샌즈 교수로부터 두 번이나 같은 수술을 받았거든요. 한 번은 에테르로 마취했고 또 한 번은 클로로포름으로 했는데 수술이 끝난 뒤에 통증이 너무 심했어요. 전 아예 수술을 할 때의 아픔을 견디는 편이 더 나을 것으로 믿어요. 반드시 그 마취제를 써야 한다면 전 수술을 포기하겠습니다."

나는 그녀의 결심이 이미 변경할 수 없음을 보고 이렇게 제안했지요.

"바로 며칠 전에 코케인이라는 새로운 마취제를 본 적이 있는데 그럼 그걸 대신 써볼까? 그게 얼마나 마취 효과가 있는지 알 수는 없지만."

"에테르나 클로로포름만 아니면 무엇이든 좋습니다."

그녀의 목소리는 조용했지만 확고했습니다. 며칠 후에 드디어 수술이 시작되었습니다. 역시 그녀는 조금도 두려워하거나 움츠리지 않더군요. 피부를 절단한 후 내분비선을 떼어내려고 했을 때 나는 깜짝 놀랐습니다. 수술 환자가 이렇게 말했던 거예요.

"선생님, 죄송하지만 학생더러 저에게 확대경을 하나 갖다달라고 해주시겠어요? 수술하는 것을 관찰하고 싶습니다."

이 말을 들은 나는 너무나 기가 막혀서 잠시 동안 정신이 멍해졌습니다. 그러나 곧 정신을 차린 나는 이렇게 생각했어요. 한 시간 반 동안 마취제 없이도 겁내지 않고 견디겠다고 했으니 자기가 수술 받는 모양도 당연히 두려움 없이 관찰할 수 있으리라고요. 한 시간 이상 동안 그녀는 확대경을 들고 내 칼이 닿는 곳마다 관찰했어요. 인후부의 분비선을 오랫동안 칼로 도려낼 때도 머리나 손 또는 발 등 어느 곳 하나도 움찔거리지 않았어요. 그 학생이 바로 오늘 이 자리에 나온 닥터 로제타 홀입니다.

우리는 그날 어머니가 공식적으로 표창을 받은 그 영예로운 은혜에 감사했고 어머니가 자랑스러웠다. 어머니는 특히 남편의 이름을 따온 손자가 이 식에 참석해서 더 기뻐했다.

1939년 4월 30일 뉴욕에서 열린 만국박람회에도 우리는 이 기회를 이용해 참관하기로 했다. 박람회에는 새로운 발명품이 여러 가지 전시되어 있어 매우 볼만했다. 매리언과 윌리엄은 박람회에 전시중인 텔레

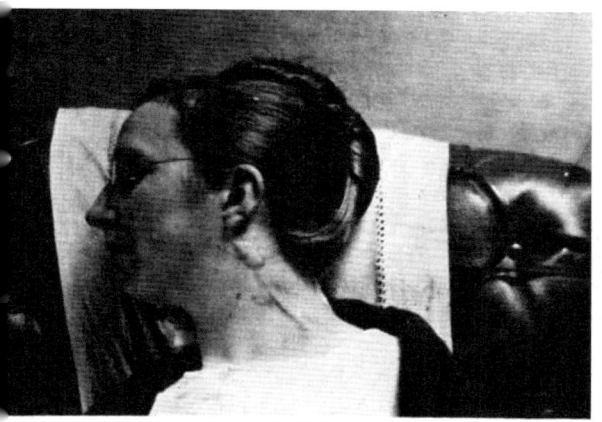

닥터 킨

로제타 셔우드가 자신의 결핵성 내분비선 이상에 대해
닥터 킨과 상담하고 있다.

비전을 보느라 정신이 팔려 그날 저녁에 열린 코리아 클럽(Korea Club)에 지각을 했다. 코리아 클럽은 한국에서 어느 기간 동안 살았던 사람들의 모임이다. 이번 모임은 특히 한국에서 태어났던 2세 내지 3세들의 재회를 위한 만찬회였다. 한국 선교회 초창기 선교사 1세로 이 날 모임에 참석한 사람은 어머니가 유일했다.

1년의 안식년 동안 우리의 일정표는 친지들과의 재회, 연수, 관광, 대행사업 등으로 꽉 차 있었다. 휴가 동안 다시 힘을 얻은 우리는 조선에 돌아갈 날을 고대했다. 조선에서는 중국과 일본의 마찰로 큰 위기가 닥쳐오고 있었다. 닥터 김은 병원과 요양원에 필요한 의료품을 가지고 빨리 돌아오라고 간청했다. 지난해부터 조선에서는 모든 물품들이 부족해서 병원과 요양원의 보급품을 구할 수 없는 상황이었다.

26. 대행(代行)

런드 양의 편지를 받자 우리는 더 이상 지체할 수 없었다. 일본 정부는 우리 병원과 요양원의 의료진들에게 일본 군부의 병원으로 전직하라고 심한 압박을 가하는 모양이었다. 런드 양은 나만이 이러한 압력에 대항해 우리 의료진들을 지킬 수 있다고 생각하고 있었다.

1934년과 35년, 1936년과 37년의 크리스마스 씰을 도안해주었던 영국인 화가 엘리자베스 케이스 양이 조선을 방문하겠다는 편지를 보내왔다. 그녀는 9월까지 서울에서 만날 수 있다면 1940년과 41년의 크리스마스 씰을 또 도안해주겠다는 것이었다.

모든 사정이 이렇게 급했으므로 우리들은 서둘러 선편을 예약했다. SS 프레지던트 피어스는 1939년 8월 11일 샌프란시스코를 출범할 예정이었다. 어머니는 벤트놀의 우리 숙소에 와서 마지막 짐을 싸는 일을 도와주었다. 병원에서 쓸 보급품들과 무거운 트렁크들은 먼저 샌프란시스코로 보냈다. 이 짐들은 화물 회사에 의해 필라델피아에서 파나마 운하를 경유하는 선편으로 운송된다.

떠나기 전에 메릴랜드에 살고 있는 에밀리 해스킨스 루스(Emily Haskins Luce)와 그녀의 남편인 클래이튼 루스(Clayton Luce) 목사의 초청으로 그들을 방문했다. 거기에서 다시 서부로 가기 전에 매리언의 언니인 엠마 라인위버 가족을 방문했다. 라인위버 목사는 메릴랜드의 에크하르트 광산에서 봉사하고 있었다.

7월 8일, 어머니와 작별하고 사촌인 에밀리의 집에 도착하자 선교위원회로부터 온 한 통의 전보가 도착해 있었다. 위원회에서 경제적 어려움 때문에 우리의 여비를 지급하지 못하게 되었으니 우리 스스로 여비를 구할 수 있을 때까지 여행을 중지하라는 것이었다.

병원의 보급품과 우리의 무거운 짐들은 이미 샌프란시스코로 보내고 난 다음 이런 일이 생겼으니 난처하기 짝이 없었다. 매리언과 나는 기도하는 일 외에는 아무런 대책이 없었다. 이 문제를 사촌인 에밀리에게 말할까 하는 생각도 들었지만 그러지 않기로 했다. 그녀의 어머님은 여러 해를 두고 우리의 선교사업을 그토록 많이 도와주었는데 이제 와서 또 도움을 청한다는 것은 도리에 맞지 않는 것 같았다.

우리는 이 문제를 우리 힘으로 해결하기로 했다. 에밀리가 우리를 에크하르트 광산에 데려다주는 차 속에서 꼬마 필리스가 주일학교에서 배운 'The Bible'이란 노래를 불렀다. 에밀리는 그때 깊은 감동을 받은 모양이었다. 우리가 차에서 내릴 때 에밀리는 내 손에 수표 한 장을 쥐어 주는 것이 아닌가? 수표는 500달러짜리였다. 나의 놀라움은 말할 수 없이 컸다. 곤경에 처해 있는 우리에게 이렇듯 뜻밖의 행운을 준 계기가 필리스의 노래 때문이었는지는 알 수 없었으나, 우리는 더욱 하나님의 사랑을 느끼지 않을 수 없었다. 이것은 우리의 기도에 대한 응답이 아니고 무엇이겠는가?

모자라는 나머지 여비를 충당하기 위해 샌프란시스코 행 대륙횡단 열차(동서)가 지나는 도시들을 조사한 후 그 도시들에 살고 있는 친지들과 후원자들에게 미리 우리의 사정을 알리는 솔직한 편지를 보냈다. 이렇게 해서 우리가 탄 열차가 그 도시에 정차할 때 친지들은 역에서 나와 우리를 만나 모금한 돈을 건네주기도 했고 때로는 우리가 열차에서 내려 급히 친지들을 방문해 모금하기도 했다.

이런 일을 반복했더니 종착역인 샌프란시스코에 도착하자 우리 수중에는 서울까지의 여비와 병원 보급품의 운송비까지 넉넉히 치를 돈이 들어왔다. 이런 특별한 방법으로 난관에서 벗어나자 그동안 우리의 선교사업을 위해 성의를 표시해준 분들에 대해 선교사로서의 책임감을 더 크게 느꼈다.

오랜 세월이 지난 후 나는 우연히 1891년 5월 17일에 쓴 어머니의 일기를 발견했다. '대행자'에 대해 어머니가 그 당시 가지고 있었던 생각을 기록한 것이었다. 나는 그 일기에서 매우 깊은 감명을 받았다.

닥터 홀이 내게 준 「살아계신 그리스도」(Live Christ)라는 책을 보면서 예수님께서 "나의 아버지가 나를 보내셨도다"라고 표현한 성경 구절이 매우 많다는 것을 알게 되었다. 요한복음에만도 이러한 표현이 서른 곳이나 된다는 점에 놀라지 않을 수 없다.

예수님은 선교사의 완전한 표본이다. 예수님은 "하나님께서 나를 보내셨다"는 사실을 마음에 항상 새기셨던 것이다. 예수님은 자신을 위해서가 아니고 남을 위해 행한다는 점을 모든 사람들에게 알리기를 원했다. 하나님이 나를 보내신 것같이 나는 너희를 보낸다. …

어째서 하나님께서는 아들을 보내셨는가? "하나님께서는 세상을 이처럼 사랑하사 독생자를 주신 것이다." 이 말은 하나님의 사랑을 표시하신 것이다. "하나님이 나를 세상에 보내신 것 같이 나는 너희들을 세상에 보낸다." 그렇다면 우리의 사명은 예수님의 사명과 같은 것이 아니겠는가?

이 사명은 너무 크고 높아 보인다. 아무튼 하나님께서는 그러한 사명을 수행할 수 있는 힘을 주시지 않고는 부탁하시지 않는다. 예수님께서 말씀하신 바와 같이 "나는 혼자가 아니다. 나를 보내신 이가 나와 함께 계신다."

예수님께서는 우리를 보내시면서 말씀하신다. "나가서 만방에 가르쳐라. 너희에게 명하노니 나는 세상이 끝날 때까지라도 항상 너희와 함께 있을 것이다."
성경의 이런 대목들을 공부하면서 나는 전에는 미처 생각지도 못했던 의문이 떠올랐다.

"하나님께서 보내시지 않았어도 예수님은 오셨을까?"

나는 항상 예수님께서 스스로 자원하신 것이라고 생각했다. 또 어떤 점에서는 그렇기도 하다. 그러나 그러한 방법으로 우리를 구원하자고 제안하신 분은 하나님이실까? 예수님이실까?

요한복음 7장 28절을 보면 "나는 스스로 온 것이 아니다"고 쓰여 있다. 8장 42절을 보면 "이는 내가 하나님께로부터 나와서 왔음이라. 나는 스스로 온 것이 아니요 아버지께서 나를 보내신 것이니라"라고 말씀하셨다.

비로소 나는 전에는 이해하지 못했던 요한복음 17장 21-23절 말씀을 알 수 있을 것 같다. "당신은 나를 보내셨고 당신이 나를 사랑하는 것 같이 나는 저들을 사랑합니다."

어째서 하나님께서 우리를 그토록 사랑하시는지는 알 수 없지만, 하나님께서 정말로 우리를 사랑하신다는 것은 안다. 그토록 사랑하지 않으면 우리를 위해 고통을 당하라고 예수님을 보내시지 않았을 것이다.

하나님께서 자신의 아들을 사랑하신 것처럼 이 조선 사람들도 사랑하고 계신다는 것에 생각이 미치자 만나는 사람마다 잡고 '이 좋은 소식'을 말하고 싶은 욕망에 불타게 되었다.

27
전쟁의 소리

우리는 예정대로 1939년 3월 11일 미국을 떠났다. 그러나 서울에 도착하고 보니 조선에는 1939년이란 해는 오지 않고 있었다. 아니, 오지 않은 것이 아니라 그런 해는 없었다. 조선의 달력은 그 사이에 일본 달력으로 바뀌어 있었다. 일본 달력이란 일본의 첫 왕인 메이지로 시작하는 연호를 말한다. 모든 공문서에는 서양 달력의 1939년이 기원 2599년으로 표시되어 있었다.

조선 사람들도 이러한 일본식 연호를 쓰도록 강요당하고 있었다. 서양인들에게는 서양 달력을 쓸 수 있게 허가하고 있었으나, 조선 사람들이 서양 달력을 이용하면 일본 왕에게 충성하지 않는 비애국자로 간주되어 경고를 받았다. 일본 군부는 조선에 있는 서양 사람들에 대해 못마땅하게 생각해왔었는데 이제는 그 견해를 노골적으로 드러내는 것 같았다. 이러한 정세의 변화는 우리에게도 영향을 미쳤다.

조선에 돌아온 지 얼마 되지 않은 1939년 9월 12일, 나는 다음과 같은 내용의 편지를 어머니에게 띄웠다.

… 고베에서 서울까지 오는 동안 날씨가 굉장히 무더웠습니다. 서울에서도 지금까지 경험하지 못했던 지독한 무더위였습니다.

조(Joe)가 3일 동안이나 열이 나면서 앓아 몹시 걱정했습니다. 저희도 모두 더위를 먹어 꼼짝 못할 정도였습니다. 저희가 서울에 도착하자 노튼 병원(해주 구세병원)의 닥터 김, 요양원의 닥터 리, 남학교(해주 의창학교)의 수석 교사가 서울까지 마중 나와 있었습니다. 서울에서 매리언은 두 아이들을 데리고 아펜젤러 댁에, 저와 윌리엄은 젠슨 댁에서 묵었습니다. 모두들 친절하게 대해주었습니다.

… 외국인들은 택시를 이용할 수 없었습니다. 외국인에 대한 감정이 악화돼 있습니다. 특히 반영(反英)운동이 전개됐었는데 저희가 도착하기 직전에 가라앉았다고 합니다. 일본이 독일을 공산당과 한통속이 됐다고 비난한 후에 대영 감정이 나아졌다고 합니다. 대부분의 선교사들은 아직은 지방으로 내려가지 않는 게 현명하다고 합니다. 그러나 실제로는 택시의 승차거부 외에는 외국인에 대한 노골적인 반발은 볼 수 없습니다. 일본인이나 조선 사람들 모두 저희들에게는 친절합니다.

처음으로 식량 부족을 겪고 있습니다. 매리언은 여러 상점들을 찾아다닌 끝에 겨우 500그램의 설탕을 구했습니다. 통조림들도 갑자기 어디론가 사라지고 값은 하늘같이 치솟아 있습니다. 그러나 쌀과 감자는 아직 많습니다. 분말 우유는 구할 수 없지만 요양원에는 젖소가 있으니 우유 걱정은 하지 않아도 될 것 같습니다. 다행히 미리 식량을 준비해둔 선교사 친구들이 나누어 주겠다고 하니 굶을 염려는 없습니다. 연료도 큰 문제지만 저희에게는 석탄이 좀 남아 있고 나무를 살 수도 있습니다.

이처럼 조선의 정치 조건과 생활환경은 불안한 상황입니다. 그러나 사람들은 이전보다 더 열심히 복음을 구하려 하고 요양원 직원들도 더욱 협조적입니다. 저희가 가장 크게 봉사할 수 있고, 또 저희를 가장 필요로 하는 때에 이곳으로 돌아오게 되어 매우 기쁩니다.

마침 요양원의 엑스레이 필름이 거의 떨어져가는 때에 저희가 필름을 가져오게 되어 하나님께서 주신 좋은 선물이 되었습니다. 여기에서는 화폐의 해외 지출이 금지되어 있어 엑스레이 필름, 거즈, 기타 약품들을 주문할 수가 없습니다. 그러나 개인적으로 보내온 선물이면 저희가 받을 수 있습니다. 그 물품을 만든 회사에서 직접 보내는 게 아니라 개인이 따로 포장하여 '선교병원용 구제물품—비상업용' 이라고 겉에 표시하면 됩니다.

해주에 도착한 후 해외 여선교회의 런드 양과 달비(Dalbey) 양의 숙사에 초대받아 좋은 대접을 받았습니다. 달비 양은 바로우 양 대신 새로 부임해온 분입니다. 나이는 런드 양과 비슷한데 좋은 분 같습니다. 그들이 필리스의 생일 파티를 차려주어서 함께 즐거운 시간을 가졌습니다.

남학교, 병원, 요양원을 둘러보니 제가 안식년 휴가를 떠났을 때보다 더 훌륭하게 운영되고 있었습니다. 학생, 환자, 직원들 숫자도 이전보다 더 많아졌습니다.

모두들 저희가 다시 돌아와서 기뻐했습니다. 그러나 그들이 원했던 큰 선물을 가져오지 못해 실망을 안겨주었습니다. 저는 그들에게 남학교에 절실히 필요한 교내 예배당을 지을 자금을 모금해 올 수 있도록 노력하겠다고 말했는데 이루어지지 않았습니다.

저희가 도착하자 요양원, 병원, 학교에서 환영회를 베풀어주셨습니다. 물론 런드 양과 달비 양도 초청되었습니다. 학교 이사회에서도 환영 파티를 열어주었습니다. 요양원에는 우리를 환영하는 초록색의 큰 아치까지 만들었습니다.

집안에는 수리해야 할 곳도 많고 물건들도 많이 없어졌습니다. 어머니의 물건으로는 난로의 꼭지 부분만 없어졌을 뿐입니다. 지붕은 비가 샙니다. 수리할 곳도 많은데 비용을 어디에서 충당해야 할지 모르겠습니다. 저희는 샌프란시스코에서 고물 석탄난로를 하나 사왔는데 서울에 와보니 운송비를 합한 값이면 이곳에서 쉽게 구할 수 있음을 알았습니다. 서울의 많은 외국인들이 자꾸 이 나라를 떠나고 있어 그들이 팔려고 내놓은 물건들이 많기 때문입니다.

전쟁의 바람은 서서히 해주까지 불어왔다. 일본 육군은 우리의 단파 무선라디오를 빼앗아갔다. 이때부터 우리는 국제뉴스를 듣지 못하게 되었다. 장파 라디오를 들으면 선전만 나올 뿐이었다. 유럽에서 승리한 히틀러, 일본의 빛나는 만주 정복, 미국과 영국의 중국정부 후원으로 인한 일본의 분노, 이에 대응하는 각처의 외국인 세력에 대한 도전 같은 내용들이었다. "극동에 새 질서를 정립하려는 일본을 아무도 방해할 수 없다"는 것이 일본인들의 주장이었다.

사실 장파 라디오 선전에 나오는 '일본의 승리'는 수많은 인명 손실을 지불한 대가였다. 해주에 있는 일본인 가족들 중에서도 전사자가 없는 집은 거의 없었다. 아들을 모두 잃은 집도 있었다. 학생들과 유지들에게도 전사한 장병을 위한 의식을 올리라는 지시가 내려왔다. 나는 남학교 교장이었으므로 전사자가 화장되어 한 줌의 재로 돌아올 때마다 학생들을 인솔하여 역에 마중을 나가는 고역을 치러야 했다. 전사자는 한 줌의 재가 되어 작은 흰 상자에 담긴 채 돌아왔다. 날이 갈수록 흰 상자의 수는 많아졌고 이 슬픈 마중도 더욱 빈번해졌다.

또한 신병들이 전선으로 떠날 때도 학생들은 역에서 모여 그들을 환송해야 했다. 전쟁 초기였던 그 시절, 내가 관찰한 바로는 조선인 신병들은 거의 없었다. 그 후에 일본인들이 신용할 만하다고 해서 뽑은 조선인 신병들이 좀 있는 것으로 안다. 전쟁이 더 진행되자 아직 나이가 어린 학생과 나이가 든 사람까지도 징집되어 나갔다.

공립 병원에서는 일본 부상병을 수용하기 위해 임시 병동을 짓느라 부산스러웠다. 우리 병원의 의사와 간호사들도 부상병 치료요원으로 차출되었다. 이 일로 남은 의료진들의 업무가 가중되어 내 청진기도 정신없이 바빠졌다.

해주 같은 작은 곳까지 부상병들이 속속 증가되어 들어오는 것을 보고 나는 라디오와 신문에서 들은 '빛나는 전투의 승리'들은 사실과 다르다는 것을 짐작할 수 있었다. 우편물들은 샅샅이 검열되었고 우리에게 오는 편지들은 모두 압수되었다. 친지들에 대한 소식은 물론, 우리 자신에게 닥쳐오고 있는 일들까지도 전혀 예측할 수 없게 되자 우리는 좌절감에 휩싸였다.

'필요는 발명의 어머니'라는 말이 있다. 청진기는 보통 귀로는 들을 수 없는 가슴 속의 아주 미세한 소리까지도 들려준다. 그렇다면 나의 청진기는 우리가 가진 장파 라디오에서 남들이 듣지 못하는 소리를 청취할 수 있지 않을까? 혹시 상해에서 보내는 미국 방송을 들을 수는 없을까? 나의 생각은 여기에까지 미쳤다. 그 방송은 선전이 아니고 정확한 뉴스를 보낸다는 정평이 있었다.

어느 날 밤, 나는 우선 집 주위를 돌아보고 수상한 자는 없는지 확인한 다음, 등화관제용 검은 장막을 내리고 유리창을 가렸다. 불을 끄기 전에 문들을 다 잠그고는 실험에 들어갔다. 차근차근히 다이얼을 돌리며 주의해 들었지만 현지 방송만 크게 들릴 뿐 상해 방송은 청취되지 않았다.

거의 포기하려고 하는데 갑자기 속삭이는 듯한 여린 목소리, 귀에 익은 아나운서 캐럴 알콧의 목소리가 상해로부터 들려오는 것이 아닌가! 그 방송의 뉴스들은 일본 방송과는 전혀 달랐다. 히틀러가 일으킨 전쟁에 대해서는 소식을 알 수 없었지만 일본은 아직도 중국을 다 점령하지 못한 것을 알게 되었다. 외부 세계에서 어떤 사태가 벌어지고 있는가를 알 수 있게 되자 우리들은 다시 활기를 되찾았다.

이 라디오 청취에 대해서는 물론 매리언 외에는 누구에게도 말하지 않았다. 그러나 아마 나도 모르는 사이에 전황에 대해 잘 알고 있는 듯한 태도를 보였던 모양이었다. 때때로 일본 헌병들이 나를 찾아와서 중국과 유럽의 상황에 대해 얼마나 알고 있는지를 탐문하곤 했다. 나는 그들의 수법에 속지 않았다. 그들은 "황제의 목숨을 노리는 모의가 있다는데 그런 말을 들어본 적이 없느냐"는 등 어리석은 질문을 했다. 그들이 이런 질문을 할 때마다 나는 "당신들은 내 편지를 그토록 철저히 검열하면서 그런 모의에 대한 정보를 왜 내게 묻느냐?" 반박했다.

한번은 닥터 김이 헌병대에 불려갔다. 그들은 내가 친구에게 보낸 편지를 내놓고는, 내 글씨가 하도 나빠서 잘 모르자 닥터 김에게 읽으라고 명령했다. 수상한 내용은 발견되지 않았다. 헌병들은 닥터 김이나 다른 사람들에게도 내가 전황에 대해 이야기한 적은 없었는지, 또는 일본군의 이동에 대해 궁금해 하면서 수소문한 일은 없었는지 등을 묻기도 했다. 그럴 때면 닥터 김은 한 마디로 대꾸했다. "아니오. 그런 적은 없소. 그저 환자들에게 쓸 약품들을 구할 수 없다며 심한 불평을 합디다." 이에 대해 그들은 선처하겠다고 말로만 약속했을 뿐이다.

일반 상품들까지도 완전히 시장에서 자취를 감췄다. 그나마도 약 20달러어치의 다른 물건들을 구입할 경우만 최고 500그램의 설탕을 살 수 있었다.

어느 날 오후 손님들이 와서 차를 준비했다. 그들은 테이블 위의 설탕 그릇을 보자 눈이 휘둥그레지더니 순식간에 설탕 그릇을 비워버렸다. 그런 일이 있은 후부터 매리언도 다른 선교사 부인들처럼 미리 설탕을 타서 내놓게 되었다.

내 청진기는 계속 상해에서 방송되는 뉴스를 청취했다. 유럽은 이미 전쟁의 무대로 위험 수위에 육박해 있었다. 방송 해설자는 극동에서 벌어진 잔악한 살상에 대해 말했다. 양군은 서로 상대방의 야만적인 행위에 대해 공격했다. 어떤 사건은 그 끔찍한 전말을 자세히 설명하기도 했다. 나는 이런 내용을 전부 아내에게 말할 수 없었다. 그리고 전쟁의 무대가 아직은 '고요한 아침의 땅'인 조선과는 멀리 있음을 감사했다.

매리언은 해주 공립병원의 군인 병동에 입원해 있는 일본군 부상병들을 위한 위문을 생각했다. 그녀는 해주에서 활약하고 있는 일본, 조선 여성들과 '어머니 클럽'의 회원들로 위문단을 만들었다. 모두들 열성을 가지고 여러 위문품도 준비했다. 그러나 위문단이 병동에 도착하자 강경한 제지를 받아 그대로 돌아왔다.

"일반인은 절대 출입금지입니다."

그래서 위문품만이라도 두고 가겠다고 하자 위병은 감사하다는 말도 하지 않고 받았다. 위문단을 대하는 태도가 너무나 냉랭해서 우리는 사태가 어떻게 진전되고 있는지 이해할 수 없어 혼란을 느꼈다.

며칠이 지난 뒤였다. 내가 요양원에서 회진을 하고 있는데 일본군이 내게 공문을 가지고 왔다. 순간적으로 이것은 틀림없이 책임 군의관 장교가 위문단에 대한 위병의 무례를 사과하는 편지라는 생각이 들었다. 나는 급히 봉투를 열었다. 하지만 공문에는 전혀 뜻밖의 내용이 적혀 있었다. 그들은 내가 흉곽 전문의라는 이야기를 들었다면서 "지금 군인 병동에는 이상한 폐질환이 병자들과 간호사들 사이에 빠른 속도로 퍼지고 있는데 매우 치명적이다. 이 질환에 대한 당신의 조언을 원한다"는 내용이었다. 덧붙여 이 사실은 보안을 위해 극비에 붙여줄 것과 사태가 매우 급하니 당장 군인 병동으로 와달라는 것이다.

회진도 끝내지 못한 채 가는 것은 내키지 않는 일이었으나 급박하고 수상쩍기도 하여 직원들에게 양해를 구한 다음 급히 일본 위생병을 따라 나섰다. 직원들도 궁금한 눈길로 나를 쳐다보았다.

나는 오래 전부터 이 병동에 와보고 싶었다. 우리 병원의 직원으로 있다가 차출되어 이곳에 온 사람들에게 소식이 끊어진 지 오래되어 그들이 어떻게 지내는지 걱정이었다. 마침 입구에서 그들 중 한 사람을 만났다. 나는 반가워서 인사를 했다. 그러나 그는 겁먹은 눈으로 겨우 한 마디 했다.

"전 여기선 말하지 못하게 되어 있습니다. 제발 저희를 이곳에서 빼내주세요. 제발입니다. 이곳은 감옥보다 더 나쁜 곳입니다. 가족들과의 연락도 금지되고 있어요."

이때 나를 마중나온 수석 군의관의 모습이 나타나자 그는 황급히 사라졌다.

의사들 세계에는 인종이나 국경을 초월하는, 전문가로서의 동료의식이 있다. 수석 군의관은 호감을 느끼게 하는 타입이어서 우리들 사이에는 곧 따뜻한 분위기가 감돌았다. 그의 얼굴에는 전장에서 입은 듯한 상처가 있었다. 천천히 그의 사무실로 걸어가면서 그가 말했다.

"어째서 일반인들의 출입을 엄격히 금지하는지 이제 곧 아시게 될 겁니다. 이곳은 일반 군인 병동이 아닙니다. 그런 곳에서는 일반인의 방문이나 위문을 반가워하지요. 이곳의 부상병들은 특수한 경우로 목단 근방에 있는 포로수용소에 갇혀 있었던 군인들입니다. 우리 선봉부대가 구출했습니다. 모두들 잔인하게 고문을 받았고 신체의 부분 부분이 절단되어 있습니다."

"아, 네. 그런 잔인한 행위가 있었다는 뉴스를 상해 방송에서 들었지만 내 눈으로 그 결과를 보게 될 줄은 정말 예상 밖입니다."

나도 모르게 이런 말이 튀어 나오려는 순간 정신이 퍼뜩 들어서 아슬아슬하게 위기를 모면했다.

환자들은 우리가 상상할 수 없을 정도로 무자비한 처벌을 받아 차마 눈뜨고는 볼 수 없는 참상이었다. 어떤 사람은 코와 귀가 잘리고 없어 사람의 얼굴 같지가 않았고, 어떤 사람은 손이나 발이 절단되어 있었다. 내가 어렸을 때, 조선에서 부정한 여자라고 하여 코를 자른 모습은 보았어도 코가 잘린 남자들을 본 것은 이번이 처음이었다. 그 중에서도 가장 충격적인 모습은 두 눈이 뽑힌 사람들이었다. 그 처참함과 불쌍함은 이루 말할 수 없었다. 내 감정은 심한 혼란에 빠져 격해지고 있었다.

나는 전에 필라델피아의 응급치료실에서 인턴 훈련을 받은 일이 있다. 그때 공장에서 큰 사고가 나서 신체가 절단된 사람들을 치료한 적이 있었는데 그 사람들은 사고로 불행을 당했지만 지금 이 처절한 광경은 무엇이란 말인가? 똑같은 인간들이 저지른 잔혹한 행위라고 생각되자 나는 내 몸이 마비되는 듯한 고통을 느꼈다. 인간에 대한 인간의 비인간적 행위에 대한 이 분노.

이 군인 병동은 실은 공포의 암굴이었다. 그 무서운 장면들은 오랜 세월을 두고 나를 공포에 떨게 했다. 그러나 군의관이 나를 부른 것은 이런 처절한 광경을 보여주기 위해서가 아니었다. 긴 병동을 지나 끝에 임시 병동의 문이 보였다. 문에는 다음과 같은 글이 쓰여 있었다.

"이 문에 들어가는 모든 환자들은 희망을 버릴 것."

병원 직원도 두려움을 감추지 못한 눈으로 문을 열어주고는 재빨리 물러갔다. 이 모든 상황은 오히려 나의 호기심을 자극했다. 그러나 나도 군의관이 동행하지 않았다면 그 문에 들어가기를 주저했을 정도로 두려운 분위기였다. 문을 들어서니 옷을 갈아입는 작은 방이 있었다. 우리는 수술복, 마스크, 고무장갑 등으로 무장했다. 나보고는 청진기를 휴대하라고 했다. 이곳에는 원인을 알 수 없는 악성 전염병에 시달리는 신체가 절단된 병사들이 격리 수용되어 있는 모양이었다. 환자들은 이 전염병에 걸리면 다른 모든 치료에도 차도가 없어 곧 세상을 떠난다고 한다. 간호하던 두 사람까지도 병에 걸려 있다는 것이었다.

"상황이 이러하니 우리 의료진들은 모두가 신경이 곤두 서 있습니다."

군의관은 한숨을 지으면서 말했다.

"우리 직원들은 헌신적이고 명예를 존중하는 용기 있는 사람들인데도 이 이상한 전염병자들에게는 가까이 가기를 매우 꺼립니다. 물론 선(腺) 페스트(bubonic plague, 흑사병)가 아닐까 하는 생각도 해봤습니다만, 겨드랑이나 사타구니에 당연히 있어야 할 부풀어 오른 임파선이나 유연한 부분이 발견되지 않습니다. 이 병은 갑자기 심한 두통, 메스꺼움이 나고 토하게 되면서 시작합니다. 체온은 섭씨 40.5도까지 오르기도 합니다. 환자는 극도로 쇠약해집니다. 흉곽 전문의사인 선생님께 특히 말씀드리고 싶은 것은 거의 모든 환자들이 가쁘게 숨을 몰아쉬고 기침과 가래침을 뱉는다는 점입니다. 그 타액들은 물기와 거품이 있으며 폐렴에서 볼 수 있는 것 같은 점착성이나 부패성은 없습니다. 청산염에 넣으면 두서너 시간은 색이 까맣게 됩니다. 이건 어떤 특수한 폐질환이 아닌가 해서 전문가인 선생의 고견을 듣고자 하는 바입니다. 우리는 환자들을 격리시키는 데 세심한 주의를 다 했으나 이 질병은 주체할 수 없이 빠른 속도로 계속 퍼지고 있습니다."

수석 군의관은 이렇게 설명하면서 나를 임시로 지은 격리 병동으로 안내했다. 환자들은 거의 다 죽어가고 있었다. 일반적인 진찰을 한 다음 나는 특히 콜콜거리는 한 환자의 가슴에 청진기를 대고 정신을 집중했다. 지금까지 나는 한 사람의 가슴에서 이렇게 다양한 소리를 들어본 적이 없었다. 예민한 내 귀에 들려오는 온갖 소리들. 나는 질겁했다. 듣지도 보지도 못한 희귀한 질병을 만난 것이었다.

군의관은 당장 정확한 진단을 내려줄 것을 기대하고 있었다. 나는 재빨리 결론을 내려야 했다. 1분 1초가 지날수록 긴장이 더해갔다. 실로 내 입장은 미묘했다. 군의관의 체면을 살려주면서 이 무서운 질병을 어떻게 다스려야 하는지 알려주어야 했다. 군의관의 기분을 상하게 하면 내가 제시하는 처방은 받아들여지지 않을 것이다. 군의관은 전염병이 아니라고 단정하고 있어서 내 입장은 더 곤란했다. 그는 내게 대답을 재촉하고 있다. 그러나 내 입장은 그와 정면으로 충돌하지 않으면서 내 견해대로 유도할 시간이 필요했다.

나는 그의 조급한 마음을 누그러뜨리기 위해 "솔직히 말해 이 질병은 나로서도 처음 보는 병이다. 그러나 모든 증세를 종합해볼 때, 런던의 열대약학 학교에서 공부한 페스트(Pasteurella pestis)로 인한 희귀한 병인 것 같다"고 말하고는 잠시 그가 생각할 틈을 주었다. 그는 'Pasteurella pestis'란 병명을 처음 들어보는 모양이었다. 참으로 다행이었다. 나는 곧이어 "지금 말한 것은 임시 진단에 지나지 않지만, 환자의 타액 샘플을 병리 실험실에서 현미경으로 관찰해 전형적인 음성 바실루스(세균)가 하나씩 또는 쌍으로 나타나면 진단은 확실하게 내릴 수 있다"고 설명했다.

내가 이 정도로 그의 감정을 상하지 않게 이야기하자 그는 체면 때문에 망설이지 않고 용기를 내어 말했다.

"그렇다면 이 전염병의 이름은 무엇인가요?"

이제 나는 이 죽음의 병동에서 빠져나가야겠다는 생각만이 앞섰다. 코와 입을 막고 있는 얇은 거즈 마스크는 병균으로 오염된 이 방의 공기에서 우리를 더 이상 보호해줄 수 없다는 것을 알기 때문이었다. 마스크 자체가 얼마나 빨리 병균에 오염될지 알 수 없는 일이었다. 항상 전염 위험이 있는 결핵환자들을 치료해왔고 또 전염병에 대해 무지한 환자가 내 얼굴에 대고 기침을 할 때도 숨을 쉬지 않고 참는 일에 능숙하지만, 이번 경우는 결핵보다 더 위험했다. 처음으로 간호사들의 공포를 이해할 수 있었다. 역시 사람이란 뭐든지 자기가 경험해봐야만 다른 사람을 이해할 수 있는 모양이다.

나는 되도록 냉정하려고 노력했으나 그 군의관은 내 목소리에서 긴급성을 느낀 모양이었다. 우리는 재빨리 그 방을 나와서 다시 옷을 갈아입었다. 그의 넓은 사무실로 가서 녹차를 마시며 비로소 편안한 분위기에서 내 진단에 대해 진지하게 의논했다. 최근 서울에서 열렸던 의학 회의에 대해 그에게 들려주었다. 그날 회의에서 목단의 의료선교센터에 있는 의사 한 분이 주제 연사로 참석할 예정이었는데, 북만주 지방에 무서운 전염병이 휩쓰는 바람에 오지 못했었다. 불행하게도 그 의사 자신도 전염병 환자들을 치료하다가 그 병에 걸리고 말았다.

"당신도 아시다시피 역병은 옛날부터 있었던 재앙입니다."

나는 군의관에게 역병의 재앙을 상기시키며 말했다. "성경에도 역병에 대한 기록이 여러 군데 있습니다. 예를 들어 사무엘상에는 이스라엘과 팔레스타인이 전쟁한 후 3만 명이나 죽은 전투지에서 역병이 일어났는데 팔레스타인 종족들은 그들의 승려들의 제안을 받아들여 커다란 쥐의 상을 금으로 만들었다고 합니다."

지금까지 공손하게 내 말을 경청하고 있던 군의관도 인내심에 한계를 느꼈는지 한마디 내뱉었다.

"선생, 그렇지만 나는 이번 역병에는 항상 진단되는 임파선의 팽창부가 없다고 하지 않았소."

그는 매우 호전적인 태도였다. 우선 그의 노기를 가라앉혀야겠기에 나는 부드러운 목소리로 대답했다.

"당신 말에 전적으로 동의합니다. 나도 그런 팽창부를 찾지 못했어요. 그러나 그 역병에는 한 가지 종류만 있는 게 아니고 두 가지가 있다는 점을 알아야 합니다. 일반적으로 흔한 것은 기후가 따뜻한 지방에서 일어나는 것이지만, 추운 지방에서 생기는 것도 있습니다. 후자가 훨씬 더 무섭습니다. 이 종류는 아마 인류에게 알려진 가장 무서운 역병일 겁니다. 옛날 사람들은 그것을 흑사병이라고 했습니다. 지금 당신이 당면하고 있는 역병은 이 흑사병이 틀림없습니다. 이곳 환자들은 최근까지 추운 지방에 있었습니다. 이 종류의 역병은 쥐들에 의해 전염됩니다. 쥐벼룩이 사람을 물 때 병균이 옮기는 것입니다. 그러나 공기를 통해 옮기는 것이 훨씬 더 무섭죠. 그건 사람에서 사람으로 직접 전염되기 때문이지요. 이곳 환자들의 경우가 그런 것입니다."

나는 군의관의 얼굴이 창백해지는 것을 볼 수 있었다. 그는 연달아 깊이 숨을 쉬었다.

"그렇습니까?"

그는 거의 사죄하는 듯한 어조로 간청했다.

"어떻게 해야 할지 말씀해주십시오."

"당신이 취한 조치는 모두 잘한 겁니다. 그러나 당신과 직원들의 안전을 위해 당장 마스크의 두께를 최소 8배로 늘리고 그 위에 디플렉션 마스크(deflection mask)를 써야 합니다. 전염도가 매우 높으니 보안경을 쓰는 게 좋겠습니다."

군의관은 두려움을 감추느라 미소를 지으려 했으나 공포로 인해 돌 같이 굳어지는 모습이 역력했다. 나는 재빨리 환자들의 보호에 대한 문제로 화제를 돌렸다. 아직 감염되지 않은, 부상당한 환자들을 위해 고양이를 두면 쥐들이 가까이 오지 못할 것이라고 제의했다. 그는 아직 공포에서 벗어나지는 못했지만 점점 안정감을 되찾아 기분이 밝아졌다.

"대국적인 면으로 생각하면 시의 위생국에서도 쥐에 대한 전면적인 소탕전을 벌여야 합니다. 쥐꼬리를 가져오는 사람들에게 상금을 주도록 공고하고 각 지역으로 나누어 고양이를 기르도록 해야 합니다."

군의관은 내 진단과 병동 직원들의 안전을 위한 제안, 그리고 전반적인 의견에 대해 매우 감사하는 것 같았다. 내가 자리에서 일어나려고 하자 이 무서운 전염병과 신체가 절단된 군인들에 대해 극비를 지켜야 한다고 재삼 주의를 주었다.

흑사병균의 발효 기간은 약 7일이다. 그 얇은 거즈 마스크를 통해 내게 균이 감염되지는 않았는지 알 수가 없었다. 이 기간 동안 가족을 포함해 모든 사람들로부터 떨어져 있기로 서둘러 결정했다. 나는 평양의 연합기독병원에 가서 건강 진단을 받기로 했다. 선교사들은 매년 건강 진단을 받는 게 관례로 되어 있어 내가 갑자기 평양 병원으로 떠난다고 해서 의심할 사람은 없다. 혹시 병에 감염되었을 경우 평양 병원은 시설이 잘 되어 있는 격리 병동이 있으므로 가족과 격리되어 안심하고 치료를 받을 수 있었다. 다행히 나는 감염되지 않았다. 쥐들을 섬멸하여 득의양양한 일본군들과 쥐가 없어져서 희색만연한 쌀장사들을 만나게 될 것을 기대하면서 해주로 돌아왔다.

그러나 나의 기대는 상상에 불과했다. 나중에 비밀리에 들은 이야기로는 새 환자가 더 늘어나지 않자 수석 군의관은 공중에게 알리지 않음이 좋겠다고 생각했던 것이다. 쥐들은 선전포고를 당할 직전에 대살육전을 모면한 셈이다.

해주는 중요한 항구로 변하고 있었다. 우리가 이곳에 왔을 때는 단선의 철로조차 없었는데 지금은 두 지선이 지나는 곳에 역이 세워졌다. 두 기독교파의 선교기지도 해주로 결정되었다. 하나는 구세군으로 아른트(G. S. Arndt) 소령 부부이고, 다른 하나는 영국 성공회로 평양에 있던 캐럴(E. I. Carroll) 신부가 전임을 왔다. 그는 안식년 휴가로 영국에 갔다가 돌아오는 길로 해주로 부임했다.

새 선교사들은 모두에게 환영을 받았다. 유독 일본 육군만이 의심의 눈초리로 이들을 지켜보았다. 그들은 전쟁에서 죽느냐 사느냐 하는 상황에 있는 영국이 어떻게 징병 연령에 해당하는 젊은이를 외국으로 보낼 수 있는지 이해할 수 없었다.

더구나 군대식 복장과 계급을 단 구세군에 대해 일본군 고위층은 매우 못마땅해 했다. 아른트 부부는 어디론가 전임 되었다. 그 이유는 알려지지 않았으나 일본 군부의 작용인 것 같았다. 캐럴 신부는 그대로 남았으나 농부로 변장한 수상한 사람들이 그의 집 주위에서 일하는 척하면서 그를 감시하고 있었다.

외국인에 대한 일본 육군의 적대감 때문에 모든 선교사들은 신경전에 시달렸다. 어떤 서양인들은 "더 이상 이런 환경에서는 참을 수 없다"며 조선을 떠났다. 우리는 그들을 비난할 수 없었다. 우리 자신도 이 문제로 여러 번 의논을 했다. 아직은 우리가 봉사해야 할 일이 많고 조선 사람들에게도 해가 되지 않고 있으니 자리를 지키자고 우리 부부는 의견 일치를 보았다.

조선 사람들은 한 사람도 빠짐없이 우리는 남아야 한다고 진심으로 간청했다. 우리는 조선인들에게 될 수 있는 대로 우리 집을 방문하지 말라고 주의를 주었다. 우리 집 방문객은 일일이 육군에 보고되었다. 외국인과 친한 조선 사람은 일본에 대한 이적 행위자로 간주했다.

이제 우리 주변에도 감시하는 사람들이 보이지 않게 늘어났다. 청진기로 상해 방송을 청취할 때도 조심해야 했다. 세계에서 무슨 일이 일어나는지 알 수 없다는 것은 우리 부부로서는 괴로운 일이지만 다른 방법이 없었다. 평양의 성공회 선교사인 채드웰(Arthur E. Chadwell) 신부는 단파 방송을 들었다는 죄목으로 10개월 감옥형을 언도받기도 했다. 우리는 고국의 친지들에게도 우리에게 보내는 편지에는 전쟁에 대한 언급을 삼가달라고 주의를 주었다. 우리는 중간 중간 삭제된 편지들을 받곤 했다. 그럴 때마다 무슨 내용이 적혀 있었는지 짐작해가며 읽었다. 우리가 편지를 보낼 때도 은밀한 표현으로 이곳 상황을 전달하려고 노력했다.

일상적인 생활과 의료선교사업은 그런대로 계속되었다. 일본 민간인들은 우리를 이해해주고 친절하게 대했지만 일본 군인들은 전보다 더 오만해져갔다.

하루는 친구인 사사키의 갓난아이가 죽었다는 소식을 듣고 마음이 아팠다. 이 슬픈 소식을 말하면서 사사키는 얼굴에 미소를 지었다. 우리는 그의 태도가 이상하게 보였는데 나중에 알고 보니 일본인 풍습에는 슬픈 소식을 친구에게 전할 때는 비탄을 감추기 위해 미소를 짓는다는 것이었다. 우리는 모두 함께 슬퍼했다. 매리언은 당장 사사키 부인을 찾아가 혹시 도움이 될 만한 일이 없는지 알아봤다.

일본인으로 우리와 특별한 친구로는 사사키 외에 또 한 사람이 있었다. 나가타 부이츠 씨로 공립고등학교의 영어선생이었다. 그는 우리가 우표수집가라는 사실을 알고는 같은 우표수집 동호인으로 뜻이 통해 자주 찾아왔다. 그는 일본 군부에 대한 유감의 뜻을 과감히 피력하기도 했다. 그 시절, 그의 가족과 우리 가족들은 즐거운 저녁시간을 함께 갖는 일이 많았다. 그와는 최근까지도 우표 교환을 계속하고 있다.

크리스마스가 다가오고 있었다. 전쟁의 먹구름이 뒤덮고 있었지만 어린이들에게서까지 이 기쁜 날의 의미와 즐거움을 빼앗을 수는 없었다. 우리는 올해 성탄절은 학교, 병원, 요양원, 우리 가족 모두에게 특별히 기억될 만한 행사로 준비하려고 노력했다. 아이들은 매리언을 도와 환자들에게 줄 선물 포장을 돕는 등 성탄절 기분으로 들떠 있었다.

성탄절 축하 파티에는 재령에 있는 친구인 JL(라이브세이 목사)과 뮤리엘 라이브세이도 초청하기로 했다. 이들의 장로교 선교기지는 해주에서 북쪽으로 50킬로미터 떨어진 곳에 있었다. 크리스마스 만찬에는 사사키 부부와 아이들도 초청하면 좋을 것 같았다. 우리 병원의 환자였던 사람이 몇 마리의 꿩을 선물로 보내왔다. 미국에서 친구가 보내준 맛있는 소스를 꿩고기에 치면 그럴 듯한 만찬 요리가 될 것 같았다.

만찬을 시작하기 전에 나는 JL에게 평화의 주인공 예수가 오신다는 사실이 우리 모두에게 무엇을 뜻하는지 간단히 이야기해달라고 했다. 우리는 이 만찬이 조선에서 지내는 마지막 크리스마스 만찬식이 될 것으로 알고 있었다.

항상 근엄하던 사사키가 어린아이처럼 쾌활해져 아이들과 재미있게 놀았다. 섬세하고 아름다운 사사키 부인도 아기를 잃은 슬픔을 잊고 얼굴에 미소를 지었다. 이날은 진정으로 우리들 모두가 행복했고 잊지 못할 추억의 날이 되었다.

그러나 그 후 우리가 초대했던 친구들에게 닥친 운명은 그날의 행복과는 너무나 거리가 멀었다. 여러 해가 지난 뒤에 그들에 대한 소식을 들었지만.

2차 대전이 끝나고 미군이 조선을 점령했을 때 패전 일본인들은 조선에서 쫓겨 본국으로 가기 위해 장거리 도보를 강행했다. 그때 사사키 부인은 너무나 지쳐 죽었다는 것이다. 평화를 사랑한 사사키는 그 후 적십자 봉사에 합류했으나 그 역시 오래 살지 못했다.

라이브세이 부부는 2차 대전이 끝나기 전에 필리핀으로 전임되었는데 거기도 일본군이 점령해서 고생을 했다. 이들은 정글로 피해 필리핀 원주민들의 도움을 받아 숨어 있었다. 그때 뮤리엘은 출산 예정 달이었다고 한다. 여러 해가 지난 후 그녀가 캐나다의 찰스턴 호수에 있는 우리를 찾아와서 그때의 이야기를 들려주었다. 그녀는 생사의 갈림길을 헤매 다니며 필리핀의 피난처 동굴에서 아기를 낳았다. 낳자마자 원주민 여인이 아기를 받아서 월넛 주스로 얼굴을 씻기자 꼭 원주민 아기 같아졌다. 이렇게 해서 이들 부부가 일본군을 피해 숨어 다니는 동안 줄곧 원주민 여인이 아기를 돌봐주었다. 다시 아기를 찾기까지의 아슬아슬한 이야기, 일본군에게 잡히지 않고 마치 곡예사처럼 도망 다닌 이야기들은 말 그대로 기적의 연속이었다. 마찬가지로 우리도 그 당시에는 내일을 예측할 수 없는 공포가 우리를 짓누르는 상황에 놓여 있었다.

28. 헌병대

1940년 여름, 온갖 흉흉한 소문들이 나돌았다. 그 중에는 일본 육군에서 요양원을 접수한다는 이야기도 포함되어 있었다. 요양원은 항만과 육군의 활동을 한눈에 볼 수 있는 곳에 위치해 있었다. 우리 직원들 가운데 많은 사람들이 일본 육군의 징발 대상자 명단에 올라 있다는 소문도 나돌았다. 필요한 약품들도 구할 수 없게 될 것 같아 걱정스러웠다.

그러나 주민들 사이에 집요하게 나도는 가장 두려운 소문은 시베리아에 망명중인 조선인들이 공산군으로 무장해 해주를 점령하려고 준비 중이라는 것이었다. 해주시는 전략적으로 중요한 항구로 변해 있었다. 중국과 전쟁 중이라 만주와 조선인 공산군이 일본군의 후방을 공격해 큰 타격을 줄 것이라는 소문이 끈질기게 돌았다. 우리 병원 의사들 가운데 한 사람이 조선 독립군으로부터 도와달라는 연락을 받았다고 내게 시인한 것을 보더라도 이러한 소문은 충분한 근거가 있는 것 같았다.

1940년 4월 1일, 내가 어머니께 보냈던 편지를 보면 그 당시의 상황을 짐작할 수 있다.

각 학교에는 영어 과목이 없어졌고, 영문으로 된 간판이나 표시물도 철거되었습니다. 기독교식 이름을 가진 사람들은 그 이름을 고쳐야 한다는 운동이 일고 있습니다. 조선 사람들도 성과 이름을 일본 이름으로 고쳐야 한답니다. 이미 많은 조선인들이 일본 이름을 쓰고 있습니다. 젊은 층에서는 기꺼이 이름을 고치려 하지만, 나이 든 사람들은 반대하고 있습니다. 아직은 철저하게 강제로 집행하지는 않고 있습니다.

저희는 불안정한 시대에 살고 있음이 분명합니다. 우리 건물 주위를 둘러싸고 있던 철조망들도 다 빼앗겼습니다. 철조망이 없으니 정원도 쓸모가 없게 되었습니다. 울타리가 없어지자 자주 도난을 당합니다. 중간 집에 있는 전깃줄도 다 도둑맞았고 어제 저녁에는 조의 애완용 토끼가 없어졌습니다.

이번 토요일에 요양원 이사회가 열립니다. 저는 그 준비로 바쁩니다. 의사는 물론 다른 일손도 구하기가 매우 힘듭니다. 많은 의료 요원들이 더 좋은 보수를 받기 위해 만주나 중국으로 갔기 때문입니다. 정부에서는 많은 보수를 줄 뿐만 아니라 위험지에서 일한다는 이유로 기간도 4분의 1로 줄여준답니다. 많은 사람들이 모험을 택해 돈을 벌려고 합니다. 그래서 철도의 주선(主線)들은 항상 여행자들로 붐빕니다. 전반적으로 지금 조선은 흥청거리고 있습니다. 참 믿어지지 않는 현상입니다. 돈의 가치도 폭락해 인플레이션입니다. 평양의 어떤 지역은 땅 한 평이 170엔으로 팔리고 있다고 합니다. 이러한 붐이 언제까지 갈지 누구도 예측할 수 없습니다. 물건을 구할 수 없어 장사를 못하고 있는 소상인들과 월급쟁이는 대단히 힘듭니다. 그러나 노동자, 농부, 금광, 탄광, 철광 종사자들과 거상들은 지금 큰돈을 벌고 있습니다.

윌리엄은 지난 가을 학기에 평양 외국인학교의 고등학교에 입학했습니다. 캘버트 통신학교의 가정학습 성적이 아주 좋아 입학시험은 면제받았습니다.

교회에서 설교하려던 번하이젤(Bernheisel) 내외를 당국이 강제로 교회에서 내쫓았다는 소식을 방금 들었습니다. 그들은 교회 참석을 금지당해 왔는데 이번에는 또 이런 변까지 당한 것입니다. 번하이젤 부인은 그들이 어찌나 난폭하게 다뤘는지 팔이 상처를 입었는가 하면 지도자 여섯 명이 체포당했다는 소문도 있습니다.

캐나다 달러가 여기에서는 왜 이토록 가치가 있는지 알 수가 없습니다. 캐나다와 교역하는 데는 아무 지장이 없으며 일본인들은 캐나다 돈을 얻으려고 야단입니다. 들리는 소문에 의하면 캐나다에 거주하는 일본인들이 전쟁 기금을 후하게 냈다는군요. 동경 주재 영국대사가 일본에서 달콤한 연설을 해서 미국에서는 그 문제로 떠들썩했다고 합니다. 이제는 정치 이야기를 더 하지 말아야겠습니다. 더 이상 하다가는….

불행하게도 우리는 당시의 경험을 기록한 것을 갖고 있지 않다. 위험천만한 일이었기 때문이었다. 그 무렵 우리는 기상의 상황 같은 것만 기록할 수 있었다. 어떤 이들은 그것까지도 위험하다고 생각할 정도였다. 몇 달 후에 우리는 미국에 있는 후원자들에게 우리의 경험을 자세히 써서 보낼 수 있었다. 그 편지는 1940년 여름과 가을에 일어난 일들이 부분적이나마 기록되어 있었다. 그때 우리가 겪었던 고통은 지금까지도 잊을 수가 없다.

해주 영국 성공회의 캐럴 신부는 우리 집에 자주 놀러왔다. 우리 아이들은 그를 따랐고 그도 아이들을 귀여워했다. 그는 시간만 나면 조선어 공부에 몰두했다. 그는 가족도 없이 혼자 외롭게 지내고 있었다. 우리는 여름휴가 때 화진포의 성으로 함께 가자고 그를 초대했다.

1940년 여름, 나는 해주의 온갖 골치 아픈 걱정거리에서 해방되자 전보다 훨씬 더, 휴가를 즐길 수 있다는 사실이 기뻤다. 해주는 여러 면에서 내 감정을 자극하는 곳으로 변해가고 있었다. 그러나 해주를 벗어났다고 해서 모든 말썽들로부터 벗어난 것은 아니었다. '가장 위험하고 경비가 많이 든 휴가'이기도 했다. 그것은 캐럴 신부가 말한 것처럼 그를 초대한 일에서 비롯된 사건이었다.

해변은 조용하고 평화스러웠다. 스피커를 통해 귀가 아프게 큰 소리로 들려주는 승전 뉴스를 듣지 않는 것만 해도 좋았다. 새로운 제한, 금령, 지시, 경고를 듣지 않으니 그것도 좋았다. 간혹 해변에서까지 이런 소문들이 들려왔지만 금세 잊혀졌다. 해변에서는 현지 외국인을 위한 부흥 집회가 열렸다. 해변의 쾌청하고도 정상적인 생활은 멀지 않은 곳에서 세계대전이 곧 터질 것이라는 사실을 전혀 실감하지 못하게 했다.

그러나 이 평화는 폭풍 전야의 고요함에 불과했다. 매리언이 그 당시 친구들에게 보낸 편지를 보면 우리가 당했던 사건을 알 수 있다.

8월 첫 주일, 나는 남편과 손님인 캐럴 신부와 함께 화진포의 별장 뜰에 서서 호수와 바다에 반사되는 석양의 아름다움을 바라보고 있었다. 멀리 유명한 금강산이 보였다. 언덕 위에 서면 세상에서 가장 아름다운 광경이 시야에 들어온다. 모든 게 너무나 평화스러웠고 아름다웠다. 이 석양의 아름다움에서 깨어나게 하려는 듯 캐럴 신부가 "평양에 있는 성공회의 채드웰 신부가 체포되어 감옥에 있다"고 했다. 우리는 일본에서 콕스 씨가 자살했다(?)는 소문과 그 외 여러 명이 체포되었다는 소문을 들은 적도 있다. 채드웰 신부의 체포는 어처구니없게도 조선 전반에 걸쳐 스파이를 잡아들인다는 명목으로 시작한 검거 선풍의 한 장면이었다.

다음날 아침 7시, 누가 우리 집 주위를 배회하는 발걸음 소리를 듣고 일어났다. 평복을 입은 두 헌병들이 와 있었다. 캐럴 신부를 체포하러 왔다는 것이다. 그들은 캐럴 신부가 좋은 사람이라고 시인하면서도 해주 감옥에 4일 동안 수감했으며 그 과정의 모든 비용까지도 캐럴 신부에게 부담시켰다.

일본 군대는 해발 20미터 이상의 지대에서는 어느 곳에서도 절대로 촬영을 못하게 법으로 정해놓고 있었다. 우리 별장은 20미터보다 더 높은 언덕 위에 있었다. 헌병들은 캐럴 신부를 체포하고 떠나기 직전에 별장 지붕으로 데리고 올라가 강제로 사진을 찍으라고 했다. 그때 마침 셔우드가 부스스한 몰골로 뛰어 올라와서 "군부의 금령이니 절대로 사진을 찍게 할 수 없다"고 하자 헌병들도 단념했다. 그때부터 캐럴 신부는 콕스와 같은 운명을 밟는 게 아닌가 하고 신경이 예민해졌다.

헌병들은 캐럴 신부의 체포에 대해 절대로 입을 열어서는 안 된다고 우리에게 경고했다. 그러나 헌병들이 조심하면서 캐럴 신부를 체포해갈 때는 마침 아침 집회 시간이었다. 해변에 사람들이 모여들고 있었는데 그들은 그 사이를 지나가게 되었다. 서울에서 온 캐럴 신부의 친구들은 헌병을 알아봤다. 그들은 곧 무슨 일이 벌어졌는지 눈치를 챘다. 캐럴 신부가 체포되었다는 소식은 그날로 곧 세실 감독에게 전해졌다.

다음날 나는 요양원 일로 급히 해주에 오라는 수상한 전보를 받았다. 친구들은 함정일지도 모르니 가지 말라고 굳이 말렸지만 정말로 내가 가야 할 급한 일이라면 어떻게 할 것인가? 나는 첫 기차를 탔다. 떠나기 전에 매리언과는 암호 전보를 약속했다. 모든 일이 무사하여 내가 곧 돌아오게 될 때는 'Pets Well'이라는 전문을 치기로 했다.

착잡한 심정으로 기차를 탔지만 해주까지는 아무 말썽이 없었다. 해주에 도착하니 모두들 왜 이렇게 빨리 돌아왔느냐 놀라며 누가 그런 전보를 보냈는지 의아해했다. 나는 곧 매리언에게 약속한 대로 전보를 친 다음 돌아가는 열차를 타려는데 낯익은 헌병 두 사람이 불쑥 내 앞에 나타났다.

"죄송합니다만, 당신을 체포하게 됐음을 알려드립니다. 그러나 당신의 얼굴이 잘 알려진 이곳에서는 체포하지 않겠습니다. 우리는 당신이 명예를 존중하는 신사임을 압니다. 그러니 서울로 가서 도착하는 대로 헌병대에 출두하십시오."

나는 친구들에게 체포된 사실을 알려줄 시간이 필요했다. 그래서 지금 떠나면 서울에 도착하는 시간이 너무 늦으니 내일 아침에 헌병대에 가면 어떻겠냐고 했다. 그들은 망설였다. 그중 한 사람이 먼저 입을 열었다.

"오전 10시까지는 헌병대에 반드시 도착해야 합니다."

다른 한 사람이 덧붙여 말했다.

"오늘밤에는 푹 자두는 게 좋을 겁니다."

서울로 가는 길에는 아무도 나를 호송하지 않았다. 나는 혼자 흔들리는 열차에서 여러 상념이 젖었다. "어떤 방법으로 친구들에게 이 처지를 알릴 수 있을까?" 그날 밤 늦게 서울에 도착하자 곧장 젠슨 씨 댁으로 갔다. 젠슨 가족은 휴가를 떠나고 없었다. 다행히도 젠슨의 친구들이 보급품을 가지러 시골에서 올라와 그날 밤 그 집에 묵고 있었다. 그들에게 내가 처한 상황을 설명하고 영국 총영사인 핍스에게 이 사실을 알려달라고 부탁했다. 그리고 매리언에게도 사연을 전해달라고 했다. 내가 직접 핍스나 매리언에게 연락하는 건 별로 좋은 방법이 아니라고 생각했던 것이다.

다음날 아침 작은 성경책 한 권만 들고 시간에 맞춰 헌병대로 갔다. 내가 들어선 작은 사무실에는 장교가 한 사람 앉아 있었다. 해주의 헌병들은 틀림없이 내가 시간에 맞춰 출두할 것이라고 다짐했었으나 자기네들은 반신반의했다는 것이다. 그래서 나에 대한 감시를 소홀히 하지 않았다고 했다.

"이제 보니 당신은 약속을 지키는 사람이군요. 좋은 일이에요."

그는 이런 식으로 나를 추켜세우고는 옆에 있는 빈 방으로 들어가라고 손짓을 했다. 그곳에는 의자 두 개가 마주 놓여 있었다. 날더러 그 중 한 의자에 앉으라고 했다. 조금 지나자 몸집이 크고 거칠게 생긴 육군 장교가 방으로 들어와 내 앞 의자에 앉았다. 그는 매우 정중한 태도로 생년, 태어난 곳 등 의례적인 질문을 했다. 차츰 질문이 구체적이고 세부적이 되자 그의 태도는 갑자기 돌변했다. 위협적인 자세로, 어떤 때는 거의 나를 때릴 것 같은 태도로 고함을 질렀다.

"네가 스파이임을 이미 알고 있다. 지금 모든 걸 자백하면 더 이상 문초나 고문을 받지 않게 될 것이고 모든 게 다 끝날 것이다."

"네. 자백한 스파이를 총살하는 데는 시간이 얼마 걸리지 않겠지요.

그러나 당신이 원하는 증거는 절대로 발견할 수 없을 겁니다. 나는 스파이가 아님을 거듭 강조합니다."

"이런 건방진 대답이 어디 있어? 따귀를 맞아야겠구먼."

그는 때리는 시늉을 했다. 그리고는 앞에 있는 서류 뭉치를 흔들어 보였다.

"여기 모든 증거가 있단 말이야. 네가 아무리 부인해도 소용없어."

그는 잔인할 정도로 냉소적으로 의기양양하게 계속 내뱉었다.

"넌 영국 스파이 캐럴 신부를 잘 알겠지. 네 집에서 요전 날 체포됐단 말이야. 넌 스파이와 함께 있었지. 그건 바로 네가 스파이라는 점을 명확히 말해주는 거야."

나도 열이 나서 고함을 질렀다.

"캐럴 신부가 스파이라는 점을 나는 강력히 부인하오. 또 내가 스파이들과 접촉했다는 점도 부인하오."

그러자 장교는 목소리를 낮추더니 혼자서 중얼거리듯이 말했다.

"우리가 캐럴 신부의 자백만 받으면 모든 게 드러날 걸."

이 말을 들은 나는 그가 증거도 없이 허세를 부리고 있다는 것을 알았다. 나는 다시 목소리를 높여 반복했다.

"나는 캐럴 신부가 절대로 스파이가 아님을 압니다. 그는 절대로 스파이라고 자백하지 않을 겁니다."

그는 험상궂은 얼굴로 나를 쳐다보면서 대꾸했다.

"우린 사람들로부터 자백을 받아내는 여러 방법이 있단 말이야. 너도 곧 자백하게 될 걸. 미리 말해두지만 고생하지 않으려면 지금 자백하는 게 좋아."

"네. 당신네 방법은 너무나 잘 압니다. 그러나 강제로 받는 자백은 법적인 효과가 없다는 점을 명심하시오. 다시 말하지만 나는 절대로 스파이가 아님을 선언합니다."

그는 갑자기 각도를 달리하며 말했다.

"우린 네가 스파이라는 증거를 갖고 있어. 당신 아내가 화진포 해안선을 촬영했어. 20미터 높이 이상에서는 사진을 찍지 못하게 되어 있는데도 말이야. 그리고 해주의 해안도 촬영했어."

"맞습니다. 당신 말과 같이 촬영했어요. 그러나 첫 번째 경우는 해안 담당관의 요청에 의한 것입니다. 육군의 허가도 받았지요. 또 육군 담당관의 참석 아래 특별히 촬영한 것입니다. 육군에서 우리에게 해변을 쓰도록 하기 위해 이루어진 일입니다. 당신네 기록을 보면 명확한 진상이 드러날 겁니다. 두 번째 경우는 전쟁이 나기 전에 찍은 것이고 지금과 같은 시설이 설치되기 전의 일입니다. 평화적인 시기였던 그때에는 지금처럼 사진을 찍는 데 제한이 없었습니다."

이렇게 되자 그가 할 말을 잃었는지 갑자기 자리를 떴다. 나는 혼자 남았다. 가지고 온 성경이 이 순간 더없이 위로가 되었다.

곧 다른 장교가 나타났다. 그는 부드러운 목소리로 내 경우는 자기네가 비용을 부담하는 손님이라고 했다. 나도 지지 않고 응수했다.

"그러나 나는 감사하게 생각하지도 않을 뿐 아니라 원해서 여기 온 손님도 아니지요."

그는 내 말은 못 들은 척하고 근처에 있는 식당에 음식을 주문해도 좋다고 했다. 이때 비로소 세실 쿠퍼 감독도 갇혀 있다는 사실을 알게 되었다. 배달 소년이 나와 세실 쿠퍼 감독을 혼동해서 음식을 바꿔가지고 왔던 것이다. 총영사관 핍스가 나를 위해 고급 음식을 차입했다는데도 배달되지 않았다. 아마 나를 가둔 헌병들이 대신 즐겨 먹었을 것이다.

두 번째로 나를 문초한 장교는 신문하는 일을 달가워하지 않는 타입이었다. 때로는 그는 매우 친절했다. 그의 질문에 어떻게 대답하는 게 좋은지를 도와주려고까지 했다. 그는 주로 경리 문제에 대해 물었다.

"어느 정부가 당신에게 봉급을 지불합니까?"

이 질문에 대해서는 간단히 대답했다.

"나는 정부로부터 봉급을 받지 않습니다. 감리교 선교위원회에서 받습니다. 우리 선교회의 서울 지역 담당경리인 크리스 젠슨 양에게 확인하면 금방 알 수 있습니다."

그가 이상하게 생각한 점은 "어째서 두 의사가 그토록 적은 봉급을 받으며 조선에서 일하고 있는가" 하는 점이었다. 고국에서 일하면 훨씬 좋은 환경에서 잘 살 수 있는 사람들인데도 말이다. 내가 보기에는 그는 선교의 의미에 대해서는 너무나 무지해서 신앙이라는 각도에서 아무리 설명해도 이해하지 못할 것 같았다. 그래서 그가 이해할 수 있는 비유로 설명해야겠다는 생각이 들었다.

"당신은 군인이지요. 당신은 당신네 왕에게 충성을 다합니다. 당신이 받는 봉급이 적든, 또는 전쟁에서 생명을 잃는 일이 있다 해도 말입니다."

그는 그렇다고 고개를 끄덕였다. 나는 용기가 나서 계속 말했다.

"우리도 마찬가지로 우리의 주이시고 왕이신 예수 그리스도께 충성하지요. 봉급이 적든, 또는 선교지에서 생명을 잃게 되는 일이 있다 해도 말입니다. 당신이 당신네 왕에게 바치는 충성은 크고 우리가 우리

왕에게 향하는 충성심은 적어도 된다고 생각하십니까? 당신네 경우와 우리의 경우가 같다는 점을 이해하실 수 있겠습니까?"

그는 내 설명을 이해했다. 그는 이 문제를 가지고는 더 이상 심문하지 않고 다른 문제로 넘어갔다.

"당신은 닥터 더글러스 에비슨을 알지요?"

"네. 압니다. 우리는 토론토 대학교 의과대학을 졸업했어요. 친구 사이입니다."

"그렇다면 당신은 닥터 에비슨이 왜 북경여행을 했는지 알겠군요."

나는 그가 함정을 만들고 있음을 알아차렸다. 그래서 딱 잘라 대답했다.

"그의 개인 활동에 대해서는 내가 관여할 바가 아닙니다. 그에 대한 질문이 있다면 왜 직접 물어보지 않습니까?"

그는 첫 번째 심문자보다 지성적인 것 같았다. 내가 호락호락하지 않다는 것을 그가 빨리 알아차리기만 바랐다.

나는 매리언으로부터 연락이 오기를 안절부절못하며 기다렸다. 매리언이 걱정하고 있을 게 뻔했으므로 심문관에게 대담하게도 "내가 안전하다는 점을 우리 가족에게 전보로 알려줄 수 있겠느냐"고 부탁했다. 놀랍게도 그는 쉽게 승낙했다. 그러나 그가 정말로 전보를 보냈는지 보내지 않았는지 알 수 없어 초조했다. 나중에 확인된 일이지만 그는 정말로 전보를 보냈다. 그러나 불행하게도 전보문이 일본어로 되어 있어서 매리언은 믿지 않았다. 내가 보냈다면 일본어로 전보를 보낼 리가 없었기 때문이었다.

석방될 기미는 보이지 않았다. 채드웰 신부가 당한 신문 소식을 들었을 때 나의 석방은 더욱 가망이 없어보였다. 심문이 없는 시간에는 항상 감시병이 내 곁에 있었다. 화장실도 혼자 가지 못했다.

드디어 심문실에서 감방으로 옮겨졌다. 성경도 읽을 수 있었고 기도도 할 수 있었다. 차츰 날이 어두워져서 책도 읽을 수 없는, 불안한 첫 번째 밤을 맞게 되었다. 어쨌든 잠을 청할 수밖에 없었다.

다음날 오후였다. 무거운 발자국 소리가 가까이 들려오고 있었다. 내 심장은 그 발소리에 맞추어 두근거렸다. 갑자기 내 감방 문이 열리더니 장교 한 사람이 부하 한 명을 데리고 내 감방 앞에 섰다.

"당신이 닥터 홀인가? 당신을 즉시 석방하라는 명령을 받았소. 단, 이곳에 갇혀 있었다는 말은 누구에게도 하면 안 된다는 조건입니다."

"아내에게는 말해도 됩니까?"

그는 잠시 망설이다가 대답했다.

"아내에게는 말해도 무방할 거요. 그러나 아이들은 안 됩니다. 아이들은 비밀을 감추지 못하니까요. 당신이 다른 사람에게 발설했다는 사실이 우리 귀에 들리게 되면 당신은 즉시 체포되어 다시 이곳으로 오게 될 것입니다. 그 죄목만으로도 크게 곤욕을 치르게 될 거요. 지금 이 시간부터 처신을 조심하시오."

그 장교는 다시 부하에게 명령했다.

"이 자를 역으로 데리고 가서 화진포 행 밤차를 바로 타는지 누구와 만나 이야기하는지 지켜봐."

내가 감사하다는 말을 하기도 전에 그 장교는 사라졌다. 나는 긴장이 확 풀어졌다. 하나님께 감사할 시간도 주지 않고 감시병은 빨리 가자고 재촉했다. 감시병에게 "친구네 집에 맡겨둔 가방을 찾아도 되겠느냐"고 물었더니 그는 질겁하면서 오히려 되물었다.

"누구와도 만나면 안 된다는 지시를 듣지 못했소?"

나는 감시병에게 지금 친구들은 다 해변에 휴가를 가고 집은 비어 있다고 안심시켰다. 그러나 젠슨 댁에 도착한 후 감시병보다 내가 더 놀랐다. 보급품을 가지러 왔던 사람들이 아직 떠나지 않고 있었던 것이다. 나는 급히 입에 손가락을 대고 그들의 말을 막으며 현관을 가리켰다. 얼른 가방을 들고는 급히 그 자리를 떠났다. 감시병은 불같이 화를 냈다.

"그 가방은 당장 버리고 감옥으로 가야 하오. 당신은 나를 속였으니 벌을 받아야 합니다."

내 가슴은 타들어가는 듯했지만 겨우 힘을 내어 말했다.

"제발 내 설명을 들어보시오. 난 정말로 그 집이 비어 있는 줄 알았소. 거기 있던 사람들은 그 집 주인이 아니라 주인의 친구들인데 물품을 구입하러 서울에 올라온 사람들임에 분명합니다. 난 내가 약속한 대로 한 마디도 말하지 않았어요. 내가 말을 합디까?"

그는 내 말에 수긍하는 표정을 지었다. 한 고비의 신경전을 무사히 넘기고 서울역에 도착했을 때쯤에야 내 심장도 긴장에서 해방되어 정상으로 돌아왔다. 기차표를 사들고 열차에 오르자 나는 나를 다시 감방에 들어가게 할 뻔한 가방을 내던지다시피 놓았다. 감시병도 내 태도에 웃음을 띠며 바라보았다. 나는 그와 작별을 고했다. 그는 순간적으로 내게 정신적인 긴장감은 주었으나 그다지 나쁜 사람은 아닌 것 같았다.

돌아오는 열차 속에서는 아무 일도 없었다. 다시 가족의 따뜻한 품안으로 돌아온 것이다. 해변의 집회에서는 특별히 나를 위한 기도회를 가졌었다고 한다. 해변에서는 정해진 수영 시간이 되자 모두들 바다에 나갔다. 파도에 내 몸을 맡기고 가족과 함께 있으니 모든 걱정이 다 쓸려나가는 듯했다. 가족과 함께 있다는 것이 한없이 행복했다. 가족이 이토록 소중한 줄을 그 전에는 미처 알지 못했었다.

내가 이토록 빨리 석방된 것은 "나를 잡아두면 내보내는 것보다 더 많은 사람에게 내 체포가 알려질 것"이라고 한 말이 적중했던 것이다. 헌병대에서는 나를 내보내면서 매리언에게 주는 질문서를 주었다. 매리언은 이 질문서에 답을 써서 곧 보냈다. 더 이상 아무 소식도 없었다. 우리는 이 사건이 무사히 넘어 간 것으로 생각하여 안심하고 있었다.

그런데 뜻밖에도 별장으로 매리언을 소환하는 전보가 왔다. 헌병대에서 보낸 것이었다. 매리언에게는 이런 일이 없기를 간절히 바랐었는데 이제는 도리가 없었다. 우리는 조심스레 대답할 말을 준비해서 떠났다. 매리언이 나보다 훨씬 더 조리 있게 대답하리라고 믿었다. 매리언은 항상 재치 있게 말을 받아넘기는 재주가 있었다. 매리언은 그 후 헌병대에서 있었던 일을 다음과 같이 편지로 써서 고향에 보냈다.

한 장교가 내 작은 짐가방을 들어주더니 택시로 안내했다. 택시 잡기가 아주 어려운 때인데 장교 덕에 쉽게 탔다. 열차에는 다른 선교사 두 사람도 함께 타고 있었다. 그들은 여성 선교사로서는 내가 처음 소환된 것이라고 걱정을 했다. 그중 한 분이 후에 말하기를 헌병이 역에서 내 가방을 들어주자 어느 정도는 마음이 놓였다고 한다. 나는 헌병대로 직행, 대기실에서 세 시간 이상 기다렸다. 아침 8시에 들어가서 정오까지 심문을 받았다. 심문 때 일본인이 통역을 했는데 영어를 썩 잘했다. 나는 셔우드의 진술과 어긋나지 않아야 했다. 그들은 종이가 귀한 시절인데도 많은 서류에 기록을 하고 있었다. 점심시간이 되자 나는 일본어 책과 함께 가지고 온 점심을 먹었다. 우리는 해변에서 하기 일본어 학습을 받고 있었는데 헌병대에 출두하느라 비싼 강의료를 낸 강좌를 빠지게 되었다. 그래서 가지고 온 일본어 책을 통역에게 물어보면서 독습을 하고 있었다.

오후에도 계속 심문이 있었으나 그들은 나를 거짓말쟁이라고는 말하지 않았다. 나는 그들의 유도에 말려들어가지도 않았고 결코 냉정을 잃지도 않았다. 모든 질문과 대답이 끝났는데도 그들은 한 시간을 더 기다리게 한 다음 놓아주었다. 나를 심문했던 헌병은 택시를 불렀다. 택시가 도착하기를 기다리는 사이에 일본어로 쓰인 지시문을 주었다. 모두들 비교적 정중했다.

오후 6시경에 택시가 오자 그는 내 짐을 옮겨주었는데 다른 장교들이 와서 그를 놀리자 용기가 나지 않는지 중간에 짐을 내려놓았다. 나는 친구 집으로 가서 저녁을 먹었다. 헌병이 내 친구에게 연락하여 화진포 행 기차표를 예약해주었기에 나는 밤차를 타고 걱정하고 있는 가족에게로 돌아갈 수 있었다. 이 일이 있고 난 후부터는 어디를 가든 주위에 형사들이 있었다. 손님들과 차를 마신다거나 이야기를 나눌 때도 반드시 형사가 나타났다. 형사들의 영어는 하도 서툴러서 무슨 소리인지 알아듣기 힘들었다. 해변의 관리위원인 미국 사람들은 경찰로부터 모든 것에 대한 질문을 받았다. 경찰은 회계장부도 조사했고 경리를 붙여 여러 시간씩 심문했다. 어디를 가든지 긴장과 불안이 감돌고 있었다. 외국인들 가정에 초대를 받아왔던 일본인들도 갑자기 구실을 붙여 오지 않고 있다.

내가 돌아온 지 일주일도 되지 않은 어느 날 또 하나의 일문 전보가 왔다. 일문으로 전보가 오면 불길한 일을 뜻했으므로 또 무슨 일인가 걱정이 앞섰다. 그런데 이번의 전보는 그 반대였다. 황해도 도지사로부터 일본 건국 2600년 기념식에 참석해달라는 초청이었다. 기념식은 동경에서 11월에 있을 예정이었다. 얼마나 마음이 놓였는지! 일본인의 입장에서 보면 이것은 대단한 영예였다.

8월 말이 되자 헌병대와의 말썽은 끝난 것으로 생각되었다. 나는 윌리엄을 평양으로 데리고 가서 고등학교 기숙사에 넣었다. 셔우드는 꼬마들을 데리고 해주로 돌아갔다.

매리언의 평양 여행은 별일이 없었으나 아직 말썽은 끝나지 않고 있었다. 우리가 해주에 도착한 다음날 아침 유리창 밖을 내다보고 있던 필리스는 포플러 나무들이 늘어져 있는 도로에 아침 햇살을 받아 반짝이며 움직이고 있는 물체를 보았다. 그것들은 천천히 움직이고 있었다. 다섯 사람들이 찬 긴 칼이었다.

"아빠, 저것 봐요. 큰 칼을 찬 사람들이 우리 언덕으로 오고 있어요!"

나는 급히 내다보았다. 그리고는 즉시 행동에 들어갔다. 제일 먼저 내가 할 일은 아름다운 해주의 항공사진을 태워버리는 것이었다. 이 사진은 전에 사사키가 내게 준 것이었다 지금은 그들이 말하는 '범죄'의 증거가 될 것이 자명했다. 마침 부엌 스토브에 불이 타고 있어 다행이었다. 내가 사진, 지도를 불 속에 던져 넣는 순간 그들이 우리 현관에 도착했다.

필리스가 다시 나를 불렀다.

"아빠, 빨리 와 봐요. 칼 찬 사람들이 집에 들어오려고 해요. 들어오라고 할까요?"

"그래라. 그 사람들에게 친절하게 인사해야 돼."

나는 부엌에서 소리를 질렀다. 필리스는 인사를 잘 할 것이 틀림없었지만 실상은 내가 그들을 친절하게 대할 수 있을지 자신이 없었다.

인솔 경관이 가택수색의 명을 받아왔다고 말했다.

"우리들은 당신을 도우러 왔으니 당신 자신을 위해 우리에게 충분히 협조해야 합니다."

"그렇지만, 경관님. 우린 서울에서 헌병들로부터 충분히 조사를 받았는데요."

나는 항의하듯 대꾸했다.

"그렇소. 그러나 헌병대에서는 아직 당신 집은 조사하지 않았소. 집 수색을 받아야 하오."

우리는 별 도리 없이 그들이 하라는 대로 해야 했다.

경관은 계속 말했다.

"우리는 특히 세 가지 물건들을 찾겠소. 20미터 이상 높이에서 찍은 사진이나 영사 필름으로 특히 해안선을 찍은 것, 다른 나라 정부와 관련된 메모, 노트, 책 등과 외국에서 당신에게 지불한 돈의 출처를 말해 주는 은행 거래장부입니다."

결국 수색은 매우 거창하고 시간이 걸렸다. 조는 그들이 손님이 아니고 환영할 수 없는 침입자임을 알자, 엄마가 사진들과 영사기로 촬영한 필름들을 잘 정돈해 보관한 캐비닛 앞을 가로막고 경관들에게 말했다.

"이 물건은 줄 수 없어요. 엄마가 얼마나 힘들게 찍은 사진인지 알아요? 우리에게도 손대지 못하게 하는데."

조의 항변이 대단했지만 거칠게 생긴 경찰은 오히려 미소를 지으면서 이 꼬마를 부드럽게 옆으로 밀어내고는 모든 걸 다 꺼냈다.

꼬마는 지지 않고 경관에게 말했다.

"무슨 잘못이 있으면 책임져야 해요."

그들은 조사 품목에 든 다른 물건들도 오랫동안 찾았다.

"당신은 당신 부인보다 정돈을 못하는 것 같군요. 부인처럼 모든 걸 잘 정돈, 보관했다면 우리 일은 쉽게 끝났을 텐데."

"맞는 말씀이오."

나는 웃으며 대답하고는 덧붙여 말했다.

"그렇지만 아내가 그토록 소중히 여기는 사진들을 아무렇게나 가방에 쑤셔 넣는 걸 보지 않아서 다행이오."

모든 것을 이렇게 수색한 그들은 한 문제를 붙들고 늘어졌다. 내게 온 편지들 중에 호놀룰루에 있는 한인감리교회에서 요양원에 기부금을 동봉했다는 내용의 편지가 있었는데 그들은 그것을 극히 중요하게 생각했다. 경찰은 이 기부금을 입금한 은행통장을 보자고 해서 나는 선뜻 주었다.

"이 편지가 당신에게 큰 해를 줄 수가 있소. 하와이는 조선 독립운동의 온상지란 말이오. 거기 있는 한인들과 어떠한 관계가 있다면 당신에게 매우 불리한 조건이 됩니다."

나도 가만있지 않고 항변했다.

"이건 단순히 교회에서 결핵퇴치 운동에 쓰라고 보내준 기부금입니다. 정치와는 아무런 관계도 없어요. 당신네 관리들도 이런 기부금을 보내주었어요."

그는 그냥 미소만 지으면서 증거가 된다고 생각하는 모든 물건들을 챙겨 넣었다. 그는 상해에 주재하고 있는 파크 데이비스 회사의 스토컬리로부터 온 편지도 넣었다. 매리언의 노트도 암호책이라 생각하여 빼앗았다. 나는 이 노트들이 아내가 피츠버그의 사우드사이드 병원의 인턴으로 훈련받는 동안 기록한 의료진 메모라고 열심히 설명했다. 어느 의사에게 보여도 그 내용을 확인할 수 있다고 했으나 그들은 빼앗아갔다.

드디어 그들은 떠났다. 그들이 떠난 자리는 큰 회오리바람이 강타한 곳 같았다. 아이들도 나를 도와 방을 정리했다. 나중에 아내가 돌아오자 아이들이 뛰어나가 자초지종을 다 말했다. 그날 오후, 사사키로부터 연락이 왔다. 그는 우리가 받은 시련에 대해 대단히 미안하지만 아직도 최악의 순간은 오지 않았다고 말했다. 육군에서 가택수색을 할 계획이 있다는 것이었다. 경찰이 벌써 가택수색을 했다고 말하자 그는 태연한 목소리로 대답했다.

"알고 있습니다. 사실 경찰에서는 선생을 보호해주려는 것입니다. 가택수색은 제가 명령했습니다. 육군이 가택수색에서 불리한 증거들을 찾기 전에 제가 먼저 한 것입니다. 우리 경찰에서는 이 문제가 지나갈 때까지 극비에 붙여두겠습니다."

그제야 경찰이 가택수색을 하면서 "우리는 당신을 도우러왔소"라고 한 말이 생각났다.

29
엉터리 재판

조선으로 들어오거나 외부로 나가는 모든 편지들은 철저한 검열을 받았다. 우리는 시베리아 감옥에 갇힌 한 러시아 작가에 대한 이야기를 들은 적이 있었다. 그는 자기 가족과 이별하기에 앞서 비밀 암호를 약속했다고 한다. 식량이나 다른 물품들을 구하기 어려울 때는 녹색 잉크로 편지를 쓰겠다고 했던 것이다. 그가 시베리아로 유형을 떠난 지 얼마 후 가족들은 마침내 기다리던 편지를 받았다. 그 편지에는 유형지에서 얼마나 충분한 물자들을 구입할 수 있는지 하나하나 그 물품들의 이름을 열거해서 적고 있었다. 그러나 편지의 마지막에 구할 수 없던 단 한 가지 물품은 녹색 잉크라고 간단히 덧붙여 적었다고 한다.

나는 최근에 일어났던 일에 대해 어머니께 편지를 쓰려고 책상에 앉으니 이 러시아 작가의 이야기가 떠올랐다. 1940년 9월 12일, 나는 어머니께 은밀하게 이곳 소식을 전하려는 뜻에서 편지를 썼다.

어머니는 제가 소년 시절 매우 즐겨 읽었던 페니모어 쿠퍼(Fenimore Cooper)의 책 중 한 제목을 기억하시겠지요. 매리언과 제게 그 내용과 같은 일이 생기리라고는 꿈에도 생각지 못했습니다. 화진포 별장에 불어 닥쳤던 폭풍에 이어 이곳에서도 세찬 폭풍이 한 차례 지나갔습니다. 이제는 날이 개이고 있으니 앞으로는 맑은 날씨일 것으로 믿어도 괜찮으리라고 생각됩니다. 이곳은 확실히 태풍이 불고 있는 계절입니다. 이 태풍이 언제, 어떤 모양으로 불어 닥칠지는 누구도 예측할 수 없습니다.

어머님이 보내신 카드는 필리스의 생일에 도착했습니다. 저희들은 어머님이 건강하시다는 소식을 받게 되어 매우 기뻤습니다. 저희는 필리스를 위해 간단한 생일 파티를 열었습니다. 이렇게 생일 축하를 할 수 있었던 것만으로도 감사하게 생각합니다. 가정과 사랑하는 사람들이 이처럼 함께 지낼 수 있다는 것은 확실히 소중한 축복으로 여겨집니다.

어머니는 이 편지를 받아본 후 모서리에 다음과 같은 글을 덧붙여 놓았다.

"셔우드는 두 번에 걸쳐 스파이로 몰렸던 사건을 편지에 썼으나 나는 그런 연유를 알지 못했다. 내가 뉴욕 신문에 난 전보기사를 읽지 않았다면 셔우드가 편지에서 무슨 말을 하려고 했는지 전혀 짐작도 못했을 것이다."

이처럼 여러 불행한 사건이 잇달아 일어난 와중에서도 결핵 크리스마스 씰 운동만은 나를 기쁘게 했다. 일반인들도 결핵을 더욱 잘 이해했고 해가 갈수록 이 운동은 **빠른** 속도로 확대되어 갔다. 나도 마음의 여유를 가질 수 있었다. 그래서 내가 맡은 일들의 많은 부분을 열성적인 위원회에 넘겼다. 이제 의료 임무에 더 많은 시간을 할애할 수 있었다. 그러나 이런 평화도 오래 가지 못했다.

영국 왕실의 그림도 자주 그렸던 유명 화가 엘리자베스 케이스는 1940년과 41년의 크리스마스 씰을 그려주었다. 색동옷을 입은 두 귀여운 조선 아이들을 그린 것으로 배경은 눈이 쌓인 산이었다. 이 도안은 정부에서도 허가를 해주었고 모든 사람들도 흡족하게 여겼으므로 통과된 것이나 마찬가지였다. 그러나 '모든 사람들의 허가'란 우리의 생각이었다. 가장 중요한 권력자로 부상한 일본 군부를 예상하지 못했던 것이다. 사전 경고도 없이 헌병대에서는 우리가 보급하려고 모든 준비를 끝낸 크리스마스 씰 상자들을 압수해갔다. 독수리 눈 같은 헌병대의 눈을 피할 수 있었던 것은 겨우 몇 장의 씰뿐이었다.

너무나 야만적인 행위에 나는 마치 한 대 얻어맞은 기분이었다. 나는 정신을 차린 다음 해명을 요구했다.

육군에서는 이 도안이 국방 안보의 규정을 어겼다고 보았다. 첫째로 두 조선 아이들 그림이 지적되었다. 어째서 두 천진한 아이들이 국방을 위협한다고 생각되었는지 난 이해할 수가 없었다. 이 아이들이 일본의 막강한 군대에 무슨 해를 미친단 말인가? 다음으로는 야만스런 태도로 눈 덮인 흰 산과 그 밑에 있는 마을을 지적했다. 높이 20미터 이상은 보여주어서는 안 된다는 육군의 규정을 알지 못했느냐고 힐책했다. 헌병들은 씰이 그대로 보급되었다면 나는 법정에서 형을 받았을 것이라고 했다. 그런고로 씰이 보급되기 전에 압수한 것은 바로 내 입장을 유리하게 봐준 것이라고 설명했다. 셋째로는 씰에 표시된

'1940-1941' 년이란 서기 연호를 삭제하라는 것이었다. 1940년은 일본 건국 2600년에 해당하는 해다. '위대한' 일본 제국이 건국되고도 한참 지나서 서기 연도가 생겼다는 것이다.

나는 2600년이라는 일본 연도를 결코 쓰고 싶지 않았다. 그러면서 그들의 감정과 대립되지 않는 대안을 생각해냈다. 씰 보급 운동이 시작된 지 9년이 되었다는 의미로 'NINTH YEAR'로 대치하겠다는 내 안은 성공했다.

다음 난관은 감수성이 예민한 케이스 양을 설득해 도안을 고치는 일이었다. 케이스 양은 우리 집에서 손님으로 묵은 적이 있었다. 그때 그녀는 우리 요리사의 딸을 그렸는데 조선 혼인식에서 풍습대로 눈을 아래로 깔고 있는 사랑스런 신부의 모습을 그렸다. 그때 신부 뒤의 배경에 조선 병풍을 그리면 어떻겠느냐고 내가 제안했지만 그녀는 선뜻 받아들이지 않았다. 가까스로 그 안이 채택된 일이 있었던 것으로 보아 화가가 자기가 만족하게 생각하여 완성한 그림을 고치라고 하면 쉽게 받아들이지 않는다는 것을 짐작할 수 있었다.

나는 가장 외교적인 방법으로 설득했지만 케이스 양은 내 예상대로 펄펄 뛰었다. 그녀를 진정시키느라 진땀을 흘려야 했다. 나는 아예 그 그림을 포기하고 다른 화가에게 부탁하면 어떨까하는 생각도 했다. 그때 케이스 양이 겨우 배경을 수정하기로 결심했다. 그녀는 마지못해 응해주었던 것이다. 그러면서 잊지 않고 한 마디 강조했다.

"그 대신 내 이름은 이 수정한 그림에는 절대로 내놓을 수 없어요."

그녀의 뜻에 동의했다. 수정한 그림도 역시 멋있었다. 색동옷을 입은 소녀와 소년이 예술적인 조선 대문 앞에 서 있는 그림이었다. 그러

1940-41년에 발행된 조선의 결핵 씰. 왼쪽은 일본에 의해 유통이 금지된 씰이며, 오른쪽은 그들의 입맛에 맞게 디자인을 조금 변형한 씰이다. 모두 엘리자베스 케이스가 수고해주었다.

나 자세히 보면 먼 산이 대문이 통해 그대로 보였다. 이건 케이스 양이 일부러 짓궂게 그렇게 한 것인데도 육군 검열관은 이를 알지 못했다. 케이스 양의 기분도 어느 정도 맞추어주고 육군 검열관도 만족시키게 되자 서둘러 YMCA 인쇄국에 일을 맡겼다. 시간은 촉박했다. 그러나 YMCA에서 서둘러 준 덕분에 크리스마스에 댈 수 있게 인쇄가 끝났다. 이 씰은 2차 대전까지의, 조선에서 만든 마지막 씰이 되었다.

사사키 씨가 미리 알려주긴 했지만 막상 육군 헌병들이 우리 집에 도착하자 나는 놀라지 않을 수 없었다. 그들은 가택수색을 하러 왔던 것이다. 나는 "경찰이 이미 다 수색했으나 법에 저촉될 증거는 하나도 없었으니 당신네들도 헛수고할 게요"라고 응수했다. 경찰이 선수를 쳤다는 말을 들은 헌병들은 화가 나서 얼굴들이 시뻘개졌다. 그들이 안절부절못하다가 떠날 때 나는 속으로 쾌재를 불렀다. 그들이 떠난 지 얼마 안 되어 사사키 씨가 다시 우리를 방문했다. 그의 얼굴은 전과 달리 희색만면했다.

"좋은 소식과 나쁜 소식 두 가지를 가져왔습니다. 육군 헌병대에서는 마침내 당신들에 대한 스파이 혐의는 포기했지만 해주 법원으로 이 건을 이첩시켰습니다. 이것은 희소식입니다. 당신들의 생명은 이제 더 이상 위협을 받지 않게 된 것입니다. 그러나 좋지 않은 소식은 경제 문제와 관계된 겁니다. 재판이 있기 전이라도 판결이 날 수 있습니다. 이런 재판을 당신들은 '캥거루 코트'(kangaroo court)라고 부르겠지요. 당신들 두 분이 3개월 감옥살이를 하든지, 아니면 1천 달러를 준비해 지불해야 합니다. 육군 헌병대는 체면이 크게 손상당했습니다. 제시할 증거는 없었지만 내키지 않는 마음으로 당신네 건을 사법재판소에 넘긴 겁니다. 판사는 형을 가볍게 부르면 육군에서 제소할까봐 두려워하고 있습니다. 그러니까 징역 아니면 중한 벌금이 내려지게 됩니다."

이 소식은 참으로 우리를 놀라게 했다. 자유가 귀함을 알고는 있지만 이제 어디서 그 많은 돈을 구해야 할지 난감했다. 우리를 도와줄 수 있었던 친구들은 대부분 이 땅을 떠나고 없었다. 우리는 아직 계류 중이므로 일본법에 의하면 무죄가 인정될 때까지는 죄인인 셈이다. 해주 지역 밖으로 한 걸음도 나갈 수 없으니 출국할 수도 없었다.

우리는 검사에게 두 번이나 불려갔다. 육군에서는 우리와 관련된 사건 자료를 이첩했으므로 수많은 서류들을 재확인하는 일로도 시간이 걸렸다. 그 후 일주일이 지나자 법정에 출두하라는 호출장이 왔다. 법정에서 얼마간 기다리자 판사, 검사, 서기들이 들어와 우리의 위쪽에 있는 벨벳으로 된 의자에 앉았다.

우리도 의자에 앉았다. 매리언이 다리를 꼬고 앉자 법정 경관이 다가와 무릎을 찰싹 때리며 한 다리를 내려놓게 했다. 우리는 일어서서 우리보다 높은 자리에 앉은 존귀한 사람들에게 절하라는 명령을 받았다. 곧이어 서기가 간단히 낭독하자 재판은 1940년 10월 25일 열린다고 검사가 선언했다. 그 다음 판사는 우리가 직접 구두 또는 문서로 변호하든지 변호사를 고용하라고 말했다.

우리는 변호사를 쓰기로 했다. 변호사는 박씨라는 키가 크고 가냘픈 40대 후반의 조선 사람이었다. 어려운 재판을 많이 이겼다는 정평이 나 있는 사람이다.

우리는 박씨가 모든 사실에 대해 철저히 우리에게 질문하여 문제를 파악하기를 바랐다. 그러나 그는 우리를 실망시켰다. 자기 방식대로 혼자서 자료를 탐색할 모양이었다. 우리는 안심이 되지 않아 박씨를 찾아가서 도움이 될 사건의 경위를 알려주려고 했지만 그는 간단히 이렇게 말할 뿐이었다.

"걱정은 마십시오. 그저 제게 다 맡겨주십시오. 재판은 잘 될 테니 편안히 잠이나 주무시지요."

드디어 10월 25일, 재판 날이 왔다. 잠이나 자두었던 게 좋을 뻔했다. 걱정한다고 운명이 변경되지 않는 것임을…. 박씨는 정말 멋지게 우리를 변호했다. 우리와 이야기해보지도 않고 어떻게 저런 많은 사실들을 알았는지. 그가 사실들을 바탕으로 변호하는 솜씨를 보고 우리는 경탄했다. 그가 제시한 쟁점의 하나는 아버지가 청일전쟁 후 일본 군인들을 치료하다가 생명을 잃었다는 점이었다. 그런 사람의 아들을 이제 와서 일군의 반역 스파이로 의심해야 옳겠는가? 그의 아들 닥터 셔우드 홀은 조선에서 태어났으며 조선 사람이나 마찬가지로 물려받은 효심을 가지고 있는 사람이다. 그는 결코 아버지의 행적을 배반하지 않을 것이다.

어머니에 대해서도 이야기했다. 어머니는 일본인이나 조선인으로부터 사랑을 받는, '평양의 어머니'라고 불리고 있다. 병원, 맹인과 농아를 위한 학교, 그리고 최초의 여자의학교를 창설할 사람이다. 그런 여성의 아들이, 자기 어머니가 깊이 사랑하는 동양인들을 배반할 수 있단 말인가? 절대로, 천 년이 지난다 해도 그런 일은 없을 것이다!

변호가 절정에 달하자, 박씨는 매리언의 공적에 대해서도 찬사를 아끼지 않았다. 남자 의사들이 거절한 일도 닥터 매리언 홀은 만삭인 몸에 위험을 무릅쓰고 추운 겨울 밤 환자를 보러나가 시골에 앓아누워 있는 불쌍한 청년의 생명을 구하기도 했다. 조선 왕가의 여성 환자를 수술하는 데 도와달라는 닥터 메리 스튜어트의 요청을 받고 서울에 가기도 했다. 그러한 희생적인 행동이 어떻게 잊혀질 수가 있단 말인가. 박씨는 군부에 대해 다음과 같은 질문을 함으로써 그의 훌륭한 변호의 결론을 대신했다.

"닥터 홀은 황해도 지사에 의해 일본 건국 2600년 식전에 참석할 대표로 선정되었습니다. 이 영광스런 식전에서 천황께서는 닥터 홀에게 결핵퇴치의 공로를 표창하시고자 함을 우리는 알고 있습니다. 이 무서운 질병은, 이제 이 땅에서 더 이상 공포의 대상이 아닙니다. 나는 나의 변호 의뢰인에게 진심으로 감사하는 바입니다."

변호사는 마지막으로 우리에게 씌운 혐의들을 하나씩 하나씩 열거하면서 아무 근거도 없음을 지적했다. 박씨의 명변호로 육군은 기소를 포기했고 우리는 더 이상 이 문제로 괴롭힘을 받지 않게 되었다.

육군의 기소에 대한 반박으로 박씨는 이렇게 말했다.

"미합중국에서는 그 나라에서 태어난 사람이면 그 부모의 국적에 상관없이 그 나라의 시민으로 인정된다고 합니다. 같은 이유로 나는 이 의뢰인이 조선의 시민임을 천명합니다. 군부에서는 피고인을 영국의 스파이이고 적색 외국인이라고 규정했습니다. 저는 이 점을 강력히 반박합니다. 그는 적도 아니고 외국인도 아님을 지금까지 명백히 알려 드렸습니다. 그는 청진기로 우리 백성들의 심장을 진찰할 때면 자기 심장도 우리와 함께 뛴다고 말한 일이 있습니다. 그는 우리와 똑같이 느끼고 사랑합니다. 이런 감정의 공통점으로 인해 그는 우리와 하나가 되었습니다. 이러한 그를 이 법정에 나와서 숙여 절하도록 명령한, 그에게 억울한 혐의를 씌운 사람들이야말로 지금 여기 나와서 부끄러움을 씻는 절을 해야 마땅할 것입니다."

헌병대에서 파견 온 사람은 마치 이 말을 피하려는 듯 법정의 창밖을 쳐다보고 있었다. 박씨의 변호는 효과가 컸다. 육군의 집요한 압력이 아니었다면 판사는 무죄를 선언했으리라는 말을 후에야 들었다. 사사키 씨가 전에 알려주었던 대로 우리는 3개월 징역, 아니면 1천 달러라는 벌금형을 언도받았다.

현지 신문에는 이 재판에 대해 한 마디 언급도 없었다. 얼마 후에 서양 신문에만 '캥거루 재판'이라는 제목으로 기사가 실렸다. 진정 이것은 하나의 코미디 같은 재판이었다. 일본 건국 2600년 경축의 하나로 일본 왕은 조선에 하사금을 내렸는데, 단일 하사금으로는 가장 액수가 많은 1천 달러가 공교롭게도 해주 요양원에 전달되었다. 재판이 완전히 결말을 보지 못해 나는 해주 지역 밖으로 한 발짝도 나가지 못하게 되어 있었다. 결국 경축식에는 참석하지 못했다.

일왕의 하사금은 나를 돕지는 못했지만, 우리 요양원에는 많은 도움이 되었다.

30
조선을 떠나며

1940년 10월 9일, 미국 정부가 보낸 지시가 라디오에 수신되었다. 그 내용은 미국 총영사인 마시(O. Gaylord Marsh)가 확인했다. 그 훈령은 모든 미국 국적을 가진 사람, 특히 여성과 어린이들은 철수시킬 것, 그러기 위해 두 척의 여객선을 11월 6일 제물포에 보낸다는 내용이었다. 호놀룰루-샌프란시스코를 항해하던 SS 메리포사(SS Mariposa) 호, SS 몬테리(SS Monterey) 호가 이 일을 위해 차출되었다. 또 영국 총영사인 제럴드 핍스도 월말까지는 영국 국적인 모두에게 본국으로 돌아가라고 종용하기 시작했다.

영국 스파이로 몰려 법정에서 형을 언도받기까지 한 우리는 즉시 서울에 있는 영국 총영사를 만나 의논해야겠다고 생각했지만 허가 없이는 해주를 떠날 수 없었다. 겨우 핍스를 만날 수 있었다. 우리는 그에게 벌금을 내는 일이 옳겠는지 자문을 구했다. 벌금을 지불하면 죄를 시인하는 것으로 비춰지는 것처럼 보였다. 죄를 시인하기보다는 오히려 감옥에 가는 편이 나을지도 몰랐다.

픕스는 우리를 기다리게 하더니 즉시 행동에 들어갔다. 그는 감리교 선교회의 대표자인 사우어와 함께 외무성의 오다를 만나 의논했다. 오다는 감리교인으로서 크리스마스 씰 사업을 통해 내게도 항상 도움을 주었던 사람이었다. 오다는 군부의 압력만이 재판을 좌우할 수 있다고 말하고는 더 이상 법정에서 해결할 생각은 하지 않는 것이 좋다는 의견을 전했다. 상소하면 사태를 악화시킬 뿐이라는 것이었다. 비록 재판이 법적인 절차나 근거를 무시한 엉터리라 할지라도, 빨리 벌금을 지불하고 가능한 한 조속히 출국해야 한다고 픕스는 결론을 내렸다.

11월 중순 SS 메리포사 호는 219명의 미국인을 싣고 떠났다. 그중 74명은 감리교인이었으며 여성해외선교사들도 24명 포함되어 있었다.

우리는 아직도 벌금을 내지 못했으니 떠날 자유가 없었다. 픕스의 고마운 권고를 듣고 우리는 즉시 가구, 석탄 등 우리가 가진 물건을 팔기 위해 동분서주했다. 그때는 전시여서 물건이 품귀 현상을 빚었던 때라 모두들 좋은 값에 팔렸다.

몇 사람의 조선인 기독교인들은 자기들의 논을 팔아서 우리를 돕겠다고 했으나 다행히 우리 물건들이 팔렸고 모자라는 돈도 빌릴 수 있어서 그들의 도움을 받지 않아도 되었다. 그러나 육군이 우리 물건을 사는 사람들을 위협해서 어려움이 없었던 것은 아니다. 이런 난관에도 불구하고 우리는 벌금 총액을 기일에 맞춰 준비할 수 있었다. 그러기 위해 가지고 있던 가장 따뜻한 옷과 담요들까지도 처분해야 했다.

드디어 검사실을 내 발로 찾아갈 수 있게 되었다. 자유를 되찾기 위해 '몸값'을 가지고 왔다고 하자 검사는 눈이 휘둥그레졌다. 그의 책상 위에 나는 기분 좋게 전액을 내놓았다.

"당신이 돈을 준비해오리라고는 전혀 상상하지 못했소!"

검사는 놀란 목소리로 말했다.

"오늘 아침 당신이 들어갈 감방을 청소하기 위해 소독제를 가져오라고 병원에 명령했소. 당신도 아시다시피 감방은 냄새가 지독하고 병충들이 들끓고 있어요. 쥐덫도 갖다놓으라고 했지요. 이놈의 쥐들이 잠자는 죄수들 위로 뛰어다니며 사람들을 물기도 하거든요. 이런 환경에서는 밤에 잠을 잘 수가 없어요. 또 특별한 배려로 우리 사무실의 의자도 두어 개 당신 감방에 갖다놓으라고 했소. 당신네 서양인들은 오랫동안 바닥에 앉아 있지 못하는 것을 알기 때문이지요. 그러나 간이침대를 놓을 자리가 없으니 바닥에서 잘뻔했소. 그러나 저러나 이제 내가 이렇게 준비를 잘해놓았는데도 쓸모없게 됐군요."

나는 그의 사려깊음에 감명을 받았으나, 그런 친절을 받지 않아도 된 점이 더욱 기쁘다고 말했다.

"여하튼, 당신이 우리의 '특별 손님'이 되지 않아 정말로 기쁩니다."

그는 작별 인사에서 이 점을 시인했다.

우리는 후에 조선에 그대로 남아 있었던 닥터 쿤즈(E. W. Koons) 같은 이들에 대한 이야기를 들었다. 그들은 일본인들로부터 잔인한 고문을 받았다. 닥터 쿤즈는 '물 먹이기'라는 특별한 고문을 당했는데, 이것은 강제로 물을 위 속에 부어넣는 것으로서 인간이 인내할 수 있는 한계를 훨씬 넘는 고문이다. 다행히도 대부분의 미국인들은 이런 끔찍한 일을 당하기 전에 조선을 떠났다.

나는 집으로 도착하자마자 매리언과 아이들을 얼싸안았다. 마침내 다시 자유를 찾았다고 말하자 매리언은 짐을 싸도 좋으냐고 물었다. 나는 힘 있게 고개를 끄덕이고는 서울에 있는 친구 데이비슨(H. W. Davidson)에게 편지를 쓰려고 서재로 향했다. 그는 우리의 미국행 선편을 주선할 수 있었다. 막 편지를 쓰려는데 전보가 도착했다. 나는 감히 봉투를 열 수가 없었다. 그러나 아이들은 재촉했다.

"읽어봐요. 읽어봐요!"

언뜻 보니 우선 일본어 전문이 아니었다. 그것은 뉴욕의 선교위원회에서 온 전보였다.

"인도, 아지메르(Ajmer)의 결핵담당 의사로 즉시 전근할 수 있는지 고려 요망. 전보 답신 요망."

긴장이 확 풀렸다. 우리는 비밀회의를 열었다. 원래 인도는 선택의 순서로 보아 우리에게는 마지막 선교지가 될 곳이었다. 그러나 우리 부부는 평생을 선교사로 헌신하기로 한 사람들이었다. 선교활동을 위한 문이 조선에서는 완전히 닫혔지만 인도에서는 열렸으니 이것은 하나님께서 우리를 택하신 것으로 생각되었다. 우리는 인도에 가겠다고 선교위원회에 답신을 보냈다.

이 일이 있고 나서 얼마 후에 선교위원회는 우리의 인도 행 결정에 대해 지극히 흡족해 했다는 사실을 알게 되었다. 〈월드 아웃룩〉이라는 선교 잡지는 '두 나라에서 결핵퇴치'라는 제목으로 두 나라에서 일하고 있는 우리의 사진을 게제해면서 기사를 실었다.

결정을 내린 후 나는 데이비슨에게 원래의 부탁과 다른 편지를 썼다. 인도에 가는 선편 예약을 되도록 빨리 해달라고 부탁했던 것이다.

그는 이러한 전시 하에서는 선편을 잡기가 매우 힘들지만 마침 'SS

프레지던트 잭슨 호'가 세계일주 처녀항해 도중 12월 첫 주에 일본 고베에 기항하게 되니 봄베이까지의 선실을 예약하도록 힘쓰겠다고 답장을 보내왔다. 일은 비교적 잘 풀려가는 듯 했다.

아이들은 코끼리와 낙타가 있는 나라로 간다는 사실에 모두 흥분했다. 이때 우리는 평양외국인학교가 문을 닫았다는 통보를 받았다. 매리언은 윌리엄을 데리고 평양에 갈 날짜를 정해두고 있었으나 학교가 폐쇄되는 통에 앞당겨 평양으로 갔다.

우리는 요양원이 확고한 경제적 기반 위에 서서 영구적으로 운영되기를 원했다. 그래서 우리가 출국하기 전에 이에 필요한 조치를 취하기로 했다. 요양원을 후원할 재단을 구성했다. 이름은 '호진 재단'이라고 지었다. 요양원의 땅, 건물 등 소유물은 결핵병원 요양원으로 계속 사용될 수 있도록 정부에서 책임지기로 했다. 따라서 전과 같이 요양원의 모든 행정은 도지사가 주관하는 이사회에 의해 계속 운영되기로 했다.

이 일은 매우 복잡하고 난관이 많았다. 다행히 나는 도지사의 강력한 후원을 받고 있었고 서울에도 친한 고관들이 있어서 모든 조치를 끝낼 수 있었다. 물론 호진 재단은 현 정부가 계속 집권하느냐 망하느냐에 따라 그 운명이 결정될 것이다. 전시에는 '정부의 보증'이란 가능성일 뿐 확실성은 아니다. 노튼 기념병원(해주 구세병원)은 세워진 지 오래되었고 이미 확고하게 자리가 잡혔기 때문에 특별하게 법적인 경영 이전을 조치하지 않았다.

해주에서 약 80킬로미터 정도 떨어진 송도의 남감리교학교는 잘 운영되고 있었다. 이 학교에서 우리의 의창학교와 합류하고 싶다는 제안을 해왔다. 학교를 책임지고 있던 선교사가 출국 당했기 때문에 지금 탐탁지 않은 사람들이 이 학교의 경영권을 가지려 한다는 것이었다. 나는 이제 자유의 몸이었으므로 그곳에 와서 사태를 파악해달라는 요청을 받아들였다. 그 학교를 둘러보고 온 나는 우리의 의창학교 이사회에서 그 학교를 계속 기독교계 학교로 운영하는 책임을 지기로 결정했다. 매리언도 다행히 자기 후임으로 병원과 어린이 진료실을 맡아줄 좋은 조선인 여의사를 찾아냈다.

이렇게 해서 조선에서의 우리 생활이 막을 내릴 시간이 다가오고 있었다. 물건들은 대부분 다 팔렸으므로 매리언은 짐싸기가 수월했다. 그러나 아직도 남아 있는 물건들이 있었다. 자개를 박은 장롱과 내가 부모님으로부터 물려받은 가보들, 이 물건들은 나에게는 그지없이 소중했다. 그러나 조선에서의 추억이 담긴 이 물건들도 이제 다시는 볼 수 없게 되었다.

출국 시 귀한 물건들은 빼앗길 것이 틀림없었다. 그래서 단지 기본적인 필수품만 들고 떠나기로 했다. 세계 도처의 수많은 난민들이 겪고 있는 슬픔이 어떤 것인지를 나누면서.

출국 직전의 나날은 전보다 더 바빴다. 정규적인 근무 외에도 병원, 요양원, 학교 이사회에 필요한 좋은 분들과 군대에 차출 당해 생긴 빈자리를 채울 직원들을 찾기 위해서도 분주했다. 좋은 일꾼을 만나기란 힘든 일이었다. 열심히 찾아보고 기도하는 중에 결국에는 헌신적이고도 자격 있는 이사회 멤버들과 직원들을 구했다. 우리는 이제 가벼운 마음으로 떠날 수 있었다. 하나님께서 계속 사업을 보살펴주시리라 믿으면서.

동양 풍속으로는 떠나기 전에 여러 관청의 관리들과 유지들을 방문하여 인사를 하는 것이 도리다. 연이은 작별 인사로 정신적으로나 육체적으로 지치는 일이 적지 않았다. 그날도 나는 작별 인사차 다니고 있었다. 짐을 싸고 있던 매리언에게 내가 검찰청 검사실로 들어가는 것을 봤다는 소식을 누군가가 전해주었다. 들어가는 것은 보았지만 나오는 모습은 아무도 보지 못했다고 하자 매리언은 내가 다시 체포된 것으로 알았다.

"아이구, 맙소사!"

매리언은 부르짖었다. 그녀는 너무나 신경이 곤두 서 있어서 그만 울음을 터뜨리고 말았다. 조금 후 집으로 돌아온 나는 매리언의 모습을 보고 놀랐다. 나는 그저 작별 인사 차 검사 방에 들른 것이며 좀 길게 이야기했을 따름이라고 했다.

검사는 이야기하는 도중에 육군에서 우리에게 씌운 죄목 중의 하나는 우리가 사이토 씨와 친했다는 사실이 포함되어 있었다고 밝혔다. 사이토 자작은 1919년에서 1927년까지 조선 총독이었으며 그 후에는 일본 수상이 되었으나 나중에는 강력한 반 군부 인사가 되었다. 사이토 씨는 1934년 7월 3일 그의 각료 중 한 사람이 금전 스캔들에 관련되어 체포되자 수상직을 사임했고 1936년 2월 26일 암살되었다. 동경 주둔의 육군 2개 연대에서 자행한 저명한 정치가들에 대한 많은 암살 중 하나였다. 이 사건은 소장 장교들이 일으킨 하극상이었다. 이때부터 일본 육군은 정치를 지배하기 시작했다.

검사는 우리 집 가택수색 중에 발견된 사이토 하루(사이토의 아내)의 편지에 육군 수사관은 특히 많은 관심을 가졌다고 했다. 그 편지는 사이토의 사망에 대해 우리가 보낸 편지에 대한 그녀의 답장이었다. 그녀도 남편의 저격을 막으려다 부상을 당했다. 그 편지는 1936년 5월 15일자로 되어 있었는데 검은 색으로 둘레가 쳐져 있었으며 그녀의 동경 주소가 적혀 있었다. 검사는 그 편지에서 유죄가 되었던 부분을 보여주었다.

… 고인이 된 남편을 추모하여 주신 데 심심한 감사를 드립니다. 남편 생존 시에 귀하께서 보여준 친절을 항상 기억하겠습니다.
—사이토 하루

육군에서는 편지의 마지막 줄을 문제시하여 나도 반 군부파가 틀림없다고 단정했다는 것이다. 육군에서는 법정에서 내린 벌금형 언도로 내가 자유로울 수 있었던 점을 대단히 불만스러워했다고 한다. 검사는 더 말썽이 생기기 전에 떠날 수 있게 되어 매우 기쁘다고 인사했다.

해주의 유지들은 우리를 위한 환송연을 베풀었지만 육군에서 알지 못하게 비밀리에 주선했다. 그러나 비밀은 새기 마련이다. 환송연에 불청객인 두 육군이 나타났다. 다행히 유지들이 조선 국기를 증정하고 난 뒤에 그들이 왔기 때문에 우리들은 모두 무사할 수 있었다. 나는 조선 국기를 조심스레 코트 속주머니에 몰래 감췄다. 헌병들은 참석자 전원의 이름을 적었다. 이들은 환송회의 분위기에 찬물을 끼얹었다. 환송회는 원래의 예정보다 훨씬 짧아졌으며 환송사 등 연설도 예정대로 할 수 없었다. 이때 데이비슨으로부터 긴급 전보가 도착했다.

"죄송. 에스에스 프레지던트 잭슨에 자리 없음."

이 소식은 우리 계획에 큰 타격을 주었다. 즉시 가족 비밀회의를 가졌다. 그런 다음 나는 좌중을 향해 발표했다.

"우리는 여하간 예정대로 조선을 떠납니다. 해주에서 선편을 기다리는 것보다 고베로 가서 자리가 나기를 기다리는 게 훨씬 빠를 것입니다. 그리고 하나님께서 인도해주실 줄 굳게 믿고 나아갈 것입니다."

환송회가 끝나자 나는 친구들의 성의에 감사함을 표하고 여기에서 작별을 고하자고 말했다. 역으로 환송을 나오면 그들에게 이로울 게 없었다. 진정 나오지 말라고 만류했다.

그리고는 두 사람의 불청객에게 말했다.

"당신들도 방금 보셨다시피 이 파티는 군부에 반대하고자 모의한 게 아닙니다. 그러니 제발 여기 참석했던 명단을 보고하지 말아주십시오. 나에게 온 전보와 예정대로 내가 출국한다는 사실만 보고해주십시오. 이 모임에 아무 일도 없었다는 점을 잘 말해주시오."

내 부탁이 어떤 효과가 있을지는 알 수 없으나 이렇게 부탁하지 않을 수 없었다.

우리를 위한 공식적인 환송회는 병원, 학교, 요양원의 세 기관 공동으로 요양원 예배당에서 갖기로 결정되었다. 기억에 남을 이 행사는 불청객의 참석 없이 조용히 진행되었다. 끝맺음에 있어 요양원 교회의 김영순 목사는 사태가 호전되는 대로 꼭 돌아오라고 간절하게 부탁했다. 송사의 마지막에 가서 그는 울음을 터뜨렸다. 많은 사람들이 소리 없이 울고 있었다. 나 역시 답사를 하는 중에 거의 눈물에 젖어 있었다. 나는 해주에 다시 돌아오지 못할 것이라는 느낌이 들었다. 마지막 작별이라는 점에서 더욱 할 말을 찾기가 힘들었다.

식이 끝나자 환자들 여러 명이 내게로 와서 청진기를 자기 가슴에 대어달라고 원하는 통에 비로소 슬픔에서 깨어났다. 환자들은 내 청진기가 병을 진단하는 데 쓰는 도구라기보다 신비한 치유의 능력을 갖고 있는 것으로 믿었다. 이들은 모두 병이 많이 호전된 사람들이었으므로 그들의 요구에 따라 청진기를 가슴에 대주며 용기와 편안함을 주었다.

해주역을 출발할 때는 아무 말썽이 없었다. 필리스를 돌봐주었던 최씨는 서로 헤어지기 아쉬워 눈물을 흘렸다. 공립학교의 선생인 나가타 부이츠 가족은 우리가 떠나는 것을 보려고 역에까지 나와 주었다. 감시가 심한 때인데 이렇게 마중나와 준 그들의 우정에 가슴이 뭉클했다.

서울에 도착한 우리는 사복형사들의 감시를 받고 있다는 것을 알았다. 그래서 서로 갈라지기로 했다. 매리언은 아이들을 데리고 핍스 댁으로 갔고 나는 친구인 찰스 사우어에게 갔다. 그는 서울에 남아 선교회 일을 정리하고 있었고 평양 기지는 무어(J. Z. Moore)가 유지하고 있었다. 이들도 곧 떠나야 했다.

어느 사이에 서울은 전쟁을 실감하게 하는 분위기로 변해 있었다. 길거리는 한산했다. 흰옷을 입은 사람들은 보이지 않고 회색 옷만 간혹 보였다. 전시에는 회색 옷을 입으라는 지시가 내려졌던 것이다. 군복을 입은 군인들은 많았으나 부인들과 아이들은 어느 거리에서도 찾아볼 수 없었다.

많은 조선인 상점들이 문에 판자를 둘러쳐두었다. 친구들 집을 찾아가보니 이미 쓸쓸하게 버려진 빈 집들이 되어 있었다. 친구들이 모두 떠났다는 사실을 내 눈으로 확인하자 다시 한 번 놀라지 않을 수 없었다. 조선에서의 즐거웠던 날은 다시 오지 않을 것이라는 생각이 들었다. 텅빈 서울 풍경은 나를 슬픔에 잠기게 했다. 그러나 아직은 최악의 상태는 아니었다.

차이나타운을 지나는데 전에는 화려하고 사람들로 붐볐던 곳이 어찌나 황량했던지 망연자실하지 않을 수 없었다. 서울 중심부에 자리한 차이나타운은 화려한 거리였다. 전통적인 음력설이면 그림 같은 중국 등에 불빛이 휘황했고 폭죽 터지는 소리에 귀가 아플 지경이었다. 화려한 색깔의 옷을 입은 '노래하는 소녀'들을 보고 있노라면 서양의 경축은 우중충하게 느껴질 정도였다. 그토록 화려했던 이 거리가 지금은 사람이 사는 것 같지 않게 텅 비어 있었다. 겁 없이 뛰어다니는 쥐들만이 우글거릴 뿐이었다. 옛날 이 거리에서 행복했던 주민들의 모습이 보이지 않는, 전쟁의 비참함에 놀라 내 몸은 저절로 떨렸다.

나는 시간이 흐르는 것도 잊고 이 황폐한 거리를 벗어나 일본인 거주 지역으로 발걸음을 옮겼다. 거기에는 확실히 생동감이 있었다. 그러나 역시 행복한 얼굴들은 볼 수 없었다. 이때 귀를 때리는 듯한 '때각때각' 땅을 치는 게다 소리가 들렸다. 게다는 군인들의 군화를 만들 귀한 가죽을 절약하기 위해 일본인들 거의 모두가 신는 나막신이었다.

내가 이렇듯 다른 두 지역의 모습을 구경하고 있을 때 갑자기 사복 형사가 나타났다. 그가 가까이 다가오자 나는 순간적으로 한 생각이 섬광처럼 머릿속을 스쳐갔다.

"내가 무슨 잘못을 했나? 혹시 내가 보안 지역에 잘못 들어온 건 아닌가?" 그러나 그는 웃으며 정중하게 인사를 했다.

"우리는 당신을 조심스레 미행하고 있었습니다. 당신이 누구와도 불순한 접촉을 하지 않았음을 확인했으므로 16mm짜리 영사 필름을 돌려주어도 괜찮을 것으로 생각합니다. 그 필름은 우리 경찰서로 누가 가져온 것입니다. 나와 함께 서로 가면 돌려드리겠습니다."

'이건 함정이 아닐까? 나를 끌고 가는 방법일까?'

이제는 전과 달리 사람 말을 믿지 못하게 된 내 자신이 두려웠다. 그러나 아무리 의심이 된다 해도 그를 따라가지 않을 도리는 없다. 경찰서에 도착한 나는 친절한 분위기를 금방 알아차릴 수 있었다. 그들은 부드러운 태도로 나를 맞이했다. 나는 그들을 의심했던 걸 후회했다. 담당 경찰관이 말했다.

"여기 당신들이 찍은 필름들이 있는데 확인해주시기 바랍니다."

그는 의자에 앉으라고 손짓을 하고는 서두르지 말고 천천히 보라고 했다.

나는 지체하지 않고 필름을 봤다. 틀림없이 우리 것이었다. 담당자는 내 어깨 너머로 필름을 봤다. 그는 여러 장면에 관심이 많았다. 아이들이 찍은 필름을 돌려받게 되어 아내가 기뻐하겠다고 말했다.

"당신네들이 우리 일본인들같이 아이들을 사랑하니 좋습니다. 당신의 안전을 위해서 높은 지역에서 촬영된 필름들은 없앴습니다. 그런 장면들은 전쟁이 끝나면 다시 찍을 수 있지요."

그는 더 이야기하고 싶은 모양이었으나 나는 빨리 그 자리를 나오고 싶었다. 그는 군부에 대해 여러 이야기를 하면서 비록 군부가 드높아진 것처럼 보이지만 아직 그 세력이 안정권에 들었다고 생각하지 않는다고 말했다.

"법정에서 당신이 풀려났을 때 육군 담당관들은 펄펄 뛰었지요. 그러나 지금은 달라요. 거기에 중요한 점이 있어요. 당신이 고국으로 돌아가지 않고 인도에 간다는 사실을 알고는 그들의 생각이 달라진 거지요. 군인들이 말이죠. 당신도 아시다시피 일본은 대동아공영권을 계획하고 있으므로 결국 인도도 이에 포함될 것이라고 여기고 있습니다. 군인들은 당신이 인도에서 일군이 진주할 때 영접 위원이 되어 다시 만나게 될 것이라고 생각하는 게 틀림없습니다."

그는 마지막으로 군인들이 더 이상 나를 괴롭히지 않을 것이라고 생각한다는 위로의 말도 했다.

"그래서 이제 당신에게 필름을 돌려줘도 괜찮겠다고 생각한 겁니다."

그리고 그는 심부름꾼을 부르더니 무거운 필름 뭉치를 들어다주라고 명령했다. 나는 그 경찰 간부의 호의에 진정으로 고마움을 느꼈다.

몇몇 사람에게 작별 인사를 하는 일은 매우 중요하다고 생각했다. 그러나 헌병대 대장에게는 들르고 싶지 않았다. 그동안 그들 때문에 당한 일을 생각하면 말하기에는 부끄럽지만 미운 감정이 가득 쌓여 있었다. 그러나 냉정히 생각해보면 일반 일본 사람들이라 하여 누구나 다 좋은 사람이 아닌 것처럼 모든 군부의 일본인이라 하여 다 나쁜 사람들은 아닐 것이다. 기독교인으로서 "악은 미워하되 죄인은 사랑해야 한다"는 점을 실천해야 한다고 생각되었다. 예수님께서는 십자가에서 못 박혀 돌아가시는 순간에도 "아버지, 이 사람들을 용서하여 주소서. 그들은 자기들이 무슨 일을 하고 있는지 알지 못합니다"라고 하지 않으셨는가? 헌병 대장을 만나 그를 미워했던 감정을 버리지 않는다면 기독교인으로서의 자격이 없음을 느꼈다.

이제 나는 해주에서와 같이 죄수가 아닌 자유의 몸으로 헌병대에 들어갈 수 있어서 기분이 좋았다. 대장은 유쾌하게 나를 맞아주었다.

나는 그에게 작별 인사차 방문했음을 전하고 "당신을 미워하는 감정은 조금도 가지고 있지 않다"고 했다. 또한 어떤 부탁이나 무슨 선처를 바라서 온 것도 아니라는 것도 알려주었다.

그는 '미워하는 감정'이라는 말은 못들은 척하며 간단히 대답했다. 오다와 사사키가 나의 결핵퇴치 사업에 대해 많은 이야기를 들려주었다면서 자기도 개인적으로 나의 봉사에 감사하고 싶다고 했다. 그러더니 서울을 떠나는 날짜와 시간을 물어 비서에게 메모하게 했다. 나는 의례적인 수사상의 확인으로 생각했다. 그리고 그 자리에서 나올 때는 그다지 즐거운 심정이 아니었다. 하지만 기독교인으로서 최선을 다했다고 느꼈다.

드디어 떠날 시간이 다가왔다. 공식적인 작별 인사도 끝났고, 은행 계좌도 닫았다. 여권 비자도 받았으며, 기차와 여관 예약도 다 끝났다. 해주에서와 같이 조선인 친구들에게 역까지는 나오지 말라고 부탁했다. 그러나 어떤 사람들은 우리의 충고를 무시하고 역까지 나왔다.

서울에는 몇 사람의 서양인만 남아 있었으나 이들도 강제 추방되었다. 역에는 많은 일본인 친구들이 플랫폼에서 우리를 기다리고 있었다. 그중에는 오다 부부와 사사키 내외도 있었다. 사사키는 최근 서울의 적십자로 자리를 옮겼다. 역에서 우리를 기다리던 사람들은 모두가 그들 나름대로 우리를 도와주었던 분들이었다. 그중에서도 가장 나를 놀라게 한 사람은 헌병대 대장이었다. 그는 부하와 함께 플랫폼에 서 있었다. 그렇게 높은 지위에 있는 육군 장교가 전에 자기가 죄인으로 다루었던 사람에게 인사하러 나왔다는 점은 아무리 생각해도 믿기 힘든 일이었다. 우리 친구들은 "무슨 일이 또 벌어질 것인가?" 하고 두려

위하기 시작했다.

우리들의 두려움은 그들이 우리에게 정중한 인사를 할 때야 비로소 진정되었다. 헌병대 대장은 "인도까지 안전하고 즐거운 여행을 기원한다는 인사를 하기 위해 나왔다"고 말했다. 이러한 친절한 작별인사보다 더 중요한 점은 그가 우리의 안전한 여행을 보장했다는 사실이었다. 우리가 고베까지 여행하고 일본을 떠날 때까지 우리를 잘 보호하라는 엄한 명령서를 발부했다고 확언해주었다. 수많은 소중한 기억들을 간직한 채 조선을 떠나야 할 시간이 다가오고 있었다.

헌병대 대장의 부하는 아직도 경찰과의 라이벌 의식으로 자기들의 체면이 손상된 일에 앙심을 품고 있었다. 그는 경찰과 헌병 중 어느 쪽이 우리에게 잘해주었는지 알고 싶다고 했다. 나는 직접적인 대답을 피하면서 우리를 자유롭게 해준 기관에 함께 감사한다고 말했다. 그는 내 반응에 아직 만족하지 않고 더 추궁하려 들었다. 그때 다행히도 대장이 우리에게 환송객들과 인사할 시간을 주라고 해서 겨우 곤경에서 벗어났다.

우리는 기차가 떠나기 직전에 열차에 올랐다. 기차는 서서히 역을 빠져나갔다. 친구들의 얼굴이, 내가 태어난 도시가 시야에서 점점 멀어지고 있었다. 그러나 우리의 기억들과 애정은 결코 사라지지 않을 것이다.

31
만세

부산에 도착해보니 일본행 연락선이 떠나려면 아직 시간이 남아 있었다. 우리는 이 사실이 기뻤다. 남은 시간을 이용하여 조선을 떠나는 아쉬움을 달래기 위해 부산을 눈여겨보아두기로 했다.

아이들은 우리가 1926년 4월, 부산에 도착했을 때 환영을 받았던 벚나무가 만발한 해변의 공원에 대한 이야기를 많이 들어왔다. 기차에 시달려온 아이들을 그곳에 데리고 가서 잠시 뛰놀게 하고 우리도 머리를 식힐 생각이었다.

11월의 공원은 쓸쓸했다. 우리 기억에 새겨져 있는 찬란한 아름다움은 찾아볼 수 없었다. 오히려 외롭고 우중충해보였다.

매리언과 나는 공원 벤치에 앉았다. 윌리엄도 합석했다. 조와 필리스는 즐겁게 뛰놀았다. 우리들은 깊은 시름에 잠겼다. 열세 살이었던 윌리엄은 무슨 일이 벌어지고 있는지 눈치 챘다. 그는 동생들보다 정신적인 타격이 컸다. 사실 우리 모두는 정신적으로 고통 받고 있었다.

해주 구세병원(노튼기념병원) 직원들과 함께.

닥터 홀이 교장으로 재직했던 해주 의창학교의 35주년 기념식에서, 1938년.

매리언은 여러 가지 지난 일들을 조용히 되새기는 듯했다. 나는 태어나 소년기를 보낸 16년간의 조선에서의 즐거웠던 시절이 떠올랐다. 의사인 아내를 데리고 조선에 도착하던 날 새벽이 주마등처럼 눈앞을 스쳐갔다. 지난 14년 6개월, 우리 부부는 함께 선교사가 된 후 많은 어려움을 이겼고 우리의 신앙생활은 충만했었다. 이 나라에 대한 우리의 애정은 각별한 것이었다. 우리 가족은 이 나라에서 인생을 시작했고 2대에 걸쳐 의사 부부 가족으로 봉사했다. 그 사실로 우리는 이 나라 사람들로부터 얼마나 많은 사랑을 받았던가.

1938년 5월 7일. 해주에서 있었던 '네 개의 기념식'이 떠올랐다. 그날의 감격은 오래도록 잊지 못할 것이다. 해주 의창학교는 칼 크리칫(Carl Critchit) 목사가 설립한 지 35주년을, 닥터 노튼(A. H. Norton)이 설립한 해주 구세병원은 30주년 기념을 맞고 있었다. 매리언은 1928년 '어머니와 어린이 후생클럽'을 시작했는데 그 창립 기념일 또한 같은 날이었다. 거기다 해주 구세결핵요양원의 창설 10주년 기념일까지 겹쳤던 것이다.

나는 매리언이 그 당시 〈조선 선교계〉(*Korea Mission Field*)에 기고했던 글을 되새기면서 아내를 자랑스러운 눈으로 바라보았다.

11년 전 남편과 나는 우리 집과 바다 사이에 있는 산길을 산책하고 있었다. 그때 우리는 발걸음을 멈추고 아름다운 경치에 감탄했었다. 주위는 온통 논, 바다, 그리고 소나무 숲으로 덮인 산이었다. 그러나 남편은 이 산을 바라보면서 꿈을 꾸고 있었다. 그가 소년 시절부터 그려온 결핵환자들의 요양원 숙사들이 점점이 서있는 미래의 이곳 광경을 상상하고 있었던 것이다. 그는 절망한 병자들이 입원하러 오는 모습을, 완쾌된 사람들이 새 희망을 가지고 요양원을 떠나는 광경을 생생하게 그리고 있었다.

동화 속 이야기처럼 요술 막대기를 가진 요정이 나타나 우리가 바랐던 요양원을 이곳에 세워주진 않았다. 그러나 1년 후 첫 번째 건물이 개관되었다. 이제 개관 10주년을 맞는 오늘, 감회 깊게 시작 당시의 그 어려움들을 되돌아보게 된다. 마치 모든 게 신비한 힘으로 이루어진 것처럼 느껴진다. 나는 안다. 그것은 오로지 하나님께서 주신 '꿈'이었고, 그 꿈에 성실히 매달렸기에 하나님께서 이를 성취시켜주셨다는 사실을. 우리가 어려울 때면 하나님께서는 친구들을 통해 도와주셨다. 우리는 온갖 난관을 하나하나 극복했다. 이제 이곳은 절망에 빠졌던 많은 사람들이 희망을 얻는 장소가 되었다.

요양원 교회 뜰의 야외 집회소에서 예배가 있었다. 도지사와 사사키 부지사의 축사 후 다음 연희전문학교(Chosen Christian College)의 언더우드(H. H. Underwood) 박사가 설교를 했다. 다른 사람들은 축사에서 한결같이 요양원이 오래오래 번성하기를 기원했으나, 언더우드 박사는 그와 반대로 빨리 결핵을 퇴치하여 요양원이 필요 없게 되기를 바란다고 말했다. 축하편지와 전보들도 많이 도착했다. 그 중에는 다음과 같은 내용도 있었다.

> 친애하는 닥터 셔우드 홀, 선생님은 성스럽고 훌륭한 일을 시작하셨습니다. 오늘은 해주 결핵요양원의 설립 10주년 기념일입니다. 요양원의 눈부신 발전은 선생님의 피와 땀의 결정입니다. 오늘날 결핵은 인류의 적임이 자명합니다. 그러나 10년 전만 해도 우리 조선 사람들은 그런 사실을 이해하지 못했습니다. 선생님께서 요양원을 설립하신 후로 환자들이나 일반 대중이 결핵에 대한 지식이 모자라 병마와 싸우는 데 많은 어려

한 조선인 화가가 그린 해주 결핵요양원 및 주변풍경 그림.
결핵요양원과 교회, 농장, 재활센터 등도 이 그림에 모두 나와 있다.

결핵요양원 사진.
사진 뒤쪽으로는
교회가 보인다.

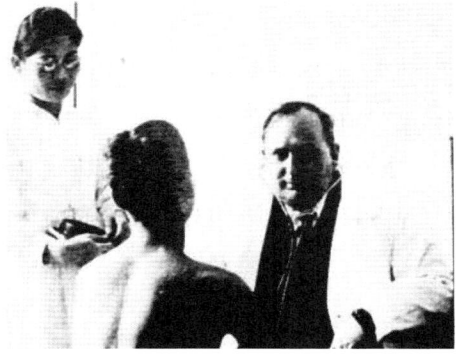

닥터 홀이 요양원
에서 환자를 진찰
하는 모습.

움이 있었던 걸로 압니다.

선생님은 결핵에 걸려 깊은 절망에 빠졌던 많은 사람들을 치료하셨습니다. 선생님은 병을 고쳐주셨을 뿐 아니라 결핵예방운동을 시작하셨고 결핵퇴치협회의 지도자로 훌륭한 역할을 하셨습니다. 선생님께서 생애의 황금기를 이 사업을 위해 바치셨기에 많은 사람들이 행복을 찾을 수 있게 되었습니다. 선생님의 사랑은 태산보다 높고 황해보다 깊습니다. 영광스런 10주년 기념을 맞이하여 선생님으로부터 은혜를 입은 저희들은 감사한 마음을 금치 못합니다. 이제 저희의 마음을 표시하고자 작은 선물을 올립니다. 저희의 성의를 기억하는 뜻으로 이 선물을 받아 주시면 저희들은 최고의 영광으로 알겠습니다.

'고요한 아침의 땅'에 내 인생을 수놓은 지 24년. 그동안은 문자 그대로 사건과 흥분의 연속이었다. 그렇다. 조선을 떠나기는 참으로 가슴 아픈 일이다. 우리 인생과 깊은 인연을 맺었던 모든 것을 저버리고 떠나기란 참으로 힘든 일이다. 그러나 우리가 머문다면 우리는 물론 우리가 사랑하는 조선 친구들에게 더 큰 시련이 닥칠 것임은 너무나 자명한 일이다.

출발 시간이 가까워졌다. 나는 상념에서 깨어나 아이들을 불렀다. 그리고는 주머니에서 아름답게 수놓은 조선 국기를 꺼냈다. 해주에서 환송연 때 조선 친구들이 기념품으로 우리에게 준 것이다. 나는 태극기를 펼친 다음 나뭇가지에 걸었다. 우리 가족은 태극기 주위에 모여 섰다. 조선 사람들은 전통적으로 축복을 기원할 때 "만세!"를 부른다. 이 말은 "1만 년을 사십시오!"라는 뜻이다.

우리 가족 다섯 중 네 명은 조선에서 태어났다. 매리언도 생애의 전성기를 조선에 바쳤다. 나는 가족에게 조선의 국기인 태극기를 향해 마지막 인사를 하자고 했다. 우리 가족은 목소리 높여 "만세!"를 외쳤다. 조선의 진정한 국기에 "만세!"를. 나는 주머니에서 종이 한 장을 꺼냈다. 종이에는 루이스 해스킨스(Minnie L. Haskins)의 아름다운 시(詩) "새해로 들어가는 문"(Gate of the Year)이 적혀 있었다. 우리는 서로 손을 잡고서, 내가 낭송하면 모두 따라 외우라고 했다.

나는 새해의 문을 지키고 선 사내에게 말했다.
"내게 등불을 주시오. 그러면 모르는 길도 내가 안전하게 갈 수 있으리다."
사내가 대답했다.
"어둠 속으로 들어가시오. 그리고 하나님의 손을 잡으시오.
등불보다 그 편이 나을 것이오. 아는 길을 걷는 것보다 그 편이 안전하오."

이렇게 작별의 "만세"를 외치며 우리 가족은 잊을 수 없는 그 공원과 조선을 떠났다.

한국전쟁 기사를 읽고 있는 닥터 로제타 홀. 한국이 겪은 네 번의 전쟁을 체험했고 한국인을 깊이 사랑한 닥터 로제타는 뉴저지에 있는 휴양소에서 여든다섯 살을 일기로 세상을 떠났다. 1951년 그녀는 화장되어 남편과 딸, 손자가 묻힌 서울 한강변 양화진 묘지에 안장되었다.

| 에필로그 |

핍박 가운데 밀알로 썩어져

나의 어머니 닥터 로제타 홀은 미국에서 계속 의사로 봉사하다가 1943년 완전 은퇴하여 뉴저지의 오션 그로브(Ocean Grove)에 있는 뱅크로프트-테일러 휴양소(Bancroft-Taylor Rest Home)에 들어갔다. 그곳은 은퇴한 여선교사나 교회에 재직했던 여성들을 위해 감리교단에서 운영하는 '노인들의 집'이었다.

어머니는 한국이 겪은 네 번의 전쟁을 체험했고 한국 사람들과 일본 사람들을 깊이 사랑했다. 어머니는 1940년 초기, 일본 군부가 선교사들을 추방한 사실을 도저히 믿을 수 없어 했다. 오션 그로브에 있는 동안에도 많은 의학회와 교회 일에 참여하여 활동했으며 극동에 대한 글들을 썼다.

어머니는 휴양소에 유행성 독감이 퍼졌을 때 그 치료에 나섰다가 병균에 감염되어 1951년 4월 5일 여든다섯의 나이로 세상을 떠났다.

장례식에는 캐나다에서 윌리엄 제임스 홀(어머니의 손자)이 오션 그로브로 와서 참석했다. 장례식 집전은 노리스 라인위버 목사(매리언의 형부)와 어머니가 다녔던 오션 그로브의 세인트 폴 교회의 해리슨 데커 목사가 공동으로 진행했다. 어머니는 화장되었다. 그 재는 한국으로 보내져서 남편, 딸, 손자가 묻힌 서울 한강변의 묘지에 안장되었다. 우리 부부는 어머니가 돌아가셨을 때 인도 선교기지에 있어서 장례식에 참석하지 못했다.

우리는 그 후 1960년에 한국을 방문하여 어머니가 1928년에 설립했던 여자의학교를 보았다. 이 학교는 1938년에 전라남도 순천의 김종익 씨가 인수하여 우리가 방문했을 때는 학교의 이름이 서울여자의과대학으로 바뀌어 있었다. 후에 다시 우석의과대학이 되었다가 현재는 고려대학교 의과대학이 되었다고 한다.

우리는 서울에 있는 대한결핵협회에 초대되어 협회 회장인 닥터 정(K. C. Chung)으로부터 공로장을 받기도 했다. 우리는 서울 방문에서 해주의 요양원은 두 번의 전쟁을 겪었음에도 불구하고 계속 요양원의 기능을 유지하고 있다는 소식을 들었다. 북한 공산주의자들도 이 요양원은 지키고 있었던 것이다.

나의 큰 아들인 윌리엄은 토론토 대학교 교육대학에 다녔던 1950년도에 니콜라스 이그나티예프(Nicholas Ignatiev)라는 사람을 만나게 되었다. 이 사람은 하트하우스 사회학대학원(Graduate School Social Center, Hart House)의 원장이었다. 이그나티예프는 윌리엄이 한국에서 태어나 그곳에서 소년 시절을 지낸 것을 알고 한국에 대해 여러 이야기를 나눴다. 그는 마침 뉴욕의 유엔 본부에서 여름학기 실습을 마치고 돌아온 길이었으므로 한국 동란이 발발하자 유엔이 한국에 군대를 파병하는 것 등을 목격했다.

자연히 그들은 38선을 화제로 이야기를 전개하게 되었다. 그에 따르면 한국의 38선 분단은 더 오랜 역사를 가지고 있다는 것이었다. 즉 1896년에 러시아와 일본은 한국을 남과 북으로 양분하여 각각 자국의 영향권 안에 넣기로 합의했다고 한다. 제일 먼저 이 안(案)을 제안한 사람은 러시아의 니콜라스 파블로비치 이그나티예프 백작이었는데 그는 바로 니콜라스 이그나티예프의 부친이라는 것이었다. 1945년 2차 대전이 끝나자 이번에는 미국과 소련이 38선을 구체화시켰다.

해주 요양원의 한국인 의사였던 닥터 문(C. M. Moon)은 한국 동란 때 공산 치하에 잡혀 있었던 경험담을 우리 부부에게 들려준 적이 있었다. 닥터 문은 크리스마스 씰 보급 운동에 강연자로 활약했던 사람이다. 우리는 비상한 관심을 가지고 그 경험담을 들었다. 공산주의자들은 닥터 문에게 원산 근처에 모범 결핵요양원을 세우라고 명령했다.

"해주 요양원이 바로 당신들이 원하는 모범 요양원이니 나를 해주에 가게 하여 모든 설계를 복사하게 해주면 지을 수 있습니다."

그는 이렇게 대답했다고 한다. 공산주의자들은 처음에는 그를 철저하게 감시했으나 너무 열심히 설계를 복사하자 마음을 놓고 감시를 소홀히 했다. 이때 닥터 문은 밤을 타서 남쪽으로 탈출했다.

2차 대전이 끝난 후 우리 부부는 한국에 가서 선교사로 다시 일하지 않겠느냐는 제안을 받았다. 그러나 한국에서의 감리교 선교지는 대부분 북쪽에 있었다. 남한에서 새로 선교기지를 재확립하려면 여러 혼란을 예상해야 했다. 거기다 인도에서 벌여놓은 일을 중단할 수도 없는 형편이었다. 우리는 그대로 인도에 남아 있기로 결정했다.

어머니는 우리 부부가 한국으로 돌아가지 않는 것을 이상하게 생각했다. 1950년 6월 25일 공산군이 개성(송도)을 공격하고 난 후, 나는 어머니께 다음과 같은 편지를 보냈다.

> 젠슨 부인의 어머니가 저희에게 편지를 보냈는데, 송도에 있는 선교사들이 구사일생으로 도망 온 이야기며, 거기 있던 의사들과 젠슨 씨 등 선교사들이 잡혀간 슬픈 이야기를 적어 보냈습니다.
> 어머니는 저희가 송도에 가기 원했던 걸 기억하시지요. 양 감독님이 불길한 사태를 예측하시고 저희에게 절대로 한국에 돌아오지 말라고 강경하게 경고했었습니다. 너무나 저희를 아껴주신 양 감독님께 항상 감사합니다. 양 감독님의 예측이 정확히 맞았군요. 잡혀간 사람들이 살아남을 수 있을지 의문입니다. 공산군은 모든 한국의 천주교나 개신교 신자들을 없애겠다고 합니다.

아이러니컬하게도 크리스 젠슨은 양 감독과 의견을 같이하여 송도(개성)에 선교기지를 여는 데 반대했었다. 그런 젠슨이 송도의 선교기지를 방문했다가 거기 있는 다섯 사람의 선교사들과 함께 잡혀간 것이다. 그 후 3년간 공산 치하에서 억류 생활을 하다가 생존한 네 사람의 선교사들과 함께 시베리아를 거쳐서 미국으로 풀려나왔다. 그때가 1953년 5월 13일이었다. 약 3개월 후인 9월에 그는 다시 한국에 돌아와 일하다가 1956년 11월, 한국에서 별세했다. 훌륭한 기독교인으로서 누구에게서나 사랑을 받았던 분이다.

1973년 8월 〈디시전〉(*DECISION*) 잡지에서 셔우드 워트(Sherwood E. Wirt)는 "한국, 하나님이 사랑하시는 잔"이란 제목의 글을 썼다. 그는 한국을 '영적 세계에 있어 새로운 초강대국'이라고 표현했다.

수세기에 걸쳐 강대국들의 시달림을 받아왔던 한국이 이제는 하나님의 뜻을 알리는 중심 나라 중 하나가 되었다. 선교 대상국이었던 이 나라가 지금은 다른 나라에 선교사를 보내는 나라가 된 것이다. 박해를 받으면서도 땅에 떨어져 의롭게 썩은 기독교의 밀알들이 있었기에 오늘 훌륭한 교회로 성장한 것이다.

1940년 가을에 강제로 출국 당했던 선교사들은 그때 이미 이 사실을 예상하고 있었다. 여성 해외선교협회의 해외부에 제출된 그 당시의 다음과 같은 비공식 보고서 한 구절로 지금까지의 모든 이야기의 결론을 대신하고자 한다. 이 보고서는 당시 한국 선교위원회의 이사장인 매리온 콘로우(Marion L. Conrow)가 1940년 11월 22일 고베에서 샌프란시스코로 가는 SS 메리포사 호 선상에서 작성했던 것이다.

불가항력의 힘이 부딪혀 우리 감리교가 위축되고 선교사들이 철수하는 이 시점에 있어서도 개개인의 조선 기독교인들은 그 믿음에 변함이 없었고, 사랑으로 용서하는 마음과 인내심이 높았습니다. 어려운 가운데서 선교사들의 책임까지도 맡아주는 큰 용기를 보여주었습니다. 그들은 우리가 저들을 저버리지 않고 계속 일할 것과 다시 만나게 되리라 믿고 있습니다. 비록 우리가 어쩔 수 없이 조선을 떠나게 된 이 순간에도 조선의 교회들은 권력에 굴복하지 않고 어떠한 경우에도 하나님의 사랑으로부터 멀어지지 않으리라는 신념에 차 있습니다.

조선 땅을 떠난 이후, 우리는 감리교 찬송가 593장을 마음 깊이 애송하고 있습니다.

1. 병들고 고통 받는 모든 이들에게
축복이 있으리.
이 어려운 시기에
이 어두운 감옥에
당신의 성스러운 빛을 주소서.

2. 고문당한 당신의 아이들에게
가장 큰 축복을 주소서.
잔인한 시험마다 당신이
살피심을 우리는 압니다.

3. 모든 시험을 끝날 때
저들은 마침내 자유롭고
저들은 당신의 이야기를 하겠지요.

| 감사의 글 |

도움을 준 이들에게

이 책을 쓸 준비를 하고 있을 때 나에게 용기와 도움을 주었던 분들에게 감사의 말씀을 드리게 됨을 기쁘게 생각한다. 오래된 친구들과 새로운 친구들이 나를 격려해주었으며, 그들은 귀한 시간과 재능, 조언, 자료들을 나에게 아낌없이 제공했다. 특히 이 점에 있어 루스 노블 아펜젤러(Ruth Noble Appenzeller), 콘스탄스 엘리슨(Constance M. Ellison), 벨마 프렌치(Velma French), 모드 젠슨(Maud K. Jensen), 샬로트 넛츤(Charlotte M. Knutson), 케시 리(Kathy Lee), 프레더릭 파익(Frederick M. Pyke), 그리고 고(故) 노먼 트로트(Norman L. Trott)의 도움을 많이 받았다. 그밖에도 이 지면에 일일이 열거할 수 없을 정도로 많은 분들이 나에게 도움을 주었다.

워싱턴 D. C.의 스미소니언 협회의 우편역사부의 우표수집 고문으로 있는 제임스 커(James W. Kerr)는 그가 조선에서 어린 시절을 보냈을 때부터 우표수집에 관심이 있었다. 그가 우표와 한국과 나에 대한 관심이 많았기 때문에 나는 1972년 12월 15일 그 동안 내가 소장하고 있었던 조선과 인도의 크리스마스 씰 원본들을 스미소니언 협회에 기증했다. 그는 또한 고맙게도 내 원고를 읽어주었으며 도움이 되는 많은 의견을 얘기했다. 베티 퀸(Betty Quinn)은 우리가 서로 만나본 적이 없었는데도 고맙게 타이핑과 그밖의 비서 일을 맡아주었다. 데이비드 클렘(J. David Clem)은 오래된 낡은 사진들을 복원하는 데 힘써주었다.

나의 가족들도 나름대로 큰 기여를 했다. 특히 나의 아내 매리언은 깊은 이해와 동반자로서의 애정으로 이 이야기를 쓰는 데 실제적인 도움을 주었다. 나의 아들 윌리엄은 역사적인 날짜에 대해 정확성을 확인해주었고 그의 동생인 조셉의 관심도 나에게 큰 힘이 되었다. 내가 이 책을 쓰도록 계속 나를 채찍질한 나의 딸 필리스에게 크게 감사한다. 이 책이 완성될 수 있었던 것은 나의 딸과 그녀의 남편인 에드워드 킹 주니어(Edward G. King, Jr.) 덕분이다.

사회학자들에 의하면 동양의 대가족주의의 유대는 서양의 핵가족보다 이로운 점이 더 많다고 한다. 이런 점에서 나는 이 두 세계의 좋은 점을 다 가진 것 같다. 사돈인 시실리아 킹(Cecilia King)은 이 이야기가 반드시 책으로 쓰여야 한다면서 가장 큰 후원을 했다. 〈뉴어크 이브닝 뉴스〉(*Newark Evening News*)에서 여러 해 동안 기자로 있었던 그녀는 풍부한 경험을 가지고 귀한 조언을 아끼지 않았다. 사위의 누이들인 페기 반 듀인(Peggy Van Duyne)과 동생인 테드(Ted)와 마이크(Mike)도 책 만드는 일을 환영했으며 책의 디자인과 구성에 대한 조언을 해주었다. 시간을 내어 도와준 그들에게 크게 감사한다.

나의 손주들인 마샤(Marcia), 클리포드(Clifford), 로리 킹(Laurie King), 그리고 카렌(Karen)과 줄리아 홀(Julia Hall)은 자기 할아버지가 재미있게 이야기해주었던 한국의 전설인 보배 이야기를 이 책에 꼭 실으라고 나를 설득했다. 이 책 서두에 '은둔 왕국'의 전설인 '보배'(Pobai)를 실은 것은 손자들을 위해서였다. 이들에게 옛날이야기를 해주던 행복했던 많은 시간들을 기억하면서.

| 옮긴이의 글 |

출간 후 뒷이야기

　한국판 번역서가 1984년 8월 15일 처음으로 출간되고 난 후, 많은 독자들이 닥터 홀 부부에게 감사의 편지를 보내왔다. 첫 번째 편지는 원고를 교정해주던 출판사 직원으로부터 온 것이었다. 원고를 교정하다가 자신이 먼저 감동을 받았다는 그 편지는 닥터 홀에게 큰 기쁨이 되었다. 국내에서는 물론, 저 멀리 독일, 사우디아라비아, 미국 등에 살고 있는 동포들로부터 편지가 전달되었다. 이러한 편지들로 당시 91세였던 닥터 홀은 매우 행복해 했다. 닥터 홀은 편지를 보내준 이들에게 오히려 더 많이 고마워했다.
　이 책을 읽은 독자들의 반응은 두 가지로 나눌 수 있다.
　하나는, 112년 전 캐나다의 한 의사 집안이 2대에 거쳐 당시 미지의 은둔 왕국이었던 조선 땅에서 헌신했던 인류애에 대한 감사와 찬사이다. 또 하나는, 지금은 거의 잊혀진 1890년부터 1940년까지 일제 치하에서의 의료선교활동에 대한 국내의 사정이 상세히 알려지게 되었다는 사실이다.

이 책(한국판)이 처음 나왔을 당시, 대한결핵협회에서는 셔우드 홀의 사진을 현관에 걸어놓고 있긴 했지만, 사실은 닥터 홀이 생존해 있는지 별세했는지, 또는 영국인인지 캐나다인인지 미국인인지조차 잘 모르고 있었다고 한다. 그런데 이 책이 출간됨으로써 셔우드 홀이 생존해 있다는 것을 알게 되었다.

당시 대한결핵협회 서울지부장이었고 훗날 사무총장을 역임한 김대규 씨의 적극적인 노력으로 대한결핵협회에서는 닥터 홀 부부를 한국에 공식 초청했다. 김대규 사무총장은 이후 계속해서 닥터 홀을 따듯하게 위로하고 진정으로 보살피면서 닥터 홀 가족에게 기쁨을 주었다. 그가 없었다면 아마 닥터 홀 가족의 한국 방문은 거의 불가능했거나, 아니면 적어도 공식적인 행사로 이뤄지지는 못했을 것이다.

1984년 11월, 91세의 닥터 셔우드 홀과 88세인 그의 아내 닥터 매리언 홀, 그리고 그들 장남인 윌리엄 홀은 대한결핵협회의 공식 초청을 받아 그동안 그토록 그리워했던 한국을 방문했다. 이들은 1940년 조선을 떠난 후, 1963년 인도에서의 봉사활동을 마치고 캐나다로 영구 귀국하던 길에 한국을 잠시 들린 적이 있었다. 햇수로 치면 21년 만의 방문이지만, 1963년의 방문은 귀국하는 길에 잠시 들린 것이기 때문에 이번 방문은 44년 만에 정식으로 한국을 찾게 된 것이었다.

닥터 셔우드 홀은 자신이 태어나고 헌신했던 모국을 찾는 것 같은 심정이었다. 일제에 의해 추방되지 않았다면 그는 끝까지 조선 땅에서 일하다가 생애를 마칠 생각이었다.

그 당시 캐나다 밴쿠버의 외곽 도시 리치먼드에서 살고 있었던, 91세 셔우드 홀은 노쇠하여 언제 무슨 일이 일어날지 알 수 없는 상황이었다. 담당 의사는 그가 그런 긴 여행을 할 수 없다고 극구 말렸으나, 본인은 오히려 한국에서 죽으면 더 좋겠다면서 여행을 강행했다.

마침내 결핵협회에서 항공권과 한국 정부에서 훈장을 수여하기로 했다는 기쁜 소식을 보내왔다. 자신을 잊지 않고 초청해준 한국 국민들에게 감사의 정을 표하면서, 닥터 셔우드 홀과 매리언 홀은 여행에 들뜬 마음을 숨기지 못했다. 닥터 홀 부부는 오랫동안 한국말을 쓰지 않아서 다 잊어버렸다며 걱정했다.

우선 한국에 입고 갈 옷이 문제였다. 셔우드 홀에게는 입을 만한 양복 한 벌이 없었다. 수십 년 동안 양복을 해 입지 못했기 때문이었다. 그러나 주의의 몇몇 사람들이 돈을 모아 양복을 한 벌 맞추어주어 이 문제는 해결되었다.

다음은 매리언 홀의 차례였다. 88세였지만 아직도 아름다운 닥터 매리언 홀에게도 남편과 마찬가지로 수십 년 동안 입던 옷가지 몇 벌밖에 없었다. 아무리 평생을 남의 나라를 위해 헌신했던 자선 의사라고 해도 여성이지 않은가. 그녀 역시 가슴 설레는 공식적인 한국 방문에 제대로 된 옷을 입고 싶었을 것이다. 그래서 그녀는 친구들로부터 옷을 빌려 입기로 했다.

매리언 홀 정도의 의사라면 미국과 캐나다에서 쟁쟁한 부자 동창들이 있기 마련이다. 다들 은퇴한 의사로서 멋있는 옷들이 많이 있었다. 이렇게 해서 친구들로부터 멋진 고급 옷 여러 벌이 닥터 홀의 집에 도착했다.

나는 지금도 생생히 기억한다. 닥터 홀의 집에서 셔우드 홀, 아들 윌리엄 홀, 그리고 우리 부부가 모인 가운데, 88세의 매리언 홀이 벌인

희한한 패션쇼를 말이다. 여러 벌의 옷들을 하나씩 차례로 갈아입은 매리언 홀은 새 옷을 입고 가슴이 두근거리는 소녀가 되었다. 관중이 된 우리들은 매리언 홀이 옷을 갈아입고 나타날 때마다 박수를 치면서 품평을 해주었다. 닥터 셔우드 홀은 비록 할머니가 되었지만 멋진 옷을 입고 아름다워진 자신의 아내를 보면서 좋아 입을 다물지 못했다. 평생 남을 위해 헌신하고 청빈한 삶을 산 이 부부가 어린아이처럼 즐거워하는 모습을 보면서 나는 코끝이 찡해오는 것을 느꼈다.

닥터 홀 가족의 한국 방문은 대단히 만족스러웠다. 그들의 방문 소식을 듣고 여러 사람들이 찾아왔다. 옛날 해주 구세병원에서 닥터 홀 밑에서 인턴으로 있었고, 후에 해주 구세병원을 운영했으며, 크리스마스 씰을 계속해서 보급했던 고(故) 문창모 박사를 비롯해 옛날 동료들이 찾아와 반가운 해후를 했다.

더욱이 반가웠던 것은 김창식 목사의 손자가 찾아왔던 일이다. 김창식 목사는 1894년, 셔우드 홀의 아버지가 평양에서 의료선교사업을 시작했을 때 동지였던 분으로 평양에서 커다란 박해를 받았고, 나중에는 최초의 감리교 목사가 되었다. 그의 아들 닥터 김영진(이름은 정확하지 않다) 역시 닥터 홀과 해주 구세병원에서 같이 동료로 있었다.

2대 동안 홀 가와 함께 했던 김 목사 가족, 그의 손자가 이제 광성고등학교 음악 교사로서 셔우드 홀을 찾아왔으니 얼마나 반가웠겠는가? 닥터 홀이 캐나다에 돌아온 다음 해에는 미국에 살고 있던 그의 아들, 즉 김창식 목사의 증손자가 닥터 홀을 찾아와서 또 한 번 반가운 만남을 가졌다.

대구대학교에서는 닥터 홀 부부를 초청해 장애인 교육의 선구자였던 셔우드 홀의 어머니인 닥터 로제타 홀을 기념해 사범대학의 건물을 '로제타 기념관'이라 이름 하는 명명식을 가졌다. 고려대학교 의과대학에서도 닥터 홀 부부를 초청해 감사를 표했다. 이 학교는 원래 셔우드 홀의 어머니 닥터 로제타 홀이 설립했던 경성여자의과전문학교의 후신이기 때문이다.

한국 정부에서는 닥터 홀에게 '모란장' 훈장을 수여했으며, 서울시에서는 명예 서울시민권과 행운의 금열쇠를 증정했다. 셔우드 홀은 1893년 서울에서 태어났기 때문에 명예시민권을 받은 것에 대해 매우 기뻐했다.

이러한 모든 감사의 정은 한국 사람들의 따뜻한 심정에서 나온 것이라고 말하며 닥터 홀 부부는 세상을 떠날 때까지 행복해했다. 이들은 한국 방문을 마치고 캐나다로 돌아온 후 떠나기 전보다 훨씬 더 건강해졌고 기억력도 많이 회복되었다. 어떤 때는 잊어버렸던 한국말을 완벽한 평안도 사투리로 유창하게 말해 주위를 놀라게 하기도 했다.

1991년 초 닥터 셔우드 홀은 남루한 자택을 떠나 리치먼드에 있는 노인 특별병동에 입원했다. 죽음을 맞이할 때가 온 것이었다. 밴쿠버에 살고 있는 많은 한인 동포들이 병상에 찾아와 이미 의식이 없는 셔우드 홀을 위해 기도했다.

1991년 4월 5일, 셔우드 홀은 98세를 일기로 세상을 떠났다. 곧 화장을 했고, 고인은 한 줌의 재가 되어 작고 예쁜 병 속에 보관되었다. 고인의 아들 윌리엄 홀과 나는 이 병을 가지고 한국에 왔고, 대한결핵협회는 협회장으로 성대한 영결식을 거행했다. 한 줌의 재는 고인의 부모와 누이동생, 그리고 아들이 묻힌 서울 마포구 양화진 외국인 묘지에 합장되었다.

이로부터 5개월 후, 건강했던 닥터 매리언 버텀리 홀도 95세를 일기로 9월 19일 세상을 떠났다. 평소에 그녀는 남편이 죽은 후 그 뒷정리를 마치고 나서야 자신이 안심하고 죽을 수 있다고 말해왔었다. 그녀 역시 화장했다. 나는 다시 한 번 그 재를 한국에 가져왔다. 대한결핵협회에서는 전과 마찬가지로 협회장으로 훌륭한 영결식을 거행했다. 이 재 역시 남편과 가족이 묻힌 묘지에 합장되었다.

영국에서 태어나 캐나다 온타리오 주에서 초등학교 교사를 하다가 청년 셔우드 홀을 사랑하게 되었고, 그와 뜻을 같이하기로 결심한 후, 평생 한국에서 봉사하기 위해 펜실베니아 의과대학교를 졸업하고 유능한 외과 의사가 되었던 매리언 버텀리 홀! 그녀는 이렇게 해서 한국의 마포 양화진에 묻히게 되었다.

매리언 버텀리 홀은 일찍이 노블 박사가 말한 바와 같이 보석 같은 여성이었다. 높은 지성과 재치, 인류애에 대한 철저한 사명감, 그리고 뛰어난 용모는 누가 보아도 이상적인 여성이라고 생각할 것이다. 그녀는 차별받는 여성의 인권에 대해서는 한 치의 양보가 없었다. 남의 말을 척척 받아넘기고 톡톡 튀는 재치 또한 누구도 당해낼 수 없었다.

의과대학 학생이었을 때는 학생회장으로 노벨상 수상자인 퀴리 부인을 직접 면담했을 정도로 당찬 성격을 지녔다. 유능한 외과 의사로서 위급한 환자들을 찾아 밤낮없이 수십 리 산골을 걸었고, 초가집에서 손전등과 촛불에 의지해 수술을 하기도 했다. 문창모 박사는 "아! 정말 훌륭한 분이야. 환자를 구하기 위해서는 밤낮없이 물불을 가리지 않으니"라는 찬사를 아끼지 않았다.

그러나 그녀는 역시 섬세한 감성을 가진 여성이 아니던가. 한 번은 내 아내에게 수줍은 듯 남편으로부터 다이아몬드 반지를 선물 받았다고 귓속말로 자랑을 했다. 그리고 소중한 듯 비밀스럽게 보여준 다이아몬드 반지란, 좁쌀만한 크기로 기껏해야 몇 십 달러밖에 안 되는 것이었다. 다이아몬드 반지를 선물로 해주셨냐고 놀라는 척하며 닥터 셔우드 홀에게 말하자, 마음씨 좋은 이 할아버지는 흐뭇하게 웃기만 할 뿐이었다.

지금 이들은 모두 서울시 마포구 양화진에 묻혀 있다. 묘지의 비석에는 1대 닥터 윌리엄 제임스 홀(Dr. William Hall)과 닥터 로제타 셔우드 홀(Dr. Rosetta Sherwood Hall) 부부, 2대 닥터 셔우드 홀(Dr. Sherwood Hall)과 닥터 매리언 버텀리 홀(Dr. Marian Bottomley Hall) 부부, 그리고 셔우드 홀의 누이동생 에디스(Edith), 다음으로 3대는 셔우드 홀 부부의 아들인 프랭크(Frank)의 이름이 표시되어 있다.

이 글을 쓰고 보니 이들의 산소에 가본 지도 벌써 여러 해가 지난 것 같다. 밥에 김치를 넣어 썩썩 비벼먹던 셔우드 홀의 모습이 눈에 선하다.

2002년 12월
옮긴이 김동열*

---

*편집자 주 : 김동열 님은 1940년 서울 출생으로 배재고등학교와 서울대학교 지질학과를 졸업하고 1970년 캐나다로 이주, 현재 밴쿠버에 거주하고 있다. 여행을 좋아하고, 환경지질 전문가로서 흙과 물을 어떻게 보존하고 오염을 방지할 것인가의 문제에 관심이 많다.

91세의 나이로 사랑하는 한국땅을 밟은 셔우드 홀 부부의 감회는 남달랐다. 그는 양화진에 묻혀 있는 아버지와 어머니, 여동생의 묘를 방문하고 이렇게 유언을 남겼다. "나는 지금도 한국을 사랑합니다. 내가 죽거든 내가 태어나서 자랐던 나의 사랑하는 이 나라, 또한 내 사랑하는 어머니와 아버지, 누이동생이 잠들어 있는 한국땅에 묻어주시기 바랍니다." 그는 98세의 나이로 숨을 거두었고 아내와 함께 아버지인 윌리엄 제임스 홀과 어머니인 로제타, 동생 에디스와 함께 양화진에 묻혀 있다.

| 부록 : 닥터 홀 일가 중요 연표 |

서기	월일	중요사항	참고사항
1860	1.16	윌리엄 제임스 홀 탄생	
1863			12. 고종황제 즉위
1865	9.19	로제타 셔우드 출생	
1883	1.	제임스 홀, 교사자격 얻어 2년간 근무	10. 〈한성순보〉 발간
1884			10. 갑신정변 일어남
1885		감리교단, 조선에서 선교활동 시작	2. 한성부 재동에 '광혜원' 설립 (닥터 앨런이 주관)
	4.5	헨리 G. 아펜젤러, 호러스 언더우드, 조선에 도착	배재학당 설립
	5.	닥터 W. B. 스크랜턴, 조선 도착	E. L. 트뤼도, 미국 최초의 결핵 요양원 설립
		로제타 셔우드, 스테이트 노먼스쿨에서 교편생활(1년)	
1886		홀, 퀸즈 대학교 의과대학 입학	
1887	봄	로제타 셔우드, 펜실베니아 여자의과대학 입학	2. 경부간 전신 가설 합의
	5.	홀, 학생자원회 결성	6. 주미공사 박정양 임명
		로제타, 결핵성 내분비선 수술	
		여성해외선교회에서 닥터 메타 하워드를 조선에 파견, 처음으로 여성전용병원 세움	
1888			2. 경부간 전신 가설 시작
1889		홀, 의과대학 졸업하고 M. D. 자격 얻음	
		메디슨 가 의료선교 책임자로 임명됨	
		로제타 셔우드, 의과대학 졸업	
	11.	닥터 홀, 셔우드를 만남	
		닥터 하워드 후임에 닥터 셔우드 결정	
		닥터 홀, 닥터 셔우드와 약혼	
1890	10.13	닥터 셔우드, 조선에 도착	4. 조대비 승하
1891		닥터 스크랜턴, 안식년 휴가	
	9.19	미국 선교위원회, 닥터 홀의 조선파견 결정	시베리아 철도 착공
	12.15	닥터 홀, 부산에 도착	
1892	3.2	닥터 홀, G. H. 존스 목사와 함께 첫 지방여행 (서울—평양—의주—서울)	
	3.14	평양도착	
	3.28	의주도착	
	6.27	닥터 홀과 닥터 셔우드 결혼	
	7.	닥터 홀, 평양선교기지 개척책임자로 임명	
1893	2.	닥터 홀, 네 번째 지방여행	
	5.24	에스더, 박유산과 결혼	
	6.	닥터 J. B. 버스티드, 서울 도착	
	8.23	닥터 셔우드, 평양 근무	
		닥터 버스티드, 스크랜턴 병원에 근무	

서기	월.일	중 요 사 항	참 고 사 항
1893	11.10	셔우드 홀, 서울에서 출생	
1894	5.4	홀 가족, 평양으로 출발	1. 동학난 일어남
	6.6	홀 가족, 평양에서 철수	6. 갑오경장 시작
	10.1	닥터 홀, 모펫, 리 목사와 함께 평양으로 돌아감	7. 청일전쟁 발발
	11.19	닥터 홀, 서울로 돌아와 24일 사망	9. 청군, 평양에서 대패
	12.	홀 가족, 미국으로 떠남	
1895	1.18	에디스 마그리트 출생	4. 시모노세키 조약 체결
			10. 명성황후 시해(을미사변)
1896	6.21	매리언 버텀리 출생	2. 아관파천
	10.1	박 에스더, 볼티모어 여자의과대학 입학	7. 서재필, 독립협회 조직
1897	2.1	평양에 홀 기념병원 개원	3. 경인철도 기공
	8.	〈윌리엄 제임스 홀의 생애〉 미국서 발간	10. 국호 '대한제국'으로 변경
	11.10	홀 부인, 3년만에 다시 조선으로 와 보구여관에서 근무	11. 명성황후 국장
1898	5.1	홀 가족, 4년만에 다시 평양으로	
	5.23	에디스 마그리트 사망	
	6.18	광혜여원 개원	
	8.	어린이병동 공사 착수	10. 만민공동회 개최
		정동 제일감리교회(서울) 세움	12. 퀴리부인, 라듐 발견
1899		박유산, 폐결핵으로 미국에서 사망	5. 전차 소각사건 발생
	3.	경성의학교 창립	
1900	6.	평양외국인학교 개교	4. 종로에 전등시설 개설
		에스더, 미국서 M.D. 받고 귀국	
	6.	홀 가족, 안식년 휴가로 귀국	
1901		김창식, 한국 최초의 목사가 됨	
		H. G. 아펜젤러 목사 사망	10. 콜레라 창궐
		닥터 릴리언 해리스 사망	
1902	3.	홀 가족, 평양으로 귀임	
1903		광혜여원(여성전용병원) 신축	
		M. 에드먼드 양, 평양에 국내 최초 간호사 양성소 개설	
1904		김창식, 조선 사람 최초로 감리교 구역 담임자(~1910년)	2. 노일전쟁 시작
			8. 유신회, 진보회 발족
			9. 일진회 발족
1905			9. 포츠머스 평화조약
			11. 을사늑약 체결
1906	11.2	광혜여원 전소	3. 초대통감(이등박문) 부임
		E. L. 쉴즈 양, 서울에 간호사 양성소 개설	5. 휘문의숙, 숙명여학교 설립

서기	월.일	중 요 사 항	참 고 사 항
1907		에밀리 비셀, 미국에서 크리스마스 씰 운동 시작	6. 헤이그 밀사 사건
			7. 순종 즉위
1908		광혜여원 새 건물 완성	
1909		감리교 감독하에 해주에서 선교사업 시작	
1910	4.13	에스더, 폐결핵으로 사망	8.22 한일합방
		로제타 셔우드 홀 모자,	
		전세계 선교사회의 참석차 시베리아 횡단여행	
1911	4.	조선의학회 창립	
		셔우드 홀, 마운트 허몬 학교 입학	
		버텀리 가족, 캐나다로 이민	
1912		볼드윈 시료소 자리에 병원(릴리언 해리스기념병원) 설립	
1913		해주에 노튼기념병원(구세병원) 설립	
1914			7. 1차 세계대전 발발
			9. 조선호텔 낙성
1915		셔우드 홀, 마운트 유니언 대학 입학	9. 조선물산공진회 개최
		닥터 에드워드 트뤼도 사망	
1916			10. 하세가와 총독 취임
1917	여름	매리언 버텀리, 미국에서 루츠타운학교 교사로 취임	4. 소록도 자혜의원 설립
1918	4.	셔우드 홀, 매리언 버텀리와 약혼	11. 1차 세계대전 종전
	9.30	셔우드 홀, 미 육군에 입대	
1919			3. 3·1운동
1920	9.	매리언, 필라델피아 여의대 입학	
		홀 기념병원과 평양장로교병원 병합, 홀기념 연합병원탄생	
1922	6.21	셔우드 홀, 매리언 버텀리와 결혼	
1923		셔우드, 토론토대학 의과대학 졸업	8 조선여자기독교 청년연합회조직
		홀기념 연합병원과 광혜여원 병합, 평양연합기독병원탄생	
1924	6.	매리언, 의사 자격 획득	
		김창식 목사 은퇴	
1925	8.15	닥터 셔우드 홀 부부, 조선으로 출발	
1926	9.19	닥터 로제타 홀 회갑	4. 순종 승하/ 6. 6·10 만세사건
1927	2.18	닥터 홀 부부의 첫 아들, 윌리엄 제임스 홀 출생	
	6.	결핵요양원 설립안, 선교부 연회에서 통과	
	6.25	메리 버텀리 부인 사망	
1928	3.	요양원 건축허가 획득	
	9.4	경성여자의학전문학교 설립	
	10.27	결핵환자 위생학교(요양원) 개교	

서기	월일	중 요 사 항	참 고 사 항
1929	1.9	김창식 목사 별세	
	1.	닥터 셔우드 홀, 의료사역에 대해	
		일왕 및 조선총독에게 감사장 받음	
1930	6.3	에디스 마거리트 기념관 준공	해주–개성간 철도지선 개통
	6.27	셔우드 홀 부부, 안식년 휴가	
1931		셔우드 홀 부부, 한국으로 귀임	9. 만주사변 발발
1932		크리스마스 씰 발행 허가 획득	
	10.8	조셉 케이틀리(차남) 출생	
	12.3	우리나라 최초의 크리스마스 씰 발행	
1933	9.23	로제타 기념교회당 준공(해주)	사이토 마코토 암살
1934	6.24	감리교 선교 50주년	
	9.12	막내딸 필리스 탄생	
1936	11.	라인위버 가족 방문(~1937.5)	
1937	2.23	무어 부인, 해스킨스 부인 별세 소식 접함	7. 중일전쟁 발발
			가을. 원산해변 접근금지구역선포
1938		셔우드 홀 부부, 두 번째 안식년 휴가	
1939	3.11	셔우드 가족, 미국을 출발	9. 2차 세계대전 발발(~1945.8)
	가을	윌리엄, 평양외국인학교 고등부 입학	
1940	여름	화진포에서 휴가	2. 창씨개명 실시
	8.	닥터 셔우드 홀, 일본 헌병대에 연행	
	10.25	닥터 셔우드 홀 부부, 엉터리 재판에서 징역 3년,	
		또는 천 달러 벌금 선고 받음	
	11.	닥터 셔우드 홀, 조선을 떠나 인도로 전근	
1943		닥터 로제타 홀, 은퇴하여 선교사 요양원에 들어감	
1945	8.15	한국의 해방	8. 2차 세계대전 종전
1948			8. 대한민국 정부수립
1950			6. 6·25 전쟁 발발
1951	4.5	닥터 로제타 홀 사망(85세)	
1963		닥터 홀 내외, 인도에서 은퇴, 귀국길에 한국방문(23년만)	
1978		〈조선회상〉 발간(영문판)	
1991	4.5	닥터 셔우드 홀, 심장마비로 사망(98세)	
	9.19	닥터 매리언 홀, 심장마비로 사망(95세)	
2003	2.15	〈닥터 홀의 조선회상〉 발간(한글판, 좋은씨앗)	
2007		〈인도회상〉 발간(영문판)	
2009	9.	〈닥터 홀의 인도회상〉 발간(한글판, 좋은씨앗)	
	12.	〈닥터 홀의 조선회상〉 발간 (전면개정판, 좋은씨앗)